dicionário
de Machado de Assis:
língua, estilo, temas

Lexikon | obras de referência

CASTELAR DE CARVALHO

dicionário de Machado de Assis:
língua, estilo, temas

2ª edição revista e ampliada

© 2018, by Castelar de Carvalho

Direitos de edição da obra em língua portuguesa adquiridos pela Lexikon Editora Digital Ltda. Todos os direitos reservados. Nenhuma parte desta obra pode ser apropriada e estocada em sistema de banco de dados ou processo similar, em qualquer forma ou meio, seja eletrônico, de fotocópia, gravação etc., sem a permissão do detentor do copirraite.

Lexikon Editora Digital Ltda.
Rua Luís Câmara, 280 - Ramos
21031-175 Rio de Janeiro – RJ – Brasil
Tel.: (21) 2221 8740 / 2560 2601
www.lexikon.com.br – sac@lexikon.com.br

Veja também www.aulete.com.br – seu dicionário na internet

1ª edição - 2010

EDITOR
Paulo Geiger

PRODUÇÃO
Sonia Hey

PROJETO GRÁFICO E CAPA
Filigrana

DIAGRAMAÇÃO
Nathanael Souza

IMAGEM DA CAPA
Arquivo ABL

CIP-Brasil. Catalogação na Fonte
Sindicato Nacional dos Editores de Livros, RJ

C322d
2. ed

Carvalho, Castelar de
    Dicionário de Machado de Assis : língua, estilo, temas / Castelar de Carvalho. – 2. ed., rev. e atual. – Rio de Janeiro : Lexikon, 2018.
    376 p. : il. ; 23 cm.

    Apêndice
    Inclui bibliografia e índice
    ISBN 978-85-8300-095-2

    1. Assis, Machado de, 1855-1908 – Crítica e interpretação. 2. Assis, Machado de, 1855-1908 – Dicionários. 3. Linguística. I. Título.

18-49159
                    CDD: 869.03
                    CDU: 821.134.3(81)(038)

Agradecimento

Agradeço ao Dr. Francisco Gomes da Costa, presidente do Liceu Literário Português, cujo incentivo tornou possível esta edição.

O Autor

Prefácio da 2ª edição

O melhor retrato de cada um é aquilo que escreve. O corpo retrata-se com o pincel, a alma, com a pena.
(Vieira, Sermão de Santo Inácio de Loiola)

Esta segunda edição do nosso *Dicionário de Machado de Assis* conserva o espírito e o conteúdo da edição anterior, em respeito ao público leitor que nos honrou com sua atenção.

Nesta oportunidade, acrescentamos ao *Dicionário* nove novos verbetes: Coesão textual, Complemento nominal, Dinheiro, Enumeração, Hendíade, Intensificação (processos), Locução verbal, Objeto indireto de opinião e Voz passiva analítica. Alguns verbetes foram revistos, outros foram acrescidos de novos exemplos, com o intuito de enriquecer ainda mais o elenco de informações oferecido aos nossos leitores. Nesse sentido, servimo-nos, desta vez, de alguns contos machadianos (pequenas obras-primas) extraídos dos seguintes livros: *Papéis avulsos* (PA), *Várias histórias* (VH), *Páginas recolhidas* (PR) e *Histórias sem data* (HSD). Pela importância do conto na ficção machadiana, incluímos nesta edição um Apêndice intitulado "Machado de Assis e a arte do conto". Procedemos também a uma cuidadosa revisão do texto, com o objetivo de limpá-lo das impertinentes gralhas tipográficas.

Agradecemos a professores, estudantes e ao público em geral pela acolhida carinhosa que dispensaram ao nosso trabalho. Um agradecimento especial aos colegas que nos ajudaram com suas críticas e sugestões.

Que esta nova edição continue sendo proveitosa e prazerosa aos nossos leitores, contribuindo para o estudo, a pesquisa e, sobretudo, a leitura ou releitura do nosso genial Machado de Assis, na sala de aula ou fora dela.

Castelar de Carvalho
Rio de Janeiro, 2018

Apresentação

Eis, enfim, coroado nesta obra, o resultado da longa e meticulosa pesquisa de vinte anos a que se dedicou o Professor Castelar de Carvalho, docente aposentado da UFRJ e membro da Academia Brasileira de Filologia, sobre os romances de Machado de Assis, prova inequívoca de sua velha admiração, devoção mesmo, pela narrativa do Bruxo do Cosme Velho, "símbolo maior da literatura brasileira", em sua visão crítica.

O *Dicionário de Machado de Assis: língua, estilo, temas*, sobre ser uma obra de fôlego e de paixão de seu autor, apresenta méritos inegáveis no vastíssimo campo da bibliografia que a ficção machadiana foi acumulando por mais de um século, aqui e no exterior. E continua acumulando. E certamente continuará acumulando, dada a sua universalidade e singularidade.

O primeiro mérito é o caráter prático com que fatos de língua e de estilo, e também temas mais recorrentes do universo criado nos nove romances do autor, são tratados. Todos os conceitos abrangidos pela pesquisa são apresentados sob a forma de verbetes, em ordem alfabética, com expressiva e, frequentemente, copiosa exemplificação. Alguns dos verbetes mereceram várias páginas, como, para citar um tomado quase ao acaso, o relativo à noção de *Intertextualidade*, em cinco páginas. O Professor Castelar de Carvalho não se ateve à exemplificação dos conceitos selecionados em sua pesquisa; detém-se ainda em comentários sobre os exemplos abonadores.

O segundo mérito que a obra inegavelmente ostenta é o de proporcionar aos leitores uma consulta permanente dos verbetes que nela figuram, cuja exemplificação não correrá o risco da desatualização, o que se dá com os dicionários propriamente ditos e com as gramáticas, pois, enquanto naqueles as palavras, com o tempo, perdem ou ganham o direito de fazer parte do acervo vocabular de uma língua, nestas, as regras estão sujeitas a um processo de mudança, graças ainda ao fato de a língua ser um objeto histórico, ou seja, que se situa no tempo, sujeita, deste modo, a mudanças.

Um outro mérito a ser ainda assinalado é a excelente bibliografia de que se valeu o autor sobre a obra machadiana. Ensaios antigos e contemporâneos aparecem lado a lado, escolhidos pelo critério segundo o qual o leitor possa vir a se aprofundar no conceito ou tema focalizados no verbete lido. Assim, no verbete *Intertextualidade*, remete à leitura da recente obra de Marta de Senna (2008b): *Alusão e zombaria: citações e referências na ficção de Machado de Assis*; já em *Erotismo*, lembra, a propósito, o pioneirismo de Lúcia Miguel Pereira, em seu estudo crítico e bibliográfico sobre Machado (a 1.ª edição é de 1936); em *Modalização*, remete o leitor para a obra recém-publicada de José Carlos Azeredo, a *Gramática Houaiss da língua portuguesa* (2008), e para a *Gramática de usos do português*, de Maria Helena de Moura Neves (2000); em *Adjetivação*, encaminha o leitor para o ainda valioso *Língua e estilo de Eça de Queirós*, de Guerra da Cal, cuja 1.ª edição é de 1953.

Em suma, o Professor Castelar de Carvalho é adepto de que o que interessa a ele, como estudioso, não é o novo pelo novo, mas o que julga verdadeiro, qualquer que seja a sua idade. Por isso mesmo, convivem em sua bibliografia sobre o velho Machado autores tão distantes no tempo e na orientação adotada: Barreto Filho, Alfredo Bosi, John Gledson, Eugênio Gomes,

Jean-Michel Massa, Maria Nazaré Lins Soares, Astrojildo Pereira, Dirce Cortes Riedel, Silviano Santiago, Augusto Meyer, para me ater apenas a alguns dos nomes citados.

Ao ler inúmeros verbetes redigidos pelo Professor Castelar de Carvalho, referentes à língua, ao estilo e aos temas da obra de Machado de Assis, fiquei convicto de que todo leitor que alimenta alguma curiosidade que seja pela ficção do nosso genial escritor terá nesta obra um útil caminho aberto para melhor se aprofundar e compreender vários aspectos fundamentais dela, de acordo com os seus interesses maiores. Como o autor deste *Dicionário*, também desejo que a sua leitura seja prazerosa e proveitosa para muitos leitores.

Carlos Eduardo Falcão Uchôa
Professor Emérito da Universidade Federal Fluminense

Sumário

Introdução — 13

Língua — 15

Estilo — 145

Temas — 275

Resumo e análise dos romances — 349

Apêndice — 361

Referências bibliográficas — 365

Índice alfabético de tópicos — 373

Introdução

É que há um mistério em Machado de Assis.
(Lúcia Miguel Pereira, 2005:331)

Este livro é o resultado de vinte anos de pesquisas, leituras e releituras dos romances e contos de Machado de Assis, sempre com um lápis atento na mão. Dividido em três partes, nele tratamos de assuntos relacionados à língua, ao estilo e aos temas machadianos, estudando-os por meio de exemplos extraídos das obras pesquisadas e aqui apresentados sob a forma de verbetes, em ordem alfabética, para facilitar a consulta por parte do leitor. Cada exemplo é seguido de comentários elucidativos, não com o intuito de condicionar a apreciação do leitor, mas de servir de subsídio ao seu próprio juízo crítico, a par, naturalmente, da degustação estética dos textos do nosso maior escritor.

O que nos motivou a realizar este trabalho foi a constatação da existência de uma lacuna no estudo da ficção machadiana: uma extensa e rica bibliografia na área da crítica literária, em contraste com os raros e esparsos estudos dedicados à língua e ao estilo do autor de *Dom Casmurro*, alguns deles há muito tempo esgotados, inacessíveis aos leitores.

Nas duas primeiras partes do livro, são abordados assuntos que envolvem a língua literária empregada por Machado de Assis, expressão de sua obra criativa e original. Nosso objetivo foi fazer um estudo sistemático, o mais completo possível, dos procedimentos linguísticos e retóricos definidores do seu estilo. A terceira parte trata dos temas explorados nos romances machadianos, como, por exemplo, adultério e ciúme. Nela, incluímos alguns temas correlatos, como a História do Brasil e a escravidão, assuntos sempre presentes na ficção machadiana, de forma direta ou indireta, pois seus romances e contos cobrem um período importante de nossa história: todo o Segundo Reinado (1840-1889) e os primórdios da República (1889-1908, ano da morte do autor). Cabe lembrar que Machado de Assis nunca descurou de uma visão crítica do Brasil e de seus problemas, tanto em sua obra de ficção quanto em suas crônicas.

Sendo Machado de Assis um autor de projeção nacional, símbolo maior da literatura brasileira, escrevemos o trabalho com os olhos voltados não só para os especialistas, mas também para o leitor comum, o qual poderá consultar este livro e, sobretudo, adquirir informações essenciais para poder ler o nosso Machado com outros olhos, apreciando-lhe mais plenamente a obra originalíssima. Nesse sentido, procuramos escrever de forma clara e objetiva, evitando, por exemplo, notas de rodapé, que sobrecarregam o texto e cansam o leitor não familiarizado com esse tipo de leitura. Termos técnicos da nomenclatura gramatical ou estilística, de uso indispensável, foram explicados em linguagem acessível a todos. Pensando em estudantes e professores, tivemos o cuidado de acrescentar, na maioria dos verbetes, informações bibliográficas suplementares sobre o assunto neles tratado.

Machado de Assis, pela feição intimista de sua obra, antecipa características marcantes do romance moderno. Por sua singularidade, imprime uma dimensão nova à narrativa de ficção, rompe os limites entre o sério e o cômico ou, em suas próprias palavras, escreve "com a pena da galhofa e a tinta da melancolia". Machado alterna gêneros literários diferentes na mesma obra, subjetiva o tempo e o espaço, constrói e desconstrói personagens, explora a memória afetiva antes de Marcel Proust e, dizendo sem dizer, desafia a argúcia do leitor com sua narrativa ambivalente, misto de claridade e sombra.

Senhor de uma prosa concisa e elegante, Machado de Assis recorre a procedimentos estilísticos, como a paródia, a sátira, as digressões literárias e filosóficas, as conversas com o leitor, a oralidade, o humor irônico, a inter e a intratextualidade, a metalinguagem, o discurso indireto livre, a quebra de paralelismo, a litotes, a preterição, a linguagem impressionista. Mas foi, sobretudo, como penetrante analista do homem e da condição humana que se projetou com seus romances e contos, dentre os quais se destacam verdadeiras obras-primas.

Como homem, conseguiu transcender as limitações de sua origem e de seu meio. Como escritor, representa a mais elevada expressão literária de nosso país e dele devemos nos orgulhar, pois Machado é o nosso Shakespeare, o nosso Dante, o nosso Montaigne, o nosso Balzac. Nesse sentido, a obra de ficção machadiana preenche as condições imprescindíveis a um autor clássico: narrativa imprevisível e complexa, possibilidade de sucessivas e múltiplas releituras, cumplicidade com o leitor e universalidade, pois sua obra supera os limites de país e de época, tendo sido traduzida para as principais línguas de cultura conhecidas. Por isso, ela não envelhece, ao contrário, só tem feito renovar sua atualidade com o passar do tempo. Aliás, o próprio Machado escreveu que livros lidos e relidos são livros eternos. Como os dele, naturalmente. Linguagem, estilo e temas, manipulados pela sua magistral genialidade, explicam o encanto e a permanência de sua obra no gosto dos leitores brasileiros, por sucessivas gerações, cem anos após a sua morte. Como afirma Lúcia Miguel Pereira (1999:56), "nada do que escreveu foi vulgar".

Com relação aos textos utilizados em nossa pesquisa, servimo-nos das edições críticas disponíveis, além de outras edições confiáveis, todas citadas na bibliografia. Os algarismos romanos depois de cada exemplo citado remetem ao capítulo do romance. Para facilitar a localização do exemplo, preferimos mencionar o capítulo e não a página, uma vez que o número da página muda de edição para edição. Advertimos que alguns exemplos e comentários podem servir a mais de um verbete.

Para orientação do leitor, apresentamos as siglas dos nove romances pesquisados: *Ressurreição* (RE), *A mão e a luva* (ML), *Helena* (HE), *Iaiá Garcia* (IG), *Memórias póstumas de Brás Cubas* (BC), *Quincas Borba* (QB), *Dom Casmurro* (DC), *Esaú e Jacó* (EJ) e *Memorial de Aires* (MA). Como apêndice, o leitor encontrará, no final do trabalho, um resumo analítico dos romances pesquisados.

Por entender que Machado de Assis dispensa apresentação e apresentadores, deixamos de incluir nesta introdução informações biográficas sobre o autor. Estas, o leitor as encontrará disseminadas nas páginas deste livro, que esperamos venha a ser útil a professores, estudantes e ao público em geral. Que a leitura lhes seja prazerosa e proveitosa, como o são os textos de Machado de Assis. Ouçamo-los. Deixemos que eles falem por nós.

Castelar de Carvalho
Novembro de 2009

170.º ano do nascimento de Machado de Assis

Word Cloud

africanismos · **topicalização** · talvez · **latinismos** · satisfazer · **gostar** · agradecer · adjetivo · forma · **substantivação** · assistir · custar · **pronomes** · preciser · chover · entrar · respeito · abstrato · pegar · **brasileirismos** · confiar · pedir · tôdo · advérbio · **objeto** · preferir · artigo · **ponto** · chamar · sobre · **meio** · esquecer · infinitivo · obedecer · ser · responder · **arabismos** · **estar** · chegar · **vírgula** · crase · **voz** · descer · **atender** · servir · medial · arcaísmos · helenismos · sujeito · frase · perdoar · vicários · contra · adjetivação · **aposto** · enjoar · **lembrar** · **espanholismos** · dormir · coloquialismo · tupinismos · galicismos

Língua

A (preposição)

O sentido fundamental da preposição *a* é o de movimento, de direção, do qual provêm os demais valores por ela apresentados. Sobre a sintaxe e a semântica desta preposição, recomendamos a leitura de *Uma preposição portuguesa*, de Rocha Lima, tese de concurso para catedrático do Colégio Pedro II (1954). Cumpre lembrar também que os valores aqui apresentados resultam não apenas da preposição em si, mas do entorno linguístico em que ela se situa, o que possibilita a criação de seus "sentidos contextuais", como ensina Evanildo Bechara (1999:298). Vejamos alguns exemplos.

a) *Direção, movimento*

Depois, batendo carinhosamente no ombro do major, passou do jardim *à* casa. (QB, XLII).

Atirou-se *à* criança, e *aos* cavalos, cego e surdo, sem atender ao próprio risco... (QB, LXVII).

— Pode ir *a* São Paulo, *a* Pernambuco, ou ainda mais longe. (DC, XXVI).

b) *Finalidade* (= para)

Alguma vez desceu *a* jantar, com os olhos vermelhos e a fronte pesarosa. (HE, III).

Sofia a princípio abriu os olhos, uma ou duas vezes; depois, (...), deixou-os fechados *a* ver se dormia. (QB, LII. Note-se o emprego do chamado infinitivo de finalidade, regido pela preposição *a*).

Vendeu a fazendola e os escravos, comprou alguns que pôs *ao* ganho ou alugou. (DC, VII).

c) *Lugar, ponto de referência*

Também Capitu, em solteira, fora tratá-la *à* rua dos Inválidos. (DC, CVIII. Com nomes de rua ou de bairro, Machado hesita entre as preposições *a* e *em*: Nesse mesmo DC, II, prefere o *em*: "Um dia, há bastantes anos, lembrou-me reproduzir *no* Engenho Novo a casa em que me criei *na* antiga rua de Matacavalos". No *Quincas Borba*, alterna as duas preposições, com predomínio do *em*: "A botica era *na* rua de São José" (XXXIV); "Tinha uma casa às suas ordens, *na* praia de Botafogo" (XLII); "Era em casa do major, não mais *na* rua Dois de Dezembro, mas *na* dos Barbonos" (CXXX); "Chegaram à casa *na* rua do Senado" (QB, XLIII; o *à* com acento de crase é desnecessário, no caso). Apenas um exemplo com *a*, em estilo comercial: "Rubião é sócio do marido de Sofia em uma casa de importação *à* rua da Alfândega" (QB, LXIX). Para Mário Barreto (1980:442), a preposição *em* é que é a correta nesses casos. Sobre o assunto, v. o elucidativo artigo "Um caso de regência", no qual Mattoso Câmara (1977:145) levanta a hipótese de o emprego da preposição *a* com nomes de ruas e avenidas ser um galicismo sintático que teria começado na linguagem jornalística e, depois, extrapolado para a literária).

Estava *ao* portão, quando esta ideia começou a abotoar. (QB, LXXX. Hoje, mesmo na língua literária, essa ideia de proximidade é expressa pela preposição *em*: "Estava *no* portão").

Escobar vinha assim surgindo da sepultura, do seminário e do Flamengo para se sentar comigo *à* mesa. (DC, CXXXII. Em construções como "sentar-se à mesa, estar à janela", restritas à língua culta, a preposição *a* denota a noção de proximidade, de estar junto a alguma coisa).

Ontem, indo jantar *a* Andaraí, contei a mana Rita o que ouvi ao desembargador. (MA, 10/2/1888. O uso moderno prefere a preposição *em* nestes casos: "*no* Andaraí". Note-se o deslocamento do complemento circunstancial "a Andaraí", cuja posição usual seria depois do verbo de movimento "indo". Trata-se de sintaxe de colocação praticada pelos clássicos portugueses, muito apreciados por Machado de Assis).

d) *Meio, modo*

Tio Cosme acomodava as carnes, e a besta partia *a* trote. (DC, VI).

Quando voltamos, à noite, viemos por ali *a* pé, falando das minhas dúvidas. (DC, CXV).

Acabei de vestir-me *às* pressas. (DC, CXLV).

e) *Tempo e circunstância*

Às nove horas levantou-se ele discretamente. (QB, LXV).

Foi o que eu pensei comigo, *ao* ver Sabina, o marido e a filha descerem de tropel as escadas. (BC, LXXXII. Preposição *a* + artigo definido, regendo infinitivo, para indicar tempo concomitante).

Era lido, posto que de atropelo, o bastante para divertir *ao* serão e *à* sobremesa. (DC, V).

Capitu, *aos* quatorze anos, tinha já ideias atrevidas. (DC, XVIII).

Mas nada de melancolias; não quero falar dos olhos molhados, *à* entrada e *à* saída. (DC, CXV).

Ao sétimo dia da morte de D. Maria Augusta, rezou-se a missa de uso, em São Francisco de Paula. (QB, CIII).

Abstrato > concreto

Geralmente, os substantivos abstratos não são usados no plural. Quando ocorre a pluralização, o substantivo abstrato adquire feição de concreto, com as implicações semânticas e estilísticas daí decorrentes. A concretização do abstrato pode implicar, inclusive, oposição semântica entre o singular e o plural, fato da língua que o padre Vieira explora estilisticamente no Sermão da Visitação de Nossa Senhora, pregado em 1641, na Bahia, perante o Marquês de Montalvão, vice-rei do Brasil: "Perde-se o Brasil, Senhor (digamo-lo em uma palavra), porque alguns ministros de Sua Majestade não vêm cá buscar o nosso *bem*, vêm cá buscar nossos *bens*". (*Obras escolhidas*, vol. X. Lisboa: Sá da Costa, 1954, p. 104). O substantivo abstrato *bem*, no singular, significa "felicidade, prosperidade"; o plural *bens* torna o abstrato concreto e altera-lhe o sentido original, que passa a ser o de "riquezas materiais".

Com relação a este assunto, convém resgatar a doutrina, bastante esclarecedora, de Ernesto Carneiro Ribeiro (1955:297): "O singular, em tais casos, mostra uma disposição permanente, habitual, contínua, independente dos efeitos e movimentos que produz exteriormente. O plural apresenta, ao contrário, tais disposições e sentimentos como diversos e múltiplos em suas manifestações, em seus efeitos, sob o que têm de passageiros e acidentais".

Estas palavras do velho gramático baiano fazem-nos entender melhor os exemplos a seguir, extraídos dos romances machadianos. Lembremos, a propósito, que, até mesmo no singular, o substantivo abstrato pode ser usado como concreto, como no caso de certas metonímias: "A *mocidade* [os moços] é irreverente". Há ainda duas outras situações em que o substantivo abstrato adquire fisionomia de concreto: é o caso das prosopopeias (personificações) e o das alegorias, assunto tratado nos respectivos verbetes deste trabalho. Como contraponto, recomendamos consultar também o verbete "Concreto > abstrato".

Mas passemos à exemplificação.

A esposa do Dr. Matos fora uma das belezas do primeiro reinado. (HE, IV. O termo abstrato *belezas*, no plural, tem o sentido concreto de "mulheres belas").

A necessidade de o regenerar, de o trazer ao trabalho e ao respeito de sua pessoa enchia-me o coração; eu começava a sentir um bem-estar, uma elevação, uma admiração de mim próprio... (BC, LXI. A par do valor intensivo do artigo indefinido, note-se que os substantivos abstratos antecedidos do artigo (*um bem-estar, uma elevação, uma admiração*) como que se concretizam, permitindo uma visualização mais expressiva dos sentimentos do narrador).

Podia não ser mais que uma galanteria, e as galanterias é de uso que se agradeçam. (QB, LXIX. Aqui, "galanterias", no plural, está por "gestos de galanteria").

Entre um pirralho da minha idade e uma viúva quarentona não havia lugar para ciúmes. (DC, XXII. Entenda-se: "não havia lugar para sentimentos de ciúme").

Então o Imperador dava outra vez a mão a beijar, e saía, acompanhado de todos nós, (...). E o coche partia entre invejas e agradecimentos. (DC, XXIX. Entenda-se: "entre manifestações de pessoas invejosas e agradecidas").

A insônia, musa de olhos arregalados, não me deixou dormir uma longa hora ou duas. (DC, LV. Machado de Assis oferece ao leitor uma expressiva definição de *insônia* nessa alegoria poética: "musa de olhos arregalados". Essa personificação concretiza o substantivo abstrato *insônia*).

O que a senhora deseja, amiga minha, é chegar já ao capítulo do amor ou dos amores, que é o seu interesse particular nos livros. (EJ, XXVII. Neste comentário de metanarrador, dirigido a suas leitoras, Machado contrapõe o substantivo abstrato singular *amor*, ou seja, sentimento, a *amores*, abstrato plural com valor de concreto, isto é, casos ou episódios amorosos. Com pleno domínio dos recursos da língua, Machado extrai dessa oposição singular/ plural expressivo efeito estilístico).

A carta é longa, cheia de ternuras e saudades. (MA, 22/5/1888. Entenda-se: "cheia de palavras de ternura e de saudade").

Adjetivação

A colocação do adjetivo em português pode servir de marcador semântico, gramatical e estilístico, e Machado de Assis explora esse fato da língua em proveito da expressividade do seu discurso narrativo. Em princípio, adjetivos colocados antes do substantivo apresentam valor subjetivo ou afetivo (conotação), enquanto os situados depois do substantivo indicam valores objetivos ou descritivos (denotação). Confronte: "Ele é um *grande* homem" (em estatura moral)/"Ele é um homem *grande*" (em estatura física); "Ele é um homem *pobre*" (um homem carente de recursos)/"Ele é um *pobre* homem" (um homem infeliz, talvez um pobre homem rico). Como substantivo e adjetivo são mais funções do que propriamente classes gramaticais (classe, na verdade, é o nome), elas se tornam permutáveis, criando a possibilidade de o substantivo desempenhar papel adjetivo e vice-versa, como na conhecida frase de Brás Cubas: **"eu não sou um autor defunto, mas um defunto autor"**. Trata-se de um quiasmo perfeito (AB x BA; v. verbete), em que, no primeiro caso, *autor* é um substantivo modificado pelo adjetivo *defunto*, ou seja, "eu não sou um autor falecido"; no segundo caso, inverte-se a situação: *defunto* é que é substantivo, e *autor* passa a adjetivo, subentendendo-se: "sou um personagem que virou autor depois de morto". Não é por acaso que suas memórias são póstumas. Ora, só a versatilidade da sintaxe de colocação portuguesa é que permite esse jogo estilístico, genialmente explorado pela sensibilidade linguística de Machado de Assis. Sobre o assunto, recomendamos a leitura do capítulo que trata do emprego do adjetivo e do epíteto de natureza em Celso Cunha (1994:264; 580). Merece referência também o primoroso estudo do adjetivo em Eça de Queirós, realizado por Ernesto Guerra da Cal (1969:111). Neste trabalho, consultar o verbete "Hipálage". Vejamos alguns exemplos de adjetivação nos romances pesquisados.

Duas tristes luzes alumiavam aquela pequena sala. (HE, I. O adjetivo *tristes*, anteposto ao substantivo *luzes*, tem o sentido de "sombrias, que inspiram tristeza, melancolia". Essa adjetivação cria uma imagem de caráter impressionista).

As roupas [do preto] eram rafadas; o chapéu que lhe cobria a cabeça tinha já uma cor inverossímil. (HE, VI. O adjetivo *inverossímil* tem o sentido possível de "indefinível", ou mais precisamente, "inacreditável". Adjetivação inusitada que realça o aspecto surrado do chapéu do personagem).

Luís Garcia tinha o costume de guardar tudo, cartas, exemplares de jornais em que havia alguma coisa de interesse, apontamentos, simples cópias. (IG, X. Note-se como a colocação do adjetivo pode ter valor semântico. Em "simples cópias", o adjetivo, anteposto ao substantivo, confere ao sintagma nominal o sentido de "apenas cópias e nada mais". Cf.: *uma simples carta*, "apenas uma carta, nada mais que isso"; *uma carta simples*, "uma carta não registrada").

Retórica dos namorados, dá-me uma comparação exata e poética para dizer o que foram aqueles olhos de Capitu. (...). Olhos de ressaca? Vá, de ressaca. (DC, XXXII. Note-se o valor comparativo da preposição *de* na locução adjetiva com que Bentinho qualifica os olhos de Capitu: "olhos de ressaca", ou seja, semelhantes à ressaca que arrasta "para dentro" aqueles que o fitam. Essa genial caracterização descritiva, uma das metáforas mais criativas da literatura brasileira, contribuiu para celebrizar a figura enigmática da cigana oblíqua e dissimulada).

Quincas Borba mal podia encobrir a satisfação do triunfo. Tinha uma asa de frango no prato, e trincava-a com filosófica serenidade. (BC, CXVII. Depois de convencer Brás Cubas dos princípios de sua doutrina, o Humanitismo, Quincas Borba regala-se "filosoficamente" com uma prosaica asa de frango. Essa mistura do sério com o cômico visa a enfatizar a insanidade mental do "filósofo" e, indiretamente, ridicularizar o Positivismo de Augusto Comte, doutrina que assolava o Brasil de então e cujo princípio (Ordem e Progresso) acabou inserido na nossa bandeira pelos militares positivistas que implantaram a República. Machado, descrente de teorias miraculosas e salvacionistas, usa o extravagante Humanitismo de Quincas Borba para satirizar as ideias do sociólogo francês).

Carlos Maria amava a conversação das mulheres, tanto quanto, em geral, aborrecia a dos homens. Achava os homens declamadores, grosseiros, cansativos, pesados, frívolos, chulos, triviais. (QB, CXVIII. O narrador usou sete adjetivos, todos pejorativos, para qualificar os homens. A opinião é atribuída a Carlos Maria, personagem narcisista e galanteador. Não seria também a do próprio Machado? Afinal, ele era um grande admirador das mulheres).

Era um coqueiro velho, e eu cria nos coqueiros velhos, mais ainda que nos velhos livros. (DC, XII. Machado explora estilisticamente a colocação do adjetivo. Em "coqueiros velhos", o adjetivo posposto ao substantivo, tem valor descritivo, transmitindo a ideia de idade cronológica; em "velhos livros", o adjetivo, anteposto ao substantivo, impregna o grupo nominal de uma conotação afetiva, na qual se subentende: "livros antigos e veneráveis").

Foi um recurso hábil separá-los; um ficava no Rio, estudando Medicina, outro ia para São Paulo, estudar Direito. (...). Era a paz perpétua; mais tarde viria a perpétua amizade. (EJ, XXVI. Não restou a Natividade outra alternativa senão separar os filhos gêmeos Pedro e Paulo, que viviam brigando. Explorando a sintaxe de colocação do adjetivo, Machado enfatiza os anseios de Natividade. Em "paz perpétua", o adjetivo, posposto ao substantivo, tem valor descritivo, e o grupo nominal implica a ideia de paz duradoura, pelo menos enquanto os dois irmãos estivessem distantes um do outro. Em "perpétua amizade", o adjetivo, anteposto ao substantivo, tem valor afetivo, o que empresta à frase o sentido de "amizade permanente", uma aspiração da mãe, desejosa de que, no futuro, os dois filhos vivessem em harmonia).

Quando saí de lá, Faria agradeceu-me, com o seu prazer nasal e surdo, — assim defino as palavras que lhe ouvi, acompanhadas de um fugaz sorriso de cárcere. (MA, 29/10/1888. Esse Faria é um personagem emburrado e esquisito, "nascido para enfadar", um homem que, na festa de seu aniversário, "ria mal, ria sério, ria aborrecido", como o descreve o Conselheiro Aires. Seu prazer "nasal e surdo" é cinzento e abafado; seu sorriso "fugaz e de cárcere" é breve e preso, arrancado a custo, sem espontaneidade. Note-se que os adjetivos *nasal* e *surdo*, da área sensorial, modificam o substantivo abstrato *prazer*, transmitindo ao sintagma nominal uma visualização impressionista. Entre esses dois adjetivos, há também uma relação de causa e efeito. A adjetivação machadiana é precisa e deixa entrever certa impaciência do Conselheiro, homem complacente e cordial, em relação ao enfezado personagem).

O Leandrinho, consternado, pediu desculpa a Eulália. ("D. Benedita", PA. Machado destaca entre vírgulas o adjetivo *consternado*, com o intuito de realçar a noção de qualidade moral atribuída ao personagem).

Adjetivo > Advérbio

Devido à afinidade semântico-sintática entre o adjetivo e o advérbio, pode o adjetivo, identificar-se com o advérbio nos predicados verbais e, sem prejuízo de sua função predicativa, nos predicados verbo-nominais em que aparecem verbos de situação, movimento, aparência e significações análogas, como já era usado, por exemplo, em Camões, *Lus.*, I, 18: "Mas, enquanto este tempo passa *lento*", ou seja, "lentamente". No conto "Suje-se gordo!" (*Relíquias de casa velha*), Machado de Assis usa o adjetivo com valor de advérbio de intensidade: **"Quer sujar-se? Suje-se gordo!"**, isto é, gordamente, roubando uma quantia grossa, e não uma mixaria. É oportuno registrar que o emprego adverbial do adjetivo é um estilema machadiano, pela frequência com que aparece nos textos do autor. Nesses casos, cria-se uma zona limítrofe entre ambas as funções, podendo o adjetivo ser interpretado, ao mesmo tempo, como referente ao sujeito e/ou ao verbo. A ênfase à função adjetiva ou à adverbial vai depender do contexto, dos traços semânticos do adjetivo, das intenções estilísticas do narrador e até mesmo do entendimento do leitor. Em princípio, o critério formal para distinguir o adjetivo do advérbio é a flexão do primeiro e a invariabilidade do segundo, embora essa distinção possa ser desfeita por motivações de ordem prosódica ou estilística.
Para Mário Barreto (1980:264), em frases como "A mercadoria custou *caro*" ou "A mercadoria custou *cara*", o que existe é "adjetivo pela forma, porém advérbio pelo sentido", independentemente da concordância atrativa da palavra *cara* com o sujeito *mercadoria*. Essa doutrina de Mário Barreto se aplica com precisão a frases de predicado verbo-nominal do tipo "Guiomar esperou ansiosa a revelação", em que o termo *ansiosa*, formalmente um adjetivo na função de predicativo do sujeito, não deixa de apresentar afinidade sintático-semântica com o advérbio: a*nsiosamente*. Trata-se de um fato da língua, explorado na estilística da expressão pela argúcia vernácula

de Machado de Assis, sobretudo nos casos de hipálage (v. verbete). Ver também "Enálage" (conversão ou mudança de classe). Passemos à exemplificação.

— **Lembra-se da noite em que a encontrei no Ginásio?**, disse o médico. **Estava preocupada e alheia a tudo. Conversava mal e distraída.** (RE, VII. Note-se o paralelismo sintático existente entre o advérbio *mal* e o adjetivo *distraída*. Ambos desempenham a mesma função: adjunto adverbial de modo, apesar da flexão atrativa do adjetivo, o qual equivale, no caso, ao advérbio *distraidamente*).

Súbito ouço uma voz: — Olá, meu rapaz, isto não é vida! (BC, XXVI. O adjetivo *súbito* equivale a "subitamente, de repente").

O diretor falava pouco, seco e baixo. (QB, XCIII. O advérbio *pouco* indica intensidade. Os adjetivos adverbializados *seco* e *baixo* apresentam noção de modo).

A palavra saía-lhe rápida, séria, digna e comovida. (QB, CXV. Gradação quaternária, num predicado verbo-nominal em que os adjetivos (predicativos do sujeito) apresentam afinidade semântico-sintática com o advérbio, realçando a ansiedade com que Sofia esclarece a Rubião o conteúdo da carta que enviara a Carlos Maria).

Um casal de borboletas (...) acompanhou por muito tempo o passo do cavalo [de Carlos Maria], **volteando aqui e ali, lépidas e amarelas.** (QB, CXXII. Trecho descritivo em que a dupla de adjetivos (*lépidas* e *amarelas*) apresenta valor fronteiriço com o advérbio, apesar de desempenharem a função de predicativo do sujeito. A concordância atrativa com o adjunto adnominal, e não com o núcleo do sujeito (*casal*), realça a cor e os graciosos volteios das duas borboletas).

Repito, [Sofia] **comia bem, dormia largo e fofo.** (QB, CXXXVIII. Subentenda-se: "dormia em colchão largo e fofo". Com a elipse da palavra "colchão", Machado de Assis impregna os adjetivos "largo e fofo" de um traço adverbial: "dormia larga e fofamente". Ao mesmo tempo, cria uma imagem impressionista altamente expressiva. Afinal, o *status* do casal emergente Palha-Sofia era agora largo e fofo, como o colchão em que dormia a bela dama).

Outrossim, [José Dias] **ria largo, se era preciso.** (DC, V. O adjetivo *largo* apresenta nítido valor adverbial, equivalendo a "largamente, expansivamente").

Capitu ria alto, falava alto, como se me avisasse. (DC, LXXV. Outro indiscutível exemplo da passagem do adjetivo a advérbio. Note-se que *alto* foi usado sem flexão, em sua forma neutra, digamos assim).

O pai, com a alma trôpega, falava muito e incoerente. (EJ, LXIX. O advérbio *muito* expressa a noção de intensidade; o adjetivo adverbializado *incoerente* indica a noção de modo. Observe-se que o adjetivo *incoerente* é tão advérbio quanto o *muito*, ao qual está ligado pela conjunção *e*, cujo papel é justamente o de relacionar termos e orações que desempenham a mesma função).

O trem leva a gente de corrida, de afogadilho, desesperado, até à própria estação de Petrópolis. (MA, segunda-feira, antes de 4/2/1888. O adjetivo *desesperado* está em pé de igualdade funcional com as locuções adverbiais *de corrida* e *de afogadilho*. Nessa gradação ternária, prevalece a noção de modo).

Matias sorriu manso e discreto, como devem sorrir os eclesiásticos e diplomatas ("O cônego ou metafísica do estilo", VH. Os adjetivos *manso* e *discreto*, adverbializados, desempenham a função de adjunto adverbial de modo. Por exercerem a mesma função, é que os dois termos se apresentam ligados pela conjunção aditiva *e*).

Estou só, totalmente só, os rumores de fora, carros, bestas, gentes, campainhas e

assobios, nada disto vive para mim. Quando muito o meu relógio de parede, batendo as horas, parece falar alguma coisa, — mas fala *tardo, pouco e fúnebre*. (MA, 30/9/1888. Os dois adjetivos (*tardo* e *fúnebre*) comportam-se como o advérbio (*pouco*), desempenhando os três, respectivamente, a função de adjunto adverbial de tempo, intensidade e modo).

Advérbio

Segundo a tradição gramatical, o advérbio é uma palavra ou expressão de natureza nominal ou pronominal que modifica o verbo expressando uma circunstância de lugar, tempo, modo, etc. Desempenha também o papel de intensificador do adjetivo e do próprio advérbio. Na verdade, o advérbio modifica qualquer classe de palavra, inclusive o substantivo, o pronome e até uma oração inteira (advérbios oracionais).
Certos advérbios, sobretudo os terminados em *-mente*, derivados de adjetivos, funcionam, muitas vezes, como modalizadores (v. "Modalização"), ou seja, denotam uma opinião ou avaliação do falante ou narrador sobre o seu próprio discurso, em frases do tipo: "*Talvez* eu vá à festa hoje"; "*Felizmente* eu acertei a questão". No conto-alegoria "Um apólogo" (*Várias histórias*), Machado de Assis usa o advérbio *muito* modificando o pronome *eu* na seguinte frase da agulha à linha: "Você ignora que quem os cose sou eu, e muito eu?". Esse *muito* (com o sentido de "acima de tudo", "exclusivamente") desempenha, no caso, nítido papel modalizador, por se tratar de uma autoavaliação subjetiva da vaidosa agulha, tentando sobrepor-se à linha, em termos de importância. Walmirio Macedo (1987:111) chama esses modalizadores de advérbios subjetivos: "São aqueles que indicam uma atitude ou um sentimento do sujeito falante relativamente àquilo que ele diz".
Sobre o advérbio, principalmente os modalizadores, recomendamos a leitura do trabalho pioneiro de Walmirio Macedo. Também o saudoso mestre Sílvio Elia (1980:221) escreveu um importante artigo intitulado "Sobre a natureza do advérbio". Recomendamos ainda consultar o substancioso capítulo "O advérbio" na *Gramática de usos do português*, de Maria Helena de Moura Neves (2000:231). A seguir, exemplos colhidos em Machado de Assis.

A primeira das duas mulas que [o preto] conduzia, olhava filosoficamente para ele. (HE, VI. Emprego metafórico do advérbio *filosoficamente*. Seu emprego inusitado comporta um valor comparativo (a mula olhava pensativamente, como um filósofo) e, ao mesmo tempo, irônico: os filósofos, sujeitos introspectivos e pacientes, assemelham-se a mulas ou vice-versa. Note-se a irreverência do humor machadiano).

Ninguém adivinharia nas maneiras finamente elegantes daquela moça [Guiomar], a origem mediana que ela tivera; a borboleta fazia esquecer a crisálida. (ML, v. Observe-se que o sintagma *maneiras finamente elegantes* pode desdobrar-se em "maneiras finas e elegantes". Atente-se também para as implicações autobiográficas contidas na frase "a borboleta fazia esquecer a crisálida", que se aplica ao próprio Machado, luminosa borboleta que um dia foi obscura crisálida).

— E que Humanitas é esse? — Humanitas é o princípio. Mas não, não digo nada, tu não és capaz de entender isto, meu caro Rubião; falemos de outra coisa. — Diga sempre. (QB, VI. Trata-se de um diálogo entre o ensandecido "filósofo" Quincas Borba e Rubião. Note-se o curioso exemplo de uso do advérbio *sempre* com valor próximo do concessivo: "Diga sempre" = Diga, apesar de tudo, diga mesmo assim).

— A senhora é muito mais bela, infinitamente mais bela que a pintura. (QB, LXV. O advérbio *mais* intensifica o adjetivo *bela*, e *muito* e *infinitamente* intensificam o advérbio *mais*).

Pois, francamente, só agora entendia a emoção que me davam essas e outras confidências. (DC, XII. Bentinho recorda, com certo saudosismo, seu namoro adolescente com Capitu. A par do seu papel modalizador, o advérbio *francamente* é um marcador conversacional, dirigido ao leitor, conferindo ao seu discurso um tom coloquial, íntimo e persuasivo).

Como eu buscasse contestá-la, repreendeu-me sem aspereza, mas com alguma força, e eu tornei ao filho submisso que era. Depois, ainda falou gravemente e longamente. (DC, XLI. A reiteração dos advérbios de modo em -*mente* tem valor intensivo, realçando o discurso persuasivo e insistente de D. Glória. Esta, pressentindo que o filho não tinha nenhuma vocação para padre, tenta convencê-lo a seguir a carreira religiosa).

A rua, por mais que José Dias andasse superlativamente devagar, parecia fugir-me debaixo dos pés. (DC, LXVII. O advérbio de intensidade *superlativamente* estabelece uma espécie de paradoxo com o seguinte, *devagar*, se levarmos em conta que a tendência do agregado era para o exagero, para os superlativos hiperbólicos. A construção suscita comicidade, além de enfatizar a lentidão de José Dias, em contraste com a ansiedade de Bentinho para chegar a casa e verificar o estado de saúde de sua mãe, D. Glória, que mandara chamá-lo no seminário, por se sentir meio adoentada).

Capitu trazia sinais de fadiga e comoção, mas tão depressa me viu, ficou toda outra. (DC, LXXXI. Aqui, o pronome indefinido *toda* está sendo usado como advérbio de intensidade, com o sentido de "completamente". Note-se a concordância atrativa do advérbio *toda* com o pronome adjetivo feminino *outra*. Sobre esse tipo de concordância, ver Mário Barreto, 1980:263).

A verdade é que fiquei mais amigo de Capitu, se era possível, ela ainda mais meiga, o ar mais brando, as noites mais claras, e Deus mais Deus. (DC, CVII. O advérbio, ao contrário do que diz a tradição gramatical, é uma palavra que pode modificar todas as outras. Aqui, temos o advérbio de intensidade *mais* como determinante do substantivo próprio *Deus*, como se Machado dissesse: "Deus ficou mais divino". Além disso, em "mais Deus", existe uma simetria sintática com os demais sintagmas em que esse advérbio aparece modificando adjetivos).

Não havia meio de esquecer inteiramente a mão de Sancha nem os olhos que trocamos. Agora chamava-lhe isto, agora aquilo. (DC, CXVIII. Note-se este uso atemporal do advérbio *agora*, associado ao verbo *chamar* no pretérito imperfeito narrativo. Atente-se também para o valor próximo do alternativo, com que o advérbio foi empregado, equivalente a: "ora isto, ora aquilo").

Mas não sei que senti que me fez recuar. Pus a xícara em cima da mesa, e dei por mim a beijar doidamente a cabeça do menino. (DC, CXXXVIII. Este *doidamente* é outro advérbio-chave para se compreender a personalidade de Bentinho. É que, poucos minutos antes, ele tinha planejado matar o pequeno Ezequiel, dando-lhe veneno na xícara de café. Personalidade fragmentada, Bentinho se arrepende e começa a beijar a cabeça do menino, como um doido. Não foi por acaso que Machado de Assis pôs esse advérbio modalizador na pena do esquizofrênico narrador).

Sou, porém, obrigado a elas [as repetições], porque sem elas a nossa Flora seria menos Flora, seria outra pessoa que não conheci. (EJ, CIII. Note-se este uso estilístico do advérbio de intensidade *menos* como determinante de um substantivo em função predicativa. Como modalizador, esse advérbio expressa a opinião do Conselheiro Aires sobre a personagem Flora).

Posto levassem os jornais consigo, não leram claramente nem seguidamente. (EJ,

CVI. A repetição do sufixo -*mente* nos dois advérbios enfatiza as ações individuais dos gêmeos Pedro e Paulo. Preocupados com o precário estado de saúde de Flora, os dois não conseguem fixar a atenção nos jornais, deixando de ler de forma clara e contínua).

Olhava para a consorte, como avivando o programa da viagem que iam fazer, e seguiram pela rua abaixo com a mesma graça vagarosa. (MA, 11/6/1889. Em vez de dizer que Tristão e Fidélia seguiam vagarosos, ou vagarosamente, pela rua abaixo, o Conselheiro Aires desloca o adjetivo *vagarosa* para junto do substantivo *graça*, enfatizando com essa hipálage o caminhar (na verdade, o passeio), lento e gracioso dos recém-casados Tristão e Fidélia pela rua do Ouvidor. O adjunto adverbial "com a mesma graça vagarosa" expressa uma impressão pessoal do Conselheiro, que a justifica dizendo que tudo era "obra do casamento e da felicidade").

Vindo agora pela rua da Glória, dei com sete crianças, meninos e meninas, de vário tamanho, que iam em linha, presas pelas mãos. (MA, 9/9/1888, à tarde. O Conselheiro Aires só fez esta anotação depois de chegar a casa, tanto assim que os verbos descritivos encontram-se no passado: *dei* e *iam*. O próprio gerúndio *Vindo* (quando vinha) inicia uma oração reduzida temporal. Aires, no entanto, usou o advérbio *agora*, como se tivesse as crianças diante dos seus olhos, naquele exato momento em que escrevia no seu diário. Note-se, neste exemplo, a valorização da memória afetiva por meio de um recurso da língua portuguesa: o emprego atemporal do advérbio *agora*).

Africanismos

Substrato linguístico transmitido ao português do Brasil pelo dialeto semicrioulo falado pelos escravos. Os africanismos, ao contrário dos tupinismos, têm pouca representatividade na nossa língua literária do século XIX, apesar de, na época, já estarem, em sua maioria, incorporados à língua corrente. Sobre o assunto, recomendamos a leitura de *Falares africanos na Bahia (um vocabulário afro-brasileiro)*, de Yeda Pessoa de Castro (2005).

Em Machado de Assis, o emprego de uns poucos termos de origem africana restringe-se ao vocabulário de uso geral empregado na fala dos personagens ou no próprio discurso do narrador. Escritor urbano, Machado reflete nesses africanismos as relações domésticas e familiares existentes entre os senhores e as sinhás e seus escravos, no trato cotidiano com esses serviçais da casa. Nos exemplos a seguir, destacamos em itálico os termos de origem africana.

Tais eram as suas reflexões quando a *mucama* lhe veio trazer a carta de Félix. (RE, XXI).

Veio o *moleque* abrir-lhe a porta. (RE, XXII).

— Anda visitando os defuntos? disse-lhe eu. — Ora, defuntos! respondeu Virgília com um *muxoxo*. (BC, VI).

— É um vadio e um bêbado muito grande. Ainda hoje deixei ele na *quitanda*, enquanto eu ia lá embaixo na cidade, e ele deixou a *quitanda* para ir na venda beber. (BC, LXVIII).

Marcela (...) queixou-se do calor, e mandou vir um copo de *aluá*. (BC, XVII).

Falava bem; — mas, quando calava, era por muito tempo; dizia que eram os seus "*calundus*". (QB, LXVIII).

A verdade não saiu, ficou em casa, no coração de Capitu, *cochilando* o seu arrependimento. (DC, XLVII).

Lá dentro, a voz do caboclo velho ainda uma vez continuava a cantiga do sertão: Trepa-me neste coqueiro,/ Bota-me os cocos abaixo. (...)/ Quebra coco, sinhá,/ Lá no cocá,/ Se te dá na cabeça,/ Há de rachá;/

Muito hei de me ri,/ Muito hei de gostá,/ Lelê, cocô, naiá. (EJ, I. Nestes versos do folclore sertanejo, cantados pelo pai da cabocla do morro do Castelo, Machado documenta o dialeto semicrioulo falado pelos nossos escravos ou por seus descendentes, o que devia ser o caso desse caboclo velho. Note-se a apócope das consoantes finais, em palavras como *sinhá* (feminino analógico de *sinhô*, redução de *senhor*), *cocá* (cocar), *rachá* (rachar), *ri* (rir), *gostá* (gostar), uma das características fonéticas dessa modalidade de língua oral. Repare-se também nos termos de origem africana: *lelê*, "bolo de milho e leite de coco, assado no forno", segundo Yeda Pessoa de Castro (2005:264); e *naiá*, talvez uma variante de *naná*, "mãe, avó maternal", ou de *iaiá*, "sinhá", ainda segundo Yeda Pessoa, p. 296; O termo *cocô*, em vez de *coco*, deve ser uma solução prosódica, em consonância com os demais vocábulos oxítonos).

A gente (valores, emprego)

A locução *A gente* é usada por Machado de Assis com o sentido de "família", podendo também equivaler a "pessoas", daí seu sentido vago e coletivo. Pode ainda ser empregada com valor de pronome pessoal (*nós, nos*) ou indefinido (*alguém*), casos em que adquire um sentido genérico que se aproxima da indeterminação semântica do sujeito.

Na vida, o olhar da opinião, o contraste dos interesses, a luta das cobiças obrigam *a gente* [nos obrigam, obrigam as pessoas] a calar os trapos velhos, a disfarçar os rasgões e os remendos. (BC, XXIV).

Mas, na morte, que diferença! que desabafo! que liberdade! Como *a gente* pode [nós podemos] sacudir fora a capa, (...) confessar lisamente o que foi e o que deixou de ser! (BC, XXIV).

O trem leva *a gente* [leva as pessoas, nos leva] de corrida, de afogadilho, desesperado, até à própria estação de Petrópolis. (MA, segunda-feira, antes de 4/2/1888).

Não repeti *à gente* [família] Aguiar o que a seu respeito ouvi à viúva Noronha. (MA, 29/5/1888).

Já não sou deste mundo, mas não é mau afastar-se *a gente* da praia, com os olhos n*a gente* que fica. (MA, 15/5/1889. Pensamos que, neste caso, *a gente* apresenta um sentido próximo de "as pessoas". A frase é do Conselheiro Aires e estabelece um contraste entre os que se afastam "da praia", isto é, da vida, por velhice ("Já não sou deste mundo") ou por morte, e os que ficam, ou seja, os que permanecem na vida, com seus sonhos e esperanças, como os jovens recém-casados Tristão e Fidélia).

A alma *da gente* dá vida às coisas externas. (MA, 26/5/1889. A locução *da gente* equivale a um pronome possessivo: "A nossa alma", a do narrador e a do leitor).

E [Tristão] acrescentou algumas palavras de louvor, cálidas, sinceras decerto, que a viúva apreciou consigo naturalmente; não as contestou, também não sorriu como sucede quando *a gente* [alguém] aprova interiormente uma coisa que lhe vai bem com a alma. (MA, 11/11/1888).

Nem custa muito *a gente* elogiar-se a si mesma. (MA, 8/9/1888. Entenda-se: "nós nos elogiarmos a nós mesmos").

Agradecer

Machado de Assis adota, no emprego deste verbo, a regência tradicional: com objeto indireto de pessoa e direto de coisa.

Procópio Dias agradeceu-lhe a simpatia e o obséquio. (IG, XII. Objeto indireto de pessoa (*lhe*) e direto de coisa: *a simpatia e o obséquio*).

Quando ele saiu, um e outro agradeceram-lhe muito o benefício da salvação do filho. (QB, LX. Obj. indireto: *lhe*; obj. direto: *o benefício...*).

Ouvi missa; ao levantar a Deus, agradeci a vida e a saúde de minha mãe. (DC, LXIX. Aqui, aparece apenas o objeto direto (*a vida e a saúde de minha mãe*), estando o indireto (*lhe*) elíptico).

Anglicismos

Empréstimos lexicais tomados à língua inglesa não são tão frequentes em Machado de Assis quanto os galicismos (v.). Estes se devem à avassaladora influência cultural e literária exercida pela França sobre os escritores brasileiros do tempo de Machado e até mesmo meados do século XX. Sobre as influências dos autores ingleses na obra machadiana, recomendamos a proveitosa leitura do livro de Eugênio Gomes (1976), citado em nossa bibliografia.
Vejamos alguns exemplos de anglicismos.

O Cassino abria os seus salões, como os abria o *Club*, como os abria o Congresso, todos três fluminenses no nome e na alma. (ML, II. Machado usa o anglicismo no original. Talvez no seu tempo ainda não fosse de uso corrente a forma aportuguesada: *clube*).

E foi assim que cheguei à cláusula dos meus dias; foi assim que me encaminhei para o *undiscovered country* de Hamlet. (BC, I. Alusão ao Ato III, cena I da peça *Hamlet* de Shakespeare. É um monólogo em que o protagonista pronuncia a célebre frase "*To be or not to be: that's the question*" (Ser ou não ser: eis a questão). O "*undiscovered country from which no traveller returns*" é o reino da morte, de onde nenhum viajante retorna, exceto o pai do próprio Hamlet e, naturalmente, o nosso Brás Cubas, pela psicografia ficcional de Machado de Assis).

Assim se explicam a minha estada debaixo da janela de Capitu e a passagem de um cavaleiro, um *dandy*, como então dizíamos. (DC, LXXIII. O termo já está aportuguesado: *dândi*. Significa "homem elegante", em bom português, um almofadinha).

Em casa dele reuniam-se à noite alguns íntimos da vizinhança, e às vezes de outros bairros; jogavam o voltarete ou o *whist*, falavam de política. ("Galeria póstuma", *HSD*. Num tempo em que não havia rádio nem televisão, as pessoas se distraíam, à noite, em reunião familiar, jogando, dentre outros jogos de cartas, o voltarete e o *whist* (uíste). No primeiro, cada um dos três parceiros recebe nove cartas; no segundo, formam-se duas duplas de jogadores, cabendo treze cartas para cada jogador, num total de cinquenta e duas cartas. Parece que no tempo de Machado o anglicismo *whist* ainda não estava aportuguesado, pois ele usou o termo no original, em inglês).

Aposto

Termo acessório da oração. Apresenta natureza substantiva e sua função é explicar ou explicitar o termo antecedente (substantivo ou pronome) a que se refere. Costuma ser pronunciado com uma ligeira pausa, representada, na escrita, por vírgulas, travessões ou parênteses.
O aposto enumerativo costuma vir depois de dois-pontos, mas Machado de Assis prefere usar vírgula ou ponto e vírgula. O aposto designativo especifica ou designa nomes de ruas, pessoas, obras, marcas, estabelecimentos comerciais ou instituições. Sobre a diferença entre aposto designativo e adjunto adnominal, ver Rocha Lima (1992:256). Quanto ao aposto resumitivo, este é geralmente introduzido por um pronome indefinido. Nos exemplos a seguir, destacamos em itálico os casos de aposto.

a) *Especificativo* (ou designativo)

Encarei-o bem; era o meu gato *Sultão, que brincava à porta da alcova com uma bola de papel...* (BC, VII. O nome do gato é um aposto designativo. O gato e a bola de papel podem ser entendidos, alegoricamente, como o destino e o homem).

Esta ideia, rútila e grande, — trajada ao bizarro, como diria o padre *Bernardes,* — esta ideia começou uma vertigem de cabriolas. (BC, LIX. Aqui, o aposto é um nome de pessoa).

— A botica era na Rua *de S. José,* ao desembocar na *da Misericórdia...* (QB, XXXIV. Note-se a preposição *de* antes do nome da rua, hoje em desuso. Conservou-se apenas em alguns poucos casos: rua da Constituição, rua da Alfândega).

Levantada a cortina, Custódio leu: "*Confeitaria do Império*". (EJ, LXII. A locução apositiva *do Império* designa o nome da confeitaria pertencente a Custódio, um vizinho do Conselheiro Aires. Após a queda da Monarquia, o cauteloso confeiteiro, com medo de represálias, resolveu mudar o título para "Confeitaria da República". O Conselheiro, com sua manha de velho diplomata, sugere um título neutro: "Confeitaria do Catete", ou simplesmente, "Confeitaria do Custódio". Toda essa história de troca de tabuletas não passa de uma sátira dissimulada de Machado à mudança de regime político, ocorrida em 15/11/1889. Sobre o assunto, ver o verbete "História do Brasil". Sobre a possibilidade de se considerar a locução *do Império* como adjunto adnominal, esclarece Bechara (2005:108): "Ambas as possibilidades são perfeitamente aceitáveis". A nosso ver, trata-se de um aposto especificativo).

b) *Enumerativo*

Estácio possuía estas duas coisas, *a retratação do erro e a generosidade do perdão*. (HE, X. Machado usa vírgula, em vez de dois-pontos, para separar o aposto enumerativo do termo antecedente).

Nascera [Maria Benedita] na roça e gostava da roça. (...). A educação foi sumária: *ler, escrever, doutrina e algumas obras de agulha.* (QB, LXIV. O aposto enumerativo relaciona as prendas domésticas da personagem. Note-se o emprego de dois-pontos antes do aposto, um dos poucos casos em que isto acontece, pois o normal é Machado usar ponto e vírgula).

Sofia acostumava habilmente a prima [Maria Benedita] às distrações da cidade; *teatros, visitas, passeios, reuniões em casa, vestidos novos, chapéus lindos, joias.* (QB, LXVIII. Esse aposto enumerativo dá conta da vida social na Corte no tempo de Machado de Assis. Repare-se também na pontuação de Machado: ele prefere usar ponto e vírgula, e não dois-pontos, para introduzir esse tipo de aposto, como se faz atualmente).

Chegou a hora de sair o enterro [do Freitas]; *as despedidas da mãe foram dolorosas; beijos, soluços, exclamações, tudo de mistura, e lancinante.* (QB, CI. Exemplo de aposto desdobrado, espécie de aposto do aposto: enumerativo em "beijos, soluços, exclamações"; resumitivo a partir do pronome indefinido *tudo*. Observe-se que o aposto enumerativo é introduzido por ponto e vírgula, e não por dois-pontos).

Palha era agora o depositário dos títulos de Rubião (*ações, apólices, escrituras*), que estavam fechados na burra do armazém. (QB, CVIII. O aposto enumera a natureza dos títulos de Rubião. Observe-se que o aposto foi usado entre parênteses).

Não havia muita gente no Flamengo. Os quatro, — *casal Aguiar, Tristão e Fidélia* (não conto o desembargador, que estava jogando), — os quatro pareciam viver de uma novidade recente e desejada. (MA,

25/1/1889. Note-se que o aposto enumerativo encontra-se entre travessões).

Estou só, totalmente só, os rumores de fora, *carros, bestas, gentes, campainhas e assobios*, nada disto vive para mim. (MA, 30/9/1888. Observe-se que os termos em itálico enumeram e explicitam quais são os "rumores de fora").

c) *Explicativo*

Além disso, [Camargo] amava sobre todas as coisas e pessoas uma criatura linda, — *a linda Eugênia*, como lhe chamava, — *sua filha única e a flor de seus olhos*. (HE, I. Aposto explicativo desdobrado, uma espécie de aposto do aposto).

Creio que por então é que começou a desabotoar em mim a hipocondria, *essa flor amarela, solitária e mórbida*. (BC, XXV. Aposto metafórico para explicar o sentido de *hipocondria*. Note-se o emprego do adjetivo *mórbida*, que tem a ver com a etimologia do substantivo *hipocondria*: "preocupação obsessiva com doenças").

Positivamente era um diabrete, Virgília, *um diabrete angélico*, se querem, mas era-o. (BC, XLIII. O sintagma *diabrete angélico* é um aposto na função de predicativo amplificado do predicativo *diabrete*. Neste caso, o pronome *o* retoma o predicativo apositivo).

Acudiu à memória do Rubião que o Freitas, — *aquele Freitas tão alegre*, — estava gravemente enfermo. (QB, LXXXV. O Freitas era um dos comensais à mesa farta de Rubião. Este aposto explicativo tem a finalidade de refrescar a memória do leitor. Note-se o uso do pronome demonstrativo *aquele* como dêitico temporal).

Mas é tempo de tornar àquela tarde de novembro, *uma tarde clara e fresca*. (DC, VIII. Com esse aposto, Dom Casmurro retoma o *flashback* interrompido no capítulo III de sua narrativa memorialista).

A insônia, *musa de olhos arregalados*, não me deixou dormir uma longa hora ou duas. (DC, LV. Machado de Assis oferece ao leitor uma poética definição de insônia, nesse aposto chegado a alegoria: "musa de olhos arregalados").

d) *Resumitivo* (ou recapitulativo)

Perdoem-lhe [a Sofia] esse riso. Bem sei que o desassossego, a noite mal passada, o terror da opinião, *tudo* contrasta com esse riso inoportuno. (QB, LIII. O pronome indefinido *tudo* é um aposto resumitivo das informações que foram mencionadas antes. Repare que a forma verbal *contrasta* encontra-se no singular, concordando com o referido aposto).

Não era o negócio que o afligia, mas os cumprimentos que fez, as desculpas que pediu, as atitudes subalternas, *um rosário de atos sem proveito*. (QB, XCVI. O aposto resume as ações bajulatórias e inúteis que um certo diretor de banco havia feito a um ministro que o recebera friamente).

Estou só, totalmente só, os rumores de fora, carros, bestas, gentes, campainhas e assobios, *nada* disto vive para mim. (MA, 30/9/1888. O pronome indefinido *nada* resume ou recapitula o aposto enumerativo "carros, (...), assobios". É uma espécie de aposto do aposto).

Arabismos

Palavra ou expressão de origem árabe incorporada ao português como adstrato linguístico, em decorrência da presença dos conquistadores muçulmanos em Portugal, do século VIII ao XII, quando se completou a Reconquista cristã dos territórios dominados pelos mouros. Aliás, em *Os Lusíadas*, Camões deixa bem claro que os grandes inimigos de Portugal eram os árabes.

Sobre o assunto, recomendamos a leitura do *Vocabulário português de origem árabe*, de José Pedro Machado, Lisboa, Editorial Notícias, 1991. Ver também Ismael de Lima Coutinho (1976:192). Nos romances machadianos pesquisados, encontramos poucos exemplos de arabismos, abaixo destacados em itálico.

Era o meu gato *Sultão*, que brincava à porta da *alcova* com uma bola de papel. (BC, VII).

O *almocreve* salvara-me talvez a vida. (BC, XXI. O termo *almocreve* significa "condutor de bestas de carga, arrieiro").

Fui aos *alforjes* e durante esse tempo cogitei se não era excessiva a gratificação. (BC, XXI).

E isto basta a explicar a vigília; era despeito, um despeitozinho agudo como ponta de *alfinete*. (BC, XLIV).

De manhã, na cama, teve um sobressalto. O primeiro jornal que abriu foi a *Atalaia*. (QB, LXVII).

Quando ali cheguei, dei com ela na sala, na mesma sala, sentada na marquesa, *almofada* no regaço. (DC, XXXVI).

Os vereadores (...) votaram uma petição ao vice-rei para que mandasse dar um mês de soldo aos dragões, "cujo denodo salvou Itaguaí do abismo a que o tinha lançado uma *cáfila* de rebeldes". ("O alienista", VII, PA. O arabismo *cáfila* designa o coletivo (ou caravana) de camelos. Neste exemplo, trata-se de uma metáfora de cunho pejorativo, empregada pelo vereador Sebastião Freitas, autor da frase, para insultar aqueles que se haviam revoltado contra o alienista Simão Bacamarte. Lembremos que essa palavra é usada em expressões do tipo "cáfila de bandidos, de assaltantes", ou seja, bando de malfeitores).

Arcaísmos

Palavras ou expressões em desuso no português de nossos dias. Os arcaísmos refletem fases anteriores da língua e podem ser lexicais ou sintáticos. Machado de Assis, cioso das tradições clássicas da língua portuguesa, gosta de explorar estilisticamente os seus arcaísmos. Não tanto quanto os românticos, que, na sua busca de evasão no tempo e no espaço, recorreram com certa frequência a termos arcaicos, como fez Gonçalves Dias no poema *Sextilhas de Frei Antão*, em que o poeta maranhense apresenta um extenso repertório de arcaísmos de diferentes fases da língua.

Sobre o assunto, recomendamos consultar a *Gramática histórica*, de Ismael de Lima Coutinho (1976:210) e *Textos quinhentistas*, de Sousa da Silveira, Rio, Fundação Getúlio Vargas, 1971. Vejamos os dois tipos de arcaísmos encontrados em Machado de Assis.

a) *Arcaísmos lexicais*

Helena praticava de livros ou de alfinetes, de bailes ou de arranjos de casa, com igual interesse e gosto. (HE, IV. *Prática* e *Praticar* têm o sentido de "conversa, conversar", como se vê em Camões, *Lus.*, X, 5: "Mil práticas alegres se tocavam". O nosso Gonçalves Dias usou este verbo na 4.ª sextilha do seu *I-Juca-Pirama*: "Os velhos sentados praticam d'outrora").

Não digo que se carpisse. (BC, I. O defunto autor Brás Cubas está se referindo a uma possível reação de Virgília após a sua morte. Esse verbo *carpir-se* (chorar convulsamente, "lamentar desgrenhando os cabelos, desfigurando o rosto", segundo Nascentes, 1981:164), de sabor arcaico, remete ao estilo sublime e grandiloquente dos textos bíblicos. Lembremos que as antigas carpideiras eram profissionais do fingimento, pagas para chorar durante os funerais. Brás Cubas, que conhecia muito bem o caráter de sua ex-amante, deve ter usado esse verbo com intenção irônica).

Vive o pai, o Cotrim, um sujeito que... Mas não antecipemos os sucessos. (BC, III. Machado usou o termo *sucesso* com o sentido antigo de "acontecimento, fato", tal como se lê em Camões, *Lus.*, IX, 78: "E notarás, no fim deste *sucesso*,/ 'Tra la spica e la man qual muro he messo'". Atualmente, *sucesso* significa "resultado positivo, triunfo").

Essas camadas mereceriam um capítulo, que eu não escrevo, por [para] não alongar a narração. (BC, LXXXVII. O emprego da preposição *por* com sentido de finalidade é um arcaísmo que remonta a Camões, *Lus.*, V, 54: "Contudo, por livrarmos o oceano/ De tanta guerra, eu buscarei maneira").

— Saiba que na política o celibato é uma remora [obstáculo, empecilho]. (BC, CXXIII. Palavras de Cotrim, cunhado de Brás Cubas, aconselhando-o a se casar antes de concorrer a uma vaga de deputado. Por trás desse arcaísmo de base latina (*remora*), está Machado de Assis, pois é difícil imaginar tal palavra na boca do personagem Cotrim, um homem grosseiro, traficante de escravos, pouco afeito a sutilezas linguísticas e literárias).

Há um moleque que o lava todos os dias em água fria, usança do diabo, a que ele [o cão Quincas Borba] se não acostuma. (QB, VIII. Com o sentido antigo de "costume, hábito", o termo *usança* aparece com frequência em Camões, como, por exemplo, em *Lus.*, II, 81: "Que bárbaro costume e usança feia").

Olhou para as calças de brim surrado e o rodaque cerzido, e notou que até há pouco fora, por assim dizer, um exterminado, uma bolha; mas que ora não, era um vencedor. (QB, XVIII. Machado emprega o advérbio *ora* com o sentido quinhentista de *agora*. Este sentido encontra-se em Camões, *Lus.*, X, 107: "Já chamado Cori, que Taprobana/ (Que ora é Ceilão) defronte tem de si". Com o mesmo sentido, aparece em Gonçalves Dias, na 4.ª sextilha de *I-Juca-Pirama*: "No centro da taba se estende um terreiro/ Onde ora se aduna o concílio guerreiro").

— Pois não se lembra da carta que achei, mandada por ela ao tal gamenho? (QB, CXV. O termo *gamenho* é depreciativo. Significa "indivíduo janota, malandro, vadio").

D. Fernanda possuía, em larga escala, a qualidade da simpatia; amava os fracos e os tristes, pela necessidade de os fazer ledos e corajosos. (QB, CXVIII. O adjetivo *ledos* significa "alegres, contentes". É usado com frequência por Camões, como, por exemplo, em *Lus.*, II, 89: "E assi ledos a noite festejavam". Também aparece em sua lírica, como se vê no primeiro verso do conhecido soneto: "Aquela triste e leda madrugada").

Minha mãe assoou-se sem responder. Prima Justina creio que se levantou e foi ter com ela. Seguiu-se um alto silêncio, durante o qual estive a pique de entrar na sala. (DC, III. O adjetivo *alto* tem aqui o sentido antigo de "profundo", com que foi empregado por Camões, *Lus.*, V, 18: "Não menos foi a todos excessivo/ Milagre, e coisa, certo, de alto espanto/ Ver as nuvens, do mar com largo cano,/ Sorver as altas águas do oceano").

Foi o que vi logo à chegada, e mais os olhos e os cabelos pretos; o resto veio vindo pela noite adiante, até que ela foi embora. Não era preciso mais para completar uma figura interessante no gesto e na conversação. (MA, 25/1/1888. Nesta passagem, o termo *gesto* parece ter o antigo sentido de "aparência" ou "rosto". Camões o emprega inúmeras vezes, como, por exemplo, em *Lus.*, II, 34: "E, como ia afrontada do caminho,/ Tão fermosa no gesto se mostrava/ Que as estrelas e o céu e o ar vizinho/ E tudo quanto a via, namorava.". Ou ainda no conhecido episódio de Inês de Castro, *Lus.*, III, 127: "Ó tu, que tens de humano o gesto e o peito (...),/ A estas criancinhas tem respeito").

b) *Arcaísmos sintáticos*

O coração [de Estela] começou de bater com a celeridade e a violência das grandes febres. (IG, XIII. A locução verbal incoativa *começar de* + *infinitivo*, embora ainda estivesse em uso na língua literária no tempo de Machado de Assis, provavelmente já era sentida como um arcaísmo sintático. No português contemporâneo, emprega-se a preposição *a*, como o próprio Machado o fez no seguinte passo do MA, 17/7/1889: "Levei-o até à escada, que ele começou a descer vagarosamente").

Quantas ideias finas me acodem então! Que de [quantas] reflexões profundas! (DC, LIX. Usado em frases exclamativas, com valor intensivo, *que de*, com o sentido de "quantos, quantas", encontra-se em completo desuso no português atual, mesmo na língua literária, o que lhe confere um ar de arcaísmo sintático. Leitor dos autores portugueses, Machado gostava de impregnar sua frase com essas reminiscências da língua clássica. No exemplo acima, note-se o contraste com a forma *quantas*, de uso corrente. Gladstone Chaves de Melo (1992:115) apresenta diversos exemplos do uso de *que de* em autores clássicos, como Bernardes e Castilho, além dos arrolados em Gonçalves Dias, objeto de sua pesquisa).

Já meu cunhado dizia que era seu costume dela, quando queria alguma coisa. (MA, 12/1/1888. A expressão de reforço *dela* desfaz a ambiguidade no emprego do pronome possessivo *seu*, que tanto poderia referir-se ao cunhado, quanto à mana Rita. Trata-se de expressão pleonástica usada no período arcaico da língua e preservada na prosa clássica portuguesa).

Artigo definido

Palavra gramatical variável (*o, a, os, as*) usada sempre em próclise, ou seja, antes do substantivo. Sua função é distinguir os nomes, individualizá-los dentro do contexto frasal, daí o seu papel eminentemente dêitico ou demonstrativo (aliás, é esta a sua origem em latim). Compare: "*Um* aluno chegou atrasado" (um aluno qualquer, desconhecido); "*O* aluno chegou atrasado" (aquele aluno específico, conhecido).

O artigo é um marco de classe, pois toda palavra que ele determina converte-se em substantivo, com as implicações semânticas e estilísticas daí decorrentes (v. o verbete "Substantivação"). A esse respeito, ouçamos as palavras de Walmirio Macedo (1987:100): "É, pois, o artigo que exerce o principal papel nominalizador. É ele que substantiva. É ele que, com maior nitidez, indica o gênero e o número. É o grande gramaticalizador do substantivo".

Sobre o emprego e os valores estilísticos do artigo, recomendamos a leitura do capítulo correspondente em Celso Cunha (1994:221). Vejamos alguns exemplos do emprego do artigo definido na frase machadiana.

a) *Antes de nome personativo* (implica a noção de intimidade, afetividade ou de símbolo de classe)

Esta ideia, rútila e grande, — trajada ao bizarro, como diria *o* padre Bernardes, — esta ideia começou uma vertigem de cabriolas e eu deixei-me estar com os olhos nela, a achar-lhe graça. (BC, LIX. Referência ao padre Manuel Bernardes (1644-1710), escritor sacro do Barroco português, de estilo direto e incisivo em seus textos moralistas. A presença do artigo definido antes da palavra *padre* realça a intimidade de Machado de Assis com os textos do autor).

Força é confessar que é muito melhor voltar à casa da Gamboa; deixemos *os* Romualdos e *os* Prudêncios. (BC, LXIX.

Os substantivos próprios no plural, precedidos do artigo, simbolizam toda uma classe de pessoas, no caso, os loucos — Romualdos — e os ex-escravos recalcados — Prudêncios).

Virgília se desfazia toda em afagos ao velho parente. Ela ia recebê-lo à porta, falando e rindo, tirava-lhe o chapéu e a bengala, dava-lhe o braço e levava-o a uma cadeira, ou *à* cadeira, porque havia lá em casa a "cadeira do Viegas". (BC, LXXXVIII. Note-se a diferença entre os artigos indefinido ("*uma* cadeira") e definido ("*a* cadeira do Viegas"), sendo este usado, no caso, para enfatizar a importância que Virgília atribuía ao velho parente, na esperança de que este, antes de morrer, se lembrasse dela no testamento. Pois se esqueceu inteiramente).

— É uma felicidade que *o* Batista seja nomeado e leve a filha daqui, disse ela. (EJ, LIX. A frase é de Natividade em conversa com o Conselheiro Aires. O artigo antes do nome próprio denota a intimidade da mãe dos gêmeos com o pai de Flora, o político Batista. A presença da moça acirrava a rivalidade entre os dois irmãos, e Natividade preferia vê-la afastada dos filhos).

Vi hoje *o* Tristão descendo a rua do Ouvidor com *o* Aguiar. (MA, 27/7/1888. Outro exemplo do emprego do artigo definido antes de nome personativo, para demonstrar intimidade e, mais que isto, afetividade. Afinal, Tristão e Aguiar são pessoas com quem o Conselheiro Aires mantém afetuosas relações de amizade).

b) *Antes de pronome adjetivo possessivo* (Machado demonstra certa preferência pelo uso do possessivo acompanhado do artigo definido, com função identificadora, provavelmente para realçar a ideia de posse)

Todo aquele reviver das coisas parecia estar pedindo uma igual aurora nas almas. Estas é que deviam falar ali *a sua* língua delas, amorosa e cândida. (ML, III. Note-se o pleonasmo em "a sua língua delas").

Agradeci-lho de joelhos. Tinha achado *a minha* Marcela dos primeiros dias, e disse-lho. (BC, XVII. A presença do artigo antes do pronome enfatiza a posse e individualiza a personagem).

— Mulher, eis aí *o teu* filho! Filho, eis aí *a tua* mãe! (DC, XCIX. Quando Bentinho voltou bacharel, sua mãe, D. Glória, "quase estalou de felicidade". José Dias não podia perder essa oportunidade e, dirigindo-se à mãe e ao filho, adapta, a seu modo, a frase do Cristo, em sua hora extrema, como se lê no Evangelho de João, 19:26-27: *Mulier ecce filius tuus.* (...). *Ecce mater tua*. A presença do artigo antes do pronome reforça a ideia da posse mútua, além de conferir um tom grandiloquente à frase do pernóstico agregado).

Fomos jantar com *a minha* velha. Já lhe podia chamar assim, posto que *os seus* cabelos brancos não o fossem todos nem totalmente. (DC, CXV. Bentinho refere-se à sua mãe, e o artigo antes dos possessivos reforça a ideia afetiva de posse).

E ali vinha este velho camareiro da humanidade, que os pagãos chamaram Morfeu, e que a pagãos e cristãos, e até a incréus fecha os olhos com *os seus* eternos dedos de chumbo. (MA, 24/6/1888. A presença do artigo reforça o valor remissivo do possessivo *seus*. Nota-se também nesse artigo *os* certo valor demonstrativo: "*os seus* eternos dedos de chumbo" = "aqueles seus eternos dedos de chumbo").

c) *Com valor demonstrativo* (dêitico ou mostrativo)

Da comissão das Alagoas viam-se algumas damas; via-se mais o diretor do banco, — *o* [aquele] da visita ao ministro. (QB, CXV. Aqui, artigo e pronome demonstrativo se confundem na indicação dêitica. A maioria dos autores prefere classificar o *o*, antes de preposição, como pronome demonstrativo).

— Não, não faço nada; não dou *os* [esses] **dez contos, atalhou fogosamente o Palha.** (QB, CVIII. Entenda-se: "Não dou esses dez contos que você acabou de pedir". Resposta do Palha a um pedido de Rubião, o sócio perdulário).

— **Bem, agora é tarde, amanhã levo-lhe** *os* [esses] **dez contos.** (QB, CVIII. Palha acaba cedendo ao pedido de Rubião. Repete-se, em sua resposta, o valor demonstrativo do artigo: "*os* dez contos", ou seja, "esses dez contos que você insiste em desperdiçar").

— **Pois não se lembra** *da* [daquela] **carta que achei, mandada por ela ao tal gamenho?** (QB, CXV. O artigo *a* tem valor de dêitico temporal).

Além do Campos, jantou lá um Padre Bessa, *o* [aquele] **que batizou Tristão.** (MA, 31/7/1888. Outro exemplo em que artigo definido e pronome demonstrativo se confundem na função dêitica. A maioria dos autores prefere classificar o *o*, antes do relativo *que*, como pronome demonstrativo).

Não quero acabar *o* [este] **dia de hoje, sem escrever que tenho os olhos cansados, acaso doentes.** (MA, 21/8/1888. O valor dêitico do artigo *o* é reforçado pela locução *de hoje*).

d) *Com valor possessivo* (designativo de relações afetivas, de parentesco ou de partes do corpo)

— **Anda, disse ele; pergunta a D. Marcela como passou a noite. Estava ansiosa por vir cá, mas** *a* [sua] **mãe não tinha podido vesti-la...** (BC, XXXIX).

Para dizer tudo, devo confessar que *o* [meu] **coração me batia um pouco.** (BC, XL).

Na estação de Vassouras, entraram no trem Sofia e *o* [seu] **marido, Cristiano de Almeida e Palha.** (QB, XXI).

— **Tinha-me esquecido, confesso; mas ando com tanta coisa n***a* [na minha] **cabeça...** (QB, CXV).

Cingido e apertado o colete, diante do espelho, acomodou *os* [seus] **seios com amor.** (QB, CXV).

Capitu (...) puxou d*o* **filho** [do seu filho] **e saíram para a missa.** (DC, CXXXIX. O ciumento Bentinho acha que Ezequiel não é seu filho, e o artigo definido enfatiza essa suspeita do narrador, como se ele dissesse: "Capitu puxou seu filho dela, mas não meu").

Contou-me [Fidélia], **sim, que as pazes com** *o* [seu] **pai estarão concluídas daqui a pouco.** (MA, 9/6/1888).

e) *Depois do pronome indefinido todo* (confere ao sintagma a ideia de totalidade)

E [Maria Benedita] **percorria** *toda a* **conversação** [a conversação inteira], *todos os* **gestos que fizera, e não achava nada que explicasse a frieza, ou que quer que era de Carlos Maria.** (QB, CLXX. Note-se que em "todos os gestos", o pronome *todos*, no plural, vem acompanhado obrigatoriamente do artigo).

Maio é também cantado na nossa poesia como o mês das flores, — e aliás *todo o* **ano** [o ano inteiro] **se pode dizer delas.** (MA, fim de maio, 1888).

f) *Omissão do artigo* (O artigo é tão importante, que até sua omissão tem valor semântico e estilístico, como se vê nos exemplos abaixo)

Estácio pegou na mão de Helena para conduzi-la *a* **casa.** (HE, XXVIII. Trata-se da residência do próprio sujeito, o que dispensa o uso do artigo, daí a inexistência do chamado *a* craseado. Neste caso, o *a* é apenas preposição).

O Cassino abria os seus salões, como os abria o Club, como os abria o Congresso, *todos três* fluminenses no nome e na alma. (ML, II. Note-se a ausência de artigo entre o pronome indefinido *todo* e o numeral *três*, por este não vir seguido de substantivo).

Tudo tinha a aparência de uma conspiração das coisas contra o homem: e, conquanto eu estivesse na *minha* sala, olhando para a *minha* chácara, sentado na *minha* cadeira, ouvindo os *meus* pássaros, ao pé dos *meus* livros, alumiado pelo *meu* sol, não chegava a curar-me das saudades daquela outra cadeira, que não era minha. (BC, CXL. Machado põe em itálico todos os pronomes possessivos e todos precedidos de artigo definido, com função identificadora, exceto o último. Essa omissão do artigo enfatiza o contraste entre o que Brás Cubas possuía e o que não conseguiu conquistar: a cadeira de deputado. A vaidade não satisfeita é marcada pelo único possessivo não destacado e sem artigo, o que reforça a frustração do narrador. Em outras palavras, Brás Cubas tinha tudo e não tinha nada. Lembre-se, a propósito, que o trecho acima citado tem a ver com o soneto "Velho tema", de Vicente de Carvalho, cuja mensagem é: não damos valor ao que temos, mas ao que não temos).

— Quem não sabe que *cavalo* e *cachorro* são os animais que mais gostam da gente? (QB, XLVIII. O cocheiro do tílburi refere-se à espécie, por isso omitiu o artigo antes dos nomes dos animais).

Rubião não tornou *a* casa sem comprar um magnífico brilhante. (QB, CXV. Outro exemplo da omissão do artigo, por se tratar da própria residência do sujeito. O *a* é preposição pura e simples).

Artigo indefinido

Palavra gramatical variável (*um, uma, uns, umas*) que caracteriza o substantivo como um ser indeterminado, por isso o artigo indefinido se identifica com o pronome indefinido. Desse valor fundamental decorrem certos empregos particulares, a seguir exemplificados. Sobre o emprego do artigo indefinido, ver Celso Cunha (1994:242).

a) *Cálculo aproximado*

Tinha cinquenta anos esse homem [Procópio Dias], *uns* cinquenta anos ainda verdes e prósperos. (IG, VII).

Indaguei de Virgília, depois ficamos a conversar *uma* meia hora. (BC, XCVI).

Maria Benedita veio para a casa da prima [Sofia], e ali esteve *uns* dezoito dias. (QB, LXIV).

Não fui logo, logo; fi-lo esperar *uns* dez ou quinze minutos na sala. (DC, CXLV).

b) *Ideia de dupla, de par*

E o protesto não foi só com os lábios, foi também com os olhos — *uns* olhos aveludados e brilhantes. (RE, III. Entenda-se: *uns olhos* = um par de olhos).

O retrato mostra *uns* [dois] olhos redondos, que me acompanham para todos os lados. (DC, VII).

c) *Sentido vago e indefinido*

O cavalheiro era o mesmo rapaz que valsara com a viúva, *um* Dr. Batista, descendente em linha reta do Leonardo de Camões, "manhoso e namorado". (RE, III. Ver *Lus.*, IX, 75).

Natividade e *um* padre Guedes que lá estava, gordo e maduro, eram as únicas pessoas interessantes da noite. (EJ, XII).

Além do Campos, jantou lá *um* Padre Bessa, o que batizou Tristão. (MA, 31/7/1888).

d) *Valor intensivo*

A ruga desfez-se a pouco e pouco, mas a moça não retirou os olhos. Havia neles *uma* interrogação imperiosa, que a alma não se atrevia a transmitir aos lábios. (ML, XII. A segunda oração é uma subordinada consecutiva, em correlação com a principal, em que o artigo *uma* desempenha papel de intensificador do sintagma "interrogação imperiosa").

A necessidade de o regenerar, de o trazer ao trabalho e ao respeito de sua pessoa enchia-me o coração; eu começava a sentir *um* bem-estar, *uma* elevação, *uma* admiração de mim próprio... (BC, LXI. A par do valor intensivo do artigo indefinido, note-se que os substantivos abstratos antecedidos do artigo como que se concretizam, permitindo uma visualização mais expressiva dos sentimentos do narrador).

Os dedos roçavam na nuca da pequena ou nas espáduas vestidas de chita, e a sensação era *um* deleite. (DC, XXXIII. Duplo valor do artigo indefinido: intensificador e qualificativo, subentendendo-se, no caso, um adjetivo implícito: "era um excitante deleite").

A notícia de que ela vivia alegre quando eu chorava todas as noites, produziu-me aquele efeito, acompanhado de *um bater de coração*, tão violento, que ainda agora cuido ouvi-lo. (DC, LXII. Machado poderia ter usado o substantivo abstrato *batimento* para descrever a ciumenta taquicardia do coração apaixonado de Bentinho. Preferiu, contudo, substantivar o verbo (*um bater*), por meio do artigo indefinido, dramatizando com mais dinamismo e intensidade as sensações experimentadas por seu personagem. Entre o artigo e o verbo substantivado, subentende-se um superlativo: "um fortíssimo bater").

Ela dizia com os olhos e *um* riso bom que lhe fazia luzir a pontinha dos dentes. (MA, 27/8/1888. Note-se o valor intensivo do artigo *um*, estabelecendo uma relação correlativa com a oração subordinada (*que lhe fazia luzir...*), de valor consecutivo).

e) *Valor depreciativo*

— Sei, sei que você tem *umas* filosofias... Mas falemos do jantar; que há de ser hoje? — *Umas* filosofias! Com que desdém me dizes isso! (QB, V. Machado põe na boca do próprio personagem Quincas Borba o comentário metalinguístico que explica o plural depreciativo "umas filosofias", relacionando-o com o substantivo abstrato *desdém*. Note-se como é expressiva a presença do artigo plural *umas*, contaminando pejorativamente o sintagma nominal por ele encabeçado).

Aspecto verbal (v. Locução verbal)

Assistir a

O verbo *assistir a*, no sentido de "ver, presenciar", é transitivo indireto. Neste caso, Machado usa sempre a regência clássica: o verbo seguido da preposição *a*.

Uma noite [Estêvão] assistira à representação de Otelo, palmeando até romper as luvas, aclamando até cansar-lhe a voz. (ML, II).

Estela assistiu à lição toda, com a paciência da curiosidade. (IG, XIII).

Rubião interrompeu as reflexões para ler ainda a notícia. (...). O diabo do homem parecia ter assistido à cena. (QB, LXVII).

Não morreu sem ter uma conferência particular com os dois filhos, — tão particular, que nem o marido assistiu a ela. (EJ, CXX. Note-se a impossibilidade de uso do pronome *lhe*, no caso, por isso Machado escreveu, seguindo os cânones gramaticais, *a ela*).

Até à, até ao

Machado de Assis costuma usar geralmente a preposição *até*, com valor temporal ou espacial, seguida da preposição *a* mais o artigo *o* ou *a*, do que resulta, neste caso, o chamado *a* craseado. A preposição *a* acentua, neste caso, a noção de ponto de chegada. Pela frequência com que aparece em sua prosa, este uso pode ser considerado um traço do seu estilo, enquanto expressão linguística, como é possível constatar nos exemplos de Machado de Assis.

Sobre o assunto, vale a pena registrar esta informação colhida em *Uma preposição portuguesa*, de Rocha Lima (tese de concurso para catedrático do Colégio Pedro II, 1954:97): "Em muitos casos, concorrem as preposições *a* e *até* na indicação de termo, empregando-se de preferência a última quando se deseja acentuar bem a noção de limite. E, a partir do século XVII (Epifânio, *Sintaxe*, § 211), começou-se a usar também das duas preposições combinadas". No *Dicionário de dificuldades da língua portuguesa*, de Domingos Paschoal Cegalla (2009:58), também se encontram informações esclarecedoras sobre o emprego de *até* + *a*.

a) *Extensão no espaço*

Helena deu-lhe o braço e levou-a [D. Úrsula] *até à* sala de costura e das reuniões íntimas. (HE, IX).

Almoçado, [Luís Garcia] descia a passo lento *até à* repartição. (IG, I).

Sofia foi *até à* porta despedir-se do Rubião. (QB, LXV).

Capitu ergueu-se, rápida, eu recuei *até à* parede com uma espécie de vertigem. (DC, XXXIII).

Escobar veio abrindo a alma toda, desde a porta da rua *até ao* fundo do quintal. (DC, LVI).

O trem leva a gente de corrida, de afogadilho, desesperado, *até à* própria estação de Petrópolis. (MA, segunda-feira, 1888).

Levei-o *até à* escada, que ele começou a descer vagarosamente. (MA, 17/7/1889, véspera de embarque).

b) *Extensão no tempo*

Estácio espreitava uma ocasião de pedir a Eugênia a autorização que desejava; *até ao* jantar não se lhe deparou nenhuma. (HE, V).

Agora [Cotrim] comerciava em gêneros de estiva, labutava de manhã *até à* noite. (BC, XXV).

Lidava [D. Glória] assim, (...), vendo e guiando os serviços todos da casa inteira, desde manhã *até à* noite. (DC, VII).

Venho cansado demais para dizer tudo o que ali se passou antes, durante e depois da comida, *até à* hora em que fomos levar os recém-casados à Prainha. (MA, 15/5/1889).

Atender

No sentido de "dar ou prestar atenção a", *atender* aceita tanto objeto direto quanto indireto, exigindo, neste caso, a preposição *a*. Machado demonstra preferência pela regência indireta.

Minha mãe falou-lhe com bondade, mas ele não atendia a coisa nenhuma. (DC, XVI).

Não atendeu a um freguês, e logo a outro, que ali foram. (DC, cxxv).

Brasileirismos

Com seu estilo claro e elegante, impregnado, não raro, de oralidade, Machado de Assis contribuiu para promover, tanto quanto possível, o abrasileiramento da nossa língua literária, escrevendo de forma "apurada, singela e graciosa, (...), capaz de guardar (...) toda essa intimidade brasileira", como afirma Cândido Mota Filho (1958:44).

Nesse particular, destacam-se os chamados brasileirismos: palavras, locuções ou construções sintáticas típicas do português do Brasil. Os brasileirismos podem ser lexicais ou sintáticos, incluindo-se entre os lexicais os nossos tupinismos e africanismos (v. verbetes). Serve de exemplo o termo Iaiá, redução de Sinhá, usado por Machado de Assis como título de um dos seus romances: *Iaiá Garcia*. Alguns autores incluem entre os brasileirismos alguns termos e construções sintáticas que caíram em desuso em Portugal, mas continuam em vigor no Brasil, sobretudo na fala popular. É copiosa a bibliografia sobre o assunto. Algumas sugestões de leitura: *Que é um brasileirismo?*, de Celso Cunha (1987); *Trechos seletos*, de Sousa da Silveira (1966); *A língua do Brasil*, de Gladstone Chaves de Melo (1981); A *Revista do Brasil* n.º 12/90, intitulada "A nossa língua", publicada pela Fundação Rio Arte da Prefeitura do Rio de Janeiro, é inteiramente dedicada ao assunto. Ver também: *Frases feitas*, de João Ribeiro (1960); *Tesouro da fraseologia brasileira*, de Antenor Nascentes (1986); *Conversando é que a gente se entende: dicionário de expressões coloquiais brasileiras*, de Nélson Cunha Mello (2009).

Para a confirmação dos brasileirismos citados, pesquisamos nos mais importantes dicionários da língua portuguesa, assim como em obras específicas sobre o assunto. Só relacionamos a seguir os termos que tenham sido abonados como brasileirismos por, pelo menos, um dos dicionários consultados. Nos exemplos, destacamos em itálico os brasileirismos.

a) *Lexicais*

Era um bom caráter, meu pai, varão digno e leal como poucos. Tinha, é verdade, uns fumos de *pacholice*; mas quem não é um pouco *pachola* [vaidoso, gabola] nesse mundo? (BC, III).

— O Dr. Vilaça deu um beijo em D. Eusébia! bradei eu correndo pela chácara. Foi um *estouro* esta minha palavra; a estupefação imobilizou a todos. (BC, XII. Entenda-se: a denúncia de Brás Cubas, ainda menino e menino intrigante, teve o efeito do estouro de uma bomba, causando perplexidade a todos).

— *Nhonhô* não vai visitar *sinhá* D. Eusébia? perguntou-me o Prudêncio. (BC, XXV. Prudêncio é um escravo de Brás Cubas. Tanto *nhonhô* quanto *sinhá* são formas de tratamento típicas do dialeto semicrioulo falado pelos nossos escravos em suas relações com os senhores. São reduções, respectivamente, de *senhor* e *senhora*).

— João, bradei eu ao boleeiro. Esta sege anda ou não anda? — Uê! *Nhonhô*! Já estamos parados na porta de *sinhô* Conselheiro. (BC, XL. Aqui, o boleeiro da sege, um homem livre, também usa as formas de tratamento cunhadas pelos escravos. Note-se, neste exemplo, a influência africana na fala popular do Brasil).

Vai então, *empacou* o jumento em que eu vinha montado. (BC, XXI. O verbo *empacar* tem o sentido de "emperrar". No caso do jumento, quer dizer "parar subitamente, não ir adiante").

— *Sinhá* comadre, o cachorro? perguntou Rubião com indiferença, mas pálido. — Entre, e *abanque-se*, respondeu ela. Que cachorro? (QB, XVII. Esse *abanque-se* no sentido de "sente-se" pode ser um regionalismo mineiro, já que a comadre Angélica era de Barbacena, como Rubião. Note-se que Rubião, que não era escravo, também usa a forma de tratamento *Sinhá*, de uso geral na fala popular do Brasil, pelo menos na época da narrativa. Vale lembrar que em *Vidas secas*, de Graciliano Ramos, a esposa de Fabiano é tratada por Sinhá Vitória).

— O Siqueira é um *cacete*, mas paciência; é alegre. (QB, L. Trecho de uma frase de Palha, em conversa com a mulher, Sofia. Machado gosta de usar esse adjetivo coloquial *cacete*, para se referir a personagens importunos e maçantes, a quem ele detestava, diga-se de passagem).

— Ela não sei donde era, nem diria ainda que soubesse; sei só que era um *peixão*. (...). Oh! Vossa Senhoria não imagina! Era de boa altura, bonito corpo, (...). O preço da tabela mal dá para comer; é preciso fazer estes *ganchos*. (QB, LXXXIX. Conversando com Rubião, o cocheiro do tílburi, um homem do povo, emprega gírias e expressões coloquiais da época: "peixão" é mulher bonita e atraente; "fazer ganchos" significa "se virar, fazer bicos, ganhar um dinheiro por fora", coloquialismo que também é (ou era) usado em Portugal).

— Olhe que não estou brincando. É uma *guasca* de primeira ordem. (QB, CXVIII. Esse termo *guasca* é um regionalismo sulista, que, neste caso, pode ser considerado sinônimo de "gaúcha". A personagem que o empregou, D. Fernanda, é do Rio Grande do Sul, o que justifica o emprego do termo por Machado de Assis).

Prometeu que apressaria o marido, e nessa mesma tarde expôs o negócio ao Palha. "É uma grande *amolação*", redarguiu este. (QB, CLXIV. O termo *amolação* foi usado pelo personagem com o sentido de "incômodo, aborrecimento").

— Como vai o *gira*? — O *gira* vai bem. Hoje convidou o cachorro para cantar. (QB, CLXXIX. Frase pronunciada pelo criado de Rubião, que trata o patrão como *gira*, ou seja, "louco").

Tínhamos chegado à janela; um preto, que, desde algum tempo, vinha apregoando cocadas, parou em frente e perguntou: — *Sinhazinha, qué* [quer] cocada hoje? — Não, respondeu Capitu. — Cocadinha *tá* [está] boa. (DC, XVIII. Machado registra aqui a forma de tratamento "Sinhazinha", meio formal, meio afetiva, usada pelos escravos com suas senhoras. Registra também os desvios gramaticais do preto (*qué, tá*), representativos da fala popular do português do Brasil).

Rejeitou tio Cosme; era um "boa-vida". (DC, XVIII. O próprio Machado pôs a expressão *boa-vida* entre aspas, consciente da sua natureza coloquial e típica da fala popular brasileira).

— Você é um grande *prosa*, disse tio Cosme, quando ele acabou. (DC, XXXIX. O termo *prosa* (loquaz, conversador) foi usado em itálico pelo próprio Machado, sinal de que ele sabia tratar-se de uma palavra da fala popular).

Estava [a noite] deliciosamente bela, os morros *palejavam* de luar. (DC, LXIV. O verbo *palejar* (tornar-se ou mostrar-se pálido) foi usado metaforicamente. Trata-se de uma imagem impressionista. Segundo Aurélio Buarque (2007:16), o termo foi cunhado por José de Alencar).

Vivia-se dos restos daquele deslumbramento e agitação, epopeia de ouro da cidade e do mundo, porque a impressão total é que o mundo inteiro era assim mesmo. Certo, não lhe esqueceste o nome, *encilhamento*, a grande quadra das empresas e companhias de toda espécie. (EJ, LXXIII. Num capítulo ironicamente intitulado "Um Eldorado", Machado de Assis faz a crônica do Encilhamento, um período de alta inflação e desenfreada especulação com ações na Bolsa de Valores, ocorrido nos primeiros anos da República (1889-1891). O Dicionário Aurélio registra o termo como brasileirismo e explica sua origem: "Por alusão, nesta acepção, ao encilhamento dos cavalos antes da corrida, quando se intensifica o movimento das apostas". Gustavo Franco (2007:142), com seu olhar perspicaz de economista, dá uma outra etimologia, menos prosaica, digamos assim: "O termo vem do momento em que os cavalos de corrida eram encilhados para o páreo, e quando, supostamente, entabulavam-se as combinações de resultado". Trata-se, portanto, de uma metáfora da fraude, de cunho popular e altamente criativa. Nesse sentido, pensamos tratar-se de um neologismo semântico. O Dicionário de Caldas Aulete (2011:334) e o Minidicionário de Bechara (2009:338) também registram *encilhamento* como brasileirismo).

b) *Sintáticos* (não encontramos nenhum brasileirismo do tipo "chegar *em* casa", "ir *no* teatro", "chamei *ele*", nem pronome oblíquo iniciando o período, exceto na fala dos personagens)

— Seu padre, disse este, diga-*me* por favor o que aconteceu em casa. Vejo todos tristes; nhanhã Helena não aparece; fechou-*se* no quarto... *Me* perdoe a confiança. O que foi que aconteceu? (HE, XXIV. O trecho reproduz a fala do escravo Vicente, pajem de Helena. Depois de fazê-lo usar a ênclise duas vezes, de acordo com a norma culta, Machado parece que se lembrou de que se tratava de um diálogo e liberou o personagem para, espontaneamente, empregar a próclise: "*Me* perdoe", Note-se a contradição com o "diga-*me*", que aparece no início do diálogo, embora, nos dois casos, o verbo esteja no imperativo).

— É um vadio e um bêbado muito grande. Ainda hoje deixei *ele* na quitanda, enquanto eu ia lá embaixo *na* cidade, e ele deixou a quitanda para ir *na* venda beber. (BC, LXVIII. Para poder reproduzir com fidelidade a fala espontânea do ex-escravo Prudêncio, Machado não hesita em desviar-se da norma culta, pondo na boca do personagem a sintaxe corrente no português do Brasil: *deixei ele*, em vez de *deixei-o*; *ir na venda*, em vez de *ir à venda*. Note-se também o brasileirismo *quitanda*, de origem africana).

— Então afinal o homem *espichou a canela*? (QB, XIII. A expressão "espichar a canela" é um dos muitos brasileirismos populares para "morrer").

Quando o testamento foi aberto, Rubião quase *caiu para trás*. (QB, XIV. Ao tomar conhecimento de que o finado Quincas Borba o nomeara herdeiro universal dos seus bens, Rubião teve um misto de surpresa e de susto, por isso "quase caiu para trás". Note-se que essa expressão coloquial encontra-se no discurso do próprio Machado de Assis).

— Procura pelo senhor? — Parece que procura, respondeu Raimundo tapando o riso com a mão; mas eu tranquei *ele* [o cachorro Quincas Borba] no quarto, para não fugir. (QB, CLXXXVIII. Diálogo entre D. Fernanda e o criado de Rubião. Note-se o emprego coloquial e espontâneo do pronome *ele* como objeto direto, muito comum no português do Brasil).

— *Me* solte, meu senhor moço! (Pronome em próclise iniciando a frase. Trata-se do grito desesperado de uma escrava fugida, ao ser presa. Exemplo colhido no conto "Pai contra mãe", em *Relíquias de casa velha*).

Chamar

Machado emprega este verbo com sua regência clássica, como se vê pelas citações abaixo. Não encontramos nenhum exemplo da regência atual, comum na linguagem dos autores modernistas, como, por exemplo, "chamar Pedro de inteligente", em que se tem: chamar + objeto direto + predicativo preposicionado. Em Machado, a estrutura é outra: chamar + objeto indireto + predicativo do objeto indireto.

Chamou aos olhos de Sofia as estrelas da terra, e às estrelas os olhos do céu. (QB, XXXIX). Regência clássica do verbo *chamar* como transitivo indireto (*aos olhos de Sofia*, obj. indireto), com predicativo do objeto indireto: *as estrelas da terra*. Modernamente, diríamos: "Chamou os olhos de Sofia de estrelas da terra").

Como Sofia não confessasse nada, Rubião chamou-lhe de bonita. (QB, CLIII. Note-se que o predicativo *bonita* está preposicionado, embora o verbo *chamar* tenha sido usado como transitivo indireto, caso em que o predicativo dispensa a preposição).

Quis defendê-la, mas Capitu não me deixou, continuou a chamar-lhe beata e carola. (DC, XVIII. O verbo *chamar* como transitivo indireto (obj. indireto *lhe*), seguido de predicativo do objeto indireto: *beata e carola*).

Chegar a

Machado de Assis emprega este verbo de movimento com sua regência clássica, ou seja, seguido da preposição *a*, como se vê nos exemplos a seguir. No português coloquial do Brasil, é comum o emprego de verbos de movimento, como *ir* e *chegar*, seguidos da preposição *em*, sintaxe usual até mesmo na língua literária de alguns autores modernos.

Guiomar, entretanto, erguera-se e chegara ao grupo da madrinha. (ML, XII).

Chegaram à casa na rua do Senado. (QB, XLIII).

Já esta página vale por meses, outras valerão por anos, e assim chegaremos ao fim. (DC, XCVII).

Estavam nisto, quando a costureira chegou à casa da baronesa. ("Um apólogo", VH).

Chover

No exemplo abaixo, o verbo *chover*, intransitivo, foi usado como transitivo direto, o que lhe confere, neste caso, valor causativo: "chover luz" = fazer chover luz.

O sorriso parecia chover luz sobre a pessoa amada, abençoada e formosa entre as formosas. (EJ, VI).

Coesão textual

Conexão gramatical e lexical existente entre os termos que compõem uma frase ou um texto. Essa conexão é, sobretudo, de natureza semântico-sintática e, sem ela, o discurso se torna incoerente. A rigor, qualquer termo que se liga a outro na frase ou no texto desempenha papel coesivo. No caso de Machado de Assis, seu texto é um modelo, pois se caracteriza pela coesão e coerência, a par da concisão e elegância próprias do seu estilo. Trata-se de assunto estudado no âmbito da Linguística Textual, e o leitor poderá obter maiores informações consultando os seguintes livros básicos, citados em nossa bibliografia: *Coesão e coerência textuais*, de Leonor Fávero; *A coesão textual*, de Ingedore Koch; e *Lutar com palavras: coesão e coerência*, de Irandé Antunes.

Vejamos a seguir alguns recursos lexicais e sintáticos responsáveis pela coesão do texto machadiano. Trata-se de uma descrição sumária de princípios gerais de coesão textual, podendo o leitor encontrar informações mais detalhadas em verbetes específicos deste *Dicionário*, tais como: Adjetivação, Advérbio, Artigo definido/indefinido, Amplificação, Anadiplose, Aposto, Binarismo, Complemento nominal, Concatenação, Concordância nominal/verbal, Elipse, Epizeuxe, Frase machadiana, Objeto direto/indireto, Paralelismo sintático, Pleonasmo, Predicativo circunstancial, Preposições, Pronomes, Polissíndeto, Substantivação, Topicalização, Vicários (termos), Voz passiva e Zeugma. Como vê o leitor, é vastíssima a gama de recursos coesivos usados por Machado de Assis.

Os exemplos abaixo foram retirados das obras-primas constantes da famosa trilogia de romances machadianos: *Memórias póstumas de Brás Cubas*, *Quincas Borba* e *Dom Casmurro*. Os termos coesivos encontram-se destacados em itálico.

a) *Anáfora* (remissão para trás; referência a termo já usado na frase)

Rubião fitava a enseada. (...). — Vejam como Deus escreve direito por linhas tortas, pensa *ele*. (QB, I. O pronome pessoal *ele* substitui e retoma o termo *Rubião*).

Rubião (...) olha (...) para a casa, para o jardim, para a enseada, para os morros e para o céu; e *tudo*, (...) *tudo* entra na mesma sensação de propriedade. (QB, I. O pronome indefinido *tudo*, na função de aposto, resume e retoma as coisas percorridas pelo olhar de Rubião, as quais, por sua vez, estão enumeradas sob a forma de paralelismo sintático, o que também é um processo de coesão textual).

Estava tão bonita! Mas o que eu mais gosto dela são os ombros, *que* vi no baile do coronel. (QB, I. O pronome relativo *que* (obj. direto) retoma o antecedente *ombros*).

Se mana Piedade tem casado com Quincas Borba, apenas me daria uma esperança colateral. Não casou; *ambos* morreram, e aqui está tudo comigo. (QB, I. O numeral dual *ambos* refere-se a Quincas Borba e Piedade).

Rubião pegou na xícara e, enquanto *lhe* deitava açúcar, ia disfarçadamente mirando a bandeja, *que* era de prata lavrada. (QB, III. O pronome *lhe* (= nela) retoma *xícara*; o pronome relativo *que* (sujeito) retoma *bandeja*).

O seu bom pajem, que ele queria pôr na sala, (...), nem *o* pôde deixar na cozinha, onde reinava um francês, Jean. (QB, III. O pronome oblíquo *o* retoma pleonasticamente o objeto direto "O seu bom pajem").

E [Rubião] recordava assim o primeiro encontro, na estação de Vassouras, *onde* Sofia e o marido entraram no trem da estrada de ferro. (QB, III. O pronome relativo *onde* (adj. adv. de lugar) retoma o antecedente "estação de Vassouras").

Na estação de Vassouras, entraram no trem Sofia e o marido, Cristiano de Almeida e Palha. *Este* era um rapagão de trinta e dois anos; *ela* ia entre vinte e sete e vinte e oito. (QB, XXI. O pronome demonstrativo *Este*, dêitico e anafórico, retoma o nome do marido; o pronome pessoal *ela*, de 3ª pessoa, anafórico pela própria natureza, recupera o substantivo próprio *Sofia*).

Era magro, chupado, com um princípio de calva; teria os *seus* cinquenta e cinco anos. (DC, IV. O pronome possessivo *seus* refere-se a José Dias e expressa a ideia de cálculo aproximado).

Nem sempre ia naquele passo vagaroso e rígido. Também se descompunha em acionados, era muita vez rápido e lépido nos movimentos, tão natural *nesta* como *naquela* maneira. (DC, V. Os pronomes demonstrativos *nesta* e *naquela* referem-se, respectivamente, à maneira rápida e vagarosa com que caminhava o agregado José Dias).

Não bebíamos vinho nem água; não tínhamos *o primeiro*, e *a segunda* viria tirar-nos o gosto do sacrifício. (DC, XI. Os numerais ordinais *primeiro* e *segunda* retomam, respectivamente, os termos *vinho* e *água*).).

O destino não é só dramaturgo, é também o *seu* próprio contrarregra. (DC, LXXIII. O pronome possessivo *seu* refere-se ao termo *O destino*).

b) *Catáfora* (remissão para frente; predispõe o leitor para um termo que será usado mais adiante no discurso)

O espírito do ex-professor (...) arrepiou caminho, buscou *outro assunto*, uma canoa que ia passando. (QB, II. Espécie de catáfora pré-apositiva: antecipa o aposto "uma canoa que ia passando". Note-se que Machado usa vírgula, e não dois-pontos para introduzir o aposto).

Palha disse-lhe que era matéria de preço, e assim se explica *este par de figuras que aqui está na sala*, um *Mefistófeles* e um *Fausto*. (QB, III. O nome das figuras é um aposto explicativo, anunciado antes pela catáfora "este par...").

Chegou a compor de cabeça um sinete para seu uso, com *este lema*: Ao vencedor as batatas. (QB, XVIII. A expressão *este lema* funciona como catáfora para a frase "Ao vencedor as batatas", lema do Humanitismo, a confusa doutrina do ensandecido "filósofo" Quincas Borba. Neste caso, Machado resolveu usar dois-pontos antes do aposto).

Capitu era Capitu, *isto é*, uma criatura mui particular. (DC, XXX. Locuções do tipo *isto é, a saber, ou seja, ou melhor* (palavras denotativas de retificação para a NGB), funcionam sempre como catáfora para alguma informação que virá a seguir).

Eis aqui outro seminarista. Chamava-se Ezequiel de Sousa Escobar. (DC, LVI. A locução denotativa de designação *Eis aqui* funciona como catáfora para o nome do personagem).

c) *Conexão* (os conectivos são elos coesivos por excelência: preposições, conjunções, pronomes relativos)

O seu bom pajem, que ele queria pôr na sala, (...), nem o pôde deixar na cozinha, *onde* reinava um francês, Jean. (QB, III. O pronome relativo *onde*, de valor locativo, retoma anaforicamente o substantivo "cozinha").

Rubião suspirou (...). Sentia *que* não era inteiramente feliz. (QB, III. A conjunção integrante *que*, elo coesivo, introduz a oração subordinada substantiva objetiva direta que completa o sentido da oração principal, representada pelo verbo *Sentia*).

Cristiano Palha maldisse o governo, que introduzira na fala do trono uma palavra relativa *à* propriedade servil. (QB XXI. O complemento nominal *propriedade servil* integra o sentido do adjetivo transitivo *relativa* e é introduzido pela preposição *a* + artigo *a*, do que resulta o fenômeno da crase = à).

Depois que o trem continuou a andar, foi que o Palha reparou na pessoa do Rubião, *cujo* rosto, entre tanta gente carrancuda ou aborrecida, era o único plácido e satisfeito. (QB, XXI. O pronome relativo *cujo* (adj. adnominal) estabelece uma relação de posse entre os termos *Rubião* e *rosto*).

Ia descer *de* Barbacena *para* arrancar e comer as batatas da capital. (QB, XVIII. A preposição *de* indica origem, procedência. A preposição *para* introduz a oração subordinada adverbial final reduzida de infinitivo).

— Sim, senhor! disse ele, o senhor vive *como* um fidalgo. (QB, XXIX. O conectivo *como*, no papel de conjunção, apresenta geralmente valor comparativo; é o caso deste exemplo).

— Trago esta máscara risonha, *mas* eu sou triste. (QB, XXX. A conjunção *mas*, adversativa, liga orações de valores opostos, como se vê pela antítese *risonha/triste*).

Todas as suas graças foram chamadas a postos, e obedeceram, *ainda que* murchas. (QB, XXXVII. A conjunção *ainda que* (apesar de, embora) tem valor concessivo).

No morro, *entre* o céu e a planície, a alma menos audaciosa era capaz de ir *contra* um exército inimigo, e destroçá-lo. (QB, XXXIX. As preposições *entre* e *contra* apresentam, respectivamente, os seguintes valores: posição intermediária e oposição. Em *destroçá-lo*, atente-se para o papel do pronome oblíquo *-lo*, anafórico do sintagma nominal *exército inimigo*).

— Era filho aqui *de* Saquarema. (QB, XLII. O conectivo *de* indica lugar, procedência, sentido básico dessa preposição).

Vivo só, *com* um criado. A casa *em* que moro é própria. (DC, II. As preposições *com* e *em* têm, respectivamente, valor de companhia e lugar. O pronome relativo *que*, antecedido de *em*, funciona como adjunto adverbial de lugar).

Capitu obedecia *e* jogava com facilidade, com atenção. (DC, XXXI. A conjunção coordenativa *e* tem valor aditivo e liga orações de valores iguais, coordenadas entre si).

Mas, enfim, os cabelos iam acabando, *por mais que* eu os quisesse intermináveis. (DC, XXXIII. A locução conjuntiva *por mais que* tem valor de contraste e introduz uma oração subordinada adverbial concessiva).

d) *Correlação* (relação de interdependência entre dois termos ou duas orações)

Quincas Borba *não só* estava louco, *mas* sabia que estava louco. (BC, CLIX. A correlação *não só... mas* apresenta valor enfático e aditivo).

Tivesse, porém, de escolher, *escolheria* a bandeja. (QB, I. Correlação condicional, com a elipse da conjunção *se*. Note-se aqui a correlação dos tempos (*consecutio temporum*): imperfeito do subjuntivo (*tivesse*) futuro do pretérito: *escolheria*).

Usava suíças, *tão* macias *que* dava gosto passar o dedo por elas. (QB, III. Correlação consecutiva: o fato enunciado na oração introduzida pela conjunção *que*, correlacionada com o advérbio de intensidade *tão*, é consequência do fato descrito na oração principal. Note-se que, nessa correlação, o advérbio *tão* funciona como catáfora para a conjunção *que*).

Quincas Borba vai atrás dele pelo jardim, (...), *ora* andando, *ora* aos saltos. (QB, XXVIII. A correlação *ora... ora* apresenta valor alternativo).

A vida ali *não* é completamente boa *nem* completamente má. (QB, XXVIII. A correlação *não... nem* estabelece valor aditivo).

Era assim um rei Candaules, mais restrito *por um lado*, e, *por outro*, mais público. (QB, XXXV. As expressões correlacionadas *por um lado/por outro* apresentam valor alternativo).

— As estrelas são ainda *menos lindas que* os seus olhos. (QB, XXXIX. A correlação *menos lindas que* estabelece comparação de inferioridade).

Nem os olhos *nem* o gesto tinham poesia nenhuma. (QB, XLI. A correlação *nem... nem* tem valor aditivo. Há sentido de inclusão nos dois núcleos, o que levou o verbo ao plural).

Nem sempre ia naquele passo vagaroso e rígido. Também se descompunha em acionados, era muita vez rápido e lépido nos movimentos, *tão* natural nesta *como* naquela maneira. (DC, v. A correlação *tão... como* expressa comparação de igualdade).

— *Não é só* na beleza que é um anjo, *mas também* na bondade. (DC, LVI. A correlação *não só... mas também* tem valor enfático e aditivo).

e) *Expressões nominais* (nos exemplos abaixo, funcionam como aposto explicativo)

Rubião pensou na bela Sofia, *mulher do Palha*. (QB, I. O aposto "mulher do Palha" explicita quem é a personagem, que, aliás, foi a principal causa da loucura de Rubião).

Tivesse, porém, de escolher, escolheria a bandeja, — *primor de argentaria, execução fina e acabada*. (QB, I. Neste exemplo, existem dois apostos: *primor...* e *execução...*).

Há um moleque que o lava todos os dias, *usança do diabo*, a que ele se não acostuma. (QB, XXVIII. Neste caso, a expressão *usança do diabo* funciona como aposto da oração que o antecede).

Acudiu à memória do Rubião que o Freitas — *aquele Freitas tão alegre*, — estava enfermo. (QB, LXXXV. Note-se, na expressão destacada, o emprego do pronome demonstrativo *aquele* como dêitico anafórico com valor temporal).

Já então namorava o piano da nossa casa, *velho traste inútil*, apenas de estimação. (DC, XXXI. O aposto entre vírgulas explica e informa ao leitor que o piano da casa de Bentinho já não funcionava, era "apenas de estimação").

f) *Hiperônimos* (termos de significação genérica) / *Hipônimos* (termos de significação específica)

Prata, ouro, eram os *metais* que amava de coração. (QB, I. O termo *metais*, hiperônimo generalizante, engloba semanticamente os hipônimos específicos *prata, ouro*, que são tipos de metais).

Quando o testamento [de Quincas Borba] foi aberto, Rubião quase caiu para trás. (...). Não cinco, nem dez, nem vinte contos, mas tudo, *o capital inteiro*, especificados *os bens*, casas na Corte, uma em Barbacena, escravos, apólices, ações do Banco do Brasil e de outras instituições, joias, dinheiro amoedado, livros, — tudo finalmente passava às mãos do Rubião. (QB, XIV. Aqui, os hiperônimos são os termos *o capital inteiro* e *os bens*. A seguir, vêm enumerados os hipônimos: *cinco, dez, vinte contos, casas, escravos*, etc., tudo aquilo que passou às "mãos do Rubião").

— Pois não se lembra que lhe mandei um cachorro, (...), um *animal* de muita estimação. (...). Mas não se lembra? — Ah! não me fale nesse *bicho*! (QB, XVII. Os termos *animal* e *bicho*, hiperônimos, incluem semanticamente o hipônimo *cachorro*).

Quem não sabe que *cavalo* e *cachorro* são os *animais* que mais gostam da gente? (QB, XLVIII. Os termos *cavalo* e *cachorro* funcionam como hipônimos em relação ao hiperônimo *animais*. Aqueles incluem-se neste semanticamente).

— Não esqueçamos que um *bispo* presidiu a Constituinte, e que o *padre* Feijó governou o império. (...). O que eu quero dizer é que o *clero* ainda tem grande papel no Brasil. (DC, III. O hiperônimo *clero* engloba semanticamente os hipônimos *bispo* e *padre*).

Foi nessa ocasião que ela perguntou a minha mãe por que é que já não usava as *joias* do retrato; referia-se ao que estava na sala, com o de meu pai; tinha um grande *colar*, um *diadema* e *brincos*. (DC, XXXI. O termo *joias* é genérico, hiperônimo, portanto, em relação a *colar*, *diadema* e *brincos*, termos específicos, ou seja, hipônimos abrangidos por seu hiperônimo).

A *gente* não era muita, (...). Havia *homens* e *mulheres*, *velhos* e *moços*. (DC, LXX. O hiperônimo *gente* (= pessoas), de sentido generalizante, engloba os hipônimos *homens*, *mulheres*, *velhos* e *moços*, termos de sentido especificante).

g) *Repetição com termos cognatos* (reiteração de palavras que têm radical e significação básica comuns)

Era também mais *curiosa*. As *curiosidades* de Capitu dão para um capítulo.(DC, XXXI. O substantivo *curiosidade* forma-se, por derivação sufixal, do adjetivo *curiosa*. O narrador enfatiza o adjetivo, desdobrando-o em substantivo abstrato).

Levantou-se com o passo *vagaroso* do costume, não aquele *vagar* arrastado dos preguiçosos, mas um *vagar* calculado e deduzido. (DC, IV. O adjetivo *vagaroso* e o substantivo *vagar* possuem origem e sentido comuns. Note-se que, nesta descrição, Machado parte da forma derivada para a primitiva, enfatizando esta com a anteposição do pronome demonstrativo *aquele* e do artigo indefinido *um*, ambos com valor dêitico e identificador).

José Dias dava-lhe essas notícias com certo orgulho de *erudito*. A *erudição* deste não avultava muito mais que a sua homeopatia de Cantagalo. (DC, XXXI. O adjetivo *erudito* e o substantivo *erudição* têm, no contexto narrativo, nítida conotação irônica e humorística, tanto quanto a "homeopatia de Cantagalo" de José Dias. O que Bentinho quer enfatizar é que tudo no agregado era falso, era postiço. Suas ações eram impulsionadas pela bajulação e pelo interesse).

— Já, já, não, mas eu hei de avisar você para *tossir*, quando for preciso, aos poucos, uma *tossezinha* seca, e algum fastio. (DC, LXI. José Dias ensina ao adolescente Bentinho a arte da dissimulação, na qual o agregado era mestre. O verbo *tossir* e o substantivo *tossezinha*, cognatos, descrevem e enfatizam as ações que Bentinho, fingindo doença, deveria adotar para convencer sua mãe a tirá-lo do seminário. Com um mestre desses, não é de admirar que Dom Casmurro seja um narrador não muito digno de confiança).

No fim, lembrou-me que a igreja estabeleceu no *confessionário* um cartório seguro, e na *confissão* o mais autêntico dos instrumentos para o ajuste de contas morais entre o homem e Deus. (DC, LXIX. Os termos *confessionário* e *confissão* são cognatos, sem dúvida. A dúvida aqui diz respeito à sinceridade das palavras de Machado de Assis. Para quem está familiarizado com os sinuosos meandros da prosa machadiana, é lícito suspeitar de que, nesta passagem, bem pode estar implícito um irônico e sutil questionamento dos métodos empregados pela Igreja para controlar os corações e as mentes dos seus fiéis).

O *apesar* era uma espécie de ressalva para algum [defeito] que lhe viesse a descobrir um dia; ou então foi obra de uso velho, que a levou a *restringir*, onde não achara *restrição*. (DC, LXXI. Prima Justina bota defeito em tudo e em todos. Bentinho emprega os termos cognatos *restringir* e *restrição*, sempre presentes nas avaliações dos outros feitas pela amarga personagem, para enfatizar que ela fora injusta em relação a Escobar).

h) *Repetição de palavra acompanhada de determinante específico* (recurso enfático; espécie de amplificação semântica por meio de especificação nominal ou oracional)

Viva pois a história, a *volúvel história que dá para tudo*. (BC, IV. Aqui, a repetição do termo *história* se faz acompanhar de um adjetivo anteposto (*volúvel*). A oração subordinada adjetiva, introduzida pelo pronome relativo *que*, se superpõe ao adjetivo, amplificando-lhe o valor conotativo--afetivo).

Todavia, importa dizer que este livro é escrito com pachorra, com *a pachorra de um homem já desafrontado da brevidade do século*. (BC, IV. Na repetição, o termo *pachorra* vem antecedido de um artigo definido, com valor identificador. A este recurso, se acrescenta um adjunto adnominal: *de um homem já desafrontado* ... Estes procedimentos de coesão textual enfatizam o fato de o livro estar sendo escrito por um defunto autor, e não por um autor defunto, como o narrador Brás Cubas faz questão de explicitar logo no primeiro capítulo de suas memórias póstumas).

Tinha então 54 anos, era uma ruína, *uma imponente ruína*. (BC, V. A repetição do termo *ruína* e a anteposição do adjetivo *imponente* ressaltam o fato de que Virgília, ex-amante de Brás Cubas, ainda era uma mulher atraente, apesar da idade madura).

Mas é tempo de tornar àquela tarde de novembro, *uma tarde clara e fresca, sossegada* como a nossa casa e o trecho de rua em que morávamos. (DC, VIII. Aqui, além da repetição adjetivada do termo *tarde* (a constante preocupação com o tempo), Machado recorre a um outro procedimento de coesão textual: a comparação. Note-se que esta só se refere ao último adjetivo da série, pela incompatibilidade semântica de aplicá-la aos dois primeiros adjetivos).

— Este cálix (e enchia-o novamente), *este cálix é um breve estribilho*. Não se ouve? Também não se ouve o pau nem a pedra, mas tudo cabe na mesma ópera... (DC, IX. A oração interferente (v. verbete), entre parênteses, contribui prosodicamente para a reiteração do termo *cálix*. Neste caso, o termo repetido é definido por meio de um predicado nominal: *é um breve estribilho*. A propósito, note-se a concordância atrativa do verbo (*ouve*) com o núcleo mais próximo do sujeito composto que se lhe segue: *pau*. Este é outro elegante recurso de coesão textual, empregado com certa frequência por Machado de Assis, que, assim procedendo, insere sua prosa narrativa na melhor tradição da sintaxe clássica portuguesa).

Não quis saber de lágrimas nem da causa que as fazia verter a minha mãe. *A causa eram provavelmente os seus projetos eclesiásticos*. (DC, XI. Outro exemplo de repetição especificada por meio de um predicado nominal. Repare-se que, neste caso, a concordância do verbo de ligação (*eram*) se faz com o predicativo do sujeito (*os seus projetos eclesiásticos*), que adquire assim maior destaque).

Cheguei a pegar em *livros velhos, livros mortos, livros enterrados*, a abri-los, a compará-los. (DC, XVII. Reiteração adjetivada, em gradação ascendente. Recurso enfático muito ao gosto de Machado de Assis. Ver, a respeito, o verbete "Gradação". Note-se também que o pronome oblíquo *-los* retoma anaforicamente o termo *livros*).

— Capitu, apesar daqueles olhos que o diabo lhe deu... Você já reparou nos *olhos* dela? *São assim de cigana oblíqua e dissimulada*. (DC, XXV. Machado de Assis põe na boca de José Dias a célebre definição dos olhos de Capitu. Outro autor talvez dissesse simplesmente que Capitu era falsa ou sonsa, mas Machado, com sua genialidade, engendrou um epíteto originalíssimo, altamente expressivo, para imortalizar sua mais importante personagem feminina).

— Nunca foi à nossa Escola? *É uma bela Escola*. (DC, XXIX. Bentinho quer escapar do seminário para cair nos braços de Capitu. Em sua fantasia adolescente, imagina o imperador D. Pedro II recomendando à sua mãe, D. Glória, que encaminhe o filho para a Escola de Medicina. Para enfatizar a importância da dita Escola, o personagem repete o termo, adjetivando-o e definindo-o por meio de um predicado nominal).

Pela cara de José Dias passou algo parecido com o reflexo de uma ideia, — *uma ideia que o alegrou extraordinariamente*. (DC, XXVI. O termo *ideia* é repetido e determinado enfaticamente pela oração subordinada adjetiva iniciada pelo pronome relativo *que*).

— Uma vez que você não pode ser padre, e prefere as leis... *As leis são belas*. (DC, XXVI. Machado repete o termo *as leis* e o especifica por meio de um predicado nominal: *são belas*).

Pádua, ao contrário, ia mais humilhado. Apesar de substituído por mim, não acabava de se consolar da tocha, da *miserável tocha*. (DC, XXX. Na procissão do Santíssimo, Pádua, o pai de Capitu, queria carregar uma das varas do pálio, mas por intervenção do implicante José Dias, acabou carregando apenas uma simples tocha. Machado reitera esse termo e, para enfatizar a humilhação do personagem, classifica a tocha de "miserável". Este adjetivo, anteposto ao substantivo, reveste-se de conotação pejorativa).

Retórica dos namorados, dá-me uma comparação exata e poética para dizer o que foram aqueles olhos de Capitu. (...). *Olhos de ressaca*? Vá, *de ressaca*. (DC, XXXII. Nesta repetição adjetivada, Machado deixa registrado o célebre epíteto que viria a imortalizar os olhos de Capitu, a mais importante personagem feminina da literatura brasileira. Note-se que, neste exemplo, repete-se não só o substantivo, mas também o adjetivo, ou melhor, a locução adjetiva: *de ressaca*).

Foi a única pessoa cá de baixo que nos visitou na Tijuca, levando abraços dos nossos e palavras suas, mas *palavras que eram músicas verdadeiras*. (DC, CIII. Bentinho e Capitu, recém-casados, estavam em lua de mel na Tijuca, sítio aprazível na época. José Dias foi visitá-los e, para enfatizar a importância das palavras do agregado, o narrador repete o termo e o especifica por meio de uma oração subordinada adjetiva: *que eram músicas verdadeiras*.).

Capitu era tudo e *mais que tudo*. (DC, CXIII. Capitu caíra nas boas graças da futura sogra, D. Glória. Para enfatizar a importância que esta lhe dava, o narrador recorre a uma repetição e a um comparativo de superioridade. Mas, nessa época, ele ainda era Bentinho, e não Dom Casmurro, por isso considerava Capitu "mais que tudo" em sua vida).

i) *Substituição lexical* (por aproximação semântica ou sinonímica; por termos vicários)

O espírito do *ex-professor* (...) arrepiou caminho. (QB, II. A expressão *ex-professor* funciona, no texto, como substituto de Rubião, pois essa era a profissão do personagem antes de se tornar capitalista).

A lembrança do cachorro pôde tomar pé no torvelinho de pensamentos que iam pela cabeça do *nosso homem*. (QB, XV. A expressão *o nosso homem* é uma espécie de perífrase afetiva que Machado emprega para designar seu personagem Rubião).

Cristiano foi o primeiro que travou conversa, dizendo-lhe que as viagens de estrada de ferro cansavam muito, ao que Rubião respondeu que *sim*. (QB, XXI. O termo vicário *sim* (adv.), neste contexto, substitui o verbo *cansavam*. Consultar o verbete "Vicários").

Rubião e o cachorro, entrando em casa, sentiram, ouviram a pessoa e as vozes do *finado amigo*. (QB, XVIII. A expressão nominal *o finado amigo* substitui, no texto, o nome do falecido Quincas Borba).

Estava tão acostumada à timidez d*o homem*... (QB, XXXIX. No contexto frasal, o sintagma nominal *o homem* equivale a Rubião. Note-se que o complemento nominal *à timidez do homem* funciona como elemento de coesão textual em relação ao adjetivo transitivo *acostumada*, integrando-lhe o sentido).

O rumor das vozes e dos veículos acordou um mendigo que dormia nos degraus da igreja. *O pobre diabo* sentou-se, viu o que era, depois tornou a deitar-se. (QB, XLVI. A expressão nominal pejorativa *O pobre diabo* substitui o termo *mendigo*).

— É o que eu diria e direi se ela me consultar algum dia. Agora, ir falar-lhe sem ser chamada, não *faço*. (DC, XXI. O verbo *fazer* é muito usado como termo vicário. Nesta oração negativa, substitui o verbo *ir* no futuro: *não faço = não irei*).

Colocação pronominal

Machado colocava os pronomes à moda lusitana, como, de resto, todos os escritores do seu tempo. Nota-se, por isso, um forte predomínio da ênclise e da apossínclise, esta até mesmo em diálogos, nos quais aparece, inclusive, a mesóclise. Encontram-se, entretanto, alguns poucos exemplos da próclise à brasileira na boca de personagens ou até mesmo no discurso do narrador, em construções que contrariam os padrões gramaticais da época. Hesitação do autor ou um momento de dissimulação sintática? O fato é que as colocações pronominais machadianas estão longe da espontaneidade e do ritmo prosódico da fala brasileira, mais pausada que a portuguesa e na qual todas as vogais são pronunciadas (inclusive as pretônicas), o que faz com que o pronome oblíquo se comporte de maneira diferente do que ocorre na fala lusitana.

A esse respeito, ouçamos as judiciosas palavras do saudoso mestre Celso Cunha (1994:312): "Em Portugal, esses pronomes se tornaram extremamente átonos, em virtude do relaxamento e ensurdecimento de sua vogal. Já no Brasil, embora os chamemos átonos, são eles, em verdade, semitônicos. E essa maior nitidez de pronúncia, aliada a particularidades de entoação e a outros fatores (de ordem lógica, psicológica, estética, histórica, etc.), possibilita-lhes uma grande variabilidade de posição na frase, que contrasta com a colocação mais rígida que têm no português europeu". Posteriormente, em capítulo intitulado "A colocação dos pronomes átonos no Brasil", Celso Cunha (2009:323), volta ao assunto, apresentando esclarecimentos e alternativas de colocação pronominal próprias do português brasileiro.

Em resumo, vemos que Said Ali, de forma pioneira, estava certo, ao tratar a colocação pronominal como uma questão muito mais prosódica e estilística do que propriamente sintática. Nesse sentido, adverte Said Ali (*Gramática secundária da língua portuguesa* (1969:205): "A pronúncia brasileira diversifica da lusitana; daí resulta que a colocação pronominal em nosso falar espontâneo não coincide perfeitamente com a do falar dos portugueses". O liberalíssimo Antenor Nascentes (*O idioma nacional*, 1960:152) chega a afirmar que "As formas oblíquas dos pronomes pessoais colocam-se onde o escritor quiser, antes ou depois do verbo". Consta que o velho filólogo Silva Ramos dizia: "Nós não colocamos os pronomes. Eles é que se colocam".

Voltando a Machado de Assis, temos de admitir que sua maneira de colocar os pronomes torna a sua frase, em certos casos, pesada e artificial. É bem verdade que, às vezes, ele "se esquece" do purismo gramatical e deixa escapar uma ou outra colocação pronominal mais próxima da fala brasileira. Em outras palavras, sua sintaxe também pode ter alguma coisa de oblíqua e dissimulada e, nesse caso, não seria absurdo imaginá-lo rindo à socapa dos patrulheiros gramaticais de plantão. Mas examinemos cada caso de colocação em separado.

Apossínclise – Colocação pronominal estranha aos ouvidos e aos olhos brasileiros, mas comum em Portugal e frequente em Machado de Assis e nos nossos escritores até o advento do Modernismo, em 1922. A partir dessa época, a apossínclise começa a escassear na língua literária brasileira. Trata-se da intercalação de uma palavra entre o pronome átono e o verbo, contrária à índole prosódica do português do Brasil, que nesses casos dá preferência à próclise. Em Machado, a apossínclise aparece em frases negativas e até mesmo em diálogos, emprestando-lhes um tom afetado e artificial. Era, entretanto, o costume da época, e Machado (quem sabe, a contragosto) teve de pagar o seu tributo sintático. Afinal, o patrulhamento gramatical no seu tempo era demolidor. A esse respeito, lembremos as perseguições sofridas por José de Alencar. Vejamos alguns exemplos. Destacamos em itálico a apossínclise.

— **Estava outro homem, mui diverso deste que eu vejo agora ao pé de mim, porque ainda *me* não amava.** (RE, vi. Note-se a apossínclise em uma frase de diálogo, em que seria mais natural a próclise: "não *me* amava").

Raquel recebeu a notícia sem admiração, mas com mágoa. Esperanças não as tinha já; o mal que *nos* não espanta não *nos* contudo dói menos por isso. (RE, xvii. Note-se a vacilação de Machado, usando a próclise em "não *as* tinha", colocação à brasileira, e a apossínclise, em "*nos* não espanta", colocação à lusitana).

Deus sabe até onde iria ela [a imaginação], com as asas fáceis que tinha, se um incidente *lhas* não colhera e fizera descer à terra. (ML, ii. Além da apossínclise, note-se o emprego da combinação de pronomes em *lhas*, fusão de *lhe*, obj. indireto, e *as*, obj. direto. Sintaxe quase irreconhecível para o leitor brasileiro atual).

— **Não tenho de que me arrepender, disse ele; prefiro que *me* não perdoe.** (QB, civ. Conversando com Sofia, Rubião sai-se com uma apossínclise. Mais uma vez, Machado cede a uma tradição impositiva, pondo essa colocação pronominal castiça na boca de um personagem brasileiro, no caso, um sujeito simplório como Rubião, oriundo do interior mineiro).

Tu, amiga minha leitora, (...), pode ser que *a* não aches mais clara. (...) — Mas o senhor promete que não *me* achará inexplicável? (EJ, xxxiv. Em seu próprio discurso narrativo, Machado emprega a clássica apossínclise, mas no discurso espontâneo da personagem Flora, em diálogo com o Conselheiro Aires, deixa escapar uma próclise à brasileira. Uma no cravo, outra na ferradura).

Ouvindo isto, não *me* pude ter que *lhe* não falasse das cartas que aguardavam o Tristão. (MA, 17/10/1888, meia-noite. Note-se o contraste entre a próclise do *me* e a apossínclise do *lhe*. No primeiro caso, devido à prosódia e ao fato de não se iniciar a oração com pronome oblíquo; no segundo, a apossínclise clássica, à lusitana. Se Machado reproduzisse a nossa sintaxe, escreveria: "que não *lhe* falasse". Muito mais natural, muito mais espontânea, muito mais brasileira).

Quis sair logo, mas vim primeiro escrever isto, para que *me* não esqueça. (MA, 22/10/1888. Sem o patrulhamento gramatical, Machado provavelmente escreveria, muito mais à vontade: "para que não *me* esqueça". A locução conjuntiva *para que*, o advérbio *não*, o ritmo da frase, tudo leva à próclise, tudo pede a próclise. A apossínclise, no caso, repugna aos nossos ouvidos, agride o nosso senso estético da língua).

Tristão já não vai a 9, por uma razão que *me* não deu, nem *lha* pedi. (MA, 7/1/1889, Sintaxe clássica lusitana, com essas construções "que *me* não deu" e "nem *lha* pedi". Têm uma aparência arcaica e soam estranhas, irreconhecíveis aos ouvidos do leitor brasileiro).

Ênclise – O pronome oblíquo átono aparece depois do verbo, nos casos abaixo relacionados. Fora desses casos, seu uso é motivado por questões de eufonia ou de ênfase. Cumpre lembrar que o pronome em ênclise passa a integrar o vocábulo tônico em que se apoia, daí resultando, geralmente, um vocábulo fonológico proparoxítono, não consentâneo com a índole prosódica do português do Brasil. A nossa sintaxe de colocação pronominal tende para a próclise, pois desta resulta, quase sempre, um vocábulo fonológico paroxítono, mais de acordo com a prosódia da fala brasileira e com o próprio gênio da língua portuguesa. A esse respeito, examinemos os três exemplos abaixo.

— **Virgília, disse, eu proponho-*te* uma coisa. — Que é? — Amas-*me*?** (BC, LXIII. A colocação pronominal é artificialíssima nos dois casos, sobretudo na pergunta formulada por Brás Cubas à amante, ambos a sós, na alcova adúltera. Convenhamos, não era a hora de usar uma ênclise).

— **Nota que tratava-*se* justamente de um crédito do ministério da marinha.** (QB, CXIX. Neste caso, o correto seria a próclise: "Nota que se tratava". Como o discurso é do personagem, e não do narrador, releva-se o deslize. Mas não deixa de ser um deslize).

Eu deleitava-*me* em apreciá-*la* por dentro e por fora. (MA, sábado, depois de 26/2/1889. No primeiro caso, usando a ênclise em "deleitava-*me*", Machado criou um vocábulo fonológico proparoxítono, contrário à índole da língua, pelo menos, à índole do português do Brasil. Seria muito mais natural e espontâneo, além de mais condizente com a nossa prosódia, usar a próclise: "Eu *me* deleitava". Note-se que, neste caso, teríamos um vocábulo fonológico paroxítono: "*me* deleitava", com a tônica na penúltima sílaba. No segundo caso ("em apreciá-*la*"), a ênclise é de rigor, por se tratar de infinitivo regido de preposição).

Tentemos agora sistematizar alguns casos de emprego da **ênclise** em Machado de Assis.

a) *Nos períodos iniciados pelo verbo*

Carteava-*se* [Natividade] com grandes damas, era familiar de muitas, tuteava algumas. (EJ, VI).

Põe-*lhe* uma vara na mão, e fica um mágico. (EJ, XI. No imperativo afirmativo é de rigor a ênclise).

b) *Nas orações iniciadas por gerúndio*

Perpétua, afeita a eles, acabou sorrindo e dando-*lhe* parabéns. (EJ, VII. Além do gerúndio, trata-se de uma oração coordenada sindética).

Santos afiou o ouvido neste ponto, lembrando-*se* das "coisas futuras". (EJ, XIV).

c) *Junto a infinitivos regidos de preposição*

Viveu [Santos] os primeiros tempos a contemplar os meninos, a compará-*los*, a medi-*los*, a pesá-*los*. (EJ, VIII).

Foi por esse tempo que Santos pensou em casá-*lo* com a cunhada, recentemente viúva. (EJ, XII).

d) Depois do infinitivo impessoal

Imagina só que trazia o calo do ofício, o sorriso aprovador, a fala branda e cautelosa, (...), tudo tão bem distribuído que era um gosto *ouvi-lo* e *vê-lo*. (EJ, XII).

e) Nas orações coordenadas sindéticas

Decifra-me ou *devoro-te*. (BC, II. A prosódia do português do Brasil prefere, neste caso, a próclise: "Decifra-me ou *te* devoro". Nota-se nesta próclise o ritmo da fala brasileira, com o pronome semitônico *te* apoiado ao vocábulo tônico seguinte, formando um vocábulo fonológico paroxítono: "te devoro". Na ênclise usada por Machado, o pronome *te* é átono e integra-se ao verbo, resultando dessa colocação um vocábulo fonológico proparoxítono: "devoro-te", que soa estranho aos nossos ouvidos. No caso de "Decifra-me", a ênclise é de praxe: trata-se de um imperativo iniciando o período).

Santos não teve remédio e *despediu-se*. (EJ, X. A segunda oração é coordenada sindética, fato sintático que, segundo a norma gramatical, exige a ênclise. Mas a tendência atual, nestes casos, é o uso da próclise, ficando o pronome perto de uma palavra invariável, dita "atrativa", a conjunção *e*: "Santos não teve remédio e *se* despediu").

f) Nas locuções verbais

Mas o marido não *podia despegar-se* do cupê. (EJ, X. Aqui, a ênclise ao infinitivo é colocação clássica. Nesta frase negativa, a colocação à brasileira dá preferência à próclise: "não podia *se* despegar", com o pronome solto entre o verbo auxiliar e o principal).

Suponhamos que era com o fim de o punir por *havê-la amado*. (EJ, XII. Nos tempos compostos formados por infinitivo + particípio, a ênclise ao infinitivo é de rigor).

— **Por exemplo, se as duas crianças *quiserem ajoelhar-se* ao mesmo tempo para adorar o Criador.** (EJ, XIV. Neste caso, a tendência, atualmente, é deixar o pronome solto entre o auxiliar e o principal: "quiserem *se* ajoelhar").

O simples gosto de nascer primeiro, sem outra vantagem social ou política, *pode dar-se* por instinto. O amor, (...), *pode-se dizer* que é um duelo, não de morte, mas de vida. (EJ, XIV. Primeiramente, Machado usou a ênclise ao infinitivo; depois, ao auxiliar. No primeiro caso, trata-se de um verbo pronominal: *dar-se*, com o sentido de "ocorrer, acontecer"; no segundo, o auxiliar *pode* tem valor modal de possibilidade, e o pronome *se* é apassivador, ligado ao auxiliar. Nos dois casos, a tendência atual é deixar o pronome solto, sem hífen, entre o auxiliar e o infinitivo: "pode se dar; pode se dizer").

Mesóclise – O pronome oblíquo átono se coloca no meio do verbo, e este tem de estar obrigatoriamente no futuro do presente ou no futuro do pretérito, os dois únicos casos em que se emprega a mesóclise. Atualmente, esta colocação do pronome intercalado é extremamente formal, restrita a textos jurídicos e oficiais. No português do Brasil, em nossa língua corrente e mesmo na literária, a mesóclise soa como arcaica, quase irreconhecível aos leitores atuais, mesmo aos leitores considerados cultos. Em Machado de Assis, esta colocação pronominal aparece em diálogos, o que confere à fala dos personagens um tom inteiramente artificial, para não dizer pedante, quase ridículo. Passemos à exemplificação.

— **Contudo, não quero surpreender-lhe o coração neste momento; no dia em que me julgar verdadeiramente digno de ser seu esposo, *ouvi-la-ei* e *segui-la-ei*.** (ML, XV. Inteiramente artificial estas mesóclises neste diálogo entre Guiomar e Luís Alves, no qual este propõe casamento à moça).

— Se você tivesse tempo de as meditar, *guardá-las-ia* consigo. (HE, x. Neste diálogo de Helena com Estácio, mais uma mesóclise artificial, sem espontaneidade).

— Sim; se recusasse *censurar-me-iam*, e com razão. Em política, a primeira coisa que se perde é a liberdade. (QB, CLXXVII. Frase de Teófilo em diálogo com a esposa, D. Fernanda. Espontaneamente, o personagem provavelmente diria, usando a próclise: "se recusasse, *me* censurariam").

Se a alma de João de Melo os visse de cima, *alegrar-se-ia* do apuro em que eles foram rezar por um pobre escrivão. (EJ, v. Aqui, a forma verbal *alegrar-se-ia*, no futuro do pretérito, está em correlação temporal com o imperfeito do subjuntivo *visse*. Trata-se do discurso do narrador, o Conselheiro Aires, o que justifica o emprego da mesóclise).

Natividade teve ideia, mas só ideia, de voltar e ir ter à ladeira do Castelo, subir por ela, a ver se achava a adivinha no mesmo lugar. *Contar-lhe-ia* que os dois meninos de mama, que ela predisse seriam grandes, eram já deputados e acabavam de tomar assento na Câmara. (EJ, CXVIII. Natividade se imagina voltando ao morro do Castelo, para contar à cabocla que ali dava consultas que suas predições tinham se realizado. Em seu discurso, o narrador usou o futuro condicionado, daí a forma verbal *contaria*. A mesóclise justifica-se, no caso, para evitar que o pronome átono *lhe* inicie o período.).

Quando a esposa Aguiar morrer, não se contentará de a chorar, *lembrar-se-á* dela, e as saudades irão crescendo com o tempo. (MA, 4/9/1888. Note-se que na negativa foi usada a próclise, como é de rigor nesses casos: "não *se* contentará").

Próclise – O pronome oblíquo átono se coloca antes do verbo, sendo esta a colocação mais comum no Brasil, devido, sobretudo, a razões de natureza prosódica. Como adverte José Carlos Azeredo (2008:259), "a próclise do pronome é a posição mais favorecida pelo ritmo da frase no português do Brasil". Evidentemente, Machado de Assis não poderia deixar de fazer uso da próclise, principalmente naqueles casos em que seu emprego é consentâneo com o gênio da língua: em frases negativas ou que contenham palavras invariáveis, em orações exclamativas ou optativas, em orações subordinadas, com o gerúndio precedido da preposição *em*. Encontramos, contudo, alguns exemplos em que ele hesita na colocação pronominal, como nas situações a seguir relacionadas.

— Talvez não *lhe* seja agradável a minha presença. — E maior será ainda o seu desgosto, continuou Moreirinha, quando souber que não *lhe* peço asilo só por uma hora. (RE, XIV. Nestes dois exemplos, em vez da apossínclise, habitualmente usada nesses casos, Machado preferiu a próclise, à brasileira. Teria sido um cochilo? Tanto que mais adiante, neste mesmo capítulo, ele volta a usar a apossínclise: "O hóspede compreendeu a situação, e francamente lhe disse que *o* não queria perturbar").

— Morre-se. Quem não padece estas dores não *as* pode avaliar. (ML, I. Aqui também preferiu a próclise, bem mais espontânea, tratando-se de um diálogo).

A baronesa ficou só; Jorge não *a* deixou ficar só por muito tempo, porque chegou daí a pouco. (ML, IX. Aqui temos o próprio Machado colocando o pronome à brasileira).

— Rara, titia, pode dizer que é de uma beleza rara, acudiu Jorge, e pela primeira vez *lhe* luziu nos olhos alguma coisa, que não era a gravidade de costume. (ML, IX. Aqui, o esperado seria a ênclise: *luziu-lhe*. Até por questões de eufonia, para evitar o contato da consoante palatal /lh/ com a lateral /l/. Note-se que se trata do discurso do próprio Machado de Assis).

Helena deu-lhe a carta, (...) e sendo longa a epístola, longo foi o tempo que ele despendeu em *a* interpretar. (HE, XVI. Vacilação de Machado no uso dessa próclise. O infinitivo *interpretar*, precedido da preposição *em*, exigia a ênclise, neste caso).

— Seu padre, disse este, diga-*me* por favor o que aconteceu em casa. Vejo todos tristes; nhanhã Helena não aparece; fechou-*se* no quarto... *Me* perdoe a confiança. O que foi que aconteceu? (HE, XXIV. O trecho reproduz a fala do escravo Vicente, pajem de Helena. Depois de fazê-lo usar a ênclise duas vezes, de acordo com a norma culta, Machado parece que se lembrou de que se tratava de um diálogo e liberou o personagem para, espontaneamente, empregar a próclise: "*Me* perdoe", Note-se a contradição com o "diga-*me*", que aparece no início do diálogo, embora, nos dois casos, o verbo esteja no imperativo).

— Não *as* castigue, que não *me* fizeram nada. (QB, CVIII. Na primeira oração, o verbo no imperativo negativo exige a próclise. Na segunda oração, na fala espontânea de Rubião, Machado deixa escapar uma próclise à brasileira, em vez da lusitana apossínclise. Note-se que a conjunção explicativa *que* e o advérbio negativo *não* "atraem" a próclise).

O preto que *a* tinha ido buscar à cocheira, segurava o freio. (DC, VI. Depois do pronome relativo *que*, numa oração subordinada, a próclise está de acordo com a prosódia da frase e com a tradição gramatical).

Em *lhe* cheirando a homem chulo é com ele. (DC, XXV. Neste caso, é de rigor a próclise antes do gerúndio, por este vir precedido da preposição *em*).

Já então Natividade *os* deixara para *se* ir despir. (EJ, VII. No primeiro caso, a próclise entre o sujeito e o mais-que-perfeito está de acordo com a prosódia brasileira. No segundo caso, o pronome *se* antes do auxiliar *ir* soa estranho. Pelos padrões da época, Machado deveria ter usado a ênclise ao infinitivo: "para ir despir-*se*". Um escritor moderno brasileiro certamente escreveria: "para ir *se* despir").

Lá *se* iam bailes e festas, lá ia a liberdade e a folga. (EJ, VI. A presença do denotativo *Lá*, a posposição do sujeito composto, a prosódia da frase ritmada, tudo pede a próclise neste caso de colocação pronominal eufônica).

A senhora Aguiar penetra e *se* deixa penetrar de todas. (MA, 4/2/1888. Aqui, por se tratar de oração coordenada sindética, o esperado seria o emprego da ênclise: "e deixa-*se* penetrar". Machado, contudo, deve ter se guiado pela eufonia, preferindo a próclise. Note-se que em "*se* deixa", forma-se um vocábulo fonológico paroxítono, mais consentâneo com a índole prosódica do português do Brasil. É natural, neste caso, que o pronome *se*, semitônico, se apoie no vocábulo tônico seguinte).

Sempre *me* sucedeu apreciar a maneira por que os caracteres *se* exprimem e *se* compõem, e muita vez não *me* desgosta o arranjo dos próprios fatos. (MA, 17/10/1888, meia-noite. Próclise à brasileira, no discurso do próprio narrador: depois do advérbio *sempre*, na oração subordinada adjetiva e na frase negativa. Note-se que na oração coordenada "e *se* compõem", o pronome foi colocado em simetria com a oração anterior: "*se* exprimem").

Coloquialismos (oralidade)

Machado de Assis é considerado um escritor clássico em termos de linguagem. Isso não impede, entretanto, que em suas obras sejam usados termos e construções da língua coloquial, sobretudo nas crônicas, o grande laboratório para a ficção machadiana, conforme chama a atenção o proveitoso artigo de Sonia Brayner (1979:55).

Do ponto de vista linguístico, a presença do coloquialismo traz informações importantes que documentam a oralidade do português do Brasil empregado no tempo em que viveu o nosso maior escritor. Do ponto de vista estilístico, a presença da oralidade confere um tom natural e espontâneo ao discurso de seus personagens, valorizando o texto narrativo machadiano, como se pode ver, por exemplo, no capítulo CXIV de *Brás Cubas*, todo ele em discurso direto, em que o leitor tem a impressão de estar "ouvindo" o dramático diálogo de despedida entre Brás Cubas e Virgíliaa. Ver, a esse respeito, os diversos contos dialogados que escreveu, dentre os quais se destacam: "Teoria do medalhão" (PA), "Um apólogo" (VH), "A desejada das gentes" (VH), "Singular ocorrência" (HSD). Serve de exemplo também o emprego da locução expletiva *é que* (v. verbete), própria da língua oral e tão frequente em suas obras. O coloquialismo constitui também uma janela aberta para o escritor arejar um pouco a sua prosa, marcada pelo rigorismo gramatical, sobretudo na questão da colocação de pronomes (v. verbete). Nesta questão, aliás, Machado não pôde avançar muito em seu próprio discurso, porque o patrulhamento gramatical, na época, era impiedoso. José de Alencar que o diga.

Sobre o assunto, recomendamos a leitura dos capítulos "O coloquialismo de Machado de Assis" e "A gíria em Machado de Assis", de Mattoso Câmara Jr. (*Ensaios machadianos*, 1977). As conversas com o leitor, as frases dubitativas (v. verbetes neste *Dicionário*) também constituem importantes signos da oralidade que permeia toda a obra de ficção de Machado de Assis.

Cumpre advertir que, nos exemplos a seguir, os coloquialismos empregados aparecem geralmente na fala dos personagens.

— **Fizeste bem; não te perdoaria se preferisses a outra, a lambisgoia, que aqui nos querem impingir por grande coisa.** (ML, II. O termo *lambisgoia* é pejorativo e próprio da língua oral. Aplica-se a mulher antipática, desenxabida, quase sempre intrometida).

— **O Dr. Vilaça deu um beijo em D. Eusébia! bradei eu correndo pela chácara. Foi um estouro esta minha palavra; a estupefação imobilizou a todos.** (BC, XII. Brás Cubas, o "menino diabo", espalhou aos quatro cantos os amores furtivos do casal. Aqui, *estouro* tem o sentido de "escândalo").

Jumento de uma figa, cortaste-me o fio às reflexões. (BC, XXII. A expressão "Jumento de uma figa" é um desabafo espontâneo de Brás Cubas, amaldiçoando o animal que o alijara da sela).

— **Nhonhô não vai visitar sinhá D. Eusébia? perguntou-me o Prudêncio.** (BC, XXV. Os termos *sinhô*, *sinhá*, *nhonhô* são próprios do falar semicrioulo dos nossos escravos).

— **Não, senhor, sou coxa de nascença. Mandei-me a todos os diabos; chamei-me desastrado, grosseirão.** (BC, XXXII. Brás Cubas se recrimina, usando uma expressão coloquial (*Mandei-me a todos os diabos*), para enfatizar o vexame que sentiu ao não perceber o defeito físico de Eugênia).

— **É um vadio e um bêbado muito grande. Ainda hoje deixei ele na quitanda, enquanto eu ia lá embaixo na cidade, e ele deixou a quitanda para ir na venda beber.** (BC, LXVIII. Para poder reproduzir com fidelidade a fala espontânea do ex-escravo Prudêncio, Machado não hesita em desviar-se da norma culta, pondo na boca do personagem a sintaxe corrente no português do Brasil: "deixei ele", em vez de *deixei-o*, "ir na venda", em vez de *ir à venda*).

Digo apenas que o homem mais probo que conheci foi um certo Jacó Medeiros ou Jacó Valadares, não me recorda bem o nome. Talvez fosse Jacó Rodrigues; em suma, Jacó. (...). Ah! lembra-me agora: chamava-se Jacó Tavares. (BC, LXXXVII. Repare-se no tom de conversa desse trecho. O narrador finge ter se esquecido do nome do personagem, como num bate-papo casual. Depois, numa exclamação marcada pelo tom de oralidade, "recupera" a memória. Tudo muito espontâneo, muito natural).

Quando o testamento foi aberto, Rubião quase caiu para trás. (QB, XIV. Ao tomar conhecimento de que o finado Quincas Borba o nomeara herdeiro universal dos seus bens, Rubião teve um misto de surpresa e susto, por isso "quase caiu para trás". Não era para menos. De uma hora para outra, passava de simples professor a capitalista).

— O Siqueira é um cacete, mas paciência; é alegre. (QB, L. O termo *cacete* é coloquialíssimo, mas Machado não hesita em usá-lo, para descrever o comportamento do importuno major Siqueira. Naturalmente, tem o cuidado de pô-lo na boca do personagem, Cristiano Palha, em conversa com a mulher, Sofia).

Era o seu próprio nome impresso, rutilante, multiplicado, nada menos que uma notícia do caso da Rua da Ajuda. Depois do sobressalto, aborrecimento. Que diacho de ideia aquela de imprimir um fato particular, contado em confiança? (QB, LXVII. O esperto Camacho publicou em seu jornal, *Atalaia*, o episódio em que Rubião havia salvado um menino de ser atropelado por uma carruagem. O modesto mineiro leu a notícia, não gostou e reagiu pronunciando interiormente a interrogação "Que diacho", eufemismo para *Que diabo!*).

— A senhora aposto que nem sonhava comigo? Entretanto, eu quase ouvia a sua respiração. (QB, LXIX. Dançando com Sofia, o vaidoso Carlos Maria não cessa de dirigir-lhe galanteios. Aqui, em sua fala espontânea, antecipou o termo "A senhora", sujeito do verbo "sonhava". Pondo essa antecipação na boca do personagem, Machado destaca a oralidade do discurso, própria de um diálogo).

— Ela não sei donde era, nem diria ainda que soubesse; sei só que era um peixão. (...). Oh! Vossa Senhoria não imagina! Era de boa altura, bonito corpo, a cara meia coberta por um véu, coisa papafina. (...). O preço da tabela mal dá para comer; é preciso fazer estes ganchos. (QB, LXXXIX. Conversando com Rubião, o cocheiro do tílburi, um homem do povo, emprega gírias e expressões coloquiais da época: "peixão" e "coisa papafina", para descrever e exaltar os dotes físicos de uma mulher bonita. "Fazer ganchos" significa "se virar, fazer bicos", ganhar um dinheiro por fora, conduzindo os fregueses, em seu tílburi, a encontros amorosos furtivos. Note-se também a concordância atrativa do advérbio com o adjetivo em "meia encoberta", comum na linguagem coloquial, mas que tem tradição também na língua literária, sendo empregada pelo próprio Machado com certa frequência).

— Procura pelo senhor? — Parece que procura, respondeu Raimundo tapando o riso com a mão; mas eu tranquei ele [o cachorro Quincas Borba] **no quarto, para não fugir.** (QB, CLXXXVIII. Diálogo entre D. Fernanda e o criado de Rubião. Repare-se no emprego coloquial e espontâneo do pronome *ele* como objeto direto, comum no português do Brasil. A preposição *para*, em vez de *pra*, é que soa um tanto artificial na boca de um criado).

"Meu caro Dom Casmurro, não cuide que o dispenso do teatro amanhã; venha e dormirá aqui na cidade; dou-lhe camarote, dou-lhe chá, dou-lhe cama; só não lhe dou moça". (DC, I. Trata-se de um bilhete em que um amigo convida Bentinho para irem ao teatro. O amigo dá-lhe cama, mas cama vazia, sem "moça", termo coloquial e eufêmico que significava, na época, "meretriz" ou, como diríamos hoje, "garota de programa").

A casa em que moro é própria; fi-la construir de propósito, levado de um desejo tão particular que me vexa imprimi-lo, mas vá lá. (DC, II. Em tom de conversa com o leitor, Bentinho recorre a um marcador de conversação, típico da língua oral e com valor contrastivo: "mas vá lá").

— Não esqueçamos que um bispo presidiu a Constituinte, e que o padre Feijó governou o império... — Governou como a cara dele, atalhou tio Cosme, cedendo a antigos rancores políticos. (DC, III. O bispo a que se refere José Dias é D. José Joaquim Coutinho da Silva, que presidiu a nossa primeira Assembleia Constituinte, em 1823. O padre Diogo Antônio Feijó foi Regente durante a menoridade de D. Pedro II, de 1835 a 1837. Tio Cosme não gostava do Regente Feijó, e Machado põe na boca do personagem uma expressão de saboroso conteúdo coloquial ("como a cara dele"), para expressar as divergências políticas do tio de Bentinho).

— Se quiser florear como os outros rapazes, e não souber [montar a cavalo], há de queixar-se de você, mana Glória. (DC, VI. Tio Cosme censura a superproteção com que a irmã trata o filho, Bentinho, impedindo-o de aprender a andar a cavalo. O verbo *florear* é um coloquialismo que significa "fazer vista, exibir-se").

Ora, pois, naquele ano da graça de 1857, D. Maria da Glória Fernandes Santiago contava quarenta e dois anos de idade. (DC, VII. O marcador conversacional "Ora, pois" confere ao discurso de Bentinho um tom de espontaneidade coloquial, de bate-papo com o leitor).

Demorei-me mais nisto que no resto, em parte porque éramos religiosos, em parte para compensar a batina que eu ia deitar às urtigas. (DC, XLIX. Bentinho, ardendo de paixão por Capitu, estava ansioso para se livrar do seminário. Desse modo, não tem pudor em confessar que não via a hora de lançar a castradora batina "às urtigas").

— Tem andado alegre, como sempre; é uma tontinha. Aquilo, enquanto não pegar algum peralta da vizinhança, que case com ela... (DC, LXII. Três expressões coloquiais postas por Machado de Assis na boca do implicante José Dias: um diminutivo com maldoso valor pejorativo (*tontinha*); um demonstrativo idem (*aquilo* = aquele tipo de moça); e *peralta* = rapaz sem juízo, como ela, Capitu, naturalmente. Mais tarde, Capitu já noiva de Bentinho, o esperto agregado, olhos postos no futuro, irá mudar de opinião a respeito da moça e dizer que **"ela é um anjo, é um anjíssimo"**, como se lê no capítulo C. Um camaleão não faria melhor).

— Você ainda se lembra da roça, Tomás? — Alembra, sim, senhor. (DC, XCIII. Note-se o contraste entre a fala de Bentinho e a do escravo Tomás. Neste, a forma verbal *lembra* recebe a prótese de um *a*, fato comum na linguagem popular. Mas Machado se trai, pondo o escravo a falar *senhor*, com todas as letras, quando o normal seria ele pronunciar espontaneamente: *sinhô* ou *nhonhô*).

Ora bem, faz hoje um ano que voltei definitivamente da Europa. (MA, 9/1/1888. Essa expressão "Ora bem", com que o Conselheiro Aires abre o seu diário, tem um nítido sabor de oralidade. É um marcador conversacional, prenunciando o que o *Memorial* pretende ser: um ameno diálogo com o leitor).

O que me lembrou esta data foi, estando a beber café, o pregão de um vendedor de vassouras e espanadores: "Vai vassouras! Vai espanadores!". (MA, 9/1/1888. O pregão entre aspas é outro signo de oralidade, este do personagem, não do narrador. É um testemunho vivo da linguagem espontânea das ruas do Rio de Janeiro no tempo de Machado de Assis).

Parece que Fidélia mordeu uma pessoa; foram as próprias palavras dela. — Mordeu? Perguntei sem entender logo. — Sim, há alguém que anda mordido por ela. — Isso há de haver muitos, retorqui. (MA, 23/5/1888. Trata-se de um diálogo entre o Conselheiro Aires e sua irmã, mana Rita. Note-se o pitoresco signo de oralidade representado pelo verbo *morder*, com o sentido de "despertar o amor de alguém", "andar enamorado de alguém". Quando o Conselheiro diz que havia muitos "mordidos" por Fidélia, devia estar pensando em si próprio, pois ele também se incluía entre esses muitos).

Indo a entrar na barca de Niterói, quem é que encontrei encostado à amurada? Tristão, ninguém menos. (MA, 4/8/1888. Observe-se o tom espontâneo, descontraído com que o Conselheiro Aires formula essa pergunta ao leitor. A locução *é que* serve de apoio prosódico e eufônico à frase do narrador, impregnada de oralidade).

Meti-me no carro e vim para casa. (...). Desci, dei ao cocheiro a *molhadura* de uso, e enfiei pelo corredor. (MA, 26/2/1889, dez horas da noite. Machado usou o coloquialismo *molhadura* com o sentido de "gorjeta". Ainda hoje, se diz: "Molhar a mão de alguém", ou seja, dar-lhe uma gratificação, o que, em certos casos, pode ser entendido como propina, suborno).

Ontem, na reunião do Aguiar, pude verificar que o jovem advogado está mordido [apaixonado] pela viúva. (MA, 29/5/1889. Novamente Machado volta a usar o coloquialismo do verbo *morder*, acima comentado. Note-se que desta vez não se trata de um diálogo, mas do próprio discurso narrativo do Conselheiro Aires).

Com (preposição)

O sentido fundamental desta preposição é o de companhia, do qual decorrem os demais valores. Cumpre lembrar também que os valores aqui apresentados resultam não apenas da preposição em si, mas do entorno linguístico em que ela se situa, o que possibilita a criação de seus "sentidos contextuais", como ensina Evanildo Bechara (1999:298). Vejamos alguns exemplos.

a) *Companhia*

Passou, porém, uma senhora *com* um menino. (QB, CVI).

Vivo só, *com* um criado. (DC, II).

b) *Meio, instrumento*

As armas *com* que lutava eram certamente de boa têmpera. (RE, VIII).

Não cheiravam [as mãos de Capitu] a sabões finos, mas *com* água do poço e sabão comum trazia-as sem mácula. (DC, XIII).

Capitu foi ao muro, e, *com* o prego, disfarçadamente, apagou os nossos nomes escritos. (DC, XV).

c) *Modo*

Rubião ofereceu-lhe a casa *com* instância. (QB, XLII).

As mãos, a despeito de alguns ofícios rudes, eram curadas *com* amor. (DC, XIII).

d) *Caracterização descritiva*

Rubião ficou passeando no jardim, *com* as mãos nos bolsos do chambre. (QB, XCIX).

Debruçavam-se uns sobre os outros, *com* os olhos cheios daquela curiosidade que a morte inspira aos vivos. (QB, CI).

Começar de + infinitivo

A locução verbal incoativa (início de ação) *começar de + infinitivo*, embora ainda estivesse em uso na língua literária no tempo de Machado de Assis, provavelmente já era sentida como um arcaísmo sintático. No português contemporâneo, emprega-se a preposição *a* antes do infinitivo, como o próprio Machado o fez no seguinte passo do MA, 17/7/1889: "Levei-o até à escada, que ele *começou a descer vagarosamente*".

O coração [de Estela] começou de bater com a celeridade e a violência das grandes febres. (IG, XIII).

Começaram de subir [as irmãs Natividade e Perpétua] pelo lado da rua do Carmo. (EJ, I).

Complemento nominal

Termo integrante da oração, sempre preposicionado, o complemento nominal (CN) completa o sentido de nomes (substantivos e adjetivos) e advérbios de base nominal (terminados em -*mente*). O CN está para o nome assim como o CV (complemento verbal) está para o verbo, sendo comuns os casos de substantivos abstratos de base verbal seguidos de CN, como neste exemplo, em que o verbo *necessitar* e o substantivo *necessidade* são termos cognatos: *Necessito de repouso* (obj. indireto)/*Tenho necessidade de repouso* (CN). No período composto, o CN se apresenta sob a forma de oração subordinada substantiva completiva nominal: *Tenho necessidade de que ele venha*. Vejamos alguns exemplos em Machado de Assis. Destacamos em itálico o CN.

O maior pecado, depois do pecado, é a publicação *do pecado*. (QB, XXXII. Aqui, *do pecado* é CN do substantivo abstrato e transitivo *publicação*. Trata-se de uma das frases lapidares de Machado de Assis).

Não entendia de comércio, não *lhe* tinha inclinação. (QB, LXIX. Neste caso, o CN está representado pelo pronome oblíquo *lhe* (= para ele).

Rubião tinha medo *de saber*. (QB, C. Note-se que o substantivo *medo* não tem base verbal, mas o fato de ele ser abstrato e transitivo (como *receio*, do mesmo campo semântico) leva-o a exigir um CN para completar-lhe o sentido. Neste caso, o CN é uma oração reduzida de infinitivo: *de saber*).

Mas a ciência tem o inefável dom *de curar todas as mágoas*. ("O alienista", I, PA. Aqui também o CN é oracional (*de curar todas as mágoas*) e completa o sentido do substantivo abstrato e transitivo *dom*, que significa, no caso, "capacidade").

A Casa Verde foi o nome dado *ao asilo*, por alusão *à cor das janelas*. ("O alienista", I, PA. Em *ao asilo*, CN do particípio adjetivado *dado*; em *à cor das janelas*, CN do substantivo abstrato e transitivo *alusão*).

Tinha jus o major *a todos os respeitos*. ("A chinela turca", PA. O CN *a todos os respeitos* completa o sentido do substantivo abstrato e transitivo *jus* = direito).

Estava [Rubião] tão afeito *à linguagem dos amigos, às observações, às graças*, não menos que *aos respeitos e considerações*, que comer só era o mesmo que não comer nada. (QB, C. Todos os CNs em itálico completam o sentido do adjetivo *afeito*).

A vida dele era necessária *a ambas*. (IG, XV. Em *a ambas*, CN do adjetivo *necessária*).

Estava tão contente *com o resultado obtido*, que podia fazê-lo. (*Casa Velha*, IX. O adjetivo *contente*, transitivo, exige, para completar-lhe o sentido, o CN *com o resultado obtido*).

Todos os médicos a quem contei as moléstias dele foram acordes *em que a morte era certa*. ("O enfermeiro", VH. Aqui, o CN oracional *em que a morte era certa* completa o sentido do adjetivo *acordes*).

Pois bem, nada me abala relativamente *ao Rubião*. (QB, L. Em *ao Rubião*, CN do advérbio de base nominal *relativamente*).

Repare que a sua obstinação pode exprimir, relativamente *à memória de sua mãe*, uma censura ou uma afronta. (*Casa Velha*, X. Em *à memória de sua mãe*, CN do advérbio *relativamente*).

Concordância nominal

Harmonização flexiva em gênero e número do nome ou pronome adjetivo, termo determinante, com o nome ou pronome substantivo, termo determinado. Condicionada pela posição do adjetivo no sintagma nominal ou pela intenção do escritor, a concordância pode ser gramatical ou estilística. Esta pode ser atrativa ou pelo sentido, caso da silepse de gênero e número. Vejamos alguns exemplos em Machado de Assis.

Os olhos chisparam e trocaram a expressão usual por outra, meia doce e meia triste. (BC, XXXVIII. Os adjetivos *doce* e *triste* são invariáveis em gênero, de modo que a concordância atrativa do advérbio *meio*, no caso, *meia* no feminino, deve ter sofrido influência dos dois termos femininos anteriores: o substantivo *expressão* e o pronome indefinido *outra*. Note-se que a concordância atrativa é confirmada pela repetição, ou seja, não foi um descuido. Machado a usou intencionalmente.).

Tinha a cabeça rachada, uma perna e o ombro partidos. (QB, VI. Os núcleos do objeto direto composto (*perna, ombros*) são de gêneros diferentes. Nesses casos, o adjetivo predicativo vai para o masculino plural: *partidos*).

Agora, aquietada a imaginação e o ressentimento, mira e remira a alcova solitária. (QB, XLIII. A oração subordinada adverbial temporal é reduzida de particípio, e o seu sujeito é composto, formado por dois substantivos: um masculino: *ressentimento*; o outro, feminino: *imaginação*. É com este núcleo mais próximo que concorda, por atração, o particípio-adjetivo *aquietada*).

Sempre fui feliz sem francês, respondia a velha; e os meia-línguas da roça são a mesma coisa: não vivem pior que os crioulos. (QB, LXIV. Aqui, o plural deveria ser *meias-línguas*, isto é, pessoas de pouca cultura, de escassos recursos linguísticos. O desvio é tolerado, por se tratar da fala de uma personagem. É possível também que Machado tenha sentido o substantivo *meia-língua* como uma lexia composta, uma unidade de significação, por isso não pluralizou o numeral fracionário *meia*, preferindo flexionar apenas o segundo termo: *línguas*. Em outras palavras, Machado pluralizou o conjunto unitário, deixando invariável uma parte do conjunto).

Um casal de borboletas (...) acompanhou por muito tempo o passo do cavalo [de Carlos Maria], volteando aqui e ali, lépidas e amarelas. (QB, CXXII. Machado fez com que a dupla de adjetivos (*lépidas e amarelas*) concordasse atrativamente com o núcleo mais próximo: *borboletas*. Essa concordância parece sugerir que Machado atribuiu ao termo *casal* o sentido de "dupla", por não estar bem certo de que as duas borboletas fossem, de fato, macho e fêmea. Além disso, adotando o gênero gramatical feminino, próprio desse tipo de lepidóptero, tornou sua descrição mais viva, mais expressiva).

Já a antevia ajoelhada, com os braços postos nos seus joelhos, a cabeça nas mãos e os olhos nele, gratos, devotos, amorosos, toda implorativa, toda nada. (QB, CXXIII. O vaidoso Carlos Maria imagina a futura esposa, Maria Benedita, a seus pés, anulando-se e adorando-o como a um deus. A palavra *todo*, como advérbio, tem o sentido de "inteiramente" e, em geral, concorda, por atração, com o adjetivo que ela determina, apesar de sua condição de advérbio. É o que ocorre em "toda implorativa". Já em "toda nada", o determinado *nada* é um pronome indefinido que, no caso, por contaminação semântica, apresenta perfil de adjetivo. Por uma questão de simetria sintática, Machado repete a concordância atrativa, formando uma estrutura binária paralelística, muito comum no seu estilo).

Concordância verbal

Harmonização flexiva, em número e pessoa, do verbo com o seu sujeito. Condicionada por fatores de natureza sintática, semântica ou pela expressividade, a concordância verbal pode ser gramatical ou estilística, sendo esta feita por atração ou pelo sentido, caso das silepses de número e pessoa (v. verbete). Sobre a concordância e a sintaxe do verbo *ser*, remetemos o leitor ao verbete específico: "Ser (emprego)".
Relacionamos a seguir alguns tipos de concordância verbal encontrados nos romances de Machado de Assis.

a) *Atrativa ou posicional* (ênfase ao núcleo mais próximo do verbo)

Não houve cadeirinha que não trabalhasse; aventou-se muita casaca e muito calção. (BC, x. Voz passiva pronominal, com a forma verbal *aventou-se* (expôs-se, exibiu-se ao vento) concordando atrativamente com *casaca*, núcleo mais próximo do sujeito composto).

Era um sujeito fútil. Cresceu-lhe o nojo e o desdém. (QB, cv. A forma verbal *cresceu*, no singular, concorda, por atração, com o núcleo mais próximo do sujeito composto: "o nojo e o desdém", posposto ao verbo).

Durante alguns meses, Rubião deixou de ir ao Flamengo. Não foi resolução fácil de cumprir. Custou-lhe muita hesitação, **muito arrependimento.** (QB, cviii. Neste exemplo, além da concordância atrativa da forma verbal *custou*, existe também o fato de os núcleos do sujeito composto serem termos semanticamente afins).

Não estava ali o major Siqueira, nem a filha, nem as senhoras e os homens que Rubião conheceu naquele outro jantar de Santa Teresa. (QB, cxv. Deixando o verbo no singular (*estava*), Machado destaca e individualiza cada núcleo do sujeito composto posposto).

Sofia, passado o susto e o espanto, mergulhou no devaneio. (QB, cliv. A oração intercalada é subordinada adverbial temporal, reduzida de particípio. A forma verbo-nominal *passado* está no singular, concordando atrativamente com o núcleo mais próximo do sujeito composto. Aliás, os dois núcleos, *susto* e *espanto*, apresentam afinidade semântica entre si, o que reforça a concordância adotada).

Também não se ouve o pau nem a pedra, mas tudo cabe na mesma ópera... (DC, ix. Na primeira oração, exemplo clássico de voz passiva pronominal, com a forma verbal *ouve* no singular, concordando com o núcleo do sujeito mais próximo. Ou teria o sentimento linguístico de Machado de Assis sentido a oração como ativa de sujeito indeterminado, deixando, por isso, o verbo no singular?).

— Você já reparou nos olhos dela? São assim de cigana oblíqua e dissimulada. Pois, apesar deles, poderia passar, se não fosse a vaidade e a adulação. (DC, xxv. Trata-se de uma frase do intrigante José Dias, em conversa com Bentinho. O sujeito é composto (*a vaidade e a adulação*), mas a forma verbal *fosse*, no singular, é um caso típico de concordância atrativa, própria da língua oral e até da língua literária).

Lá se iam bailes e festas, lá ia a liberdade e a folga. (EJ, vi. Note-se no segundo período a concordância atrativa do verbo (*ia*) com o núcleo mais próximo: *a liberdade*. No primeiro período, o núcleo mais próximo está no plural (*bailes*), o que leva o verbo à concordância gramatical: *iam*).

Viu um casal de noivos, na flor da vida, que se debatiam já com a morte. ("A igreja do diabo", HSD. A forma verbal *se debatiam*, no plural, concorda por atração com *noivos*, e não com *casal*, núcleo do objeto direto. Ao adotar essa concordância, Machado realçou a importância do adjunto adnominal *de noivos*, por este conter a ideia de dupla, de par de jovens "na flor da vida").

Às vezes bastava uma casaca, uma fita, uma cabeleira, uma bengala, para restituir a razão ao alienado. ("O alienista", XIII, PA. Exemplo bastante representativo de concordância atrativa. Note-se que a forma verbal *bastava*, no singular, concorda com o núcleo mais próximo (*casaca*) do sujeito composto posposto ao verbo, sujeito este formado por uma longa série enumerativa).

b) *Núcleos sinônimos ou afins* (verbo no singular)

Pobre Luís Dutra! Apenas publicava alguma coisa, corria à minha casa, e entrava a girar em volta de mim, à espreita de um juízo, de uma palavra, de um gesto, que lhe aprovasse a recente produção. (BC, XLVIII. Neste caso, os três núcleos do sujeito composto, além de apresentarem afinidade semântica, estão em gradação (no caso, descendente), o que leva o verbo (*aprovasse*) a concordar, no singular, com o último termo, funcionando este como uma síntese dos núcleos empregados).

Mas foi só a animação indiscreta da moça, e a própria excitação do momento que o levou a fazer a declaração repelida. (QB, LVI. O sujeito composto tem dois núcleos do mesmo campo semântico (*animação* e *excitação*), mas Machado os separou por vírgula, o que deve ter contribuído para o fato de o verbo ficar no singular: *levou*).

O não interrogar, não pedir, não hesitar, como era próprio da criança e do meu estilo habitual, certamente lhe deu ideia de uma pessoa nova e de uma nova situação. (DC, XXIII. Os núcleos do sujeito composto são termos afins e estão em gradação ascendente, o que leva o verbo (*deu*) ao singular. Esta concordância é reforçada também pelo fato de o verbo estar muito distante do sujeito).

Foi um abraçar, um beijar, um perguntar, um trocar de mimos que não acabava mais. (EJ, LXXVII. Núcleos afins e em gradação levam o verbo naturalmente ao singular: *acabava*. Observe-se que a substantivação dos verbos que compõem o sujeito composto confere à frase descritiva um tom de dinamismo e vivacidade).

D. Paula disse-lhe tudo o que a ternura e a austeridade da mãe lhe poderia dizer. ("D. Paula", VH. O sujeito composto "a austeridade e a ternura" é formado por palavras que constituem um conjunto unitário, em que uma reforça a outra, e do qual se destaca a ideia de qualidade ou atitude. Isto explica o fato de Machado ter deixado o verbo no singular: *poderia* (v. Celso Cunha, 1994:475; Rocha Lima, 1992:390). Além disso, adotando essa concordância, o narrador individualizou, ou melhor, valorizou cada núcleo do sujeito composto).

c) *Nem... nem* (ideia de inclusão: verbo no plural; sentido de exclusão ou individualização dos núcleos: verbo no singular)

Guiomar erguera-se de um salto. Mas nem o gesto da moça, nem a surpresa das outras pessoas perturbou o advogado. (ML, XIV. Os núcleos se excluem mutuamente, daí o verbo no singular: *perturbou*).

Mas nem tu nem eu contávamos comigo; porque também eu tenho coração. (ML, XVI. A primeira pessoa do plural (*contávamos*) se justifica pela presença do pronome *eu* e pela ideia de inclusão dos dois sujeitos na ação verbal).

Nem a filha nem a mulher pareciam alquebradas do trabalho e da vigília. (IG, VIII. Os dois núcleos do sujeito composto se incluem na ação verbal, daí o verbo no plural: *pareciam*).

Nem eu, nem tu, nem ela, nem qualquer outra pessoa desta história poderia responder mais. (DC, LXXII. Os núcleos do sujeito composto se excluem mutuamente, daí o verbo no singular. Além disso, a forma verbal *poderia*, sem flexão, individualiza cada núcleo do sujeito composto).

Nem tio Cosme, nem prima Justina, nem o agregado José Dias entendeu absolutamente. (DC, LXXX. Em outras palavras, nenhuma das pessoas, individualmente, entendeu nada, daí o verbo no singular).

Quando nem mãe nem filho estavam comigo o meu desespero era grande. (DC, CXXXII. O sentido de inclusão dos dois núcleos do sujeito composto leva o verbo ao plural, como se Bentinho dissesse: "Quando Capitu e Ezequiel não estavam comigo, ...").

d) *Ou* (ligando núcleos do sujeito composto: verbo no singular ou plural)

— O destino ou a natureza não nos fez um para o outro. (RE, XXIII. Frase de Lívia ao vacilante Félix, que havia duvidado do amor da viúva. O sentido de exclusão contido nos núcleos do sujeito composto unidos pela conjunção *ou* leva o verbo para o singular: *fez*).

Mas não se trata do que eu ou ele podemos sentir. (IG, II. Núcleos do sujeito composto ligados pela conjunção *ou*, com o sentido de inclusão ou concomitância entre eles, daí o verbo no plural: *podemos*).

Este mal ou este perigo começa na mocidade, cresce na madureza e atinge o maior grau na velhice. (DC, XVIII. Aqui, a ideia é de exclusão ou alternância entre os núcleos do sujeito composto ligados pela conjunção *ou*, por isso os três verbos, em gradação ascendente, estão no singular: *começa, cresce, atinge*).

Falou-se na cabocla do Castelo. Desconfio que Natividade ou a irmã quer consultá-la. (EJ, XII. A ideia é de exclusão, daí a forma verbal *quer* no singular. Na verdade, Natividade e a irmã, Perpétua, acabaram indo juntas consultar a tal cabocla do morro do Castelo).

Quinta-feira, quando os gêmeos tomaram assento na Câmara, Natividade e Perpétua foram ver a cerimônia. Pedro ou Paulo arranjou-lhes uma tribuna. (EJ, CXVII. Sentido de exclusão, o que explica o verbo no singular: *arranjou*).

e) *Ou... ou* (correlação alternativa com sentido de exclusão: verbo no singular; destacamos em itálico)

Ou a idade do outro ou a índole de suas relações *tolhia* essa confidência íntima. (IG, III).

Fui devagar, mas ou o pé ou o espelho *traiu*-me. (DC, XXXII).

f) *Um dos que* (verbo no plural: ênfase ao conjunto; verbo no singular: ênfase ao indivíduo; sobre o assunto, ver Cegalla, 2009:392)

A baronesa era uma das pessoas que mais desconfiavam de nós. (BC, LXV. Deixando o verbo da oração adjetiva restritiva no plural (*desconfiavam*), o narrador quer dizer que havia um grupo de pessoas que desconfiavam de seu romance com Virgília, dentre as quais se incluía a baronesa).

g) Com expressões partitivas ou aproximativas

Nem todas as relações subsistiram, mas a maior parte delas estavam atadas, e não faltava à nossa dona o talento de as tornar definitivas. (QB, CXXXVIII. Para enfatizar as relações sociais preservadas por Sofia, Machado optou pela concordância atrativa do verbo (*estavam*) com o termo *delas*, núcleo mais próximo da expressão partitiva *a maior parte delas*).

Uma turba de moleques acompanhava o Rubião. (QB, CLXXXII. O verbo no singular (*acompanhava*) concorda com o núcleo (*turba*) da expressão partitiva *turba de moleques*. Adotando essa concordância, estritamente gramatical, Machado deu ênfase ao grupo, ao conjunto de moleques que apoquentava Rubião. Tivesse ele adotado a concordância atrativa, com o verbo no plural (*acompanhavam*), e a ênfase seria aos indivíduos que compunham a turba, o bando de moleques)

Cerca de trinta pessoas ligaram-se ao barbeiro, redigiram e levaram uma representação à câmara. ("O alienista", VI, PA. Com a expressão aproximativa *cerca de*, seguida de numeral, a concordância se faz normalmente com o numeral (*trinta pessoas*), por isso Machado pôs todos os verbos no plural: *ligaram-se, redigiram, levaram*).

Concreto > abstrato

Substantivos concretos tendem a assumir características de abstratos no caso de certas metáforas. Imaginemos, por exemplo, que um poeta, ao receber rosas de sua namorada, agradeça o presente, em forma de versos, dizendo: "Não quero a rosa que me dás/ Quero a rosa que tu és". Fica evidente que, no primeiro verso, o termo *rosa* é um substantivo concreto, tem valor denotativo; já no segundo, estabelecendo um contraste com o primeiro, o poeta usou *rosa* como substantivo abstrato, com valor conotativo, ou seja, criou uma expressiva metáfora para simbolizar os predicados de sua amada: beleza, fragilidade, encantamento, alegria.

Essa conversão de concreto em abstrato pode ocorrer também em certas metonímias nas quais o símbolo mantém relação de contiguidade semântica com a coisa significada: "A *espada* vence, mas não convence". Neste caso, a *espada*, com sentido conotativo, simboliza a ideia de força, de poder militar. Sobre metáforas e metonímias, remetemos o leitor aos verbetes específicos. Vejamos alguns exemplos nos textos de Machado de Assis.

A sagaz inglesa afivelou a *máscara* mais impassível que trouxera das ilhas britânicas e não os perdeu de vista. (ML, VI. A metáfora da máscara social, do disfarce, é um símbolo da dissimulação, comportamento frequente dos personagens machadianos).

O tempo é um *tecido invisível* em que se pode *bordar* tudo, uma flor, um pássaro, uma dama, um castelo, um túmulo. (EJ, XXXIII. Metáforas originalíssimas (*tecido invisível, bordar*) e de muito bom gosto, que ressaltam os aspectos abstratos do tempo, assim como as oportunidades que ele oferece àqueles que o sabem aproveitar, como fez o próprio Machado).

Cogitei se não ia expor insanamente a reputação de Virgília, se não haveria outro meio razoável de combinar o *Estado* e a *Gamboa*. (BC, LXXXI. Gamboa é o bairro onde o narrador alugara uma casa para seus encontros amorosos com Virgília. Trata-se, portanto, de uma metonímia eufêmica para adultério. Estado simboliza a nomeação para um cargo de natureza político-administrativa).

Confiar de

Machado emprega este verbo com sua regência clássica: *confiar de* (e seu sinônimo *fiar-se de*). A regência moderna é diferente: *confiar em, fiar-se em*, possivelmente como resultado do cruzamento sintático com *acreditar em, crer em*, verbos com os quais *confiar* e *fiar-se* têm afinidade semântica. Note-se que, com a adjunção do prefixo negativo *des-*, o verbo retoma a regência clássica: *desconfiar de*.

Uma vez que a vencesse, tudo podia confiar do tempo e do seu amor. (ML, xv).

Ninguém se fie da felicidade presente; há nela uma gota da baba de Caim. (BC, vi).

— Creio que o Damião desconfia alguma coisa. Noto agora umas esquisitices nele... (BC, LXIII. Repare no emprego de *desconfiar* como transitivo direto, com o sentido de "suspeitar", caso em que é usado geralmente com a preposição *de*. Com o sentido de "supor", "conjeturar", é possível usá-lo no período composto sem a preposição: "Desconfio que ele já sabe").

Contentar-se de

Machado usa este verbo com sua regência clássica, hoje em desuso, mas encontrada, por exemplo, em *Os Lusíadas*, VIII, 28: "Que de nenhum passado se contenta". No português contemporâneo, diz-se: "contentar-se *em*" antes de infinitivo, e "contentar-se *com*" antes de substantivo. No tempo de Camões, parece que ainda não havia essa especialização sintática, pois, no célebre soneto "Sete anos de pastor", ele empregou "contentar-se com" antes de infinitivo: "Os dias, na esperança de um só dia,/ Passava, contentando-se com vê-la".

Jorge (...) recebia a confidência dos sentimentos da moça, e as ambições de um coração cuja sede parecia contentar-se da água que pudesse conter a própria mão. (IG, xiv).

Não se contentou de reformar a roupa e a copa. (DC, xvi).

Não era general para escalada à vista, nem para assédios demorados; contentava-se de simples passeios militares. (EJ, xii).

Quando a esposa Aguiar morrer, não se contentará de a chorar, lembrar-se-á dela, e as saudades irão crescendo com o tempo. (MA, 4/9/1888).

Contra (preposição)

O sentido fundamental desta preposição é o de oposição, donde decorre o de direção contrária e o de hostilidade, como se vê nos exemplos abaixo. Cumpre lembrar também que os valores aqui apresentados resultam não apenas da preposição em si, mas do entorno linguístico em que ela se situa, o que possibilita a criação de seus "sentidos contextuais", como ensina Evanildo Bechara (1999:298).

No morro, entre o céu e a planície, a alma menos audaciosa era capaz de ir *contra* um exército inimigo. (QB, xxxix).

A máxima não era idealista; Maria Benedita protestou *contra* ela. (QB, cxix).

Crase (emprego)

Se o leitor ainda tropeça no emprego da crase (preposição *a* + artigo *a* = *à*), console-se com Machado de Assis, porque ele também vacilava, às vezes, no emprego desse acento grave e complicado, verdadeiro tormento para muita gente boa, principalmente escritores, jornalistas e estudantes. Mas Machado tinha uma desculpa: no seu tempo, essa era uma questão ortográfica ainda mal definida, sem normas oficiais, por isso, nesses casos, torna-se muito útil a consulta a uma edição crítica, pois esta irá reproduzir fielmente o que o autor de fato escreveu.

De um modo geral, entretanto, Machado pratica a crase, ou sua ausência, de forma coerente e segundo a norma gramatical, sobretudo nos livros da segunda fase ou da maturidade, como se vê nos exemplos a seguir.

O próprio pensamento da moça não escapava *às* suas suspeitas. (RE, IX. Recomenda-se a crase neste caso: antes de pronome possessivo feminino no plural e precedido de artigo).

Apenas chegou *a* casa [Estêvão] travou da pena, e lançou na folha branca (...) uma confissão elegante e polida. (ML, IX. Ausência de acento indicativo de crase, por se tratar da própria casa do sujeito).

De noite [Jorge] foi *à* casa da tia. (ML, IX. A crase justifica-se porque o termo *casa* vem acompanhado de um determinante específico: "da tia").

Chegando *à* casa, achou Estácio remédio ao mau humor. (HE, VI. Crase confirmada em todas as edições consultadas, inclusive na edição crítica do INL. Pela regra atual, o acento grave é desnecessário, neste caso, por se tratar da casa do próprio sujeito).

Estácio pegou na mão de Helena para conduzi-la *a* casa. (HE, XXVIII. Estácio conduziu Helena à sua própria casa, daí a inexistência do chamado *a* craseado).

Chegaram *à* casa na rua do Senado. (QB, XLIII. Note-se a vacilação de Machado. Aqui, também não há necessidade de acentuar o *a*, por se tratar da própria casa do sujeito (major Siqueira e D. Tonica). Machado, no entanto, pôs acento grave no *a*, conforme consta das edições críticas consultadas).

Cachorro trouxe *à* memória de Rubião o Quincas Borba. (QB, XLVIII. O objeto indireto do verbo *trazer* é palavra feminina (*memória*), precedida de artigo *a*, ocorrendo, neste caso, a fusão (crase) com a preposição *a* exigida pela regência do verbo).

E o cão movia devagar a cabeça, para a esquerda e para a direita, ajudando a distribuição das carícias *às* duas orelhas. (QB, XLIX. O complemento nominal de "a distribuição das carícias" é "às duas orelhas", ocorrendo, neste caso, a crase da preposição *a* do termo regente com o artigo plural *as* do termo regido, do que resulta a forma *às*, assinalada com acento grave).

Quando voltei *a* casa era noite. (DC, XIX. Bentinho está se referindo à sua residência. Aqui está certo, o acento grave é dispensável, devido à inexistência de crase. Trata-se da preposição *a* pura e simples).

Quando cheguei hoje *à* cidade, eram duas horas da tarde. (MA, 12/9/1888. O verbo de movimento *chegar* constrói-se com a preposição *a*, seguida, neste caso, do artigo *a* que antecede o substantivo feminino *cidade*, fato sintático que justifica a crase).

Custar

O verbo *custar*, no sentido de "ser custoso, ser difícil", é transitivo indireto, tendo por sujeito uma oração de infinitivo, como se vê nos exemplos a seguir. Com o sentido de "demorar a fazer alguma coisa", em construções do tipo "Eu custei a entender", mais ou menos comum em autores modernistas, este verbo não aparece em Machado de Assis, que o emprega unicamente com sua regência clássica.

Custou-lhe muito a aceitar a casa. (BC, LXX. O sujeito é a oração de infinitivo: *aceitar a casa*. O pronome *lhe* é objeto indireto, e a preposição *a* tem valor expletivo).

Custa-me dizer isto, mas antes peque por excessivo que por diminuto. (DC, LXXXIV.

O sujeito é a oração de infinitivo "dizer isto", e o pronome *me* é objeto indireto).

— Há de custar-lhe a dar o primeiro passo. (MA, 9/6/1888. Note-se o uso expletivo da preposição *a* neste caso. De resto, a regência é clássica, conforme comentário acima).

— Esse sentimento há de custar pouco ao Tristão, estando aqui de passagem. Ao que repliquei: — Também não lhe custará muito a Fidélia, sabendo que ele se vai embora daqui a pouco. (MA, 8/9/1888. *Custar*, com o sentido de "causar sacrifício ou ser penoso a alguém", é transitivo indireto, tendo como complemento um objeto indireto de pessoa. Note-se que *a Fidélia* é um objeto indireto pleonástico, usado para reforçar o pronome oblíquo *lhe*).

De (preposição)

O sentido original desta preposição é o de ponto de partida, origem, procedência, afastamento, donde decorrem os demais valores. Sobre o assunto, recomendamos a leitura do minucioso estudo *Sintaxe da preposição DE*, de Sousa da Silveira, Rio, Simões, 1951. Cumpre lembrar também que os valores aqui apresentados resultam não apenas da preposição em si, mas do entorno linguístico em que ela se situa, o que possibilita a criação de seus "sentidos contextuais", como ensina Evanildo Bechara (1999:298). Passemos aos exemplos.

a) *Ponto de partida, origem, afastamento*

Tinha vindo *de* importuno a oportuno. (BC, LVI. Repare-se no papel desempenhado pelas preposições: *de* indicando ponto de partida; *a* indicando mudança de estado).

Mas a confiança de Rubião não vinha só *da* lágrima, vinha também *da* presente Sofia. (QB, CXXI).

Pássaros saltavam *de* um lado para outro, pipilando um madrigal. (QB, CXXII. Enquanto a preposição *de* indica ponto de partida, o *para* indica ponto de chegada).

O pescoço sai *de* uma gravata preta de muitas voltas. (DC, VII).

Já não sou deste mundo, mas não é mau afastar-se a gente *da* praia, com os olhos na gente que fica. (MA, 15/5/1889).

b) *Assunto*

Este é que colheu as rédeas ao assunto, e tratou *de* outras coisas, *do* tempo, *da* cidade, *do* ministério, *da* guerra e *do* marechal López. (QB, XLII).

Cumprimentou-me, sentou-se ao pé de mim, falou *da* lua e *dos* ministros, e acabou recitando-me versos. (DC, I).

c) *Causa, motivo*

Morri *de* uma pneumonia. (BC, I).

A casa em que moro é própria; fi-la construir *de* propósito. (DC, II).

Capitu sorriu *de* agradecida. (DC, LXVI).

d) *Lugar onde ou donde*

Depois, batendo carinhosamente no ombro do major, passou *do* jardim à casa. (QB, XLII).

— Era [o padre Mendes] filho aqui *de* Saquarema. (QB, XLII. Aqui, a ideia é de origem, procedência).

Escobar vinha assim surgindo *da* sepultura, *do* seminário e *do* Flamengo para se sentar comigo à mesa. (DC, CXXXII. Note-se, neste exemplo, o sentido original da preposição *de*, como ponto de partida, de procedência).

e) *Matéria*

Era o meu gato *Sultão*, que brincava à porta da alcova com uma bola *de* papel. (BC, VII).

Ela só lhe aceitava sem relutância os mimos de escasso preço, como a cruz *de* ouro que lhe deu, uma vez, de festas. (BC, XV).

Os cabelos, em bandós, eram apanhados sobre a nuca por um velho pente *de* tartaruga. (DC, VII).

f) *Modo*

Agradeci-lho *de* joelhos. (BC, XVII).

Uma noite destas, vindo da cidade para o Engenho Novo, encontrei no trem da Central um rapaz aqui do bairro, que eu conheço *de* vista e *de* chapéu. (DC, I).

g) *Semelhança*

Jorge sentiu a pressão de uns dedos *de* ferro. (IG, XII. Entenda-se: "dedos semelhantes a ferro, que pareciam feitos de ferro").

Des- (prefixo)

Um dos estilemas machadianos é o emprego do prefixo *des-*, em criações nas quais se destaca o seu valor expressivo de afastamento, ausência, contraste ou negação, como se vê nos exemplos a seguir.

Félix aceitou esta explicação; mas o que acabou de o convencer foi uma circunstância até então deslembrada e agora decisiva. (RE, XXII. O uso do prefixo *des-* junto ao adjetivo *lembrada* é uma escolha estilística de Machado e que resulta mais expressiva do que a forma convencional: *esquecida*).

Estêvão, que a maior parte do tempo ficara a ouvi-la, observava entre si que as maneiras da moça não lhe eram desnaturais, ainda que podiam ser calculadas naquela situação. (ML, III. O adjetivo *desnatural*, com o sentido de "contrário à ordem natural, inverossímil", é da língua clássica, como se vê neste exemplo de Garrett citado por Caldas Aulete: "O assunto deste romance é frio e desnatural". Na frase machadiana, parece ter o significado de "artificiais, estranhas").

Irritado com a indiferença da moça, vagou Estêvão toda aquela noite, a sós com o seu despeito e o seu amor, tecendo e destecendo mil planos, todos mais absurdos uns que outros. (ML, VI. A antítese "tecendo e destecendo" enfatiza o estado de agitação em que se encontra o espírito do personagem).

Nem da primeira nem da segunda vez viu nada mais que os olhos dele, que solicitavam os dela, e os dela que pareciam surdos. Havia decerto uma paixão, solitária e desatendida. (ML, VI. Em *desatendida*, o prefixo enfatiza o desinteresse de Guiomar por Estêvão; reforçado ainda pelo adjetivo *surdos*, para se referir a olhos, em vez do adjetivo usual, no caso, que seria *cegos*).

Agora, porém, que era livre, dispunha de si mesmo, (...), desagrilhoado da antiga condição, agora é que ele se desbancava: comprou um escravo, e ia-lhe pagando, com alto juro, as quantias que de mim recebera. (BC, LXVIII. Trata-se do ex-escravo Prudêncio, que, na condição de alforriado, descarregava no seu escravo as pancadas recebidas de Brás Cubas. Em *desagrilhoado*, o prefixo *des-* expressa a noção de mudança de estado, ou seja, livre dos grilhões da escravidão).

Era de supor que os anos lhe despontassem os espinhos, que a distância dos fatos apagasse os respectivos contornos. (BC, CXII. Brás Cubas espera que a passagem dos anos faça os espinhos que atormentam Lobo Neves perderem as pontas, isto é, o poder de fazê-lo sofrer. Em *despontassem*, o prefixo *des-* apresenta a noção de desaparecimento, de esmaecimento das mágoas que o marido traído mantinha contra a esposa infiel, a leviana Virgília).

Quincas Borba não dizia pulhices a respeito de padres, nem desconceituava doutrinas católicas. (QB, XIX. Da mesma forma que seu personagem, Machado também não desconsiderava a religião oficial e seus representantes. Em seus livros, são inúmeras as referências respeitosas a padres, cônegos, frades e demais religiosos católicos. Afinal, ele próprio não teria sido coroinha em seus verdes anos? Ler, a propósito, o capítulo "Machado de Assis e a religião", em *Machado de Assis desconhecido*, de R. Magalhães Jr., 1957, p. 382. Ver também *Machado de Assis e a religião*, de Maria Eli de Queiroz, 2008).

Tio Cosme riu da graça, José Dias não dessorriu, só prima Justina é que franziu a testa, e olhou para mim interrogativamente. (DC, LXV. Usando a forma verbal *dessorriu*, Machado, provavelmente, quis dizer que o agregado não deixou de rir ou que riu comedidamente).

Descer

Este verbo pode ser usado como intransitivo ("A temperatura desceu") ou como transitivo indireto ("Ele desceu da escada"). No exemplo abaixo, Machado o emprega como transitivo direto, o que lhe confere inusitado valor causativo.

As pernas desceram-me os três degraus que davam para a chácara, e caminharam para o quintal vizinho. (DC, XIII. Há um tom de humor nesta personificação do termo "pernas". Quanto ao sentido do verbo, entenda-se: "As pernas desceram-me" = as pernas fizeram-me descer).

Desde (preposição)

O sentido fundamental desta preposição é o de afastamento de um limite a partir de um ponto de partida, no espaço ou no tempo. Em Machado, predominam exemplos do seu emprego com valor temporal, como se vê nas passagens a seguir.

a) *Ponto de partida no espaço*

Capitu deu-me as costas, voltando-se para o espelhinho. Peguei-lhe dos cabelos, colhi-os todos e entrei a alisá-los com o pente, *desde* a testa até as últimas pontas, que lhe desciam à cintura. (DC, XXXIII).

Escobar veio abrindo a alma toda, *desde* a porta da rua até ao fundo do quintal. (DC, LVI. O espaço aqui é metafórico).

b) *Ponto de partida no tempo*

Desde a sopa, começou a abrir em mim a flor amarela e mórbida do capítulo XXV. (BC, LXI).

Era nosso agregado *desde* muitos anos. (DC, V).

Lidava assim, (...), *desde* manhã até à noite. (DC, VII).

Meses depois fui para o seminário de S. José. Se eu pudesse contar as lágrimas que chorei na véspera e na manhã, somaria mais que todas as vertidas *desde* Adão e Eva. (DC, L).

Era Capitu, que nos espreitara *desde* algum tempo, por dentro da veneziana. (DC, LXXI).

Desvio gramatical

Desvio e escolha são a alma do estilo, sendo oportuno lembrar que, em certos casos, é o desvio em relação à norma gramatical que confere expressividade a certos trechos de poesia ou de prosa. Mas nos referimos ao desvio intencional, com finalidade estilística, e não ao desvio inconsciente ou por desconhecimento das regras gramaticais, constituindo estes o chamado erro. Por exemplo, Carlos Drummond de Andrade, que conhecia muito bem o plural do substantivo *pé*, não hesitou em desviar-se da norma, em nome da expressividade, para enfatizar ironicamente a importância do deus KOM UNIK ASSÃO, no conhecido verso: "Eis-me prostrado a vossos *peses*/ Que sendo tantos todo plural é pouco".

Cumpre lembrar também que os casos de silepse (v. verbete) registrados pelas gramáticas constituem, em sua origem e motivação, um tipo de desvio, por se tratar de uma concordância estilística, e não gramatical. Sobre o assunto, recomendamos a leitura do capítulo "A norma e os desvios", em José Lemos Monteiro (2005:47). Vejamos alguns exemplos de desvio em Machado de Assis, que o emprega não apenas no discurso dos personagens, mas também no seu próprio discurso.

Eram tantos os castelos que [meu pai] **engenhara, tantos e tantíssimos os sonhos, que não podia vê-los assim esboroados, sem padecer um forte abalo no organismo.** (BC, XLIV. O pai de Brás Cubas sonhava casá-lo com Virgília, por interesse. Para enfatizar o ardente desejo do pai, o narrador não vacilou em transgredir a norma gramatical, submetendo ao grau superlativo (*tantíssimos*) o pronome indefinido *tanto*, que, em princípio, não admite gradação).

— **É um vadio e um bêbado muito grande. Ainda hoje deixei ele na quitanda, enquanto eu ia lá embaixo na cidade, e ele deixou a quitanda para ir na venda beber.** (BC, LXVIII. Para poder reproduzir com fidelidade a fala espontânea do ex-escravo Prudêncio, Machado não hesita em desviar-se da norma culta, pondo na boca do personagem a sintaxe corrente no português do Brasil: *deixei ele*, em vez de *deixei-o*, e *ir na venda*, em vez de *ir à venda*).

— **Procura pelo senhor?** — **Parece que procura, respondeu Raimundo tapando o riso com a mão; mas eu tranquei ele** [o cachorro Quincas Borba] **no quarto, para não fugir.** (QB, CLXXXVIII. Diálogo entre D. Fernanda e o criado de Rubião. Note-se o emprego coloquial e espontâneo do pronome *ele* como objeto direto, muito comum no português do Brasil).

Poucos dias depois morreu... Não morreu súdito nem vencido. Antes de principiar a agonia, que foi curta, pôs a coroa na cabeça, — **uma coroa que não era, ao menos, um chapéu velho ou uma bacia, onde os espectadores palpassem a ilusão. Não, senhor; ele pegou em nada, levantou nada e cingiu nada.** (QB, CC. Geralmente, Machado de Assis usa a dupla negativa com o pronome indefinido *nada*, como se vê no capítulo CXCVII: "O cão (...) não ouvia nada". Aqui, em vez de dizer "ele não pegou em nada, não levantou nada e não cingiu nada", preferiu o desvio em relação ao seu próprio discurso, omitindo o advérbio *não* e enfatizando o traço substantivo do pronome *nada*, ou seja, "coisa nenhuma". É que seu objetivo era enfatizar o gesto vazio e desvairado de Rubião, em pleno surto alucinatório, como destaca Mattoso Câmara no magistral estudo "A coroa de Rubião", em *Ensaios machadianos*, 1977, p. 53).

Nunca dos nuncas poderás saber a energia e obstinação que empreguei em fechar os olhos, apertá-los bem, esquecer tudo para dormir, mas não dormia. (...). Sobre a madrugada, consegui conciliá-lo, mas então nem peraltas, nem bilhetes de loteria, nem sortes grandes ou pequenas, — **nada**

dos nadas veio ter comigo. (DC, LXIII. Com a finalidade estilística de enfatizar o sonho angustiante que Bentinho tivera, Machado de Assis não hesita em cometer um desvio gramatical, submetendo ao grau superlativo um advérbio (*Nunca dos nuncas*) e um pronome indefinido: *nada dos nadas*. Trata-se do chamado superlativo hebraico, aqui tratado no verbete "Intensificação (processos)").

— Aquela intimidade de vizinhos tinha de acabar nisto, que é verdadeiramente uma bênção do céu, porque ela é um anjo, é um *anjíssimo*... Perdoe a cincada, Bentinho, foi um modo de acentuar a perfeição daquela moça. (DC, C. O substantivo *anjo* no grau superlativo não chega a surpreender na boca do hiperbólico José Dias. Vale lembrar, contudo, que o termo está em itálico no original, ou seja, foi destacado pelo próprio Machado de Assis, que, consciente da "cincada" gramatical, pede desculpas ao leitor, pela boca do personagem. Do ponto de vista da trama narrativa, o que se percebe é que José Dias, muito astuto, tendo tomado conhecimento de que Bentinho e Capitu iriam se casar, trata de elogiar a futura esposa do futuro dono da casa em que ele vive como agregado. Esqueceu-se de que antes implicava com ela e chegou até a rotulá-la de "cigana oblíqua e dissimulada". Mas como diz Camões, em conhecido soneto, "Mudam-se os tempos, mudam-se as vontades". Ou como diziam os clássicos, *tempora mutantur*).

Paixão não era, nem inclinação. Capricho seria, ou quê? Ao fim de vinte minutos era nada, inteiramente nada. (DC, CXVIII. Mais uma vez, Machado de Assis explora o valor puramente substantivo do pronome indefinido *nada*, como já tinha feito no capítulo CC de *Quincas Borba*, já analisado).

A casa não sendo grande, não podiam lá caber todos. (DC, CXXII. Note-se a anteposição do sujeito "casa" ao gerúndio "não sendo". A colocação gramatical seria: "Não sendo grande a casa". Com esse desvio, ou seja, com essa topicalização do sujeito, o narrador chama a atenção para a exiguidade do espaço disponível na casa, para receber todos os que vieram prestar a última homenagem ao falecido Escobar).

Rangel era o leitor do livro de sortes. Voltou a página, e recitou um título: "Se alguém *lhe* ama em segredo". ("O diplomático", VH. Neste exemplo, Machado deixa documentado, por meio da fala do personagem, um fato sintático de uso corrente no português coloquial do Brasil: o emprego do pronome oblíquo *lhe* como objeto direto. Neste caso, a norma culta prescreve: "Se alguém o ama" ou "te ama". Note-se que o próprio Machado pôs em itálico o pronome *lhe*).

Dormir

O verbo *dormir*, normalmente intransitivo, foi usado, no exemplo abaixo, como transitivo direto, o que lhe confere o sentido causativo de "fazer dormir".

O cão trepava-lhe às pernas para dormir a fome. (QB, CXCVII. Entenda-se: "para fazer a fome dormir").

Em (preposição)

O sentido primitivo desta preposição é o de lugar, donde decorre seu valor temporal. Cumpre lembrar também que os valores aqui apresentados resultam não apenas da preposição em si, mas do entorno linguístico em que ela se situa, o que possibilita a criação de seus "sentidos contextuais", como ensina Evanildo Bechara (1999:298). Passemos aos exemplos.

a) *Lugar*

No morro, entre o céu e a planície, a alma menos audaciosa era capaz de ir contra um exército inimigo. (QB, XXXIX).

Rubião sentou-se *na* cama estremunhado. (QB, XCVIII. A preposição *em*, neste caso, transmite o sentido de "lugar sobre").

Um dia, há bastantes anos, lembrou-me reproduzir *no* Engenho Novo a casa *em* que me criei *na* antiga rua de Matacavalos. (DC, II. Note-se o emprego da preposição *em* com nome de bairro e de rua. Parece ser uma preferência de Machado de Assis).

Tempos depois, estando já formado, e morando *na* rua de Matacavalos, (...), encontrou Fortunato em uma gôndola. ("A causa secreta", VH. Mais um exemplo a confirmar a preferência de Machado pelo uso da preposição *em* com nome de rua. Note-se também a regência do verbo: morar *na* rua, ou seja, morar *em*).

b) *Modo*

— Compreende bem que uma pessoa que me adora, *em* silêncio, sem esperanças, é objeto de alguma atenção. (QB, CXX).

c) *Tempo*

E eis aqui como chegamos nós, sem esforço, ao dia 20 de outubro de 1805, *em* que nasci. (BC, IX).

Também Capitu, *em* solteira, fora tratá-la à rua dos Inválidos. (DC, CVIII. A locução adverbial *em solteira* equivale a "quando solteira").

Entrar

Este verbo pode ser intransitivo ("O verão entrou cedo este ano") ou transitivo indireto com complemento locativo ("O professor entrou em sala"). Note-se, nos exemplos abaixo, o emprego do mesmo complemento para verbos de regência diferente (entrar em/sair de). Trata-se de sintaxe literária, usual em autores clássicos, Machado de Assis inclusive.

Nos dias seguintes, [Pádua] continuou a entrar e sair de casa, cosido à parede, cara no chão. (DC, XVI).

A alegria com que pôs o seu chapéu de casada, e o ar de casada com que me deu a mão para entrar e sair do carro, e o braço para andar na rua, tudo me mostrou que a causa da impaciência de Capitu eram os sinais exteriores do novo estado. (DC, CII).

Entre (preposição)

O sentido fundamental desta preposição é o de posição intermediária, donde decorrem os demais valores. Como as demais preposições, *entre* rege as formas tônicas dos pronomes pessoais, como se vê nos exemplos a seguir. Cumpre lembrar também que os valores aqui apresentados resultam não apenas da preposição em si, mas do entorno linguístico em que ela se situa, o que possibilita a criação de seus "sentidos contextuais", como ensina Evanildo Bechara (1999:298).

No morro, *entre* o céu e a planície, a alma menos audaciosa era capaz de ir contra um exército inimigo. (QB, XXXIX. Ideia de lugar situado em posição intermediária).

Há um réu de polícia *entre* eles, e há outro que até foi aprendiz de barbeiro. (QB, CX. Sentido partitivo).

Acabada a missa, viu surgir do movimento dos fiéis que se cumprimentavam *entre* si, ou saudavam o altar, nada menos que o primo. (QB, CXX. Ideia de reciprocidade).

Entre aquela noite e o dia do casamento, Rubião apanhou no ar algumas olhadas de Sofia, suspeitas de tentação. (QB, CXXI. A preposição *entre* foi usada com valor temporal).

José Dias dividia-se agora *entre* mim e minha mãe. (DC, CIV. Posição intermediária. Atentar para a sintaxe empregada: "entre mim e minha mãe", e não "entre eu e minha mãe", uma vez que a preposição rege pronome oblíquo tônico).

Só alguns pássaros davam sinal de vida, buscando-se *entre* si. (MA, 10/1/1888. Noção de reciprocidade).

Espanholismos

São empréstimos lexicais tomados ao castelhano. Sua presença é mais acentuada no português do Sul do Brasil, devido à influência do espanhol platino oriundo da Argentina e do Uruguai. Nos romances e contos pesquisados, encontramos apenas os cinco exemplos a seguir.

Meneses concluiu pintando-lhe com as cores que o caso pedia a baixeza do seu procedimento, o *desaire* que recaía sobre a viúva, e o remorso que o havia de acompanhar a ele. (RE, XXII. O termo *desaire* pode ser entendido, no texto, como "descrédito, desonra").

Jean, o cozinheiro, gosta do cão, o criado espanhol não gosta nada. (...); atira-o longe, e fecha-lhe todas as comunicações com a casa: — *Perro del infierno!* (QB, XXVIII. Quando Rubião está ausente, seu criado espanhol trata o cachorro Quincas Borba com brutalidade e impaciência, como se vê pelo irritado xingamento que lhe dirige: "Cão do inferno!". Machado pôs o espanholismo em itálico).

Olha de cima; não tem o riso jovial, mas escarninho. Agora, ao sentar-se à mesa, ao pegar no talher, ao abrir o guardanapo, em tudo se vê que ele está fazendo um insigne favor ao dono da casa, – talvez dois, – o de lhe comer o almoço, e o de lhe não chamar *pascácio*. (QB, XXXI. O trecho citado descreve o comportamento arrogante do vaidoso personagem Carlos Maria. Este, em vez de ser grato a Rubião, que o acolheu à sua mesa, encara o anfitrião com desdém, considerando-o, no íntimo, um *pascácio*, espanholismo que significa "tolo, simplório").

[Maria Benedita] era natural, sem acanho de roceira; e tinha um *donaire* particular, que corrigia as incoerências do vestido. (QB, LXIV. O espanholismo *donaire* realça, no caso, a graça, o garbo natural da personagem, em contraste com o seu traje).

Não era o riso da *dobrez*. A *dobrez* é evasiva e oblíqua; o riso dele era jovial e franco. ("A causa secreta", VH. O termo *dobrez* significa "fingimento, hipocrisia". Vem do espanhol *doblez*. Note-se que o próprio Machado justifica o uso do espanholismo apresentando o sentido com que ele o empregou no seu texto).

Esquecer

Este verbo é empregado geralmente com sujeito oracional (à semelhança de *lembrar*), no sentido de "fugir ou apagar-se da lembrança". Nessas construções, o narrador apresenta-se como paciente (objeto indireto) da ação verbal, e não como agente, o que o levaria a usar o verbo em sua forma pronominal, seguido da preposição *de*: "Eu me esqueci de algo, tu te esqueceste de algo", etc.

Trata-se de uma regência clássica (hoje em desuso), empregada com muita frequência por Machado de Assis. Cabe mencionar que, em um autor obcecado pela questão do tempo e da fugacidade da vida e que escreveu obras-primas memorialistas, essa sintaxe apresenta certo dinamismo subjetivo, de cunho impressionista, por enfatizar a importância do fluxo da consciência e da memória afetiva de seus personagens e do próprio autor. Sobre as implicações estilísticas dessa sintaxe, ver Dirce Côrtes Riedel (1959:155-156).

A par da regência acima referida, Machado usou também, com menos frequência, o verbo *esquecer* com suas duas outras regências: como transitivo pronominal indireto e como transitivo direto, conforme se vê nos exemplos selecionados.

Esqueceu-lhe o principal; esqueceu-lhe dizer que, no seu ponto de vista, um jantar de anos era também um jantar a juros. (RE, XV. Na primeira oração, o sujeito de *esquecer* é um substantivo: "o principal"; na segunda, o sujeito é oracional: "dizer que...". Nos dois casos, o sentido é o de "fugir da lembrança").

— Demais, não esqueçamos que Helena mal tem dezessete anos. (HE, XVIII. Note-se, neste exemplo, a regência do verbo *esquecer* como transitivo direto, seguido de objeto direto oracional).

Sim, esquecera-se que o internúncio devia casá-los. (QB, LXXXI. Neste exemplo, Machado usa o verbo em sua forma pronominal: *esquecera-se*. A elipse da preposição *de* depois do verbo é normal nesses casos, porque a oração que se lhe segue é subordinada substantiva, introduzida pela conjunção integrante *que*).

Rubião viu em duas rosas vulgares uma festa imperial, e esqueceu a sala, a mulher e a si. (QB, CXLI. Note-se, neste caso, o emprego do verbo *esquecer* como transitivo direto, com o sentido de "não perceber, ignorar". Em *a si*, o objeto direto está preposiconado, por se tratar de pronome pessoal oblíquo tônico).

Eia, comecemos a evocação por uma célebre tarde de novembro, que nunca me esqueceu [nunca me saiu da lembrança]. (DC, II. O sujeito de *esqueceu* é o pronome relativo *que*, o qual retoma anaforicamente "uma célebre tarde de novembro". O pronome *me* é objeto indireto).

Era manhã de um lindo dia. Os moleques cochichavam; as escravas tomavam a bênção: "Bênção, nhô Bentinho! não se esqueça de sua Joana! Sua Miquelina fica rezando por vosmecê!". (DC, LIII. É o momento da despedida de Bentinho, a caminho do seminário. As escravas da casa gostavam dele, tratam-no com carinho, pois ele tinha sido criado por elas. Note-se que a escrava Joana emprega corretamente o verbo *esquecer*, no imperativo e na sua forma pronominal plena, ou seja, preposicionado: "não se esqueça de". Machado, concientemente ou não, estilizou a fala da personagem, que, falando de forma espontânea, diria com certeza: "não esquece sua Joana").

Esqueceu-me dizer que a casa Aguiar é na praia do Flamengo. (MA, 25/1/1888. Neste exemplo, o sujeito de *esqueceu* é oracional: "dizer que...". O pronome *me* é objeto indireto, e o sentido da forma verbal *esqueceu-me* é, neste caso, "fugiu da minha lembrança").

Estar que

Machado de Assis costuma usar esta construção "estar que" com o predicativo subentendido. A forma desenvolvida seria: "estar certo de que". Um exemplo da concisão verbal da frase machadiana.

Estou que a própria dama [Sofia] não poderia responder exatamente, tal foi o abalo que trouxe a declaração do moço [Carlos Maria]. (QB. LXIX).

— Tenho razão para zangar-me com o senhor; não o faço, porque sei que é bom, e estou que é sincero, arrependa-se do que disse, e tudo será perdoado. (QB, CIII).

Estou que empalideci; pelo menos, senti correr um frio pelo corpo todo. (DC, LXII).

Jantam, passeiam, e se não projetam bailes é porque os não amam de si mesmos, mas se Fidélia e Tristão os quisessem, estou que eles os dariam. (MA, 27/8/1888).

Formas de tratamento

Na prosa machadiana, os pronomes de tratamento, sobretudo nos diálogos, reproduzem o uso corrente no português do Brasil. É o caso do *você*, 2.ª pessoa indireta informal, cujo emprego já era comum no tempo de Machado de Assis e até muito antes, como se vê nesta modinha de Caldas Barbosa (1738-1800): "Você trata Amor em brinco./ Amor o fará chorar./ Veja lá com quem se mete,/ Que não é para zombar". O emprego do *tu*, 2.ª pessoa direta, também é possível, com certo matiz de formalidade. O tratamento formal *senhor(a)* pode denotar respeito, distanciamento hierárquico-social, de faixa etária ou conter algum traço de ironia, como ocorre no próprio discurso de Machado de Assis, quando este se dirige ao leitor. Lembremos, a propósito, que José de Alencar deu a um de seus romances o título de *Senhora*, e nós sabemos a conotação que esta forma de tratamento apresenta na história do escritor cearense.

Sobre o assunto, recomendamos a leitura de dois artigos de Antenor Nascentes, publicados em *Estudos filológicos* (Academia Brasileira de Letras, 2003): "Fórmulas de tratamento no Brasil nos séculos XIX e XX" e "O tratamento de "você" no Brasil", ambos citados em nossa bibliografia. O fato é que o texto machadiano é muito rico no emprego das formas de tratamento e merecia uma pesquisa mais apurada do que a que apresentamos abaixo, de forma concisa.

Examinemos alguns exemplos extraídos dos romances pesquisados.

— O senhor há de quebrar todo o meu orgulho, disse [Lívia] com amargura. (RE, IX. Nesse tenso diálogo entre Félix e Lívia, o tratamento *senhor* apresenta-se carregado de ressentimento).

"Antes de o ler neste papel, já a senhora o há de ter visto, pelo menos adivinhado nos meus olhos." (ML, X. A carta de Jorge a Guiomar é uma declaração de amor, em tom respeitoso e formal, daí o tratamento empregado: *senhora*).

— D. Guiomar, disse ela, pegando-lhe nas mãos, ninguém pode exigir que se case sem amar o noivo. (ML, X. Mrs. Oswald dirige-se respeitosamente a Guiomar, tratando a jovem protagonista por "Dona").

— A senhora tem o direito de lhe dar o amor e a saudade. (HE, XII. Dr. Camargo, que tinha idade para ser pai de Helena, trata-a formalmente de *senhora*. Sabendo-se que ele detestava Helena cordialmente, cabe a pergunta: respeito, ironia ou desdém?).

"Pobre Helena! (...) Vejamos o que tens feito. Andas muito triste? Passeias? Lês? Jogas? Tocas? Conta-me a tua vida o mais miudamente que puderes". (HE, XV. Trecho de uma carta de Estácio a Helena. Por escrito, o personagem se formaliza e emprega, o tempo todo, a segunda pessoa do singular).

— Em que vai pensando? disse ela [Iaiá Garcia]. — Na senhora, respondeu o moço [Jorge] afoitamente, depois de verificar que ninguém os podia ouvir. (IG, XII. Tratamento cerimonioso e um tanto artificial para uma adolescente de dezesseis anos. Nos dias de hoje, em que o pronome *você* virou forma de tratamento quase universal, soaria estranhíssimo).

— Olhe do que vosmecê escapou, disse o almocreve. (BC, XXI. Tratamento respeitoso (*vosmecê*), que denota o distanciamento social existente entre o almocreve e Brás Cubas).

— Você sabe que as casas, aqui há anos, baixaram muito. (BC, XLVI. Tratamento coloquial usado por Cotrim, em diálogo com Brás Cubas, seu cunhado).

"Meu caro senhor e amigo, Você há de ter estranhado o meu silêncio. (...). Ouça, ignaro. Sou Santo Agostinho; descobri isto anteontem: ouça e cale-se. (...). Adeus, ignaro. Não contes a ninguém o que te acabo de confiar, se não queres perder as orelhas". (QB, x. Trecho de uma carta do ensandecido Quincas Borba a Rubião. A variação nas formas de tratamento (*senhor*, *você*, *tu*) reflete os diferentes estados de espírito do missivista, que, àquela altura, já se encontrava totalmente desequilibrado. Pode ser também uma maneira de admoestar Rubião, a quem chama primeiro de "senhor e amigo" e depois, de "ignaro").

....

— O nosso Palha já me tinha falado em Vossa Excelência, disse o major depois de apresentado ao Rubião. (QB, XXXIV. Por certo, o major Siqueira já tinha ouvido dizer que Rubião era um "capitalista", daí o tratamento de *Vossa Excelência*, excessivamente cerimonioso, quase bajulatório, empregado por ele).

....

— Vossa Senhoria não se esqueça de dizer onde é a casa, disse-lhe repentinamente o cocheiro. (QB, XLVIII. Tratamento formal e respeitoso, que revela a distância social existente entre o cocheiro e Rubião).

....

— E depois, Sofia, que lembrança foi essa de convidá-lo a ir ver a lua, não me dirás? — Chamei D. Tonica para ir conosco. — Mas uma vez que D. Tonica recusou, devias ter achado meios e modos de não ir ao jardim. São coisas que acodem logo. Tu é que deste ocasião... Sofia olhou para ele, contraindo as grossas sobrancelhas; ia responder, mas calou-se. Palha continuou a desenvolver a mesma ordem de considerações; a culpa era dela, não devia ter dado ocasião... — Mas você mesmo não me tem dito que devemos tratá-lo com atenções particulares? (...) — Pois daqui em diante evita a lua e o jardim, disse o marido, procurando sorrir... — Mas, Cristiano, como queres tu que lhe fale a primeira vez que ele cá vier? (QB, L. Sofia contou ao marido que Rubião havia lhe feito a corte, extrapolando certos limites. Nesse diálogo entre o casal, os dois alternam o emprego de *tu* e *você*, de acordo com o estado de espírito de cada um. Cristiano Palha, fingindo-se zangado, censura o comportamento imprevidente da mulher, usando a 2.ª pessoa direta: *tu*. Sofia, incomodada com a incoerência do marido, trata-o intimamente por *você*, para, mais adiante, revelando certa impaciência, formalizar-se e tratá-lo por *tu*. A verdade é que o discurso indignado do marido é pura encenação, porque o seu interesse, na realidade, é convencer Rubião a se tornar seu parceiro numa firma comercial. Para atingir seu objetivo, Palha não hesita em usar a mulher como isca para atrair o simplório capitalista mineiro).

....

Contei a anedota aos amigos da cidade, e eles, por graça, chamam-me assim, alguns em bilhetes: "Dom Casmurro, domingo vou jantar com você". — "Vou para Petrópolis, Dom Casmurro; a casa é a mesma da Renânia; vê se deixas essa caverna do Engenho Novo e vai lá passar uns quinze dias comigo". (DC, I. Note-se, nesses bilhetes recebidos por Bentinho, como se alternam as duas formas de tratamento coloquial, o *você* e o *tu*, permutáveis no português do Brasil: *você*, segunda pessoa indireta; *tu*, segunda pessoa direta).

....

Tínhamos chegado à janela; um preto, que, desde algum tempo, vinha apregoando cocadas, parou em frente e perguntou: — Sinhazinha, qué [quer] cocada hoje? — Não, respondeu Capitu. — Cocadinha tá [está] boa. (DC, XVIII. Machado registra aqui a forma de tratamento "Sinhazinha", meio formal, meio afetiva, usada pelos escravos com suas senhoras).

....

Era manhã de um lindo dia. Os moleques cochichavam; as escravas tomavam a bênção: "Bênção, nhô Bentinho! não se esqueça de sua Joana! Sua Miquelina fica rezando por vosmecê!". (DC, LIII. É o momento da despedida de Bentinho, a caminho do seminário. As escravas da casa gostavam dele, tratam-no com carinho, pois ele tinha sido criado por elas. A forma *nhô* é redução de *sinhô*, tem conotação afetiva e combina bem com Bentinho, um adolescente de 15 anos. Já *vosmecê* é mais formal e revela o respeito da escrava, que via no jovem seminarista não mais o menino, mas o rapaz, o futuro padre).

....

— Por que não foi ontem jantar comigo? — Você não me convidou. — Pois precisa convidar? Lá em casa todos ficaram gostando muito de você. (DC, LXXVIII. Diálogo entre Bentinho e Escobar. Note-se o tratamento coloquial de *você*, usado pelos dois amigos nessa conversa descontraída e espontânea).

....

— Por que não vais vê-la? Não me disseste que o pai de Sancha te ofereceu a casa? — Ofereceu. — Pois então? Mas é [vais] se queres. (DC, LXXXI. Note-se como Machado alterna as formas de tratamento coloquial. Neste diálogo entre Bentinho e sua mãe, em linguagem familiar, portanto, o esperado seria o uso do *você*, e não do *tu*. Há dessas recaídas na sintaxe lusitana).

....

— Vim para contá-lo a V. Excia.; é a tabuleta. — Que tabuleta? — Queira V. Excia. ver por seus olhos, disse o confeiteiro. (EJ, XLIX. Custódio é um simples comerciante, dono de uma padaria. Consciente da distância social existente entre ele e o Conselheiro Aires, trata-o respeitosamente por Vossa Excelência. Note-se como Machado abrevia o pronome de tratamento: *V. Excia.* Hoje, pela ortografia oficial, ele teria de grafar *V. Exª*).

....

Frase machadiana (A)

Excetuando-se os casos de desvio estilístico (topicalização, anacoluto, litotes, preterição), a frase de Machado de Assis é, de um modo geral, escorreita, concisa e, ao mesmo tempo, expressiva. Como lembra Aurélio Buarque (2007:8): "Dificílimo encontrar-se a perfeição da língua aliada à elegância sóbria do estilo. Machado representa, entre nós, o exemplo mais feliz dessa conciliação". Aliás, com relação à língua, o pensamento de Machado de Assis é um modelo de equilíbrio, de conciliação entre a tradição e a modernidade: **"Nem tudo tinham os antigos, nem tudo têm os modernos; com os haveres de uns e outros é que se enriquece o pecúlio comum"**. ("Instinto de nacionalidade". OC, Aguilar, vol. 3, 1997, p. 809).

Predomínio da ordem direta, frases geralmente curtas e de estrutura binária, vocabulário da língua corrente, uso da oralidade (coloquialismos, brasileirismos, conversas com o leitor) e uma prosódia flexível e ritmada, estas são as principais características da frase machadiana, aqui estudadas sob a forma de subverbetes. Constituem expressão do estilo de Machado de Assis, caracterizado pela clareza, a par do senso de humor e da agudeza psicológica.

No caso da colocação pronominal (v.), a frase machadiana ainda se apresenta muito impregnada da sintaxe lusitana, como era comum na época, embora já reflita, aqui e ali, a norma culta do português do Brasil. Vejamos agora alguns aspectos de sua frase que não foram contemplados em verbetes específicos deste trabalho. Sobre as questões referentes à organização da frase e do período, recomendamos a leitura do capítulo I do excelente livro *Comunicação em prosa moderna*, de Othon Moacyr Garcia (2003:32). Passemos à exemplificação.

a) *Concisão frasal*: predominância de frases curtas, na ordem direta; preferência por orações reduzidas.

A corte divertia-se, apesar dos recentes estragos do cólera —; bailava-se, cantava-se, passeava-se, ia-se ao teatro. (ML, II. Note-se a sucessão de orações coordenadas assindéticas, para expressar ações independentes entre si, marcadas pelo dinamismo dos verbos empregados).

....

Mal o avistou de longe, desceu Eugênia à porta do jardim. (HE, v. Note-se neste curto período a objetividade e o poder de síntese de Machado de Assis, capaz de descrever e visualizar, em poucas palavras, uma situação dinâmica concreta. A subordinada temporal "Mal o avistou" tem o mesmo sujeito da principal "desceu Eugênia ao jardim", o que denota simultaneidade de ações).

A mulher [Sofia] ia a sair, o marido [Palha] deteve-a, ela estremeceu. (QB, L. Período composto formado por orações coordenadas assindéticas. Ordem direta e frases curtas, independentes entre si. Note-se a concomitância de ações, representada pelo imperfeito *ia* e pelos perfeitos *deteve* e *estremeceu*. Atente-se também para a relação de causa e efeito existente entre a segunda oração (*o marido deteve-a*) e a terceira: *ela estremeceu*).

Bebido o café, Rubião concertou as barbas, tirou o relógio e despediu-se. (QB, CXLI. Modelo de frase concisa, construída à base de uma oração adverbial temporal reduzida de particípio (*Bebido o café*) e duas orações coordenadas).

Vieram as semanas, a ferida foi sarando. (...). A serenidade regressou; atrás dela veio a alegria. (DC, XVI. Machado alterna a ordem indireta com a ordem direta dos termos das orações, formando um quiasmo (v.): predicado-sujeito/sujeito-predicado. Com esse procedimento sintático, estabelece contraste e ritmo poético entre as frases curtas empregadas).

"Mamãe defunta, acaba o seminário". (DC, LXVII. Pensamento recôndito de Bentinho, ansioso para largar o seminário e correr para os braços de Capitu. Note-se a concisão da frase, construída à base do predicativo circunstancial de condição "Mamãe defunta", que pode ser assim desenvolvido: "Se mamãe se tornar defunta, acaba o seminário").

Ouvi passos precipitados na escada, a campainha soou, soaram palmas, golpes na cancela, vozes, acudiram todos, acudi eu mesmo. (DC, CXXI. O período, formado à base de frases curtas e verbos e nomes de movimento, em gradação ascendente, descreve uma sucessão de atos independentes, mas que se interligam, arrematados pela última oração "acudi eu mesmo". Um modelo de descrição concisa e dinâmica).

Não havendo tabuleiro, é um grande auxílio este processo para acompanhar os lances. (EJ, XIII. A primeira oração é uma adverbial reduzida de gerúndio, com valor condicional. Note-se também que, ao pospor o sujeito da segunda oração ("este processo"), Machado topicalizou o predicado nominal "é um grande auxílio", dando destaque aos dois termos. Topicalização e uso de orações reduzidas, dois estilemas machadianos).

A doença achou enfermeira, e a morte teve lágrimas. (MA, 4/8/1888. Este é um exemplo muito feliz, pois nele encontramos quatro estilemas machadianos: ordem direta, concisão frasal, paralelismo sintático, ritmo binário. Trata-se de uma frase poética. As duas orações são isométricas, ambas com sete sílabas poéticas. Note-se também o paralelismo semântico entre os seus termos: doença/ enfermeira; morte/ lágrimas. Um primor de frase machadiana).

Abertas as câmaras, aparecerá um projeto de lei. (MA, 19/4/1888). No cemitério, deitada a última pá de terra na cova, lembrou-me ir ao jazigo dos meus. (MA, 26/2/1889, dez horas da noite. Note-se a concisão e a elegância das orações iniciadas por particípios: "*Abertas* as câmaras" e "*deitada* a última pá de terra na cova". Trata-se de orações reduzidas adverbiais temporais, com o sujeito posposto e o particípio, uma espécie de adjetivo verbal, flexionado em gênero e número, concordando com o sujeito).

b) Deslocamento da ordem direta

Na sintaxe portuguesa, predomina a ordem direta. Mas essa ordem não é inflexível, podendo o escritor modificá-la por questões de ritmo ou métrica, no caso da poesia, ou para destacar algum termo que deseja enfatizar, no caso da prosa. Nos romances de Machado de Assis, o normal é o emprego da ordem direta. Os desvios em relação a esse princípio ocorrem, geralmente, por motivação de natureza estilística. É o caso, por exemplo, da topicalização (v. verbete "Antecipação") de algum termo ou de certas inversões sintáticas mais ou menos previsíveis na frase portuguesa. Vejamos alguns exemplos.

Uma tarde, havendo algumas pessoas a jantar em casa da baronesa, foram passear à chácara. (ML, VIII. A posição normal do complemento circunstancial "à chácara" é depois do verbo de movimento *foram*. Nesse deslocamento do complemento para depois do infinitivo *passear*, Machado seguiu a sintaxe dos autores clássicos portugueses, a quem ele muito apreciava. Compare-se: "foram à chácara passear", ênfase ao verbo *passear*, infinitivo de finalidade; "foram passear à chácara", ênfase ao adjunto adverbial de lugar *à chácara*. Neste caso, *foram passear* é uma locução verbal).

No dia seguinte, foi aberto o testamento, com todas as formalidades legais. (HE, II. A posposição do sujeito (*o testamento*) justifica-se por se tratar de voz passiva analítica).

As linhas puras e severas do rosto parecia que as traçara a arte religiosa. (HE, III. Na ordem direta: "Parecia que a arte religiosa traçara as linhas puras e severas do rosto". Topicalizando o objeto direto e retomando-o pleonasticamente sob a forma de pronome (*as*), Machado lança luz sobre o que ele quer enfatizar: os traços do rosto de Helena).

Um solteirão que expira aos sessenta e quatro anos, não parece que reúna em si todos os elementos de uma tragédia. (BC, I. Na ordem direta: "Não parece que um solteirão que expira aos sessenta e quatro anos reúna...". Aqui, Machado antecipou (prolepse) o sujeito da oração subordinada. Naturalmente, para destacar o estado civil e a idade do defunto autor).

Era um bom sujeito este Cotrim; passara de estroina a circunspecto. (BC, XXV. O deslocamento do sujeito (*este Cotrim*) para o final da oração destaca o nome do personagem e prepara o espírito do leitor (catáfora) para o comentário irônico que viria a seguir. Não nos esqueçamos de que "este Cotrim", cunhado de Brás Cubas, era um traficante de escravos, conforme se lê no capítulo CXXIII, intitulado "O verdadeiro Cotrim", em que o narrador descreve a crueldade com que ele tratava os cativos. Nesse sentido, a oração "Era um bom sujeito este Cotrim", com que Brás Cubas caracteriza o cunhado, só pode ser entendida como pura ironia).

Se só me faltassem os outros, vá; um homem consola-se mais ou menos das pessoas que perde; mas falto eu mesmo, e esta lacuna é tudo. (DC, II. O narrador Dom Casmurro, para enfatizar que ele não é mais Bentinho, adota dois procedimentos estilísticos: põe o sujeito depois do verbo e ainda lhe acrescenta a expressão de reforço *mesmo*, colocada depois do pronome *eu*).

Um dia, reinando outra vez febres em Itaguaí, disse-lhe meu pai que fosse ver a nossa escravatura. (DC, V. A posição do sujeito "febres" justifica-se, por estar depois de um gerúndio, em oração reduzida; o sujeito "meu pai" está na posição usual: depois do verbo de elocução "disse").

Em casa, brincávamos de missa, (...). Arranjávamos um altar, Capitu e eu. (DC, XI. Invertendo a posição usual do sujeito, Bentinho chama a atenção para a cumplicidade lúdica existente entre ele e Capitu. Note-se que a pausa prosódica entre o predicado e o sujeito, representada pela vírgula, é um traço de oralidade da frase machadiana).

Grande foi a sensação do beijo. (DC, XXXIII. A frase está na ordem indireta. Repare como a antecipação do adjetivo *grande* enfatiza e amplifica expressivamente a sensação experimentada por Bentinho, ao ser beijado pela primeira vez por Capitu).

Chegou o sábado, chegaram outros sábados. (DC, LXV. O verbo *chegar* foi usado como intransitivo e, nestes casos, a sintaxe usual é a posposição do sujeito).

Comigo disse que uma das consequências dos amores furtivos do pai era pagar eu as arqueologias do filho. (DC, CXLV. Pospondo o sujeito *eu* ao infinitivo pessoal *pagar*, Bentinho enfatiza seu inconformismo com o fato de ter de custear os estudos arqueológicos de Ezequiel, filho do outro, segundo o narrador).

— Esaú e Jacó brigaram no seio materno, isso é verdade. Conhece-se a causa do conflito. (EJ, XIV. Na voz passiva pronominal, a posição normal do sujeito é depois do verbo, como ocorre na terceira oração).

Ontem, indo jantar a Andaraí, contei a mana Rita o que ouvi ao desembargador. (MA, 10/2/1888. Outro exemplo de deslocamento do complemento adverbial de lugar. Ver comentário anterior, em ML, VIII).

Amanhã (13) faz anos a bela Fidélia. (MA, 12/1/1889. Note-se o realce dado ao sujeito (*Fidélia*) com a sua posposição. O adjetivo *bela* vai por conta da admiração que o Conselheiro Aires nutria pela viúva).

c) *Estar, andar, ir + gerúndio*

Construção mais usada no Brasil do que em Portugal, que prefere, nestes casos, o infinitivo ao gerúndio. Do ponto de vista da duração do processo verbal (categoria gramatical de aspecto), descreve ações de natureza progressiva ou durativa.

— Anda visitando os defuntos? disse-lhe eu. — Ora, defuntos! respondeu Virgília com um muxoxo. E depois de me apertar as mãos: — Ando a ver se ponho os vadios para a rua. (BC, VI. Note-se o contraponto entre as duas construções: "Anda visitando" e "Ando a ver").

Quando a esposa Aguiar morrer, não se contentará de a chorar, lembrar-se-á dela, e as saudades irão crescendo com o tempo. (MA, 4/9/1888. A locução verbal *irão crescendo* descreve uma ação progressiva, a realizar-se por etapas sucessivas. O adjunto adverbial *com o tempo* reforça esse sentido da referida locução).

d) *Estar, andar, ir, ficar + infinitivo*

Construção mais usada em Portugal do que no Brasil, que prefere o gerúndio ao infinitivo. Do ponto de vista da duração do processo verbal (categoria gramatical de aspecto), descreve ações de natureza progressiva ou durativa. Machado demonstra certa preferência por esta construção, à moda lusitana. Cumpre atentar para os seguintes aspectos do processo verbal: estar + infinitivo → ação durativa em determinado momento; andar + infinitivo → ação durativa com ideia de intensidade ou reiteração.

— Anda visitando os defuntos? disse-lhe eu. — Ora, defuntos! respondeu Virgília com um muxoxo. E depois de me apertar as mãos: — Ando a ver se ponho os vadios para a rua. (BC, VI. Sobre o contraste entre "Anda visitando" e "Ando a ver", reler o comentário acima).

— Queira vosmecê perdoar, mas o diabo do bicho está a olhar para a gente com tanta graça... (BC, XXI. Esta frase foi pronunciada pelo almocreve que havia acabado de salvar Brás Cubas de ser arrastado pelo jumento. O episódio se passa em Portugal. Ora, sendo o almocreve português, justifica-se a construção "está a olhar", tipicamente lusitana. Um almocreve brasileiro certamente usaria o gerúndio: "o diabo do bicho está olhando").

A mulher [Sofia] **ia a sair, o marido** [Palha] **deteve-a, ela estremeceu.** (QB, L. Essa locução *ia a sair* equivale a *estava saindo*, ação progressiva no passado, mas interrompida por outra, por isso Machado usou o imperfeito *ia*. A presença de formas verbais no pretérito perfeito narrativo — *deteve, estremeceu* — implica a noção de simultaneidade de ações).

As minhas [lágrimas] **cessaram logo. Fiquei a ver as dela; Capitu enxugou-as depressa.** (DC, CXXIII. A locução "Fiquei a ver" implica a ideia de ação durativa, a partir de determinado momento).

— Estou a admirar estas nossas belezas, explicou. (MA, 4/8/1888. Frase de Tristão em conversa com o Conselheiro Aires na barca para Niterói. Note-se que Tristão fora criado em Portugal, de onde tinha acabado de chegar, o que pode justificar a construção "Estou a admirar". Tivesse ele sido criado no Brasil e certamente diria: "Estou admirando").

A alegria do casal Aguiar é coisa manifesta. Marido e mulher andam a inventar ocasiões e maneiras de viver com os dois [Tristão e Fidélia] **e com alguns amigos, entre os quais parece que me contam.** (MA, 27/8/1888. Observe-se a ideia de reiteração contida na locução "andam a inventar").

e) *Frase ritmada*

A prosa poética não é um privilégio de Machado de Assis. Outros romancistas do século XIX, como Raul Pompéia e Coelho Neto, a praticaram, com evidente intenção estética, servindo de exemplo mais notável o romance *Iracema*, de José de Alencar. Do nosso Machado, colhemos, ao acaso, alguns exemplos de versos brancos ritmados na prosa de *Dom Casmurro* e *Esaú e Jacó*, em que se encontram diversos trechos que podem ser metrificados. Vale lembrar que o gosto de Machado pela frase curta e de estrutura binária favorece a metrificação de sua prosa narrativa (v. "Binarismo" e "Paralelismo sintático"). Nos exemplos a seguir, a partição em versos reproduz o nosso sentimento do ritmo poético da frase.

O meu fim evidente era atar/ as duas pontas da vida/ e restaurar na velhice/ a adolescência. (DC, II. Além da questão do ritmo, repare-se na relação de causa e efeito existente entre as duas primeiras orações e a terceira, ligadas pela conjunção *e*, com sentido de finalidade).

José Dias tratava-me/ com extremos de mãe/ e atenções de servo. (DC, XXIV. Note-se o paralelismo dessas frases ritmadas. Há, em cada uma, seis sílabas métricas, formando as sílabas tônicas o seguinte esquema rítmico: 3.ª, 6.ª; 3.ª, 6.ª; 4.ª, 6.ª).

Aos oito anos/ os meus plurais careciam,/ alguma vez,/ da desinência exata,/ ele a corrigia, meio sério/ para dar autoridade à lição,/ meio risonho/ para obter o perdão da emenda. (DC, XXIV. Note-se também a relação de causa e efeito existente entre a primeira e a segunda oração. Repare: "Como os meus plurais careciam da desinência exata, ele a corrigia").

Entre luz e fusco,/ tudo há de ser breve/ como esse instante. (DC, LI. Redondilha menor perfeita, com cinco sílabas poéticas em cada verso. No primeiro e terceiro versos, tônica na 3.ª e 5.ª sílabas; no segundo verso, tônica na 2.ª e 5.ª sílabas).

Fui à janela indagar da noite/ por que razão os sonhos/ hão de ser sempre assim/ tão tênues que se esgarçam/ ao menor abrir de olhos/ ou voltar do corpo,/ e não continuam mais. (DC, LXIV. Esta passagem reflete as preocupações oníricas do adolescente Bentinho).

Lá se iam bailes e festas,/ lá ia a liberdade e a folga. (EJ, VI. Estrutura paralelística binária, formando um dístico octossílabo perfeito. Note-se o contraste entre a presença do *se* expletivo na primeira oração e sua ausência na segunda, para manter a métrica da frase poética).

Não era tanta a política/ que os fizesse esquecer Flora,/ nem tanta Flora que os fizesse/ esquecer a política. (EJ, XXXV. Note-se a cadência decorrente dessa estrutura sintática paralelística. Há uma repetição simétrica com os termos invertidos, formando um quiasmo (v. verbete) com sabor de prosa poética).

Flora escreveu-as,/ com a mão trêmula/ e a vista turva. (EJ, XCIII. Frase paralelística e ritmada, com quatro sílabas poéticas em cada segmento).

Ontem com o pai,/ hoje com a filha. (MA, 13/4/1888. As duas frases nominais apresentam perfeita simetria sintática e rítmica, cada uma com cinco sílabas poéticas e acento tônico na 1.ª e 5.ª sílabas).

f) *Período tenso*

É um processo de correlação, ou seja, "uma construção sintática de duas partes relacionadas entre si, de tal sorte que a enunciação de uma, dita prótase [condicionante], prepara a enunciação de outra, dita apódose [condicionada]", como ensina Mattoso Câmara Jr. (1988:87). Pode ocorrer por coordenação ou por subordinação e até em frases nominais ou proverbiais do tipo: "Casa de ferreiro [prótase], espeto de pau [apódose]"; "Quem canta [prótase] seus males espanta [apódose]; "De noite [prótase], todos os gatos são pardos [apódose]". Observe-se que na prótase pode ocorrer um ligeiro tom ascendente da voz, espécie de "suspense", de expectativa, em contraste com o tom descendente da apódose, que desfaz a expectativa.

Um exemplo típico de período tenso encontra-se nesta frase de José Dias (DC, III): "**Se soubesse** [prótase], **não teria falado** [apódose]". Esse tipo de período é o preferido pelos autores clássicos lusitanos, assim como por Machado de Assis. Sobre o assunto, v. Othon Moacyr Garcia (2003:71).

Uma tarde, havendo algumas pessoas a jantar em casa da baronesa [prótase], foram passear à chácara [apódose]. (ML, VIII. A prótase apresenta valor causal).

Sem embargo do ardor político do tempo [prótase], **não estava ligado a nenhum dos dois partidos** [apódose]. (HE, I. Prótase com valor concessivo).

Mal o avistou de longe [prótase], **desceu Eugênia à porta do jardim** [apódose]. (HE, V. Neste período tenso, a anteposição da subordinada temporal e a posposição do sujeito enfatizam a ação praticada pela personagem).

Quincas Borba não só estava louco [prótase], **mas sabia que estava louco** [apódose]. (BC, CLIX. Exemplo de correlação enfática aditiva, num período composto por coordenação).

Horas depois [prótase], **teve Rubião um pensamento horrível** [apódose]. (QB, IX. Aqui, a prótase é representada pelo adjunto adverbial de tempo).

Na estação de Vassouras [prótase], **entraram no trem Sofia e o marido** [apódose]. (QB, XXI. Também neste exemplo, a prótase é representada por um adjunto adverbial; neste caso, de lugar).

Chegados à estação da Corte [prótase], **despediram-se quase familiarmente** [apódose]. (QB, XXII. Note-se que o sujeito da oração adverbial temporal reduzida de particípio (*Chegados...*) é o mesmo da oração principal (*despediram-se...*), o que indica simultaneidade de ações).

Passados os vapores da noite, não era só vexame que sentia [prótase], **mas também remorsos** [apódose]. (QB, LVI. Outro exemplo de correlação enfática aditiva. Note-se que a primeira oração (temporal, reduzida de particípio) funciona como prótase para o resto do período).

A casa não sendo grande [prótase], **não podiam lá caber todos** [apódose]. (DC, CXXII. A oração reduzida de gerúndio tem valor causal. Machado topicalizou o sujeito, pois sua posição normal seria depois do gerúndio: "Não sendo grande a casa, ...").

Enquanto eles sonhavam com Flora [prótase], **esta não sonhou com a república** [apódose]. (EJ, LXIX. Prótase representada por uma oração adverbial temporal).

Quando saí de lá [prótase], **Faria agradeceu-me** [apódose]. (MA, 29/10/1888. Exemplo típico de período tenso. Existe entre a oração subordinada temporal e a principal uma relação de simultaneidade de ações, expressa pelos dois verbos no pretérito perfeito narrativo: *saí* e *agradeceu*).

g) *Período frouxo*

Ao contrário do que ocorre no período tenso, no período frouxo (ou lasso; v. Othon M. Garcia, 2003:72) há uma quebra de expectativa, atenuando-se o "suspense" com a antecipação da oração principal ou a posposição do adjunto adverbial. Neste caso, desfaz-se a relação condicionante/condicionada, ou seja, anula-se a correlação, invertendo-se os termos do período, os quais passam a ter a seguinte disposição: apódose/prótase: "Todos os gatos são pardos [apódose], de noite" [prótase]; "Seus males espanta [apódose] quem canta [prótase]; "Não teria falado [apódose] se soubesse" [prótase]. Do ponto de vista da frase narrativa ou do discurso argumentativo, o período frouxo se afigura como menos expressivo, menos enfático, daí o fato de Machado de Assis dar preferência ao período tenso, como mostramos acima.

Nos exemplos abaixo, sugerimos ao leitor inverter a ordem das orações ou do adjunto adverbial, para sentir a diferença entre os dois tipos de período.

Duas vezes viu ele a formosa Guiomar [apódose], **antes de seguir para São Paulo** [prótase]. (ML, I).

A aspereza destes sentimentos tornou-se ainda maior [apódose] **quando lhe ocorreu a origem possível de Helena** [prótase]. (HE, II).

D. Úrsula era eminentemente severa [apódose], **a respeito de costumes** [prótase]. (HE, II).

Iaiá festejava a lembrança do escravo [apódose], **dando saltos de alegria e de agradecimento** [prótase]. (IG, I).

Era noite [apódose] **quando Luís Garcia saiu da casa de Valéria** [prótase]. (IG, II).

O conselheiro Vale morreu [apódose] **às sete horas da noite de 25 de abril de 1859** [prótase]. (HE, I).

Os sucessos vieram vindo [apódose], **à medida que as flores iam crescendo** [prótase]. (EJ, LXX. Período composto marcado pelas noções de progressão e proporcionalidade).

h) *Prótase atenuada*

Anteposição à prótase de um dos termos (geralmente o sujeito) da oração principal (apódose). Visa a destacar as informações situadas nos extremos do período. É um procedimento estilístico bastante usado por Machado de Assis. Sobre o assunto, ver Othon M. Garcia (2003:74).

Ela, porém, vencido o sobressalto do princípio, mostrava-se tranquila e fria. (ML, III. Intercalando a oração reduzida de particípio (*vencido o sobressalto...*), Machado destaca, no começo e no fim do período, o sujeito "Ela" e o predicado da oração principal: "mostrava-se tranquila e fria").

O Conselheiro, posto não figurasse em nenhum grande cargo do Estado, ocupava elevado lugar na sociedade. (HE, I. Aqui, Machado enfatizou o sujeito (*O Conselheiro*) e sua posição social: *ocupava elevado lugar na sociedade*).

Sofia, passado o susto e o espanto, mergulhou no devaneio. (QB, CLIV. Oração subordinada temporal, reduzida de particípio (*passado o susto e o espanto, ...*), intercalada na principal. Usando a prótase atenuada, Machado enfatiza o sujeito (*Sofia*) e o predicado, ou seja, a ação por ela praticada: *mergulhou no devaneio*).

Santos, embora declarasse que não jogava, mandou pôr as cartas e os tentos. (EJ, LXVI. O banqueiro Santos não era muito chegado ao voltarete, mas apesar disso, acabou jogando. Seu nome e a iniciativa por ele tomada são destacados nos extremos desse período composto).

D. Evarista, contentíssima com a glória do marido, vestiu-se luxuosamente. ("O alienista", I, PA. Neste exemplo, o predicativo circunstancial de causa (*contentíssima com...*), intercalado devido à prótase atenuada, permite que o sujeito (*D. Evarista*) e o predicado da oração (*vestiu-se ...*) adquiram destaque nos extremos do período).

A ilustre dama, no fim de dois meses, achou-se a mais desgraçada das mulheres. ("O alienista", III, PA. Note-se como Machado consegue pôr em destaque o sujeito (*A ilustre dama*) e seu correspondente predicado (*achou-se a mais desgraçada...*) com a adoção da prótase atenuada, ou seja, intercalando esta, representada pelo adjunto adverbial de tempo *no fim de dois meses*, entre os dois termos da oração já mencionados).

A coisa mais árdua do mundo, depois do ofício de governar, seria dizer a idade exata de D. Benedita. ("D. Benedita", I, PA. Notem-se as duas posições em destaque: a inicial do sujeito e a final do predicado. A prótase atenua-se pela sua intercalação, entre vírgulas, na apódose).

Galicismos

A cultura francesa exerceu enorme influência sobre os nossos escritores e intelectuais no século XIX, pois todos os grandes movimentos filosóficos e literários desse período surgiram na França ou dela se irradiaram para o mundo culto de então. Paris ficou conhecida como a cidade-luz.

O nosso Machado de Assis era exímio conhecedor do francês, língua que dominava a ponto de nela escrever cartas e poemas. Não é de estranhar, portanto, o elevado número de citações de autores franceses em suas obras, ora no original, ora com termos já adaptados ao português. Seria apenas um recurso estilístico, a intertextualidade (v. verbete), ou uma forma de exibir erudição? Estaria Machado, um autodidata, exibindo conhecimento como uma forma de autoafirmação? Não sabemos. Que o respondam os críticos. Aqui, cabe-nos apenas registrar os fatos de língua e estilo. Note-se, nos exemplos a seguir, a predominância de galicismos referentes à moda, aos costumes ou à vida social.

— Como estás, *mon vieux*? [meu velho], disse com um risinho de mofa. (RE, XIV. Um tanto forçado esse emprego do francês num diálogo).

Enfant terrible ("Menino terrível"; título do cap. XV de RE. Machado gostava tanto do francês, que até intitulava capítulos dos seus romances nessa língua).

— Delicie-se com o seu Weber até que se levante o pano para recomeçar o seu Offenbach. Estou certo de que virá *cancanear* comigo, e afirmo-lhe que achará bom parceiro. (RE, XX. Neologismo verbal formado a partir de *cancan*, dança movimentada e alegre das coristas do teatro de revista francês).

Achavam-se os dois no corredor da casa de Luís Alves, *à* Rua da Constituição. (ML, I. Galicismo sintático, em contraste com a construção vernácula, que usa, nesses casos, a preposição *em*: na Rua, na Avenida, etc.).

— Mas o que não era natural, continuou ela mudando de tom, era atrever-me a falar com um estranho neste *déshabillé* [traje caseiro] tão pouco elegante... (ML, III. O galicismo, artificial num diálogo, refere-se ao roupão usado por Guiomar).

Guiomar chegou daí a pouco e achou-os na "saleta de trabalho", eufemismo elegante, que queria dizer literalmente — saleta de conversação entremeada de *crochet*. (ML, IX. O galicismo *crochet* designa um trabalho de agulha tipicamente feminino. O termo já está aportuguesado: crochê).

[Mendonça] vestia com o maior apuro, como verdadeiro parisiense que era, arrancado de fresco ao *grand boulevard*, ao café Tortoni e às récitas do *Vaudeville*. (HE, X. Note-se o prestígio da cultura francesa e o fascínio que ela exercia sobre Machado, que jamais pôs os pés na venerada Paris).

Meu pai era homem de imaginação; escapou à tanoaria nas asas de um *calembour* [trocadilho]. (BC, III. O pai de Brás Cubas inventou uma genealogia nobre para encobrir suas origens modestas).

Tinha dezessete anos; pungia-me um buçozinho que eu forcejava por trazer a bigode. (...). Ao cabo, era um lindo *garção*. (BC, XIV. Do francês *garçon*, "moço, rapaz").

Rubião suspirou, cruzou as pernas, e bateu com as borlas do *chambre* [roupão] sobre os joelhos. (QB, III. O novo-rico Rubião dá-se o luxo de usar roupas afrancesadas).

Um desses outros, ou ainda algum menor, podia servir-lhe às bodas, se toda a sociedade não estivesse já nivelada pelo vulgar *coupé*. (QB, LXXXI. Cupê, carruagem fechada de quatro rodas).

Soou a campainha do jantar; Rubião compôs o rosto para que os seus *habituados* (tinha sempre quatro ou cinco) não percebessem nada. (QB, XCI. O termo *habituados*, com o sentido de frequentadores da casa, é um decalque do francês *habitué*).

— Conheço uma moça de Pelotas, que é um *bijou*. (QB, CXVIII. O substantivo *bijou*, aqui usado com valor metafórico, significa "joia". De *bijou* origina-se *bijouterie*, bijuteria em português).

De repente, levantou-se e atirou as linhas e a *navette* à cestinha de junco, onde guardava os seus petrechos de trabalho. (QB, CXLI. O termo *navette*, aportuguesado "naveta", designa uma lançadeira, pequeno instrumento com que se faz uma espécie de renda chamada frioleira).

Montaigne escreveu de si: *ce ne sont pas mes gestes que j'escris; c'est moi, c'est mon essence*. (DC, LXVIII. Trad.: "não são meus gestos que escrevo, sou eu, é minha essência". Michel de Montaigne (1533-1592), pensador francês, é um dos pais espirituais de Machado de Assis, que arranja sempre uma oportunidade para citá-lo, no original ou traduzido. A frase acima é do livro I dos *Ensaios*, capítulo VI, "Do exercício").

Não era *habituado* do Flamengo este padre. (MA, 31/7/1888. O Conselheiro Aires refere-se ao padre Bessa. Note-se a repetição do galicismo *habituado*. Ao que tudo indica, é uma escolha lexical de Machado, que prefere o galicismo ao termo vernáculo: *frequentador*).

Gostar

Chama a atenção o emprego do verbo *gostar* como transitivo direto, no sentido de "apreciar, provar, experimentar". A regência tradicional desse verbo é como transitivo indireto: *gostar de*.

Entre uma e outra dessas duas ilusões, melhor é a que se gosta sem doer. (BC, VI).

Tais [damas] havia de provada honestidade que folgavam de o trazer ao pé de si, para gostar o contato de um belo homem, sem a realidade nem o perigo da culpa. (QB, LXXV).

Helenismos

Empréstimos lexicais tomados ao grego. São termos usados, geralmente, na linguagem erudita e científica. No texto de Machado de Assis, predomina o léxico vernáculo da língua corrente, por isso são raros os helenismos. V. também o verbete "Mitologia". Passemos aos exemplos.

Helena deu-lhe a carta, (...) e sendo longa a *epístola*, longo foi o tempo que ele despendeu em a interpretar. (HE, XVI. Uma questão de estilística léxica. Machado usa primeiro o termo *carta*, da língua comum e de sentido geral, antes da leitura feita pelo Padre Melchior. Em seguida, para ressaltar a importância do conteúdo do texto que o padre tem sob os olhos, emprega o termo erudito *epístola*. Contraponto estilístico-lexical semelhante ocorre em *Quincas Borba*, com os substantivos *cachorro* e *cão*. O primeiro é de uso coloquial, de origem incerta, talvez ibérica; o segundo é mais formal e de procedência latina. *Helena* também é de origem grega e significa "brilhante". Não é por acaso que a personagem machadiana tem esse nome).

Dar-me-ia, por intermédio delas, o seu *óbolo* [esmola]? (HE, XXI).

Creio que por então é que começou a desabotoar em mim a *hipocondria* [preocupação excessiva com a saúde]. (BC, XXV).

Infinitivo de finalidade

Nas construções abaixo, a preposição *a*, termo regente, equivale a *para*, e seu sentido de finalidade se transmite ao infinitivo, termo regido.

Sufocou a cólera *a ver* se evitava explosão da viúva. (RE, XXI).

A moça, apenas vira de longe a madrinha, deu afoitamente o braço a Estêvão, e seguiram ambos *a encontrar-se* com ela. (ML, VIII).

Helena tinha os predicados próprios *a captar* a confiança e a afeição da família. (HE, IV).

Penso que lhe senti o sabor da felicidade no leite que me deu *a mamar*. (DC, LXXX).

Infinitivo flexionado

O infinitivo recebe a flexão, quase sempre, por necessidade de clareza ou de realce estilístico.

Este procedimento sintático pode ocorrer nas construções formadas por verbos causativos (*deixar, fazer, mandar*) e sensitivos (*ver, ouvir, sentir*), seguidos de infinitivo, nas quais, este é usado, em geral sem flexão. Note-se que nessas construções não se forma locução verbal, pois cada verbo tem seu próprio sujeito, como se vê nos exemplos a seguir.

A luz batia de chapa no rosto da moça; Félix viu tremerem-lhe duas lágrimas nos olhos, hesitarem um instante, e rolarem depois na face, levemente corada de agitação e de pejo. (RE, IX. O sujeito plural *duas lágrimas*, posposto ao verbo sensitivo *viu*, levou Machado a flexionar enfaticamente o infinitivo: *tremerem*. As formas *hesitarem* e *rolarem*, distantes do sujeito e também por uma questão de ênfase e paralelismo sintático, encontram-se igualmente flexionadas).

Rubião estava resoluto. Nunca a alma de Sofia pareceu convidar a dele, com tamanha instância, a voarem juntas até às terras clandestinas, donde elas tornam, em geral, velhas e cansadas. (QB, XXXVIII. O infinitivo *voarem* tem sujeito próprio, embora elíptico: "ambas" ou "elas". Além disso, o predicativo *juntas*, no plural, deve ter concorrido para que Machado empregasse o infinitivo em sua forma flexionada).

Vi saírem os primeiros dias da separação, duros e opacos. (DC, LXI. Bentinho refere-se aos primeiros dias no seminário e enfatiza esse fato flexionando o infinitivo. O predicativo "duros e opacos", no plural, também pode ter contribuído para essa flexão).

Vi os bustos [dos santos] inclinarem-se ainda mais. ("Entre santos", VH. Flexionando o infinitivo (*inclinarem-se*), Machado dá ênfase ao gesto individual de cada santo).

Infinitivo não flexionado

A desnecessidade de clareza ou de ênfase estilística é que faz com que o infinitivo seja usado sem flexão. Nas construções formadas por verbos causativos (*deixar, fazer, mandar*) e sensitivos (*ver, ouvir, sentir*), seguidos de infinitivo, não existe locução verbal, pois cada verbo tem seu próprio sujeito. Nesses casos, o infinitivo permanece, geralmente, sem flexão, mesmo quando o sujeito é composto ou se encontra no plural. Isto ocorre porque a ausência de flexão não prejudica a clareza da frase ou porque o sujeito do infinitivo encontra-se distanciado dessa forma verbal.

Vejamos alguns exemplos desse tipo de infinitivo.

— Vamos lá, não desanime, disse Félix e, sobretudo, não faça entristecer seus pais, que lhe querem tanto. (RE, X. A ausência de flexão do infinitivo *entristecer* não prejudica a clareza da mensagem, apesar de o sujeito *seus pais* encontrar-se no plural).

O próprio som do piano, que fez calar todos os rumores, não o atraiu à terra. (QB, CXV. Observe-se que o infinitivo *calar* não se flexionou, apesar de o seu sujeito (*os rumores*) estar no plural. É que o infinitivo está antecedido da forma verbal causativa *fez*).

Ficando só, Rubião atirou-se a uma poltrona, e viu passar muitas coisas suntuosas. (QB, CXLVII. O sujeito do infinitivo *passar*, verbo intransitivo, é "muitas coisas suntuosas", no plural, mas nessa estrutura com o verbo *ver*, sensitivo, o usual é o infinitivo não se flexionar).

Os exemplos não se fizeram senão para ser citados. (DC, LXV. Na passiva analítica, o verbo auxiliar normalmente aparece flexionado. Aqui, Machado, por opção ou distração, deixou o verbo *ser*, no infinitivo, sem flexão).

Ouviu bater oito horas. Daí a pouco, entrariam provavelmente Pedro e Paulo. (EJ, XCIV. O infinitivo *bater* foi usado sem flexão, apesar de o seu sujeito (*oito horas*) estar no plural. É a sintaxe usual em casos como este).

As janelas, escancaradas, deixavam entrar o sol e o céu. (EJ, CVI. O sujeito composto "o sol e o céu", posposto ao infinitivo, contribui para que este não se flexione, concordando, por atração, com o núcleo mais próximo).

Infinitivo passivo

Em construções com verbos causativos e sensitivos, pode o infinitivo que os acompanha adquirir sentido passivo, como se vê nos exemplos a seguir, nos quais o infinitivo foi destacado em itálico. Note-se que em construções do tipo "osso duro de roer", o infinitivo, precedido de adjetivo e regido pela preposição *de*, também apresenta valor passivo: "osso duro de ser roído".

Helena deixou-se *cativar* [ser cativada] desse sentimento de abstenção e elevação. (HE, XVI. Curioso este exemplo, em que a expressão "desse sentimento..." apresenta feição de agente da passiva, em virtude do traço apassivante do infinitivo *cativar*).

— Não se deixe *levar* [ser levada] dos primeiros olhos que pareçam responder aos seus... (IG, XIII. Note-se que a locução "dos primeiros olhos" adquire, neste caso, valor de agente da passiva. Entenda-se: "Não se deixe ser levada pelos primeiros olhos").

Se chegam visitas de alguma cerimônia, manda-o *levar* [ser levado] para dentro. (QB, XXVIII).

Durante alguns meses, Rubião deixou de ir ao Flamengo. Não foi resolução fácil de cumprir. (QB, CVIII). Note-se que depois de adjetivo e precedido da preposição *de*, o infinitivo tem valor passivo: *fácil de cumprir* = fácil de ser cumprida. A oração *de cumprir* é complemento nominal do adjetivo *fácil*).

A casa em que moro é própria; fi-la *construir* [ser construída] de propósito. (DC, II).

— Senhor, não desaprendi as lições recebidas, disse-lhe. Aqui tendes a partitura, escutai-a, emendai-a, fazei-a *executar* [ser executada]. (DC, IX).

Ouvi *cantar* [serem cantadas] baladas em casa, vindas da roça e da antiga metrópole, nas quais a sexta-feira era o dia de agouro. (DC, CXXXIII).

Começaram a sorrir no mesmo dia. O mesmo dia os viu *batizar* [serem batizados]. (EJ, VIII).

Há velhas que não sabem fazer-se *entender* de moças, assim como há moças fechadas às velhas. A senhora Aguiar penetra e se deixa *penetrar* de todas. (MA, 4/2/1888. Curioso este caso. Não existe formalmente voz passiva analítica, mas passividade, concentrada nos infinitivos *entender* [serem entendidas] e *penetrar* [ser penetrada], usados com os verbos causativos *fazer* e *deixar*. Esses infinitivos passivos permitem interpretar os termos preposicionados *de moças* e *de todas* como agente da passiva. Cândido Jucá (1971:102) levanta a possibilidade de interpretá-los como adjunto adverbial de causa ou de interesse, mas preferimos considerá-los como agente de uma espécie de passiva implícita ou subjacente. Note-se também o contraste entre os dois sentidos do verbo *penetrar*: ativo no presente e passivo no infinitivo).

Ei-la que continua a lá ir, e a se deixar *ver* [ser vista] do irmão que a amiga lhe deu. (MA, 20/11/1888. Neste caso, também, o termo "do irmão", a nosso ver, deve ser considerado agente da passiva).

Ir a/para

Machado de Assis emprega esse verbo de movimento com sua regência clássica, ou seja, seguido da preposição *a*, com o sentido de direção ou destino, como se vê nos exemplos a seguir. O emprego da preposição *para* implica a ideia de ir a algum lugar por um tempo considerável ou com a intenção de ali fixar residência.

No português coloquial do Brasil, é comum o emprego do verbo *ir* seguido da preposição *em*, como se documenta nesta passagem extraída do capítulo LXVIII de *Brás Cubas*: "— É um vadio e um bêbado muito grande. Ainda hoje deixei ele na quitanda, enquanto eu ia lá embaixo na cidade, e ele deixou a quitanda para ir na venda beber". Ressalve-se que aqui se trata da fala do personagem Prudêncio, um ex-escravo, que emprega a construção "ir na cidade", "ir na venda" (em vez de "ir à cidade", "ir à venda"), representativa de nossa linguagem coloquial, hoje presente até mesmo na língua literária de alguns autores modernos.

No dia seguinte, Quincas Borba acordou com a resolução de ir ao Rio de Janeiro. (QB, VIII).

— Mas uma vez que D. Tonica recusou, devias ter achado meios e modos de não ir ao jardim. (QB, L).

Durante alguns meses, Rubião deixou de ir ao Flamengo. (QB, CVIII).

Se eu fosse rica, você fugia, metia-se no paquete e ia para a Europa. (DC, XVIII).

— Pode ir a São Paulo, a Pernambuco, ou ainda mais longe. (DC, XXVI).

Minha mãe ficou perplexa quando lhe pedi para ir ao enterro. (DC, LXXXIX).

Já = mais

Este advérbio é empregado por Machado de Assis em sua feição clássica, ou seja, em frases negativas, para indicar a cessação de um fato. No português do Brasil, nesses casos, dá-se preferência ao advérbio *mais*, embora o *já* também possa ser usado na língua literária.

Talvez *já* não amasse [não amasse mais] a mulher. (BC, CXII).

A velha, espantada, nem teve alma para agradecer; só ao rodar do tílburi, é que correu à janela, mas *já* não podia ver [não podia mais ver] o benfeitor. (QB, LXXXV).

Enfim, amam-se. A viúva fugiu-lhe e fugiu a si mesma enquanto pôde, mas *já* não pode [não pode mais]. (MA, 2/1/1889).

Tristão *já* não vai [não vai mais] a 9, por uma razão que me não deu, nem lha pedi. (MA, 7/1/1889).

Latinismos

Embora a estética subjetiva do Romantismo rejeitasse o objetivismo da cultura clássica, o latim nunca deixou de exercer irresistível fascínio sobre os escritores dos períodos romântico e realista, entendendo-se o Realismo como um desdobramento do Romantismo.

No caso da língua literária, o emprego de latinismos (termos ou expressões de origem latina) tem finalidade estilística de realce, de nobilitação do texto ou de prática da intertextualidade. O nosso Machado de Assis também cultivou seus latinismos, por meio de citações ou dos títulos de capítulos de seus romances e contos. No seu caso, a motivação é geralmente a prática da intertextualidade, estilema muito frequente em suas obras. Os aspectos tragicômicos de alguns de seus romances e contos e a presença em *Brás Cubas* de elementos da sátira menipeia (v. verbete) servem de pistas para detectarmos as influências recebidas por ele dos autores greco-latinos. Nos exemplos a seguir, destacamos em itálico os latinismos. No caso de termos eruditos adaptados ao português, registramos entre parênteses o étimo original latino.

Félix contemplou-lhe longo tempo aquele rosto pensativo e grave, e involuntariamente foram-lhe os olhos descendo ao resto da figura. O corpinho apertado desenhava naturalmente os contornos delicados e graciosos do busto. Via-se ondular ligeiramente o seio *túrgido*, comprimido pelo cetim. (RE, III. O "seio túrgido" de Lívia é um símbolo sexual que mexe com a fantasia erótica do personagem. O adjetivo *túrgido* (turgidus, a, um) é erudito e quer dizer, ao pé da letra, "inchado, dilatado". No caso, o melhor sentido talvez seja que o seio da personagem apresenta "certo volume").

Alteava-se-lhe o seio, *túmido* de suspiros. (RE, XV. O adjetivo *túmido* (tumidus, a, um) é uma forma erudita de dizer "inchado, dilatado").

Latet anguis (ML, título do cap. IV. É parte do verso do poeta latino Virgílio nas *Éclogas*, III, 93, na qual escreveu *Latet anguis in herba*, "Uma serpente se esconde sob a folhagem", ou seja, convém ficar alerta contra um perigo oculto. Em português, quando alguém suspeita de alguma coisa, diz-se popularmente: "Aí tem dente de coelho").

O *Post-scriptum* ("Escrito depois"; título do cap. VI de ML; *Ex-abrupto*, "de repente, abruptamente", título do cap. XIV de ML. Nas obras de ficção de Machado de Assis, vez por outra, deparamos com capítulos de romances e contos encimados por títulos em latim. Note-se que as expressões latinas acima citadas foram usadas com hífen, sinal diacrítico inexistente em latim. Trata-se, portanto, de uma iniciativa pessoal do autor).

Guiomar (...) deixou-se cair lentamente sobre os joelhos do marido, e as duas ambições trocaram o *ósculo* fraternal. (ML, XIX. O latinismo *ósculo* (osculum,

i) deve ter parecido, a Machado, mais sublime do que o vernáculo e corriqueiro substantivo *beijo*. Não se exclui também a possibilidade de Machado estar ironizando os dois pragmáticos parceiros conjugais, Guiomar e Luís Alves).

Uma terceira pessoa era a única esperança de pacificação; Estácio alongou o olhar pelo jardim em busca desse *deus ex machina*. Apareceu ele enfim sob a forma de um Carlos Barreto. (HE, V. "Um deus desce por meio de uma máquina". Recurso teatral em que um personagem providencial aparece na hora certa, livrando alguém de uma situação embaraçosa).

Estácio inclinou-se para Helena, a fim de lhe pousar na fronte o *casto ósculo* de irmão. (HE, IX. O substantivo *ósculo* (osculum, i) vai bem com o adjetivo *casto* (castus, a, um), ambos eruditos. Dois latinismos no mesmo sintagma).

Seus olhos *plúmbeos* pareciam duas portas abertas sobre a consciência. (IG, XI. Machado descreve os olhos de Procópio Dias usando um latinismo: *plúmbeos* (plumbeus, a, um), ou seja, cinzentos. A descrição parece insinuar que a consciência do sórdido personagem tinha a mesma cor de seus olhos).

Apertava ao peito a minha dor *taciturna*, com uma sensação única. (BC, XXV. Brás Cubas havia acabado de perder a mãe e sentia-se muito abatido. Não foi por acaso que Machado de Assis, pela pena do narrador, usou o adjetivo erudito *taciturna* (taciturnus, a, um), que significa, na origem, "silenciosa", ou seja, a dor de Brás Cubas era só dele, não era compartilhada com ninguém).

Tirei a carteira, escolhi uma nota de cinco mil-réis, — menos limpa, — e dei-lha. Ele recebeu-ma com os olhos cintilantes de cobiça. Levantou a nota ao ar, e agitou-a entusiasmado. — *In hoc signo vinces!* bradou. (BC, LIX. "Com este sinal, vencerás". Frase vista no céu acompanhada de uma cruz pelo imperador romano Constantino (285-337), depois convertido ao Cristianismo. O miserável Quincas Borba a emprega com espírito de comicidade).

Havia, enfim, umas duas ou três senhoras, vários gamenhos, e os *fâmulos*, que naturalmente se desforravam assim da condição servil. (BC, LXV. O latinismo *fâmulo* (famulus, i) significa "servo, criado doméstico", acepção conservada em português. No caso, o narrador Brás Cubas refere-se aos escravos que, juntamente com outras pessoas, espionavam o romance adúltero existente entre ele e Virgília, mulher do Lobo Neves).

Dois dias depois acharam um *modus vivendi*. (QB, LXVIII. "Modo de viver". É uma espécie de acordo de tolerância entre duas partes).

Um casal de borboletas (...) acompanhou por muito tempo o passo do cavalo [de Carlos Maria], volteando aqui e ali, *lépidas* e amarelas. (QB, CXXII. O latinismo *lépidas* (lepidus, a, um) conservou em português a forma original e a ideia de movimentos ágeis e graciosos. Observe-se o contraste entre os dois adjetivos: um erudito (*lépidas*); o outro popular: *amarelas*).

José Dias desculpava-se: "Se soubesse, não teria falado, mas falei pela veneração, pela estima, pelo afeto, para cumprir um dever amargo, um dever *amaríssimo*...". (DC, III. A forma erudita *amaríssimo* (amarissimus, a, um) é o superlativo absoluto sintético do adjetivo "amargo" (a forma corrente é *amarguíssimo*). A forma portuguesa *amargo* resulta da evolução do latim vulgar **amaricus* (forma hipotética), uma vez que o adjetivo no latim clássico era *amarus, a, um*. Note-se que Machado contrapõe o vernáculo *amargo*, no grau positivo, ao seu superlativo erudito *amaríssimo*, estilizando a fala do personagem, como era do seu costume).

Dominus, non sum dignus... Isto, que eu devia dizer três vezes, penso que só dizia uma, tal era a gulodice do padre e do sacristão. (DC, XI. "Senhor, não sou digno...". Os dois adolescentes brincavam de missa: Capitu fazia o papel de sacristão, e Bentinho, o de padre. A frase latina está no Evangelho de Mateus 8:8 e fazia parte do ritual católico da missa. São as primeiras palavras do centurião de Cafarnaum dirigidas a Jesus Cristo, a quem o romano pedira que fosse curar o seu criado paralítico. O versículo completo diz: "Senhor, não sou digno de que entres em minha casa; mas dize somente uma palavra, e o meu criado será curado". Por se tratar de um vocativo, a forma correta deveria ser *Domine*, e não *Dominus*, no nominativo, como citou Machado, involuntariamente ou para atribuir verossimilhança ao episódio narrado. Com efeito, na *Vulgata latina*, a forma empregada é a do vocativo: *Domine, non sum dignus ut intres sub tectum meum; sed tantum dic verbo, et sanabitur puer meus*. O narrador, Dom Casmurro, como ex-seminarista, devia conhecer a forma correta).

As mãos (...), com água do poço e sabão comum trazia-as sem *mácula*. (DC, XIII. Este latinismo *mácula* (macula, ae) deu origem a formas divergentes populares, tais como *malha*, *mágoa* e *mancha*. Sobre o assunto, v. a *Gramática histórica*, de Ismael de Lima Coutinho, 1976:198).

Um dia, Capitu quis saber o que eram as figuras da sala de visitas. O agregado disse-lho sumariamente, demorando-se um pouco mais em César, com exclamações e latins: — César! Júlio César! Grande homem! *Tu quoque, Brute?* ["Tu também, Bruto?"]. (DC, XXXI. Palavras que Júlio César teria dito ao seu filho adotivo, Brutus, que estava entre os conspiradores que o assassinaram em pleno Senado romano, em 44 a.C.).

Querido *opúsculo*, tu não prestavas para nada, mas que mais presta um velho par de chinelas? (DC, LX. O latinismo *opúsculo* (opusculum, i) é diminutivo de *opus*, "obra". No caso, refere-se ao *Panegírico de Santa Mônica*, livreto escrito por um ex-colega de seminário de Bentinho).

Os olhos de Escobar, claros como já disse, eram *dulcíssimos*; assim os definiu José Dias, depois que ele saiu, e mantenho esta palavra, apesar dos quarenta anos que traz em cima de si. (DC, LXXI. Bentinho se apropria da hipérbole superlativa e erudita (*dulcíssimos*), usada pelo agregado. Por se tratar de um latinismo (dulcissimus, a, um), vai bem na pena de um ex-seminarista. A forma popular é *docíssimo* e aqui, mais uma vez, Machado estiliza a fala do personagem).

Por que é que Deus a puniria, negando-lhe um segundo filho? A vontade divina podia ser a minha vida, sem necessidade de lha dedicar *ab ovo*. (DC, LXXX. A expressão *ab ovo* significa "desde o nascimento, desde o princípio". No caso da mãe de Bentinho, ela havia perdido o primeiro filho e, na ânsia de ser mãe, prometera a Deus que, se engravidasse novamente, o segundo filho seria padre. Portanto, essa expressão latina poderia, neste caso, ser traduzida ao pé da letra: "desde o ovo", ou seja, desde a fecundação ou desde o óvulo).

— E saímos juntos. — Você também? — Também eu. (...) O próprio latim não é preciso; para quê, no comércio? — *In hoc signo vinces*, disse eu rindo. (DC, XCVI. Bentinho e Escobar pretendem deixar o seminário: este, pelo comércio; aquele, por Capitu. Neste diálogo, Bentinho deseja sucesso ao amigo, em sua futura atividade, usando a frase latina que serviu de lema ao imperador romano Constantino: "Com este sinal, vencerás". O sinal, no caso, era a cruz, que Constantino usou em seus estandartes de batalha. Como obteve vitórias, converteu-se ao Cristianismo e concedeu-lhe liberdade de culto em 313. Mais tarde, em 381, o imperador Teodósio (347-395) tornou o Cristianismo a religião oficial do Império Romano. Nessa transposição jocosa, o seminarista Bentinho foi um tanto irreverente, misturando um símbolo sagrado com um assunto profano).

O tempo é um rato roedor das coisas, que as diminui ou altera no sentido de lhes dar outro aspecto. (EJ, XXI. Adaptação do verso *Tempus edax rerum*, "O tempo é um roedor das coisas", do poeta latino Ovídio, nas *Metamorfoses*, XV, 234. Como sempre, a constante preocupação com a passagem do tempo e a efemeridade da vida).

Se eu estivesse certo de poder casar os dois, casava-os, (...). Estou só, entre quatro paredes, e os meus sessenta e três anos não rejeitam a ideia do ofício eclesiástico. *Ego conjugo vos*... (MA, 15/12/1888. "Eu vos uno [em matrimônio]". Fórmula usada pelo sacerdote na cerimônia do casamento. Com estas palavras, os noivos são declarados marido e esposa).

Tinham [os móveis] o aspecto *vetusto*. ("Mariana", VH. O adjetivo erudito *vetusto* (vetustus, a, um), no contexto em que foi usado, tem o sentido de "muito velho, antiquado").

Lembrar

Este verbo *lembrar* (e seu sinônimo *recordar*), à semelhança de *esquecer*, é empregado geralmente com sujeito oracional, no sentido de "vir à lembrança" ou "suscitar a lembrança de". Nessas construções, o narrador apresenta-se como paciente (objeto indireto) da ação verbal, e não como agente (sujeito), o que o levaria a usar a forma pronominal "eu me lembro de algo, tu te lembras de algo", etc.

Trata-se de uma regência clássica (hoje em desuso), empregada com muita frequência por Machado de Assis. Cabe mencionar que, em um autor obcecado pela questão do tempo e da fugacidade da vida e que escreveu obras-primas memorialistas, essa sintaxe apresenta certo dinamismo subjetivo, de cunho impressionista, por enfatizar a importância do fluxo da consciência e da memória afetiva de seus personagens e do próprio autor. Sobre as implicações estilísticas dessa sintaxe, ver Dirce Côrtes Riedel (1959:155-156).
Além da regência acima referida, Machado usou também o verbo *lembrar* como transitivo pronominal indireto. Vejamos alguns exemplos.

— Quem? — Nhonhô talvez não se lembre mais de D. Eusébia... — Lembra-me... É ela? (BC, xxv. Note-se o contraste entre a fala do escravo, que usa o verbo *lembrar* em sua forma corrente, pronominal, e a resposta de Brás Cubas, vale dizer, de Machado, que emprega o verbo em sua feição clássica (*Lembra-me*), com o sentido de "vem à minha lembrança").

Lembra-me que estava retraído, mas de um retraimento que forcejava por dissimular. (BC, cxii. O sujeito da oração principal "Lembra-me" é a oração subordinada "que estava retraído"; o *me* é objeto indireto).

— Estive lá; ia pelo Catete, já tarde, e lembrou-me descer à Praia do Flamengo. (QB, lxix. O sujeito de "lembrou-me" é oracional: "descer ...". O pronome *me* é objeto indireto).

Um dia, há bastantes anos, *lembrou*-me reproduzir no Engenho Novo a casa em que me criei na antiga rua de Matacavalos. (DC, ii. Ver comentário acima).

Não me *recorda* um só dos argumentos que empreguei. (DC, xc. Aqui, a regência de *recordar* é a mesma de *lembrar*).

Fidélia lembrara-se de haver pintado em menina, e começara um trecho do jardim da própria casa. (MA, 22/10/1888. Repare-se no emprego pronominal do verbo (*lembrara-se de*), seguido de objeto indireto oracional: *haver pintado em menina*).

— Voltando agora do meu passeio, lembrou-me subir e perguntar por V. Excia. (MA, 22/10/1888. Note-se o contraste no emprego do verbo *lembrar*. No exemplo anterior, a regência corrente, pronominal; aqui neste, a regência clássica, aliás, a preferida de Machado, que alterna as duas, pois ambas estão muito próximas uma da outra, na mesma anotação do diário do Conselheiro).

— Lembra-se que há algum tempo, em sua casa, almoçando?... Concordamos em achar-lhe todas as prendas morais e físicas. (MA, 1/12/1888. A frase é de Tristão, em conversa com o Conselheiro Aires. Em sua fala espontânea, o personagem omitiu a preposição *de* antes da conjunção integrante *que*, fato comum até mesmo na língua literária).

Lhe – objeto indireto de lugar ou referência

Acompanhando verbos que pedem a preposição *em*, o pronome oblíquo *lhe* equivale a *nele, nela*, uma espécie de objeto indireto de lugar ou de referência. Exemplo representativo encontra-se no verso do conhecido soneto "A Carolina", em *Relíquias de casa velha*: "**Pulsa-*lhe*** [nele, no coração de Machado] **aquele afeto verdadeiro**". Sobre o assunto, v. Cegalla (2009:234). Outros exemplos:

Nem a parenta continuaria a abrir-**lhe** a bolsa, nem o pai queria criar-*lhe* [nele, em Mendonça] hábitos de ociosidade. (HE, x).

Vi-*lhe* [nela, em Marcela] um movimento como para esconder-se ou fugir. (BC, xxxviii).

Um criado trouxe o café. Rubião pegou na xícara e, enquanto *lhe* deitava açúcar [nela, na xícara], ia disfarçadamente mirando a bandeja, que era de prata lavrada. (QB, III).

Maria Benedita veio para a casa da prima [Sofia], e ali esteve uns dezoito dias. Não pôde mais; doeram-*lhe* [nela] as saudades da mãe e voltou para a roça. (QB, LXIV).

— Venha, venha, disse ele, ande ajudar-me a converter o nosso amigo Aires; há meia hora que procuro incutir-*lhe* [nele] as verdades eternas, mas ele resiste. (EJ, XI).

Lembra-se que há algum tempo, em sua casa, almoçando?... Concordamos em achar-*lhe* [em Fidélia] todas as prendas morais e físicas. (MA, 1/12/1888).

Lhe – sujeito de infinitivo

Junto a verbos causativos (*mandar, fazer, deixar*) e sensitivos (*ver, ouvir, sentir*), seguido de infinitivo, o pronome oblíquo *lhe* pode desempenhar a função sintática de sujeito de infinitivo, no lugar do pronome oblíquo *o*. Trata-se de um emprego estilístico que só ocorre quando o infinitivo vem seguido de objeto direto nominal ou oracional. Mais ou menos comum em autores portugueses (Vieira, Garrett, Camilo, Herculano), aparece com certa frequência na frase de Machado de Assis, certamente influenciado pela leitura dos clássicos lusitanos.
Sirva de exemplo este passo de Alexandre Herculano: "Além disso, a lembrança do arrepio dorsal que as últimas palavras de D. Leonor lhe tinham causado faziam-*lhe* [faziam-no] quase desejar que o tanoeiro (...) pudesse ainda desempenhá-la". (*Lendas e narrativas*. Tomo I. 28. ed. Lisboa: Bertrand, s/d. p. 141). Vejamos alguns dos exemplos pesquisados.

A tranquilidade feria-lhe o amor-próprio, fazendo-lhe [fazendo-o] **ver que o perigo era nenhum**. (IG, III).

Creio que lhe vi [vi-o] fazer um gesto, como se quisesse atirar-se sobre mim. (BC, XCVI).

A vista do tílburi fez-lhe [fê-lo] **lembrar o doente da Praia Formosa**. (QB, LXXXVIII).

Necessidade e vocação fizeram-lhe [fizeram-na] adquirir, aos poucos, o que não trouxera do nascimento nem da fortuna. (QB, CXXXVIII).

Vi-lhe [vi-o] fazer um gesto para tirá-los outra vez do bolso. (DC, I).

D. Cláudia fez-lhe [fê-lo] ver que era tarde, e ele concordou. (EJ, LXXII).

Em compensação, ouvimos-lhe [ouvimo-lo] dizer alguma coisa de mestres e de páginas célebres. (MA, 2/3/1888).

Ouvi-lhe [ouvi-o] dizer de alguns nomes contemporâneos muita coisa fina e própria. (MA, 18/9/1888).

Locução verbal

Conjugação composta formada por verbo auxiliar + forma nominal do verbo principal (infinitivo, gerúndio, particípio). Nesse tipo de locução apenas o auxiliar recebe as flexões modo-temporais e número-pessoais. O papel do verbo auxiliar é impregnar a locução de certos valores semânticos, podendo acrescentar-lhe também a noção de aspecto, categoria gramatical que expressa o desenvolvimento ou duração do processo verbal.
Tempo e aspecto se confundem em português, sendo dois os mais importantes tipos de aspecto: o concluso ou perfectivo (*fui, estudei*) e o inconcluso ou imperfectivo (*era, estudava*). As demais noções aspectuais vinculam-se a essas duas categorias principais.
Os verbos auxiliares dividem-se em dois tipos: com valor objetivo, os determinativos

(ou acurativos) expressam o momento ou a duração do processo verbal; com valor subjetivo, os modais expressam o modo como se realiza o processo verbal, do ponto de vista do sujeito ou do falante. Os auxiliares determinativos ligam-se ao infinitivo ou ao gerúndio; os modais ligam-se ao infinitivo. Vejamos alguns exemplos de locuções verbais em Machado de Assis, abaixo destacadas em itálico. Note-se que o valor de certas locuções resulta de seu sentido contextual. Em alguns casos, pode ocorrer a superposição de mais de um valor semântico.

1) COM AUXILIARES DETERMINATIVOS

a) *Incoativos* (ou inceptivos: iminência ou início da ação)

Agora que expliquei o título, *passo a escrever* o livro. (DC, II).

Ia a entrar na sala, quando ouvi proferir o meu nome. (DC, III).

Começaram de subir [Natividade e Perpétua] pelo lado da rua do Carmo. (EJ, I).

Apenas *começou a botar* as cartas, disse-me [a cartomante]: "A senhora gosta de uma pessoa...". ("A cartomante", VH. A conjunção subordinativa temporal *apenas* (logo que, assim que) reforça o valor incoativo da locução).

Cuido que ele *ia falar*, mas reprimiu-se. ("A cartomante", VH. Note-se o valor de iminência da ação contido na locução verbal).

b) *Frequentativos* (repetição da ação, continuidade, hábito)

— *Anda visitando* os defuntos? disse-lhe eu. — Ora, defuntos! respondeu Virgília com um muxoxo. E depois de me apertar as mãos: — *Ando a ver* se ponho os vadios para a rua. (BC, VI. Note-se o contraponto entre as duas locuções: "Anda visitando" e "Ando a ver". A primeira é mais comum no Brasil; a segunda, em Portugal).

Ela a sabia de cor [a toada] e de longe, usava repeti-la nos nossos jogos de puerícia. (DC, XVIII).

José Dias *tornou a perguntar* o que era. (DC, XXV).

Estive quase a perguntar a José Dias que me explicasse a alegria de Capitu, o que é que ela fazia, se *vivia rindo, cantando* ou *pulando*. (DC, LXII).

A confiança e a estima de Vilela *continuavam a ser* as mesmas. ("A cartomante", VH).

c) *Cursivos* (progressivos ou durativos: continuidade da ação)

— Perdão, doutor, não *estou defendendo* ninguém, *estou citando*. (DC, III).

Tio Cosme não enriquecia no foro: *ia comendo*. (DC, VI).

Capitu tinha os olhos no chão. Ergueu-os logo, devagar, e *ficamos a olhar* um para o outro. (DC, XIV).

Um preto, que, desde algum tempo, *vinha apregoando* cocadas, parou em frente. (DC, XVIII).

Os sucessos *vieram vindo*, à medida que as flores *iam crescendo*. (EJ, LXX. Repare-se no duplo emprego do verbo *vir*: como auxiliar e como principal: *vieram vindo*. Período composto marcado pelas noções de proporcionalidade e progressão).

— *Está vendo* aquela dama que *vai entrando* na igreja da Cruz? (...); lá *vai entrando*; entrou. ("Singular ocorrência", HSD).

Note-se o contraste entre o aspecto verbal progressivo (*está vendo, vai entrando*) e o concluso: *entrou*).

d) *Cessativos* (momento final, término da ação)

Ora, como tudo cansa, esta monotonia *acabou por exaurir-me* também. (DC, II).

José Dias deixou-se estar calado, suspirou e *acabou confessando* que não era médico. (DC, V).

Nunca [a eternidade] *deixa de querer saber* a duração das felicidades e dos suplícios. (DC, XXXII. Locução com dois verbos auxiliares (*deixar* e *querer*); *saber* é o principal. Neste caso, ocorre a superposição dos valores cessativo e volitivo).

Capitu temia a nossa separação, mas *acabou aceitando* este alvitre, que era o melhor. (DC, XLVIII. A locução *acabou aceitando* expressa a noção de aspecto conclusivo ou terminativo).

Durante alguns meses, Rubião *deixou de ir* ao Flamengo. (QB, CVIII).

e) *Momento futuro* (próximo ou distante)

"Dom Casmurro, domingo *vou jantar* com você". (DC, I. Aqui se superpõem as noções de futuro + intenção).

Aquela [tarde] nunca se me apagou do espírito. É o que *vais entender*, lendo. (DC, II).

— Tudo é que você não tenha medo, mostre que *há de vir a ser* dono da casa. (DC, XVIII. Superposição das noções de futuro + consecução, resultado).

— O latim sempre lhe *há de ser* preciso, ainda que não venha a ser padre. (DC, XXXV. O sentido contextual da locução *há de ser* é o de futuro + necessidade).

— É tarde, disse ele; mas, para lhe provar que não há falta de vontade, *irei falar* a sua mãe. (DC, XXVI. Na locução *irei falar* combinam-se os valores de futuro + intenção).

2) COM AUXILIARES MODAIS

a) *Volição* (desejo, vontade)

Minha mãe *quis saber* o que era. (DC, I).

— Mas eu não quero, acudi logo, não *quero entrar* em seminários. (DC, XVIII).

— Não *hei de dissuadir* sua mãe de um projeto que é, além de promessa, a ambição e o sonho de longos anos. (DC, XXV. Em *Não hei de dissuadir*, ideia de volição negativa + futuro).

Camilo *quis* sinceramente *fugir*, mas já não pôde. ("A cartomante", VH).

b) *Possibilidade* (ou capacidade)

Com efeito, o sentimento era tão amigo que eu *podia escusar* o extraordinário da aventura. (DC, XVIII).

Não disse mal dela; ao contrário, insinuou-me que *podia vir a ser* uma moça bonita. (DC, XXII. Acumulam-se aqui dois valores: possibilidade + consecução ou resultado).

— Tenho conhecido famílias distintas; nenhuma *poderá vencer* a sua em nobreza de sentimentos. (DC, XXV).

— Disse ele (...) que o senhor era "um homem de capacidade e *sabia falar* como um deputado nas câmaras". (DC, XXV).

c) *Necessidade* (ou obrigação, dever)

— *Preciso falar-lhe* amanhã, sem falta. (DC, XXIII).

Capitu derreou a cabeça, a tal ponto que me foi *preciso acudir* com as mãos e ampará-la. (DC, XXXIV).

Capitu (...) opinou logo que o pai *devia ir cumprimentar* o padre em casa dele. (DC, XXXVIII. Acumulação de dois valores: obrigação + futuro).

A opinião dela é que Camilo *devia tornar* à casa deles. ("A cartomante", VH).

d) *Intenção* (propósito, tentativa, esforço)

— *Vou tratar* de metê-lo no seminário quanto antes. (DC, III. Futuro e intenção se superpõem neste exemplo).

Prometo rezar mil padre-nossos e mil ave-marias, se José Dias arranjar que eu não vá para o seminário. (DC, XX).

— *Vim ver* você antes que o padre Cabral chegue para a lição. (DC, XXXII).

Havíamos de acender uma vela aos sábados. (DC, XLIX).

e) *Consecução* (consequência ou resultado, ainda que negativo)

A verdade é que só *vim a aprender* equitação mais tarde. (DC, VI).

— É um sujeito muito ruim, mas, deixe estar que me *há de pagar*. (DC, XVIII).

— O latim sempre lhe *há de ser* preciso, ainda que *não venha a ser* padre. (DC, XXXV).

Abandonou a magistratura e *veio abrir* banca de advogado. ("A cartomante", VH).

f) *Aparência* (ou dúvida)

Capitu não *parecia crer* nem *descrer*, não *parecia* sequer *ouvir*. (DC, XVIII).

Os olhos de prima Justina (...) *pareciam apalpar-me*. (DC, XXII).

Os olhos de ressaca não se mexiam e *pareciam crescer*. (DC, XLIII).

A rua, por mais que José Dias andasse superlativamente devagar, *parecia fugir-me* debaixo dos pés. (DC, LXVII. A locução verbal confere um tom impressionista a essa descrição).

Medial dinâmica (voz)

O grego Dionísio da Trácia (séc. II a.C.), conhecido como o primeiro gramático do Ocidente, distinguia três vozes verbais: ativa, passiva e média, definindo esta última como uma combinação das outras duas. Em português, como herança do latim, a voz medial pode ser: reflexiva propriamente dita, dinâmica e passiva. A Nomenclatura Gramatical Brasileira (NGB), numa atitude reducionista, não adotou o termo voz medial, preferindo a este o termo voz reflexiva, a qual representa uma das facetas da voz medial, mas não a única.

A noção gramatical inerente à voz medial é a de integração do sujeito na ação verbal que dele parte ou que sobre ele repercute, como se dele partisse, daí a concomitância de traços ativos, reflexivos e passivos, próprios da voz medial. Na medial dinâmica, os verbos tornados pronominais indicam cuidados corporais (*vestir-se*), estados de espírito (*indignar-se*), movimento (*exercitar-se*), ocultamento (*esconder-se*), afastamento (*afastar-se*), etc.

Em alguns casos, o pronome reflexivo que retoma o sujeito pode se apresentar de tal forma integrado ao verbo, que deste não se separa sintaticamente, daí ter sido classificado, pela NGB, como parte integrante do verbo, esvaziado de sua função sintática primitiva, a de objeto direto. É o que ocorre nos verbos pronominais essenciais (ações subjetivas, sentimentos, estados de espírito: *apiedar-se, arrepender-se, queixar-se*, etc.), em que a integração sujeito-verbo é tão intensa que este não se conjuga sem o dito pronome, espécie de reflexivo fossilizado, preso irreversivelmente ao verbo. Nos pronominais acidentais (gestos, atitudes, movimentos, etc.), o verbo pode eventualmente ser conjugado sem o pronome reflexivo (*ajoelhar-se* ou *ajoelhar, casar-se* ou *casar, sentar-se* ou *sentar*). Nestes casos, quando a despronominalização do verbo está em processo ou já se consumou, o reflexivo pode ser sentido como partícula de realce, ou seja, um recurso de estilística sintática, próprio da medial expletiva (v.). No caso dos verbos usados intransitivamente (*ir, partir, rir, ficar*, etc), seu emprego na voz medial (*ir-se, partir-se, rir-se, ficar-se*, etc.) confere ao pronome a ele agregado valor expletivo, como se vê neste verso de Camões: "Alma minha gentil que te partiste", em que o pronome *te*, junto ao verbo *partir*, enfatiza a partida para a vida eterna de Dinamene, a amada do poeta, morta em um naufrágio.

Vale lembrar ainda que a medial reflexiva propriamente dita difere da medial dinâmica pelo fato de na reflexiva ser possível substituir o objeto direto reflexivo por um outro objeto que não retoma o sujeito, ou seja, não reflexivo. Compare: "Ele *se* penteou/ Ele penteou *o cabelo*". Com os verbos essencialmente pronominais, tal reversão é impossível. Além disso, a construção reflexiva admite também a expressão de reforço "a si mesmo": "Ele se penteou a si mesmo". Sobre o assunto, recomendamos a leitura do nosso artigo "A voz medial: do latim ao português", publicado na revista *Confluência* n.º 16, RJ: Liceu Literário Português, 1998, p. 78-87. Ao leitor interessado em se aprofundar no assunto, consultar a nossa Tese de Doutorado, intitulada "O pronome SE: uma palavra oblíqua e dissimulada", Faculdade de Letras da UFRJ, 1990. Em seu *Dicionário de linguística e gramática*, Mattoso Câmara Jr. (1988:164) também oferece valiosos subsídios para a compreensão da natureza e do funcionamento da voz medial.

Vejamos alguns exemplos da medial dinâmica em Machado de Assis.

Lívia encaminhou-se lentamente para ele e sentou-se. (RE, x. **Viana aproximou-se e disse à irmã que o Coronel Morais estava na sala com a filha** (RE, x. Nestes dois exemplos, os verbos *encaminhou-se, sentou-se* e *aproximou-se* descrevem movimentos físicos, ações objetivas exteriores, sendo considerados pronominais acidentais. Nestes casos, o *se* é considerado parte integrante do verbo).

....

— Por que é que o senhor não se casa com mamãe? (RE, xv. Sistematicamente, Machado emprega o verbo *casar* sem o pronome. Seu emprego pronominal (*casar-se*) obedece a motivações de ordem estilística (espontaneidade ou ênfase), o que faz com que o pronome, originalmente reflexivo, seja sentido, nesses casos, como elemento expletivo ou de realce, e não mais como parte integrante do verbo, como ocorre nos verbos essencialmente pronominais).

....

Chegaram à casa na rua do Senado; o pai foi dormir, a filha não se deitou logo, deixou-se estar em uma cadeirinha, ao pé da cômoda, onde tinha uma imagem da Virgem. (QB, xliii. O verbo *deitar-se* é pronominal acidental, podendo ser conjugado sem o pronome. Neste caso, parece-nos que ocorre perda de intensidade expressiva, como ocorreria na frase acima, sem o pronome: "a filha não deitou logo").

....

Rubião estava admirado de si mesmo, e arrependia-se. (QB, xlix. O verbo *arrepender-se* indica uma ação subjetiva, um estado de espírito. Na condição de essencialmente pronominal, não se conjuga sem o pronome. Um caso típico de voz medial dinâmica. Neste caso, o pronome *se* é parte integrante do verbo).

....

Sofia foi até à porta despedir-se de Rubião. (QB, LXV. Note-se a diferença semântica: *despedir*, transitivo direto, tem um sentido ("O patrão despediu o empregado"); *despedir-se de*, transitivo pronominal indireto, tem outro sentido inteiramente diferente ("A mãe despediu-se da filha"). Vejam como a distinção voz ativa/ voz medial é semanticamente pertinente).

Rubião inclinou-se, atravessou o jardim, ouvindo a voz de Carlos Maria. (QB, LXV. O verbo *inclinar-se* é pronominal acidental, indicando movimento do corpo. O pronome *se*, objeto direto esvaziado, ainda conserva, em casos como este, traços remotos de sua função reflexiva. A gramática considera o pronome, neste caso, parte integrante do verbo).

— O senhor é feliz, mas falta-lhe aqui uma coisa; falta-lhe mulher. O senhor precisa casar. Case-se, e diga que eu o engano. (QB, LXXVIII. Note-se que Machado joga estilisticamente com as duas formas do verbo *casar*. Na primeira, usa-o numa locução verbal, sem o pronome, como é comum em seus textos; na segunda, já o verbo aparece pronominalizado. Dir-se-ia que, neste caso, o *se*, reflexivo esvaziado, funcionaria não como parte integrante do verbo, mas como pronome expletivo. Na frase machadiana, este verbo *casar* raramente é empregado como pronominal. Quando isto acontece, o autor tem alguma intenção estilística, como parece ser o caso do imperativo enfático usado pelo major Siqueira, que aconselha Rubião a contrair matrimônio. O major, provavelmente, estava pensando em sua filha, a solteirona D. Tonica, ansiosa por arranjar um marido).

— Tudo pode ser, Bentinho. Você pode achar outra moça que lhe queira, apaixonar-se por ela e casar. Quem sou eu para você lembrar-se de mim nessa ocasião? — Mas eu também juro! Juro, Capitu, juro por Deus Nosso Senhor, que só me casarei com você. (DC, XLVIII. Observe-se a diferença estilística entre o infinitivo *casar*, usado por Capitu, despronominalizado, com sentido geral, puramente intransitivo, e o verbo pronominal conjugado por Bentinho: "só *me casarei* com você". Observe-se que a presença do pronome reflexivo *me*, embora esvaziado, contribui para enfatizar a firme intenção do personagem. Um bom exemplo da diferença entre a voz ativa e a voz medial dinâmica. Note-se também a presença de dois outros verbos pronominais, estes transitivos indiretos: *apaixonar-se por* e *lembrar-se de*. Nestes dois casos, o *se* é parte integrante do verbo).

Contei discretamente a anedota a Escobar, para que ele me compreendesse e desculpasse; riu-se e não se magoou. (DC, CVIII. Observe-se o contraste entre os dois tipos de voz medial: em "riu-se", o pronome *se* é expletivo e poderia ser retirado, perdendo o verbo em expressividade, mas não em valor semântico. Em "se magoou", temos a voz medial dinâmica, e o pronome *se* é parte integrante do verbo essencialmente pronominal *magoar-se*, que, neste caso, não pode ser conjugado sem o dito pronome).

Qual! Não posso interromper o *Memorial*; aqui me tenho outra vez com a pena na mão. (MA, 24/8/1888. Apesar dos problemas na vista, de que se queixou o Conselheiro Aires na anotação anterior, ele não resiste à sua compulsão memorialista, do que dá conta a oração "aqui me tenho com a pena na mão". Nesta, o verbo *ter*, pronominalizado, é um exemplo típico da voz medial dinâmica, podendo a frase "aqui me tenho" ser interpretada como "aqui me encontro, aqui me acho, com a firme determinação de escrever minhas memórias").

Medial expletiva (voz)

Na voz medial dinâmica, os pronomes reflexivos empregados junto a verbos intransitivos desempenham sempre uma função estilística, e não gramatical. O reflexivo esvaziado, nesses casos, adquire diversos matizes afetivos, como espontaneidade, contraste entre duas situações, ironia, contentamento, etc.

Trata-se, portanto, de um pronome expletivo ou de realce, cujo valor afetivo se percebe, por exemplo, nesta passagem de uma carta escrita por Machado de Assis ao amigo Joaquim Nabuco, em 20/11/1904, um mês depois da morte de sua amada esposa, D. Carolina: "**Aqui *me* fico, por ora na mesma casa, no mesmo aposento, com os mesmos adornos seus**". Se lermos a mesma frase sem o pronome ("Aqui fico"), sentiremos como ela se empobrece em termos de expressividade afetiva. É a medial expletiva, representada pela presença do pronome *me*, que nos transmite, com intensidade dramática, a profunda tristeza e a solidão irremediável que se abatiam sobre o coração do viúvo Machado de Assis naquele momento. Veja-se também o valor afetivo e de realce do pronome *me* neste verso de Vinícius de Moraes: "Quem pagará o enterro e as flores/ Se eu *me* morrer de amores?" ("A hora íntima". *Poesia completa e prosa*. RJ: Nova Aguilar, 1985. p. 333). Mas passemos à exemplificação.

....

— Deixe-me viver como um urso, que sou. — Mas os ursos casam-se, replicou ele. — Pois traga-me uma ursa. Olhe, a Ursa-Maior... Riu-se meu pai, e depois de rir, tornou a falar sério. (BC, XXVI. Observe-se o contraste entre as duas atitudes do pai de Brás Cubas: na primeira, o pronome *se* impregna o verbo *rir* de espontaneidade, de empatia do pai pela tirada jocosa do filho. Na segunda, o mesmo verbo, sem o pronome, denota uma mudança de atitude, decorrente da retomada do assunto que levara o pai de Brás Cubas a procurá-lo: uma proposta de casamento e uma candidatura a deputado).

....

Mas aí, (...) luziu-me no chão uma coisa redonda e amarela. Abaixei-me; era uma moeda de ouro, uma meia dobra. — É minha! Repeti eu a rir-me, e meti-a no bolso. (BC, LI. Aqui, a medial expletiva, representada pelo verbo *rir* pronominalizado, expressa a inesperada alegria de Brás Cubas, eufórico por ter achado uma moeda de ouro na rua).

....

Aqui os tenho aos dois bem casados de outrora, os bem-amados, os bem-aventurados, que se foram desta para a outra vida, continuar um sonho provavelmente. (DC, VII. Note-se o emprego expletivo do pronome *se*, para enfatizar a ideia de que os pais de Bentinho "se foram" para sempre. Esse uso estilístico do pronome reflexivo aparece neste verso do poeta simbolista Alphonsus de Guimaraens: "As estrelas dirão: — Ai! nada somos,/ Pois ela *se* foi silente e fria..." (soneto "Hão de chorar por ela os cinamomos").

....

Lá se iam bailes e festas, lá ia a liberdade e a folga. (EJ, VI. Atente-se para o contraste entre a presença do *se* expletivo na primeira oração e sua ausência na segunda, para manter o paralelismo silábico da frase ritmada, que forma um dístico octossílabo perfeito. A presença do *se* na segunda oração tornaria o verso de pé quebrado, com nove sílabas).

....

Medial passiva (VOZ)

O lado passivo da voz medial é expresso sintaticamente em português pela chamada passiva pronominal. Trata-se de construções com verbos transitivos diretos (os únicos que admitem conversão para a voz passiva) na 3.ª pessoa, seguidos pelo pronome *se*, que tem, neste caso, a atribuição de pronome apassivador. O sujeito, na passiva pronominal, é geralmente um nome ou pronome substantivo designativo de ser inanimado, considerado incapaz de praticar a ação verbal. Pode também o sujeito apresentar-se personificado literariamente. Se o sujeito da voz passiva for um ser animado, adverte Sousa da Silveira (1964:265) que "só convém empregar a forma pronominal quando não haja lugar para ambiguidade", como ocorre neste exemplo de *Quincas Borba*, cap. XXXII: **"Eu, se fosse legislador, propunha que se queimassem todos os homens convencidos de indiscrição nestas matérias"**. Subentenda-se: "que todos os homens fossem queimados", pois é impossível interpretar a oração como reflexiva, isto é, que os homens se queimassem a si mesmos.

No português moderno, não se menciona o agente na passiva pronominal, mas, no tempo de Camões, ele podia aparecer, como se vê em *Lus.*, I, 52: "Por ele o mar remoto navegamos,/ Que só *dos feos focas* se navega", ou seja, "pelos feios focas é navegado". No primeiro verso do soneto "Num bosque que *das Ninfas* se habitava", também Camões usou o agente da passiva pronominal ("pelas Ninfas era habitado").

Cabe chamar a atenção ainda para a possibilidade de certas construções passivas pronominais serem interpretadas como pertencentes à voz ativa de sujeito indeterminado, oscilação semântica inerente à voz medial. É o caso deste exemplo, extraído de *Quincas Borba*, cap. C: **"Em política, não se perdoa nem se esquece nada"**: Aqui, cabem duas interpretações: a passiva ("nada é esquecido nem perdoado") e a ativa (algo como "ninguém esquece nem perdoa nada"). No primeiro caso, o pronome indefinido *nada* seria sujeito; no segundo, seria objeto direto. Sobre o assunto, recomendamos a leitura do capítulo "O pronome SE", em Said Ali (1957:89-104). Ver também o nosso artigo "A voz medial: do latim ao português", publicado na revista *Confluência* n.º 16, RJ: Liceu Literário Português, 1998, pp. 78-87. Ao leitor interessado em se aprofundar no assunto, consultar a nossa Tese de Doutorado, intitulada "O pronome SE: uma palavra oblíqua e dissimulada", Faculdade de Letras da UFRJ, 1990. Passemos à exemplificação.

Batizei-me na igreja de S. Domingos, uma terça-feira de março. (BC, X. O verbo ativo e transitivo *batizar*, pronominalizado (*batizar-se*), adquire, neste caso, valor medial passivo: *batizei-me* = fui batizado).

Matou-se um capado [porco castrado], **encomendaram-se às madres** [do convento] **da Ajuda as compotas e marmeladas; lavaram-se, arearam-se, poliram-se as salas, escadas, castiçais, arandelas, as vastas mangas de vidro, todos os aparelhos do luxo clássico.** (BC, XII. Exemplo clássico de voz medial passiva, formada com verbos transitivos diretos na 3ª pessoa e sujeitos inanimados (*capado, compotas, marmeladas, salas,* etc.). Repare-se que os sujeitos colocam-se depois do verbo e que não se menciona o agente da passiva, procedimentos sintáticos normais na voz passiva pronominal. Este fato contribui para enfatizar cada ação verbal, cada ato em si. Note-se também que os verbos estão todos no plural, concordando com os respectivos sujeitos, igualmente pluralizados. Sua conversão em voz passiva analítica (v.) também é possível: *um capado foi morto; compotas e marmeladas foram encomendadas; salas, escadas foram lavadas,* etc. A palavra *se*, nesses casos, exerce a atribuição sintática de pronome apassivador).

Não se perdem cinco contos, como se perde um lenço de tabaco. (BC, LII. Convertendo-se à passiva analítica, temos: "cinco contos não são perdidos"; "um lenço de tabaco não é perdido". Na primeira oração, a concordância do verbo (*se perdem*) com o sujeito (*cinco contos*) reforça o valor passivo da construção pronominal; na segunda, o verbo no singular (*se perde*) contribui para que se interprete a oração como sendo da voz ativa, com sujeito indeterminado. Neste caso, o termo *um lenço de tabaco* desempenharia a função de objeto direto, e não de sujeito. Mas neste período composto, existe um paralelismo sintático entre as duas orações, o que leva à interpretação de ambas como pertencentes à passiva pronominal).

Há ingratos, mas os ingratos demitem-se, prendem-se, perseguem-se... (QB, c. É impossível interpretar essa construção como medial reflexiva. Trata-se de um caso típico de medial passiva pronominal e, neste ponto, fazemos nossas as palavras do saudoso mestre Sousa da Silveira (1964:265): "Não há possibilidade de se interpretar que os ingratos se demitem, prendem e perseguem a si próprios". Em outras palavras, é nítido o sentido passivo: "os ingratos são demitidos, são presos, são perseguidos").

Ao sétimo dia da morte de D. Maria Augusta, rezou-se a missa de uso, em São Francisco de Paula. (QB, cIII. Convertendo-se para a passiva analítica: "a missa de uso foi rezada". Entendendo-se a construção como da voz ativa, o sujeito seria classificado como indeterminado, e *a missa de uso*, neste caso, seria objeto direto).

Da comissão das Alagoas viam-se algumas damas; via-se mais o diretor do banco, — o da visita ao ministro, — com a senhora e as filhas. (QB, cxv. A locução *com a senhora e as filhas* é adjunto adverbial de companhia. Trata-se, portanto, de sujeito simples (*o diretor do banco*) e não composto, como pode parecer à primeira vista. Isto explica o fato de a forma verbal *via-se* estar no singular, e não no plural. Também aqui, existe a possibilidade de a segunda oração ser sentida pelo leitor como na voz ativa, com sujeito indeterminado; neste caso, *o diretor do banco* seria objeto direto, e não sujeito).

Concluo que não se devem abolir as loterias. (DC, vII. Convertendo-se: "as loterias não devem ser abolidas". O fato de o verbo auxiliar *devem* ter sido usado no plural, concordando com o sujeito *as loterias*, reforça o entendimento passivo da construção).

Manduca enterrou-se sem mim. (DC, xCII. Aqui, a circunstância de o sujeito ser paciente leva, naturalmente, a frase medial a ser interpretada como passiva: "Manduca foi enterrado").

Medial reflexiva (voz)

Ocorre com verbos transitivos, não essencialmente pronominais. Na medial reflexiva, o pronome retoma sempre o sujeito, sob a forma de objeto direto e, mais raramente, de objeto indireto, podendo estes dois termos serem reforçados pela expressão "a mim próprio, a ti próprio, a si próprio", etc. Quando o sujeito é composto e há sentido de reciprocidade na ação verbal, o pronome reflexivo se impregna desse valor, podendo ser reforçado pela expressão enfática "um ao outro".

Com verbos causativos e sensitivos, pode o pronome reflexivo desempenhar a função de sujeito de infinitivo (v.). Difere a medial reflexiva propriamente dita da medial dinâmica pelo fato de na reflexiva ser possível substituir o objeto direto reflexivo por um outro objeto que não retoma o sujeito, ou seja, não reflexivo. Compare: "Ele se penteou/ Ele penteou o filho". Com os verbos essencialmente pronominais, tal reversão é impossível. Vejamos alguns exemplos.

a) *Objeto direto*

Despediram-se um do outro, e Félix seguiu para Catumbi. (RE, v. Reflexiva recíproca. A expressão *um do outro* tem valor expletivo de reforço do objeto direto, o pronome *se*).

Mas para isso, leitor impaciente, era necessário que a filha do coronel e o Dr. Meneses se amassem, e eles não se amavam. (RE, xII. Reflexividade cruzada, representada pelas formas verbais "se amassem" e "se amavam", ambas com valor de reciprocidade).

Os dois mancebos lançaram-se nos braços um do outro. (HE, x. Outro exemplo de reflexividade cruzada, acompanhada da expressão de reforço *um do outro*).

— Deixe-me viver como um urso, que sou. — Mas os ursos casam-se, replicou ele. (BC, XXVI. Na forma verbal *casam-se*, o pronome *se* tem valor reflexivo e de reciprocidade. A esta frase reflexiva poder-se-ia acrescentar uma expressão de reforço: "os ursos casam-se entre si" ou "casam-se uns com os outros").

— Não podia sofrer a desgraça, matava-se. (DC, XVI. A frase é do Pádua, pai de Capitu. Exemplo típico da medial reflexiva: a ação parte do sujeito e sobre ele repercute. O pronome *se*, na função de objeto direto, retoma o sujeito).

A razão era de mãe; posto lhe tardasse a escolha e o casamento, ela queria vê-los ali consigo, falando, rindo. (EJ, XCIII. No português do Brasil, só se emprega o pronome *consigo* como anafórico de 3.ª pessoa, como se vê neste exemplo. Em Portugal, *consigo* também pode ser usado na 2.ª pessoa: "Quero falar consigo". No Brasil, dizemos: "Quero falar contigo/ com você").

Crescendo a oposição, recorriam ao silêncio. Evitavam-se. (EJ, CI. O *se* é objeto direto de reciprocidade, podendo, no caso, usar-se a expressão de reforço "um ao outro").

Quando viu a moça, e fez a reflexão que lá fica, estranhou-se a si próprio. (EJ, CIII. O pronome *se*, neste caso, é reflexivo puro, na função de objeto direto. Note-se que o valor anafórico do reflexivo é enfatizado pela expressão de reforço "a si próprio").

Passou [Rubião] ao banho, vestiu-se, penteou-se, sem esquecer a bisbilhotice da folha. (QB, LXVII. Medial reflexiva pura, com pronome *se* na função de objeto direto. Note-se a possibilidade de acréscimo da expressão expletiva "a si próprio").

Vinha [Fidélia] de compras, naturalmente. Cumprimentamo-nos, dei-lhe a mão para subir [no bonde]. (MA, 12/9/1888. O Conselheiro Aires encontra Fidélia, por acaso. Um cumprimentou o outro, e o pronome reflexivo *nos* expressa essa noção de reciprocidade).

b) *Objeto indireto*

Uma vez na terra, o Diabo não perdeu um minuto. Deu-se pressa em enfiar a cogula (túnica) beneditina, como hábito de boa fama, e entrou a espalhar uma doutrina nova e extraordinária. ("A igreja do Diabo", III, HSD. Um raro exemplo do pronome *se* como obj. indireto (= a si). O substantivo *pressa* é obj. direto).

c) *Sujeito de infinitivo*

Junto a verbos causativos (*mandar, fazer, deixar*) e sensitivos (*ver, ouvir, sentir*), seguidos de infinitivo, o pronome oblíquo desempenha a função sintática de sujeito de infinitivo. Essa estrutura é uma herança da sintaxe clássica latina (*accusativus cum infinitivo*), sendo o único caso, no português, em que o pronome oblíquo pode funcionar como sujeito. Note-se que nessas construções não se forma locução verbal, pois cada verbo tem seu próprio sujeito.

Deixei-me ir assim, rio abaixo dos anos. (RE, X. O pronome reflexivo *me* exerce a função de sujeito do infinitivo *ir*).

Vi-a falar com desdém de mulher de que se tratava. (BC, VI. O pronome oblíquo *a* é sujeito do infinitivo *falar*).

Minha mãe doutrinava-me a seu modo, fazia-me decorar alguns preceitos e orações. (BC, XI. O pronome oblíquo *me* é sujeito do infinitivo *decorar*).

Sofia deixou-se ir com os olhos no chão, sem contestar, sem concordar, sem agradecer, ao menos. (QB, LXIX. O reflexivo *se* é sujeito do infinitivo *ir*).

Minha mãe (...) deixou-se estar na casa de Matacavalos. (DC, VII. O pronome reflexivo *se* é sujeito do infinitivo *estar*).

Meio (adv. flexionado) + adjetivo

Com certa frequência, encontra-se em Machado de Assis o advérbio *meio* flexionado em gênero e número, concordando atrativamente com o adjetivo por ele modificado, à semelhança do que se lê em Camões: "Uns caem *meios* mortos" (*Lus.*, III, 50); "Esta *meia* escondida, que responde" (*Lus.*, X, 131). No capítulo II de *Eurico, o presbítero*, de Alexandre Herculano, lê-se: "Era esta a herança dos miseráveis, que ele sabia não escassearem na quase solitária e *meia* arruinada Carteia". (41. ed. Lisboa: Bertrand, s/d. p. 10).
Leitor e admirador de autores portugueses, sobretudo de Camões e de Garrett, Machado gosta de reproduzir, em seus textos, essa construção de sabor clássico, mas já caindo em desuso no seu tempo, pois no português contemporâneo, o advérbio *meio*, nesses casos, permanece invariável. Note-se que esse procedimento sintático é empregado não só nos romances e contos, mas também nas crônicas, como se lê nesta de 27/8/1893: "Cantavam eles uma trova, sempre a mesma, *meia* triste, *meia* escarninha".
Cumpre, entretanto, não confundir essa construção com a do numeral fracionário *meio* (metade), caso em que a concordância com a palavra seguinte é de regra, como nesta frase do Conselheiro Aires, em EJ, XVIII: "Ao cabo, a mentira é alguma vez *meia* virtude". Concordância atrativa semelhante à do advérbio *meio* é a do advérbio *todo* com o adjetivo feminino seguinte, como se lê em "Um apólogo" (*Várias histórias*): "Por que está você com esse ar, *toda* cheia de si, *toda* enrolada, para fingir que vale alguma coisa neste mundo?". Sobre o assunto, recomendamos a leitura de Mário Barreto (1980:263). Passemos aos exemplos.

[Mrs. Oswald] disse-lhe muita coisa bonita, (...), e enfim rompendo nestas palavras, *meias* suspiradas: — A senhora é a flor desta sua terra. (ML, VI. Aqui, o advérbio *meias* sofreu flexão de gênero e número, em concordância atrativa com o adjetivo *suspiradas*).

A moça [Guiomar] se dirigiu à janela, onde esteve alguns momentos sozinha, *meia* voltada para fora e *meia* guardada pela sombra que ali fazia a cortina. (ML, XII. Note-se a flexão de gênero do advérbio, em "meia voltada" e "meia guardada", duas vezes, ou seja, não foi um cochilo de Machado de Assis).

Os olhos chisparam e trocaram a expressão usual por outra, *meia* doce e *meia* triste. (BC, XXXVIII. Os adjetivos *doce* e *triste* são invariáveis em gênero, de modo que a concordância atrativa do advérbio *meio*, no caso, *meia* no feminino, deve ter sofrido influência dos dois termos femininos anteriores: o substantivo *expressão* e o pronome indefinido *outra*. Note-se que a concordância atrativa é confirmada pela repetição, ou seja, não foi um descuido de Machado, ele a usou intencionalmente.).

O major mal podia conter o assombro. Tinha visto as duas mãos presas, a cabeça do Rubião *meia* inclinada, o movimento rápido de ambos quando ele entrou no jardim. (QB, XLII. Rubião tinha acabado de declarar seu amor a Sofia, ambos a sós no jardim. Foi neste momento que o major Siqueira surpreendeu o apaixonado mineiro com "a cabeça meia inclinada", com o intuito de beijar a mão de Sofia).

— Oh! Vossa Senhoria não imagina! Era de boa altura, bonito corpo, a cara *meia* coberta por um véu, coisa papafina. (QB, LXXIX. Trata-se da fala coloquial de um cocheiro de tílburi, e é natural, neste caso, a concordância atrativa do advérbio com o adjetivo. Pela descrição apresentada, é possível também que tenha havido interferência semântica do numeral fracionário *meia*, no sentido de que a mulher trazia o rosto coberto apenas pela metade).

— Desculpe, que eu hoje estou *meia* maluca. (DC, XLIII. Frase pronunciada por Capitu. Aqui, há uma atenuante para a concordância atrativa: trata-se de língua oral).

A esposa Aguiar, comovida, apenas pôde responder logo com o gesto; só instantes depois de levar o cálix à boca, acrescentou, em voz *meia* surda, como se lhe custasse sair do coração apertado esta palavra de agradecimento: — Obrigada. (MA, 25/1/1888. Aqui, a flexão do advérbio, em "meia surda", não foi empregada por um personagem, mas pelo próprio narrador, ou melhor, pelo próprio autor, Machado de Assis).

— Estou cansada e fraca, Conselheiro, e *meia* doente. Não dou para folias de viagens. (MA, 26/5/1889. A frase é de D. Carmo, recusando o convite de Fidélia para ir visitá-la em Portugal. Mais uma vez, Machado põe na boca de um personagem o advérbio flexionado, em concordância atrativa com o adjetivo que se lhe segue. Note-se que, neste caso, a marca de feminino não está no adjetivo *doente*, por ser este invariável, mas no próprio discurso de D. Carmo, que traz marcas inconfundíveis da flexão de gênero: "Estou cansada e fraca". Parece que Machado sentia preferência por essa construção de sabor clássico, porque a empregou em toda a sua obra, até o último romance).

Meio (adv. invariável) + adjetivo

Machado de Assis também empregou o advérbio *meio* em sua forma invariável, seguindo, neste caso, a regra gramatical vigente no português contemporâneo. Mas parece que sua preferência era pela forma flexionada, pois a empregou em proporção muito maior do que o fez com a forma invariável. Esse fato reforça a nossa impressão de que, também neste caso, Machado deixa transparecer a forte influência recebida dos autores clássicos portugueses. Vejamos alguns exemplos.

Como tocássemos, casualmente, nuns amores ilegítimos, *meio* secretos, *meio* divulgados, via-a falar com desdém da mulher de que se tratava. (BC, VI).

A casa era uma loja de louça, escassa e pobre; tinha as portas *meio* cerradas. (DC, LXXXIV).

Põe-lhe o nariz aquilino, rasga-lhe a boca *meio* risonha, e aí tens a moça Flora. (EJ, XXXI).

— Sublinho este *nossa*, porque disse a palavra *meio* sublinhada. (MA, 11/6/1889. O próprio Machado destacou em itálico o pronome possessivo. O advérbio *meio* foi destacado por nós).

Modalização

A modalização é um recurso linguístico de que dispõe o narrador para expressar, no seu enunciado, esclarecimentos, pontos de vista, intenções, interpretações, julgamentos que avaliam ou tornam mais explícito o conteúdo do que ele diz ou escreve. No caso de Machado de Assis, não se exclui a possibilidade de emprego desse recurso expressivo como meio sutil de influenciar o leitor. O emprego de verbos opinativos, como *achar*, *julgar*, *considerar*, e auxiliares modais, como *poder*, *querer*, *dever* são exemplos típicos de modalização. As orações e frases interferentes (v. verbete "Interferentes"), por seu caráter subjetivo, também se apresentam, em alguns casos, como elementos modalizadores do discurso. Certos advérbios, sobretudo os terminados em *-mente*, derivados de adjetivos, podem também apresentar características modalizadoras.

Sobre o assunto, recomendamos consultar José Carlos de Azeredo (2008:91). Sobre advérbios modalizadores, ver Maria Helena Moura Neves (2000:244). Nos exemplos a seguir, foram destacados e comentados os tipos de modalização expressos em cada caso.

Na petição de privilégio que então redigi, chamei a atenção do governo para esse resultado, *verdadeiramente* cristão. (BC, II. Advérbio modalizador com valor asseverativo de opinião).

Positivamente era um diabrete, Virgília, um diabrete *angélico*, se querem, mas era-o. (BC, XLIII. O adjetivo *angélico*, além de compensatório, exerce uma função modalizadora, pois expressa uma avaliação de Virgília feita por seu amante, Brás Cubas. O advérbio *positivamente*, pelo mesmo motivo, é também um modalizador do discurso do narrador).

Creio que trazia também colete, um colete de seda, escura, roto a espaços, e desabotoado. (BC, LIX. Essa forma verbal *creio* desempenha papel modalizador do discurso de Brás Cubas).

Era dessas figuras talhadas em pentélico, de um lavor nobre, rasgado e puro, *tranquilamente* bela, como as estátuas, mas nem apática nem fria. (BC, LXIII. Note-se o emprego do advérbio de intensidade *tranquilamente*, de sentido avaliativo, e que comporta o desdobramento virtual do sintagma em *tranquila e bela*. A frase comparativa "como as estátuas" ratifica a opinião do narrador a respeito da figura escultural de Virgília).

Pois, *francamente*, só agora entendia a emoção que me davam essas e outras confidências. (DC, XII. Bentinho recorda com certo saudosismo seu namoro adolescente com Capitu. A par do seu papel modalizador, o advérbio *francamente* é um marcador conversacional, dirigido ao leitor, conferindo ao seu discurso um tom coloquial, íntimo e persuasivo).

A entrada repentina de Ezequiel, gritando: — "Mamãe! mamãe! é hora da missa!"
restituiu-me à consciência da realidade. Capitu e eu, *involuntariamente*, olhamos para a fotografia de Escobar, e depois um para o outro. (DC, CXXXIX. A alegada coincidência de semelhança entre a fotografia de Escobar pequeno e o pequeno Ezequiel é uma das provas circunstanciais apontadas pelo advogado Bentinho para a acusação de adultério contra Capitu. O advérbio-chave "involuntariamente", modalizador do discurso do personagem, representa um indício do psiquismo fantasioso de Bentinho, psiquismo esse que ele projeta em Capitu, atribuindo-lhe um impulso irresistível, uma confissão de culpa).

— Escrevi algum tempo num jornal de Lisboa, e dizem que não *inteiramente* mal. (MA, 4/8/1888. Frase de Tristão em conversa com o Conselheiro Aires. A modéstia leva-o a usar a litotes "não inteiramente mal" na avaliação de seus escritos políticos escritos em Portugal. Note-se que o advérbio de intensidade *inteiramente* tem sentido modalizador, pois representa uma avaliação do falante sobre seu próprio enunciado).

A ideia é saber se Fidélia terá voltado ao cemitério depois de casada. *Possivelmente sim; possivelmente não.* (MA, 30/6/1889. Os advérbios em itálico, dois conjuntos binários e contrastivos, expressam a dúvida do Conselheiro Aires sobre a sua própria afirmativa).

Tristão foi o assunto mais frequente da conversação, dizendo eu todo o bem que penso dele e *francamente* é muito. (MA, sem data, depois de 26/2/1889. Aqui, o papel de modalizador é desempenhado pelo advérbio *francamente*, que enfatiza a sincera opinião do Conselheiro Aires a respeito do noivo de Fidélia).

Quando lá for agora *hei de abrir* todas as velas à minha sagacidade, a ver se confirmo ou desminto estas duas impressões.

Pode ser engano, mas *pode* ser verdade. (MA, 12/1/1888. O Conselheiro Aires está desconfiado de que Tristão anda apaixonado por Fidélia. O verbo auxiliar modal *pode* expressa a ideia de possibilidade. A locução verbal *hei de abrir* tem valor modal de volição).

Nenhuns, nenhumas

A flexão de número do pronome indefinido *nenhum* é um fato inusitado no português do Brasil, embora ele não seja considerado gramaticalmente errado. Machado a emprega, com um certo sabor lusitano, mesmo em diálogos, como se pode ver nas citações abaixo.

O colega concordou facilmente na alteração pedida por Félix, tanto mais, disse ele, quanto as esperanças eram *nenhumas*. (RE, x).

— Conselhos não lhe dou *nenhuns*. (ML, x. Frase que Machado põe na boca de Mrs. Oswald, num diálogo com Guiomar).

— Não se deixe levar dos primeiros olhos que pareçam responder aos seus... Iaiá baixou a cabeça. — Não acharei *nenhuns*, disse ela; eu creio que este amor morrerá comigo... (IG, xiii).

Obedecer a

O verbo *obedecer*, no sentido de "submeter-se à vontade de alguém" ou "acatar, respeitar uma lei, um regulamento", pede objeto indireto de coisa e de pessoa, regido pela preposição *a*.

Meu pai forcejou por me torcer a resolução, mas eu é que não podia nem queria obedecer-lhe. (BC, xxv. O pronome *lhe*, objeto indireto de pessoa, refere-se ao pai de Brás Cubas).

Pegou tanto o gosto dos concertos Beethoven, que o Clube, para obedecer aos estatutos sem infringi-los, determinou construir no jardim aquele edifício ligeiro, onde se deram concertos a todos. (Crônica de *A Semana*, de 5/7/1896. Objeto indireto de coisa: *aos estatutos*).

Objeto direto interno

Chamado de figura etimológica pela antiga retórica, o objeto direto interno, em certos casos, serve de complemento a um verbo intransitivo usado transitivamente. Em geral, é um termo da mesma raiz ou do mesmo campo semântico do verbo. Costuma esse termo vir acompanhado de adjunto adnominal, embora a presença do adjunto não seja uma norma rígida. Seu papel estilístico é repetir e amplificar a ideia expressa pelo verbo, por isso não deixa de ser uma espécie de pleonasmo semântico.

Trata-se de uma ressonância da sintaxe clássica latina, na qual era chamado de acusativo interno: *Beatam vitam vivere*, "viver vida feliz". Nos exemplos a seguir, destacamos em itálico os casos de objeto direto interno.

O Conselheiro Vale (...) morreu de apoplexia fulminante, pouco depois de cochilar *a sesta*. (HE, I. Pensamos que o substantivo *sesta*, do mesmo campo semântico de *cochilar*, pode ser considerado objeto direto interno, apesar de, neste caso, vir desacompanhado de adjunto adnominal).

[Estácio] viveu *a vida de família*, na idade em que outros, seus companheiros, viviam a das ruas. (HE, II. O objeto direto interno *vida* está acompanhado do adjunto adnominal *de família*).

Ao cabo, parecia-me jogar *um jogo perigoso*, e perguntava a mim mesmo se não era tempo de levantar e espairecer. (BC, cvi. Aqui também o objeto direto interno (*jogo*) vem seguido de adjuntos adnominais: *um* e *perigoso*).

Foi nesse estado que o veio achar a notícia da morte do Freitas. Chorou *uma lágrima* às escondidas. (QB, CI. O termo *lágrima* pertence ao mesmo campo semântico do verbo *chorar*).

Talvez esse discreto silêncio sobre os textos roídos fosse ainda um modo de roer *o roído*. (DC, XVII. Aqui, o objeto direto interno (*o roído*) pertence à mesma raiz do verbo *roer*, criando, cumulativamente, outra figura de retórica: o poliptoto, cujo verbete sugerimos consultar).

Pela parte dela, acabava de ver a moça chorar *lágrimas sinceras*. ("D. Paula", VH. O objeto direto interno *lágrimas* pertence ao mesmo campo semântico do verbo *chorar*. Note-se que, neste caso, o objeto está seguido de adjunto adnominal (*sinceras*), como prescreve a tradição gramatical).

Objeto direto pleonástico

Nessas construções sintáticas, o objeto direto aparece geralmente deslocado (topicalizado) para o início da frase, sendo retomado, em seguida, por um pronome oblíquo pleonástico. Tanto a antecipação do objeto quanto sua retomada são recursos expressivos de estilística sintática, visando a enfatizar algum fato ou acontecimento do interesse do narrador.
Trata-se de fato mais ou menos comum em diálogos ou frases espontâneas impregnadas de oralidade. Nos exemplos a seguir, o objeto direto pleonástico (destacado em itálico) aparece tanto no discurso do narrador quanto na fala dos personagens.

Amigos, não lhe será difícil fazê-*los*. (RE, XIII. Note-se a topicalização (antecipação) do objeto direto "Amigos", seguido de uma pausa, representada pela vírgula, e depois retomado pleonasticamente pelo pronome oblíquo -*los*).

As derradeiras palavras ouviu-*as* ele com os olhos fitos na irmã e encostado ao paiol de pedra. (HE, VI. A topicalização do objeto direto "As derradeiras palavras", sua retomada no pronome oblíquo pleonástico *as* e a posposição do sujeito "ele" são recursos de estilística sintática, para enfatizar a perplexidade de Estácio diante do raciocínio lógico e do desembaraço verbal de Helena).

Esta ambição afagava-*a* o Sr. Antunes no mais profundo de sua alma. (IG. III. A ambição do Sr. Antunes é ver a filha Estela casada com Jorge, filho da rica viúva Valéria. Essa ambição é enfatizada pelo objeto direto pleonástico *a*).

Acrescentou [Natividade] que política era uma coisa e indústria outra. Santos replicou, citando o barão de Mauá, que as fundiu *ambas*. (EJ, XLVIII. O numeral dual *ambas* retoma pleonasticamente o pronome oblíquo *as*).

— A separação que se deu entre nós era impossível impedi-*la*. (MA, 9/6/1888. Exemplo típico de oralidade. Trata-se de uma frase de Fidélia, em conversa com o Conselheiro Aires, e é natural que a personagem desloque (topicalize) o objeto direto "a separação" para o início da frase e depois teça um comentário sobre esse termo deslocado. Note-se que o objeto deslocado é retomado pleonasticamente pelo pronome oblíquo -*la*).

Objeto direto preposicionado

O normal é o objeto direto vir logo depois do verbo que ele complementa. Por questões de motivação estilística, entretanto, pode esse tipo de objeto vir precedido de preposição (geralmente a prep. *a*), por uma questão de clareza da frase ou para enfatizar a relação entre o sujeito e o complemento verbal.

Quando a preposição acrescenta ao verbo um novo matiz de significação, pode ser considerada um posvérbio, para usarmos a terminologia de Antenor Nascentes (1967:17), que exemplifica: "*Arrancar e arrancar de*. É transitivo direto num e noutro caso. O posvérbio *de* lhes trouxe a significação de uso do objeto arrancado". Exemplo semelhante encontramos em "Um apólogo" (*Várias histórias*), de Machado de Assis: "**Chegou a costureira, pegou do pano, pegou da agulha, pegou da linha, enfiou a linha na agulha e entrou a coser**". O posvérbio enfatiza a noção de que a costureira "pegou *do pano, da agulha, da linha*" com a intenção de usá-los, e usá-los imediatamente, tanto assim que a oração seguinte diz: "enfiou a linha na agulha e entrou a coser". Note-se que a reiteração do verbo *pegar*, nas três orações coordenadas, também realça as ações e a intenção da personagem. Relacionamos a seguir alguns exemplos de objeto direto preposicionado, que destacamos em itálico.

a) *Com pronome pessoal oblíquo tônico*

Neste caso, o uso da preposição é obrigatório. Serve de exemplo o conhecido verso de Camões, *Lus.*, V, 28: "Nem ele entende *a nós* nem nós *a ele*".

— Bem sabe que eu não podia querer agravá-la; supô-lo é ofender-me *a mim*, — *a mim*, que também lhe tenho afeto de mãe... (ML, VII).

Rubião viu em duas rosas vulgares uma festa imperial, e esqueceu a sala, a mulher e *a si*. (QB, CXLI).

— Se hás de amar a alguém, fora do casamento, ama-o *a ele*, que te ama e é discreto. (QB, CXLI).

b) *Com o pronome relativo* quem

Estácio aceitou a causa da irmã, *a quem* já via, sem a conhecer, com olhos diferentes dos de Camargo e D. Úrsula. (HE, II. O pronome relativo *quem* apresenta uma especialização de uso: só se refere a antecedente pessoa e, por sua tonicidade, é sempre regido de preposição).

c) *Para evitar ambiguidade, distinguindo o objeto do sujeito*

De resto, não pude mirá-lo por muito tempo, nem *ao agregado*. (DC, XXX. Entenda-se: "nem pude mirar o agregado". Sem a preposição *a*, o objeto direto poderia ser interpretado como sujeito: "nem o agregado pôde mirá-lo").

Três vezes negou Pedro *a Cristo*, antes de cantar o galo. (MA, 9/6/1888. Além da questão da clareza, entram também neste exemplo o respeito e a reverência que merece o nome de Cristo, o que justifica o emprego da preposição *a* antes do Seu nome).

d) *Com o objeto direto antecipado, em construções enfáticas*

Dos próprios escravos não obteve Helena desde logo a simpatia e boa vontade; (...). Mas também *a esses* venceu o tempo. (HE, IV. Na segunda oração, o ritmo da frase e a posposição do sujeito (*o tempo*) levaram Machado a preposicionar o objeto direto antecipado, realçando assim o pronome anafórico *esses*, distante do termo que ele retoma: *escravos*).

e) *Com verbos de sentimento, nos casos de reverência ou eufonia*

— **Amaste alguém? — Amei *a meu marido*.** (RE, X. Note-se a vacilação de Machado, usando a preposição em *a meu marido* e deixando de usá-la antes do pronome indefinido *alguém*).

O coração [de Estêvão], que perdoaria a um estranho, condenaria *ao amigo* [Luís

Alves]. (ML, XVI. Trata-se de verbos com regências diferentes: *perdoar* exige objeto indireto; *condenar* pede objeto direto. A preposição depois deste segundo verbo deve ter sido usada para manter o paralelismo estilístico, mas não sintático, com o primeiro).

— Não se deve amar *a ninguém* como *a Deus*. (QB, CXVIII. No primeiro caso, o objeto direto é um pronome indefinido; no segundo, antes da palavra *Deus*, em sinal de respeito e reverência, é de praxe que o objeto direto venha preposicionado).

"Vai-te Satanás; porque escrito está: *Ao Senhor teu Deus* adorarás, e *a ele* servirás". (EJ, XLVII. Transcrição quase literal do Evangelho de Mateus, 4:10. Por uma questão de paralelismo sintático com o objeto direto preposicionado *Ao Senhor teu Deus*, poderíamos atribuir ao termo *a ele* a mesma classificação. Tendo em vista, contudo, a regência vacilante deste verbo *servir* (v.), não se exclui a possibilidade de se considerar *a ele* como objeto indireto. A propósito, o original diz: "e só *a ele* servirás". Mais uma vez, Machado transcreveu de memória o texto bíblico).

Acharia [mana Rita] **nelas o sinal de que não ama** *a Tristão*. (MA, 9/1/1889. O objeto direto (*Tristão*) é um nome próprio, por isso vem preposicionado. Além disso, *amar* é um verbo de sentimento).

f) *Nas comparações, para evitar ambiguidade*

— **Não se deve amar a ninguém como** *a Deus*. (QB, CXVIII. Antes da palavra *Deus*, em sinal de respeito e reverência, é de praxe o uso da preposição *a* antes do objeto direto. Além disso, trata-se de uma comparação, caso em que o emprego da preposição é recomendável, para evitar ambiguidade, ou seja, para evitar que o termo *Deus* seja interpretado como sujeito. Compare: "Não se deve amar a ninguém como Deus", ou seja, "como Deus ama").

Cada um daqueles amigos do Rubião estava afeito a ver as pessoas do lugar, (...), alguns chegavam a cumprimentá-las, como *aos seus próprios vizinhos*. (QB, CLXV. Entenda-se: "como cumprimentariam os seus próprios vizinhos").

g) *Como posvérbio*

Ao levantar-se, sentou-se na poltrona, ao pé da cama, e pegou *da Atalaia*. (QB, LXVII. Entenda-se: "Rubião pegou do jornal com a intenção de lê-lo").

D. Fernanda pegou *de uma cadeira* **e sentou-se ao pé dele** [Teófilo]. (QB, CLXXV. O posvérbio ressalta o gesto de D. Fernanda de puxar a cadeira e a intenção de nela sentar-se para dar atenção ao marido).

Chamou *por um escravo*; **quando este acudiu, já ele mudara outra vez de ideia**. (QB, X. O posvérbio denota o interesse de Rubião, a urgência do chamado).

No meio de uma situação que me atava a língua, usava *da palavra* **com a maior ingenuidade deste mundo**. (DC, XXXVIII. O posvérbio *da palavra* realça a eloquência de Capitu, em contraste com a mudez de Bentinho).

Fio que torne a pegar *do livro* **e que o abra na mesma página**. (DC, XLV. Entenda-se: "pegar do livro com a intenção de lê-lo ou consultá-lo").

Capitu (...) puxou *do filho* **e saíram para a missa**. (DC, CXXXIX. O posvérbio enfatiza o gesto defensivo de Capitu, puxando Ezequiel para junto de si, após a acusação de Bentinho).

Com um gesto pronto, pegou *do desenho* **e deu-lho**. (EJ, C. O posvérbio enfatiza o "gesto pronto" do Conselheiro Aires, pegando *do desenho* para entregá-lo a Fidélia).

h) *Antes de pronomes indefinidos, sobretudo quando se referem a pessoas*

É claro, é simples, não engana *a ninguém*. (QB, CXII).

Se ela vivia alegre é que já namorava *a outro*. (DC, LXII. Esse "outro" é o tal "peralta da vizinhança", que Bentinho, em seus ciúmes adolescentes, suspeita estar namorando Capitu).

Enfim, chegou a hora da encomendação e da partida. Sancha quis despedir-se do marido, e o desespero daquele lance consternou *a todos*. (DC, CXXIII).

Os outros repetiram a recusa, e assentaram de ir para suas casas. Era perto de duas horas. Paulo acompanhou-os *a todos*. (EJ, LXVII. Aqui, o objeto direto preposicionado *a todos* é também pleonástico, uma vez que retoma o pronome oblíquo *os*).

Eu não retive *a um nem a outro*. (MA, 18/9/1888. O Conselheiro Aires refere-se a Aguiar e à esposa, D. Carmo. Note-se que os dois pronomes indefinidos estão coordenados pela conjunção *nem*, o que reforça o emprego da preposição antes dos referidos pronomes).

i) *Com o numeral dual* ambos (v. "Objeto direto preposicionado e pleonástico")

Quando nem mãe nem filho estavam comigo o meu desespero era grande, e eu jurava matá-los *a ambos*. (DC, CXXXII. Aqui, também, *a ambos* é objeto direto preposicionado e pleonástico, uma vez que retoma o pronome oblíquo -*los*).

O cálculo era (...) pôr em frente uma da outra duas almas que lhe pareciam, por assim dizer, consanguíneas, tentá-las *a ambas*. (RE, XII. Veja que *a ambas*, além de objeto direto preposicionado, retoma pleonasticamente o pronome oblíquo -*las*).

j) *Na coordenação entre um pronome átono e um substantivo*

Foi a comadre do Rubião que o agasalhou e mais *ao cachorro*. (QB, CXCIX).

Gostei de saber que, em tão grave instante, Fidélia lhe tivesse dado aquela palavra cordial. Parecia contentá-la muito e *ao marido*. (MA, 16/6/1888).

D. Maria Antônia via assim entrar-lhe no Éden a serpente bíblica, não para tentá-la, mas para tentar *a Adão*. ("Fulano", HSD).

Objeto direto preposicionado e pleonástico

Neste caso, o objeto direto preposicionado retoma o pronome oblíquo antecedente, este na função de objeto direto, como se vê nos exemplos a seguir destacados em itálico. Trata-se de um recurso de estilística sintática que visa a enfatizar a figura do objeto direto.

Algumas pessoas começaram a mofar do Rubião e da singular incumbência de guardar um cão em vez de ser o cão que o guardasse *a ele*. (QB, IX).

Aqui os tenho *aos dois* bem casados de outrora. (DC, VII).

Quando nem mãe nem filho estavam comigo o meu desespero era grande, e eu jurava matá-los *a ambos*. (DC, CXXXII).

Parece que os libertos vão ficar tristes; sabendo que ela [Fidélia] transfere a fazenda, pediram-lhe que não, que a não vendesse, ou que os trouxesse *a todos* consigo. (MA, 10/8/1888).

Objeto indireto de interesse

Apresenta-se sob a forma pronominal. Tem valor expletivo, pois não se vincula a nenhum termo do predicado, podendo ser retirado, sem prejuízo gramatical para a mensagem. Denota o vivo interesse (ou desagrado) do falante na ação verbal, podendo ser usado também para captar a benevolência do interlocutor ou fazer admoestações ou interpelações, casos em que aparece junto a imperativos ou vocativos. É usado geralmente na primeira pessoa.

O termo *objeto indireto de interesse* (ou *obj. indireto expletivo*) está consagrado pelo uso em diversos autores, mas, na verdade, o que existe não é propriamente um objeto indireto, mas um pronome expletivo, cuja função é acrescentar algum tipo de realce estilístico ao predicado. Nos exemplos a seguir, destacamos em itálico o objeto indireto de interesse, também chamado, em certos casos, de dativo ético (v. Bechara, 1999:424).

— Não o deixo sair nem que *me* caia morto na sala. (RE, III. Aqui, o pronome expletivo *me* empresta realce à hipérbole empregada pelo personagem).

Dadas as voltas, ao passar pela rua dos Ourives, consulto o relógio e cai-*me* o vidro na calçada. (BC, XXXVIII. O pronome expletivo *me*, junto ao verbo intransitivo *cair*, enfatiza o sentimento de desagrado experimentado por Brás Cubas, ao ver o vidro do seu relógio cair ao chão).

Mas aí, (...) luziu-*me* no chão uma coisa redonda e amarela. Abaixei-me; era uma moeda de ouro. (BC, LI. O pronome expletivo *me* é um denotador expressivo do interesse de Brás Cubas pela moeda achada na rua).

— Ânimo, Brás Cubas, não *me* sejas palerma. (BC, CXXXVII. Trata-se de uma exortação do pai de Brás Cubas ao filho. Note-se aqui o emprego do pronome expletivo *me* junto ao vocativo "Brás Cubas" e ao imperativo exortativo "não sejas").

Tinha visto as duas mãos presas, a cabeça do Rubião meia inclinada, o movimento rápido de ambos, quando ele [o major Siqueira] entrou no jardim; e sai-*lhe* de tudo isto um padre Mendes... (QB, XLII. Rubião e Sofia foram surpreendidos pelo major Siqueira, ambos a sós, no jardim, em colóquio íntimo. O pronome *lhe*, expletivo, depois da forma verbal *sai* (surge, aparece), enfatiza a perplexidade do intrometido personagem diante da saída inventada pela atilada Sofia: dizer que Rubião estava lhe contando uma anedota a respeito de um certo padre Mendes).

— Não *me* estragues o reboco do muro. (DC, XV. Advertência feita pelo pai de Capitu à filha. O expletivo *me* enfatiza o interesse do personagem na preservação do reboco do muro. Ou o seu desagrado pela ação de Capitu. Observe-se que o verbo está no imperativo).

— Que digna senhora *nos* saiu a criança travessa de Matacavalos! (DC, CXVI. Desconfiado de Capitu, Bentinho procura sondar José Dias. Este se faz de desentendido. Põe-se a exaltar-lhe as virtudes e, nesse sentido, o expletivo *nos* junto à forma verbal *saiu* (veio a ser, tornou-se), contribui para enfatizar a intenção do esperto agregado. É uma forma de se eximir das restrições que ele fizera, no passado, àquela a quem chegou a chamar de "cigana oblíqua e dissimulada").

Lá dentro, a voz do caboclo velho ainda uma vez continuava a cantiga do sertão: Menina da saia branca,/ Saltadeira de riacho.../ Trepa-*me* neste coqueiro,/ Bota-*me* os cocos abaixo. (EJ, I. Trata-se de uma toada, uma espécie de canção folclórica, e a presença do pronome expletivo *me* pode ser entendida pela necessidade de manter o ritmo e a métrica dos versos heptassílabos (redondilha maior), muito comuns nesse tipo de poesia popular. Repare-se no interesse do enunciador na ação expressa pelos verbos, ambos no imperativo. O memorialista Machado de Assis aproveita a oportunidade para fixar no romance uma provável reminiscência musical de sua infância).

Quem *me* leu *Esaú e Jacó* talvez reconheça estas palavras do prefácio: "Nos lazeres do ofício escrevia o *Memorial*". (MA. Estas palavras fazem parte da Advertência que abre o *Memorial de Aires*. Machado remete ao prefácio de seu romance anterior, o penúltimo, publicado em 1904. A frase funciona, portanto, como um lembrete ao leitor, enfatizado, no caso, pela presença do pronome expletivo *me*).

— Abra-*me* a janela toda. — Não sei se fará bem, ponderou D. Rita. (EJ, CVI. A primeira frase pertence à moça Flora, já à beira da morte. Ela sente falta de ar, e o expletivo *me* enfatiza o interesse da doente em ter a janela aberta).

Objeto indireto de opinião

O conjunto verbo de ligação + predicativo pode fazer referência especial à opinião de determinado personagem, utilizando-se para isso da locução *para* + *substantivo/pronome* ou de um pronome oblíquo, sobretudo o *lhe*, cuja função primordial é a de objeto indireto. É o que ocorre, por exemplo, em frases do tipo: "*Para ela*, tudo são flores"; "*Para a polícia*, ele é o culpado"; "Ela *me* parece cansada". Nestes exemplos, os termos em itálico funcionam como objeto indireto de opinião ou, para usarmos a classificação de Evanildo Bechara (1999:423), exercem o papel de "dativo de opinião", termo que ele inclui entre os chamados "dativos livres", assim definidos pelo ilustre mestre: são "argumentos sintático-semânticos extensivos da função predicativa" e que "não estão direta ou indiretamente ligados à esfera do predicado".

Alguns autores usam a nomenclatura objeto indireto de extensão ou objeto indireto de referência, como o faz Adriano da Gama Kury (1986:48). Trata-se de uma ressonância da sintaxe clássica latina, mas como em português não existem casos (no sentido de função sintática), preferimos, na falta de melhor termo, adotar a nomenclatura oficial, uma vez que o nosso objeto indireto corresponde ao caso dativo do latim. Vejamos alguns exemplos em Machado de Assis. Destacamos em itálico o objeto indireto de opinião.

Para ela, o principal era a entrada de uma pessoa estranha na família. (HE, II O objeto indireto *para ela*, destacado no início do período (topicalização), denota a avaliação pessoal de D. Úrsula sobre a entrada de Helena na família de seu irmão, o falecido Conselheiro Vale).

Para ele, a coisa mais importante do momento era o filho. (...). *Para mim*, a coisa mais importante era Capitu. (DC, LXXXIV. Em ambas as frases, as expressões *Para ele* e *Para mim* indicam a importância que os dois personagens atribuíam às pessoas que lhes eram caras, segundo a opinião de cada um: para o pai de Manduca, era o seu filho; para Bentinho, Capitu).

Concluo que a senhora do Aguiar é daquelas pessoas *para quem* a dor é coisa divina. (MA, 29/5/1888. O objeto indireto *para quem* expressa a opinião de D. Carmo a respeito da dor).

Tudo *lhe* parecia agora melhor, as outras coisas traziam outro aspecto, o céu estava límpido e as caras joviais ("A cartomante", VH. Assustado com as suspeitas de Vilela, o marido traído, Camilo resolve consultar a cartomante. Esta, com suas "predições", consegue aliviar as preocupações do rapaz. O pronome *lhe*, no papel de objeto indireto de opinião, deixa transparecer esse estado de espírito do personagem, que, iludido em sua boa-fé, mal podia imaginar que a charlatã da cartomante, na verdade, o empurrara para a morte. Observe-se que o pronome *lhe* não desempenha propriamente a função de complemento verbal, uma vez que o verbo *parecia*, de ligação, não exige esse tipo de complemento. Seu papel é o de um "argumento sintático-semântico" ou "dativo de opinião", para usarmos as palavras de Bechara acima citadas).

A palavra pareceu-*me* um convite matrimonial; dois meses depois cuidei de pedi-la em casamento. ("A desejada das gentes", VH. O Conselheiro interpretou as palavras de solidariedade de Quintília como uma aceitação de seu pedido de casamento, e o pronome oblíquo *me*, na função de objeto indireto, expressa essa opinião do narrador. Sobre a natureza sintático-semântica desse pronome, ver o comentário acima a respeito do *lhe*).

Objeto indireto de posse

O emprego do pronome oblíquo com valor possessivo, construção concisa e elegante, de sabor clássico, é muito frequente em Machado de Assis. Alguns autores o classificam de adjunto adnominal, outros, como Celso Cunha, Bechara e Kury (v. bibliografia), preferem considerá-lo objeto indireto de posse, posição adotada por nós neste trabalho. Aliás, o próprio Machado de Assis confirma essa função do referido pronome, desdobrando-o em preposição + forma tônica correspondente, como se vê neste exemplo colhido no conto "Mariana" (*Várias histórias*): "Desta vez foi Evaristo que estremeceu; mas a curiosidade mordia-*lhe a ele* o coração".

Note-se, nos exemplos a seguir (destacados em itálico), que esse tipo de objeto indireto geralmente se refere a partes do corpo de uma pessoa ou a objetos de seu uso particular, como ensina Celso Cunha (1994:301). Pode referir-se também a relações de parentesco ou a faculdades do espírito.

Deixa-me beijar-*te* as mãos [as tuas mãos]. (RE, XIX).

Tu abriste-*me* os olhos [os meus olhos]; não te quero mal por isso. (HE, XIX).

Estêvão fazia surgir diante de seus olhos a figura gentil de Guiomar, sentia-*lhe* o império dos belos olhos castanhos [dos seus belos olhos], ouvia-*lhe* a palavra doce e aveludada [a sua palavra] entornar-se-*lhe* no coração [no seu coração, isto é, no de Estêvão]. (ML, XVI).

— Mamãe! Era a primeira vez que ela [Guiomar] lhe dava este nome, e tão fundo *lhe* calou na alma [na sua alma] *à baronesa* que a resposta foi cobri-la de beijos. (ML, XVIII. O objeto indireto *à baronesa* é um desdobramento pleonástico do pronome *lhe*).

Senti tocar-*me* no ombro [no meu ombro]; era Lobo Neves. (BC, XCVI).

No dia seguinte entra-*me* em casa [em minha casa] o Cotrim. (BC, CXLVII).

É tão bonita! (...). Aperta-*me* a mão [a minha mão] com tanto agrado, com tanto calor... (QB, XXVIII).

Tendo-*lhe* nascido morto o primeiro filho, minha mãe pegou-se com Deus. (DC, XI. Entenda-se: "Tendo nascido morto o seu primeiro filho, ...". O pronome *lhe*, com valor possessivo, é denotativo de relação de parentesco).

Vendo-*lhe* o gesto [seu gesto], peguei-*lhe* na mão [na sua mão] para animá-la. (DC, XLII).

Enquanto Aires voltava para dentro, Custódio atravessou a rua e entrou-*lhe* em casa [em sua casa]. (EJ, XLIX).

Senão quando, morre-*lhe* o padrinho [o seu padrinho] *ao Gouveia*. (EJ, XCV. Machado desdobra pleonasticamente o pronome *lhe* no objeto indireto *ao Gouveia*. Caso semelhante ocorre no seguinte exemplo: "O nascimento do seu primeiro filho é que *lhe* enxugou *a ela* todas as lágrimas" [todas as suas lágrimas]. "Henriqueta Renan", em *Páginas recolhidas*).

Costumo ouvi-lo outras manhãs, mas desta vez trouxe-*me* à memória [à minha memória] o dia do desembarque, quando cheguei aposentado à minha terra, ao meu Catete, à minha língua. (MA, 9/1/1888. Neste caso, o pronome *me*, com valor de posse, refere-se a uma faculdade do espírito: a memória).

Objeto indireto pleonástico

O pleonasmo, neste caso, representa geralmente a retomada de um pronome oblíquo, objeto indireto, mencionado anteriormente. Recurso de estilística sintática, o objeto indireto pleonástico é empregado para enfatizar a informação ou desfazer alguma ambiguidade. À guisa de comparação, ver o verbete "Objeto direto pleonástico". Nos exemplos a seguir, destacamos em itálico o objeto indireto pleonástico.

Um dia, em que ambos conversavam do único assunto que lhes podia interessar — pelo menos do único que lhe interessava *a ela*, — Félix pediu-lhe explicação de uma coisa que lhe parecia obscura. (RE, VII. O pleonasmo *a ela* desfaz a ambiguidade existente no objeto indireto *lhe*).

De que lhe servia *a ela* a máxima prudência nas suas relações com as demais pessoas, se tudo era pouco para obter a confiança de Félix? (RE, IX).

Não sei que lhe fizeram *à boa rapariga*. (RE, XIV).

Entrei a amar Virgília com muito mais ardor, depois que estive a pique de a perder, e a mesma coisa lhe aconteceu *a ela*. (BC, LXXXV).

Às vezes, via-o inclinar-se, articulando as mesmas palavras de certa noite de baile, que lhe custaram *a ela* horas de insônia. (QB, CV).

A mim parece-*me* um mocinho muito sério, disse minha mãe. (DC, XCIII).

Orações adjetivas circunstanciais

Certas orações, formalmente subordinadas adjetivas, apresentam um traço secundário circunstancial de lugar, contraste, causa, condição, resultado ou consequência (a mais frequente), finalidade, etc. Trata-se de uma ressonância da sintaxe clássica latina e que se conservou no português. De um modo geral, as nossas gramáticas não tocam nesse assunto. Tampouco o fez a NGB (Nomenclatura Gramatical Brasileira). A esse respeito, recomendamos consultar Adriano da Gama Kury (1986:82) e José Carlos Azeredo (2008:321).

Nos exemplos a seguir, as orações adjetivas circunstanciais foram destacadas em itálico. Sugerimos substituí-las por uma oração adverbial equivalente, como neste exemplo de DC, I: "Os vizinhos, *que não gostam dos meus hábitos reclusos e calados* [como não gostam dos meus hábitos...], deram curso à alcunha, que afinal pegou". Aqui, como é possível constatar pela equivalência entre colchetes, a oração adjetiva explicativa tem valor causal.

a) *Causal* (causa do efeito descrito na principal)

Entendamo-nos, leitor; eu, *que te estou contando esta história*, posso afirmar-te que a carta era efetivamente de Luís Batista. (RE, XXII).

Eu, *que sou o Plutarco desta dama ilustre*, não deixarei de notar que, neste lance, havia nela um pouco de Alcibíades. (ML, XIV).

No dia seguinte, *que era domingo*, Helena dirigiu-se à capela a ouvir a missa do padre Melchior. (HE, XVI).

Palha, *que a acompanhava ao piano*, não via a contemplação mútua da esposa e do capitalista. (QB, XXXVI).

Eu, *que era muito chorão por esse tempo*, sentia os olhos molhados. (DC, XLVI).

São Pedro, *que tem as chaves do céu*, abriu-nos as portas dele, fez-nos entrar. (DC, CI).

Perto da casa do tio, Fidélia entrou em uma fábrica de flores para encomendar as que levará no dia 2 de novembro à sepultura do marido. Rita, *que aliás não pensara ainda nisso*, deixou de encomendar as suas. (MA, 17/10/1888, meia-noite).

b) *Concessiva* (contraste com a principal)

Esta viagem, *que era um desejo ardente*, acha-me agora fria. (RE, VI).

O coração [de Estêvão], *que perdoaria a um estranho*, condenaria ao amigo [Luís Alves]. (ML, XVI).

Os olhos, *que eram de águia para os mistérios da vida*, eram de pomba para os grandes infortúnios. (HE, XXIII).

Eu, *que meditava ir ter com a morte*, não ousei fitá-la quando ela veio ter comigo. (BC, XIX).

As bexigas tinham-lhe comido o rosto; (...). Os olhos, *que eram travessos*, fizeram-se murchos. (BC, XLI).

O gato, *que nunca leu Kant*, é talvez um animal metafísico. (QB, LXXX).

O próprio som do piano, *que fez calar todos os rumores*, não o atraiu à terra. (QB, CXV).

Essa criatura *que brincara comigo, que pulara, dançara,* (...), deixava-me agora de braços atados e medrosos. (DC, XVIII).

Bessa, *que fora comensal dos pais dele*, não o conheceu logo. (MA, 31/7/1888).

A verdade é que eu, *que pensara em sair*, fui ficando, ficando, até que a viúva Noronha suspendeu o trabalho. (MA, 11/11/1888).

c) *Consecutiva* (resultado ou consequência de um fato enunciado na principal, com a qual está correlacionada)

"Manda-me alguma coisa *que faça lembrar o Andaraí*". (HE, XV. Trecho de uma carta de Estácio a Helena).

A sacristia tinha certo ar melancólico e severo, *que lançava n'alma o esquecimento das vicissitudes humanas*. (HE, XVI).

Nenhum olhar suspeito, nenhum gesto *que pudesse denunciar nada*. (BC, VI).

Estou farto de filosofias *que me não levam a coisa nenhuma*. (BC, CXL).

Não há vinho *que embriague como a verdade*. (QB, VI).

Um, que era doutrinário, conseguiu dominar os outros, *que se calaram por instantes*. (QB, LXX).

Mas não há serenidade *que corte uma polegada sequer às abas do tempo*. (QB, LXXXV).

Desde que chegara, [Rubião] não pensou em outra coisa *que não fosse o caso contado pelo cocheiro do tílburi*. (QB, XC).

No dia seguinte entrou a dizer de mim nomes feios, e acabou alcunhando-me *Dom Casmurro*. Os vizinhos, que não gostam dos meus hábitos reclusos e calados, deram curso à alcunha, *que afinal pegou.* (DC, I).

— Prima Glória tem este negócio firme na cabeça, e não há nada no mundo *que a faça mudar de resolução.* (DC, XXI).

Preso, atordoado, não achava gesto nem ímpeto *que me descolasse da parede.* (DC, XXXIII).

Também há ventanias de felicidade, *que levam tudo adiante de si.* (MA, 1/7/1888).

Eis aí o que é ser formosa e ter o dom de cativar. Desse outro cativeiro não há cartas nem leis *que libertem.* (MA, 10/8/1888).

d) *Final* (noção de finalidade ou objetivo; verbo sempre no subjuntivo; confunde-se, às vezes, com a consecutiva).

Estêvão abriu a boca para falar, mas não achou palavra *que lhe dissesse* o que sentia. (ML, VIII).

Empunhara o binóculo da imaginação; lobrigava, ao longe, (...), um mundo nosso, em que não havia Lobo Neves, nem casamento, nem moral, nem nenhum outro liame, *que nos tolhesse a expansão da vontade.* (BC, LXIII)

Rubião precisava de um pedaço de corda *que o atasse à realidade.* (QB, CLXXX).

Um dia, quando todos os livros forem queimados por [serem] inúteis, há de haver alguém (...) *que ensine esta verdade aos homens.* (DC, IX).

Vivi o melhor que pude sem me faltarem amigas *que me consolassem da primeira.* (DC, CXLVII).

Ficou [Batista] sem fala por alguns instantes, e D. Cláudia não achou a menor parcela de ânimo *que lhe desse.* (EJ, LXXII).

Ao cabo de alguns dias o pai de Tristão cedeu, e D. Carmo quis ser a primeira *que desse ao rapaz a boa nova.* (MA, 4/2/1888).

Faria, apesar do dia e da festa, ria mal, ria sério, ria aborrecido, não acho forma de dizer *que exprima com exação a verdade.* (MA, 29/10/1888).

e) *Locativa* (noção de lugar onde, donde e para onde)

Um dia, há bastantes anos, lembrou-me reproduzir no Engenho Novo a casa *em que me criei na antiga rua de Matacavalos.* (DC, II).

Quando chegamos ao alto da Tijuca, *onde era o nosso ninho de noivos,* o céu recolheu a chuva. (DC, CI).

Eles moravam em Andaraí, *aonde queriam que fôssemos muitas vezes.* (DC, CIV).

Mandou fazer um armário envidraçado, *onde meteu as relíquias da vida.* (EJ, XXXII).

Achou meio de lhe dizer que Fidélia estava em casa da amiga, *donde não viria tão cedo.* (MA, 4/4/1888).

Rita deu-me outras notícias da casa Aguiar, *onde não piso há mais de uma semana.* (MA, 8/9/1888).

Tristão foi sozinho à casa do desembargador, *aonde vão hoje alguns amigos do foro.* (MA, 18/9/1888).

f) *Meio* (instrumento ou artifício empregados para a realização de algo)

As armas *com que lutava* eram certamente de boa têmpera. (RE, VIII).

Simão Bacamarte (...) reconheceu a habilidade e o tino *com que* ele levara a cabo uma experiência tão melindrosa e complicada. ("O alienista", XII, PA).

g) *Modal* (noção de modo ou maneira como uma coisa acontece ou é feita)

Estácio (...) admirava a solicitude da irmã, a ordem e o cuidado *com que ela o auxiliava*. (HE, VIII).

A outra que ri é a alma do Rubião. Escutai a cantiga alegre, brilhante *com que ela desce o morro*. (QB, XLV).

— Vossa Senhoria pensa que não vi a maneira *por que olhou para aquela moça que passou ainda agora*? (QB, LXXXIX).

Se a alma de João de Melo os visse de cima, alegrar-se-ia do apuro *em que eles foram rezar por um pobre escrivão*. (EJ, V).

— Você não imagina a alegria *com que me receberam*. (MA, 4/9/1888).

Li que [o Dr.Osório] venceu uma demanda do Banco do Sul, e Aguiar não lhe regateou louvores ao zelo *com que a pleiteou*. (MA, 14/9/1888).

h) *Temporal* (noção de tempo)

Há dias *em que se levanta meiga e alegre*. (RE, V).

Era o negócio que este [Palha] ia propor-lhe, naquela noite, *em que achou o Dr. Camacho na casa de Botafogo*. (QB, LXIX).

Ela sorriu, sem tédio, sem dor de cabeça, ao contrário daquela noite de Santa Teresa, *em que relatou ao marido os atrevimentos do Rubião*. (QB, LXXI).

Ocasião houve *em que os olhos se lhe tornaram úmidos*. (QB, CXV).

Para (preposição)

A ideia fundamental desta preposição é a de termo de movimento, de destino, donde provêm seus demais valores. Cumpre lembrar também que os valores aqui apresentados resultam não apenas da preposição em si, mas do entorno linguístico em que ela se encontra, o que possibilita a criação de seus "sentidos contextuais", como ensina Evanildo Bechara (1999:298).
Passemos à exemplificação.

a) *Destino, direção*

Pássaros saltavam de um lado *para* outro, pipilando um madrigal. (QB, CXXII. Enquanto a preposição *de* indica ponto de partida, o *para* indica ponto de chegada).

Se eu fosse rica, você fugia, metia-se no paquete e ia *para* a Europa. (DC, XVIII. A preposição *para*, depois do verbo de movimento *ir*, implica, neste caso, a ideia de ida a algum lugar por um tempo considerável ou com a intenção de ali fixar residência).

Rubião (...) voltava com a alma cheia dos rumores de bordo, (...), homens que desciam ou subiam por escadas *para* dentro do navio. (QB, CXXVII).

Uma noite destas, vindo da cidade *para* o Engenho Novo, encontrei no trem da Central um rapaz aqui do bairro, que eu conheço de vista e de chapéu. (DC, I).

Olhava *para* a consorte, como avivando o programa da viagem que iam fazer. (MA, 11/6/1889).

b) *Finalidade*

Sofia viu a palidez [de Palha], e gostou da má impressão causada; *para* saboreá-la mais, inclinou o busto. (QB, L).

Já tinha [Palha] apalavrado um arquiteto *para* lhe construir um palacete. (QB, CXXIX).

c) *Tempo* (com ideia de futuro)

Caindo o sol, a costureira dobrou a costura, *para* o dia seguinte. ("Um apólogo", em *Várias histórias*).

— Pois sim; liquidar já? — Não, lá *para* o fim do ano que vem. (QB, CXXVIII).

Pedir para + infinitivo = solicitar permissão, licença ou conselho para fazer alguma coisa.

Pedia-lhe conselho para apoiar melhor a minha própria decisão. (HE, VIII. Neste exemplo, o termo *conselho* está explícito).

Como Rubião falasse das bonitas rosas que possuía, ele pediu-lhe licença para ir vê-las. (QB, XXIX. Aqui também, o termo *licença* foi explicitado).

Às vezes Rubião, cansado de estar a olhar para o teto, enquanto o outro [o barbeiro] lhe aperfeiçoava os queixos, pedia [licença] para descansar. (QB, CXLVI).

— Mamãe, olhe como este senhor cabeleireiro me penteou; pediu-me [permissão] para acabar o penteado, e fez isto. (DC, XXXIV).

Minha mãe ficou perplexa quando lhe pedi [permissão] para ir ao enterro. (DC, LXXXIX).

José Dias pediu [licença] para ver o nosso "profetazinho" (assim chamava a Ezequiel). (DC, CXVI).

Um homem, que me pareceu jornalista, pediu-me licença para levar o manuscrito e imprimi-lo. (DC, CXXIV. Aqui, o termo *licença* está explícito).

Pedir para = pedir que

Só encontramos os dois exemplos abaixo de *pedir para*, com o sentido de "solicitar". Salvo engano de nossa parte, parecem constituir casos isolados, porque quando o sentido é de "solicitar", Machado sempre usa *pedir que*.

Viana pediu-lhe para ficar [pediu-lhe que ficasse] até o fim da peça; ela insistiu, e era forçoso ceder. (RE, IV).

E descompunha (...) os que me pediram para ficar [pediram que ficasse] mais algum tempo. ("O enfermeiro", VH).

Pedir que = solicitar que

No sentido de "solicitar", Machado geralmente usa a regência *pedir que* + subjuntivo, sem confundi-la com *pedir para*, esta com o sentido de "pedir permissão para fazer alguma coisa". Modernamente, no português do Brasil, o uso consagrou *pedir para* + infinitivo, com os dois sentidos acima referidos, mesmo na língua literária.

Mas tanto a viúva quanto o irmão pediram-lhe que ficasse. (RE, IV).

Viana deu duas voltas na sala e saiu para a chácara, pedindo à moça que lá se fosse reunir aos outros. (RE, XVI)

Às vezes, (...), pedia ao homem que se virasse de um lado ou de outro. (QB, CXLVI).

Pedi a Deus que me perdoasse e salvasse a vida de minha mãe. (DC, LXVII).

Em São Paulo, quando estudante, pedi a um professor de música que me transcrevesse a toada do pregão. (DC, CX).

Osório recebeu carta do pai, pedindo-lhe que o fosse ver sem demora. (MA, 9/6/1888).

Pegar em

Mais um estilema machadiano: *pegar em*, no sentido de tocar, de segurar algum objeto ou o braço, ou as mãos de alguém. É com esta regência, como transitivo indireto, que Machado usa sistematicamente este verbo, enfatizando, desse modo, a ação de tocar, o contato físico da mão do personagem com o objeto ou a pessoa.

Félix pegou no livro e consultou a primeira página. (RE, XVII).

E pensava, recordava a noite de Santa Teresa, quando ele ousou declarar à moça o que sentia, pegando-lhe na mão delicada... (QB, LXX).

Peguei-lhe nas mãos, resmunguei não sei que palavras, e acordei sozinho no dormitório. (DC, LXIII).

Perdoar

Este verbo exige geralmente dois objetos: direto de coisa e indireto de pessoa, como se vê nos exemplos abaixo.

Prima Justina não perdoou à minha amiga a intervenção. (DC, LXVI).

Instou com a mulher que lhe confessasse tudo, porque tudo lhe perdoaria. (BC, XCVI).

Ponto e vírgula

Segundo a regra gramatical hoje em vigor, o ponto e vírgula deve ser usado para marcar uma pausa mais acentuada que a representada pela vírgula. Emprega-se, sobretudo, para separar orações coordenadas de certa extensão. Machado de Assis usa e abusa do ponto e vírgula, empregando-o no lugar da vírgula, do ponto e dos dois-pontos. Vamos aos exemplos.

Tinha visto as duas mãos presas, a cabeça do Rubião meia inclinada, o movimento rápido de ambos, quando ele [o major Siqueira] entrou no jardim; e sai-lhe de tudo isto um padre Mendes... (QB, XLII. Aqui, caberia antes uma vírgula que um ponto e vírgula).

Sofia acostumava habilmente a prima [Maria Benedita] às distrações da cidade; teatros, visitas, passeios, reuniões em casa, vestidos novos, chapéus lindos, joias. (QB, LXVIII. Note-se o emprego do ponto e vírgula, em vez de dois-pontos, para introduzir o aposto enumerativo: "teatros, visitas...").

Não peço agora os sonhos de Luciano, nem outros, filhos da memória ou da digestão; basta-me um sono quieto e sossegado. (DC, LXIV. Aqui, caberia antes um ponto, e não o ponto e vírgula).

Eu adoto o método oposto; escrevo no alto de cada um dos capítulos seguintes os seus nomes de remate, e, sem dizer a matéria particular de nenhum, indico o quilômetro em que estamos da linha. (EJ, CXIX. Observe-se o emprego do ponto e vírgula, em vez de dois-pontos, para introduzir a oração apositiva "escrevo no alto...").

Por (preposição)

O significado fundamental desta preposição é o de "caminho através de", no sentido próprio ou figurado, donde provêm seus demais sentidos. Cumpre lembrar também que os valores aqui apresentados resultam não apenas da preposição em si, mas do entorno linguístico em que ela se situa, o que possibilita a criação de seus "sentidos contextuais", como ensina Evanildo Bechara (1999:298). Vejamos alguns exemplos.

a) *Através de*

Quando voltamos, à noite, viemos *por* ali a pé. (DC, CXV).

Olhava para a consorte, (...), e seguiram *pela* rua abaixo com a mesma graça vagarosa. (MA, 11/6/1889).

b) *Benefício, favor*

Se a alma de João de Melo os visse de cima, alegrar-se-ia do apuro em que eles foram rezar *por* um pobre escrivão. (EJ, v).

c) *Causa, motivo*

A verdade é que eu só vim a aprender equitação mais tarde, menos *por* gosto que *por* vergonha de dizer que não sabia montar. (DC, vi).

Um dia, quando todos os livros forem queimados *por* [serem] inúteis, há de haver alguém (...) que ensine esta verdade aos homens. (DC, ix).

Não disse mal de ninguém *por* falta de tempo. (MA, 29/10/1888).

d) *Finalidade*: O emprego da preposição *por* com sentido de finalidade é um arcaísmo que remonta a Camões, *Lus.*, V, 54: "Contudo, por [para] livrarmos o oceano/ De tanta guerra, eu buscarei maneira".

Meu pai forcejou *por* [para] me torcer a resolução, mas eu é que não podia nem queria obedecer-lhe. (BC, xxv).

Essas camadas mereceriam um capítulo, que eu não escrevo, *por* [para] não alongar a narração. (BC, LXXXVII).

Sofia cuidou que ainda podia sair; estava inquieta [ansiosa] *por* ver, *por* andar, *por* sacudir aquele torpor. (QB, CLX. A preposição *por* equivale, nas três orações, a *para*).

e) *Rege o agente da passiva*

Os cabelos, em bandós, eram apanhados sobre a nuca *por* um velho pente de tartaruga. (DC, VII).

Tristão foi visto, ouvido e sentido *pelos* dois padrinhos, e mais *pela* madrinha, como se fora [fosse] do seu próprio sangue. (MA, 4/2/1888).

f) *Tempo*

— Carmo, que queria prendê-lo *por* um ano ou mais, ficou aborrecida e triste. (MA, 3/9/1888).

Precisar

Note-se, no exemplo abaixo, o emprego do verbo *precisar* como transitivo direto, na acepção de "necessitar de". Modernamente, fixou-se uma diferença entre as duas regências. Emprega-se *precisar*, transitivo direto, no sentido de "tornar exato", dizer com exatidão a hora, por exemplo. Já *precisar de*, transitivo indireto, é que significa "necessitar de".

Antes de sair, [Palha] consultou o diretor, que lhe deu boas notícias do enfermo. Uma semana é pouco, disse ele; para pô-lo bom, bom, preciso ainda dois meses. (QB, CXCIV).

Predicativo circunstancial

Uma oração subordinada adverbial de predicado nominal pode ser sintetizada numa frase pelo seu predicativo, impregnado do valor circunstancial da oração desenvolvida. Por exemplo, em vez de enunciarmos a oração completa "*Como era estudioso*, passou no vestibular", podemos dizer apenas: "*Estudioso*, passou no vestibular". Note-se que o predicativo, termo de natureza adjetiva, conserva, neste caso, o valor circunstancial de causa que tinha a oração adverbial "Como era estudioso". Trata-se de uma construção concisa e elegante, de expressivo efeito estilístico, ao gosto de Machado de Assis, cultor do estilo sóbrio.

Cumpre advertir que o predicativo circunstancial, termo de natureza adjetiva, não deve ser confundido com o aposto, por ser este um termo de natureza substantiva. Sobre o assunto, recomendamos a leitura do capítulo "Aposto aparente", de Adriano da Gama Kury (1986:59).

Vejamos alguns exemplos no texto machadiano. Destacamos em itálico o predicativo circunstancial. Observe-se que este aparece quase sempre topicalizado (v. "Antecipação").

a) *Causa, motivo*

Elegante e polido, [Estácio] obedecia à lei do decoro pessoal. (HE, II. Entenda-se: "Como era elegante e polido, por ser elegante e polido, obedecia à lei ...").

Estouvada e voluntariosa, não admitia que ninguém lhe falasse sem submissão. (HE, v. O valor causal do predicativo realça o caráter fútil e superficial da personagem Eugênia).

Natureza sincera e franca, era-lhe [ao padre Melchior] difícil crer na hipocrisia. (HE, XXII. "Por ser uma natureza sincera e franca, era-lhe...").

Simples agregada ou protegida, [Estela] não se julgava com direito a sonhar outra posição superior independente. (IG, III. "Por ser uma simples agregada ou protegida, não se julgava...").

Preso, atordoado, não achava gesto nem ímpeto que me descolasse da parede. (DC, XXXIII. "Por estar preso e atordoado, não achava gesto...").

Católica e devota, [D. Glória] sentia muito bem que as promessas se cumprem. (DC, LXXX. "Como era católica e devota, sentia ...").

Espírito de conciliação ou de justiça, [o Conselheiro Aires] aplacava a ira ou desdém do interlocutor. (EJ, LXXXVII. "Como era um espírito de conciliação ou de justiça, aplacava...").

b) *Concessão*

Lenta e caprichosa nos primeiros tempos, a enfermidade teve rápido e inflexível o período último. (IG, xv. Entenda-se: "Embora fosse lenta e caprichosa, a enfermidade teve ...").

Gastas e rotas, não deixam de lembrar que uma pessoa as calçava de manhã. (DC, LX. "Embora estivessem gastas e rotas, não deixam de lembrar...").

Eu acabava de louvar as virtudes do homem que recebera, *defunto*, aqueles olhos... (DC, CXXV. Entenda-se: "apesar de estar defunto, embora fosse um defunto").

c) *Condição*

"*Mamãe defunta*, acaba o seminário". (DC, LXVII. Pensamento recôndito de Bentinho, ansioso para largar a batina e correr para os braços de Capitu. Note-se a concisão da frase, que pode ser assim desenvolvida: "Se mamãe se tornar defunta, se ela morrer, acaba o seminário").

d) *Tempo e circunstância*

Almoçado, descia a passo lento até à repartição. (IG, I. "Depois de estar almoçado, descia ...").

Viúva, sentiu o terror de separar-se de mim. (DC, XI. Desenvolvendo-se: "Depois de ficar viúva, ao ficar viúva, sentiu o terror ...").

Opas enfiadas, tochas distribuídas e acesas, padre e cibório prontos, o sacristão de hissope e campainha nas mãos, saiu o préstito à rua. (DC, XXX. Entenda-se: "Depois de estarem as opas enfiadas, as tochas distribuídas e acesas, padre e cibório prontos, ..., saiu o préstito à rua").

Predicativo pleonástico

Por questão de ênfase, de realce semântico ou estilístico, pode o predicativo ser empregado pleonasticamente, como se vê nos exemplos a seguir.

— *E era só essa esperança que ainda me dava forças..., que me fazia crer feliz, como pode sê-lo um desgraçado, como podia sê-lo eu, que nasci debaixo de ruim estrela.* (ML, XVI. O pronome demonstrativo neutro -*lo* [neutro no sentido de invariável] retoma pleonasticamente o predicativo *feliz*).

Positivamente era um diabrete, Virgília, um diabrete angélico, se querem, mas era-o. (BC, XLIII. O sintagma *diabrete angélico* é um aposto na função de predicativo amplificado do predicativo *diabrete*. Neste caso, o pronome *o* retoma o predicativo apositivo).

Dirás que sou ambicioso? Sou-o deveras. (BC, LXXVIII. O pronome pleonástico *o* retoma o predicativo *ambicioso*).

Preferir

Machado emprega o verbo *preferir* com sua regência clássica: transitivo direto e indireto.

Capitu preferia tudo ao seminário. (DC, XXXI).

— *Como tenho de a acompanhar, prefiro dezembro a outubro.* (MA, 3/10/1888).

Pronomes átonos (combinações)

O emprego das formas cumulativas **mo** (me + o), **ma** (me + a), **lho** (lhe + o), **lha** (lhe + a), em que se fundem objeto indireto + objeto direto, é muito raro no português do Brasil, estando em franco desuso, mesmo na língua literária. Cultor e leitor de autores portugueses, Machado de Assis utiliza essas formas com alguma frequência, o que confere a certos trechos de sua prosa um sabor clássico, à lusitana. Note-se, a propósito, o artificialismo existente no emprego desses morfemas cumulativos em diálogos.

Lívia perdoou-lhe as lágrimas choradas durante aqueles oito dias de angustiosa incerteza. Perdoou-lhas como sabem perdoar as almas verdadeiramente boas, — sem ressentimento. (RE, VIII).

Ele as sentia decerto, e pagar-lhas-ia com sacrifícios, se precisos fossem. (RE, IX. Em "pagar-lhas-ia", acumulação e mesóclise, combinação arcaica no português do Brasil atualmente).

— *Em suma, tem grande desejo de possuir a gravura? — Queria que ma cedesse.* (RE, XX. Trata-se de um diálogo entre dois personagens, Luís Batista e Félix, o que torna artificial o emprego da forma cumulativa *ma*).

Deus sabe até onde iria ela [a imaginação], *com as asas fáceis que tinha, se um incidente lhas não colhera e fizera descer à terra.* (ML, II. Aqui, esse morfema cumulativo *lhas* e a apossínclise "lhas não colhera" soam como arcaísmos sintáticos aos ouvidos do leitor brasileiro).

— *Não disse isto a ninguém, conselheiro, nem à madrinha nem ao padrinho. Se lho faço aqui é que não ouso fazê-lo àqueles dois, e não tenho terceira pessoa a quem o diga.* (MA, 1/12/1888. A frase com esse *lho* é de Tristão, em diálogo com o

Conselheiro Aires. A propósito, Tristão foi criado em Portugal).

Tristão já não vai a 9, por uma razão que me não deu, nem *lha* pedi. (MA, 7/1/1889. Sintaxe clássica lusitana, com essas construções "que me não deu" e "nem lha pedi". Têm uma aparência arcaica e soam estranhas, irreconhecíveis aos ouvidos do leitor brasileiro).

Pronomes demonstrativos

Exercem, na frase, função eminentemente dêitica, ou seja, função mostrativa ou designativa, que pode ser temporal ou espacial. Operam por anáfora, retomando uma informação anterior, ou por catáfora, preparando o espírito do leitor para uma informação que virá a seguir. (v. "Coesão textual") Vejamos alguns exemplos dos três casos.

a) *Anafórico* (v. "Coesão textual")

Estácio aceitou a causa da irmã, a quem já via, sem a conhecer, com olhos diferentes dos de Camargo e D. Úrsula. Esta comunicou ao sobrinho todas as impressões que lhe deixara o ato do irmão [o finado Conselheiro Vale]. (HE, II. O demonstrativo anafórico *esta* retoma o termo *D. Úrsula*).

Essa mulher esplêndida sabia que *o* era. (BC, LXXVII. O demonstrativo neutro *o* (= esplêndida) exerce a função de predicativo do sujeito).

— Dirás que sou ambicioso? Sou-*o* deveras. (BC, LXXVIII. Caso semelhante ao anterior. O demonstrativo *o* retoma o predicativo *ambicioso*).

Fui devagar, mas ou o pé ou o espelho traiu-me. *Este* pode ser que não fosse; era um espelhinho de pataca. (DC, XXXII. O anafórico *Este* = espelho).

b) *Catafórico* (v. "Coesão textual")

Então, não fiz propriamente nenhuma [reflexão], a não ser *esta*: que servi de alívio um dia ao meu vizinho Manduca. (DC, XCI. Observe-se que o demonstrativo *esta* antecipa ou prepara o espírito do leitor para a informação que será apresentada em seguida na oração apositiva: "que servi de alívio...").

c) *Dêitico*

Nisto [naquele momento], a chuva cessou um pouco, e um raio de sol logrou romper o nevoeiro. (QB, CLX. Exemplo de dêitico temporal).

Mas é tempo de tornar *àquela* tarde de novembro, uma tarde clara e fresca. (DC, VIII. O dêitico *àquela* tem valor temporal).

Eu, que era muito chorão por *esse* tempo, sentia os olhos molhados... (DC, XLVI. Por se tratar de um tempo remoto e distante, Machado usou o demonstrativo *esse*).

Esse Aires que aí aparece conserva ainda agora algumas das virtudes *daquele* tempo. (EJ, XII. O demonstrativo *esse* indica distanciamento espacial, uma vez que o personagem foi citado não neste capitulo, mas no capítulo anterior; *daquele* indica distanciamento temporal).

Ao cabo de alguns instantes, Aires ia sentindo como *esta* pequena lhe acordava umas vozes mortas, falhadas ou não nascidas, vozes de pai. (EJ, LIII. "Esta pequena" é Flora, que desperta no coração do velho Conselheiro sentimentos de paternidade frustrada. O demonstrativo, além do valor dêitico, apresenta também certa conotação afetiva).

Era o Nóbrega, *aquele* da nota de dois mil réis. (EJ, CIII. Note-se o valor de afastamento temporal desse *aquele*, dêitico de 3.ª pessoa. Com esse pronome, o narrador lembra ao leitor que o referido personagem se apossou, certa vez, de uma nota de dois mil réis que Natividade deitara na bacia das almas, como se lê no capítulo III).

Pronomes indefinidos

Referem-se à 3.ª pessoa do discurso, de um modo vago e impreciso. Apresentam formas variáveis e invariáveis. Vejamos alguns exemplos.

Eugênia sentou-se a concertar uma das tranças. *Que* dissimulação graciosa! *que* arte infinita e delicada! *que* tartufice profunda! (BC, XXXIII. Neste exemplo, esse *que* equivale a *quanta* e tem valor intensivo. É pronome adjetivo indefinido, na função de adjunto adnominal).

Disse-lhe que não me fizera coisa *nenhuma*, que eu tinha necessariamente ciúmes do *outro*. (BC, LXIV. Brás Cubas inverte cinicamente as posições e acusa o marido de Virgília de ser "o outro", o terceiro vértice do triângulo amoroso. Note-se a colocação do pronome adjetivo *nenhuma*, depois do substantivo *coisa*, o que reforça o seu valor negativo).

Um dia, há *bastantes* anos, lembrou-me reproduzir no Engenho Novo a casa em que me criei na antiga rua de Matacavalos". (DC, II. Note-se o uso pouco comum de *bastantes* (muitos) como pronome indefinido. O emprego mais frequente desse vocábulo é como advérbio: "Ele trabalhou bastante").

Quantas ideias finas me acodem então! *Que de* [quantas] reflexões profundas! (DC, LIX. Usado em frases exclamativas, com valor intensivo, *que de*, com o sentido de "quantos, quantas", encontra-se em completo desuso no português atual, mesmo na língua literária. Leitor dos autores portugueses, Machado, por vezes, gostava de impregnar sua frase com essas reminiscências da língua clássica. No exemplo acima, note-se o contraste de *que de* com a forma *quantas*, de uso corrente. Gladstone Chaves de Melo (1992:115) apresenta diversos exemplos do uso de *que de* em autores clássicos, como Bernardes e Castilho, além dos arrolados em Gonçalves Dias, objeto de sua pesquisa).

Pronomes pessoais

Referem-se às três pessoas do discurso: quem fala (1.ª pessoa); com quem se fala (2.ª pessoa); de quem se fala (3.ª pessoa). Dividem-se, quanto à função, em retos (sujeito) e oblíquos (objeto direto e indireto). Sobre o emprego dessas três pessoas do discurso, leia-se o conto, impregnado de humor irônico, "O colocador de pronomes", de Monteiro Lobato, no livro *Negrinha*. A respeito dos pronomes de tratamento, ver verbete específico neste trabalho. Examinemos alguns exemplos no texto machadiano.

Para *ela*, o principal era a entrada de uma pessoa estranha na família. (HE, II O objeto indireto de opinião *Para ela* denota uma avaliação da personagem sobre determinado assunto).

Quando [Helena] dava algum repouso ao corpo, não era *ele* ininterrupto nem longo. (HE, IX. Note-se o emprego anafórico do pronome sujeito *ele*, que retoma o antecedente *repouso*, um tanto distanciado do pronome).

Vi-*lhe* [vi-o] fazer um gesto para tirá-los outra vez do bolso. (DC, I. Note-se este emprego do *lhe*, no lugar do *o*, como sujeito de infinitivo seguido de complemento. Sintaxe clássica portuguesa que Machado usava com certa frequência, hoje caída em desuso. V. o verbete "Lhe – sujeito de infinitivo").

Para *mim*, a coisa mais importante era Capitu. (DC, LXXXIV. O objeto indireto de opinião (v.) *Para mim* revela a importância que Bentinho atribuía a Capitu. Antes de bani-la de sua vida, corroído pelo ciúme delirante).

A confusão era geral. No meio *dela*, Capitu olhou alguns instantes para o cadáver. (DC, CXXIII. O termo *dela* retoma anaforicamente o substantivo "A confusão").

Perpétua, afeita *a eles*, acabou sorrindo e dando-*lhe* parabéns. (EJ, VII. Os pronomes *eles* e *lhe* na função, respectivamente, de complemento nominal e objeto indireto).

Cria deveras, desesperava, rezava às noites, pedia ao céu que *os* fizesse grandes homens. (EJ, VIII. O pronome oblíquo *os* na função de objeto direto. O termo *grandes homens* é predicativo desse objeto).

Pronomes possessivos

Os pronomes possessivos mantêm estreita vinculação semântica e sintática com os pronomes pessoais. O possessivo, sobretudo o de 1.ª pessoa, pode ser usado com valor afetivo de familiaridade ou de sentimento espontâneo de carinho ou condescendência para com o personagem. Reveste-se também de outras conotações, como se vê nos exemplos a seguir. Repare-se na tendência de Machado para empregar os pronomes possessivos acompanhados de artigo definido, com função identificadora, o que realça a ideia de posse ou de distinção do objeto possuído. Passemos aos exemplos.

Não era oportuno o primeiro momento, porque, se nenhum de nós estava verde para o amor, ambos o estávamos para o *nosso* amor: distinção fundamental. (BC, LVI. O possessivo, impregnado de cumplicidade, refere-se à vocação de Brás Cubas e Virgília para o amor adúltero, uma vez que esta, agora, se encontrava casada. Vale registrar que o pronome foi grifado pelo próprio narrador).

Empunhara o binóculo da imaginação; lobrigava, ao longe, uma casa *nossa*, uma vida *nossa*, um mundo *nosso*, em que não havia Lobo Neves, nem casamento, nem moral, nem nenhum outro liame, que nos tolhesse a expansão da vontade. (BC, LXIII. Brás Cubas sonha com uma Virgília livre, só dele, sem ter que dividi-la com o marido. O possessivo posposto e repetido realça essa ideia de exclusivismo hipotético. Observe-se a vinculação semântica entre o possessivo *nosso(a)* e o pronome oblíquo *nos*, este com valor de posse: "que nos tolhesse a expansão da vontade" = da nossa vontade).

Via-a assim, e doía-me que a vissem outros. Depois, começava a despi-la, com as minhas mãos sôfregas e lascivas, a torná-la, — não sei se mais bela, se mais natural, — a torná-la *minha*, somente *minha*, unicamente *minha*. (BC, LXIV. Novamente, o narrador Brás Cubas repete o pronome possessivo, com o intuito de enfatizar a ideia fixa da posse exclusiva de Virgília).

Tudo tinha a aparência de uma conspiração das coisas contra o homem: e, conquanto eu estivesse na *minha* sala, olhando para a *minha* chácara, sentado na *minha* cadeira, ouvindo os *meus* pássaros, ao pé dos *meus* livros, alumiado pelo *meu* sol, não chegava a curar-me das saudades daquela outra cadeira, que não era minha. (BC, CXL. Machado destaca em itálico todos os pronomes possessivos e todos precedidos de artigo, com função identificadora, exceto o último. Essa repetição enfatiza o contraste entre o que Brás Cubas possuía e o que ele não conseguiu conquistar: a cadeira de deputado. A vaidade não satisfeita é marcada pelo único possessivo não destacado e sem artigo, o que reforça a frustração do narrador. Em outras palavras, Brás Cubas tinha tudo e não tinha nada. Lembre-se, a propósito, que o trecho acima citado tem a ver com o soneto "Velho tema", de Vicente de Carvalho, cuja mensagem é: não damos valor ao que temos, mas ao que não temos).

— Há quanto tempo estavam ali! — Não há dez minutos, disse Rubião. Que são dez minutos? — Mas podem ter dado pela nossa ausência... Rubião estremeceu diante deste possessivo: *nossa* ausência. Achou-lhe um princípio de cumplicidade. Concordou que podiam dar pela *nossa* ausência. (QB, XLI. Rubião, louco de paixão por Sofia, está fazendo a corte à moça, sozinhos os dois no jardim, numa noite enluarada, propícia a arroubos românticos. O possessivo *nossa*, empregado por Sofia, implica a noção de cumplicidade comprometedora. Nesse sentido, é também uma advertência, uma súplica ao insistente galanteador para que a deixe em paz. Note-se a observação metalinguística feita pelo personagem a respeito do valor do possessivo).

Ficando só, a *nossa* amiga (...) foi sentar-se à porta de casa. (QB, LI. Esse sintagma "nossa amiga" refere-se a Sofia. O possessivo reveste-se de intimidade. Afinal, Sofia, a essa altura da narrativa, já é uma personagem conhecida do leitor e do narrador, naturalmente).

Como achar, porém, o *nosso* Rubião nem o cachorro, se ambos haviam partido para Barbacena? (QB, CXCIV. Machado, solidário com a triste sina de seu personagem, sempre se refere a ele usando o possessivo *nosso*, numa espécie de cumplicidade com o leitor. A par do valor afetivo desse pronome, o artigo definido que o antecede reforça o tom de intimidade entre narrador, leitor e personagem).

Era magro, chupado, com um princípio de calva; teria *os seus* cinquenta e cinco anos. (DC, IV. O possessivo *seus* tem valor de cálculo aproximado).

— Não tem que festejar a vadiação; o latim sempre lhe há de ser preciso, *ainda que não venha a ser padre*. Conheci aqui o *meu* homem. Era a primeira palavra, a semente lançada à terra, assim de passagem, como para acostumar os ouvidos da família. (DC, XXXV. A oração concessiva pronunciada por José Dias vem em itálico no original. Faz parte da estratégia do astuto agregado para livrar Bentinho do seminário, uma vez que o adolescente, para isso, lhe pedira ajuda. O pronome *meu*, além do aspecto afetivo, enfatiza a cumplicidade existente entre ambos, mas revela também a manha e o interesse de José Dias em defender a causa de Bentinho. Afinal, José Dias, que de bobo não tinha nada, sabia que Bentinho, um dia, seria o dono da casa em que ele vivia na condição de agregado. Tratava de bajular, desde já, seu futuro protetor).

Sou, porém, obrigado a elas [as repetições], porque sem elas a *nossa* Flora seria menos Flora, seria outra pessoa que não conheci. (EJ, CIII. O pronome *nossa* tem nítido valor afetivo, a par de estabelecer uma espécie de cumplicidade do narrador com o leitor. Note-se que o artigo definido antes do pronome confere um tom de intimidade carinhosa ao nome da personagem).

— Por que não vem daí, Conselheiro? perguntou-me Tristão. — Depois de tanta viagem? Sou agora pouco para reconciliar-me com a *nossa* terra. Sublinho este *nossa*, porque disse a palavra meio sublinhada. (MA, 11/6/1889. O Conselheiro Aires, na condição de diplomata, passou trinta anos viajando pelo mundo, por isso recusa o convite de Tristão para irem à Europa. Prefere ficar no Rio de Janeiro, no seu Catete, para reconciliar-se "com a *nossa* terra". Além do valor afetivo, o possessivo comporta certa impregnação nostálgica. Foi destacado em itálico, no original, pelo narrador, que logo em seguida justifica o destaque fazendo um comentário metalinguístico: "disse a palavra meio sublinhada").

Pronomes reflexivos (v. Medial reflexiva)

Pronomes relativos

Com exceção de *cujo*, pronome adjetivo na função exclusiva de adjunto adnominal, os demais pronomes relativos, por sua natureza anafórica, desempenham as funções sintáticas próprias do substantivo. O pronome *que*, o mais usado, é uma espécie de relativo universal, pois retoma pessoas e coisas, podendo ser substituído por *o qual* e suas flexões de gênero e número, nos casos em que é necessário desfazer alguma ambiguidade resultante da remissão do antecedente. Nesse particular, *o qual* apresenta valor seletivo.

Com relação ao emprego do pronome *quem*, ocorrem duas especializações de natureza sintático-semântica: ele é sempre preposicionado, e seu antecedente é sempre pessoa (mais raramente, coisa personificada). Trata-se de sintaxe do português moderno, porque, no tempo de Camões, o *quem* podia referir-se tanto a pessoas como a coisas, sobretudo quando estas vinham personificadas, como neste exemplo da fala do velho do Restelo: "— Ó glória de mandar, ó vã cobiça/ Desta vaidade a quem chamamos fama!" (*Lus.*, IV, 95). Com antecedente pessoa, temos: "Um Pacheco fortíssimo e os temidos/ Almeidas, por quem sempre o Tejo chora" (*Lus.*, I, 14). Com antecedente coisa propriamente dita, lê-se: "Que eu canto o peito ilustre lusitano,/ A quem Netuno e Marte obedeceram" (*Lus.*, I, 3).

Cumpre também registrar que, no nosso entendimento, palavras como *onde*, *aonde* e *donde*, sempre que funcionarem como conectivo anafórico que retoma termo antecedente locativo, devem ser classificadas como pronome relativo, e não advérbio, como querem alguns autores. Foi o que fizemos neste trabalho. Nos exemplos a seguir, os relativos foram destacados em itálico e distribuídos segundo sua função sintática.

a) *Adjunto adnominal*

Lá me receberam com muitas e delicadas alusões ao caso da meia dobra, *cuja* notícia andava já espalhada entre as pessoas do meu conhecimento. (BC, LII).

Rubião desviou os olhos do sócio, *cuja* palavra lhe parecia afiada de ironia. (QB, CVIII).

Aqui mesmo no seminário tive um companheiro que compôs versos, à maneira dos de Junqueira Freire, *cujo* livro de frade-poeta era recente. (DC, LIV).

b) *Adjunto adverbial* (prep. + pr. rel.)

As armas *com que* lutava eram certamente de boa têmpera. (RE, VIII. Adjunto adverbial de meio ou instrumento).

Tinha havido alguns minutos de silêncio, *durante os quais* refleti muito. (DC, XLVIII. Neste adjunto adverbial de tempo, o emprego de *os quais* (e não de *que*) é obrigatório, devido à presença da preposição acidental *durante*).

Minha mãe (...) deixou-se estar na casa de Matacavalos, *onde* vivera os dois últimos anos de casada. (DC, VII. O relativo *onde* na função de adjunto adverbial de lugar).

Mas é tempo de tornar àquela tarde de novembro, uma tarde clara e fresca, sossegada como a nossa casa e o trecho da rua *em que* morávamos. (DC, VIII. A locução *em que* é adjunto adverbial de lugar).

Os projetos vinham do tempo *em que* fui concebido. (DC, XI. A locução *em que* é adjunto adverbial de tempo).

— Quando eu cheguei lá às duas horas da tarde e dei com elas, (...), você não imagina a alegria *com que* me receberam. (MA, 8/9/1888. A locução *com que* é adjunto adverbial de modo).

O bonde partiu. Na esquina estava não menos que o Dr. Osório sem olhos, porque ela [Fidélia] os levava arrastados no bonde *em que* ia; foi o que concluí da cegueira *com que* não me viu passar por ele... (MA, 12/9/1888. Os dois adjuntos adverbiais em itálico têm, respectivamente, as noções de lugar e de causa).

Tristão foi sozinho à casa do desembargador, *aonde* vão hoje alguns amigos do foro. (MA, 18/9/1888. O relativo *aonde* é adjunto adverbial de lugar).

c) *Objeto direto*

Uma noite destas, vindo da cidade para o Engenho Novo, encontrei no trem da Central um rapaz aqui do bairro, *que* eu conheço de vista e de chapéu. (DC, I. Machado também poderia ter dito: "a quem eu conheço", uma vez que o antecedente é pessoa. Preferiu o *que*, relativo universal. Se empregasse "a quem", teríamos um objeto direto preposicionado).

A descrição *que* ela me fez da impressão *que* teve lá fora com a entrada de primavera foi animada e interessante. (MA, fim de maio, 1888. O *que* é complemento verbal de *fez* e *teve*).

d) *Objeto indireto*

— Porque não desanimo de descobrir a pessoa *a quem* Helena entregou o coração. (HE, XVIII).

Assim os vimos, naquela noite dos anos de D. Sofia, *a quem* ele dissera antes coisas tão doces. (QB, CXX).

Pádua hesitou muito; afinal, teve de ceder aos conselhos de minha mãe, *a quem* D. Fortunata pediu auxílio. (DC, XVI).

Já agora me lembrava, ainda que vagamente, de uma senhora que lá apareceu em Andaraí, *a quem* Rita me apresentou e *com quem* falei alguns minutos. (MA, 10/1/1888).

Tudo se teria passado sem mais nada, se Deus não houvesse escrito um libreto de ópera, *do qual* abrira mão. (DC, IX).

e) *Predicativo*

Deixe-me viver como um urso *que* sou. (BC, XXVI).

Tio Cosme, por mais modesto *que* quisesse ser, sorria de persuasão. (DC, VI).

Como eu buscasse contestá-la, repreendeu-me sem aspereza, mas com alguma força, e eu tornei ao filho submisso *que* era. (DC, XLI).

f) *Sujeito*

Há pessoas *que* parecem nascer errado, em clima diverso ou contrário ao de que precisam. (MA, fim de maio, 1888).

Recebi agora um bilhete de mana Rita, *que* aqui vai colado. (MA, 9/1/1888).

Que – expletivo

Partícula de realce ou expletiva, representa o *que*, nos exemplos a seguir, uma espécie de apoio prosódico, de expressivo efeito rítmico e eufônico, principalmente nas frases exclamativas, nas quais o segundo *que* representa uma espécie de pleonasmo iterativo, para usarmos a expressão de Gladstone Chaves de Melo (1978:217). Exímio contador de histórias, Machado de Assis usa o *que* expletivo com bastante frequência, o que confere à sua narrativa um tom de oralidade, de conversa espontânea com o leitor, como se este estivesse a ouvi-lo em pessoa.

Destacamos em itálico o *que* expletivo.

> Que gentil *que* estava a espanhola! (BC, XIV).

> Primeira comoção da minha juventude, que doce *que* me foste! (BC, XV).

> Que profundas *que* são as molas da vida! (BC, CX).

> Que abismo *que* há entre o espírito e o coração! (QB, II).

> O desembargador Campos, que lá jantou ontem, disse-me que D. Carmo estava que era uma criança; quase *que* não tirava os olhos de cima do afilhado. (MA, 31/7/1888).

Responder a

Referindo-se à pessoa a quem se responde, este verbo pede objeto indireto regido da preposição *a*: "O aluno respondeu *ao* mestre". A mesma regência se aplica a coisas personificadas: "Respondi *à* carta". É com essa regência que o verbo *responder* aparece em Machado de Assis.

> Sofia (...) viu-o dar de ombros com desprezo, e responder-lhe que efetivamente era um ato de grosseria. (QB, L. O pronome *lhe*, objeto indireto de pessoa, refere-se a Sofia. Note-se que seria possível também dizer-se: "responder a ela". Nesse período composto, o objeto direto é oracional: *que efetivamente era...*).

> Ao cabo de alguns meses, Capitu começara a escrever-me cartas, a que respondi com brevidade e sequidão. (DC, CXLI. Aqui, não caberia o pronome *lhe*, por se tratar de objeto indireto de coisa. Neste caso, o correto será: "respondi à carta" = "respondi a ela", e não "respondi-lhe").

> Respondeu a ambas na mesma noite, dizendo-lhes que na quinta-feira iria almoçar com elas. (EJ, XCLX. Trata-se da resposta, por carta, do Conselheiro Aires à mana Rita e à moça Flora).

Sair

O verbo *sair*, como transitivo indireto, implica o sentido de "acontecer algo contrário àquilo que se esperava". O pronome *lhe*, no exemplo abaixo, é objeto indireto de interesse (v. verbete) ou dativo ético (v. Bechara, 1999:424).

> Tinha visto as duas mãos presas, a cabeça do Rubião meia inclinada, o movimento rápido de ambos, quando ele [o major Siqueira] **entrou no jardim; e *sai*-lhe de tudo isto um padre Mendes...** (QB, XLII. Note-se também o advérbio *meia*, flexionado em gênero, em concordância atrativa com o adjetivo *inclinada*).

Satisfazer

Note-se, no exemplo abaixo, o emprego do verbo *satisfazer* como bitransitivo, situação pouco comum neste caso.

> Guiomar recordou a constante ternura da baronesa para com ela, a solicitude com que lhe *satisfazia* os seus menores desejos. (ML, XVII. Objeto direto: *os seus menores desejos*; objeto indireto: *lhe*).

Se – concessivo

Essa palavrinha, o *se*, é uma das mais versáteis da língua portuguesa, podendo funcionar como pronome reflexivo e como conjunção, com os mais diversos valores sintáticos e semânticos. Nos exemplos a seguir, temos um *se* no papel de conjunção subordinativa, com valor de concessão, estabelecendo uma relação de contraste entre a oração que ele inicia e a sua principal.

As armas com que lutava eram certamente de boa têmpera, mas se valiam muito para esgrimir, valiam pouco para pelejar. (RE, VIII. Paralelismo contrastivo. Note-se o emprego da conjunção *se* com valor concessivo: "Embora valessem muito para esgrimir, valiam pouco ...").

Mas, se a palavra não vinha, a voz era insinuante e comovida, às vezes; se os olhos não choravam, luziam ou quebravam-se de um modo pouco comum. (IG, XIV. Entenda-se: "embora a palavra não viesse, a voz era insinuante"; "apesar de os olhos não chorarem, luziam...").

Pálido, sim, [Jorge] estava pálido; mas a voz, se não era firme, perdera a aspereza do primeiro instante. (IG, XIV. Leia-se: "embora a voz não fosse firme, perdera a aspereza...").

Se as palavras eram poucas, não eram secas, ao contrário. (MA, 17/10/1888, meia-noite. Entenda-se: "Embora as palavras fossem poucas, não eram secas").

Sem (preposição)

O sentido fundamental desta preposição é o de ausência, de privação, como se vê nos exemplos abaixo. Nestes, as três locuções adverbiais formadas pela preposição *sem* + substantivo apresentam valor de modo.

As mãos (...), com água do poço e sabão comum trazia-as *sem* mácula. (DC, XIII).

Não é raro que os mesmos lances se reproduzam, *sem* razão suficiente. (DC, IX).

De resto, ele chegou *sem* cólera. (DC, XV).

Ser (emprego)

O verbo *ser*, usualmente um verbo de ligação, também pode ser empregado como intransitivo, com o sentido existencial de "haver, existir, ocorrer", ou como sinônimo de "estar, ficar", valores que remontam ao latim *esse*. O emprego do *ser*, com valor existencial e como verbo de ligação, aparece, por exemplo, no conhecido versículo do Evangelho de João (1:1): "No princípio *era* o Verbo, e o Verbo estava com Deus, e o Verbo *era* Deus" (Na *Vulgata*: *In principio erat Verbum, et Verbum erat apud Deum, et Deus erat Verbum*).

O verbo *ser* apresenta um comportamento sintático diversificado e complexo, sobretudo na parte de concordância verbal, cuja especificidade procuramos descrever por meio dos exemplos a seguir.

Mas se o caso lhe não produziu insônia, não deixou de lhe estender a vigília, (...), sobretudo, tratando-se de criatura [Guiomar] que por aqueles tempos *era* a inveja e a cobiça de muitos olhos. (ML, XVII. Como o sujeito é pessoa, o verbo (*era*) concorda com ele e não com o predicativo).

Crescia Helena e cresciam suas graças. *Era* o encanto e a esperança do meu albergue. (HE, XXV. Note-se a forma verbal *era*, no singular, concordando com o sujeito elíptico Helena, um nome próprio, e não com o predicativo "o encanto e a esperança").

Perdoar e esquecer *é* raro, mas não é impossível. (IG, XIII. O verbo no singular (*é*) concorda atrativamente com o predicativo *raro*. Além disso, os núcleos do sujeito composto (*perdoar* e *esquecer*) pertencem ao mesmo campo semântico, o que reforça esse tipo de concordância).

Que *era* a esquivança, a rispidez, a hostilidade de Iaiá, senão a máscara de um sentimento contrário, a vingança de um coração atordoado pelo suposto desdém de outro? (IG, XIV. A forma verbal *era*, no singular, concorda atrativamente com o núcleo mais próximo do sujeito composto posposto ao verbo. Acrescente-se que os núcleos desse sujeito composto, além de apresentarem afinidade semântica entre si, estão dispostos em gradação).

—Três contos já é uma boa assinatura. (QB, CVIII. Recomendação de Palha ao sócio perdulário, Rubião. Neste caso, sendo o sujeito uma expressão numérica no plural (*três contos*), o verbo fica no singular (*é*), concordando com o predicativo: *uma boa assinatura*).

Machucado, separado do amigo, Quincas Borba vai então deitar-se a um canto. (...). Não dorme, recolhe as ideias, combina, relembra. (...) Mas já são muitas ideias, — são ideias demais; em todo caso, são ideias de cachorro, poeira de ideias. (QB, XXVIII. Nos dois primeiros casos, a forma verbal *são* tem sentido existencial, equivale a *existem*; no terceiro caso, o verbo *ser* é verbo de ligação, subentendendo-se o sujeito elíptico: "elas são ideias de cachorro").

Rubião era ainda dois. Não se misturava nele a própria pessoa com o imperador dos franceses. (QB, CXLVIII. Como recomenda a norma gramatical, a concordância do verbo (*era*), neste caso, é feita com o sujeito pessoa (Rubião), e não com o predicativo *dois*).

Quando Sofia acordou, já a chuva caía grossa e contínua, e o céu e o mar era tudo um. (QB, CLIX. Concordância atrativa do verbo (*era*) com o predicativo *tudo um*).

O meu fim evidente era atar as duas pontas da vida, e restaurar na velhice a adolescência. Pois, senhor, não consegui recompor o que foi nem o que fui. (DC, II. Machado explora os dois sentidos etimológicos do verbo *ser*: no primeiro caso, *foi* é intransitivo e significa "existiu, ocorreu", tendo por sujeito o pronome relativo *que*; no segundo, *fui* é verbo de ligação, de aspecto permanente, seu sujeito está elíptico (eu), tendo por predicativo o pronome relativo *que*).

A causa eram provavelmente os seus projetos eclesiásticos. (DC, XI. Concordância atrativa do verbo (*eram*) com o predicativo (*os seus projetos eclesiásticos*). Note-se que a intercalação do advérbio *provavelmente* entre o verbo e o predicativo não impediu esse tipo de concordância).

Antes dela ir para o colégio, eram tudo travessuras de criança. (DC, XII. Tendo por sujeito o pronome indefinido *tudo*, o verbo (*eram*) concorda, por atração, com o predicativo *travessuras*. Note-se a construção *dela ir*, condenada pelos puristas. Segundo estes, a preposição *de* está regendo o sujeito *ela*, o que seria um erro gramatical. Na verdade, a preposição não rege o sujeito, mas o infinitivo *ir*. Sobre o assunto, ver Bechara, 2005:190).

A voz da mãe [de Capitu] era agora mais perto, como se viesse já da porta dos fundos. (DC, XIII. O verbo *ser* pode ser usado, às vezes, com o sentido de "estar". É o caso aqui, em que *era* equivale a *estava*. Esse sentido remonta ao latim *esse*, que tanto podia significar *ser* como *estar*).

Todo eu era olhos e coração, um coração que desta vez ia sair, com certeza, pela boca fora. (DC, XIII. Neste exemplo, a forma verbal *era* não concorda com o predicativo (*olhos e coração*), e sim com o sujeito (*eu*), por ser este um pronome pessoal, reforçado, no caso, pelo indefinido *todo*).

— Deus fará o que o senhor quiser. — Não blasfeme. Deus é dono de tudo; ele é, só por si, a terra e o céu, o passado, o presente e o futuro. (DC, XXVI. Diálogo entre Bentinho e José Dias. Aqui, a concordância do verbo *ser* com o sujeito ("ele *é* a terra e o céu,..."), e não com o predicativo, é obrigatória, por se tratar de um pronome pessoal. Envolve também questões de eufonia, com o nome de Deus, retomado pelo pronome *ele*, que Machado, note-se, usa com letra minúscula. Por outro lado, a definição que

Machado apresenta de Deus, pela boca de José Dias, envolve certa reverência ao nome do Criador, algo inusitada em alguém tido como descrente).

Era assaz sincera para dizer o mal que sentia de alguém, e não sentia bem de pessoa alguma. Talvez do marido, mas o marido era morto. (DC, LXVI. Emprego da forma verbal *era* como equivalente de *estava* em *era morto*.)

Tudo são instrumentos nas mãos da Vida. (EJ, LVII. Concordância atrativa da forma verbal *são* com *instrumentos*, predicativo do sujeito. Concordância usual quando o sujeito é o pronome indefinido *tudo*. Repare: "Na vida, nem tudo *são* flores". Note-se a personificação de Vida, sob a forma de alegoria, grafada por Machado de Assis com letra maiúscula).

Os outros repetiram a recusa, e assentaram de ir para suas casas. Era perto de duas horas. (EJ, LXVII. A locução prepositiva *perto de*, entre o verbo *ser* e a expressão *duas horas*, faz com que o verbo fique no singular: *era*).

Servir

No sentido de "prestar serviço a alguém, a uma instituição ou a uma causa", a predicação deste verbo *servir* hesita entre a regência direta e a indireta. O próprio Machado de Assis mostra essa hesitação, conforme se vê nos exemplos a seguir. A regência direta é abonada por autores clássicos, mas também estes, às vezes, vacilam. Vieira, no sermão da Epifania, usa as duas regências: "Não são os discípulos os que servem *ao* mestre". E mais adiante: "Disseram que não era escrava e que *os* não servisse". (Celso Luft, 1987:481). Luft esclarece o seguinte: "Hoje, parece firmada a oposição *servi-lo/ servir-lhe* como 'prestar serviços a/ convir, agradar'". Em seguida, apresenta um exemplo em que Vieira explora estilisticamente as três regências do verbo: "Servem *aos* reis porque *lhes* serve servi-*los*". No conhecido soneto de Camões, o poeta também emprega o verbo com as duas regências, primeiro como transitivo direto, depois, como indireto: "Sete anos de pastor Jacó servia/ Labão, pai de Raquel, serrana bela;/ Mas não servia ao pai, servia a ela,/ E a ela só por prêmio pretendia". Não se exclui, entretanto, a possibilidade de se considerarem os complementos *ao pai* e *a ela* como objetos diretos preposicionados. Também em *Os Lusíadas*, encontram-se as duas regências: a direta em VII, 35: "E os mais, a quem *o* mais serve e contenta"; a indireta em VII, 85: "Para servir *a* seu desejo feio".

Como se vê, o assunto é complexo. Aos interessados, recomendamos consultar Antenor Nascentes (1967:188). Ver também os dicionários de regência citados em nossa bibliografia. Neste trabalho, optamos por considerar o verbo *servir*, no sentido de "prestar serviço", como transitivo indireto. Esta, aliás, é a sua regência original em latim, como se vê nesta passagem do Evangelho de Mateus, 6:24, na *Vulgata latina*: "*Nemo potest duobus dominis servire*" (Ninguém pode servir a dois senhores). Repare-se que o sintagma *duobus dominis* está no dativo, caso latino equivalente ao objeto indireto em português. Passemos aos exemplos em Machado de Assis.

Ela [Helena] regeu a família e serviu a doente, com igual desvelo e benefício. (HE, IX. Note-se o emprego do verbo *servir* como transitivo direto, com o sentido de "prestar assistência").

Raimundo parecia feito expressamente para servir Luís Garcia. (IG, I. Aqui, também, Machado usou a regência direta. Note-se que, neste caso, *servir* significa "prestar serviço a alguém").

Eu não fiz mais que florir e aromar, servi a donas e a donzelas. (QB, CXLI. Aqui, o verbo *servir*, no sentido de "prestar serviço", seguido de objetos indiretos).

— **A homeopatia é a verdade, e, para servir à verdade, menti.** (DC, v. Machado de Assis põe na boca de José Dias o verbo *servir* como transitivo indireto).

— **É que ele, tendo de servir a você, falará com muito mais calor que outra pessoa.** (DC, xviii. Também aqui Machado usou o verbo *servir* como transitivo indireto, sendo *a você* objeto indireto).

— **O que eu digo é que se pode muito bem servir a Deus sem ser padre.** (DC, xxxix. O termo *a Deus* é objeto indireto. Se atribuirmos ao verbo *servir* a regência direta, esse termo deverá ser considerado objeto direto preposicionado).

— **Uma vez que o filho não pode servir a Igreja, como deve ser servida, o melhor modo de cumprir a vontade de Deus é dedicá-lo a outra coisa.** (DC, LXI. Já nesta passagem, o verbo *servir*, "prestar serviço", foi empregado como transitivo direto, regência confirmada pela sua conversão na forma passiva: "ser servida").

Ao contrário, Deus protegia os sinceros; uma vez que eu só podia servi-lo no mundo, aí me cumpria ficar. (DC, LXXVIII. Novamente, Machado emprega a regência direta: *servi-lo*. Observe-se que o objeto direto *-lo*, que retoma o termo *Deus*, está grafado com letra minúscula. Atualmente, por uma questão de reverência ao Criador, a praxe, nesses casos, é escrever o pronome com inicial maiúscula. Provavelmente, no tempo de Machado, ainda não havia esse costume).

Então, não fiz propriamente nenhuma [reflexão], a não ser esta: que servi de alívio um dia ao meu vizinho Manduca. (DC, XCI. O verbo *servir* como transitivo indireto predicativo. Objeto indireto: "ao meu vizinho Manduca"; predicativo do sujeito: "de alívio". No apólogo da agulha e da linha (em *Várias histórias*), existe um exemplo semelhante: "Também eu tenho servido de agulha a muita linha ordinária". Note-se que nos dois casos o predicativo é preposicionado, tendo a preposição *de* valor de finalidade).

"Vai-te Satanás; porque escrito está: Ao Senhor teu Deus adorarás, e a ele servirás". (EJ, XLVII. Transcrição quase literal do Evangelho de Mateus, 4:10. Por uma questão de paralelismo sintático com o objeto direto preposicionado *Ao Senhor teu Deus*, poderíamos atribuir ao termo *a ele* a mesma classificação. Tendo em vista, contudo, a regência vacilante deste verbo *servir*, não se exclui a possibilidade de se considerar *a ele* como objeto indireto. A propósito, o original diz: "e só a ele servirás". Mais uma vez, Machado transcreveu de memória o texto bíblico).

Subir

Este verbo *subir*, como antônimo de *cair*, é usado como intransitivo: "O dólar subiu". No exemplo abaixo, ele foi empregado como transitivo direto, com valor causativo ou factivo: "subi-la" = fazê-la subir, fazê-la ascender socialmente.

Ela queria um homem que, ao pé de um coração juvenil e capaz de amar, sentisse dentro em si a força bastante para subi-la aonde a vissem todos os olhos. (ML, XIII).

Substantivação

Em princípio, qualquer palavra, expressão e até uma oração inteira podem ser substantivadas em português, mediante a anteposição de um determinante: pronome ou artigo, sobretudo o artigo, sendo este, aliás, conhecido como marco de classe do substantivo. Trata-se de um caso de translação, que nomenclatura gramatical em vigor chama de conversão (v. "Enálage"). No caso dos verbos, essa substantivação serve para enfatizar as noções de processo e de ação, próprias dessa classe gramatical. No caso dos adjetivos, convertem-se estes em substantivos abstratos e podem vir seguidos da preposição *de*, construção que tem como efeito estilístico realçar e qualificar com mais intensidade a imagem apresentada pelo autor. Confronte-se: "O céu *cinzento* nos entristece" (ênfase à coisa, ao sujeito *céu*); "O *cinzento* do céu nos entristece" (ênfase à qualidade em si, transformada em sujeito da oração).

Geralmente, o adjetivo de base verbal, substantivado, apresenta valor dinâmico e traços de aspecto concluso: "Desculpe V. Ex.ª o *tremido* da letra e o *desgrenhado* do estilo" ("Uma visita de Alcibíades", *Papéis avulsos*). Por outro lado, o adjetivo de base nominal, substantivado, apresenta valor estático, com ênfase para a sua feição de abstrato: "O *íngreme*, o *desigual*, o mal *calçado* da ladeira mortificavam os pés às duas damas" (EJ, I). O efeito estilístico da substantivação é que ela confere à frase um maior poder de síntese e de visualização, enfatizando descrições, sentimentos, ações ou estados. Passemos à exemplificação.

O silêncio não era completo; ouvia-se o rodar de carros que passavam fora. (ML, I. A nominalização do infinitivo realça a imagem de dinamismo contida em *rodar*, vocábulo cuja camada fônica, por si só, já sugere essa ideia de movimento).

O proceder de Luis Alves, sóbrio, direto, resoluto, sem desfalecimentos, nem demasias ociosas, fazia perceber à moça que ele nascera para vencer. (ML, XV. Ação e processo verbais são realçados por essa substantivação do verbo *proceder*, recurso mais dinâmico e expressivo do que o simples uso do substantivo *procedimento*).

Estácio (...) gostava de lhe ver o airoso do busto e a firme serenidade com que ela conduzia o animal. (HE, VI. A substantivação do adjetivo *airoso*, seguido da preposição *de*, realça, na imaginação do leitor, a visualização do porte elegante e ereto de Helena).

Apertei-lhes a mão e saí, a rir comigo da superstição das duas mulheres, um rir filosófico, desinteressado, superior. (BC, XXX. Uma borboleta preta esvoaçou em torno de D. Eusébia e Eugênia. Brás Cubas enxotou o animal e depois saiu se divertindo com a tola superstição das duas mulheres. A substantivação do verbo (*um rir* = riso), qualificado por uma adjetivação ternária, em gradação ascendente, realça o ceticismo do narrador, que vê na crença em superstições uma atitude ridícula e pueril, das quais ele, materialista e superior, julgava-se isento).

Mas aqui estão os retratos de ambos, sem que o encardido do tempo lhes tirasse a primeira expressão. (DC, VII. O adjetivo *encardido* adquire feição de substantivo abstrato de estado, personifica-se e passa a exercer a função de sujeito. Note-se a relação de causa e efeito existente entre o substantivo *tempo* e o adjetivo substantivado *encardido*).

Conhecia as regras do escrever, sem suspeitar as do amar. (DC, XIV. Os infinitivos substantivados (*escrever* e *amar*) enfatizam a inexperiência amorosa do adolescente Bentinho. Note-se o contraste entre as duas ações: a de escrever, intelectual, prosaica, quase mecânica, e a de amar, que envolve sentimento de doação pessoal, muito mais complexa que a primeira).

Comia pouco [o padre Cabral], mas estimava o fino e o raro. (DC, XXXV. Os dois adjetivos *fino* e *raro*, convertidos em substantivos abstratos por força do artigo, apresentam grande poder de síntese e permitem uma visualização mais nítida das preferências gastronômicas do personagem. Subentenda-se: "O padre Cabral estimava iguarias finas e raras").

A notícia de que ela vivia alegre quando eu chorava todas as noites, produziu-me aquele efeito, acompanhado de um bater de coração, tão violento, que ainda agora cuido ouvi-lo. (DC, LXII. Machado poderia ter usado o substantivo abstrato *batimento* para descrever a ciumenta taquicardia do coração apaixonado de Bentinho. Preferiu, contudo, substantivar o verbo (*um bater*), dramatizando com mais dinamismo e vivacidade as sensações experimentadas por seu personagem).

— Não é muito, dez libras só; é o que a *avarenta* de sua mulher pôde arranjar, em alguns meses. (DC, CVI. Capitu conseguiu economizar uma parte do dinheiro que Bentinho lhe dava para as despesas. O adjetivo *avarenta*, substantivado e seguido da preposição *de*, realça essa iniciativa da personagem, porque, na verdade, Capitu quis dizer que foi econômica. Naturalmente, esse termo *avarenta*, no contexto do diálogo, apresenta certo humor irônico e uma dose de autoelogio de Capitu).

Ao pé dessa música sonora e jovial, ouvi também o *grunhir* dos porcos, espécie de troça concentrada e filosófica. (DC, CXLIV. Solitário e desamado, após a morte da mãe e a separação de Capitu, Bentinho (agora convertido em Dom Casmurro) volta à casa de sua infância em Matacavalos. A casa o estranha, e ele a ela. Ao lado da "música sonora e jovial" da ramagem, ouviu "o grunhir dos porcos", que (até os bichos!) fazem chacota de sua triste condição de homem casmurro e rabugento. Note-se que a substantivação do verbo onomatopaico "grunhir" confere dinamismo e ironia à "troça concentrada e filosófica" dos suínos).

Foi *um abraçar, um beijar, um perguntar, um trocar* de mimos que não acabava mais. (EJ, LXXVII. Trata-se do encontro da família dos gêmeos Pedro e Paulo com a família de Flora. Os infinitivos substantivados (destacamos em itálico), em gradação ascendente, emprestam vida e dinamismo a esse episódio cordial e alegre).

Camilo achou-se diante de um longo véu opaco... pensou rapidamente *no inexplicável de tantas coisas*. ("A cartomante", VH. Em vez de dizer que seu personagem pensou em tantas coisas inexplicáveis, Machado de Assis preferiu substantivar o adjetivo *inexplicável*, por meio da anteposição do artigo *o*. Esse procedimento sintático fez com que o adjetivo mudasse de classe (v. o verbete "Enálage"), passando a substantivo abstrato, com as implicações semântico-estilísticas daí decorrentes, ou seja, realçar com mais intensidade a natureza oculta das "tantas coisas" que transcendem o entendimento humano e para as quais o personagem Camilo não encontra explicação. O inexplicável é o grande mistério da vida e da morte, ou como diz Shakespeare, pela boca de seu personagem Hamlet (Ato II, Cena 2): "Há mais coisas entre o céu e a terra, Horácio,/Do que sonha a tua filosofia").

Sujeito de infinitivo

Os verbos causativos (*deixar, fazer, mandar*) e sensitivos (*ver, ouvir, sentir*), podem vir seguidos de infinitivo, sem que com este formem locução verbal, uma vez que, nesse tipo de estrutura, cada verbo tem seu próprio sujeito. Advirta-se que esta é a única situação em que o pronome oblíquo pode funcionar como sujeito, sendo, neste caso, sujeito do infinitivo, que, nessas construções, aparece geralmente não flexionado. Trata-se de uma ressonância da sintaxe clássica latina, conhecida como *accusativus cum infinitivo*. Nos exemplos a seguir, destacamos em itálico o sujeito de infinitivo.

Ouviu bater uma por uma *as horas todas*. (RE, IX. Observe-se que o infinitivo *bater* não se flexiona, apesar de o seu sujeito (*as horas todas*) estar no plural).

Deixei-*me* ir assim, rio abaixo dos anos. (RE, x. Note-se o pronome reflexivo *me* na função de sujeito do infinitivo *ir*).

Olhou assustada para todas as portas, deixou-*se* cair frouxamente numa cadeira. (RE, XIII. O reflexivo *se* é o sujeito do infinitivo *cair*).

Guiomar, entretanto, erguera-se e chegara ao grupo da madrinha. Luís Alves, que se achava de pé, recuou um pouco para deixá-*la* passar. (ML, XII. Aqui, o sujeito do infinitivo *passar* é o pronome oblíquo -*la*).

Quando Rubião chegou à esquina do Catete, a costureira conversava com um homem, que a esperava, e que lhe deu logo depois o braço; viu-*os* ir ambos, conjugalmente, para o lado da Glória. (QB, XCVII. O pronome oblíquo *os* é o sujeito do infinitivo *ir*. Mas Machado retoma pleonasticamente esse sujeito no numeral dual *ambos*, com o intuito de enfatizar a relação conjugal existente entre a costureira de Sofia e o homem que a esperava. Não satisfeito, ainda reforça essa relação com o advérbio de modo *conjugalmente*).

Há dois ou três meses ouvi dizer *a Fidélia* que nunca mais tocaria. (MA, 31/8/1888. Não se trata de sujeito preposicionado. Nessa construção de sabor clássico, a preposição *a* antes do sujeito *Fidélia* tem valor apenas expletivo, e não gramatical).

Suspeitar

Chama a atenção o emprego do verbo *suspeitar* como transitivo direto, no sentido de "desconfiar". Regência inusitada em nossos dias, em que este verbo é usado normalmente como transitivo indireto: "suspeitar de". Nos exemplos abaixo, parece que há um cruzamento semântico entre os dois sentidos: o de pressentir e o de desconfiar.

D. Eusébia não suspeitou nada. (BC, XXXIII).

Não houve nada, mas ele suspeita alguma coisa. (BC, CVII).

Talvez (ou verbo dubitativo) + indicativo

A ideia de hipótese ou de dúvida, expressa por verbos como *supor*, *imaginar* e pelo advérbio *talvez*, pode vir acompanhada por formas verbais de indicativo, quando o normal seria o emprego do subjuntivo. Tal uso pode revelar a certeza do enunciador a respeito do seu enunciado, sua confiança em que o fato expresso por ele irá se realizar ou é uma verdade consagrada. Em outros casos, a dúvida é apenas aparente, daí o verbo no indicativo. Existe também a possibilidade de o advérbio *talvez*, conservando traços remotos de sua origem etimológica (*tal* + *vez*), apresentar valor mais temporal do que propriamente de dúvida, o que explicaria o emprego do indicativo. O fato é que o uso de *talvez* seguido de indicativo é uma preferência machadiana desde os seus primeiros romances. Nos exemplos a seguir, destacamos em itálico a palavra dubitativa e o verbo no indicativo.

Mas *talvez* eu *estou* a dar proporções muito graves a uma coisa de tão pequeno tomo. (ML, Advertência de 1874. Por se tratar de uma Advertência, é o próprio Machado de Assis, e não um personagem, que está fazendo uso da sintaxe "talvez + indicativo", o que parece confirmar uma preferência pessoal do autor por essa construção).

Suponho que o leitor *estará* curioso de saber quem era o feliz ou infeliz mortal. (ML, VII. Machado finge estar em dúvida sobre a curiosidade do leitor. Na verdade, como folhetinista, ele conhece bem a reação dos seus leitores, por isso usou a fórmula dissimulada "Suponho que" + verbo no indicativo).

O padre olhou silenciosamente para um e outro. *Talvez hesitava* falar; *talvez busca-*

va o melhor meio de dizer o que tinha no coração. (HE, XVI. Parece-nos que, neste caso, o advérbio *talvez*, além do sentido dubitativo, apresenta cumulativamente certo valor temporal).

Corrido o tempo e cessado o espasmo, então sim, então *talvez se pode* gozar deveras. (BC, VI. A ideia de certeza é confirmada pelo advérbio *deveras*. O esperado aqui seria o verbo no subjuntivo: "talvez se possa gozar").

Talvez os gatos *são* menos matreiros (...) do que eu era na minha infância. (BC, XI. Brás Cubas reconhece que ele era mais matreiro do que os gatos).

Suponho que Virgília *ficou* um pouco admirada, quando lhe pedi desculpas das lágrimas que derramara naquela triste ocasião. (BC, CIII. O narrador deve ter certeza do seu enunciado, caso contrário, diria: "Suponho que Virgíla tenha ficado").

Talvez senti alguma coisa semelhante a despeito. (BC, LXVII. Com certeza, Brás Cubas a deve ter sentido, pois usou o verbo no indicativo, quando o esperado seria: "Talvez sentisse").

Imaginei também que a concepção seria um puro invento, um modo de prender-me a ela, recurso sem longa eficácia, que *talvez começava* de oprimi-la. Não era absurda esta hipótese; a minha doce Virgília mentia às vezes com tanta graça! (BC, XCIV. O próprio narrador explica o emprego do indicativo neste caso, ao admitir que a amante poderia estar mentindo).

Talvez a imaginação lhe *mostrou*, ao longe, o famoso olho da opinião, a fitá--lo sarcasticamente, com um ar de pulha; *talvez* uma boca invisível lhe *repetiu* ao ouvido as chufas que ele escutara ou dissera outrora. (BC, XCVI. A repetição da estrutura "talvez + indicativo" confirma a preferência estilística de Machado de Assis, além de enfatizar a certeza dos fatos narrados).

O gato, que nunca leu Kant, *é talvez* um animal metafísico. (QB, LXXX. É possível que Machado tenha se aproveitado do discurso de Brás Cubas para nos dizer, de forma dissimulada, que ele, Machado, considerava o gato um animal metafísico. Essa possibilidade parece justificar o emprego da fórmula "é talvez", com o verbo no indicativo).

Talvez + subjuntivo

Excluída a motivação estilística ou psicológica, expressas no verbete anterior, o advérbio *talvez* é normalmente seguido de verbo no subjuntivo, o modo da dúvida, da hipótese, daí ser também chamado de subjuntivo potencial. É o que se vê nos exemplos a seguir. Ressalve-se, contudo, que Machado de Assis demonstra certa preferência pelo uso do indicativo nesses casos, sendo menos frequente, nos seus textos, o emprego do subjuntivo. Destacamos em itálico o advérbio *talvez* e o verbo no subjuntivo.

Talvez ela *ache* impossível aquilo que é simplesmente difícil. (HE, XVIII).

— Nhonhô *talvez não se lembre* mais de D. Eusébia... (BC, XXV. A frase pertence ao moleque Prudêncio, escravo de Brás Cubas. Soa artificial esse subjuntivo na boca de um personagem que devia ser analfabeto).

Talvez pareça excessivo o escrúpulo do Cotrim, a quem não souber que ele possuía um caráter ferozmente honrado. (BC, CXXIII).

Talvez algum velho marquês defunto lhe *repetisse* anedotas de outras eras. (QB, LXXX).

Talvez esse discreto silêncio sobre os textos roídos *fosse* ainda um modo de roer o roído. (DC, XVII).

Todo = qualquer

No português contemporâneo do Brasil, fixou-se o emprego do pronome indefinido *todo*, desacompanhado de artigo, com sentido genérico, significando "qualquer". Em Machado de Assis já se encontram exemplos dessa prática, embora o mais frequente seja o uso desse pronome à moda portuguesa, como se vê no próximo verbete.

Juramos pela segunda forma, e ficamos tão felizes que todo [qualquer] receio de perigo desapareceu. (DC, XLVIII).

Que é que havia nele propriamente conservador, a não ser esse instinto de toda [qualquer] criatura, que a ajuda a levar este mundo? (EJ, XLVII).

Toda [qualquer] filha moça é eterna para as mães envelhecidas. (MA, 3/11/1888).

Todo o = qualquer

Machado, por vezes, vacila na distinção entre *todo* = qualquer, cada; e *todo o(a)*, com o sentido de totalidade numérica, de coisa ou ação completa. Essa distinção fixou-se no português do Brasil em época mais ou menos recente, pois os nossos autores, à semelhança dos portugueses, não a faziam até o século XIX e princípios do século XX. Observe-se que nos exemplos a seguir, Machado empregou *todo o(a)* com o sentido de "qualquer".

Mas o tempo, que é bom mestre, vem diminuir a tamanha confiança, deixando-nos apenas a que é indispensável a todo o homem. (RE, Advertência da 1.ª ed.).

Lívia, que, como toda a mulher bela, (...), sabia mirar-se na fisionomia dos outro, não deixou de perceber a impressão do doutor. (RE, V).

De envolta com essas sensações comuns a toda a alma, havia ainda as que eram dela. (ML, XIX).

Toda a alma feliz é panteísta. (ML, XIX).

A rainha de Navarra empregou algures esta metáfora para dizer que toda a aventura amorosa vinha a descobrir-se por força, mais tarde ou mais cedo. (BC, CXXXI).

Toda a notícia pública cresce de dois terços, ao menos. (EJ, LXI).

Todo o = ideia de ação ou coisa completa, de totalidade numérica.

Também colhemos exemplos de *todo o* com o sentido de totalidade numérica, de coisa ou ação completa. No plural *todos os*, o artigo depois do pronome indefinido é obrigatório, e Machado nunca deixa de usá-lo, como se vê a seguir.

— O senhor há de quebrar todo o meu orgulho, disse [Lívia] com amargura. (RE, IX).

Todo o colo ia coberto até o pescoço, onde o roupão era preso por um pequeno broche de safira. (ML, III).

Isto, e pouco mais, era toda a moldura do painel, — um dos mais belos painéis que havia por aqueles tempos em toda a praia de Botafogo. (ML, IV).

— Não é refeição de príncipe, dizia ele, mas satisfaz todas as ambições de um estômago sem esperança. (HE, XXI).

— Minha casa é conhecida em todo [todo o] Andaraí pela casa do Conselheiro

Vale... (HE, XXI. Também se encontra *todo*, sem artigo, com o sentido de totalidade numérica. Gralha tipográfica ou hesitação de Machado? Embora a frase seja do personagem Estácio, é válido citá-la, como exemplo da vacilação existente nos livros de Machado quanto ao emprego desse pronome indefinido *todo*).

E [Maria Benedita] **percorria toda a conversação, todos os gestos que fizera, e não achava nada que explicasse a frieza, ou que quer que era de Carlos Maria.** (QB, CLXX).

Outrossim, [José Dias] ria largo, (...), toda a cara, toda a pessoa, todo o mundo pareciam rir nele. (DC, V).

Lidava [D. Glória] assim, (...), vendo e guiando os serviços todos da casa inteira, desde manhã até à noite. (DC, VII. Para enfatizar os dotes de administradora de sua mãe, Bentinho coloca o artigo antes do pronome indefinido: "os serviços todos", em vez de "todos os serviços").

Escobar veio abrindo a alma toda, desde a porta da rua até ao fundo do quintal. (DC, LVI. O pronome indefinido *toda*, depois do substantivo *alma*, torna mais nítida a ideia de totalidade, além de realçar a presença do artigo definido *a*).

Todas as histórias, se as cortam em fatias, acabam com um capítulo último e outro penúltimo. (EJ, CXIX).

Topicalização (v. Antecipação)

Tupinismos

Não são tão frequentes quanto os africanismos. Machado de Assis, escritor urbano por excelência, não tem motivação, como José de Alencar, para usar ou forjar tupinismos em seus romances e contos. Seus personagens eram citadinos, cariocas em sua maioria, e os objetivos ficcionais de Machado eram outros, diferentes dos da corrente indianista. Além disso, os africanismos, ao contrário dos tupinismos, refletem naturalmente o contato direto dos escravos e das mucamas que conviviam intramuros com seus senhores, influenciando-lhes a linguagem e a própria formação cultural da sociedade brasileira, como o demonstra Gilberto Freyre em suas obras, dentre as quais se destaca o livro clássico *Casa-grande & senzala*.

Nos exemplos a seguir, destacamos em itálico os tupinismos.

— Como se chama? perguntou ela. — *Moema*. — *Moema*! Ora espere... é um nome indígena, não é? (HE, VI. Trata-se da égua com que Estácio presenteou Helena. Note-se que Machado põe na boca da personagem a etimologia do termo *Moema*).

Lembra-me que estava sentado, debaixo de um tamarineiro, (...) e o espírito ainda mais cabisbaixo do que a figura, — ou *jururu*, como dizemos das galinhas tristes. (BC, XXV).

Supôs-se naquele tempo um desgraçado, um *caipora* [azarado]. (QB, XV).

Um dia, reinando outra vez febres em *Itaguaí*, disse-lhe meu pai que fosse ver a nossa escravatura. (DC, V. É na toponímia que se encontra a maioria dos nomes indígenas. Itaguaí é uma região do interior fluminense).

— Você já viu o meu *gaturamo*? (DC, XV. Trata-se de uma espécie de pássaro).

Vicários (termos)

Por uma questão de concisão verbal ou de elegância sintático-estilística, alguns verbos são usados para evitar a repetição de outros ou até de uma oração inteira. Trata-se de uma espécie de anáfora indireta. Os

principais verbos vicários são *fazer* e *ser*, mas o advérbio *sim*, equivalente a toda uma oração, também pode desempenhar esse papel, como é possível verificar nas citações a seguir.
Destacamos em itálico os termos vicários.

Era a primeira vez que Helena aludia ao amor de Estácio, e *fazia-o* [aludia a ele] por modo encoberto e oblíquo. (HE, VIII).

— Anuncie a viagem, e Estácio se apressará a pedir-lhe sua filha. Se o não fizer, *é* [não fará] porque a não ama. (HE, XII).

Cristiano foi o primeiro que travou conversa, dizendo-lhe que as viagens de estrada de ferro cansavam muito, ao que Rubião respondeu que *sim* [cansavam]. (QB, XXI).

— As estrelas são ainda menos lindas que os seus olhos, e afinal nem sei mesmo o que elas sejam; Deus, que as pôs tão alto, *é* [pôs] porque não poderão ser vistas de perto, sem perder muito da formosura... (QB, XXXIX).

Falava bem; — mas, quando [Maria Benedita] calava, *era* [calava] por muito tempo. (QB, LXVIII).

— É o que eu diria e direi se ela me consultar algum dia. Agora, ir falar-lhe sem ser chamada, não *faço* [irei]. (DC, XXI).

— Bem, mas em saindo daqui, não há de *ser* [sair] para embarcar logo. (DC, LXI).

Não sei se alguma vez tiveste dezessete anos. Se *sim* [tiveste], deves saber que é a idade em que a metade do homem e a metade do menino formam um só curioso. (DC, XCVII).

Aires sabia que os túmulos não são discretos. Se não dizem nada, *é* [não dizem] porque diriam sempre a mesma história. (EJ, CXX).

A viúva não tocou mais de quatro ou cinco minutos, e *fê-lo* [tocou] a pedido de Tristão. (MA, 8/9/1888).

Vírgula (emprego)

Numa época em que o uso da vírgula ainda não estava normatizado, Machado de Assis emprega esse sinal diacrítico de forma hesitante e, às vezes, contraditória, como é possível verificar nas ressalvas feitas pelos organizadores das edições críticas de suas obras. Em alguns casos, parece guiar-se pelo ouvido, virgulando segundo critérios prosódicos pessoais, conforme se verifica nos exemplos a seguir.

Ninguém adivinharia nas maneiras finamente elegantes daquela moça, a origem mediana que ela tivera; a borboleta fazia esquecer a crisálida. (ML, V. Vírgula entre o verbo (*adivinharia*) e seu objeto direto (*a origem mediana*). Talvez porque este esteja afastado do verbo. Repare-se também na ausência de vírgula depois de *adivinharia*).

O nome que lhe deixara o pai, e a influência da tia podiam servir-lhe nas mãos para fazer carreira em alguma coisa pública. (ML, VII. Note-se a vírgula desnecessária, separando os dois núcleos do sujeito composto).

A imaginação dela porém não era doentia, nem romântica, nem piegas. (ML, X. Faltam as vírgulas antes e depois da conjunção *porém*).

Apertaram-se as mãos, e o passeio continuou nas melhores disposições do mundo. (HE, VI. Vírgula bem empregada: as duas orações coordenadas têm sujeitos diferentes).

Estácio possuía estas duas coisas, a retratação do erro e a generosidade do perdão. (HE, X. Machado prefere a vírgula, em vez de dois-pontos, para separar o aposto enumerativo (*a retratação do erro e a gene-*

rosidade do perdão) do termo antecedente: *duas coisas*).

D. Úrsula é uma santa senhora; Estácio, um caráter austero e digno. (HE, XII. Nesses casos de zeugma, a vírgula tem duplo papel: assinala a pausa prosódica e a omissão da forma verbal *é*, mencionada na oração anterior).

Procópio Dias não parecia outra coisa; a atmosfera feminina era para ele uma necessidade; o *ruge-ruge* das saias a melhor música a seus ouvidos. (IG, IX. Depois da palavra *saias*, Machado deveria ter usado vírgula, para assinalar a pausa prosódica representada pela omissão da forma verbal *era*).

O tempo caleja a sensibilidade, e oblitera a memória das coisas. (BC, CXII. Vírgula desnecessária, uma vez que o sujeito das duas orações coordenadas é o mesmo: "o tempo". Pausa prosódico-estilística ou vacilação de Machado de Assis?).

Ofereceu, ele mesmo, este ou aquele licor. (QB, XXIX. Emprego estilístico das vírgulas. O sujeito está posposto ao verbo e enfatizado pela palavra de realce *mesmo*. Esta colocação do sujeito entre vírgulas implica, na leitura, uma pausa prosódica, que também contribui para enfatizar o gesto hospitaleiro do dono da casa, Rubião).

Cada gloriazinha oculta picava o ovo, e punha a cabeça de fora. (QB, LXVII. Vírgula desnecessária, uma vez que as duas orações coordenadas têm o mesmo sujeito: "Cada gloriazinha oculta". Mais uma vez, Machado virgulou pelo ouvido, fazendo uso mais prosódico do que sintático da vírgula).

Depois [Sofia] perguntou-lhe que impressões trouxera do baile; Maria Benedita levantou os ombros com indiferença, mas verbalmente respondeu que boas. (QB, LXXVII. Subentende-se: "respondeu que trouxera boas impressões". Depois da conjunção integrante *que* não existe pausa prosódica, o que dispensa a presença da vírgula neste caso).

— Sim, não sairá maricas, repliquei; eu só lhe descubro um defeitozinho, gosta de imitar os outros. (DC, CXII. Aqui, Machado poderia ter usado dois-pontos para introduzir o aposto oracional "gosta de imitar os outros", mas ele demonstra certa preferência pela vírgula e, sobretudo, pelo ponto e vírgula. Deste, chega mesmo a abusar. V. verbete "Ponto e vírgula").

Eu era advogado de algumas casas ricas, e os processos vinham chegando. (DC, CIV. Vírgula usada corretamente, para separar orações coordenadas com sujeitos diferentes).

Os outros repetiram a recusa, e assentaram de ir para suas casas. (EJ, LXVII. Mais uma vírgula desnecessária: as orações coordenadas têm o mesmo sujeito: "Os outros").

Naturalmente falamos dela algumas vezes, ele com entusiasmo, eu com simpatia. (MA, 25/3/1889. Zeugma da formas verbais *falou*, depois do sujeito *ele*, e *falei*, depois do sujeito *eu*. Observe-se que, nos dois casos, Machado não usa vírgula para assinalar a omissão das referidas formas verbais).

E aí vieram as palavras mais doces que jamais disseram lábios de homem nem de mulher, e as mais ardentes também, e as mudas, e as tresloucadas, e as expirantes, e as de ciúme, e as de perdão. ("Mariana", VH. Neste caso, por se tratar de um polissíndeto (v.), é lícito o emprego da vírgula antes da conjunção *e* repetida. Neste exemplo, a vírgula realça a série enumerativa de adjetivos e substantivos, além de marcar a pausa prosódica entre os termos dessa série).

Voz passiva analítica

A voz passiva indica que o sujeito é paciente, isto é, recebe ou sofre a ação verbal. Estruturalmente, é um desdobramento do verbo transitivo direto da ativa (o único que admite conversão para a passiva) em uma conjugação composta formada por verbo auxiliar + particípio.

Existem quatro tipos de passiva analítica, de acordo com o verbo auxiliar empregado: a de ação, com o verbo *ser* (a mais comum): "O professor *foi cercado* pelos alunos"; a de estado, com *estar*: "O professor *estava cercado* pelos alunos"; a de mudança de estado, com *ficar*: "O professor *ficou cercado* pelos alunos"; e a de movimento, com os auxiliares *ir* ou *vir*: "O professor *vinha (ia) cercado* pelos alunos".

Vejamos alguns exemplos em Machado de Assis. Destacamos em itálico a construção passiva. Observe-se que nem sempre é explicitado o agente da passiva.

a) *Passiva de ação*

Contam que, em rapaz, [tio Cosme] *foi aceito* de muitas damas. (DC, VI. Note-se que o agente da passiva é introduzido pela preposição *de*. Veja a equivalência: "foi aceito por muitas damas").

Os cabelos, em bandós, *eram apanhados* sobre a nuca por um velho pente de tartaruga. (DC, VII).

Este ponto *é contestado* pelos satanistas. (DC, IX).

A promessa *foi guardada* por ela, com alegria, no mais íntimo do coração. (DC, LXXX).

b) *Passiva de estado*

Nem todas as relações subsistiram, mas a maior parte delas *estavam atadas* [por Sofia]. (QB, CXXXVIII).

— A esta hora *o rato está comido* [pelo gato]. (DC, CX).

Não relia o bilhete, mas as palavras *estavam decoradas* [por Camilo], diante dos olhos, fixas. ("A cartomante", VH).

Quintília mostrou-se-lhe tão graciosa, que ele cuidou *estar aceito* [por ela]. ("A desejada das gentes", VH).

c) *Passiva de mudança de estado*

Justamente, quando contei o pregão das cocadas, *fiquei* tão *curtido* de saudades que me lembrou fazê-lo escrever por um amigo, mestre de música. (DC, LX. Repare-se que o infinitivo *escrever* (v. "Infinitivo passivo") apresenta sentido passivo).

Antes de ir aos embargos, expliquemos ainda um ponto que já *ficou explicado*. (DC, CXIV).

Uma ou outra hipótese, é já certo que [Tristão] *está namorado* [de Fidélia]. Chegou ao ponto de esquecer-nos e *ficar preso* dela, *embebido* nela, *levado* por ela. (MA. 20/11/1888).

d) *Passiva de movimento*

— Lá vai o Porfírio à casa do Dr. Bacamarte, disse-lhe a mulher no dia seguinte (...); *vai acompanhado* de gente. ("O alienista", VIII, PA. Note-se que o agente da passiva é introduzido pela preposição *de*).

Voz passiva pronominal (v. Medial passiva)

Estilo

- prosopopeia
- folhetim
- estilística
- amplificação
- intertextualidade
- metanarrator
- onomatopeia
- paradoxo
- suspense
- polissíndeto
- concatenação
- sinestesia
- paralelismo
- linearismo
- adjetivação
- eufemismo
- antecipação
- realismo
- anáfora
- zeugma
- elipse
- diminutivos
- polípote
- lítotes
- descrições
- intratextualidade
- humor
- gradação
- palavras
- digressão
- quiasmo
- antirromantismo
- antonomásia
- homeoptoto
- discurso
- frases
- conversas
- alegoria
- pleonasmo
- perífrase
- enálage
- epizeuxe
- monólogo
- metáfora
- comparação
- superlativo
- sátira
- hipálage
- antítese
- interferentes
- romantismo
- hipérbole
- oxímoro
- estilização
- paródia
- frasista
- impressionismo
- metonímia
- metalinguagem

Adjetivação compensatória

É um artifício usado por Machado de Assis para transmitir, de forma atenuada ou contrastiva, o que ele realmente quer dizer ou realçar. Certas adjetivações apresentam-se impregnadas de humor, outras de ironia ou de perplexidade diante de algum fato para o qual o narrador não encontra explicação.

Sobre o assunto, consultar o proveitoso estudo "A litotes em Machado de Assis", de Hélcio Martins (2005:310). Vejamos alguns exemplos.

Tinha então 54 anos, era uma ruína, uma imponente ruína. (BC, V. Brás Cubas descreve Virgília, sua ex-amante da juventude, com uma metáfora pejorativa: *ruína*. Mas contrabalança a descrição acrescentando-lhe um adjetivo valorativo: *imponente*. Como diz o ditado popular, "Quem foi rei nunca perde a majestade").

Todavia, importa dizer que este livro é escrito com pachorra, com a pachorra de um homem já desafrontado da brevidade do século, obra supinamente filosófica, de uma filosofia desigual, agora austera, logo brincalhona. (BC, IV. Nessa dupla de adjetivos (*austera/brincalhona*) percebe-se um traço da sátira menipeia (v. verbete): a mistura do sério com o cômico no mesmo discurso. Sobre o assunto, consultar as obras de Rouanet, Sá Rego, Merquior e Nogueira, todos citados na bibliografia deste trabalho).

Minha mãe era uma senhora fraca, de pouco cérebro e muito coração, (...) — caseira, apesar de bonita, e modesta, apesar de abastada. (BC, XI. Brás Cubas quer dizer que sua mãe tinha pouca inteligência, mas muito sentimento (a conjunção *e* tem valor adversativo = *mas*). O narrador compensa essa avaliação pouco lisonjeira, acrescentando que ela, embora fosse bonita, não exibia sua beleza nos salões, levando vida recatada. Tinha hábitos simples, embora fosse uma mulher rica).

Vi-o conversar com Dona Eusébia, irmã do sargento-mor Domingues, uma robusta donzelona, que se não era bonita, também não era feia. (BC, XII. As duas litotes "não era bonita" e "não era feia" se neutralizam. Mas o adjetivo "robusta", anteposto ao aumentativo pejorativo "donzelona", é que dá o tom do humor irônico machadiano).

Uns olhos tão lúcidos, uma boca tão fresca, uma compostura tão senhoril: e coxa! (BC, XXXIII. Trata-se da descrição de Eugênia, cujo nome já é uma ironia da natureza, ou melhor, de Machado de Assis. A compensação, no caso, é negativa, estabelecida pelo adjetivo *coxa*, precedido da conjunção *e*, de valor contrastivo = *mas, porém*. Nesse adjetivo *coxa*, seguido de exclamação, percebe-se uma espécie de perplexidade ou inconformismo de Brás Cubas com o defeito físico da personagem).

Por que bonita, se coxa? Por que coxa, se bonita? (BC, XXXIII. Aqui, Machado vale-se do quiasmo para estabelecer contraste e compensação. Negativa, naturalmente. V. o verbete "Quiasmo").

Triste, mas curto. (BC, XXIII). **Curto, mas alegre** (BC, XXIV. Aqui, a conjunção adversativa *mas* tem valor de compensação. Note-se que, nos dois casos, o segundo adjetivo atenua o lado negativo do primeiro. Trata-se do título dos dois capítulos, numa espécie de aviso prévio ao leitor).

Positivamente era um diabete, Virgília, um diabete angélico, se querem, mas era-o. (BC, XLIII. O adjetivo *angélico*, além de compensatório, exerce uma função modalizadora, pois expressa uma avaliação pessoal de Virgília feita por seu amante, Brás Cubas. O advérbio *positivamente*, pelo mesmo motivo, é também um modalizador do discurso do protagonista).

— Não sei que dirá a sua fisiologia. A minha, que é de profano, crê que aquela moça tinha ao casamento uma aversão puramente física. Casou meia defunta, às portas do nada. Chame-lhe monstro, se quer, mas acrescente divino. ("A desejada das gentes", VH. Também nos contos Machado emprega a adjetivação compensatória, esse estilema caracterizador do seu estilo. No exemplo acima, o adjetivo *divino* serve para contrabalançar ou atenuar o fato de o narrador-protagonista ter classificado a personagem Quintília de "monstro", em virtude de sua "esquisita" aversão ao sexo. Note-se que o atributo "divino", incompatível com o substantivo "monstro", configura um caso de oximoro, verbete para o qual remetemos o leitor).

Alegoria

A alegoria é a simbolização concreta de uma ideia abstrata (ações, qualidades, estados), geralmente por meio da personificação. Costuma apresentar-se com letra maiúscula, uma forma de enfatizar sua importância. Além dessa definição, a alegoria também pode ser entendida como uma sequência de metáforas, como ocorre nos capítulos IX e CXXXII de *Dom Casmurro*, citados a seguir.

Já o leitor compreendeu que era a Razão que voltava à casa, e convidava a Sandice a sair, clamando, e com melhor jus, as palavras de Tartufo: *La Maison est à moi, c'est a vous d'en sortir*. (BC, VIII. "A casa é minha; você é que deve sair". Note-se a personificação da Sandice e da Razão, alegorias escritas com maiúsculas. O conflito entre o juízo e a loucura é um dos temas preferidos de Machado de Assis, explorado, por exemplo, em *Quincas Borba* e no conto "O alienista").

Jamais o problema da vida e da morte me oprimira o cérebro; nunca até esse dia me debruçara sobre o abismo do Inexplicável. (BC, XXIV. A reflexão de Brás Cubas, diante da morte sofrida de sua mãe, leva-o a usar uma alegoria eufêmica para se referir à morte, classificando esta como "o Inexplicável").

Virgília, calada, fazia estalar as unhas. (...). Menos o estalido, era a estátua do Silêncio. (BC, XLI. O Silêncio, noção abstrata, concretiza-se sob a forma de estátua, enfatizada alegoricamente pela inicial maiúscula).

Pobre Destino! Onde andarás agora, grande procurador dos negócios humanos? (BC, LVII. Machado, pela pena de Brás Cubas, questiona o Destino, entidade abstrata, personificado-o alegoricamente e valorizando-o por meio da inicial maiúscula).

A vida é uma ópera e uma grande ópera. O tenor e o barítono lutam pelo soprano, em presença do baixo e dos comprimários, quando não são o soprano e o contralto que lutam pelo tenor, em presença do mesmo baixo e dos mesmos comprimários. Há coros numerosos, muitos bailados, e a orquestração é excelente... (DC, IX. Machado põe na boca do velho tenor italiano Marcolini essa alegoria teatral, para definir a vida e as relações entre as pessoas. Machado gostava muito de teatro, tendo sido, inclusive, autor e crítico teatral, o que explica o tipo de alegoria usado por ele, o qual enfatiza sua concepção da vida como uma coisa burlesca, uma farsa teatral. Somos tentados a imaginar o Bruxo do Cosme Velho, por trás das cortinas do teatro, com um sorriso sardônico, a nos advertir: "A vida não passa de uma ópera. Não é para ser levada a sério". Mas o narrador Dom Casmurro bem que a levou a sério, tanto que escreveu um romance memorialista, misto de autobiografia e catarse).

E foi então que a Esperança, para combater o Terror, me segredou ao coração, não estas palavras, pois nada articulou parecido com palavras, mas uma ideia que poderia ser traduzida por elas: "Mamãe defunta, acaba o seminário". (DC, LXVII. Bentinho se surpreende desejando, inconscientemente, a morte de D. Glória, que se encontrava doente. Note-se que a luta entre forças antagônicas no subconsciente do personagem é representada por duas figuras alegóricas: a Esperança e o Terror. Este é suscitado pela possibilidade de perder a mãe e, sobretudo, pelo remorso; aquela, uma espécie de compensação: a oportunidade de se livrar do seminário).

....

E o principal é que os nossos temporais eram agora contínuos e terríveis. Antes de descoberta aquela má terra da verdade, tivemos outros de pouca dura; não tardava que o céu se fizesse azul, o sol claro e o mar chão, por onde abríamos novamente as velas que nos levavam às ilhas e costas mais belas do universo, até que outro pé de vento desbaratava tudo, e nós, postos à capa, esperávamos outra bonança. (...). Releva-me estas metáforas; cheiram ao mar e à maré que deram morte ao meu amigo e comborço Escobar. Cheiram também aos olhos de ressaca de Capitu. (DC, cxxxii. Após a morte de Escobar, aumentam as suspeitas de Bentinho. Com o coração cheio de ciúme e ódio, ele torna a vida do casal um inferno, uma borrasca permanente, como se vê pela sequência de metáforas marítimas usadas pelo narrador. Este, aliás, consciente de sua linguagem alegórica, apela para a benevolência do leitor: "Releva-me estas metáforas". A locução *à capa* é uma expressão da linguagem náutica e significa, segundo o *Dicionário Caldas Aulete*, "manobra empregada em ocasião de mau tempo, para proteger o navio contra a violência das vagas". Tudo a ver com a procela enfrentada pelos atormentados navegantes, Bentinho e Capitu).

....

Um dia dobrou a esquina da Vida e caiu na praça da Morte, com as barbas enxovalhadas, por não haver quem lhas pintasse na Santa Casa. (EJ, xxiii. Forma alegórica empregada para descrever o declínio e a morte de certo personagem anônimo. Observe-se que os termos *Vida* e *Morte* estão personificados e grafados com maiúsculas.

Trata-se de uma daquelas frases geniais de Machado de Assis).

....

Ia nessas conjecturas, em direção à Escola Politécnica, e vi-o passar por mim, cabisbaixo, não sei se triste ou alegre; não pude ver-lhe a cara. Mas parece que a tristeza é que é cabisbaixa, a alegria distribui os olhos felizes à direita e à esquerda. (MA, 12/9/1888. Quem ia de cabeça baixa era o Dr. Osório, infeliz devido ao fato de Fidélia haver recusado seu pedido de casamento. Note-se que Machado usa uma alegoria para estabelecer o contraste entre os dois sentimentos: a tristeza cabisbaixa e a alegria de olhos felizes. Desta vez, os termos personificados e alegóricos não foram grafados com letras maiúsculas).

....

Alusão (v. Paródia e Intertextualidade)

Amplificação

Figura de estilo que consiste no desenvolvimento de uma ideia por meio de certos procedimentos retóricos, tais como: a definição, o símile, a metáfora, a adjetivação, a gradação, a prosopopeia, o superlativo e, sobretudo, a repetição. O efeito estilístico da amplificação é realçar ou fixar no espírito do leitor alguma informação de interesse do narrador, como se percebe nos exemplos a seguir.

Quando esta palavra de Shakespeare me chamou a atenção, confesso que senti em mim um eco, um eco delicioso. (BC, xxv. Reiteração do substantivo *eco*, qualificado, desta vez, pelo adjetivo *delicioso*. Note-se a metáfora sinestésica criada pela interpenetração de planos sensoriais: audição e paladar).

....

Virgília era o travesseiro do meu espírito, um travesseiro mole, tépido, aromático, enfronhado em cambraia e bruxelas. (BC, lxii. Metáfora de alcova, amplificada pela adjetivação, em gradação ascendente e do mesmo campo semântico).

....

Via-a assim, e doía-me que a vissem outros. Depois, começava a despi-la, com as minhas mãos sôfregas e lascivas, a torná-la, — não sei se mais bela, se mais natural, — a torná-la minha, somente minha, unicamente minha. (BC, LXIV. Brás Cubas reitera e amplifica o pronome possessivo *minha*, signo da posse da amante, a lasciva Virgília. Só que esta não era unicamente sua, mas também do marido. Talvez tivesse sido mais exato dizer "nossa, unicamente nossa". É que o narrador, inebriado com a conquista dos favores sexuais de Virgília, acaba se esquecendo de que ela era casada).

Rubião achou um rival no coração de Quincas Borba, — um cão, um bonito cão, meio tamanho, pelo cor de chumbo, malhado de preto. (QB, V. Machado de Assis tinha certa simpatia por cachorros. Um dos seus primeiros contos é "Miss Dollar" (*Contos fluminenses*), que é o nome de uma cadelinha. Em *Quincas Borba*, fica-se sem saber se este título dado ao romance representa o nome do "filósofo" maluco, fundador do Humanitismo, ou se ele se refere ao cão homônimo. Aqui, o termo *cão*, e não *cachorro*, tem conotação valorativa, amplificada pelo adjetivo *bonito*. Ver, a propósito, o admirável estudo de estilística léxica de Mattoso Câmara Jr. (1977:9), intitulado justamente "Cão e cachorro no *Quincas Borba*", no qual o saudoso linguista analisa as nuances estilísticas existentes entre as duas palavras no texto machadiano).

O cão, ouvindo o nome, correu à cama. Quincas Borba, comovido, olhou para Quincas Borba: — Meu pobre amigo! meu bom amigo! meu único amigo! (QB, V. Aqui, o cão é chamado de amigo, substantivo amplificado por três adjetivos em gradação ascendente: *pobre, bom, único*. Repare-se no tom de humor com que Machado de Assis impregna sua descrição da cena bizarra de um Quincas Borba, o homem, olhando para outro Quincas Borba, o cão. Eram os sintomas da loucura do pobre "filósofo").

Trouxera [Sofia] ao colo um pombinho, manso e quieto, e sai-lhe um gavião, — um gavião adunco e faminto. (QB, XXXIX. Louco de paixão por Sofia, Rubião se transmuda de inocente pombinho em voraz gavião, circunstância que Machado amplifica repetindo o termo *gavião*, espécie de metáfora erótica, e acrescentando-lhe dois epítetos: *adunco*, de garras afiadas, e *faminto*, cheio de desejo pela sensual e provocante mulher de Cristiano Palha).

— A vida é uma ópera e uma grande ópera. (DC, IX. A concepção machadiana da vida como uma ópera (algo burlesco, uma farsa) é amplificada pelo acréscimo do artigo indefinido *uma* (de valor intensivo) e do adjetivo qualificativo *grande*).

Podia ser algum negócio grave e *gravíssimo*. ("A cartomante", VH. É um estilema machadiano usar um adjetivo e depois amplificá-lo, enfaticamente, no grau superlativo, como fez neste exemplo. V., a propósito, o verbete "Pleonasmo").

Anacoluto

Consiste o anacoluto numa desconexão sintática entre os termos da oração. Trata-se de uma figura de sintaxe afetiva, da qual resulta uma frase fragmentada, típica da língua oral. O termo destacado, sem função sintática, fica, geralmente, no início da frase, chamando para si a atenção do leitor, como se vê neste exemplo de Eça de Queirós, em que o pronome *eu* não tem nenhum papel sintático no período: "Eu parece-me (...) que nós estamos aqui a enrodilhar-nos num equívoco". (*Os Maias*, vol. II. Porto: Lello, s/d, cap. VI, p. 348). O anacoluto não é muito comum em Machado de Assis, que prefere a frase direta e lógica. Nos exemplos abaixo, destacamos em itálico o termo desconectado sintaticamente.

Agradeci o favor, com muita abundância d'alma, porque *a tal candidatura*, que não me seduzia nem seduz, não há remédio senão cuidar dela. (HE, xv. Note-se que o termo deslocado (*a tal candidatura*) não desempenha nenhuma função sintática. Está topicalizado, servindo de tema ao seguinte comentário: *não há remédio senão cuidar dela*).

Sancha ergueu a cabeça e olhou para mim com tanto prazer que *eu*, graças às relações dela e Capitu, não se me daria beijá-la na testa. (DC, cxviii. Sintaxe fragmentada, em que o pronome *eu* fica deslocado e sem função sintática).

E ainda os de Verona dizem comentadores que as famílias de Romeu e de Julieta eram antes amigas e do mesmo partido. (MA, 14/1/1888. O anacoluto, representado pelos termos em itálico, no início do período, diz respeito à cidade de Verona, na Itália, palco da tragédia de Romeu e Julieta, peça homônima de Shakespeare. Machado começou a frase e de repente se interrompeu deixando-a solta, desconectada do resto do período, portanto, sem nenhuma função sintática. O memorial do Conselheiro Aires é uma espécie de diário íntimo por meio do qual ele se põe a conversar consigo mesmo, a tecer reminiscências, a emitir opiniões, daí o tom de oralidade tão frequente em seu texto).

Anadiplose

Ocorre quando uma palavra ou expressão usada no final de uma frase é repetida no início da frase seguinte. É uma figura de insistência cujo efeito estilístico é fixar no espírito do leitor uma informação ou uma mensagem. Nos exemplos a seguir destacamos em itálico a anadiplose.

O futuro trouxe-a ao *presente*, o *presente* levou-a ao passado. (IG, xv).

Relendo o capítulo passado, acode-me uma ideia e um *escrúpulo*. O *escrúpulo* é justamente escrever a ideia. (DC, LXIV).

Entre outras coisas, estive a rasgar *cartas velhas*. As *cartas velhas* são boas. (MA, 25/7/1888).

Todo ele é família, todo esposo, e agora também *filhos*, os dois *filhos* postiços. (MA, 3/8/1888).

Há dessas coisas que *mão de homem* não faz; *mão de homem* é pesada ou trapalhona. (MA, 2/11/1888).

Anáfora

Repetição da mesma palavra ou expressão no início de frases, períodos ou versos. Como ensina Henri Morier (1981:109), a anáfora é uma figura de insistência, usada para enfatizar os mais variados sentimentos e reações, tais como: vontade, perseverança, amor, ódio, indignação, sofrimento. Cumpre lembrar que o oposto da anáfora é a **epífora** (ou epístrofe), repetição da mesma palavra no final de cada membro de frase, como se vê neste exemplo extraído de *Dom Casmurro*, xi: "Quando íamos à missa, dizia-me sempre que era para aprender a ser *padre*, e que reparasse no *padre*, não tirasse os olhos do *padre*".

Vejamos alguns exemplos de anáfora em Machado de Assis.

Eu, que era muito chorão por esse tempo, sentia os olhos molhados. *Era* amor puro, *era* efeito dos padecimentos da amiguinha, *era* a ternura da reconciliação. (DC, XLVI. A repetição das frases encabeçadas pela forma verbal *era* enfatiza o estado de espírito eufórico de Bentinho, reconciliado com Capitu, após o primeiro arrufo adolescente).

Este [Aguiar], aliás, acompanhou a narração da mulher [D. Carmo] em silêncio, com os olhos no teto; naturalmente não queria incorrer na pecha de fraco, mas a fraqueza, se o era, começou nos gestos: *ele* ergueu-se, *ele* sentou-se, *ele* acendeu um charuto, *ele* retificou a posição de um vaso. (MA, 16/6/1888. A reiteração do pronome *ele* enfatiza o estado de inquietação do personagem, além de realçar as ações que dele partem, como sujeito dos verbos de cada oração coordenada assindética).

Aqui estou, *aqui* vivo, *aqui* morrerei. (MA, 9/1/1888. O advérbio de lugar *aqui* se refere ao Rio de Janeiro, mais precisamente, ao bairro do Catete, onde residia o Conselheiro Aires. Sua reiteração tem valor afetivo e reflete a satisfação do velho diplomata, por estar de volta, aposentado, ao Brasil, depois de viver décadas longe do seu país).

Antecipação (Topicalização)

A antecipação ou prolepse, segundo a retórica clássica, é uma figura de sintaxe por meio da qual o narrador desloca para o início da frase um termo que ele pretende enfatizar, geralmente o sujeito da oração subordinada em um período composto. Em outros casos, o termo antecipado pode ser retomado depois no complemento verbal pleonástico. Esse recurso, modernamente chamado de topicalização, funciona como uma espécie de tema a respeito do qual se tece um comentário. A frequência com que Machado de Assis usa esse procedimento sintático autoriza-nos a considerá-lo um estilema do autor, ou seja, um traço sistemático de sua prosa, definidor do seu estilo. Sobre o assunto, ver "As estruturas topicalizadas", em José Lemos Monteiro (2005:119); ver também *O tópico no português do Brasil*, de Eunice Pontes (1987).
Reproduzimos a seguir uma pequena parte do material pesquisado por nós.

Guiomar, no meio das afeições que a cercavam, sabia manter-se superior às esperanças de uns e às suspeitas de outros. (ML, VII. Note-se como Machado enfatiza a figura de Guiomar e seu caráter altivo, topicalizando o sujeito e colocando no final do período a informação sobre o comportamento da personagem. Trata-se de uma prótase atenuada. V. verbete "A frase machadiana").

As linhas puras e severas do rosto parecia que as traçara a arte religiosa. (HE, III. Na ordem direta: "Parecia que a arte religiosa traçara as linhas puras e severas do rosto". Topicalizando o objeto direto e retomando-o pleonasticamente, por meio do pronome oblíquo *as*, Machado lança luz sobre o que ele quer enfatizar: a sublimidade dos traços do rosto de Helena).

As derradeiras palavras ouviu-as ele com os olhos fitos na irmã e encostado ao paiol de pedra. (HE, VI. A topicalização do objeto direto (*As derradeiras palavras*), sua retomada no pronome oblíquo pleonástico *as* e a posposição do sujeito "ele" são recursos de estilística sintática, para enfatizar a perplexidade de Estácio diante do raciocínio lógico e do desembaraço verbal de Helena).

Pão seco é que eu não engulo. (BC, XLVI. Cotrim, o ganancioso cunhado de Brás Cubas, está inconformado com a divisão da herança deixada pelo pai de Brás Cubas. Para expressar seu inconformismo, topicaliza o objeto direto *pão seco* e reforça esse procedimento empregando a locução expletiva **é que**. Sem esses dois recursos linguísticos, na ordem direta ("Eu não engulo pão seco"), sua frase perderia muito em termos de expressividade).

Um solteirão que expira aos sessenta e quatro anos, não parece que reúna em si todos os elementos de uma tragédia. (BC, I. Na ordem direta: "Não parece que um solteirão que expira aos sessenta e quatro anos reúna...". Aqui, Machado antecipou o sujeito da oração subordinada. Naturalmente, para destacar o estado civil e a idade do defunto autor).

Sofia deixou-se ir com os olhos no chão, sem contestar, sem concordar, sem agradecer, ao menos. Podia não ser mais que uma galanteria, e as galanterias é de uso que se agradeçam. (QB, LXIX. Sofia está dançando com o vaidoso Carlos Maria. Este lhe dirige um galanteio, e o trecho transcrito descreve a reação íntima da moça. Nesta passagem, o termo "as galanterias" é sujeito da passiva pronominal "que se agradeçam". Deveria vir após o verbo, mas Machado preferiu antecipá-lo, conferindo assim maior destaque à oralidade do discurso indireto livre da personagem).

A viagem era curta, e os versos pode ser que não fossem inteiramente maus. (DC, I. O sujeito da oração subordinada é o termo "os versos", como se vê na ordem direta: "pode ser que os versos não fossem...". Bentinho enfatiza esse termo topicalizando-o, para depois tecer sua apreciação sobre os referidos versos).

Os olhos de Capitu, quando recebeu o mimo, não se descrevem. (DC, L. Na voz passiva pronominal, o sujeito costuma vir depois do verbo. Neste caso, na ordem usual, teríamos: "Não se descrevem os olhos de Capitu quando recebeu o mimo". A antecipação do sujeito *os olhos de Capitu* tem por objetivo enfatizar a enorme satisfação com que ela recebeu o presente dado por D. Glória. Naturalmente, seus olhos refletiam esse contentamento, pois, segundo Bentinho, naquele momento, eles "**não eram oblíquos, nem de ressaca, eram direitos, claros, lúcidos**". Trata-se de um caso típico de topicalização seguida de comentário, representado pelo predicado verbal "não se descrevem". Note-se que o sujeito e o predicado ficaram nos extremos da frase, abrindo e fechando o período composto, procedimento de estilística sintática que realça a informação apresentada pelo narrador).

De dançar gostava, e enfeitava-se com amor quando ia a um baile. (DC, CV. Antecipação do objeto indireto (*De dançar*) realça o espírito alegre e jovial de Capitu. Mas o ciumento marido (Bentinho) matou-lhe a alegria de viver).

A timidez pode ser que fosse outra causa daquela crise. (DC, CXVIII. Novamente, Machado antecipa o sujeito da oração subordinada. Na ordem direta: "Pode ser que a timidez fosse...". Trata-se de um estilema machadiano).

A casa não sendo grande, não podiam lá caber todos. (DC, CXXII. Note-se a anteposição do sujeito "casa" ao gerúndio "não sendo". Essa topicalização do sujeito chama a atenção para a exiguidade do espaço disponível na casa, para receber a todos os que vieram prestar a última homenagem ao falecido Escobar. O termo *casa* é retomado pelo advérbio *lá*).

O ser sexta-feira creio que foi acaso, mas também pode ter sido propósito. (DC, CXXXIII. Na ordem direta: "Creio que o ser sexta-feira foi acaso". A antecipação enfatiza o dia da semana em que Bentinho teve a ideia de se suicidar: sexta-feira, um dia considerado aziago).

A minha primeira amiga e o meu maior amigo, tão extremosos ambos e tão queridos, quis o destino que acabassem juntando-se e enganando-me... A terra lhes seja leve! (DC, CXLVIII. Outro exemplo de topicalização do sujeito da oração subordinada. Na ordem direta: "Quis o destino que a minha primeira amiga e o meu maior amigo, ...". Antecipando os termos do sujeito composto, Bentinho enfatiza aquilo que ele tem em mente: denunciar Capitu e Escobar. Repare-se na ironia contida nos termos *amiga* e *amigo*).

A droga amarga engole-se com açúcar. (EJ, XII. Antecipação enfática do sujeito paciente. Nesses casos de passiva pronominal, a posição usual do sujeito é depois do verbo: "Engole-se a droga amarga").

Aires, parecendo-lhe que ficara um desenho último e escondido, pediu que lho mostrasse. (EJ, C. A topicalização do termo *Aires*, sujeito do verbo *pediu*, destaca e enfatiza o gesto desse mesmo sujeito).

— A separação que se deu entre nós era impossível impedi-la. (MA, 9/6/1888. Exemplo típico de oralidade. Trata-se de uma frase de Fidélia, em conversa com o Conselheiro Aires, e é natural que a personagem desloque (topicalize) o objeto direto "A separação" para o início da frase e depois teça um comentário sobre esse termo deslocado. Note-se que o objeto deslocado é retomado pleonasticamente pelo pronome oblíquo *-la*).

Anti-Romantismo

Este verbete não tem o objetivo de negar a importância e a contribuição do Romantismo para a literatura brasileira. Também não é sinônimo de Realismo. Seu propósito é apontar, sobretudo nos romances da primeira fase da obra de Machado de Assis, os traços que a distinguem das características tradicionais da ficção romântica, tal como ela se apresenta em autores verdadeiramente românticos, como Joaquim Manuel de Macedo ou José de Alencar, este o mais importante ficcionista do Romantismo brasileiro. Como diz Alfredo Bosi (1999:79), "Machado nunca foi, a rigor, um romântico". É verdade. Ressalve-se, entretanto, a permanência de certos traços românticos em obras de sua fase realista, como o próprio Machado admite quando diz que **"o realismo, por compaixão, o transportou** [o Romantismo] **para os seus livros".** (BC, XIV). Não foi propriamente por compaixão. É que os estilos de época não são estanques. Ao contrário, eles se interpenetram. Além disso, o Romantismo foi o mais importante movimento estético-filosófico do mundo ocidental e é natural que seus efeitos se façam sentir no Realismo, uma espécie de desdobramento estético (embora diferenciado) do Romantismo. A esse respeito, ouçamos as palavras de Massaud Moisés (2004:410): "De certo modo, a revolução romântica não findou ainda: as várias tentativas de superá-la (como o Realismo, o Naturalismo, o Neo-Realismo) não só se mostraram inoperantes em vários aspectos, como revelaram a utilização de formas de pensamento postas em moda pelo Romantismo".

Seja como for, a verdade é que Machado de Assis, por sua índole reflexiva, por seu refinado senso crítico, pela sobriedade do seu estilo, pelas influências filosóficas recebidas de moralistas céticos, como Montaigne e Pascal, não pode ser considerado um representante típico do Romantismo, apesar de nossos livros de literatura o apresentarem como escritor romântico nos seus primeiros romances e contos, o que é válido, em parte, para efeito didático. As pesquisas mais recentes, entretanto, têm apontado, nessas obras iniciais da chamada fase de aprendizado, características que se afastam, em vários pontos, do ideário romântico tradicional, como será possível verificar nas citações abaixo. Alguns personagens, por exemplo, embora pertençam aos romances da primeira fase, têm o seu perfil e o seu comportamento traçados de forma nada romântica. De nossa parte, preferimos interpretar esses desvios estilísticos de Machado como tendências pré-realistas, ensaios para voos mais altos, pois claro está que a moldura romântica era estreita demais para um escritor com o temperamento crítico e irônico do nosso Machado de Assis. Como contraponto, sugerimos a leitura do verbete "Romantismo (algumas características)". Mas passemos à exemplificação.

Não havia luar, mas a noite estava clara; e as vivíssimas estrelas que luziam no céu, algum poeta imaginoso as compararia a línguas de fogo daquele pentecostes de amor. (RE, XIX. Note-se na referência ao "poeta imaginoso" uma crítica sutil aos exageros retóricos da escola romântica).

Ali mesmo lhe confiou Estêvão tudo o que havia, e que o leitor saberá daqui a pouco, caso não aborreça estas histórias de amor, velhas como Adão, e eternas como o céu. (ML, I. Aqui, Machado parece pouco à vontade no papel de narrador "romântico", daí a ressalva dirigida ao leitor, feita na frase "caso não aborreça estas histórias de amor").

Mas ali, ao pé daquele coração juvenil e impaciente, cada minuto parecia, não direi um século, — seria abusar dos direitos do estilo, — mas uma hora, uma hora lhe parecia, com certeza. (ML, III. Rejeitando a hipérbole "um século", avessa ao seu estilo enxuto, Machado se justifica e, ao mesmo tempo, aplica uma alfinetada nos exageros românticos).

O coração era capaz de afeições; mas, como ficou dito no primeiro capítulo, ele [Luís Alves] sabia regê-las, moderá-las e guiá-las ao seu próprio interesse. Não era corrupto nem perverso; também não se pode dizer que fosse dedicado nem cavalheiresco; era, ao cabo de tudo, um homem friamente ambicioso. (ML, XVI. O forte de Machado de Assis é a introspecção psicológica dos personagens, o que já se manifesta neste romance da primeira fase. Note-se também como o narrador afirma e nega as qualidades do personagem, procedimento narrativo ambivalente que Machado irá explorar bastante nas narrativas da segunda fase, sobretudo em *Brás Cubas*. Aqui, ao descrever Luís Alves como "friamente ambicioso", ele o identifica com Guiomar, antecipando o desfecho da história: o casamento dos dois, ou melhor, a união das duas ambições, ou da mão e da luva).

Camargo era pouco simpático à primeira vista. Tinha as feições duras e frias, os olhos perscrutadores e sagazes, de uma sagacidade incômoda para quem encarava com eles, o que não o fazia atraente. Falava pouco e seco. Tinha todos os visíveis sinais de um grande egoísta. (HE, I. Em poucas pinceladas, com uma adjetivação binária certeira, Machado traça o perfil físico e psicológico do Dr. Camargo, personagem antipático e hostil a Helena. Mais adiante, no capítulo VII, Machado irá defini-lo como um "réptil").

— [Helena] **estima-te, é certo; mas a estima é flor da razão, e eu creio que a flor do sentimento é muito mais própria no canteiro do casamento... — Há muita flor nesse ramalhete de retórica, interrompeu benevolamente o padre. Falemos linguagem singela e nua.** (HE, XIX. Machado, pela boca do padre Melchior, censura o exagero retórico das metáforas românticas usadas por Estácio. Essa observação metalinguística expressa sua preferência, já na primeira fase de sua obra, por um estilo marcado pela sobriedade vocabular e a concisão frasal. Nada mais distante do sentimentalismo romântico).

— **Não quero a proteção da lei, nem poderia receber a complacência de corações amigos. Cometi um erro, e devo expiá-lo.** (HE, XXVII. Palavras de Helena, que, orgulhosa e altivamente, assume o seu erro e recusa-se a continuar desempenhando a farsa de filha do Conselheiro Vale e irmã de Estácio. Realçando as qualidades morais da moça, Machado reabilita a personagem e, implicitamente, acusa as convenções sociais que vedaram a uma moça de origem humilde, como Helena, a possibilidade de ascender socialmente. Tivesse ela levado até o fim o jogo de máscara que lhe exigiam e sua situação seria outra. Em outras palavras, Helena fracassa em seus projetos e acaba morrendo, não por seus defeitos, mas por suas virtudes).

— **Dê um pouco de poesia à vida, mas não caia no romanesco; o romanesco é pérfido.** (IG, XIII. Condenação explícita do estilo sentimentaloide do Romantismo. Exaltação implícita do estilo sóbrio e elegante, ou seja, o do próprio Machado. *Iaiá Garcia* é um livro de transição para horizontes mais altos, o que explica a restrição ao romanesco feita pelo autor).

O pior é que o estafaram a tal ponto que foi preciso deitá-lo à margem, onde o realismo o veio achar, comido de lazeira e vermes, e, por compaixão, o transportou para os seus livros. (BC, XIV. Machado de Assis se refere ao esgotamento do Romantismo como estilo de época, substituído que foi pelo Realismo, com o qual ele, Machado, tinha mais afinidades. Note-se que o estilo realista não ficou totalmente isento de influências do Romantismo, como admite Machado, ao afirmar que "o realismo o transportou para os seus livros").

Há aí, entre as cinco ou dez pessoas que me leem, há aí uma alma sensível, que está decerto um tanto agastada com o capítulo anterior, começa a tremer pela sorte de Eugênia, e talvez... sim talvez, lá no fundo de si mesma, me chame cínico. Eu cínico, alma sensível? (BC, XXXIV. Crítica de Brás Cubas às sensíveis leitoras românticas, que ele imagina chocadas com o seu cinismo. Afinal, ele estava, de fato, mal-intencionado com relação a Eugênia, como ele próprio confessa no capítulo anterior, onde insinua que para amante ela lhe servia, mas não para esposa, por ser ela pobre e coxa. Mas o cúmulo do cinismo é ele afirmar que não é cínico).

Começo a arrepender-me deste livro. (...). Mas o livro é enfadonho, cheira a sepulcro, traz certa contração cadavérica; vício grave, e aliás ínfimo, porque o maior defeito deste livro és tu, leitor. Tu tens pressa de envelhecer, e o livro anda devagar; tu amas a narração direita e nutrida, o estilo regular e fluente, e este livro e o meu estilo são como os ébrios. Guinam à direita e à esquerda, andam e param, resmungam, urram, gargalham, ameaçam o céu, escorregam e caem... (BC, LXXI. Crítica direta ao estilo e ao leitor românticos. Nesta passagem, Machado de Assis assume, explicitamente, sua ruptura com o Romantismo e ainda alerta o leitor para o fato de que o romance *Memórias póstumas de Brás Cubas*, com sua narrativa originalíssima, é um livro diferente de tudo aquilo a que os leitores estavam acostumados).

Antítese

Figura de retórica que consiste em realçar uma ideia pelo estabelecimento de contraste ou oposição entre dois termos. Astrojildo Pereira (1959:167) foi quem primeiro percebeu os aspectos dialéticos da prosa machadiana. Ficcionista que cultiva a contradição e o conflito, Machado de Assis, já em seu primeiro romance, *Ressurreição* (1872), capítulo V, apresenta, pela boca do personagem Félix, uma definição de vida que confirma o seu gosto pela expressão dialética: **"Mas que é a vida senão uma combinação de astros e poços, enlevos e precipícios?"**.
Ao longo de toda a sua obra de ficção, Machado irá cultivar esse jogo de imagens duplas, antitéticas, ora analisando o comportamento de seus personagens, ora tecendo reflexões sobre a condição humana, temperando-as com o molho do seu humor fino e irônico. Vejamos alguns exemplos.

Expansiva e discreta, enérgica e delicada, entusiasta e refletida, Lívia possuía esses contrastes aparentes, que não eram mais que as harmonias do seu caráter. (RE, VII. Aqui, o próprio Machado comenta as antíteses empregadas para descrever o temperamento contraditório de sua personagem).

— Sua afilhada [Guiomar] tem uma alma singular; passa facilmente do entusiasmo à frieza, e da confiança ao retraimento. (ML, IV. Nessa antítese, Machado analisa os apectos contraditórios da alma humana, sobretudo da feminina, sua especialidade).

Algum tempo hesitei se devia abrir estas memórias pelo princípio ou pelo fim,

isto é, se poria em primeiro lugar o meu nascimento ou a minha morte. (BC, I. Com as antíteses *princípio/fim* e *nascimento/morte*, Machado de Assis simula uma hesitação que, na verdade, não passa de pura gozação com o leitor, uma vez que ele já sabia de antemão por onde faria seu personagem Brás Cubas começar suas memórias. Simulação e humor fazem parte da sátira menipeia).

Cada século trazia a sua porção de sombra e de luz, de apatia e de combate, de verdade e de erro, e o seu cortejo de sistemas, de ideias novas, de novas ilusões. (BC, VII. Jogo de antíteses, ao estilo barroco, que expressa a visão machadiana de que tudo é relativo, de que *Nihil sub sole novum*, ("Não há nada de novo sob o sol"), como adverte o capítulo 1:9 do *Eclesiastes*, livro do Antigo Testamento, uma das leituras prediletas de Machado de Assis).

Tinha eu conquistado em Coimbra uma grande nomeada de folião; (...), fazendo romantismo prático e liberalismo teórico. (BC, XX. O romantismo prático é um eufemismo para a vida de estroina que Brás Cubas levava em Coimbra. Quanto ao liberalismo, só podia mesmo ser teórico, porque, no Brasil, ele e sua família pertenciam à classe dominante e eram proprietários de escravos. Na antítese estabelecida entre esses dois sintagmas nominais percebe-se uma sutil alfinetada de Machado de Assis na classe social a que pertencia seu personagem).

Por que bonita, se coxa? Por que coxa, se bonita? (BC, XXXIII. Antítese formada por um quiasmo perfeito: AB (bonita/coxa) x BA (coxa/bonita). Note-se também o humor irônico da pergunta, questionando uma aparente incoerência da natureza).

Tinha vindo de importuno a oportuno. (BC, LVI. Repare-se no papel desempenhado pelas preposições: *de* indicando ponto de partida; *a* indicando mudança de estado. A presença/ausência do prefixo negativo *im-* reforça o contraste entre as duas situações. O trecho refere-se à nova condição de Brás Cubas, agora amante de Virgília. Lembremos que ele não a pôde ter como esposa).

E enquanto uma chora, outra ri; é a lei do mundo, meu rico senhor; é a perfeição universal. Tudo chorando seria monótono, tudo rindo cansativo; mas uma boa distribuição de lágrimas e polcas, soluços e sarabandas, acaba por trazer à alma do mundo a variedade necessária, e faz-se o equilíbrio da vida. (QB, XLV. Além do binarismo e da estrutura paralelística dos períodos acima, note-se o jogo de contrastes estabelecido por Machado de Assis para expressar as contradições da vida, bem na linha do seu estilo dialético, como lembra Astrojildo Pereira).

D. Fernanda possuía, em larga escala, a qualidade da simpatia; amava os fracos e os tristes, pela necessidade de os fazer ledos e corajosos. (QB, CXVIII. Na obra de Machado de Assis, essa D. Fernanda é uma das poucas personagens de índole boa, desprendida e solidária com o próximo, daí a prática da caridade afetiva, expressa pela antítese: "tristes, fracos/ledos, corajosos". Na galeria das astuciosas e interesseiras mulheres machadianas, ela constitui uma raridade, juntamente com Flora, de *Esaú e Jacó*, e D. Carmo (leia-se Carolina), do *Memorial de Aires*. Sobre o assunto, recomendamos a leitura do artigo "A singularidade de Dona Fernanda", de Teodoro Koracakis, 2003:135).

Só os relógios do céu terão marcado esse tempo infinito e breve. (DC, XXXII. Episódio marcante da narrativa, em que a memória afetiva de Bentinho tenta resgatar o "tempo infinito e breve", por isso mesmo imensurável, em que seus olhos ficaram mergulhados nos olhos de ressaca de Capitu. Note-se a antítese "tempo infinito e breve", figura de retórica usada para enfatizar o contraste entre o tempo cronológico e o psicológico).

As invejas morreram, as esperanças nasceram, e não tardou que viesse ao mundo o fruto delas. (DC, CVIII. Bentinho e Capitu, casal sem filhos, sentiam inveja de Escobar e Sancha, porque estes eram pais de uma menina, que, por sinal, tinha o mesmo nome de Capitu. Nesta passagem, Bentinho descreve as alegrias da paternidade, porque Capitu finalmente ficara grávida, por isso "as invejas morreram, as esperanças nasceram". Não é por acaso que o título deste capítulo é "Um filho").

Não havia meio de esquecer inteiramente a mão de Sancha nem os olhos que trocamos. Agora chamava-lhe isto, agora aquilo. Os instantes do diabo intercalavam-se nos minutos de Deus, e o relógio foi assim marcando alternativamente a minha perdição e a minha salvação. (DC, CXVIII. As antíteses *diabo/Deus* e *perdição/salvação* dão conta do conflito moral que se instalara no espírito de Bentinho, surpreendido com o inexplicável interesse de Sancha por ele. Ao leitor perspicaz, é lícito questionar: não estaria o ardiloso narrador tentando incutir no nosso espírito a insinuação de que Sancha sabia da traição de seu marido, Escobar, e estava tentando vingar-se, traindo-o também, por sua vez, com Bentinho?).

Era muito fazer e desfazer, mudar e transmudar. (EJ, LXXXIII. Trata-se de diferentes e contraditórios estados de espírito da moça Flora a respeito de seus sentimentos pelos gêmeos Pedro e Paulo. O exemplo é curioso porque a antítese se constrói com base na ausência/presença dos prefixos: *des-* e *trans-*).

Antonomásia

Figura de estilo que consiste em designar uma pessoa por uma qualidade ou por uma circunstância de sua vida. Por exemplo, em vez de dizer o nome de Castro Alves, podemos substituí-lo por uma característica de sua obra: "o poeta dos escravos". O próprio Machado de Assis, por sua narrativa enfeitiçada e ardilosa, é conhecido como "o Bruxo do Cosme Velho". O personagem Otelo, que dá título à peça homônima de Shakespeare, é conhecido como "O mouro de Veneza", devido à sua origem.

A antonomásia (espécie de perífrase) pode ter finalidade descritiva, laudatória, eufêmica ou pejorativa. É oportuno lembrar que Machado de Assis gosta de se referir a Deus por meio de antonomásias, sempre de forma reverente e respeitosa, fato que chama a atenção em um homem tido como descrente. Destacamos em itálico os exemplos de antonomásia.

Pobres formigas mortas! Ide agora ao vosso *Homero gaulês*, que vos pague a fama. (QB, XC. O Homero gaulês é La Fontaine (1621-1695), célebre escritor francês, conhecido por suas fábulas, das quais algumas são muito populares, como, por exemplo, "A raposa e o corvo", "A cigarra e a formiga", dentre outras).

Com o fim de mostrar que valia mais que os outros, — e acaso para reconciliar-se com o céu, — [Satanás] compôs a partitura, e logo que a acabou foi levá-la ao *Padre Eterno*. (DC, IX. A antonomásia *Padre Eterno* é uma fórmula de respeito, de reverência a Deus).

Eram belos [os braços de Capitu], **(...), não creio que houvesse iguais na cidade, nem os seus, leitora, que eram então de menina, se eram nascidos, mas provavelmente estariam ainda no mármore, donde vieram, ou nas mãos do *divino escultor*.** (DC, CV. O divino escultor, naturalmente, é Deus. Mais uma fórmula de reverência ao Criador na pena de Machado de Assis).

A esquisitona foi ao baile da ilha Fiscal com a mãe e o pai. (EJ, XLVIII. No caso, "a esquisitona" é a jovem Flora. O epíteto aplicado pelo narrador à sua personagem se justifica em virtude do temperamento esquivo e enigmático da moça).

Binarismo

Os grupos nominais estruturados de forma precisa e/ou contrastiva, em que se contrapõem expressões binárias paralelísticas, constituem um dos estilemas machadianos. Na frase, também se nota esse binarismo, sobretudo em estruturas correlativas do tipo "nem... nem", "ou...ou", "não A, mas B". "antes A que B" e outras.

Esses procedimentos conferem à estrutura frasal um balanço rítmico, uma harmonia prosódica cujo efeito estilístico se encontra ora no tom de oralidade enfática, ora na feição de prosa poética com que se impregna por vezes o texto machadiano. O emprego de estruturas binárias representa uma forte tendência do estilo de Machado de Assis, a qual já se percebe em suas primeiras obras de ficção, e que ele conservou até o fim.

Encontramos imensa quantidade de estruturas binárias nominais nos textos pesquisados, das quais citamos apenas uma parte, a seguir destacada em itálico. Com relação às estruturas ternárias, ver o verbete "Gradação". Sobre os tipos de estrutura binária frasal, ver o verbete "Paralelismo sintático".

Era um homem de quarenta anos, vestido com certo apuro, gesto ao mesmo tempo *familiar e grave, estouvado e discreto*. (RE, I. Note-se o paralelismo contrastivo dos dois grupos nominais em itálico, compostos de seis sílabas poéticas cada um. Lidos em voz alta, percebe-se o seu ritmo).

Guiomar, no meio das afeições que a cercavam, sabia manter-se superior *às esperanças de uns e às suspeitas de outros*. (ML, VII. Paralelismo perfeito, à feição de prosa poética: os dois grupos nominais com sete sílabas cada um, com a tônica na 4.ª e 7.ª sílabas, que é o acento predominante na redondilha maior).

Alguma vez desceu a jantar, *com os olhos vermelhos e a fronte pesarosa*. (HE, III. Note-se o perfeito paralelismo existente na expressão iniciada por *com*. Atente-se também para a adjetivação: descritivo-concreta em "olhos vermelhos" e descritivo-abstrata em "fronte pesarosa". Note-se também o ritmo isométrico da frase: 6 sílabas poéticas ou 7 sílabas gramaticais em cada membro do par).

Suas falas [de Helena] (...) iam direitas à alma do irmão, que se comprazia em ver nela a mulher como ele queria que fosse, *uma graça pensadora, uma sisudez amável*. (HE, VI. Estrutura binária formada por substantivos e adjetivos antitéticos. Note-se o paralelismo e o ritmo isométrico: 7 sílabas poéticas em cada membro do par).

Ouvindo estas palavras, Mendonça ficou *aturdido e mudo*. (HE, XVI. Adjetivos em função predicativa. Note-se a relação de causa (*aturdido*) e efeito (*mudo*) existente entre os dois).

Jorge esperava aquilo mesmo; conhecia, ainda que pouco, o gênio *seco e gélido* de Luís Garcia. Contudo, ficou momentaneamente *desapontado e triste*. (IG, V. No primeiro par de adjetivos, metáforas sensoriais que concretizam o substantivo abstrato *gênio*, permitindo visualização mais nítida do temperamento de Luís Garcia; no segundo par, há uma relação de causa e efeito entre o primeiro adjetivo e o segundo).

Algum tempo hesitei se devia abrir estas memórias *pelo princípio ou pelo fim*. (BC, I. Machado, pela pena de Brás Cubas, já inicia o romance usando uma estrutura binária, construída com base numa antítese. Os dois grupos nominais em itálico formam dois tetrassílabos ou um octossílabo perfeito, com a tônica na 4.ª e 8.ª sílabas, ritmo comum nesse tipo de verso).

A carta anônima restituía à nossa aventura *o sal do mistério e a pimenta do perigo*. (BC, XCVIII. Estrutura binária paralelística à base de sintagmas nominais em que se combinam substantivos concretos e expressões adjetivas formadas com substantivos abstratos. Esse contraste é realçado pelos substantivos *sal* e *pimenta*, ingredientes metafóricos que dão sabor ao molho do amor).

Já a antevia ajoelhada, com os braços postos nos seus joelhos, a cabeça nas mãos e os olhos nele, gratos, devotos, amorosos, *toda implorativa, toda nada*. (QB, CXXIII. O vaidoso Carlos Maria imagina a futura esposa, Maria Benedita, a seus pés, adorando-o como a um deus. A palavra *todo*, como advérbio, tem o sentido de "inteiramente" e, em geral, concorda, por atração, com o adjetivo que ela determina, apesar de sua condição de advérbio. É o que ocorre em "toda implorativa". Já em "toda nada", o determinado *nada* é um pronome indefinido que, no caso, por contaminação semântica, apresenta perfil de adjetivo. Por uma questão de simetria sintática, Machado repete a concordância atrativa, formando uma estrutura binária paralelística).

Os anos levaram-lhe o mais do ardor *político e sexual*, e a gordura acabou com o resto de ideias *públicas e específicas*. (DC, VI. Existe uma correlação semântica entre os dois pares de adjetivos: *político* está para *públicas*, assim como *sexual* está para *específicas*. Adjetivação impregnada de insinuação maliciosa, para enfatizar a "inatividade" do velho e gordo tio Cosme).

José Dias tratava-me *com extremos de mãe e atenções de servo*. (DC, XXIV. As duas locuções adverbiais são formadas por substantivos concretos (*mãe, servo*) e abstratos (*extremos, atenções*). A simetria prosódico-sintática entre os dois grupos nominais (com seis sílabas métricas cada um) forma um verso alexandrino perfeito. Repare-se que no primeiro hemistíquio, com a tônica na palavra *mãe*, a terminação é aguda, iniciando-se por vogal o hemistíquio seguinte).

Pouco a pouco veio-lhe a persuasão de que a pequena me faria feliz. Então, a esperança de que o nosso amor, tornando-me absolutamente incompatível com o seminário, me levasse a não ficar lá *nem por Deus nem pelo diabo*, esta esperança *íntima e secreta* entrou a invadir o coração de minha mãe. (DC, LXXX. A primeira estrutura binária contém uma antítese, para expressar que nada, nem Deus, nem o diabo faria Bentinho seguir a carreira eclesiástica. A segunda, representada pelo par de adjetivos "íntima e secreta", é quase um pleonasmo e expressa um desejo aninhado nos recônditos da alma de D. Glória. Afinal, ela prefere ter o filho ao pé de si, embora casado, a perdê-lo para a Igreja).

Ontem com o pai, hoje com a filha. Com esta tive vontade de dizer mal do pai. (MA, 13/4/1888. As duas frases nominais em itálico apresentam perfeita simetria sintática e rítmica, cada uma com cinco sílabas poéticas e acento tônico na 1.ª e 5.ª sílabas).

Manso e manso, entrou-lhe o amor no coração. ("A causa secreta", VH. O binarismo formado pela reiteração do adjetivo *manso* (tranquilo, sereno), no papel de advérbio, descreve como o sentimento de amor por Maria Luísa foi sutilmente tomando conta do coração de Garcia. A conjunção *e*, ligando os dois advérbios, contribui para intensificar essa ideia de ação suave, lenta e progressiva).

Comparação (símile)

Figura de estilo que procura aproximar dois termos que têm algo em comum, fazendo-o por meio de um conectivo comparativo, geralmente a conjunção *como*. Comparação e símile são considerados, em geral, termos sinônimos, por ser um tanto difícil uma distinção rigorosa entre os dois. Mattoso Câmara, em seu *Dicionário de linguística e gramática* (1988), chama de símile à comparação assimilativa, em que existe uma relação de igualdade entre compara-

do e comparante (A é como B): "Seu olhar é brilhante como o sol". Na comparação propriamente dita, não raro de valor intensivo, não existe essa igualdade: "Seu olhar brilha como o sol". Neste trabalho não fazemos essa distinção. A comparação ou símile (comparação explícita) é o meio caminho para a metáfora (comparação implícita; v. verbete "Metáfora").
Vejamos alguns exemplos de comparação em Machado de Assis.

Ali mesmo lhe confiou Estêvão tudo o que havia, e que o leitor saberá daqui a pouco, caso não aborreça estas histórias de amor, velhas como Adão, e eternas como o céu. (ML, I. A comparação é perfeita, pois remete às origens bíblicas do homem e à onipresença de Deus).

....

Estêvão murmurou algumas palavras, a que tentou dar um ar de gracejo, mas que eram fúnebres como um cipreste. (ML, I. Árvore que "ornamenta" cemitérios, o cipreste é um símbolo de tristeza).

....

Retórica dos namorados, dá-me uma comparação exata e poética para dizer o que foram aqueles olhos de Capitu. (...). Olhos de ressaca? Vá, de ressaca. (DC, XXXII. Note-se o valor comparativo da preposição *de* na locução adjetiva com que Bentinho qualifica os olhos de Capitu: "olhos de ressaca", ou seja, semelhantes à ressaca que arrasta "para dentro" aqueles que o fitam. Essa metáfora genial, uma das mais criativas da literatura brasileira, contribuiu para celebrizar a figura enigmática da cigana oblíqua e dissimulada).

....

Eterno, sim, eterno, leitora minha, que é a mais desconsoladora lição que nos poderia dar Deus, no meio das nossas agitações, lutas, ânsias, paixões insaciáveis, dores de um dia, gozos de um instante, que se acabam e passam conosco, debaixo daquela azul eternidade, impassível e muda como a morte.(ML, IX. Imagem comum em Machado: a da natureza impassível e indiferente aos destinos dos homens, como se vê nesta passagem de *Brás Cubas*, capítulo VII: "— Chama-me Natureza ou Pandora; sou tua mãe e tua inimiga". Ou no capítulo CCI de *Quincas Borba*, em que o Cruzeiro do Sul, indiferente à morte trágica de Rubião, estava alto demais para se preocupar com "os risos e as lágrimas dos homens").

....

[Helena] fez-se lépida e viva, como as andorinhas que antes, e ainda agora, esvoaçavam por meio das árvores e por cima da grama. (HE, III. Nessa meia metáfora, Helena, jovem e cheia de vida, é comparada a uma graciosa andorinha, ensaiando as asas para voar).

....

Eu deixei-me estar a vê-los [os olhos de Virgília], a namorar-lhe a boca, fresca como a madrugada, e insaciável como a morte. (BC, LXIII. Note-se a referência a olhos e bocas, símbolos impregnados de forte conotação erótica e que representam o apetite sexual de Virgília, caracterizado como "insaciável". A inusitada afinidade entre eros (desejo) e tânatos (morte), a partir de um elemento comum, é altamente expressiva).

....

Sucedeu por esse tempo um desastre; a morte do Viegas. (...). Virgília nutria grandes esperanças em que esse velho parente, avaro como um sepulcro, lhe amparasse o futuro do filho. (BC, LXXXVII. Comparação fúnebre, mas adequada para descrever o espírito avarento do personagem, que, como os sepulcros lacrados, era insensível, não abrindo mão de nada, agarrando-se aos bens materiais com unhas e dentes).

....

A verdade é que minha mãe era cândida como a primeira aurora, anterior ao primeiro pecado. (DC, XLI. O adjetivo *cândida* (pura) e o substantivo *aurora* (claridade) enfatizam, nessa comparação, a pureza de sentimentos de D. Glória, mãe de Bentinho, a qual, segundo José Dias, era "santíssima".

O adjetivo erudito *cândida* (lat. candidus, a, um) significa, etimologicamente, "branca, imaculada").

Concatenação

Espécie de anadiplose (v.) encadeada, a concatenação é uma figura de retórica que consiste na repetição, em uma frase, de palavra existente na frase anterior, de forma que elas se interliguem, em gradação ascendente, com uma situação dependendo da outra, até chegar ao clímax. Seu efeito estilístico é acentuar, pela repetição e encadeamento, o que virá, por fim, no fecho ou desenlace.

Serve de exemplo este trecho do conto "O alienista" (*Papéis avulsos*), cap. v: "**Se a miséria viesse de chofre, o pasmo de Itaguaí seria enorme; mas veio devagar; ele foi passando *da opulência à abastança, da abastança à mediania, da mediania à pobreza, da pobreza à miséria,* gradualmente**". Note-se a importância do advérbio *gradualmente*, chave para o entendimento do mecanismo retórico usado na concatenação. Observe-se também que existe um clímax, representado, no caso, pelo substantivo *miséria*. Esse tipo de fecho é comum nessa figura de estilo. Vejamos outros exemplos nos romances pesquisados.

Fatigava-o com isso que ele chamava pieguices poéticas; da fadiga passou à exasperação, da exasperação ao tédio. (RE, xi).

Virgília foi o meu grão pecado da juventude; não há juventude sem meninice; meninice supõe nascimento; e eis aqui como chegamos nós, sem esforço, ao dia 20 de abril de 1805, em que nasci. (BC, ix. Aqui, a concatenação é descendente, conduzindo o desenrolar dos fatos a um anticlímax).

Conversas com o leitor

Em seus romances e contos, Machado de Assis faz questão de enfatizar o caráter de ficção de sua narrativa. Nesse sentido, suas conversas com o leitor estabelecem com este uma espécie de pacto, levando-o a exercer um papel ativo, chegando quase a incutir-lhe a ilusão de que ele é coautor da narrativa. Machado conduz seu leitor "pelo braço" de um lado para o outro, suscita-lhe reflexões, puxa-lhe as orelhas, convida-o a deslindar situações e comportamentos dos personagens, aplica-lhe piparotes, enfim não o deixa um só momento sossegado. Isso ocorre principalmente a partir da segunda fase de sua obra de ficção, em que o leitor, às vezes, nem se dá conta de que está sendo enredado nas armadilhas narrativas do Bruxo do Cosme Velho. Esses procedimentos emprestam ao seu texto um tom de oralidade, de conversa espontânea e coloquial, temperada com seu humor fino e quase sempre irônico.

A maior parte da obra de ficção de Machado de Assis foi publicada originalmente sob a forma de folhetins, dirigidos a um público heterogêneo. Lidando com esse tipo de leitor, Machado usa a 3.ª pessoa indireta (*amigo leitor, leitora, senhor, senhora*) ou a segunda pessoa direta (*tu* e, mais raramente, *vós*), manobrando com mestria esse jogo lúdico, cuja finalidade, em princípio, é manter o interesse e o suspense da narrativa. Mas, por outro lado, pode ser entendido também como uma forma de envolver o leitor numa espécie de cumplicidade com o narrador, num procedimento retórico que os clássicos chamavam de *captatio benevolentiae*, "captação da benevolência", literalmente. Numa tradução livre, "conquista da empatia do leitor".

Cumpre acrescentar que o hábito de conversar com o leitor é antigo em Machado de Assis, pois já aparece em seus primeiros romances e contos e até mesmo em suas poesias, sem falar nas crônicas, estas um permanente diálogo com o leitor. Preocupado em transmitir seus pontos de vista filosóficos ou literários, Machado, nessas conversas, quase sempre amenas, às vezes, encrespadas, explora, principalmente, duas funções da linguagem: a conativa e a fática. Temos um exemplo de como ele via suas relações com o leitor por estas palavras publicadas na crônica de 28/2/1897 em *A Semana*: "Nada há como falar a uma pessoa que não interrompe. Diz-se-lhe tudo o que se quer, o que vale e o que não vale, repetem-se-lhe as coisas e os modos, as frases e as ideias, contradizem-se-lhe as opiniões, e a pessoa que lê não interrompe".

Sobre o assunto, recomendamos a leitura dos seguintes trabalhos, todos relacionados em nossa bibliografia: "Sterne e Machado: o pacto com o leitor", em Marta de Senna (2008a:31); "Machado de Assis e as referências ao leitor", em Mattoso Câmara Jr. (1977:63); *Os leitores de Machado de Assis*, de Hélio de Seixas Guimarães (2004). Os exemplos a seguir representam apenas uma pequena parte do material encontrado nos nove romances que pesquisamos.

Guiomar não tinha a experiência nem a idade da inglesa [Mrs. Oswald], que podia ser sua mãe; mas a experiência e a idade eram substituídas, como sabe o leitor, por um grande tino e sagacidade naturais. (ML, x. Machado procura lisonjear o leitor, exaltando sua inteligência. Estratégias da enunciação e do enunciador nesse período romântico de sua obra. A partir de *Brás Cubas*, ele passará a dar outro tratamento ao leitor, nada lisonjeiro).

Ninguém a observava; mas é privilégio do romancista e do leitor ver no rosto de uma personagem aquilo que as outras não veem ou não podem ver. (ML, XII. Mais uma vez, Machado paparica seu leitor, estabelecendo com ele uma espécie de cumplicidade).

A obra em si mesma é tudo: se te agradar, fino leitor, pago-me da tarefa; se te não agradar, pago-te com um piparote, e adeus. (BC, Ao leitor. Machado, pela pena do narrador Brás Cubas, adverte o leitor que não faça ilações extratextuais, que se atenha à "obra em si mesma". Note-se a intimidade e a irreverência com que ele trata o leitor, ameaçando aplicar-lhe piparotes).

Veja o leitor a comparação que melhor lhe quadrar, veja-a e não esteja daí a torcer-me o nariz, só porque ainda não chegamos à parte narrativa destas memórias. Lá iremos. (BC, IV. Machado repreende o leitor por sua impaciência e, ao mesmo tempo, revela ter consciência de que a narrativa de *Brás Cubas* não é linear como a dos romances românticos, é diferente de tudo quanto o leitor já leu até então).

Vício grave, e aliás ínfimo, porque o maior defeito deste livro és tu, leitor. Tu tens pressa de envelhecer, e o livro anda devagar; tu amas a narração direita e nutrida, o estilo regular e fluente, e este livro e o meu estilo são como os ébrios... (BC, LXXI. Machado censura o leitor e ainda aproveita para fazer uma crítica indireta ao estilo linear da narrativa tradicional romântica. Em *Brás Cubas*, a narrativa lenta e fragmentada é uma das características da sátira menipeia. Numa atitude ousada para a época, Machado trata o leitor com total irreverência, visando a mudar o seu gosto, a adaptá-lo ao novo tipo de narrativa, inaugurado com as *Memórias póstumas*).

Não tremas assim, leitora pálida; descansa, que não hei de rubricar esta lauda com um pingo de sangue. (BC, LXIII. Machado tranquiliza a leitora, acostumada aos açucarados folhetins românticos. As leitoras da época devem ter estranhado, e muito, o Machado das *Memórias póstumas de Brás Cubas*).

Leitor ignaro, se não guardas as cartas da juventude, não conhecerás um dia a filosofia das folhas velhas. (BC, CXVI. Machado, memorialista por excelência, puxa as orelhas do leitor, chamando sua atenção para a importância de cultivar as lembranças do passado. Note-se a irreverência do vocativo: "Leitor ignaro").

Convém intercalar este capítulo entre a primeira oração e a segunda do capítulo CXXIX. (BC, CXXX. O narrador recomenda ao leitor que retroceda na leitura e faça o que ele, narrador, deixou de fazer. Além de quebrar o fio linear da narrativa, Machado de Assis promove o leitor a uma espécie de coautor do romance).

Deixemos Rubião na sala de Botafogo, batendo com as borlas do chambre nos joelhos, e cuidando na bela Sofia. Vem comigo, leitor; vamos vê-lo, meses antes, à cabeceira do Quincas Borba. (QB, III. Usando o subjuntivo invitativo "Deixemos", o narrador Machado de Assis "pega o leitor pelo braço" e recua o tempo da narrativa para, em *flashback*, contar como Rubião e Quincas Borba se conheceram. Note-se o tom de conversa íntima, de oralidade dessa passagem).

... ou, mais propriamente, capítulo em que o leitor, desorientado, não pode combinar as tristezas de Sofia com a anedota do cocheiro. E pergunta confuso: — Então a entrevista da Rua da Harmonia, Sofia, Carlos Maria, esse chocalho de rimas sonoras e delinquentes, é tudo calúnia? Calúnia do leitor e do Rubião, não do pobre cocheiro, que não proferiu nomes, não chegou sequer a contar uma anedota verdadeira. É o que terias visto, se lesses com pausa. Sim, desgraçado, adverte bem que era inverossímil; que um homem, indo a uma aventura daquelas, fizesse parar o tílburi diante da casa pactuada. Seria pôr uma testemunha ao crime. Há entre o céu e a terra muitas mais ruas do que sonha a tua filosofia, — ruas transversais, onde o tílburi podia ficar esperando. (QB, CVI. Neste capítulo, Machado de Assis discorre, com mão e voz de mestre, sobre o seu processo de criação narrativa. E ainda trata o leitor com total irreverência, chamando-o de "desgraçado", por haver suposto que ele, Machado, seria capaz de engendrar uma narrativa tão simplória, tão inverossímil. No capítulo LXXXIX,

ele armou uma cilada para o leitor e agora "puxa-lhe o tapete", zombando de sua ingenuidade e desatenção. Recomendamos ao nosso leitor que leia este capítulo CVI integralmente, confrontando-o com o LXXXIX).

Sabemos que a moça não era bonita. Pois estava linda, à força de felicidade. (QB, CXVI. Trata-se de Maria Benedita, prestes a se casar com Carlos Maria. Note-se na forma verbal *Sabemos*, na primeira pessoa do plural, a cumplicidade de Machado com o leitor).

Como vês, Capitu, aos quatorze anos, tinha já ideias atrevidas. (DC, XVIII. Exemplo típico de *captatio benevolentiae*, com Bentinho, narrador-personagem, dirigindo-se diretamente ao leitor, para tentar persuadi-lo das artimanhas precoces de Capitu).

Nada se emenda bem nos livros confusos, mas tudo se pode meter nos livros omissos. (...). É que tudo se acha fora de um livro falho, leitor amigo. Assim preencho as lacunas alheias; assim podes também preencher as minhas. (DC, LIX. Machado de Assis, pela pena de Bentinho, convida o leitor a participar da narrativa. Mas, ao mesmo tempo e de forma sutil, incute no espírito do leitor a dúvida a respeito da veracidade do discurso de seu personagem, um narrador capaz de escrever "livros omissos").

A tudo acudíamos, segundo cumpria e urgia, coisa que não era necessário dizer, mas há leitores tão obtusos, que nada entendem, se se lhes não relata tudo e o resto. (DC, CIX. Aqui, Machado chega ao cúmulo da irreverência para com o leitor: põe em dúvida sua inteligência e ainda o chama de "obtuso").

D. Sancha, peço-lhe que não leia este livro; ou, se o houver lido até aqui, abandone o resto. (DC, CXXIX. Não satisfeito em conversar com o leitor, Machado, via Bentinho, dirige-se a uma personagem da história, supondo-a leitora de sua narrativa. Sancha é a viúva de Escobar, e há no livro uma passagem comprometedora entre ambos, conforme se lê no capítulo CXVIII. Ou, pelo menos, é o que nos conta a pena fantasiosa de Bentinho).

Não cuides que não era sincero, era-o. Quando não acertava de ter a mesma opinião, e valia a pena escrever a sua, escrevia-a. (EJ, XII. Aires, narrando em terceira pessoa, adverte o leitor a respeito do caráter do Conselheiro Aires. Uma extravagância narrativa do Conselheiro, que não é outro senão o próprio Machado).

Venha o leitor comigo assistir à abertura do testamento do meu amigo Fulano Beltrão. ("Fulano", HSD. Também nos contos Machado de Assis usa e abusa das conversas com o leitor, trazendo-o "pelo braço" para dentro da história, fazendo-o parceiro do narrador).

Descrições (de paisagens)

Machado tem sido acusado de negligenciar a paisagem brasileira. Com efeito, descrições da natureza não são frequentes em suas obras, mas também não são de todo inexistentes. Nos romances da primeira fase encontram-se passagens descritivas, como as citadas abaixo. Em suas poesias, existem igualmente referências à natureza, já presentes em seu primeiro poema, cujo título é justamente "A uma palmeira", publicado em 1855, quando Machado era ainda um adolescente de apenas dezesseis anos.

Nas obras da segunda fase, a preocupação predominante é com a condição humana, com a introspecção psicológica dos personagens, conforme ele próprio confessaria mais tarde, o que não exclui, entretanto, a descrição de ambientes, de ruas e logradouros públicos do Rio de Janeiro, cidade que Machado muito amou e muito prestigiou em suas obras. Em *Dom Casmurro*, chamam a atenção as metáforas do mar. Retratista da alma e romancista urbano, não se pode exigir de Machado a exuberância descritiva de um José de Alencar, preocupado em valorizar a natureza brasileira, em consonância com o ideário estético do Romantismo.

Vejamos alguns exemplos de descrição nos textos pesquisados.

A noite estava bela, como as mais belas noites daquele arrabalde. Havia luar, céu límpido, infinidade de estrelas e a vaga a bater molemente na praia. (ML, II. Descrição tipicamente romântica. Atente-se para o léxico empregado: noite, luar, céu, estrelas).

A manhã estava fresca e serena; era tudo silêncio, mal quebrado pelo bater do mar e pelo chilrear dos passarinhos nas chácaras das vizinhanças. (ML, II. Note-se que na substantivação dos verbos *bater* e *chilrear* conjugam-se as noções de processo e de ação, o que confere maior dinamismo à cena descrita, em que não faltam elementos da natureza: manhã, mar, passarinhos).

O sítio e a hora eram mais próprios de um idílio, que de uma fria e descolorida prática [conversa]. Um céu claro e límpido, um ar puro, o sol a coar por entre as folhas uma luz ainda frouxa e tépida, a vegetação em derredor, todo aquele reviver das coisas parecia estar pedindo uma igual aurora nas almas. (ML, III. A colorida paisagem matinal é condizente com o clima romântico do que deveria ser um idílio amoroso entre Guiomar e Estêvão).

O casamento efetuou-se, no dia marcado, com as solenidades do estilo. A manhã daquele dia trajava um manto de neblina cerrada, que o nosso inverno lhe pôs aos ombros, como para resguardá-la do rigor benigno da temperatura, manto que ela sacudiu daí a nada, a fim de se mostrar qual era, uma deliciosa e fresca manhã fluminense. Não tardou que o sol batesse de chapa nas

águas tranquilas e azuis, e nessas colinas onde o verde natural ia alternando com a alvura das habitações humanas. (ML, XIX. Bela descrição romântica da paisagem, enriquecida por metáforas visuais e sinestésicas. Machado aproveitou o casamento de Guiomar e Luís Alves para demonstrar que ele também sabia pintar a natureza brasileira).

O prédio parecia ainda mais velho do que a primeira vez que o vira; (...). Tudo ali respirava penúria e senilidade. (HE, XX. Descrição de ambiente físico, em que se destacam a adjetivação minuciosa e o emprego de verbos no imperfeito descritivo. Transcrevemos aqui apenas o início e o final do parágrafo).

Digressões

A técnica do narrador intruso, a inserir digressões na narrativa, já existe nos romances e contos da primeira fase da ficção machadiana, mas ela se acentua a partir do romance *Memórias póstumas de Brás Cubas*. Este, na condição de narrativa não linear, apresenta inúmeras interrupções, como, por exemplo, as dos capítulos XXI, "O almocreve"; LII, "O embrulho misterioso" e LXXIV, "História de D. Plácida", que são como minicontos dentro do romance, exemplos típicos da mistura de gêneros. Ver também os seguintes capítulos, todos dedicados a digressões filosófico-morais: XVI, XLII, XLIX, XCVII, CXIII, CXIX, CXLIX. Os capítulos LXXI, LXXII, CXXXII e CXXXVIII são digressões metalinguísticas, enquanto o CXXXV trata do tempo, eterna preocupação do nosso proustiano romancista.

Mas o mais curioso é que Machado faz de um epitáfio um capítulo, o CXXV, que reproduz as palavras escritas na lápide funerária de Nhã-loló, futura noiva de Brás Cubas, morta pela febre amarela, aos dezenove anos. Aqui, perguntamo-nos: digressão ou advertência ao leitor? Esse epitáfio-capítulo faz lembrar, de forma indireta, o que se lia nos epitáfios em Roma: *Fui quod es. Sum quod eris* (Fui o que és. Sou o que serás). Afinal, a morte sempre foi outra preocupação constante nos textos machadianos, e nada melhor que um defunto autor advirta os vivos da precariedade da condição humana.

O fato é que, fragmentando e conduzindo o texto, o autor Machado de Assis intervém abertamente na narrativa, à revelia do narrador Brás Cubas e do leitor. Este nem sempre se dá conta de que está sendo enredado pela dupla Machado-Brás Cubas, que, aliás, demonstra ter consciência do seu estilo ziguezagueante, quando diz no capítulo LXXIII: **"Que melhor não era dizer as coisas lisamente, sem todos estes solavancos! Já comparei o meu estilo ao andar dos ébrios"**.

Em *Quincas Borba*, romance em terceira pessoa, o narrador não interfere tanto na narrativa, mas também se encontram digressões, como a do capítulo XL, de natureza humorística, mitológica e literária. Também no capítulo CXII de QB, encontram-se digressões metalinguísticas. Em *Dom Casmurro*, narrativa memorialista e pseudoautobiográfica, que favorece a intervenção do narrador, ver, dentre outros, os capítulos IX, X e XVII, dedicados a digressões filosóficas. No capítulo CXXVII, Machado de Assis, pela pena de Dom Casmurro, expressa sua admiração pela música. Em *Esaú e Jacó*, no capítulo XL, justamente intitulado "Recuerdos", o velho Conselheiro Aires interrompe a narrativa para desfiar recordações de amores fugidios de seus tempos de homem ainda moço. Aproveita para tecer considerações sobre a importância relativa dos acontecimentos políticos.

Sobre o assunto, v. os estudos "O método de contar histórias" e "Ponto de vista", de Afrânio Coutinho (1990:69-71).

Diminutivos

Em nosso livro *Ensaios gracilianos* (1978:65), num capítulo que trata do emprego estilístico do diminutivo em *Angústia*, de Graciliano Ramos, rejeitamos "a suposição generalizada, segundo a qual a função dita lógica (pequenez) prevalece sobre a psicológica (emotividade)" no emprego dos diminutivos. Na verdade, os valores afetivos é que predominam nas formas diminutivas, sobretudo em um autor como Machado de Assis, mestre no romance de introspecção psicológica e que gostava de "catar o mínimo e o escondido", como ele próprio confessa em crônica de 11/11/1900.

Bastaria um levantamento sumário dos diminutivos onomásticos empregados na obra machadiana, com valor afetivo e de cunho familiar, para comprovar a nossa tese. O próprio nome do narrador de *Dom Casmurro*, Bentinho, serve de exemplo e dos mais expressivos. Não podemos nos esquecer também que o diminutivo se presta ao uso irônico e humorístico, dois outros importantes estilemas machadianos. Vejamos a seguir alguns exemplos, uma pequena parte do material pesquisado.

A pobre Clarinha, que havia ideado um paraíso no casamento, viu desfazer-se em fumo a sua quimera. (RE, IX. O diminutivo onomástico *Clarinha* tem valor afetivo e realça a solidariedade do narrador para com a infeliz personagem).

— Como estás, *mon vieux*? [meu velho] **disse com um risinho de mofa.** (RE, XIV. Diminutivo [*risinho*] com valor pejorativo, irônico).

— Enfim pedes-me um sacrifício, concluiu rindo o advogado, porque também eu já a namorisquei... Não é preciso carregares o sobrolho; foi namoro de vizinho, tentativa que durou pouco mais de vinte e quatro horas. (ML, VI. O verbo *namoriscar* é formado com o sufixo *-isco*, denotador de ações rápidas ou de pouco intensidade: um namorico de "pouco mais de vinte e quatro horas", ou seja, pouco mais que uma "paquera").

E isto basta a explicar a vigília; era despeito, um despeitozinho agudo como ponta de alfinete. (BC, XLIV. Diminutivo pejorativo: *despeitozinho*. Expressa o desdém de Brás Cubas por ter perdido a futura noiva, Virgília, para o rival, Lobo Neves. Mais tarde, irá recuperá-la na condição de amante).

Desfiz o embrulho, (...). Cinco contos em boas notas e moedas, tudo asseadinho e arranjadinho, um achado raro. (BC, LII. Do ponto de vista gramatical, os dois diminutivos têm valor intensivo: "tudo muito asseado, muito arranjado". Do ponto de vista afetivo, enfatizam o contentamento de Brás Cubas com o seu achado: um pacote contendo cinco contos de réis).

— Em segredinhos, sempre juntos. Bentinho quase não sai de lá. A pequena é uma desmiolada; o pai faz que não vê. (DC, III. O intrigante José Dias alerta D. Glória para o namoro de Bentinho e Capitu, usando um diminutivo capcioso: *segredinhos*. Perspicaz e astucioso, foi o primeiro a perceber o interesse da adolescente e de sua família num futuro casamento com Bentinho).

Em todos esses sonhos andávamos unidinhos. (DC, XII. Bentinho está descrevendo os sonhos adolescentes dele e Capitu. Nesses sonhos, os dois ainda andavam "unidinhos", como ele narra, com certo saudosismo, empregando um diminutivo em que se sobrepõem os valores intensivo e afetivo).

Tínhamos chegado à janela; um preto, que, desde algum tempo, vinha apregoando cocadas, parou em frente e perguntou: — Sinhazinha, qué [quer] cocada hoje? — Não, respondeu Capitu. — Cocadinha tá [está] boa. (DC, XVIII. É muito rico este exemplo. Machado registra aqui a forma de tratamento "Sinhazinha", meio formal, meio afetiva, usada pelos escravos com suas senhoras; mas registra também o diminutivo afetivo "cocadinha", que realça a boa qualidade do doce, além dos desvios gramaticais do preto, representativos da fala popular do português do Brasil. O exemplo revela também as relações sociais na sociedade escravista da época. É que esse preto vendedor de cocadas era, provavelmente, um escravo de ganho trabalhando para seu senhor).

Como vês, Capitu, aos quatorze anos, tinha já ideias atrevidas, (...) e alcançavam o fim proposto, não de salto, mas aos saltinhos. (DC, XVIII. Locução adverbial de modo, formada com um diminutivo (*saltinhos*) impregnado de certo tom de ironia. Note-se a noção de aspecto (modo de ser da ação) progressivo dessa locução).

— Tem andado alegre, como sempre; é uma tontinha. Aquilo, enquanto não pegar algum peralta da vizinhança, que case com ela... (DC, LXII. O diminutivo *tontinha*, empregado pelo intrigante José Dias, apresenta nítido valor pejorativo, com o fito de atribuir a Capitu um comportamento leviano durante a ausência do seminarista. A observação maldosa do agregado, espécie de Iago improvisado, só faz suscitar os ciúmes adolescentes de Bentinho. Aliás, esse capítulo intitula-se, não por acaso, "Uma ponta de Iago").

José Dias pediu para ver o nosso "profetazinho" (assim chamava a Ezequiel) e fez-lhe as festas de costume. (DC, CXVI. Bajulador, o agregado usa um diminutivo, aparentemente afetivo, para se dirigir ao pequeno Ezequiel. Leitor da Bíblia, José Dias aproveita para fazer referência ao profeta do mesmo nome. Mais adiante, virá a insinuação maliciosa, segundo Bentinho, ao tratar o menino de "filho do homem", expressão usada no Livro de Ezequiel, mas no contexto em que foi empregada, carregada de ironia. É que, segundo Bentinho, José Dias, com a frase "filho do homem", estava, na verdade, insinuando que Ezequiel era filho de Escobar).

Era dançarina; eu mesmo já a tinha visto dançar em Veneza. Pobre Caponi! Andando [na rua da Quitanda], **o pé esquerdo saía-lhe do sapato e mostrava no calcanhar da meia um buraquinho de saudade.** (EJ, XII. Neste diminutivo, acumulam-se os valores de pequenez, humor e ironia. O tal "buraquinho" na meia da ex-dançarina é um símbolo cruel de decadência, em contraste com seu passado de glória. É a nostalgia do apogeu, ironicamente descrita pelo Conselheiro Aires, que a conheceu em melhores dias).

Imaginava a moça, os olhos tímidos, a boca cerrada, o véu que lhe cobriria a linda carinha, a delicadeza dele, as palavras que lhe diria entrando em casa. (EJ, CIV. Nóbrega, enriquecido na febre especulativa do Encilhamento, sonha casar com Flora. Ela o recusou, naturalmente, mas isso não o impede de imaginar como seria sua vida com a moça. Nesse sentido, o substantivo *carinha* tem nítido valor afetivo, reforçado pelo adjetivo *linda*)

Era frágil, magrinho, quase nada, criaturinha de escasso fôlego. (MA, 23/6/1888. D. Carmo, madrinha de Tristão, está se recordando de como ele era delicado em pequeno. Note-se que, em *magrinho*, o diminutivo tem valor intensivo: muito magro. Já em *criaturinha*, o que existe é a memória afetiva da madrinha, a se lembrar com ternura do frágil afilhado).

Discurso indireto livre (DIL)

Mistura dos discursos direto e indireto, o discurso indireto livre (ou semi-indireto) é um recurso narrativo que permite que aflorem a fala, as reflexões e os pensamentos mais íntimos dos personagens entre as palavras do discurso do narrador, sem a presença da conjunção integrante *que* e de verbos de elocução do tipo *disse, declarou, afirmou*, etc. Objeto de estudo da estilística da enunciação, o DIL ressalta a espontaneidade do discurso do personagem, além de impregnar a narrativa de dinamismo e de um certo sentido de oralidade. Frequente nas narrativas de cunho psicológico, típicas da ficção machadiana, seu emprego já aparece em *Ressurreição* (1872), primeiro romance de Machado de Assis. E até mesmo nas narrativas em primeira pessoa, como *Memórias póstumas de Brás Cubas* e *Dom Casmurro*, detectamos a presença do discurso indireto livre, como se vê nos exemplos a seguir.

Sobre o assunto, recomendamos a leitura do nosso livro *Ensaios gracilianos* (1978:15), em que fizemos um estudo sobre o DIL no romance *Vidas secas*, de Graciliano Ramos. Consultar também: "O discurso indireto livre em Machado de Assis", em *Ensaios machadianos*, de Mattoso Câmara Jr. (1977:250); "O estilo indireto livre em Graciliano Ramos", em *Da razão à emoção*, de Fábio Freixieiro (1971:103). Ver, neste trabalho, o verbete "Monólogo interior". Destacamos em itálico as frases em discurso indireto livre.

Viu o imenso espaço que aquele amor lhe tomara na vida, e a terrível influência que poderia exercer nela, caso não achasse forças para resistir à separação. *Qual seria o meio de escapar a esse desenlace, pior que tudo?* (RE, IX. Pergunta que se faz o ciumento personagem Félix, hesitante em aceitar o amor de Lívia, por julgá-la capaz de "perfídia e dissimulação". Esse Félix é uma premonição de Bentinho).

O amor de Guiomar começava a parecer-lhe possível; tudo quanto a baronesa lhe dizia era razoável, com a vantagem de lhe esclarecer as faces obscuras da situação. *Demais, podia ser que ela tivesse lido mais fundo no coração da moça.* Estas reflexões fê-las Jorge, enquanto a baronesa continuava a falar. (ML, IX. Com este comentário sobre as reflexões do personagem, o próprio Machado confirma o emprego do DIL).

[Estácio] viu Helena a ler atentamente um papel. Era uma carta, longa de todas as suas quatro laudas escritas. *Seria alguma mensagem amorosa?* (HE, VIII. O DIL reproduz, de forma espontânea, a indagação interior de Estácio. Cartas, sobretudo as misteriosas, constituem um ingrediente inevitável nos folhetins românticos).

Jorge quisera-a suplicante ou desvairada; a tranquilidade feria-lhe o amor-próprio, fazendo-lhe ver que o perigo era nenhum, e revelando, em todo caso, a mais dura indiferença. *Quem era ela para o afrontar assim?* (IG, III. O DIL deixa aflorar, no meio do discurso do narrador, a reflexão íntima de Jorge, indignado por se sentir rejeitado pela orgulhosa Estela).

Virgília dizia-me uma porção de coisas duras, ameaçava-me com a separação, enfim louvava o marido. *Esse sim, era um homem digno, muito superior a mim, delicado, um primor de cortesia e afeição.* (BC, CIII. Virgília, cujas palavras aparecem sob a forma de DIL, elogia as qualidades do marido, para espicaçar os ciúmes do amante. Com o marido, ela é dissimulada; com o amante, ela é chantagista. Uma pérola, essa Virgília. Ela e Brás Cubas são bem dignos um do outro).

Quando o médico voltou, ficou espantado da temeridade do doente; *deviam tê-lo impedido de sair; a morte era certa.* (QB, IX. A parte em itálico reproduz, sob a forma de DIL, a censura e a advertência do médico de Quincas Borba, feitas a Rubião. Este havia permitido que o doente viajasse para o Rio de Janeiro).

Quando Rubião estaca, ele olha para cima, à espera; *naturalmente, cuida dele; é algum projeto, saírem juntos, ou coisa assim agradável.* (QB, XXVIII. Machado personifica o cachorro Quincas Borba e reproduz, em discurso indireto livre, o "pensamento" do animal. Neste mesmo capítulo, o narrador penetra nos sonhos do cão, reproduzindo suas "ideias", ou como diz o texto: "são ideias de cachorro, poeira de ideias". Machado de Assis, não satisfeito em sondar os recônditos da alma humana, faz a mesma coisa com um ser não humano. Afinal, não será o animal que dá título ao livro? Pergunta que o narrador não responde, deixando ao leitor a tarefa de decifrar mais este mistério machadiano).

— Vamos para dentro, murmurou Sofia. Quis tirar o braço; mas o dele reteve-lho com força. *Não; ir para quê? Estavam ali bem, muito bem... Que melhor? Ou seria que ele a estivesse aborrecendo?* Sofia acudiu que não, ao contrário; mas precisava fazer sala às visitas... *Há quanto tempo estavam ali!* (QB, XLI. Neste pequeno trecho, encontram-se os três tipos de discurso narrativo. O direto, iniciado por travessão, reproduz as próprias palavras de Sofia. Em seguida, ao discurso indireto narrativo de Machado de Assis, mistura-se o discurso indireto livre de Rubião, tentando convencer Sofia a permanecer em sua companhia. A ponderação de Sofia aparece em discurso indireto estrito, introduzido pelo verbo declarativo *acudiu*. Por fim, Machado prefere apresentar a própria fala de Sofia, sob a forma de DIL: uma exclamação lembrando a Rubião o longo tempo em que estavam afastados dos demais convidados).

A luz do fósforo deu à cara do major uma expressão de escárnio, ou de outra coisa menos dura, mas não menos adversa. Rubião sentiu correr-lhe um frio pela espinha. *Teria ouvido? Visto? Adivinhado? Estava ali um indiscreto, um mexeriqueiro?* (QB, XLII. O trecho em itálico reproduz as cogitações íntimas de Rubião a respeito do indiscreto major Siqueira, que tinha acabado de surpreendê-lo em colóquio, a sós, com Sofia, no jardim).

Palha e Camacho olharam um para o outro... Oh! esse olhar foi como um bilhete de visita trocado entre as duas consciências. Nenhuma disse o seu segredo, mas viram os nomes no cartão, e cumprimentaram-se. *Sim, era preciso impedir que o Rubião saísse; Minas podia retê-lo.* (QB, LIX. Curioso este exemplo. Machado, na condição de narrador onisciente, "lê" o pensamento de Palha e Camacho e o apresenta sob a forma de um duplo DIL, pelo qual o leitor fica sabendo das sórdidas intenções dos dois personagens, ambos interessados em depenar o simplório Rubião).

Tão nervosa esteve durante os primeiros instantes, que não cuidou da carta. (...). Rasgou a sobrecarta: era uma circular. *Como é que semelhante papel fora ter às mãos dele? E donde lhe vinha a suspeita? De si mesmo ou de fora? Correria algum boato?* (QB, CV. Sofia havia mandado uma circular a várias pessoas pedindo ajuda para as vítimas da seca em Alagoas. A carta destinada a Carlos Maria caíra, por acaso, nas mãos de Rubião, que, cheio de ciúmes, devolveu o envelope a Sofia, insinuando que ele continha uma carta de amor. Aqui, Machado reproduz, em DIL, o pensamento da moça, preocupada com as reações do apaixonado mineiro).

Estendeu-lhe a mão; Camacho segurou-lha ao de leve, e tornou ao papel. Rubião desceu a escada, aturdido, magoado com a frieza do seu ilustre amigo. *Que lhe teria feito?* (QB, CLXXIX. Camacho, o político oportunista (perdoem o pleonasmo), um dos que mais se serviram do dinheiro de Rubião, agora, na loucura e na pobreza do amigo, recebe-o com frieza e impaciência. A pergunta no final da citação não é do narrador, mas do próprio Rubião, em discurso indireto livre, tentando entender, perplexo, a ingratidão de Camacho).

Minha mãe foi achá-lo à beira do poço, e intimou-lhe que vivesse. *Que maluquice era aquela de parecer que ia ficar desgraçado, por causa de uma gratificação menos, e perder um emprego interino? Não, senhor, devia ser homem, pai de família, imitar a mulher e a filha...* (DC, XVI. O trecho em itálico reproduz, em DIL, as palavras de D.

Glória, mãe de Bentinho, exortando o Pádua, pai de Capitu, a que tivesse coragem, que reagisse à perda do cargo de administrador interino).

Novamente [prima Justina] **me recomendou que não me desse por achado, e recapitulou todo o mal que pensava de José Dias, e não era pouco,** *um intrigante, um bajulador, um especulador, e, apesar da casca de polidez, um grosseirão.* (DC, XXI. Note-se a versatilidade estilística do narrador Machado de Assis (Bentinho é um narrador ficcional). O trecho em itálico é um exemplo bastante expressivo do contraponto existente entre o discurso indireto do narrador e o discurso indireto livre da personagem. Este se infiltra naquele, sem cerimônia, sem qualquer preparação formal, e o leitor desatento pode não perceber que quem está falando já não é mais Bentinho, mas prima Justina).

Quando voltamos, à noite, viemos por ali a pé, falando das minhas dúvidas. Capitu novamente aconselhou que esperássemos. *Sogras eram todas assim; lá vinha um dia e mudavam.* (DC, CXV. D. Glória, mãe de Bentinho, segundo este, mostrava-se reservada e fria, até mesmo com o neto, o pequeno Ezequiel. O narrador insinua sutilmente que sua mãe estava desconfiada do adultério de Capitu. Esta, no trecho em DIL, procura tranquilizar o marido, argumentando que sogras podem ter um comportamento inconstante).

José Dias demonstrou longamente o contrário, depois elogiou o enterro, e por último fez o panegírico do morto, *uma grande alma, espírito ativo, coração reto, amigo, bom amigo, digno da esposa amantíssima que Deus lhe dera...* (DC, CXXVI. O agregado, finório e bajulador, exagera as virtudes do falecido Escobar. O superlativo "amantíssima", que ele pespega em Sancha, a viúva de Escobar, reveste-se de ironia involuntária se levarmos em conta que ele ignora o episódio narrado no capítulo CXVIII, "A mão de Sancha", em que esta teria tentado seduzir Bentinho. Naturalmente, a ironia contida no superlativo é involuntária do ponto de vista de José Dias, mas não do narrador, que conhecia muito bem as intenções de Sancha. Machado, por trás de Dom Casmurro, deve ter inserido esse "amantíssima" no DIL do agregado, de forma a parecer ao leitor a coisa mais natural possível na fala do hiperbólico José Dias. Mas nós, que conhecemos as artimanhas do Bruxo do Cosme Velho, percebemos o toque de sua pena oblíqua e dissimulada).

Porquanto, um dia Capitu quis saber o que é que me fazia andar calado e aborrecido. (...). Eu não sabia que lhe respondesse; recusei as diversões. Como insistisse, repliquei-lhe que os meus negócios andavam mal. Capitu sorriu para animar-me. *E que tinha que andassem mal? Tornariam a andar bem, e até as joias, os objetos de algum valor seriam vendidos, e iríamos residir em algum beco. Viveríamos sossegados e esquecidos; depois tornaríamos à tona da água.* (DC, CXXX. Convencido da infidelidade de Capitu, Bentinho recorre a uma mentira para justificar seu comportamento arredio em relação à esposa. O trecho em itálico reproduz o DIL de Capitu, que tenta encorajar Bentinho a dar um novo rumo à vida dos dois. Mal sabe ela que não existe crise financeira nenhuma, que tudo não passa de uma dissimulação de Bentinho para não confessar à mulher que a questão era mais séria, ou seja, que ele estava prestes a acusá-la de traição e bani-la de sua vida para sempre).

Aires quis aquietar-lhe o coração. *Nada se mudaria; o regime, sim, era possível, mas também se muda de roupa sem trocar a pele.* (EJ, LXIV. O banqueiro Santos receia que o país venha a mergulhar na instabilidade política, na desordem pública, após a queda da Monarquia. O trecho em DIL reproduz a fala de Aires, que procura tranquilizá-lo, argumentando que a mudança de regime não passava de uma simples troca de indumentária. Em outras palavras, com a República, mudava politicamente a aparência do regime, mas não sua estrutura social e de poder, que ainda continuaria por muito tempo nas mãos da oligarquia fundiária e financeira, a mesma classe dominante do tempo do Império. Por trás dessa sábia observação do Conselheiro Aires, está o realismo cético de Machado de Assis).

Contar-lhe-ia que os dois meninos de mama, que ela predisse seriam grandes, eram já deputados e acabavam de tomar assento na Câmara. *Quando cumpririam eles o seu destino? Viveria o tempo de os ver grandes, ainda que muito velha?* (EJ, CXVIII. Ao passar de carruagem perto da ladeira que dava acesso ao morro do Castelo, Natividade sentiu um impulso repentino: subir ao morro e contar à cabocla que ali dava consultas que suas predições a respeito dos gêmeos Pedro e Paulo estavam próximas de se realizar. O trecho em itálico reproduz o DIL da orgulhosa mãe, perguntando-se quando é que seus filhos se tornariam grandes homens, como havia previsto a cabocla).

— Quintília adivinhara, pelo transtorno do meu rosto, o que lhe ia pedir, e deixando-me falar para preparar a resposta. A resposta foi interrogativa e negativa. *Casar para quê? era melhor que ficássemos amigos como dantes*. ("A desejada das gentes", VH. Curioso exemplo este do emprego do DIL em um diálogo. Pela parte destacada em itálico, percebe-se que Machado inseriu as palavras de Quintília, que está ausente, direto no discurso do narrador, como se ela estivesse ali ao lado, presente, participando da conversa entre o conselheiro e um amigo. A par da concisão verbal, esse expediente estilístico tornou a narrativa mais dinâmica, mais viva, transmitindo ao leitor a impressão de estar assistindo ao diálogo dos três personagens).

— É um tal Vasco Maria Portela... D. Paula empalideceu. *Que Vasco Maria Portela? Um velho, antigo diplomata, que... Não, esse estava na Europa desde alguns anos, aposentado, e acabava de receber um título de barão. Era um filho dele, chegado de pouco, um pelintra...* ("D. Paula", VH. Mais uma inovação narrativa de Machado de Assis: um diálogo em forma de discurso indireto livre. D. Paula está conversando com o marido de sua sobrinha, e esse diálogo é reproduzido sob a forma de duplo DIL, o dela e o do seu interlocutor. Note-se que na fala dos dois personagens não existe travessão, nem verbos declarativos do tipo *disse, perguntou*, etc. Os discursos de ambos se misturam livremente, conferindo realismo e espontaneidade à cena narrada por Machado de Assis).

E (valores semântico-estilísticos)

Pode a conjunção *e* apresentar outros valores, além do aditivo, previsto pela gramática. Em alguns casos, o *e* funciona como denotador expressivo (v. "Palavras denotativas"), com motivação estilística, sobretudo no início de frases ou em decorrência de sua relação com palavras e orações. Cumpre advertir que a oração coordenada introduzida pela conjunção *e* deve ser classificada formalmente como aditiva, sem prejuízo dos matizes semânticos secundários decorrentes do seu sentido contextual.

Sobre o assunto, recomendamos a leitura do capítulo "Valores particulares", em Celso Cunha (1994:536). Ver também o artigo "A valorização estilística da conjunção "E" em Graciliano Ramos", de Adriano da Gama Kury, publicado na *Miscelânea em honra de Rocha Lima*, (1980: 35). Aliás, o próprio Rocha Lima escreveu um longo e minucioso estudo intitulado "Em torno da conjunção "E", publicado na revista *Studia* do Colégio Pedro II, n.os 9 a 12, 1979-1980.

A confissão súbita, lacônica e [mas] eloquente da irmã ficara-lhe no espírito. (HE, x. Neste caso, a conjunção *e* tem valor adversativo, estabelecendo um contraste e uma compensação entre os adjetivos que ela interliga).

Custou-lhe muito a aceitar a casa; farejara a intenção, *e* doía-lhe o ofício. (BC, LXX. A conjunção *e* tem valor explicativo, equivale a *por isso*).

***E* assim reatamos o fio da aventura, como a sultana Scheherazade [reatava] o dos seus contos.** (BC, LXXXV. A conjunção *e* dá um sentido de continuidade à narrativa, funcionando como um liame narrativo entre este capítulo e o anterior. Note-se a oralidade presente nesta frase, em que Machado de Assis, pela pena do narrador Brás Cubas, se comporta como se estivesse contando uma história ao leitor, e este, à sua frente, ouvindo atentamente, como o sultão Shariar ouvia as histórias das mil e uma noites de Scheherazade).

A clareza da exposição, a lógica dos princípios, o rigor das consequências, tudo isso parecia superiormente grande, *e* foi-me preciso suspender a conversa por alguns minutos. (BC, CXVII. A conjunção *e* tem valor de resultado, de consequência, introduzindo uma oração formalmente coordenada, mas com matiz semântico consecutivo. Repare: "tudo isso parecia [tão] superiormente grande, que me foi preciso suspender a conversa").

Para as despesas da vaidade, bastavam-lhe os olhos, que eram ridentes, convidativos, *e* só convidativos. (QB, XXXV. A conjunção *e* equivale à conjunção *mas*, com ideia de restrição).

Fica [Rubião] aterrado com a ideia de que podem fechar-lhe a porta, *e* cortar inteiramente as relações. (QB, XLV. Parece-nos que, neste caso, a conjunção *e*, antes do infinitivo *cortar*, se impregna da noção de finalidade: "e cortar..." = para cortar...).

Não eram [recordações] belas, mas eram antigas, — antigas e enfermeiras, porque lhe davam a beber um elixir que de todo parecia curá-lo do presente. *E* vai o cocheiro empurra-o e acorda-o. (QB, XLVIII. A conjunção *e* tem, neste caso, valor afetivo, próximo da interjeição, exprimindo a irritação de Rubião, que teve o fluxo de suas memórias interrompido pelo cocheiro).

Cobrava-lhe os juros, os dividendos e os aluguéis de três casas, que lhe fizera comprar algum tempo antes, a vil preço, *e* [mas] que lhe rendiam muito. (QB, CVIII. A conjunção *e* tem valor contrastivo e compensatório).

Soprava um triste vento, que parecia faca, *e* dava arrepios aos dois vagabundos. (QB, CXCVII. Note-se o valor consecutivo da conjunção *e*. Subentenda-se: "um triste vento, que parecia faca, que dava arrepios". Note-se o paralelismo semântico existente entre as duas orações do mesmo valor).

O meu fim evidente era atar as duas pontas da vida *e* restaurar na velhice a adolescência. (DC, II. Antes do infinitivo, a conjunção *e* adquire, geralmente, valor de finalidade: "e restaurar..." = para restaurar...).

Minha mãe ficou-lhe muito grata, *e* não consentiu que ele deixasse o quarto da chácara. (DC, V. A conjunção *e* tem valor consecutivo, introduzindo uma oração que é resultado ou consequência do fato enunciado na oração anterior: "ficou tão grata que não consentiu...").

Apesar dos costumes do tempo, eu não sabia montar, *e* [por isso] tinha medo ao cavalo. (DC, VI. A conjunção *e* tem valor explicativo. Entre as duas orações coordenadas ligadas pelo *e*, existe uma relação de causa (*eu não sabia montar*) e consequência: *tinha medo ao cavalo*).

**— Já disse, mato-me! Não hei de confessar à minha gente esta miséria. *E* os outros? Que dirão os vizinhos? *E os amigos? E o público?* (DC, xvi. Palavras do Pádua, pai de Capitu, desesperado, após a perda do cargo de administrador interino. A intensidade emocional da interrogação enfática é amplificada pela conjunção *e*, que abre cada pergunta (v. "Polissíndeto"). Note-se a importância estilística e o poder de síntese afetiva da partícula *e*. Sua simples presença faz com que cada interrogação passe a equivaler a uma frase inteira: "Que dirão os outros, os vizinhos, os amigos, o público?").

— Que maluquice era aquela de parecer que ia ficar desgraçado, por causa de uma gratificação a menos, *e* perder um emprego interino? (DC, xvi. Noção de causa contida na conjunção *e*. Veja: "e perder..." = por perder, porque perdeu...).

Quando nem mãe nem filho estavam comigo o meu desespero era grande, *e* eu jurava matá-los a ambos. (DC, cxxxII. Repare-se no valor consecutivo da conjunção *e*. Subentenda-se: "o meu desespero era tão grande, que eu jurava matá-los...").

E lá foi, *e* lá andou, *e* lá descobriu o padre, dentro de uma casinha — baixa. (MA, 31/7/1888. Tristão, ao voltar de Portugal, já adulto, não descansou enquanto não descobriu o padre que o batizara. Note-se o polissíndeto (v.) da conjunção *e*, que faz lembrar o estilo das narrativas bíblicas).

Elipse

Figura de sintaxe que consiste na omissão de um termo facilmente subentendido. É uma espécie de não dito cujo valor estilístico é realçar a concisão da frase ou espicaçar a curiosidade do leitor, como se vê em alguns exemplos a seguir.

Sim, esquecera-se que o internúncio devia casá-los. (QB, LXXXI. Neste exemplo, Machado usa o verbo em sua forma pronominal: *esquecera-se*. A elipse da preposição *de* depois do verbo é normal nesses casos, porque a oração que se lhe segue é subordinada substantiva, introduzida pela conjunção integrante *que*).

Repito, [Sofia] comia bem, dormia largo e fofo. (QB, cxxxvIII. Subentenda-se: "dormia em colchão largo e fofo". Com a elipse do adjunto adverbial de lugar, Machado de Assis impregna os adjetivos "largo" e "fofo" de um traço adverbial e, ao mesmo tempo, cria uma imagem impressionista altamente expressiva. Imagina-se a bela Sofia espreguiçando-se languidamente numa cama enorme, macia e fofa, símbolo de seu recente *status* de emergente social).

Capitu (...) continuou a chamar-lhe beata e carola, em voz tão alta que tive medo [de que] fosse ouvida dos pais. (DC, xvIII. Segue-se ao substantivo *medo* uma oração subordinada substantiva completiva nominal. Nestes casos, é possível omitir a preposição *de* e a conjunção integrante *que*, como fez Machado de Assis).

Minha mãe amanheceu tão transtornada que ordenou me mandassem buscar ao seminário. (DC, LXVII. Note-se o senso estético de Machado. Para evitar o pesado acúmulo de *quês* e tornar a frase mais leve, optou pela elipse da conjunção integrante antes da oração subordinada substantiva "me mandasse buscar ao seminário").

Escapei ao agregado, escapei a minha mãe não indo ao quarto dela, mas não escapei a mim mesmo. Corri ao meu quarto, e entrei atrás de mim. (DC, LXXV. Nesta passagem temos o exemplo mais comum de elipse: a do pronome pessoal sujeito, no caso, o pronome *eu*. A desinência número-pessoal presente no verbo já marca e identifica o sujeito, daí a redundância no uso do pronome, a não ser que se queira ressaltar-lhe a importância, como se vê neste exemplo extraído desse mesmo capítulo LXXV de Dom Casmurro: "**Eu falava-me, eu perseguia-me, eu atirava-me à cama**").

Contar-lhe-ia que os dois meninos de mama, que ela predisse [que] seriam grandes, eram já deputados e acabavam de tomar assento na câmara. (EJ, CXVIII. Para evitar o uso de um terceiro *que*, o que tornaria a frase pesada e cacofônica, Machado preferiu omitir a conjunção integrante *que* antes da segunda oração substantiva. Esta elipse é uma solução que não traz prejuízo gramatical e, ao mesmo tempo, tem valor estilístico).

O desembargador Campos, que lá jantou ontem, disse-me que D. Carmo estava que era uma criança; quase que não tirava os olhos de cima do afilhado. (MA, 31/7/1888. Entenda:se: "D. Carmo estava tão alegre que era uma criança". A correlação consecutiva ganhou em concisão e expressividade com a elipse de sua parte intensiva (*tão alegre*). Além disso, realçou o imenso contentamento da madrinha por ter de volta o afilhado Tristão, a quem não via há muitos anos. Recebeu o moço como uma criança recebe um presente. Para contrabalançar a elipse acima comentada, note-se a presença do *que* expletivo em "quase que não tirava os olhos").

Parei na varanda; já tonto, atordoado, as pernas bambas, o coração parecendo querer sair-me pela boca fora. (DC, XII. Nessa caracterização descritiva, Machado omitiu a preposição *com* antes dos substantivos *pernas* e *coração*. Com essa elipse, sua frase ficou mais concisa, ganhando a cena descrita maior poder de visualização).

Enálage

Figura de retórica que consiste em atribuir a uma forma linguística um emprego diferente do habitual. Os casos de mudança de classe gramatical ou de regência verbal (transposição ou conversão) também podem ser considerados exemplos de enálage. Veja: "Eles falam alto" (o adjetivo *alto* usado como advérbio); "O andar da moça é gracioso" (o verbo *andar*, precedido de artigo, passa a substantivo; v. o verbete "Substantivação"). No conto-fábula "Um apólogo" (*Várias histórias),* o pronome indefinido *toda,* convertido em advérbio, com o sentido de "completamente", intensifica um adjetivo: "— Por que está você com esse ar, toda cheia de si, toda enrolada...?". Nos exemplos a seguir, ocorre enálage de tempos verbais, como se percebe nas formas destacadas em itálico, com sua equivalente colocada entre colchetes. Atente-se também para os casos de mudança da regência verbal, com suas naturais implicações semânticas.

A consequência do emprego da enálage é conferir maior expressividade à frase, destacando, entre outros efeitos, certas transposições verbais, como se vê neste conhecido verso de Camões: "Mais servira, se não fora/ para tão longo amor tão curta a vida", em que o pretérito mais-que-perfeito (*servira, fora*) foi usado em vez do futuro do pretérito e do imperfeito do subjuntivo. Veja a equivalência: "Mais serviria, se não fosse...". Sobre o assunto, consultar o verbete "Transposição", em Mattoso Câmara Jr. (1988:235).

Passemos aos exemplos de enálage em Machado de Assis.

A convalescença de Lívia foi mais rápida do que se *devera* [deveria] esperar. (RE, XXIII).

Ia assim andando, sem cuidar que a visse alguém, tão serena e grave, como se *atravessara* [atravessasse] um salão. (ML, III).

Nisto, *aparece-me* [apareceu-me] à porta um chapéu, e logo um homem, o Cotrim, nada menos que o Cotrim. (BC, LXXXI. Ao empregar a forma verbal *aparece*, em vez de *apareceu*, Machado fez uso do chamado presente narrativo. O efeito estilístico é atribuir mais vivacidade e dinamismo a fatos ocorridos no passado. O presente histórico ou narrativo como que presentifica ou atualiza o passado, trazendo-o para o presente).

— Se mana Piedade *tem casado* [tivesse casado] com Quincas Borba, apenas me daria uma esperança colateral.(QB, I. O pretérito perfeito composto, no indicativo (*tem casado*), é mais concreto do que o mais-que-perfeito do subjuntivo (*tivesse casado*). O indicativo, no caso, expressa melhor a certeza de Rubião a respeito do que aconteceria caso sua irmã tivesse casado com o falecido Quincas Borba: seria ela a herdeira dos bens do finado, e não ele, Rubião).

— Deixo a casa como está. Daqui a um mês *estou* [estarei] de volta. (QB, VIII. Frase de Quincas Borba em diálogo com Rubião. O "filósofo" tinha tanta certeza de voltar de sua viagem ao Rio de Janeiro, que usou o presente (*estou*), em vez do futuro (*estarei*). Mas a verdade é que Quincas Borba não voltou para Barbacena. Acabou morrendo em casa de Brás Cubas, onde se encontrava hospedado).

Era Siqueira, o terrível major. Rubião não sabia que *dissesse* [dizer]. (QB XLII. O bisbilhoteiro major Siqueira surpreende Rubião e Sofia em colóquio, ambos a sós no jardim. O imperfeito do subjuntivo *dissesse* deve ter parecido a Machado de Assis mais expressivo que o infinitivo *dizer*, para descrever a reação assustada do personagem).

Quando apareciam as barbas e o par de bigodes longos, (...), e um *andar* firme e *senhor*, dizia-se logo que era o Rubião, — um ricaço de Minas. (QB, CXXXIII. Bom exemplo este, em que Machado nos brinda com dois tipos de enálage: a substantivação do verbo *andar* e o emprego do substantivo *senhor* como adjetivo de valor animista).

Eu, assustado, não sabia que *fizesse* [fazer]. (DC, XVIII. O subjuntivo é o modo verbal da dúvida, da hesitação, por isso Bentinho o empregou, em vez do infinitivo, como expressão de realce de sua frase dubitativa, que é, na verdade, uma interrogação indireta).

— Se eu fosse rica, você *fugia* [fugiria], *metia-se* [meter-se-ia] no paquete e *ia* [iria] para a Europa. (DC, XVIII. Frase provocativa de Capitu, dirigida a Bentinho, ambos adolescentes. Note-se, nos três casos, o emprego do imperfeito do indicativo pelo futuro do pretérito, denotando a ideia de certeza).

Capitu trazia sinais de fadiga e comoção, mas tão depressa me viu, ficou *toda* outra. (DC, LXXXI. Aqui, o pronome indefinido *toda* está sendo usado como advérbio de intensidade (= completamente), um caso típico de conversão ou mudança de classe).

O cão trepava-lhe às pernas para *dormir* a fome. (QB, CXCVII. O verbo *dormir*, normalmente intransitivo, foi usado, neste exemplo, como transitivo direto, sendo *a fome* seu objeto direto. Note-se que, neste caso, o verbo adquire sentido causativo: "dormir a fome" = fazer dormir a fome).

Capitu ria *alto*, falava *alto*, como se me avisasse. (DC, LXXV. Outro indiscutível exemplo da passagem do adjetivo a advérbio. Note-se que *alto* foi usado sem flexão, em sua forma neutra, digamos assim).

O sorriso parecia *chover* luz sobre a pessoa amada. (EJ, VI. Neste exemplo, o verbo *chover*, intransitivo, foi usado como transitivo direto, sendo *luz* seu objeto direto. Observe-se também que, neste caso, o verbo adquire valor causativo: "chover luz" = fazer chover luz).

A reflexão que vou fazer é curta; se tal não *fora* [fosse], melhor seria guardá-la para amanhã. (MA, 22/3/1889).

Enumeração

Figura de estilo que consiste no detalhamento individual de itens descritivos, coisas ou ações, palavra por palavra ou frase por frase, podendo aparecer tanto nos textos narrativos quanto nos poéticos. Há três tipos de enumeração: a articulada (pura ou ordenada), em que os termos da série enumerativa apresentam algum tipo de afinidade semântica entre si; a desarticulada (ou desordenada, conhecida como enumeração caótica, termo criado por Leo Spitzer, 1961:247), constituída por vocábulos pertencentes a classes gramaticais diferentes e sem afinidade semântica mútua; e a mista, em que se combinam, num mesmo texto, os dois tipos anteriores. Cumpre registrar que, por seu estilo enxuto, Machado de Assis dá preferência à enumeração articulada, que ele emprega com sobriedade e elegância, ora a serviço do seu microrrealismo narrativo, ora a serviço do seu traço estilístico mais importante: o humor. Vejamos alguns exemplos nos textos pesquisados, dentre os quais figuram passagens extraídas das crônicas da série intitulada "A Semana".

a) *Enumeração articulada*

Os cinco dias correram-lhe assim, travados de enojo, de desespero, de lágrimas, de reflexões amargas, de suspiros inúteis, até que raiou a aurora do sexto dia, e com ela, – ou pouco depois dela, uma carta de Botafogo. (ML, XI. Nessa enumeração ordenada, apresentam-se vários clichês da literatura romântica: desespero, lágrimas, suspiros, amarguras, sem faltar, naturalmente, a carta tão esperada).

Soluços, lágrimas, casa armada, veludo preto nos portais, um homem que veio vestir o cadáver, outro que tomou a medida do caixão, caixão, essa, tocheiros, convites, convidados que entravam, lentamente, a passo surdo, e apertavam a mão à família, alguns tristes, todos sérios e calados, padre e sacristão, rezas, aspersões d'água benta, o fechar do caixão, a prego e martelo, seis pessoas que o tomam da essa, e o levantam, e o descem a custo pela escada, não obstante os gritos, soluços e novas lágrimas da família, e vão até o coche fúnebre, e o colocam em cima e trespassam e apertam as correias, o rodar do coche, o rodar dos carros, um a um... (BC, XLV. Capítulo descritivo, com predomínio de frases nominais, que emprestam vivacidade e dinamismo à descrição do velório e da saída do corpo do pai de Brás Cubas. Note-se a identidade vocabular, frasal e semântica existente entre os termos dessa longa série enumerativa, em que o que há de comum é a ideia de dor e sofrimento, amplificada pelo fato de a morte e o velório, nessa época, serem um acontecimento doméstico, pois as pessoas, geralmente, morriam e eram veladas em casa, e não em hospitais, como, em geral, acontece atualmente. Nesse curto capítulo, composto com mórbida precisão fotográfica por Machado de Assis, a enumeração constitui expressivo recurso narrativo-descritivo).

Rubião quis que se agasalhasse, e trouxe-lhe um fraque, um colete, um chambre, um capote, à escolha. (QB, V. Nesta enumeração pura ou ordenada, o traço semântico comum a ligar os termos dessa série é o da noção de agasalho, de vestuário para combater o frio do insano Quincas Borba, que se achava adoentado. Note-se que a locução adverbial "à escolha" enfatiza essa ideia de um rol de agasalhos postos à disposição do personagem por Rubião, preocupado em resguardar a saúde do amigo).

Sofia acostumava habilmente a prima [Maria Benedita] às distrações da cidade; teatros, visitas, passeios, reuniões em casa, vestidos novos, chapéus lindos, joias. (QB, LXVIII. A descrição da vida social na Corte, no tempo de Machado de Assis, serve de denominador comum aos termos que constituem esse aposto enumerativo.

Repare-se também na pontuação de Machado: ele prefere usar ponto e vírgula, e não dois-pontos, para introduzir esse tipo de aposto, como se faz atualmente).

Ouvi passos precipitados na escada, a campainha soou, soaram palmas, golpes na cancela, vozes, acudiram todos, acudi eu mesmo. (DC, CXXI. O período, formado à base de frases curtas e verbos e nomes de movimento, em gradação ascendente, descreve uma sucessão de atos independentes, mas que se interligam, arrematados pela última oração "acudi eu mesmo". Trata-se do alvoroço provocado pela morte inesperada de Escobar, afogado na praia do Flamengo. Com essa enumeração articulada, Machado nos brinda com um primor de descrição concisa e dinâmica).

No meio dos sucessos [acontecimentos] **do tempo, entre os quais avultavam a rebelião da esquadra e os combates do Sul, a fuzilaria contra a cidade, os discursos inflamados, prisões, músicas e outros rumores, não lhes faltava campo em que** [os gêmeos Pedro e Paulo] **divergissem.** (EJ, CXIV. Os termos dessa série enumerativa referem-se à Revolta da Armada, em que a Marinha chegou a bombardear o centro da cidade do Rio de Janeiro, e à Revolução Federalista no Rio Grande do Sul, que acabou degenerando em sangrenta guerra civil. A passagem citada oferece uma síntese do que foi o conturbado período de governo do presidente Floriano Peixoto (1891-1894), durante o qual ocorreram inúmeros distúrbios políticos e militares, traços semânticos estes que servem de denominador comum aos termos empregados por Machado de Assis nessa enumeração pura ou articulada).

Eu, com o tempo, fui calejando, e não dava mais por nada; era burro, camelo, pedaço d'asno, idiota, moleirão, era tudo. ("O enfermeiro", VH. Enumeração articulada de substantivos e adjetivos, tendo como denominador comum a ideia de ofensa, de agressão verbal. Era o tratamento dado ao enfermeiro Procópio pelo impaciente e despótico coronel Felisberto. Foi tanta a humilhação, que o ofendido, num assomo de cólera, acabou assassinando o ofensor).

b) *Enumeração caótica*

Esse tipo de enumeração foi bastante utilizado pelos poetas barrocos, devido ao seu gosto pela exuberância verbal, pelo culto do adorno de imagens contrastivas. Entre nós, Gregório de Matos recorreu frequentemente à enumeração caótica em suas poesias, conforme o demonstra o estudo de Joaquim Ribeiro (1964:297), citado em nossa bibliografia. Os autores modernistas usam esse tipo de enumeração em conformidade com a agitação e o tumulto do mundo moderno, a par do traço de humor crítico e irônico próprio de algumas correntes do Modernismo. Entre nós, servem de exemplo certos poemas de Carlos Drummond de Andrade ("E agora, José?") e Vinicius de Moraes ("O dia da criação"). Em Portugal, merece referência o nome do poeta Mário de Sá Carneiro. Sobre o assunto, ver o estudo clássico de Leo Spitzer, acima citado. Ver também o capítulo "Enumeração ou descrição de detalhes" em Othon Moacyr Garcia (2003:230). Consultar ainda o *Dicionário de termos literários*, de Massaud Moisés (2004:149). Como dissemos, a enumeração caótica não se coaduna muito com o espírito clássico de Machado de Assis, não sendo muitos os exemplos encontrados. As passagens abaixo foram extraídas das crônicas de "A Semana" e do conto "Ideias de canário", em *Páginas recolhidas*.

A loja era escura, atulhada das coisas velhas, tortas, rotas, enxovalhadas, enferrujadas, que de ordinário se acham em tais casas, tudo naquela meia desordem própria do negócio. Essa mistura, posto que banal, era interessante. Panelas sem tampa, tampas sem panela, botões, sapatos, fechaduras, uma saia preta, chapéus

de palha e de pelo, caixilhos, binóculos, meias casacas, um florete, um cão empalhado, um par de chinelas, luvas, vasos sem nome, dragonas, uma bolsa de veludo, dois cabides, um bodoque, um termômetro, cadeiras, um retrato litografado pelo finado Sisson, um gamão, duas máscaras de arame para o carnaval que há de vir, tudo isso e o mais que não vi ou não me ficou de memória, enchia a loja nas imediações da porta, encostado, pendurado ou exposto em caixas de vidro, igualmente velhas. Lá para dentro, havia outras coisas mais e muitas, e do mesmo aspecto, dominando os objetos grandes, cômodas, cadeiras, camas, uns por cima dos outros, perdidos na escuridão. ("Ideias de canário", PR. É impressionante a memória descritiva desse narrador machadiano. É natural que numa loja de coisas usadas (brechó) se encontrem os objetos mais disparatados, mas a minuciosa enumeração caótica acima apresentada deixa transparecer o olhar detalhista de Machado de Assis por trás do narrador. Não há qualquer relação semântica entre os itens lexicais enumerados, exceto no final da descrição, quando se mencionam cômodas, cadeiras e camas, objetos pertencentes ao mesmo campo semântico, o do mobiliário doméstico. A adjetivação empregada reforça a imagem do caos existente no interior da loja, que "era escura, atulhada das coisas velhas, tortas, rotas, enxovalhadas, enferrujadas". A disposição desordenada dos objetos expostos está em coerência com o estado geral da loja, pois tudo se encontra nas "imediações da porta, encostado, pendurado ou exposto em caixas de vidro, igualmente velhas", ou então, "uns por cima dos outros, perdidos na escuridão". Trata-se de um exemplo altamente representativo de enumeração caótica a serviço de um texto descritivo. Com efeito, nada mais caótico que uma loja de brechó, ou belchior, como querem alguns. A propósito, atente-se para o quiasmo perfeito (v.) "panelas sem tampa, tampas sem panela"(AB x BA), figura de estilo usada com certa frequência por Machado de Assis e que reforça, no caso, a imagem de desordem própria do ambiente descrito).

Um dia desta semana, farto de vendavais, naufrágios, boatos, mentiras, polêmicas, farto de ver como se descompõem os homens, acionistas e diretores, importadores e industriais, farto de mim, de ti, de todos, de um tumulto sem vida, de um silêncio sem quietação, peguei de uma página de anúncios, e disse comigo: "Eia, passemos em revista as procuras e ofertas, caixeiros, desempregados, pianos, magnésias, sabonetes, oficiais de barbeiro, casas para alugar, amas de leite, cobradores, coqueluche, hipotecas, professores, tosses crônicas...". (Crônica de 17/7/1892. Aqui, a enumeração caótica é um reflexo do próprio estado de espírito do cronista, farto do tumulto da vida. Esse mesmo tipo de enumeração reflete-se na coluna de anúncios do jornal, esta, caótica pela própria natureza. Se o nosso leitor tiver a curiosidade de ler essa crônica integralmente, irá verificar que o cronista acabou descobrindo o anúncio de uma viúva solitária à procura de um protetor endinheirado. A partir desse fato banal, mais ou menos corriqueiro nos jornais da época, Machado de Assis nos brinda com uma de suas melhores crônicas. Confira o leitor).

— *Que há de novo?* **Os ventos, as marés, a burra de Balaão, as locomotivas, as bocas de fogo, os profetas, todas as vozes celestes e terrestres formavam este grito uníssono:** — *Que há de novo?* (Crônica de 5/11/1893. Nesta enumeração caótica, Machado põe na boca de entidades as mais disparatadas o modismo frasal "Que há de novo?", então em voga, extraído da peça de teatro *Verso e reverso*, de José de Alencar. Cansado de tanto ouvir esse surrado clichê, o cronista, impaciente, escreve uma crônica meio indignada, meio irônica, em que demonstra sua irritação com aqueles que se deixam seduzir pela novidade banal, pelo imediatismo de notícias sem relevância. Leitor assíduo do *Eclesiastes*, Machado devia ser partidário do célebre capítulo 1, versículo 9 desse livro sagrado, que ensina: "Não há nada de novo debaixo do sol" (*Nihil sub sole novum*). Ver, a propósito, a crônica de 26/11/1893, em que o cronista volta ao tema de que as novidades, no fundo, são aparentes e irrelevantes).

c) *Enumeração mista*

Bebeu o último gole de café, repotreou-se, e entrou a falar de tudo, do senado, da câmara, da Regência, da restauração, do Evaristo, de um coche que pretendia comprar, da nossa casa de Matacavalos... Eu deixava-me estar ao canto da mesa, a escrever desvairadamenente num pedaço de papel, com uma ponta de lápis; traçava uma palavra, uma frase, um verso, um nariz, um triângulo, e repetia-os muitas vezes, sem ordem, ao acaso. (BC, XXVI. (BC, XXVI. O narrador Brás Cubas afirma que seu pai "entrou a falar de tudo", mas nesse "tudo" ainda existe alguma coerência semântica, uma vez que "senado, câmara, Regência, restauração, Evaristo [da Veiga, político e jornalista do Primeiro Reinado]" têm em comum a atividade política da época. Até aí, a enumeração pode ser considerada pura ou articulada. Ao incluir nesse "tudo" itens que destoam entre si, como um coche e uma casa na rua de Matacavalos, a enumeração, parece-nos, tornou-se mista: parte ordenada, parte caótica. Da mesma forma, o comportamento evasivo e displicente do jovem Brás Cubas, ao traçar num papel "uma palavra, uma frase, um verso, um nariz, um triângulo", tudo "sem ordem", tudo "ao acaso", também produz um exemplo de enumeração mista, meio ordenada, meio caótica).

Tudo isto cansa, tudo isto exaure. Este sol é o mesmo sol, debaixo do qual, segundo uma palavra antiga, nada existe que seja novo. A lua não é outra lua. O céu azul ou embruscado, as estrelas e as nuvens, o galo da madrugada, o burro que puxa o bonde, o bonde que leva a gente, a gente que fala ou cala, é tudo a mesma coisa. Lá vai um para a banca da advocacia, outro para o gabinete médico, este vende, aquele compra, aquele outro empresta, enquanto a chuva cai ou não cai, e o vento sopra ou não; mas sempre o mesmo vento e a mesma chuva. Tudo isto cansa, tudo isto exaure. (Crônica de 26/11/1893. Entre os termos "sol, lua, céu, estrelas e nuvens", percebe-se nítida afinidade semântica: trata-se de astros ou fatos da natureza. O mesmo procedimento ocorre entre os termos/orações "banca da advocacia, gabinete médico, este vende, aquele compra, aquele outro empresta", em que o que há de comum é a ideia de atividade profissional. Ou seja, em ambos os casos, a ordenação pode ser considerada ordenada ou articulada. Por outro lado, a referência a coisas disparatadas como "galo, burro, bonde, gente, vento, chuva" nos parece meio caótica, estabelecendo visível contraste com os demais termos/orações antes mencionados. A nosso ver, esta passagem serve de exemplo de enumeração mista. A "palavra antiga" a que se refere Machado de Assis é a do *Eclesiastes*, 1:9, comentada no exemplo anterior: "Não há nada de novo debaixo do sol").

Epizeuxe (Reduplicação)

Figura de estilística sintática que consiste na repetição seguida do mesmo vocábulo, com o objetivo de intensificar ou enfatizar algum termo ou alguma informação. Machado de Assis usa a retórica da repetição com bastante frequência, justificando o seu emprego com as seguintes palavras de seu personagem Bentinho: "Há conceitos que se devem incutir na alma do leitor, à força de repetição" (DC, XXXI). Aliás, repetir a culpa de Capitu, para fixá-la no espírito do leitor, é o que mais faz o suspeitíssimo narrador Bento Santiago.

Cumpre ressaltar que as repetições machadianas geralmente se apresentam sob a forma ternária e em gradação ascendente e, como veremos mais adiante, em verbete específico, a gradação (v.) é uma das fixações estilísticas de Machado de Assis. Sobre o assunto, recomendamos a leitura de *Drummond: a estilística da repetição*, de Gilberto Mendonça Teles (1997). Passemos à exemplificação.

Uma hora [Helena] esteve assim, muda, prostrada, quase morta, uma hora longa, longa, longa, como só as tem o relógio da aflição e da esperança. (HE, XIII. A reiteração do adjetivo *longa* enfatiza a intensidade do sofrimento de Helena, chocada com a chantagem feita contra ela pelo sórdido Dr. Camargo. Esse recurso de estilística sintática chama a atenção também para a questão do tempo psicológico, que, medido pelo relógio da aflição, parece ainda mais longo para quem sofre).

Um nevoeiro cobriu tudo, — menos o hipopótamo que ali me trouxera, e que aliás começou a diminuir, a diminuir, a diminuir, até ficar do tamanho de um gato. (BC, VII. Reiteração verbal com noção de aspecto progressivo descendente. O aspecto é uma categoria gramatical que diz respeito à duração do processo verbal).

Cheguei a recusar; mas [D. Eusébia] instou tanto, tanto, tanto, que não pude deixar de atender. (BC, XXXII. D. Eusébia tinha segundas intenções em relação a Brás Cubas: casá-lo com sua filha Eugênia, daí a insistência para que ele fosse jantar com as duas. A reiteração intensiva do advérbio *tanto* expressa esse propósito oculto da personagem).

E, pegando-lhe nas mãos, [D. Plácida] olhou-a fixamente, fixamente, fixamente, até molharem-se-lhe os olhos, de tão fixo que era. (BC, LXXIII. A reiteração do advérbio *fixamente* tem valor intensivo e, ao mesmo tempo, aspectual durativo).

Onde li eu que uma tradição antiga fazia esperar a uma virgem de Israel, durante certa noite do ano, a concepção divina? Seja onde for, comparemo-la à desta outra, que só difere daquela em não ter noite fixa, mas *todas, todas, todas*... O vento, zunindo fora, nunca lhe trouxe o varão esperado, nem a madrugada alva e menina lhe disse em que ponto da terra é que ele mora. Era só *esperar, esperar*... (QB, XLIII. Nos dois casos que destacamos em itálico, a reiteração tem como efeito estilístico enfatizar o drama patético de D. Tonica, a filha solteirona do major Siqueira. Note-se que, nos dois casos, os termos repetidos parecem transmitir uma sensação de cansaço, de desânimo, de tempo que se escoa como areia por entre os dedos, sem nenhuma perspectiva de esperança, o que é reforçado pela presença das reticências, sobretudo no segundo exemplo, em que esses sinais sugerem a espera inútil e interminável da pobre D. Tonica).

Deixou-se ir; e ambos foram andando, calados, calados, calados, — até que ele rompeu o silêncio, notando-lhe que o mar defronte da casa dela batia com muita força, na noite anterior. (QB, LXIX. Sofia e Carlos Maria estão dançando uma rodopiante valsa vienense, e a repetição ternária do predicativo "calados" como que sugere os giros dos dois silenciosos dançarinos. Lembremos ainda, coincidência ou não, que o compasso da valsa é ternário. Teria Machado pensado nisso quando empregou a epizeuxe?).

Meia hora depois vi um vulto de mulher, ao longe; (...); ela veio, veio, devagar, olhando disfarçadamente para todos os lados. (QB, LXXXIX. A reiteração da forma verbal *veio* expressa o aspecto progressivo da ação verbal, reforçado pela presença do advérbio "devagar").

Assim, quando Sofia chegou à janela que dava para o jardim, ambas as rosas riram-se a pétalas despregadas. Uma delas disse que era bem feito! bem feito! bem feito! (QB, CXLI. Machado personifica duas rosas e põe-nas a dialogar com Sofia. Uma delas repreende a personagem por ter dado ouvidos aos galanteios baratos de Carlos Maria. A reiteração exclamativa (*bem feito! bem feito!*) encarece a "opinião" da rosa. Na verdade, trata-se de um monólogo interior de Sofia consigo mesma, com sua consciência).

Antes de sair, [Palha] consultou o diretor, que lhe deu boas notícias do enfermo. Uma semana é pouco, disse ele; para pô-lo bom, bom, preciso ainda dois meses. (QB, CXCIV. A reiteração do adjetivo tem valor intensivo: "bom, bom" = completamente bom).

Examinando bem, não quisera ter ouvido um desengano que eu reputava certo, ainda que demorado. Capitu refletia, refletia, refletia... (DC, XLII. A reiteração da forma verbal *refletia*, com valor aspectual durativo, é enfatizada pelas reticências, que expressam uma espécie de reflexão interminável por parte de Capitu, preocupada em descobrir a melhor maneira de livrar Bentinho do seminário).

Compreenderás que eu, depois de estremecer, tivesse um ímpeto de atirar-me pelo portão fora, descer o resto da ladeira, correr, chegar à casa do Pádua, agarrar Capitu e intimar-lhe que me confessasse quantos, quantos, quantos [beijos] já lhe dera o peralta da vizinhança. (DC, LXII. Bentinho sente ciúmes dos rapazes da rua onde mora Capitu e suspeita de que ela trocava beijos com um de seus vizinhos. A repetição do pronome indefinido *quantos* expressa o desequilíbrio emocional do adolescente e funciona como um indício dos primeiros sintomas de seus ciúmes delirantes, que se intensificaram com o decorrer do tempo).

Ele (...) tornava a narrar os acontecimentos, as notícias coladas às portas dos jornais, a prisão dos ministros, a situação, tudo extinto, extinto, extinto... (EJ, LXIX. A reiteração do adjetivo *extinto* expressa a desolação em que se encontra o político conservador Batista, após tomar conhecimento da queda da Monarquia e implantação da República. As reticências usadas pelo narrador parecem sugerir que a nova situação política era irreversível).

Osório preparou-se e embarcou para o Recife. Não o fez logo, logo; parece que a imagem de Fidélia o prendeu uns três dias. (MA, 9/6/1888. Reiteração intensiva do advérbio *logo*, para enfatizar o fato de que o admirador de Fidélia retardou o quanto pôde sua viagem a Recife, para ver o pai que se encontrava "doente e mal". Mas Fidélia era a vida, e o bacharel ia se deixando ficar, na contemplação embevecida da bela viúva, que, aliás, também era contemplada pelo Conselheiro Aires).

É que (locução expletiva)

Recurso de estilística sintática e, ao mesmo tempo, prosódica, esta é uma locução muito frequente nos textos de Machado de Assis, tanto em sua forma original, quanto na flexionada em outros tempos verbais. Por sua natureza expletiva, não desempenha nenhuma função sintática. Seu papel é conferir à frase narrativa um sentido de realce, de energia, a par de certa cadência prosódica, um ritmo pausado e melódico que suscita uma impressão auditiva própria do estilo oral presente nos diálogos, como se vê nesta frase da linha dirigida à agulha no conto "Um apólogo" (*Várias histórias*): "— Então os vestidos e enfeites de nossa ama, quem *é que* os cose, senão eu? (...); eu *é que* coso, prendo um pedaço ao outro, dou feição aos babados...". Resposta da agulha: "— Então, senhora linha, ainda teima no que dizia há pouco? Não repara que esta distinta costureira só se importa comigo; eu *é que* vou aqui entre os dedos dela, unidinha a eles, furando abaixo e acima...".

Como exímio contador de histórias, é natural que Machado recorra à oralidade para cativar a atenção e o interesse do leitor, com quem, aliás, tem o hábito de conversar constantemente. Mas passemos aos exemplos.

— Eu *é que* não me deito sem saber o resto, declarou Guiomar; levo o livro comigo. (ML, IX. O gosto pela leitura era um costume arraigado entre as moças românticas, como se vê pela declaração de Guiomar, realçada pela locução *é que*. As mulheres e os estudantes formavam o público preferencial da literatura romântica).

As prescrições do médico *era* ela *que* as recebia e cumpria. (HE, IX. Em correlação com as formas verbais empregadas na frase, a locução se apresenta flexionada no imperfeito do indicativo).

Helena olhou para ele [o Dr. Camargo] desconfiada. Nunca vira o médico tão afável, e essa mudança de maneiras e de tom *é que* lhe fazia medo. (HE, XII. Aqui, a locução, além do suporte prosódico que dá à frase, parece justificar a reação desconfiada de Helena).

Mas a possibilidade de um rival de fora veio atordoá-lo; aqui *é que* o ciúme trouxe ao nosso amigo uma dentada de sangue. (QB, LXX. Rubião sente ciúmes de Carlos Maria, porque percebeu que esse conquistador barato anda arrastando as asas para Sofia. A locução expletiva *é que* contribui prosodicamente para enfatizar a descrição desse sentimento do pobre mineiro, que, curiosamente, não sente ciúmes do marido de Sofia).

Indo a entrar na barca de Niterói, quem *é que* encontrei encostado à amurada? Tristão, ninguém menos. (MA, 4/8/1888. Note-se o tom espontâneo, descontraído com que o Conselheiro Aires formula essa pergunta ao leitor. A locução *é que* serve de apoio prosódico e eufônico à frase do narrador, impregnada de oralidade).

Ao almoço *é que* Tristão me contou a história da tela que a viúva está pintando. (MA, 22/10/1888. Aqui, a locução *é que*, além do seu valor prosódico, enfatiza o momento em que Tristão comunicou ao Conselheiro Aires o gosto de Fidélia pela pintura).

Novidade não era, a confissão *é que* me espantou, e provavelmente ele [Tristão] leu esse efeito em mim. (MA, 1/12/1888. Note-se a importância estilística dessa locução *é que*. Sem ela, a frase do Conselheiro perde bastante em termos de expressividade. Experimente-se lê-la sem a locução e ver-se-á que a frase fica chocha, sem vida, desaparecendo totalmente a espontaneidade e a ênfase que o narrador quis atribuir ao espanto por ele sentido diante da inesperada confidência do moço apaixonado).

Estilística gráfica

Não satisfeito em explorar os recursos das estilísticas fônica, léxica e sintática, Machado de Assis também explora os sinais diacríticos da língua escrita, tais como reticências, traço de união, letras maiúsculas e minúsculas ou em itálico, como se vê nos exemplos a seguir.

— Não entendo de política, disse eu depois de um instante; quanto à noiva... deixe-me viver como um urso, que sou. (BC, XXVI. Trata-se de um diálogo entre Brás Cubas e seu pai. As reticências representam uma interrupção da frase, deixada em suspenso. Com esse recurso estilístico, o narrador chama a atenção para o pedido que vem a seguir: seu desejo de permanecer solteiro).

— Não vou daqui sem uma resposta definitiva, disse meu pai. De-fi-ni-ti-va! Repetiu, batendo as sílabas com o dedo. (BC, XXVI. A separação silábica representa graficamente a ênfase prosódica empregada pelo pai de Brás Cubas para convencê-lo a aceitar a carreira política e o casamento com Virgília).

O capítulo LV de *Brás Cubas*, intitulado "O velho diálogo de Adão e Eva", é todo composto à base de subentendidos representados por pontilhados. Confira o leitor.

— Não posso, disse ela daí a alguns instantes; não deixo meu filho; se o levar, estou certa de que *ele* me irá buscar ao fim do mundo. (BC, LXIV. Virgília, a esposa adúltera, evita pronunciar o nome do marido, Lobo Neves, diante do amante, Brás Cubas, preferindo tratá-lo por "ele". O pronome está em itálico no original, destacado que foi pelo narrador).

Virgília enxugou os olhos e estendeu-me a mão. Sorrimos ambos; minutos depois, tornávamos ao assunto da casinha solitária, em alguma rua escusa... (BC, LXIV. As reticências depois do adjetivo "escusa" sugerem a ideia de fantasia, de cumplicidade entre os dois amantes, Brás Cubas e Virgília).

Eu sou o ilustre Tamerlão, dizia ele. Outrora fui Romualdo, mas adoeci, e tomei tanto tártaro, tanto tártaro, tanto tártaro, que fiquei Tártaro, e até rei dos Tártaros. (BC, LXIX. Mais um caso de loucura relatado por Machado de Assis, que tinha certa fascinação pelo tema. Aqui, para descrever o processo de alienação mental do personagem, Machado explora estilisticamente a diferença entre substantivo comum e substantivo próprio, representando-os, respectivamente, por letras minúsculas e maiúsculas: *tártaro, Tártaro*).

Leia-se o capítulo CXXXIX de *Brás Cubas*, intitulado "De como não fui ministro d'Estado". Ou melhor, veja-se o capítulo, pois não há nada para ler num capítulo constituído apenas de reticências. Em outras palavras, a perda da vaga de ministro foi mais uma página em branco na vida inútil de Brás Cubas, toda ela feita de negativas.

Examinando bem, não quisera ter ouvido um desengano que eu reputava certo, ainda que demorado. Capitu refletia, refletia, refletia... (DC, XLII. A reiteração do verbo, com valor aspectual durativo, é enfatizada pelas reticências, que expressam uma espécie de reflexão interminável por parte de Capitu, preocupada em descobrir a melhor maneira de livrar Bentinho do seminário para se casar com ela).

Há remorsos que não nascem de outro pecado, nem têm maior duração. Agarrei-me a esta hipótese que se conciliava com a mão de Sancha, que eu sentia de memória dentro da minha mão, quente e demorada, apertada e apertando... (DC, CXVIII. Reticências carregadas de insinuações eróticas. Segundo Bentinho, Sancha tentara seduzi-lo, para dar o troco ao marido, Escobar, que a estaria traindo com Capitu).

— Por que não vai a Petrópolis? Concluiu. — Espero fazer outra viagem mais longa, muito longa... (EJ, XCVIII. Flora, em conversa com o Conselheiro Aires, prevê sua morte próxima. O culto da morte caracteriza essa personagem romântica, etérea, espiritualizada, suspirando morbidamente pela libertação da matéria. As reticências usadas pelo narrador têm valor expressivo, enfatizando a irreversibilidade do fim ansiado pela jovem).

Este é o dia de todos os santos; amanhã é o de todos os mortos. A igreja andou bem marcando uma data para comemorar os que se foram. No tumulto da vida e suas seduções, fique um dia para eles... A reticência que aí deixo exprime o esforço que fiz para acabar esta página em melancolia; não posso, nunca pude. Tristezas não são comigo. (MA, 1/11/1888. Machado explica o porquê das reticências, demonstrando que este recurso gráfico também pode ter valor estilístico na pena de um escritor de gênio, como ele próprio, que além de usá-lo, ainda faz metalinguagem do seu discurso, ensinando-nos o seu método).

Estilização da fala dos personagens

Machado de Assis é considerado um grande frasista. Já se publicaram dicionários relacionando suas frases de efeito, cujo conteúdo gira em torno de reflexões de natureza literária, filosófica ou moral. Mas nem sempre ele o faz diretamente, preferindo, em alguns casos, filosofar de maneira indireta e sutil, por meio da estilização do suposto discurso dos personagens.

Curioso é que certos personagens, muitas vezes, seriam incapazes de se expressar em termos elevados, como é o caso de Rita, do conto "A cartomante" (*Várias histórias*), pintada pelo narrador como "formosa e tonta", e que, no entanto, sai-se com esta pérola filosófica: "Foi então que ela [Rita], **sem saber que traduzia Hamlet em vulgar, disse-lhe que havia muita coisa misteriosa e verdadeira neste mundo**". E mais esta: "Tal foi a opinião de Rita, que, por outras palavras mal compostas, formulou este pensamento: — **a virtude é preguiçosa e avara, não gasta tempo nem papel; só o interesse é ativo e pródigo**". Convenhamos que é muita filosofia para uma personagem formosa e tonta. Como se não soubéssemos que por trás dela está o Bruxo do Cosme Velho, piscando para nós seu olhar zombeteiro.

Sobre o assunto, sugerimos a leitura do bem fundamentado ensaio *Machado de Assis e a análise da expressão*, de Maria Nazaré Lins Soares (1968). Mas passemos à exemplificação.

Ponderou [Marcela] que mais tarde ou mais cedo era natural que me casasse, e afiançou que me daria finas joias por preços baratos. Não disse *preços baratos*, mas usou uma metáfora delicada e transparente. (BC, XXXVIII. A expressão *preços baratos* foi posta em itálico pelo próprio narrador, que não explicita a metáfora pronunciada pela ex-cortesã Marcela, agora decadente. Aqui, a estilização da fala da personagem foi indireta).

Era manhã de um lindo dia. Os moleques cochichavam; as escravas tomavam a bênção: "Bênção, nhô Bentinho! não se esqueça de sua Joana! Sua Miquelina fica rezando por vosmecê!". (DC, LIII. É o momento da despedida de Bentinho, a caminho do seminário. As escravas da casa gostam dele, tratam-no com carinho, pois ele tinha sido criado por elas. Note-se que a escrava Joana emprega corretamente o verbo *esquecer*, no imperativo e na sua forma pronominal plena, ou seja, preposicionado: "não se esqueça de". Na sua fala espontânea, provavelmente ela diria: "não esquece de". Machado, conscientemente ou não, estilizou a fala da escrava).

Entretanto, esta cidade é a dele, e, como eu lhe dissesse que não devera ter esquecido o Rio de Janeiro, donde saíra adolescente, respondeu que era assim mesmo, não esquecera nada. O encanto vinha justamente da sensação de coisas vistas, uma ressurreição que era continuidade, se assim resumo o que ele me disse em vocábulos mais simples que estes. (MA, 27/7/1888. O Conselheiro Aires estiliza a fala de Tristão, que, como diz o narrador, usara, na verdade, "vocábulos mais simples").

Eufemismo

Figura de estilo que consiste em atenuar uma ideia ou coisa tida como desagradável ou grosseira, por meio de circunlóquios ou enunciados mais suaves. É uma espécie de linguagem diplomática, que vai bem com a índole recatada, para não dizer dissimulada, de Machado de Assis. Na frase machadiana, o eufemismo se reveste, não raro, de humor ou de ironia, como se vê, por exemplo, na célebre definição de Capitu: "**cigana oblíqua e dissimulada**", circunlóquio eufêmico e irônico (mas genial), para evitar dizer diretamente, com todas as letras, que a personagem é sonsa ou falsa.

Vejamos outros exemplos de eufemismo nos romances pesquisados.

Procópio Dias tinha dois credos. Era um deles o lucro. Mediante alguns anos de

trabalho assíduo e finuras encobertas, viu engrossarem-lhe os cabedais. (IG, VII. Em contraste com o trabalho assíduo, as "finuras encobertas" constituem um eufemismo irônico para os negócios escusos do sórdido Procópio Dias).

Eis-nos a caminhar sem saber até onde, nem por que estradas escusas. (BC, LVII. A metáfora eufêmica "estradas escusas" refere-se ao caminho do adultério trilhado por Brás Cubas e Virgília).

"Há tempos, no Passeio Público, tomei-lhe de empréstimo um relógio. Tenho a satisfação de restituir-lho com esta carta". (BC, XCI. Palavras de Quincas Borba, em carta a Brás Cubas, ao devolver o relógio que lhe havia roubado, ou melhor, "tomado de empréstimo").

Mas a noite, que é boa conselheira, ponderou que a cortesia mandava obedecer aos desejos da minha antiga dama. (BC, CXLIV. Virgília pede a Brás Cubas que vá visitar D. Plácida, que se encontrava doente. Note-se o sentido ambíguo do termo *dama*. Em se tratando de sua ex-amante, esse termo pode ser entendido no sentido popular de "meretriz, prostituta", o que deixa transparecer a visão preconceituosa de Brás Cubas a respeito de Virgília, de cujos favores sexuais ele desfrutou por bom tempo, mas agora, na condição de ex-amante, é vista como "dama" pelo cínico narrador).

Os amigos que me restam são de data recente; todos os antigos foram estudar a geologia dos campos santos. (DC, II. Bentinho usa um eufemismo irônico para dizer que todos os seus amigos antigos já estão mortos, ou seja, estão debaixo da terra, estudando a geologia dos cemitérios. Humor meio fúnebre este).

— A gente Pádua não é de todo má. (DC, XXV. O intrigante José Dias, em conversa com D. Glória, usa essa litotes eufêmica, que é uma forma dissimulada de dizer que a família de Capitu não presta. Seu objetivo é convencer a mãe de Bentinho a separar os dois namorados adolescentes. Repare-se no emprego do substantivo *gente* com o sentido de "família", mas com certo matiz pejorativo).

— Venha... — Não; não posso. Agora, adeus, Bentinho, não sei se me verá mais; creio que vou para a outra Europa, a eterna... (DC, CXLII. José Dias, velho e doente, se despede de Bentinho. A referencia à "outra Europa, a eterna", é um eufemismo para morte).

Vivi o melhor que pude sem me faltarem amigas que me consolassem da primeira. (DC, CXLVII. Dom Casmurro usou o termo *amigas* eufemisticamente, com o sentido de "namorada" ou "amante", para dizer que teve outras mulheres em sua vida, depois de Capitu. O verbo *amigar-se*, por exemplo, ainda conserva esse sentido, quando se diz: "Fulano está amigado com fulana". Lembremos que na poesia medieval portuguesa havia as cantigas de amigo, em que este termo tinha o mesmo sentido de "namorado").

— Por que não vai a Petrópolis? concluiu. — Espero fazer outra viagem mais longa, muito longa... (EJ, XCVIII. Flora, em conversa com o Conselheiro Aires, prevê a sua morte próxima usando um eufemismo: "viagem mais longa, muito longa". O culto mórbido da morte caracteriza essa personagem romântica, etérea, espiritualizada. A repetição do adjetivo *longa*, seguido de reticências, tem valor expressivo, enfatizando a eternidade pela qual anseia o espírito da personagem).

Folhetim

Os romances da primeira fase de Machado de Assis apresentam certas características típicas do folhetim romântico, surgido na França (o *feuilleton*), durante a primeira metade do século XIX. Trata-se do suplemento literário

que acompanhava os jornais e que trazia periodicamente capítulos dos romances escritos pelos principais escritores franceses.
A moda estendeu-se ao Brasil, tendo entre os seus cultores nomes expressivos de nossa literatura, como os de José de Alencar, Joaquim Manuel de Macedo e Manuel Antônio de Almeida. O nosso Machado de Assis publicou, originalmente, muitos dos seus romances e contos sob a forma de folhetim, cujos ingredientes encontramos nos exemplos a seguir comentados. Temas correlacionados com o folhetim também são tratados nos verbetes "Casamento", "Descrição de paisagens" e "Suspense", que sugerimos ao leitor consultar.

A origem da moça continuava misteriosa; vantagem grande, porque o obscuro favorecia a lenda, e cada qual podia atribuir o nascimento de Helena a um amor ilustre ou romanesco. (HE, IV. Um dos ingredientes usados pelo folhetim romântico para prender a atenção das leitoras era o suspense, o mistério, recursos bastante explorados por Machado no romance *Helena*).

[Estácio] viu Helena a ler atentamente um papel. Era uma carta, longa de todas as suas quatro laudas escritas. Seria alguma mensagem amorosa? (HE, VIII. Cartas, sobretudo as misteriosas, constituem um ingrediente inevitável nos folhetins românticos).

Um indício havia de que [a carta] podia conter alguma coisa secreta: era o gesto com que ela a escondeu. Mas não podia ser de alguma antiga companheira do colégio, que lhe confiava segredos seus? (HE, VIII. Ressalte-se mais uma vez a questão do mistério folhetinesco. Afinal, a dúvida de Estácio, expressa em discurso indireto livre, é também a da curiosa leitora).

Guiomar passou da poltrona à janela, que abriu toda, para contemplar a noite, — o luar que batia nas águas, o céu sereno e eterno. Eterno, sim, eterno, leitora minha, que é a mais desconsoladora lição que nos poderia dar Deus. (ML, IX. O léxico desta passagem era comum na poesia e nas narrativas românticas: noite, luar, águas, céu, eterno, Deus. O vocativo "leitora minha", a par do aspecto afetivo, também revela a natureza folhetinesca da narrativa).

Assim vivia esse homem cético, austero e bom, alheio às coisas estranhas, quando a carta de 5 de outubro de 1866 veio chamá-lo ao drama que este livro pretende narrar. (IG, I. Machado encerra este capítulo aguçando a curiosidade do leitor com a referência a uma carta misteriosa. Esse expediente deixava o leitor ansioso, à espera do próximo capítulo do folhetim).

O marido mostrou-lhe a carta, logo que ela se restabeleceu. Era anônima e denunciava-nos. (BC, XCVI. Lobo Neves mostra a Virgília uma carta anônima que a acusava de estar traindo o marido com Brás Cubas. Cartas anônimas constituem um ingrediente típico do romance de folhetim. Embora *Brás Cubas* não seja propriamente uma narrativa folhetinesca, lembremos que teve sua primeira versão publicada em folhetim da *Revista Brasileira*).

Um dia porém, recebeu Camilo uma carta anônima, que lhe chamava imoral e pérfido, e dizia que a aventura era sabida de todos. ("A cartomante", VH. Também nos contos Machado recorreu ao expediente folhetinesco da carta anônima. Neste caso, não se exclui a possibilidade de o autor da carta ser o próprio Vilela, o marido traído. A cartomante deve tê-lo avisado, pois ela sabia do romance adúltero de Camilo e Rita, uma vez que esta costumava "consultar" a adivinha. Vilela não faz por menos: "lava a honra com sangue", como era costume na época (na época?), assassinando a esposa infiel e seu amante).

Frases dubitativas

Um dos exemplos mais representativos do estilo sinuoso de Machado de Assis é o emprego de

fórmulas de caráter dubitativo, do tipo "creio que", "hesitei", "parece que", "suponho que", "minto", "não sei se", "talvez que" e outras, por meio das quais o narrador simula não conduzir a narrativa e sim ser conduzido por ela.
Ressalvas e pseudo-hesitações podem ser entendidas como um signo da oralidade que permeia toda a maneira de narrar machadiana. Podem funcionar também como um artifício de efeito humorístico, na linha da sátira menipeia (v.), e a crença ou descrença nesses despistamentos fica por conta do leitor. Mas não se descarta a possibilidade de essas fórmulas dubitativas escamotearem alguma intenção sibilina de um narrador reconhecidamente oblíquo e dissimulado, desde a primeira fase de sua obra de ficção. Sobre o assunto, consultar o proveitoso estudo "A litotes em Machado de Assis", de Hélcio Martins (2005:311).
Vejamos alguns exemplos extraídos dos romances pesquisados.

Guiomar tivera humilde nascimento; era filha de um empregado não sei de que repartição do Estado. (ML, v. Machado, embora narrador onisciente em 3.ª pessoa, dissimula ignorar a repartição em que trabalhava o pai de Guiomar. Note-se no emprego da 1.ª pessoa a presença do chamado narrador intruso).

Se esse contraste [na maneira como Luís Alves se dirige ao rival Jorge] era premeditado, — não sei se o era, — não podia vir mais de feição ao espírito de Guiomar. (ML, XIII. Por meio da oração intercalada, o narrador fingidor dissimula não saber as intenções do personagem).

Algum tempo hesitei se devia abrir estas memórias pelo princípio ou pelo fim. (BC, I. Já nesta primeira frase do romance, o protagonista-narrador Brás Cubas diz a que veio. Terá hesitado mesmo? Como se ele não soubesse por onde iria começar sua autobiografia. Sabendo-se que Brás Cubas é um pseudonarrador, é lícito afirmar que Machado de Assis já começa a narrativa embaçando o leitor).

Talvez essa efusão o desconcertou um pouco; é certo que me pareceu acanhado. (BC, LXXXI. A relação entre Brás Cubas e o cunhado, Cotrim, era meio complicada, daí a impressão de acanhamento suscitada no narrador. Dissimulação e onisciência se articulam no discurso de Brás Cubas, representadas por signos de dúvida, como o advérbio "Talvez" e a oração "me pareceu". Por outro lado, o verbo "desconcertou", no indicativo (o esperado seria o subjuntivo), depois do advérbio *talvez*, e a oração "é certo que", indicando fatos reais, são signos da onisciência do narrador).

Digo apenas que o homem mais probo que conheci em minha vida foi um certo Jacó Medeiros ou Jacó Tavares, não me recorda bem o nome. Talvez fosse Jacó Rodrigues; em suma, Jacó. (...) Ah! Lembra-me agora: chamava-se Jacó Tavares. (BC, LXXXVII. Exemplo típico da retórica da pseudo-hesitação. Como se Machado, por trás de Brás Cubas, não soubesse, desde sempre, o nome do homem. Note-se também o tom coloquial e espontâneo da frase machadiana).

Suponho que Virgília ficou um pouco admirada, quando lhe pedi desculpas das lágrimas que derramara naquela triste ocasião. (BC, CIII. A dissimulação do discurso machadiano também se esconde/ se revela por meio de verbos de suposição: "Suponho que...").

Não afirmo se os nossos lábios chegaram à distância de um fio de cambraia ou ainda menos; é matéria controversa. (BC, CIII. Brás Cubas bem que sabe a que distância estavam os lábios dele e os da amante. É um jogo de faz de conta com o leitor).

Estou com vontade de suprimir este capítulo. (...). Não; decididamente suprimo este capítulo. (BC, XCVIII. A primeira frase abre o último parágrafo do capítulo. A segunda encerra o capítulo. Mais um piparote no leitor, porque o pseudoautor não suprimiu nada).

Creio que nessa ocasião houve grandes aplausos, mas não juro; eu pensava em outra coisa. (BC, XCIX. O narrador não garante a veracidade do seu próprio discurso).

Não sei por que, imaginei que a carta imperial da nomeação podia atraí-la à virtude, não digo pela virtude em si mesma, mas por gratidão ao marido. (BC, CI. Essa oração dubitativa "Não sei por que" é puro fingimento do narrador. Brás Cubas conhecia muito bem o caráter (ou a falta dele) de sua amante Virgília).

Nem então, nem ainda agora cheguei a discernir o que experimentei. Era medo, e não era medo; era dó e não era dó; era vaidade e não era vaidade; enfim, era amor sem amor. (BC, CVIII. A ambiguidade de expressão é uma característica marcante do discurso empregado por Machado de Assis no romance *Memórias póstumas de Brás Cubas*. É um dos recursos usados pela sátira menipeia).

Penso que ameacei puxá-la a mim. Não juro, começava a estar tão alvoroçado, que não pude ter toda a consciência dos meus atos. (DC, XXXVII. Frequentemente, Dom Casmurro hesita sobre a exatidão dos fatos narrados. Nesse sentido, atente-se para o emprego das expressões "Penso que" e "Não juro". Esse descompasso entre o tempo da narração (o presente) e o tempo da narrativa (o passado) é uma pista sutil deixada pelo autor, Machado de Assis, e que nos permite questionar a confiabilidade do discurso do narrador).

Caímos no canapé, e ficamos a olhar para o ar. Minto; ela olhava para o chão. Fiz o mesmo logo que a vi assim... (DC, XLII. Dom Casmurro diz e desdiz o narrado. O emprego da forma verbal "Minto", com valor de ressalva, confere ao seu discurso um tom de oralidade e, espera ele, de verossimilhança narrativa).

Há tanto tempo que isto sucedeu que não posso dizer com segurança se chorou deveras, ou se somente enxugou os olhos; cuido que os enxugou somente. (DC, XLII. O próprio Bentinho, no afã de convencer o leitor da verossimilhança de sua narrativa, confessa que suas informações não são confiáveis. E a dissimulada era Capitu).

Só Capitu, amparando a viúva, parecia vencer-se a si mesma. (...). Redobrou de carícias para a amiga, e quis levá-la; mas o cadáver parece que a retinha também. (DC, CXXIII. Trata-se da cena do velório de Escobar, em que aumentam as suspeitas de Bentinho a respeito do suposto adultério de Capitu. Note-se que o narrador fala em "parecia que", "parece que", fórmulas dubitativas que levam o leitor atento a pensar se tudo não passou de uma avaliação subjetiva de Bentinho. Como sempre, mais uma artimanha do Bruxo do Cosme Velho).

Prima Justina suspirava. Talvez chorasse mal ou nada. (DC, LIII. Bentinho está se despedindo da família para ingressar no seminário. O narrador Dom Casmurro, conhecedor do temperamento seco da personagem, preferiu descrever sua reação com uma fórmula dubitativa: "Talvez chorasse").

Frases feitas (recriação de)

Machado de Assis gostava de recriar frases feitas e sentenças do adagiário popular. Ele o faz por meio da paródia (v.) e de adaptações "corretivas", no interesse da narrativa e à sua moda, naturalmente. Às vezes, essas recriações são feitas com intenções moralizantes ou por simples efeito humorístico, do qual não se exclui a presença da ironia. Sobre o assunto, recomendamos a leitura do livro *Machado de Assis e a análise da expressão*, de Maria Nazaré Soares (1968).
A seguir, alguns exemplos de frases feitas reelaboradas por Machado de Assis.

Deixa lá dizer Pascal que o homem é um caniço pensante. Não; é uma errata pensante, isso sim. (BC, XXVII. Machado "corrige" Blaise Pascal (1623-1662), moralista e pensador francês, a quem muito admirava. Faz parte do estilo do Bruxo do Cosme Velho: recriar frases alheias, acrescentando-lhes uma pitada do seu humor irônico).

Certo é que os diamantes corrompiam-me um pouco a felicidade; mas não é menos certo que uma dama bonita pode muito bem amar os gregos e os seus presentes. (BC, XVIII. O ditado fala em gregos e troianos, sendo estes, no caso, o Xavier, o outro amante da cortesã Marcela. Machado recria o famoso ditado para enfatizar o amor mercenário de Marcela, uma espécie de cortesã de luxo).

Tudo acaba, leitor; é um velho truísmo, a que se pode acrescentar que nem tudo o que dura dura muito tempo. (DC, CXVIII. Aqui, o Machado filósofo acrescenta uma contribuição pessoal para "aperfeiçoar" o velho truísmo).

— Ora o Palha, um pé-rapado! Já o envergonho. Antigamente: major, um brinde. (...). Agora está nas grandezas; anda com gente fina. (...). Vaidades desta vida! Quem nunca comeu azeite, quando come se lambuza. (QB, CXXX. O major Siqueira se queixa da ingratidão do Palha, que agora, na condição de novo-rico, despreza o velho amigo. Machado refaz a frase feita, trocando melado por azeite. Sutil ironia, para insinuar que melado, doce de pobre, não condiz com o novo *status* do ambicioso marido de Sofia).

Assim, quando Sofia chegou à janela que dava para o jardim, ambas as rosas riram-se a pétalas despregadas. (QB, CXLI. Mudando apenas uma palavra, Machado reelabora, a seu modo, a expressão coloquial "rir a bandeiras despregadas", isto é, dar grandes gargalhadas, rir com exagero. Notem-se a personificação de *rosas* e o traço de humor contido nessa paródia criativa).

— Vocês são felizes? — Creio que mais, por que eu o adoro. D. Fernanda não entendeu esta palavra. *Creio que mais, porque eu o adoro*! Em verdade, a conclusão não parecia estar nas premissas; mas era o caso de emendar outra vez Hamlet: "Há entre o céu e a terra, Horácio, muitas coisas mais do que sonha a vossa vã *dialética*". (QB, CLXIX. Os termos em itálico foram destacados pelo próprio Machado, nesse diálogo entre Maria Benedita, recém-casada com o vaidoso Carlos Maria, e D. Fernanda. Esta não entende a resposta da amiga, e Machado aproveita, mais uma vez, para citar Shakespeare, emendando a frase de Hamlet, de acordo com o interesse da sua narrativa e de sua verve irônica. Sobre o original em inglês, consultar o verbete "Paródia").

— Não é a ocasião que faz o ladrão, dizia ele [o Conselheiro Aires] a alguém; o provérbio está errado. A forma exata deve ser esta: "A ocasião faz o furto; o ladrão nasce feito". (EJ, LXXV. Notam-se nesta recriação do adágio popular duas características do Naturalismo: a influência do meio ambiente (a ocasião) e o determinismo biológico (o ladrão nasce feito). A frase é atribuída ao Conselheiro Aires, uma espécie de *alter ego* de Machado de Assis, que não se deu conta de que ele próprio, Machado, era a negação desses dois postulados naturalistas, pois nenhum dos fatores acima apontados conseguiu condicionar sua formação de homem e de escritor).

A missa é que era a mesma, e o evangelho começava como o de S. João (emendado): "No princípio era o amor, e o amor se fez carne". (EJ, XVI. Paródia do Evangelho de João 1:1, cujo original diz: "No princípio era o Verbo, e o Verbo estava com Deus, e o Verbo era Deus". Como o título dessa passagem diz "O Verbo se fez carne", Machado o adaptou às suas conveniências narrativas. O amor, no caso, era o de Natividade e Santos; a carne eram os gêmeos Pedro e Paulo, nascidos dessa união. Mais uma vez, Machado mistura o sagrado com o profano, com a maior irreverência).

Frasista

Reconhecida é a capacidade de Machado de Assis para criar frases de efeito, aforismos, marcados pela sua originalidade criativa. Essas frases tratam dos mais diversos assuntos e apresentam-se quase sempre impregnadas de um humor fino e irônico, que deixa transparecer sua visão filosófica a respeito do mundo, dos homens e das coisas. Recomendamos, a respeito, a leitura de *Machado de A a X*, de Lúcia Leite Lopes; *O que pensou e disse Machado de Assis*, de Napoleão de Carvalho; e *Pensamentos e reflexões de Machado de Assis*, de Gentil de Andrade, todos citados na bibliografia deste trabalho. A seguir, alguns exemplos selecionados para este verbete.

A vida é uma ópera bufa com intervalos de música séria. (RE, xx. A mesma metáfora da vida como ópera bufa é retomada em *Dom Casmurro*, cap. ix. Ela deixa transparecer a visão do narrador a respeito da existência humana como algo ridículo e sem sentido, algo que não deve ser levado a sério, como as óperas bufas).

As nossas paixões não aceleram nem moderam o passo do tempo. (ML, I. Uma preocupação machadiana constante: o tempo. A frase acima implica dizer que a natureza é indiferente às paixões humanas, pensamento recorrente em Machado de Assis).

Há no amor um gérmen de ódio que pode vir a desenvolver-se depois. (ML, xvi. Pela boca de Luís Alves, Machado emite sua opinião a respeito dos aspectos contraditórios do amor, antecipando-se à psicanálise de base freudiana).

A prece é a escada misteriosa de Jacó: por ela sobem os pensamentos ao céu; por ela descem as divinas consolações. (HE, xiii. Helena, chocada com a chantagem feita contra ela pelo Dr. Camargo, pensou inicialmente em dar cabo da vida. Depois, mais calma, acabou encontrando na prece o consolo divino para as suas aflições. A frase elaborada por Machado cai bem num livro de motivação romântica, mas soaria um tanto piegas nos romances da segunda fase de sua ficção. Aqui mesmo, em *Helena*, talvez seja uma hábil concessão do autor ao sentimento religioso de suas leitoras).

O coração humano é a região do inesperado, dizia consigo o cético [Luís Garcia] subindo as escadas da repartição. (IG, ii. Luís Garcia desconfia das verdadeiras intenções de Valéria, a qual pensa em mandar o filho Jorge para a Guerra do Paraguai, alegando puro patriotismo. Na verdade, a viúva quer afastá-lo de Estela. Na reflexão do personagem, há muito de Machado de Assis).

O mundo era estreito para Alexandre; um desvão de telhado é o infinito para as andorinhas. (BC, lxx. Nesta frase, transparece o relativismo filosófico de Machado de Assis, assunto tratado com sua habitual genialidade no conto "Ideias de canário", incluído no livro *Páginas recolhidas*).

A velhice ridícula é, porventura, a mais triste e derradeira surpresa da natureza humana. (BC, lxxxii. Este comentário de Machado de Assis é motivado pelo velho Garcez, "pequenino, trivial e grulha", figura caricata, vulgar e sem compostura, que fez insinuações maledicentes sobre o relacionamento amoroso entre Brás Cubas e Virgília).

Que há entre a vida e a morte? Uma curta ponte. (BC, cxxiv. Reflexão filosófica de Machado de Assis sobre o velho tema da brevidade da vida, da fugacidade do tempo, na linha do poeta latino Horácio, que recomenda aproveitar a vida (*carpe diem*), antes que o tempo a destrua e a nós com ela).

Não há vinho que embriague como a verdade. (QB, vi. Esta devia ser uma das frases prediletas de Machado, pois toda a sua vida foi sempre uma verdade, baseada no trabalho e no estudo constantes).

Tão certo é que a paisagem depende do ponto de vista, e que o melhor modo de apreciar o chicote é ter-lhe o cabo na mão. (QB, XVIII. Metáfora irônica, de sabor autoritário, entendendo-se o chicote como símbolo de poder. Pode ser também uma alfinetada sutil na classe senhorial, que gostava de vibrar o chicote no lombo dos escravos).

O maior pecado, depois do pecado, é a publicação do pecado. (QB, XXXII. A relatividade de conceitos, como certo e errado, pecado e virtude, está implícita nessa frase de Machado de Assis. Seu relativismo filosófico, entretanto, preserva a importância da opinião pública, daí sua preocupação com a divulgação do pecado, e não com o pecado em si mesmo).

Não confundam purgatório com inferno, que é o eterno naufrágio. Purgatório é uma casa de penhores, que empresta sobre todas as virtudes, a juro alto e prazo curto. (DC, CXIV. Versão meio cômica, meio irônica de Machado de Assis sobre um dos dogmas da teologia tradicional: a crença na existência de inferno e purgatório, criados por Deus, para punir ou corrigir os pecados humanos. Machado, provavelmente, devia achar que o purgatório é aqui mesmo na Terra).

A vida, mormente nos velhos, é um ofício cansativo. (MA, sábado, 1888. Amarga reflexão filosófica sobre a velhice. Compreende-se este desabafo melancólico de Machado de Assis, se levarmos em conta que, quando se publicou o *Memorial de Aires*, em julho de 1908, ele se sentia fragilizado física e emocionalmente, na condição de idoso, aos 69 anos. Acrescentavam-se à idade, avançada para a época, dois outros males: a doença e a solidão, esta decorrente de sua condição de viúvo sem filhos, pois Carolina, a esposa e companheira querida, havia partido em 1904. Sobre o assunto, recomendamos a leitura de *Armário de vidro: a velhice em Machado de Assis*, de Márcia Lígia Guidin, SP: Nova Alexandria, 2000.).

A morte os reconciliara para nunca mais se desunirem; reconheciam agora que toda a hostilidade deste mundo não vale nada, nem a política nem outra qualquer. (MA, 1/8/1888. Fidélia viu em sonho uma cena impensada em vida: seu pai e seu marido andando juntos, de mãos dadas. A passagem para o mundo espiritual despojou a ambos dos ódios e das paixões humanas, reconciliando os ex-inimigos. Trata-se de um sonho de Fidélia, mas o Machado do *Memorial de Aires* aproveita esse episódio da narrativa para sonhar também, criando uma frase belíssima, uma mensagem de benevolência e tolerância: "**Toda a hostilidade deste mundo não vale nada**". O narrador machadiano de *Brás Cubas* teria proferido uma frase dessas? É bem verdade que, no parágrafo seguinte, como a retratar-se da concessão, percebe-se uma ponta do velho ceticismo machadiano. É quando o Conselheiro Aires reflete que "**a reconciliação eterna, entre dois adversários eleitorais, devia ser exatamente um castigo infinito. Não conheço igual na *Divina Comédia***". De qualquer forma, valeu a pena. Relevemos a recaída e fiquemos com o Machado do *Memorial*).

Gradação (*gradatio* = escada, degraus)

Enumeração em que se segue uma determinada ordem de valores, com palavras sinônimas ou não, termos abstratos ou concretos (substantivos, adjetivos, verbos e advérbios), visando a enfatizar uma ideia ou realçar uma imagem. Pode ser ascendente (clímax) ou descendente (anticlímax), constando geralmente de três elementos.
O emprego desse procedimento retórico remonta aos autores da literatura clássica greco-latina, que viam no grupo triádico forte apelo simbólico, carregado de misti-

cismo e expressividade, pois o número três tem sido considerado, ao longo dos séculos, e em várias culturas, um símbolo de perfeição, de plenitude e universalidade. Não foi por acaso que Júlio César comunicou a Roma a rapidez de mais uma vitória militar, pronunciando o sintético trinômio *Veni, vidi, vici* (Vim, vi, venci). Entre nós, o Padre Vieira, mestre da oratória sacra, também explorou o grupo triádico, como se vê neste exemplo do Sermão da Sexagésima: "Para um homem se ver a si mesmo são necessárias três coisas: *olhos, espelho e luz*". (*Obras escolhidas*, vol. XI. Lisboa: Sá da Costa, 1954. p. 212). Em verso famoso, diz Camões: "O favor com que mais se acende o engenho/ Não no dá a pátria, não, que está metida/ No gosto da cobiça e na rudeza/ Duma *austera, apagada e vil* tristeza" (*Lus.*, X, 145).

A gradação ternária é um procedimento estilístico usado para nomear o começo, o meio e o fim, o passado, o presente e o futuro. Três são as virtudes teologais (fé, esperança e caridade), as partes do dia (manhã, tarde e noite), as partes do corpo (cabeça, tronco e membros), os poderes democráticos (executivo, legislativo e judiciário), as fases da vida (juventude, idade adulta e velhice), a condição humana, que compreende nascimento, vida e morte. A tríade também está presente nas teologias católica (o Pai, o Filho e o Espírito Santo) e kardecista (corpo, espírito e perispírito). O Novo Testamento fala nos três reis magos que levaram três presentes, carregados de simbolismo, para o menino Jesus: ouro (para o rei), incenso (para o Deus) e mirra (para o homem). O Evangelho relata as três negações do apóstolo Pedro (Bentinho também negou três vezes ser pai de Ezequiel, em DC, CXXXVII) e a ressurreição de Jesus no terceiro dia. O próprio Cristo (João, 14:6) se autodefiniu usando uma estrutura triádica: "Eu sou o Caminho, a Verdade e a Vida" (Na *Vulgata*: *Ego sum via, et veritas, et vita*). Três são os atributos de Deus: é onipotente, onisciente e onipresente. A obra clássica *A divina comédia*, de Dante Alighieri, divide-se em três partes, em ordem ascendente: Inferno, Purgatório e Paraíso.

A Revolução Francesa (1789) teve como lema três substantivos abstratos: liberdade, igualdade, fraternidade.

O grupo triádico, quase sempre em gradação ascendente, é a figura de estilo mais frequente em Machado de Assis. Dir-se-ia que o autor tem verdadeira obsessão por ela, empregando-a sob as mais variadas formas. A gradação é geralmente ternária, raras vezes quaternária, terminando, muitas vezes, pela conjunção aditiva *e*, espécie de ponto culminante, de arremate do pensamento do autor. É oportuno também mencionar os vários triângulos amorosos que permeiam a ficção machadiana. Aqueles que veem reflexos da personalidade na obra certamente irão relacionar essa figura de retórica com a vida e a carreira literária de Machado de Assis, toda ela uma gradação constante e ascendente. Examinemos agora os tipos de gradação que aparecem nos textos pesquisados. Selecionamos apenas uma pequena parte, extraída da imensa quantidade de exemplos encontrados. Destacamos em itálico os termos em gradação.

a) *Substantiva*

— A política é a melhor carreira para um homem em suas condições; tem *instrução, caráter, riqueza*. (HE, VII. Três substantivos abstratos que revelam pertencer Estácio à classe proprietária do Segundo Reinado. As três condições apresentadas pelo interesseiro Dr. Camargo dispensavam a necessidade de convicção política ou ideológica do candidato a deputado. Atualmente, na maioria dos casos, basta apenas a terceira condição).

Camargo adorava Eugênia: era a sua religião. Concentrara esforços e pensamentos em fazê-la feliz, e para o alcançar não duvidaria empregar, se necessário fosse, *a violência, a perfídia e a dissimulação*. (HE,

xiv. Um dos poucos exemplos de gradação descendente. Os três substantivos abstratos em itálico dão conta dos métodos sórdidos empregados pelo Dr. Camargo para conseguir casar a filha com Estácio. Note-se que a dissimulação, palavra-chave na ficção machadiana, é o primeiro golpe baixo empregado pelo abominável personagem).

Um deles, o [tio] João, era um homem de *língua solta, vida galante, conversa picaresca*. (BC, xi. Um exemplo de estrutura ternária à base de sintagmas nominais em que substantivos e adjetivos mantêm perfeita integração, com o objetivo de traçar o perfil moral desse imoral tio João, descrito pelo sobrinho, o narrador Brás Cubas).

O almocreve salvara-me talvez a vida; (...). Resolvi dar-lhe *três moedas de ouro* das cinco que trazia comigo; (...). Fui aos alforjes e durante esse tempo cogitei se não era excessiva a gratificação, se não bastavam *duas moedas*. (...). Ri-me, hesitei, meti-lhe na mão *um cruzado* em prata, (...). Meti os dedos no bolso do colete que trazia no corpo e senti *umas moedas de cobre*; eram os vinténs que eu devera ter dado ao almocreve. (BC, xxi. Esta passagem dá bem ideia do caráter egoísta de Brás Cubas. Note-se a gradação descendente da recompensa ao almocreve que havia salvado sua vida: três moedas de ouro, duas moedas de ouro, um cruzado em prata. Por fim, arrepende-se de não lhe ter dado apenas alguns vinténs. Depois de sentir-se são e salvo, passa a desmerecer o gesto altruísta do pobre almocreve. A diminuição da recompensa é proporcional à mesquinharia do personagem, que não hesita em gastar onze contos de réis com Marcela (v. cap. xvii), a esperta cortesã que lhe depenava as algibeiras, ou melhor, as algibeiras de seu pai).

Quanto à noiva, bastava que eu a visse; se a visse, iria logo pedi-la ao pai, logo, sem demora de um dia. Experimentou assim a *fascinação*, depois a *persuasão*, depois a *intimação*; eu não dava resposta. (BC, xxvi. Os três substantivos abstratos, destacados em gradação ascendente, descrevem o processo empregado pelo pai de Brás Cubas para convencê-lo a aceitar a proposta de casamento com Virgília, aquela que viria mais tarde a ser amante do narrador. O homeoteleuto das palavras terminadas em *-ão* contribui para enfatizar a insistência do pai de Brás Cubas).

Pobre Luís Dutra! Apenas publicava alguma coisa, corria à minha casa, e entrava a girar em volta de mim, à espreita de um *juízo*, de uma *palavra*, de um *gesto*, que lhe aprovasse a recente produção. (BC, xlviii. Note-se o emprego da forma verbal *aprovasse* no singular, concordando com o último núcleo da estrutura triádica descendente, o qual funciona, neste caso, como uma espécie de síntese do conjunto ternário que antecede o pronome relativo *que*).

Uma carta supria tudo, mas a carta pedia *língua, calor e respeito*. (EJ, ciii. Nóbrega, enriquecido na febre do Encilhamento (v. "História do Brasil"), aspira à mão de Flora. Pensa em escrever-lhe, mas não se sente animado, faltam-lhe "língua, calor e respeito". Mal sabe ele que o coração da moça balança entre os gêmeos Pedro e Paulo, não conseguindo se decidir por nenhum dos dois).

Costumo ouvi-lo outras manhãs, mas desta vez trouxe-me à memória o dia do desembarque, quando cheguei aposentado *à minha terra, ao meu Catete, à minha língua*. (MA, 9/1/1888. Estrutura ternária em que o elemento comum aos termos empregados é a motivação afetiva, despertada no coração do velho diplomata, o Conselheiro Aires, que regressara há pouco às suas raízes depois de viver décadas afastado do Brasil. Note-se que *terra* (o Rio de Janeiro) e *Catete* (o bairro) pertencem ao mesmo campo semântico, ao passo que *língua* diz respeito à parte cultural, mas a saudade da pátria acaba por interligar os três termos empregados afetivamente pelo narrador-personagem. A reiteração dos pronomes possessivos realça a forte ligação afetiva do personagem com sua terra e sua gente. Aliás, esse vínculo afetivo com o Rio de Janeiro, com a nossa língua e com o nosso povo é um sentimento que também caracteriza o brasileiríssimo Machado de Assis).

Não foi preciso mais para que as vielas e águas de Bangkok se tingissem de sangue acadêmico. Veio primeiramente a *controvérsia*, depois a *descompostura*, e finalmente a *pancada*. ("As academias de Sião", I, HSD. Gradação ascendente formada por dois substantivos abstratos de ação (*controvérsia, descompostura*) e arrematada por um substantivo concreto denotador do resultado físico da ação: *pancada*. Note-se que dois advérbios abrem e fecham a gradação: *primeiramente* e *finalmente*, este funcionando como uma preparação para o clímax do processo gradativo, que começou como simples discórdia e acabou em agressão física).

b) *Adjetiva* (a mais frequente)

Félix estava mais jovial que nunca. Perdera de todo as maneiras friamente polidas; tornara-se *expansivo, gárrulo, terno, quase infantil*. (RE, XIX. Este é um dos poucos exemplos de gradação com mais de três elementos).

A imaginação dela [de Guiomar] porém não era *doentia, nem romântica, nem piegas*. (ML, X. Um dos poucos exemplos de gradação descendente. Nos adjetivos empregados, vislumbra-se uma sutil alfinetada de Machado de Assis nos exageros sentimentais do Romantismo. Note-se que, na leitura em voz alta, existem pausas prosódicas antes e depois da conjunção *porém*, mas, no original, Machado não usou vírgulas para assinalar essas pausas, conforme verificamos nas edições críticas consultadas).

De compostura quieta e grave, *austero sem formalismo, sociável sem mundanidade, tolerante sem fraqueza*, [o padre-mestre Melchior] era o verdadeiro varão apostólico, homem de sua Igreja e de seu Deus, *íntegro* na fé, *constante* na esperança, *ardente* na caridade. (HE, IV. O perfeito paralelismo existente nas estruturas em itálico destaca, pelo contraponto introduzido pela preposição *sem*, as qualidades presentes e ausentes do caráter do personagem. Desse balanço resulta um saldo positivo a seu favor. Os adjetivos em gradação, *íntegro, constante* e *ardente*, integrados aos substantivos abstratos *fé, esperança* e *caridade*, enfatizam a prática das três virtudes teologais exaltadas pelo apóstolo Paulo em Coríntios I, 13:13).

Todas as glórias, pompas e satisfações da política (...) foram *inventariadas, pintadas, douradas e iluminadas* pelo médico. (HE, VII. Gradação quaternária, à base de particípios adjetivais (trata-se de voz passiva analítica), rematada pela conjunção aditiva *e*, à guisa de ponto culminante da argumentação do Dr. Camargo, usada para convencer Estácio a ingressar na política. Note-se o eco ou homoteleuto terminado em *-ada*, que intensifica e realça a insistência incomodativa do médico).

Uma hora [Helena] esteve assim, *muda, prostrada, quase morta*. (HE, XIII. Grupo ternário formado por adjetivos do mesmo campo semântico, em gradação ascendente. Note-se o ritmo prosódico crescente dos adjetivos, com 2, 3 e 4 sílabas (o sintagma *quase morta* forma uma unidade de sentido), em que a tônica avança uma sílaba em cada palavra, o que realça, de forma expressiva, o conturbado estado de espírito da personagem. O advérbio *quase* funciona como uma espécie de prefixo aspectual, impregnando o sintagma com uma noção de ação semiconclusa).

Havia ali [em Jorge] a massa de um homem futuro, à espera que os anos, cuja ação é *lenta, oportuna e inevitável*, lhe dessem fixidez ao caráter e virilidade à razão. (IG, II. Essa adjetivação triádica, usada para caracterizar o efeito benéfico da ação dos anos, mantém intratextualidade com a definição do tempo (**"um tecido invisível em que se pode bordar tudo"**), dada por Machado em *Esaú e Jacó*, capítulo XXXIII. A sua própria vida, pessoal e literária, serve de exemplo da ação "lenta, oportuna e inevitável" do tempo).

....

Mas a alusão mais rasgada que me fizeram foi em casa de Sabina, três dias depois. Fê-la um certo Garcez, velho cirurgião, *pequenino, trivial e grulha*, que podia chegar aos setenta, aos oitenta, aos noventa anos, sem adquirir jamais aquela compostura austera, que é a gentileza do ancião. (BC, LXXXII. O tal cirurgião fez uma alusão maliciosa aos amores ilícitos de Virgília e Brás Cubas. Este, incomodado, sapeca-lhe três adjetivos pejorativos e ainda critica seu caráter maledicente e vulgar. Por trás, está Machado de Assis, que seria um dia um modelo de ancião caracterizado pela "compostura austera", ausente do tal velho Garcez. A propósito, Machado aproveita para fechar o parágrafo com uma de suas frases lapidares: **"A velhice ridícula é, porventura, a mais triste e derradeira surpresa da natureza humana"**. Confira o leitor).

....

Trajava à moderna, naturalmente, e as maneiras eram diferentes, mas o aspecto geral reproduzia a pessoa morta. Era *o próprio, o exato, o verdadeiro* Escobar. Era o meu comborço; era o filho de seu pai. (DC, CXLV. Ezequiel volta da Suíça para visitar o pai. Este, em vez de se regozijar com a presença do filho, aproveita esse episódio para, mais uma vez, estabelecer comparações físicas entre o rapaz e o falecido Escobar, um argumento sempre repisado para inculpar Capitu de traição. Segundo a visão distorcida de Bentinho, degradado agora à condição de Dom Casmurro, Ezequiel adulto era o retrato perfeito de Escobar, o seu "comborço". Note-se que a gradação adjetiva se desdobra em grupos nominais carregados de ironia corrosiva. Os ciúmes delirantes continuavam a cegar e a atormentar Bentinho, em sua velhice de homem rancoroso e vingativo).

....

De repente, ouviram um clamor grande, vozes *tumultuosas, vibrantes, crescentes...* (EJ, XL. O Conselheiro Aires, ainda jovem diplomata, era cônsul do Brasil em Caracas. Certo dia, estava em conversação íntima com uma "atriz da moda", na verdade, sua amante. De repente, os dois são interrompidos por um vozerio exaltado que vinha da rua, provocado por uma multidão enfurecida. Observe-se a adjetivação descritiva ascendente, de natureza auditiva e expressivo efeito estilístico, arrematado pelo último adjetivo: *crescente*. Este é reforçado pelas reticências. que parecem sugerir que o alarido era interminável).

....

Creio que o moço admira menos a tela que a pintora, ou mais a pintora que a tela, à escolha. Uma ou outra hipótese, é já certo que está namorado. Chegou ao ponto de esquecer-nos e ficar *preso* dela, *embebido* nela, *levado* por ela. (MA, 20/11/1888. Tristão está completamente apaixonado por Fidélia, e o Conselheiro Aires enfatiza o comportamento enamorado do rapaz, pondo em gradação ascendente três particípios adjetivais (*preso, embebido, levado*), em que Fidélia é agente e Tristão, paciente. Não tão paciente, porque, dentro em breve, fará da viúva uma ex-viúva, casando-se com ela).

....

c) *Adverbial*

Cortou as relações antigas, familiares, algumas tão íntimas que dificilmente se poderiam dissolver; mas a arte de receber *sem calor*, ouvir *sem interesse* e despedir-se *sem pesar*, não era das suas menores prendas. (QB, CXXXVIII. A reiteração gradativa de locuções adverbiais do mesmo campo semântico enfatiza o propósito de Sofia de se livrar de relações incômodas do passado, que, na sua megalomania, não se coadunavam com seu novo *status* de emergente social).

José Dias desculpava-se: — Se soubesse, não teria falado, mas falei *pela veneração, pela estima, pelo afeto,* para cumprir um dever amargo, um dever amaríssimo... (DC, III. Frase do hiperbólico José Dias, que emprega locuções adverbiais de causa, em gradação descendente, para enfatizar sua dedicação à família de Bentinho. E o esperto agregado começa logo pelo substantivo mais importante: *veneração*. Note-se que a peroração é arrematada por um superlativo erudito (*amaríssimo*), o primeiro de uma longa série que será produzida pelo agregado).

Este mal ou este perigo *começa na mocidade, cresce na madureza e atinge o maior grau na velhice.* (DC, XVIII. Aqui, a gradação verbal ascendente inclui não só os verbos (*começa, cresce, atinge*), mas também os adjuntos adverbiais de tempo: *na mocidade, na madureza, na velhice*. Trata-se das ameaças proferidas por Bentinho quando adolescente).

Aires opinou *com pausa, delicadeza, circunlóquios,* limpando o monóculo ao lenço de seda. (EJ, XII. Duas locuções adverbiais de modo (*com pausa, delicadeza*) e uma de meio (*circunlóquios*) que descrevem os gestos fidalgos e serenos do Conselheiro Aires, um *gentleman* machadiano).

Eu tenho a mulher embaixo do chão de Viena e nenhum dos meus filhos saiu do berço do Nada. Estou só, totalmente só, os rumores de fora, carros, bestas, gentes, campainhas e assobios, nada disto vive para mim. Quando muito o meu relógio de parede, batendo as horas, parece falar alguma coisa, — mas fala *tardo, pouco e fúnebre.* Eu mesmo, relendo estas notas, pareço-me um coveiro. (MA, 30/9/1888. Se substituirmos Viena por Botafogo, D. Carolina foi enterrada ali, no cemitério São João Batista, sentiremos a perfeita identidade existente entre o Conselheiro Aires e Machado de Assis. Agora, nas longas e solitárias noites de viúvo sem filhos, idoso e fragilizado, tem por companhia apenas o implacável relógio, que falando "tardo, pouco e fúnebre", parece adverti-lo da proximidade da morte. Essa gradação de advérbios soa como um mau pressentimento. Com efeito, dois meses e meio depois da publicação destas linhas, ele estaria fazendo companhia a Carolina).

d) *Verbal*

Estácio *continuava a hesitar, a recuar, a adiar*; pedia tempo para refletir. (HE, IX. Locuções verbais em gradação ascendente e com aspecto durativo. Refletem a hesitação de Estácio em pedir a mão de Eugênia. Note-se a perfeita simetria dos infinitivos, todos com três sílabas. O homeoteleuto em *-ar* enfatiza e amplifica esse estado de espírito do personagem. A categoria gramatical de aspecto diz respeito à duração do processo verbal).

Voltemos à casinha [da Gamboa]. **Não serias capaz de lá entrar hoje, curioso leitor;** *envelheceu, enegreceu, apodreceu.* (BC, LXX. A gradação verbal ascendente e a reiteração da sílaba final *-eu* visam a enfatizar, a visualizar melhor a imagem da casa em ruínas, mas que, no passado, tinha servido de refúgio aos amores furtivos de Brás Cubas e Virgília).

— Há ingratos, mas os ingratos *demitem-se, prendem-se, perseguem-se...* (QB, C. Descrevendo seus métodos políticos, o Dr. Camacho usa três verbos na passiva pronominal, em gradação ascendente, para enfatizar o que acontece aos ingratos em política).

Não nos movemos, as mãos é que se estenderam pouco a pouco, todas quatro, *pegando-se, apertando-se, fundindo-se*. (DC, XIV. Bentinho está descrevendo as primeiras sensações erótico-amorosas sentidas por ele e Capitu, ambos adolescentes. Observe-se que os verbos reflexivos, em gradação ascendente, expressam a noção de reciprocidade).

Também se pode dizer que *conferia, rotulava* e *pregava* na memória a minha exposição. (DC, XXXI. A gradação ascendente descreve, enfatizando, o espírito curioso e interessado de Capitu).

Umas coisas *nascem* de outras, *enroscam-se, desatam-se, confundem-se, perdem-se*, e o tempo vai andando sem se perder a si. (EJ, XLVIII. Gradação ascendente, com nítida conotação dialética, que enfatiza a efemeridade da vida e a passagem inexorável e transformadora do tempo).

Aqui *estou*, aqui *vivo*, aqui *morrerei*. (MA, 9/1/1888. Os verbos em gradação ascendente, dois no presente e um no futuro, estão impregnados de afetividade e expressam a satisfação do velho diplomata, o Conselheiro Aires, por estar de volta, aposentado, ao Brasil, depois de viver décadas longe do seu país. A reiteração do advérbio *aqui* também enfatiza esse sentimento do personagem-narrador).

E lá *foi*, e lá *andou*, e lá *descobriu* o padre, dentro de uma casinha — baixa. (MA, 31/7/1888. Tristão, ao voltar de Portugal, já adulto, não descansou enquanto não descobriu o padre que o batizara. A gradação verbal ascendente enfatiza essa procura incessante do afilhado de D. Carmo. Note-se o modo de narrar bíblico, representado pelo polissíndeto da conjunção *e*).

Se eu quisesse saber o que diziam as cartas bastaria ser indiscreto ou descortês; era perguntar-lho em particular. Tristão me confiaria, creio, visto que entro cada vez mais no coração daquele moço. *Ouve-me, fala-me, busca-me, quer* os meus conselhos e opiniões. (MA, 16/2/1889. O Conselheiro Aires refere-se a duas cartas recebidas por Tristão da Europa. O narrador, discretíssimo, não indagou a respeito do conteúdo da correspondência, apesar de contar com a confiança do rapaz, conforme se vê pela gradação verbal empregada pelo Conselheiro).

Hendíade

Figura de estilo que consiste na coordenação de dois substantivos, para exprimir uma ideia que normalmente seria expressa por meio da subordinação de um adjetivo a um substantivo. Por exemplo: "A noite e o silêncio nos ajudam a dormir", em vez de "A noite silenciosa nos ajuda a dormir" ou "O silêncio da noite nos ajuda a dormir". Note-se que na hendíade o nexo semântico entre os dois termos é subordinativo, mas a forma sintática é coordenativa, com o objetivo de atribuir maior destaque aos dois termos empregados. Vejamos alguns exemplos em Machado de Assis.

Também ela ali estaria, sentada a um canto, sem se lhe dar do peso dos anos, uma vez que visse a grandeza e a prosperidade [a grandeza próspera] dos filhos. (EJ, XLVIII).

E depois de entender-me com o vigário, (...) que me recomendou mansidão e caridade [mansidão caridosa], segui para a residência do coronel. ("O enfermeiro", VH).

Se fosse só rabugento, vá; mas ele era também mau, deleitava-se com a dor e a humilhação [a humilhação dolorosa] dos outros. ("O enfermeiro", VH).

Hipálage

Situada no âmbito da sintaxe de colocação, a hipálage é uma troca de determinantes, do

que resulta uma adjetivação imprópria ou inesperada, às vezes surpreendente. Modificando um substantivo com o qual normalmente não teria afinidade, o adjetivo usado na hipálage tem como efeito estilístico impregnar o sintagma nominal de um caráter subjetivo e impressionista, dotando-o dos mais variados matizes semânticos. Sirva de exemplo a frase "o voo negro dos urubus" (em vez de "o voo dos urubus negros"), usada por Graciliano Ramos em *Vidas secas*, cap. I, da qual resulta uma sinestesia em que se fundem duas imagens: a cinética (voo = movimento) e a cromático-visual (negro). Quando se trata de grupos nominais paralelos, ocorrem, às vezes, simetrias silábicas e rítmicas com características de prosa poética. Em outras ocasiões, o adjetivo usado na hipálage acumula conotação adverbial, servindo ainda para enfatizar a ação praticada pelo sujeito da ação verbal, do que resulta uma tríplice qualificação da frase, uma espécie de condensação dos valores determinativo, predicativo e adverbial.
Sobre o assunto, recomendamos a leitura do minucioso estudo sobre a adjetivação, realizado por Ernesto Guerra da Cal, em *Língua e estilo de Eça de Queiroz* (1969:111). Ver também o artigo "Uma particularização da hipálage", de Mello Nóbrega (1967:211). Nos exemplos a seguir, uma pequena parte do material pesquisado, destacamos em itálico os casos de hipálage.

A noite veio, a menina recolheu-se pensativa e melancólica, sem nada explicar à *solícita* curiosidade da mãe. (ML, v. Solícita é a mãe de Guiomar, mas deslocando o adjetivo para antes do substantivo *curiosidade*, Machado enfatiza o aspecto afetivo desse adjetivo e, ao mesmo tempo, realça a preocupação da personagem em relação à filha).

Helena não respondeu; olhou de revés para ele, e cravou depois os olhos na águia branca tecida no tapete, sobre o qual pousava o pé *impaciente e colérico*. (HE, XII.

Adjetivação binária e com tríplice função: qualifica o objeto direto *pé*; remete adverbialmente ao verbo *pousava* e apresenta um traço predicativo em relação ao sujeito, descrevendo o sentimento de indignação e revolta de Helena diante da chantagem exercida pelo Dr. Camargo, para forçá-la a convencer Estácio a se casar com Eugênia, sua filha. A alegoria da águia no tapete remete à figura predatória do médico).

Tinha uns sessenta e quatro anos, *rijos e prósperos*, era solteiro, possuía cerca de trezentos contos e fui acompanhado ao cemitério por onze amigos. (BC, I. Ao usar os dois adjetivos em itálico, para qualificar o substantivo "anos", em vez de a si próprio, Brás Cubas realça o fato de que ele, ao morrer, não estava decadente, apesar dos sessenta e quatro anos, idade considerada elevada na época).

Apertava ao peito a minha dor *taciturna*, com uma sensação única. (BC, XXV. Taciturno estava ele, Brás Cubas, após a morte da mãe. A personificação do abstrato *dor* (no sentido de "sofrimento moral") concretiza este substantivo, possibilitando a adjunção do qualificativo *taciturna*. Essa hipálage também permite uma tríplice leitura do referido adjetivo: como predicativo do sujeito ("Apertava ao peito, *taciturno*, a minha dor"); como advérbio ("Apertava ao peito, *taciturnamente*, a minha dor") e como adjunto adnominal de *dor*, tal como nos parece a uma primeira leitura. O efeito estilístico é o que importa: a hipálage confere ao sintagma uma visualização mais expressiva, mais viva do estado de espírito abatido em que se encontrava o narrador. Não foi por acaso que Machado de Assis, pela pena do narrador, usou o adjetivo erudito *taciturna* (lat. taciturnus, a, um), que significa, na origem, "silenciosa", ou seja, a dor de Brás Cubas era só dele, não era compartilhada com ninguém).

Via-a assim, e doía-me que a vissem outros. Depois, começava a despi-la, com as minhas mãos *sôfregas e lascivas*. (BC, LXIV. Os adjetivos em itálico qualificam a metonímia *mãos*, representando esta a parte pelo todo, pois sôfrego e lascivo era o próprio narrador. Além disso, estes são adjetivos aplicáveis a seres humanos, não a mãos. O efeito estilístico da hipálage é realçar o desejo erótico de Brás Cubas, ansioso em possuir o corpo da amante, Virgília).

Ela [a mãe de D. Plácida] **gostou dele** [do sacristão da Sé], **acercaram-se, amaram-se. Dessa conjunção de luxúrias *vadias* brotou D. Plácida.** (BC, LXXV. Vadios, naturalmente, eram os dois amantes. No grupo nominal "luxúrias vadias", Machado emprega a metonímia e a hipálage para enfatizar o lado puramente sensual da relação entre D. Plácida e o sacristão. Note-se que o substantivo abstrato *luxúrias*, no plural, adquire o sentido de uma pluralidade de atos, de atitudes de luxúria).

Freitas interveio dizendo que, agora, sim, senhor, estava explicado; mas que, a princípio, o mistério, o arranjo da cestinha, o ar dos próprios morangos, — morangos *adúlteros*, disse ele rindo,... (QB, XXXII. Rubião recebera uma cestinha com morangos, enviada por Sofia, juntamente com uma cartinha convidando-o para jantar em casa do casal. O fato suscitou a gozação dos convivas à mesa, tendo o Freitas classificado os morangos de "adúlteros", insinuação de que adúlteros eram Rubião e Sofia. Hipálage de teor eufêmico e malicioso, com uma pitada de humor).

E elas ouviam tudo (castas estrelas!), tudo o que a boca *temerária* de Rubião ia entornando na alma *pasmada* de Sofia. (QB, XL. Os grupos nominais "boca temerária" e "alma pasmada" enfatizam a situação de ansiedade erótica de Rubião e a perplexidade incômoda de Sofia, a amante virtual. Note-se também o efeito impressionista criado pela hipálage machadiana: o adjetivo *temerária* qualifica, metonimicamente, uma parte de Rubião, sua boca, e não o todo, ou seja, o próprio Rubião, como seria de esperar. Da mesma forma, *pasmada* qualifica a alma, uma parte de Sofia, e não o todo, a própria Sofia).

Sofia enxugou ainda os olhos, e estendeu-lhe a mão *agradecida*. (QB, CXV. Agradecida, naturalmente, estava Sofia, e não sua mão. Com a hipálage do adjetivo, Machado tornou a frase mais expressiva, permitindo fazer-se uma tríplice leitura do papel do adjetivo: como predicativo do sujeito; como adjunto adnominal do substantivo *mão* e como adjunto adverbial de modo = "Sofia estendeu-lhe a mão agradecidamente").

Sofia acompanhou-o até à porta, estendeu-lhe a mão *indiferente*, respondeu sorrindo alguma coisa chocha, tornou à salinha em que estivera. (QB, CXLI. Ao deslocar o adjetivo *indiferente* para junto do objeto direto *mão*, Machado de Assis criou uma hipálage de alto rendimento expressivo. Sintaticamente, o adjetivo *indiferente* cumpre tríplice função: adjunto adnominal de *mão*; predicativo do sujeito (Sofia) e advérbio modalizador da forma verbal *estendeu-lhe*).

Era [prima Justina] quadragenária, magra e pálida, boca fina e olhos *curiosos*. (DC, XXI. A hipálage contrapõe um substantivo concreto (*olhos*), a um adjetivo atributivo (*curiosos*), de fundo moral. O efeito estilístico é uma imagem impressionista, que realça o espírito desconfiado da personagem).

José Dias apertou-me as mãos com alvoroço, e logo pintou a tristeza de minha mãe, que falava de mim todos os dias, quase a todas as horas. (...); e contava-me tudo isso cheio de uma admiração *lacrimosa*. (DC, LXI. Lacrimoso, naturalmente, era agregado, por aulicismo ou por sinceridade. Deslocando o adjetivo determinante para junto do substantivo "admiração", Machado enfatiza a veneração que José Dias aparentava sentir por D. Glória, mãe de Bentinho. A causa da tristeza da boa senhora era a iminência de privar-se da companhia do filho, prestes a entrar para o seminário).

E Batista conversaria com o Imperador, a um canto, diante dos olhos *invejosos* que tentariam ouvir o diálogo. (EJ, XLVIII. Trata-se de uma fantasia de D. Cláudia, sonhando com a volta de Batista, seu marido, ao poder. Em "olhos invejosos", o substantivo foi usado metonimicamente (a parte pelo todo); o adjetivo "invejosos" qualifica a metonímia, uma vez que invejosas são as pessoas donas dos olhos. Essa adjetivação impressionista realça a curiosidade e a inveja dos adversários políticos de Batista).

Papel, amigo papel, não recolhas tudo o que escrever esta pena *vadia*. (MA, 8/4/1888. Entenda-se: "a pena deste escritor vadio", ou seja, o Conselheiro Aires, o narrador do *Memorial*. Com a metonímia *pena* (o objeto pelo usuário) e sua qualificação de *vadia* (hipálage), Machado recorre mais uma vez ao simbolismo impressionista, para dele extrair expressivo efeito estilístico).

Está [Fidélia] **na idade de casar, e pode aparecer alguém que realmente a queira por esposa. Não falo de mim, Deus meu, que apenas tive veleidades** *sexagenárias*. (MA, 4/9/1888. Em vez de escrever "veleidades de sexagenário", o Conselheiro Aires personifica o substantivo abstrato *veleidades* e acrescenta-lhe o adjetivo *sexagenárias*. Com essa hipálage, ele enfatiza a impossibilidade de a viúva Fidélia vir a interessar-se por ele, em virtude da diferença de idade entre ambos. Mas bem que ele tinha uma queda por ela. A dupla Machado-Conselheiro gostava de viúvas, principalmente as "saborosas" como Fidélia. É assim que ele a classifica na anotação de 25 de janeiro de 1888).

Hipérbole

Machado de Assis é, em geral, portador de um estilo sóbrio e elegante em termos de linguagem. Mas isso não impede que ele ceda à tentação, por vezes, de recorrer a certos exageros de expressão, usando a figura de linguagem conhecida como hipérbole, para enfatizar algum detalhe da narrativa ou da construção do personagem, como se dá com os superlativos hiperbólicos do agregado José Dias, de *Dom Casmurro*. As demais hipérboles encontradas nesse romance estão em sintonia com a imaginação fantasiosa de Bentinho, o personagem-narrador. Naturalmente, o conhecido humor machadiano é, em alguns casos, a motivação para o emprego dessa figura de estilo, que, à primeira vista, parece tão contrária aos hábitos narrativos recatados do nosso maior escritor. Uma peculiaridade que merece referência é que, algumas vezes, Machado emprega também o numeral com valor hiperbólico, recurso expressivo que já se encontra em Camões: "Os olhos prontos e direitos/O Catual na história bem distinta;/ *Mil* vezes perguntava e *mil* ouvia/As gostosas batalhas que ali via". (*Lus.*, VIII, 43).
Vale lembrar que, em certos casos, Machado, após recorrer a uma hipérbole, como que se desculpa por tê-la usado, tamanho era o seu escrúpulo em preservar a sobriedade de expressão. É interessante também registrar que o excesso de citações em suas obras, sobretudo em *Memórias póstumas de Brás Cubas*, é uma outra faceta de seu vezo hiperbólico. Sobre o assunto, recomendamos a leitura do capítulo "O prisma da hipérbole", em Eugênio Gomes (1967:43). Sobre as hipérboles justificadas, ver o capítulo III de *Machado de Assis e a análise da expressão*, de Maria Nazaré Soares (1968:71). Nos exemplos a seguir, destacamos em itálico as hipérboles empregadas.

Uma noite [Estêvão] **assistira à representação de** *Otelo*, **palmeando** *até romper as luvas*, **aclamando** *até cansar-lhe a voz*.

(ML, II. Concessão ao estilo romântico ou reminiscência autobiográfica? Lembremos que Machado nutria imensa admiração por Shakespeare).

Estácio (...) encontrou D. Úrsula (...) a ler um tomo do *Saint-Clair das Ilhas*, enternecida pela *centésima vez* com as tristezas dos desterrados da ilha da Barra. (HE, III. Hipérbole calcada em uma expressão numérica).

"Quando esta carta te chegar às mãos, *estarei morto, morto de saudades* de minha tia e de ti". (HE, XV. Trecho de uma carta escrita por Estácio para Helena. A hipérbole pertence ao discurso do personagem, e não ao do narrador).

Imaginem um homem de trinta e oito a quarenta anos, alto, magro e pálido. As roupas, salvo o feitio, pareciam ter escapado ao *cativeiro da Babilônia*. (BC, LIX. Hipérbole irônica para enfatizar a aparência decadente de Quincas Borba, vestido como um mendigo. O cativeiro dos judeus na Babilônia é descrito nos livros dos profetas Daniel e Jeremias, no Velho Testamento. O Salmo 137, de Davi, também faz referência a esse episódio histórico em que se inspirou Camões para escrever a redondilha *Sôbolos rios que vão*).

Enfim, após alguns instantes largos, tio Cosme enfeixava todas as forças físicas e morais, dava o último surto da terra, e desta vez caía em cima do selim. Raramente a besta deixava de mostrar por um gesto que *acabava de receber o mundo*. (DC, VI. Um exemplo de hipérbole a serviço do humor é essa hilariante descrição do gorducho tio Cosme tentando montar a besta que o levava ao trabalho todos os dias. A cena, construída por Machado de Assis com mão de mestre, é caricata e burlesca, digna de uma comédia tipo "o gordo e o magro").

Desejei penteá-los *por todos os séculos dos séculos*, tecer duas tranças *que pudessem envolver o infinito por um número inominável de vezes*. (DC, XXXIII. Num capítulo intitulado "O penteado", Bentinho relembra com saudade como ele serviu de cabeleireiro a Capitu, ambos adolescentes. A descrição prima pelo lirismo hiperbólico, que revela um Bentinho ainda não contaminado pelo germe do ciúme. A expressão "século dos séculos" é conhecida como superlativo bíblico ou hebraico. Em latim: *per omnia secula seculorum*).

— A vocação é tudo. O estado eclesiástico é *perfeitíssimo*, contanto que o sacerdote venha já destinado do berço. (DC, XXXIX. Outro superlativo do hiperbólico José Dias. Desta vez, acompanhado de uma ressalva (*contanto que*...) que visa, espertamente, a ir preparando o caminho para livrar Bentinho do seminário).

Meses depois fui para o seminário de S. José. Se eu pudesse contar as lágrimas que chorei na véspera e na manhã, *somaria mais que todas as vertidas desde Adão e Eva*. Há nisto alguma exageração; mas é bom ser enfático, uma ou outra vez, para compensar este escrúpulo de exatidão que me aflige. (DC, L. Machado se justifica por ter usado uma hipérbole. Note-se o pertinente comentário metalinguístico que ele faz a respeito de seu próprio estilo, cuja sobriedade ele fazia questão de preservar).

A notícia de que ela vivia alegre quando eu chorava todas as noites, produziu-me aquele efeito, acompanhado de um bater de coração, *tão violento, que ainda agora cuido ouvi-lo*. Há alguma exageração nisto; mas o discurso humano é assim mesmo, um composto de partes excessivas e partes diminutas, que se compensam, ajustando-se. (DC, LXII. Mais um exemplo de hipérbole justificada. Desta vez, a justificação é expressa por meio de uma reflexão filosófica sobre a natureza humana).

Se achares neste livro algum caso da mesma família, avisa-me, leitor, para que o emende na segunda edição; *nada há mais feio que dar pernas longuíssimas a ideias brevíssimas.* (DC, LXVII. José Dias disse a Bentinho que o estado de saúde de D. Glória era "gravíssimo", quando, na verdade, era apenas grave. Machado critica o estilo hiperbólico do agregado, mas ele próprio, Machado, usou neste pequeno trecho dois superlativos: *longuíssimas* e *brevíssimas*, donde se conclui que José Dias funcionava, às vezes, como uma espécie de *alter ego*, não só do narrador, mas também do verdadeiro autor da narrativa).

Ao piano, entregue a si mesma, *era capaz de não comer um dia inteiro.* Há aí o seu tanto de exagerado, mas a hipérbole é deste mundo, e as orelhas da gente andam já tão entupidas que só à força de muita retórica se pode meter por elas um sopro de verdade. (EJ, XXXI. Machado justifica a sua hipérbole, apelando para a retórica da repetição. Se naquela época, sem a mídia e a internet, as orelhas das pessoas já andavam entupidas de informações, que diria Machado se vivesse em nossos dias? Mas a preocupação metalinguística é um dos traços marcantes do seu estilo).

O trem leva a gente *de corrida, de afogadilho, desesperado*, até à própria estação de Petrópolis. (MA, segunda-feira, antes de 4/2/1888. Gradação ternária hiperbólica, sobretudo no emprego do adjetivo adverbial *desesperado*, que personifica o trem, ser inanimado).

A carta de Fidélia começa por estas três palavras: "Minha querida mãezinha", que deixaram D. Carmo *morta de ternura e de saudades*; foi a própria expressão do marido. (MA, 2/8/1888. Machado como que se desculpa pela hipérbole, atribuindo-a a Aguiar, marido de D. Carmo. Transferir suas hipérboles para os personagens é um procedimento estilístico comum em Machado, que se dizia contrário ao exagero e à ênfase).

Homeoptoto

Figura de retórica que consiste na repetição de palavras na mesma função, grau, tempo, pessoa, etc., como ocorre no poema "José", de Carlos Drummond de Andrade: "Se você *gritasse*,/Se você *gemesse*,/Se você *tocasse*...". Note-se que os verbos em itálico se encontram no mesmo tempo e modo verbais: imperfeito do subjuntivo, daí a existência do homeoptoto. Trata-se também de uma construção paralelística, à base de orações subordinadas condicionais, o que oferece a oportunidade de lembrar que, em alguns casos, pode ocorrer a superposição de mais de uma figura de retórica. Nos exemplos a seguir, destacamos algumas situações semelhantes.

Quanto ao efeito estilístico do homeoptoto, cumpre destacar que Machado de Assis recorre, às vezes, a essa figura, com a finalidade estilística de enfatizar alguma informação que lhe parece importante ao interesse da narrativa. Destacamos em itálico os casos de homeoptoto.

E o sorriso era tão *natural*, tão *despreocupado*, tão *honesto*, que Estela ficou tranquila. Tinha em grande conta a dignidade e a sinceridade do marido. (IG, X. Trata-se de uma construção simétrica, à base da reiteração da mesma estrutura sintagmática, com o advérbio *tão* intensificando adjetivos semanticamente afins e que desempenham a mesma função sintática: predicativo do sujeito. Esse homeoptoto, a par do paralelismo sintático, tem por finalidade sedimentar no espírito do leitor a tranquila reação de Estela, segura de que Luís Garcia, seu marido, não a estava testando, ao lhe mostrar a carta que Jorge enviara para ela quando este se encontrava na Guerra do Paraguai).

Voltemos à casinha. Não serias capaz de lá entrar hoje, curioso leitor; *envelheceu, enegreceu, apodreceu*. (BC, LXX. A reiteração das formas verbais no pretérito perfeito (homeoptoto) ajuda o leitor a visualizar melhor a imagem da casa, hoje em ruínas, mas que, no passado, abrigara os amores furtivos de Brás Cubas e Virgília).

Rubião ia *concordando, ouvindo, sorrindo*; contava a cena a alguns curiosos, que a queriam da própria boca do autor. (QB, LXVII. A reiteração de formas verbais no gerúndio descreve e realça as diferentes e repetidas reações de Rubião às observações das pessoas que leram a notícia de que ele havia salvado um menino da morte. Serve também para enfatizar o sentimento de vaidade que ia tomando conta do espírito do ingênuo mineiro a cada elogio recebido).

Como não lhe custava viajar assim, navegou de cor algum tempo, naquele vapor alto e comprido, *sem enjoo, sem vagas, sem ventos, sem nuvens*. (QB, CXXVII. A imaginação transtornada de Rubião é fértil, e ele se imagina viajando num navio para a Europa. A par do homeoptoto destacado em itálico, note-se a reiteração paralelística das locuções adverbiais de modo, formadas pela preposição *sem* seguida de palavras do mesmo campo semântico, referente a coisas do mar).

Recortou a pera, deixou os bigodes, e escanhoou à vontade, *lentamente, amigamente, aborrecidamente*. (QB, CXLVI. Por ênfase, para insistir na ação praticada pelo barbeiro, Machado reitera, numa estrutura triádica, os advérbios de modo terminados em -*mente*. Repare-se que, neste caso, forma-se também um homeoteleuto (v.), com base no referido sufixo adverbial).

Como eu buscasse contestá-la, repreendeu-me sem aspereza, mas com alguma força, e eu tornei ao filho submisso que era. Depois, ainda falou *gravemente* e *longamente*. (DC, XLI. A reiteração dos advérbios de modo em -*mente* tem valor intensivo, realçando o discurso persuasivo e insistente de D. Glória. Esta, pressentindo que o filho não tinha nenhuma vocação para padre, tenta convencê-lo a seguir a carreira religiosa. Aqui, a par do homeoptoto, ocorre também, um homeoteleuto semelhante ao do exemplo anterior).

A barba estava negra, não sei se tanto ou mais que dantes, mas *negríssima* e *brilhantíssima*. (EJ, XXIII. Referência a um determinado frei italiano, que, após uma viagem de retiro espiritual, voltou com a aparência renovada. A reiteração do grau superlativo dos adjetivos em itálico (homeoptoto) enfatiza essa miraculosa metamorfose).

Homeoteleuto (ou eco)

Considerado a matriz da rima, o homeoteleuto é um procedimento retórico que significa terminação igual, como sugere a etimologia da palavra. É uma repetição rimada (rima consoante) que visa a enfatizar alguma informação importante ou fixá-la na memória visual e auditiva do leitor. Forma uma espécie de rima interna ou rima leonina, tanto na poesia quanto na prosa. Dizem os estudiosos que a rima começou como homeoteleuto, internamente, só mais tarde é que passou para o final do verso.

O homeoteleuto é muito comum nos aforismos e sentenças proverbiais do tipo "Sem eira nem beira", "Não ata nem desata", "A ocasião faz o ladrão" e outras frases semelhantes. Além de grande narrador, Machado de Assis também tinha ouvido de poeta e talvez seja por isso que recorre com tanta frequência ao homeoteleuto em seus romances e contos. Aqui, apresentamos apenas uma pequena parte dos exemplos pesquisados. Destacamos em itálico os casos de homeoteleuto.

Gastei trinta dias para ir do Rocio Grande ao coração de Marcela, não já cavalgando o corcel do cego desejo, mas o asno da paciência, a um tempo *manhoso e teimoso*. (BC, xv. O homeoteleuto em -*oso* enfatiza o método utilizado por Brás Cubas para conquistar os favores da cortesã Marcela: teve de ser paciente, além de "manhoso e teimoso").

Mas depois? Que ia acontecer em casa de Virgília? *matá-la-ia* o marido? *espancá-la-ia*? *encerrá-la-ia*? *expulsá-la-ia*? (BC, cvi. Reiteração de mesóclises formando um homeoteleuto maçante, cacofônico. E desnecessário, porque Brás Cubas sabia muito bem que Lobo Neves (corno manso, como diz o vulgo), não faria nenhum mal à esposa infiel, pois ele, apesar de tudo, adorava Virgília. É possível até que o triângulo amoroso servisse de excitante aos ardores sexuais do casal. Conhecendo o cinismo do narrador, o leitor deve levar para o lado do humor irônico as indagações por ele formuladas. Ou — quem sabe? —, uma tentativa de ridicularizar a figura do rival).

Eles lá iam, mar em fora, no espaço e no tempo, e eu ficava-me ali numa ponta de mesa, com os meus quarenta e tantos anos, *tão vadios e tão vazios*. (BC, cxv. Virgília viaja para o Norte, na companhia do marido, deixando Brás Cubas na maior solidão. Distante do seu brinquedo, Brás Cubas se dá conta da realidade: descobre que ele levava uma vida inútil, que nao passava de um ser vadio e vazio).

Onde iam eles? [os pretendentes] Mas lá passaram cinco anos, cumpriu os trinta e nove, e os quarenta não tardam. *Quarentona, solteirona*; D. Tonica teve um calafrio. Olhou ainda, recordou tudo, ergueu-se de golpe, deu duas voltas e atirou-se à cama chorando... (QB, xliii. Aqui, o eco desagradável em -*ona* repercute, de forma pateticamente irônica, o desespero da pobre personagem, que vê, impotente, a velhice e a solidão se aproximando, sem a menor perspectiva de casamento. Ficar solteirona, na época, era um estigma, uma maldição para a mulher. Sobre o assunto, ver o verbete "Casamento").

Sofia resignou-se à reclusão. Já agora tinha a alma tão *confusa e difusa* como o espetáculo exterior. (QB, clxi. O dia está chuvoso, e Sofia sente-se deprimida. Para enfatizar o estado melancólico da personagem, Machado aproxima, via homeoteleuto, os dois adjetivos em itálico).

José Dias vinha andando cheio da leitura de Walter Scott que fizera a minha mãe e a prima Justina. Lia *cantado e compassado*. Os castelos e os parques saíam maiores da boca dele, os lagos tinham mais água e a "abóboda celeste" contava alguns milhares mais de estrelas cintilantes. (DC, xxiii. Walter Scott (1771-1832), escritor romântico inglês, autor de *Ivanhoé*, romance que tem por cenário a Idade Média e seus cavaleiros andantes. O homeoteleuto "cantado e compassado" descreve enfaticamente a atitude teatral do hiperbólico José Dias).

Era uma criaturinha *leve e breve*, saia bordada, chinelinha no pé. (EJ, i. Descrição da cabocla do morro do Castelo, a quem as irmãs Natividade e Perpétua foram consultar. A rima interna das vogais abertas (/é/), a presença das consoantes lateral (/l/) e bilabial (/b/), a própria semântica dos adjetivos empregados, o ritmo da frase (dois versos hendecassílabos), o diminutivo *criaturinha*, tudo contribui para que o leitor possa visualizar com precisão a figura delicada e graciosa da personagem).

Enfim, só! Quando Aires se achou na rua, só, livre, solto, entregue a si mesmo, *sem grilhões nem considerações*, respirou largo. (EJ, liv. O eco da rima em -*ões* e a estrutura binária do homeoteleuto enfatizam o sentimento de liberdade de Aires, de estar só consigo e suas reflexões).

Tem agradado muito o Tristão, (...). É ameno, conversado, atento, *sem afetação nem presunção*. (MA, 31/7/1888. Em forma de rima, o Conselheiro Aires enfatiza as virtudes sociais do personagem. Aliás, seu próprio nome — Tristão — faz eco com o homeoteleuto empregado).

Telegrama dos pais de Tristão, dizendo que sim, que aprovam, que os abençoam. (...); contentamento traz derramamento. Apertei-lhe a mão com prazer; ele quis um abraço. (MA, 18/2/1889. A rima interna expressa e enfatiza a alegria de Tristão, que havia pedido o consentimento dos pais para se casar com Fidélia. E o Conselheiro Aires é o primeiro a receber o "derramamento" afetivo do afortunado rapaz).

Humor irônico

O humor é, com certeza, o traço mais importante do estilo de Machado de Assis, para o qual a crítica tem apontado diversas razões, dentre elas, a de que o humor seria uma forma de compensação para o seu "realismo cético". Segundo Eugênio Gomes (1976), Machado de Assis teria recebido forte influência dos autores ingleses, nesse particular, sobretudo de Laurence Sterne e Jonathan Swift. Afrânio Coutinho (1990:132) não descarta essas influências, mas faz a seguinte ressalva: "o que constitui nele o traço que o difere de grande número de humoristas ingleses é a preocupação moralizante, é a intenção constante de definir o homem e suas relações na vida social".

Embora Machado já usasse o humor como instrumento de estilo, na primeira fase de sua obra, é a partir de *Brás Cubas* e *Papéis avulsos* que esse estilema se acentua, apresentando a ficção machadiana, nessa segunda fase, ressonâncias da chamada sátira menipeia (v.), assunto estudado por especialistas como Merquior (1990), Sá Rego (1989) e Nogueira (2004), autores citados em nossa bibliografia. Seja como for, humor e ironia apresentam-se, quase sempre, indissociáveis na ficção de Machado de Assis (e também nas crônicas), sendo oportuno ressaltar que um dos recursos usados por ele para suscitar humor é a quebra de paralelismo semântico (v. verbete). Quanto à ironia (gr. *eironeia*), lembremos que, etimologicamente, o termo significa "dissimulação".

Outro ponto importante a ressaltar diz respeito à forma dissimulada sob a qual pode se apresentar o seu humor, uma vez que o narrador "morde e sopra, levanta a máscara e logo a afivela de novo", como adverte Alfredo Bosi (2002:14). Passemos agora aos exemplos, uma pequena parte do material pesquisado.

Viana era um parasita consumado, cujo estômago tinha mais capacidade que preconceitos, menos sensibilidade que disposições. (...). Nasceu parasita como outros nascem anões. Era parasita por direito divino. (RE, I. Humor e ironia se conjugam nessa descrição caricata do primeiro parasita da ficção machadiana. Note-se também que o humor já está presente em *Ressurreição*, o primeiro romance de Machado de Assis).

O coronel Macedo tinha a particularidade de não ser coronel. Era major. (HE, IV. Machado faz troça com a patente virtual do personagem. Em seus romances e contos, existe uma galeria de majores e coronéis, tipos disponíveis e maçantes, como o major Lopo Alves, do conto "A chinela turca" (*Papéis avulsos*), ou o major Siqueira, de *Quincas Borba*. Machado demonstra certa implicância com esses tipos, retratando-os de forma caricata e irônica).

A primeira das duas mulas que [o preto] conduzia, olhava filosoficamente para ele. (HE, VI. Note-se o traço irreverente e irônico do humor machadiano no uso inusitado do advérbio de modo *filosoficamente*, para descrever o olhar de uma mula. É frequente nos textos do autor a aproximação entre burros e filósofos. A bom entendedor, ...).

Naquele ano, morria de amores por um certo Xavier, sujeito abastado e tísico, — uma pérola. (BC, XIV. Roído de ciúmes do rival, Brás Cubas exulta com sua doença e ainda lhe sapeca uma metáfora mordaz: *uma pérola*. Note-se a quebra de paralelismo no par de adjetivos "abastado e tísico").

Eugênia, a flor da moita, mal respondeu ao gesto de cortesia que lhe fiz. (BC, XXX. Levando-se em conta que Eugênia tem um defeito físico — é coxa —, seu nome encerra uma contradição carregada de ironia. A metáfora mordaz *flor da moita* remete aos amores escusos de sua mãe, D. Eusébia, com o libidinoso Vilaça do capítulo XII).

— Você janta conosco, doutor, disse-me Lobo Neves. — Veio para isso mesmo, confirmou a mulher; diz que você possui o melhor vinho do Rio de Janeiro. (BC, LXIII. Pura ironia machadiana. Com efeito, Lobo Neves possuía o melhor vinho para Brás Cubas: sua mulher Virgília, que os dois (o marido e o amante) bebiam na mesma taça).

Recomendamos a leitura do capítulo LXV de *Brás Cubas*, intitulado "Olheiros e escutas", cujo próprio título já denuncia seu tom de comicidade. Destacam-se nesse capítulo as caricaturas de uma baronesa bisbilhoteira e maledicente, que **"possuía a grande arte de escutar os outros, espiando-os"**, e de Viegas, um avarento parente de Virgília. Ambos desconfiavam dos amores clandestinos de Brás Cubas e Virgília. Segundo o narrador, havia também **"umas duas ou três senhoras, vários gamenhos, e os fâmulos, que naturalmente se desforravam assim da condição servil, e tudo isso constituía uma verdadeira floresta de olheiros e escutas, por entre os quais tínhamos de resvalar com a tática e maciez das cobras"**. Notem-se as metáforas "florestas" e "cobras", que suscitam a imagem do paraíso perdido e do pecado. Este capítulo é um dos exemplos mais geniais do humor machadiano.

— Venha para o Humanismo; ele é o grande regaço dos espíritos, o mar eterno em que mergulhei para arrancar de lá a verdade. (BC, CIX. Estas metáforas foram pronunciadas pelo tresloucado "filósofo" Quincas Borba. Sua doutrina, o Humanitismo, é um misto de filosofia e religião e parece ser uma sátira ao Positivismo de Augusto Comte, que assolava o Brasil na época, sobretudo entre os militares. O lema de nossa bandeira, por exemplo, — ordem e progresso —, reflete inspiração positivista. Machado de Assis, avesso a sistemas filosóficos que prometem salvação fácil para o homem, mete em ridículo a doutrina comtiana, tratando-a indiretamente como coisa de louco. Ver, a propósito, o capítulo "Quincas Borba e o Humanitismo" em *Ensaios machadianos*, de Mattoso Câmara, 1977: 95).

Três dias depois, discutindo-se o orçamento da justiça, aproveitei o ensejo para perguntar modestamente ao ministro se não julgava útil diminuir a barretina da guarda nacional. (BC, CXXXVII. Brás Cubas deputado, no meio de uma discussão séria sobre orçamentos, introduz uma questão ridícula. Essa mistura do sério e do cômico é uma das características da sátira menipeia (v. verbete), presente nas memórias póstumas do defunto autor. Neste capítulo, escrito **"com a pena da galhofa e a tinta da melancolia"**, Machado ironiza as propostas políticas demagógicas para salvar o Brasil).

Loquaz, destemido, Rubião parecia totalmente outro. (...). Sofia é que não sabia que fizesse. Trouxera ao colo um pombinho, manso e quieto, e sai-lhe um gavião, — um gavião adunco e faminto. (QB, XXXIX. Sofia brincou com fogo, espicaçando o desejo sexual de Rubião, e agora está com receio de se queimar. Note-se o contraste humorístico estabelecido pelas duas metáforas empregadas por Machado de Assis para descrever o ímpeto de Rubião pela provocante Sofia: a erótica "gavião adunco [de garras afiadas] e faminto" e a inocente "pombinho, manso e quieto").

— Lembra-se das ações daquela Companhia União dos Capitais Honestos?

Disse-lhe logo que este título era enfático, um modo de embair a gente, e dar emprego a sujeitos necessitados. Você não quis crer, e caiu. (QB, CVIII. Palha tenta dissuadir Rubião de fazer certo negócio duvidoso. O título da tal Companhia, inventado por Machado de Assis, está carregado de humor irônico. Aliás, Machado era exímio criador de títulos jocosos e irônicos para designar negócios fraudulentos. É só dar uma olhada em suas crônicas sobre economia e finanças em *A economia em Machado de Assis*, de Gustavo Franco, 2007).

Os amigos que me restam são de data recente; todos os antigos foram estudar a geologia dos campos santos. (DC, II. Bentinho usa um eufemismo carregado de humor irônico para dizer que todos os seus amigos antigos já estão mortos, ou seja, estão debaixo da terra, estudando a geologia dos cemitérios).

Já não dava para namoros. Contam que, em rapaz, foi aceito de muitas damas, além de partidário exaltado; mas os anos levaram-lhe o mais do ardor político e sexual, e a gordura acabou com o resto de ideias públicas e específicas. (DC, VI. Existe uma correlação semântica entre os dois pares de adjetivos: *político* está para *públicas*, assim como *sexual* está para *específicas*. Adjetivação impregnada de insinuação irônica, carregada de comicidade, para enfatizar o ocaso dos impulsos políticos e da libido do velho e gordo tio Cosme).

Ao pé dessa música sonora e jovial, ouvi também o grunhir dos porcos, espécie de troça concentrada e filosófica. (DC, CXLIV. Solitário e desamado, após a morte da mãe e a separação de Capitu, Bentinho (agora na condição de Dom Casmurro) volta à casa de sua infância em Matacavalos. A casa o estranha, e ele a ela. Ao lado da "música sonora e jovial" da ramagem, ouviu "o grunhir dos porcos", que (até os bichos!) fazem chacota de sua triste condição de homem melancólico e rabugento. Repare-se que, mais uma vez, Machado identifica os filósofos com animais, desta vez, com porcos. Geralmente, o faz com mulas e burros).

Era dançarina; eu mesmo já a tinha visto dançar em Veneza. Pobre Caponi! Andando [na rua da Quitanda], o pé esquerdo saía-lhe do sapato e mostrava no calcanhar da meia um buraquinho de saudade. (EJ, XII. Neste diminutivo, acumulam-se os valores de pequenez, humor e ironia. O tal "buraquinho" na meia da ex-dançarina é um símbolo cruel de decadência, em contraste com seu passado de glória. É a nostalgia do apogeu, descrita com humor e ironia pelo Conselheiro Aires, que a conheceu em melhores dias).

D. Cesária (...) está ainda com a morte do cunhado na garganta, mas tudo passa, até os cunhados. (MA, 26/2/1889, dez horas da noite. Trata-se do falecido corretor Miranda. Note-se a ironia contida na palavra *até*, denotativa de inclusão. É que existe uma certa predisposição contra os cunhados, tidos como impertinentes e aproveitadores, e Machado faz humor com esse fato. A propósito, segundo o folclore político, o Sr. Leonel Brizola teria tido sua candidatura à presidência impugnada, pelo fato de ele ser cunhado do então presidente João Goulart. Brizola, que de bobo não tinha nada, percebendo a intenção dos adversários, saiu-se com esta: "Cunhado não é parente, Brizola pra presidente").

Impressionismo

A linguagem impressionista é "o produto da fusão de elementos simbolistas e realístico-naturalistas", como ensina Afrânio Coutinho (1975:223). Trata-se de um recurso estilístico em que se realçam as sensações subjetivas, isto é, a impressão que as coisas e os fatos despertam em nós, e não a realidade objetiva. Nesse sentido, a linguagem infantil, meio mágica, meio encantatória, pode se apresentar, às vezes, impregnada de imagens impressionistas, como nesta frase de um menino de cinco anos, dita numa noite de lua cheia: "Pai, a lua está pendurada no céu".

Quando dizemos, por exemplo, que "A ponte se estende sobre o rio", personificando o sujeito e usando o verbo no presente e na voz medial, quando a "lógica" gramatical recomendaria o emprego da voz passiva: "A ponte foi estendida (ou construída) sobre o rio", estamos produzindo uma frase impressionista. Note-se que a frase passiva, neste caso, é a considerada mais adequada do ponto de vista da "lógica" gramatical, mas ela parece incolor, sem vida, perto da frase impressionista, pois esta, mercê do seu aspecto figurado visualístico, contém uma concisão expressiva e dinâmica ausente da frase "correta", digamos assim.

Certas metáforas sensoriais, sobretudo as sinestésicas, a prosopopeia, o anacoluto, a transposição de termos abstratos a concretos, o uso de frases nominais ou de frases curtas, sem nexos subordinativos, certas inversões da ordem direta, o deslocamento de adjetivos (hipálage), a evocação sonora produzida por certos fonemas, o uso do pretérito imperfeito e do gerúndio, todos esses procedimentos constituem algumas das marcas da linguagem impressionista presentes no texto machadiano e assim justificadas por Afrânio Coutinho (1975:228): "A evolução de Machado de Assis revela uma independência em relação aos postulados do Naturalismo positivista que o conduz ao mesmo clima impressionista, característico de sua fase final". Sobre o assunto, ver o capítulo "Machado de Assis e a prosa impressionista", de José Guilherme Merquior (1979:150). Ver também, de Merquior (1990:331), "Gênero e estilo das *Memórias póstumas de Brás Cubas*". Mas passemos aos exemplos extraídos dos romances machadianos.

A sacristia tinha certo ar melancólico e severo, que lançava n'alma o esquecimento das vicissitudes humanas. (HE, XVI. Adjetivação binária e animista. Os adjetivos metafóricos *melancólico* e *severo* personificam o substantivo concreto *ar*, fazendo com que a descrição se impregne de um tom impressionista).

....

Quando a noite caía de todo, e a cidade abria os seus olhos de gás, recolhiam-se eles a casa, a passo lento, à ilharga um do outro. (IG, I. Bela imagem impressionista, em que se mesclam a personificação de *cidade* e a metáfora animista *olhos de gás*, a qual simboliza os postes de iluminação pública da cidade).

....

Enquanto assim pensava, íamos devorando caminho, e a planície voava debaixo dos nossos pés. (BC, VII. O substantivo inanimado *planície*, impregnado de animismo, é o sujeito do verbo de movimento *voava*. Com esse recurso estilístico, Machado criou uma imagem impressionista marcada pela sensação vertiginosa de velocidade, de dinamismo, com que Pandora levava Brás Cubas em seu passeio pelos séculos dos séculos).

....

A baronesa era uma das pessoas que mais desconfiavam de nós. (...). Não falava muito nem sempre; possuía a grande arte de escutar os outros, espiando-os; reclinava-se então na cadeira, desembainhava um olhar afiado e comprido, e deixava-se estar. Os outros, não sabendo o que era, falavam, olhavam, gesticulavam, ao tempo que ela olhava só, ora fixa, ora móbil, levando a astúcia ao ponto de olhar às vezes para dentro de si, porque deixava cair as pálpebras; mas, como as pestanas eram rótulas, o olhar continuava o seu ofício, remexendo a alma e a vida dos outros. (BC, LXV. Machado pinta com mão de mestre um retrato implacável da bisbilhoteira baronesa X. A descrição apresenta-se impregnada de metáforas impressionistas do tipo: "olhar para dentro de si", "desembainhava um olhar afiado e comprido", "as pestanas eram rótulas". A personificação contida em "o olhar continuava o seu ofício, remexendo a alma e a vida dos outros" completa essa admirável descrição impressionista da personagem).

Disse isto, e foi para dentro. Eu deixei-me estar com os olhos no lampião da esquina, — um antigo lampião de azeite, — triste, obscuro e recurvado, como um ponto de interrogação. (BC, LXXXIII. A personificação do lampião permite qualificá-lo com adjetivos aplicáveis ao ser humano: *triste, obscuro*. O terceiro adjetivo — *recurvado* — abre espaço para o símile: *como um ponto de interrogação*. Nos dois casos, Machado consegue criar imagens impressionistas altamente expressivas).

Um casal de borboletas (...) acompanhou por muito tempo o passo do cavalo [de Carlos Maria], volteando aqui e ali, lépidas e amarelas. (QB, CXXII. A cena é descritiva, e os dois adjetivos empregados apresentam certo matiz adverbial. O primeiro adjetivo (*lépidas*) transmite a ideia de movimentos ágeis e graciosos; o segundo (*amarelas*) descreve a cor da borboleta, uma condição cromática e permanente. Desse contraste entre noções semânticas desiguais resulta uma quebra de expectativa e uma imagem impressionista de alto valor expressivo).

Seguiu-se outra chácara, despida de árvores, portão aberto, e ao fundo, fronteando com o portão, uma casa velha, que encarquilhava os olhos sob a forma de cinco janelas de peitoril, cansadas de perder moradores. (QB, CXXII. Bela imagem impressionista criada com a personificação da casa velha "que encarquilhava os olhos sob a forma de cinco janelas de peitoril". A metáfora das janelas como olhos da casa contribui para acentuar e visualizar no espírito do leitor a imagem impressionista da casa como um ser humano).

Rubião tinha nos pés um par de chinelas de damasco, bordadas a ouro; na cabeça, um gorro com borla de seda preta. Na boca, um riso azul claro. (QB, CXLV. Descrição do primeiro grande surto esquizofrênico de Rubião. Note-se o cromatismo impressionista contido na expressão *riso azul claro*, o qual, insinua Machado de Assis, parece ser um comportamento próprio dos loucos).

Era gordo e pesado, tinha a respiração curta e os olhos dorminhocos. (DC, VI. A hipálage empregada para descrever os olhos de Tio Cosme (*dorminhocos*) empresta a essa passagem um tom impressionista, imagem que ficou na memória afetiva de Bentinho).

O retrato mostra uns olhos redondos, que me acompanham para todos os lados, efeito da pintura que me assombrava em pequeno. O pescoço sai de uma gravata preta de muitas voltas. (DC, VII. Trata-se do retrato do pai de Bentinho. A imagem causava-lhe uma impressão subjetiva fantasmagórica, que ele próprio admite ser coisa de criança. Agora, já adulto, a descrição da imagem paterna continua impressionista, quando ele diz que "o pescoço sai de uma gravata preta", em vez de "uma gravata preta envolve-lhe o pescoço").

A rua, por mais que José Dias andasse superlativamente devagar, parecia fugir-me debaixo dos pés, as casas voavam de um e outro lado. (DC, LXVII. As palavras *rua* e *casas*, impregnadas de animismo, assim como a sensação subjetiva contida nos verbos *fugir* e *voar* transmitem à frase de Bentinho uma imagem de dinamismo impressionista. O emprego da forma verbal *parecia* reforça o subjetivismo da impressão sentida pelo personagem).

Ouvia [Escobar], espetando-me os olhos. (...). Nem cuides que pasmou de me ver namorado; achou até natural e espetou-me outra vez os olhos. (DC, LXXVIII. Outra metáfora sensorial de cunho impressionista. Sugere que os olhos de Escobar "espetavam", ou seja, penetravam, como um estilete, a mente e o espírito de Bentinho, na ânsia de perscrutar-lhe o pensamento).

Escobar apertou-me a mão às escondidas, com tal força que ainda me doem os dedos. É ilusão, decerto, se não é efeito das longas horas que tenho estado a escrever sem parar. (DC, XCIV. O tempo psicológico anula o tempo cronológico, e tão fortes são as lembranças, tão viva é a memória afetiva, que Dom Casmurro parece sentir, novamente, a sensação física experimentada por Bentinho há quarenta anos. Puro reflexo impressionista).

Apalpei José Dias sobre as maneiras novas de minha mãe; ficou espantado. (DC, CXVI. O verbo *apalpar*, com o sentido de "indagar", é mais ou menos frequente em Machado de Assis, constituindo um estilema do autor, que gosta de usar essa metáfora sensorial de caráter impressionista).

Estava em casa dela [de D. Cesária], onde a irmã escurecia tudo com a sua viuvez recente. (MA, 21/3/1889. Essa irmã de D. Cesária tinha acabado de perder o marido, o corretor Miranda. A metáfora verbal *escurecia* reflete a impressão negativa do Conselheiro Aires, que sentia a casa triste, impregnada pelo luto usado pela viúva).

Intensificação (Processos)

A caracterização intensiva, não raro com valor superlativo, exerce a função de realçar estilisticamente uma condição, qualidade ou ação própria do ser ou do processo verbal. Pode ser expressa por meio de diversos recursos linguísticos, alguns dos quais descrevemos abaixo. Sobre o assunto, recomendamos a leitura do exaustivo estudo feito por Maria Manuela Moreno de Oliveira, no livro *Processos de intensificação no português contemporâneo* (1962), citado em nossa bibliografia.

Vejamos alguns processos de intensificação empregados por Machado de Assis. A maioria dos exemplos (destacados em itálico) foi extraída do livro de contos *Várias histórias* (VH).

a) *Adjetivos*

— *Bela* mulher! *grande* mulher! *belos e grandes* amores! ("Mariana", VH. A entonação exclamativa amplifica o valor intensivo dos adjetivos empregados. Repare-se que os adjetivos estão colocados antes dos substantivos, o que lhes realça a conotação afetiva).

Era uma mulher de quarenta anos, italiana, morena e magra, com *grandes* olhos *sonsos e agudos*. ("A cartomante", VH. Caracterização descritiva iniciada pela preposição *com*. O adjetivo *grandes*, anteposto ao substantivo, realça o tipo de olhos da personagem. Em *olhos sonsos*, Machado criou uma hipálage a partir de uma metonímia (*olhos*, a parte pelo todo; sonsa, na verdade, é a cartomante), cujo objetivo é enfatizar o lado moral da personagem, melhor dizendo, sua charlatanice. O adjetivo *agudos*, colocado depois do substantivo *olhos*, destaca a capacidade de penetração psicológica da esperta cartomante).

Que lhe salvasse a mulher, e prometia-me *trezentos*, — não menos, — *trezentos* padre-nossos e *trezentas* ave-marias. E repetia enfático: *trezentos, trezentas, trezentos...* ("Entre santos", VH. O papel de intensificador é desempenhado pelo numeral adjetivo *trezentos* e sua reiteração. Note-se que o próprio narrador chama a atenção para esse valor do numeral, ao fazer o seguinte comentário metalinguístico: "E repetia enfático". As reticências depois do numeral sugerem que a ladainha do avarento Sales era interminável, na sua ânsia de conquistar a benevolência do santo protetor para a sua súplica. O personagem prometia rezar até mil orações, promessa fácil de fazer e de cumprir, porque não custa nada. O que o apavorava, na verdade, era ter de gastar um centavo que fosse comprando velas ou fazendo doações à igreja).

O dia estava *lindíssimo*. Não era só um domingo cristão; era um *imenso* domingo *universal*. ("Uns braços", VH. O emprego do superlativo *lindíssimo*, do artigo indefinido *um*, com valor intensivo, a escolha e colocação dos inusitados adjetivos *imenso* e *universal*, tudo isso contribui para intensificar, para realçar a beleza do dia contemplado pelo adolescente Inácio. A propósito, no próprio título do conto, já se percebe o valor intensivo do artigo indefinido: "Uns braços" = Que braços!, Que belo par de braços!).

— Não é muito, dez libras só; é o que *a avarenta de* sua mulher pôde arranjar, em alguns meses. (DC, CVI. Capitu conseguiu economizar uma parte do dinheiro que Bentinho lhe dava para as despesas. O adjetivo *avarenta*, substantivado e seguido da preposição *de*, realça a iniciativa da personagem. Na verdade, trata-se de uma antífrase, pois o que Capitu quis enfatizar é que ela foi econômica, e não propriamente avarenta. Naturalmente, esse adjetivo substantivado, no contexto do diálogo, apresenta certo humor irônico e uma dose de autoelogio de Capitu).

b) *Advérbios*

Quintília conversava comigo *mais largamente* e *mais intimamente*, a tal ponto que chegou a correr que nos casávamos. ("A desejada das gentes", VH. O advérbio pode servir de intensificador do próprio advérbio, como se vê nos sintagmas destacados em itálico, em que *mais* tem valor intensivo. A repetição dos advérbios terminados em -*mente*, ligados pela conjunção *e*, enfatiza a informação de que a esquiva personagem Quintília dava uma atenção especial ao narrador).

Toda a gente emigrou [saiu da sala], e andando é que se podia ver *bem como* era graciosa a filha do escrivão. ("O diplomático", VH. Os advérbios *bem* e *como* são determinantes, respectivamente, de um verbo (*ver*) e de um adjetivo: *graciosa*. O primeiro tem valor modal; o segundo, intensivo).

"— Por que está você com esse ar, *toda* cheia de si, *toda* enrolada...?". ("Um apólogo", VH. Neste caso, o pronome indefinido *toda*, convertido em advérbio (v. o verbete "Enálage"), tem o sentido de "completamente" e intensifica dois adjetivos: *cheia* e *enrolada*. O advérbio, em princípio, é uma palavra invariável, mas, em casos como este, costuma ocorrer a concordância atrativa do advérbio com o adjetivo, por isso *toda* está no feminino singular).

No que eles estavam todos de acordo é que ela era *extraordinariamente* bela. ("A desejada das gentes", VH. O advérbio em itálico, de base adjetiva, foi empregado em sua função básica: a de intensificador do adjetivo, atribuindo-lhe grau superlativo: "ela era belíssima". O fato de a beleza da personagem ser excepcional fica bastante realçado pelo tipo de advérbio escolhido por Machado de Assis. Sua estrutura morfofonêmica encorpada também contribui para enfatizar o processo de intensificação superlativa).

Aqui o demônio da avareza sugeria-lhe uma transação nova, uma troca de espécie, dizendo-lhe que o valor da oração era superfino e *muito mais excelso* que o das obras terrenas. ("Entre santos", VH. Neste exemplo, o advérbio *mais* intensifica o adjetivo *excelso*; *muito*, por sua vez, intensifica o advérbio *mais*. Dupla intensificação, de primeiro e segundo graus).

Cogitou (...) se a crise política e pessoal, *tão* dura de roer agora, não teria algum dia tanto valor como os velhos diários.

("Papéis velhos", PR. Na expressão *tão dura de roer*, o advérbio de intensidade *tão* e o infinitivo passivo *roer* [de ser roída] enfatizam o valor superlativo do adjetivo *dura*: "a crise era duríssima").

c) *Pronomes*

Que de lágrimas verteu por ele! Que de maldições lhe saíram do coração contra os pais. ("Mariana", VH. Machado gostava de usar, em frases exclamativas, esse pronome indefinido intensificador *que de* (= quantos, quantas), de sabor clássico, mas já em desuso em sua época. Sobre o assunto, v. o verbete "Pronomes indefinidos").

Estava tão bem! falava-lhe com *tanta* amizade! ("Uns braços", VH. O papel intensificador do pronome indefinido *tanta* é realçado pela entonação exclamativa da frase).

Boa e patusca viúva! Com *que* alma e diligência arranjou ali umas danças, logo depois do jantar, pedindo ao Pestana que tocasse uma quadrilha! ("Um homem célebre", VH. Aqui também o valor intensivo do pronome indefinido *que* (quanta) é enfatizado pelo tom exclamativo da frase. Note-se que os adjetivos *boa* e *patusca* também exercem papel intensificador, no caso, enfatizando o temperamento alegre e descontraído da referida viúva).

As sovas de meu pai doíam por *muito* tempo. ("Conto de escola", VH. O pronome indefinido *muito* é um intensificador do substantivo *tempo*. Nesse sintagma, Machado nos transmite uma informação importante a respeito dos métodos brutais então empregados na educação das crianças).

d) *Prefixos* (atualmente, há uma tendência para o emprego do superlativo prefixal: *su-*persensível*, *ultrafácil*; nos textos machadianos pesquisados, os exemplos são raros)

Aqui o demônio da avareza sugeria-lhe uma transação nova, uma troca de espécie, dizendo-lhe que o valor da oração era *superfino*. ("Entre santos", VH. Um dos poucos exemplos de intensificação prefixal em Machado de Assis. O prefixo *super-* impregna o adjetivo de valor superlativo: *superfino* = finíssimo).

O credor era *arquimilionário*, não dependia daquela quantia. (DC, LXXX. Outro caso de superlativação por meio de prefixo: *arquimilionário* = riquíssimo, ou melhor, milionaríssimo).

f) *Sufixos* (o mais comum é *-íssimo*; *-rimo*, erudito, é mais raro; comparando-se com o superlativo analítico (*muito rico*), o sintético (*riquíssimo*) parece ter mais força expressiva; o diminutivo *-inho* também pode apresentar valor intensivo, inclusive junto a advérbios: *pertinho*, *agorinha*, *rapidinho*).

Eram tantos os castelos que [meu pai] engenhara, tantos e *tantíssimos* os sonhos, que não podia vê-los assim esboroados, sem padecer um forte abalo no organismo. (BC, XLIV. O pai de Brás Cubas sonhava casá-lo com Virgília, por interesse. Para enfatizar o ardente desejo do pai, o narrador não vacilou em transgredir a norma gramatical, submetendo ao grau superlativo (*tantíssimos*) o pronome indefinido *tanto*, que, em princípio, não admite gradação).

Desfiz o embrulho, (...). Cinco contos em boas notas e moedas, tudo *asseadinho* e *arranjadinho*, um achado raro. (BC, LII. Do ponto de vista gramatical, os dois diminutivos têm valor intensivo: "tudo muito asseado, muito arranjado". Do ponto de vista afetivo, enfatizam o contentamento de Brás Cubas com o seu achado: um pacote contendo cinco contos de réis).

José Dias desculpava-se: "Se soubesse, não teria falado, mas falei pela veneração, pela estima, pelo afeto, para cumprir um dever amargo, um dever *amaríssimo...*". (DC, III. A forma erudita *amaríssimo* (amarissimus, a, um) é o superlativo absoluto sintético do adjetivo "amargo" (a forma corrente é *amarguíssimo*). A forma portuguesa *amargo* resulta da evolução do latim vulgar **amaricus* (forma hipotética), uma vez que o adjetivo no latim clássico era *amarus, a, um*. Note-se que Machado contrapõe o vernáculo *amargo*, no grau positivo, ao seu superlativo erudito *amaríssimo*, estilizando a fala do personagem, como era do seu costume).

— Deixe a sua fisiologia usual; este caso é *particularíssimo*. ("A desejada das gentes", VH. Com efeito, o caso justifica o uso do superlativo "particularíssimo": a personagem Quintília tinha aversão ao sexo. Confira o leitor lendo o conto na íntegra).

Naquele muro *aspérrimo* brotou uma flor descorada e sem cheiro, mas flor. ("Entre santos", VH. A forma *aspérrimo* é o superlativo erudito de *áspero*, do latim *asper*).

Sílvia caminhará agora ao pé de Sílvio, no sermão que o cônego vai pregar um dia destes, e irão *juntinhos* ao prelo. ("O cônego ou metafísica do estilo", VH. Neste caso, o sufixo diminutivo *-inho* tem valor superlativo. O adjetivo *juntinhos*, predicativo do sujeito, apresenta afinidade semântico-sintática com o advérbio correspondente: *juntíssimos*. V. o verbete "Adjetivo > advérbio").

— A última vez que a vi achei-a *frescalhona*. ("Mariana", VH. O grau aumentativo também se presta a exprimir o grau superlativo, como se vê neste exemplo).

Já perto de casa viu vir dois homens; um deles, passando *rentezinho* com o Pestana. ("Um homem célebre", VH. Outro exemplo de advérbio no grau superlativo, expresso pelo sufixo diminutivo *-inho*).

f) *Repetição* (reiteração do adjetivo, advérbio ou verbo; v. verbete "Epizeuxe")

Camilo (...) teve assim uma sensação do futuro, *longo, longo,* interminável. ("A cartomante", VH. A repetição intensiva do adjetivo *longo* é enfatizada por outro adjetivo do mesmo campo semântico: *interminável*. Quando chegamos ao desfecho trágico do conto, com o assassinato de Camilo e Rita, é que nos damos conta de que essa frase do narrador Machado de Assis está impregnada de amarga ironia. Com efeito, um futuro longo e interminável, representado pela morte, esperava o infeliz personagem).

Fortunato, à porta, onde ficara, saboreou tranquilo essa explosão de dor moral que foi *longa, muito longa, deliciosamente longa*. ("A causa secreta", VH. Maria Luísa acabara de falecer. Fortunato, seu marido, surpreende o amigo Garcia, em prantos, beijando o cadáver da falecida. Naquele momento, teve a percepção de que o amigo amava sua esposa. Mas, em vez de se irritar, enciumado, sente um mórbido prazer em presenciar a dor de Garcia. A repetição do adjetivo *longa*, intensificado por dois advérbios, descreve minuciosamente a reação de Fortunato: um misto de sadismo e de vingança, um prazer íntimo imenso, requintado, com que o sádico personagem "saboreou" o sofrimento do amigo. Atente-se para o papel do advérbio *deliciosamente*: ele intensifica e, ao mesmo tempo, modaliza (v. "Modalização") o adjetivo *longa*, ao descrever, do ponto de vista do personagem, a sensação de sádico prazer por ele experimentada. Note-se também que o sintagma nominal "deliciosamente longa" pode ser desdobrado em "deliciosa e longa", em que o primeiro adjetivo apresenta afinidade semântica com o verbo empregado por Machado: "saboreou").

No dia seguinte, estando na repartição, recebeu Camilo este bilhete de Vilela: "Vem *já, já*, à nossa casa; preciso falar-te". ("A cartomante", VH. A reiteração intensiva do advérbio *já* expressa a ansiedade de Vilela em acertar contas com seu rival. Como sabemos, Camilo não foi "já, já", mas acabou indo. O que a charlatã da cartomante fez, com suas "predições", foi empurrá-lo para a morte. No final, trágico, os dois amantes (Camilo e Rita) acabaram assassinados pelo marido traído).

....

Manso e manso, entrou-lhe o amor no coração. ("A causa secreta", VH. Um primor de frase machadiana, concisa, elegante e altamente expressiva. Vários de seus traços estilísticos estão aqui presentes. Comecemos pelo binarismo (v. verbete): a reiteração do adjetivo *manso* (tranquilo, sereno; sua escolha não foi casual), no papel de advérbio, descreve como o sentimento de amor por Maria Luísa foi sutilmente tomando conta do coração de Garcia. A conjunção *e*, ligando os dois advérbios, contribui para intensificar essa ideia de ação suave, lenta, progressiva. Note-se a perícia estilística do mestre Machado de Assis: topicalizou (v. "Antecipação") o adjunto adverbial, deslocando-o para o início da frase, e colocou o sujeito depois do verbo, deixando nos extremos da frase o que ele queria realçar: o processo verbal progressivo e o importante substantivo *coração*. O animismo de que está impregnado o substantivo abstrato *amor* concretiza esse sentimento e realça sua condição de sujeito do verbo de movimento *entrar*. A par disso, criou um verso alexandrino perfeito: doze sílabas métricas, com hemistíquio na 6ª sílaba, como é de praxe nesse tipo de verso. O emprego do pronome *lhe* (= seu), com valor possessivo, também é um signo de concisão frasal. Com um mínimo de recursos linguísticos, Machado consegue produzir um máximo de expressividade e beleza. Não é por acaso que ele é o maior escritor da literatura brasileira. Não é por acaso que seus leitores o admiramos tanto).

....

Um nevoeiro cobriu tudo, – menos o hipopótamo que ali me trouxera, e que aliás começou a *diminuir, a diminuir, a diminuir*, até ficar do tamanho de um gato. (BC, VII. Reiteração intensiva do verbo com noção de aspecto progressivo descendente. O aspecto é uma categoria gramatical que diz respeito à duração do processo verbal. V. o verbete "Locução verbal").

....

Ela *tossia, tossia*, e não se passou muito tempo que a moléstia não tirasse a máscara. ("A causa secreta", VH. A reiteração intensiva da forma verbal *tossia*, com noção de continuidade, expressa o avanço inexorável da doença (a tísica, "velha dama insaciável") que haveria de matar a trágica personagem Maria Luísa).

....

g) *Frases feitas* (com valor superlativo; às vezes baseia-se na comparação)

A área que havia no centro da casa era cercada de gaiolas de canários, que faziam cantando um barulho *de todos os diabos*. (DC, XV. Note-se o emprego da preposição *de* com valor comparativo: "um barulho semelhante ao produzido por todos os diabos", ou seja, "um barulho infernal". A comparação intensiva tem conotação hiperbólica).

....

"O diabo não é tão feio como se pinta" (Título do capítulo XCII de *Dom Casmurro*. Sendo negativa, a frase feita funciona como uma espécie de intensificação atenuada).

....

Era uma pilhéria do Calisto, *feio como o diabo* [feiíssimo]. ("O diplomático", VH).

....

No oitavo dia, entrei na vida dos meus predecessores, *uma vida de cão*. ("O enfermeiro", VH. Note-se o valor comparativo da preposição *de*: "uma vida de cão" = semelhante à de cão).

....

Não tarda o sol do outro dia, *um sol dos diabos*, impenetrável como a vida. ("O enfermeiro", VH).

— Qual austero! Já morreu [o coronel], acabou; mas *era o diabo*. ("O enfermeiro", VH).

Esse Curvelo era um pouco *levado do diabo*. ("Conto de escola", VH).

h) *Comparações* (geralmente com valor superlativo; processo muito explorado por Machado de Assis; v. verbete "Comparação")

Uma e outra [a agulha e a linha] **iam andando orgulhosas, pelo pano adiante, que era a melhor das sedas, entre os dedos da costureira, ágeis *como os galgos de Diana*** [agilíssimos] — **para dar a isto uma cor poética**. ("Um apólogo", VH. A comparação é perfeita. Os galgos são cães de caça, ágeis e velozes, e Diana é a deusa dos caçadores na mitologia grega. O comentário metalinguístico de Machado de Assis, no final da frase, realça ainda mais a comparação intensiva feita por ele).

Não tarda o sol do outro dia, um sol dos diabos, impenetrável *como a vida*. ("O enfermeiro", VH, A comparação da vida com algo impenetrável deixa transparecer, por trás do discurso do personagem-narrador, o dedo filosófico de Machado de Assis).

— **Achei-os, porém, tão unidos *como se fossem noivos***. ("Mariana", VH. A locução *como se* torna a comparação hipotética, mas não lhe retira o valor superlativo: *tão unidos como ...* = unidíssimos).

Opinião pânica e falsa, falsa *como Judas e outros diamantes*. ("O cônego ou metafísica do estilo", VH. Note-se a ironia machadiana: não satisfeito em ressaltar a falsidade de Judas, ainda lhe sapeca uma metáfora mordaz: *diamante*).

— **Que ele é usurário e avaro não o nego; usurário, *como a vida*, e avaro, *como a morte***. ("Entre santos", VH. Comparações altamente expressivas. De fato, a vida, às vezes, nos cobra juros altíssimos, e a morte, depois que nos subtrai a existência, não a devolve mais. A antítese vida/morte contribui para realçar o processo intensificador expresso pela comparação).

— **Ele pediu a sua mãe que o deixasse trazer consigo, e ela, que é boa *como a mãe de Deus*, consentiu**. (DC, XXV. Frase de José Dias, o homem dos superlativos. Aqui, preferiu recorrer a uma comparação, mas geralmente ele usa a derivação sufixal. No caso, diria: "ela é boníssima").

Capitu era tudo e *mais que tudo*. (DC, CXIII. Comparação intensificadora usada por Bentinho para realçar seu amor por Capitu. Depois, iria bani-la de sua vida, corroído pelo ciúme delirante).

i) *Correlação consecutiva* (a oração subordinada consecutiva intensifica a qualidade ou a ação enunciada na oração principal; a estrutura correlativa geralmente apresenta valor superlativo)

Fiquei tão alegre com esta ideia, *que ainda agora me treme a pena na mão*. (DC, II. Vale dizer: "fiquei alegríssimo").

Escrevo todas as noites *que é um desespero*. (DC, XIV. A correlação intensifica o processo verbal: "escrevo que é um desespero" = escrevo desesperadamente).

Rangel ouviu isto com singular deleite; a voz era tão doce, a expressão tão amiga, *que ele esqueceu tudo*. ("O diplomático", VH. Note-se o valor superlativo da correlação: "voz tão doce que...; expressão tão amiga que..." = voz dulcíssima; expressão amicíssima).

Quintília mostrou-se-lhe tão graciosa, *que ele cuidou estar aceito*. ("A desejada das gentes", VH. Outro caso de correlação superlativa: *"tão graciosa que..."* = graciosíssima).

Era nada menos que uma briga com o marido, tão violenta, *que chegaram a falar de separação.* ("D. Paula", VH. Entenda-se: "tão violenta que..." = violentíssima).

j) *Superlativo relativo*

A ilustre dama, no fim de dois meses, achou-se *a mais desgraçada das mulheres.* ("O Alienista", III, PA).

— Estou risonha e alegre, tudo porque *o melhor dos homens* entrou nesta sala. ("Mariana", VH).

— Chamava-se Quintília? Conheci de vista (...) uma linda moça com esse nome. Diziam que era *a mais bela da cidade.* ("A desejada das gentes", VH).

Ele mesmo o declarou ao vigário, acrescentando que eu era *o mais simpático dos enfermeiros* que tivera. ("O enfermeiro", VH).

Custa-me dizer que eu era *dos mais adiantados da escola.* ("Conto de escola", VH).

k) *Superlativo absoluto* (v. "Sufixos", item 5)

l) *Superlativo hebraico* (ou bíblico)

Trata-se de uma fórmula sintática de realce, usada na Bíblia, para indicar excelência em alto grau. Serve de exemplo o epíteto "o Mestre dos Mestres", usado após o nome de Jesus Cristo. Machado de Assis, autor cujo estilo é marcado pela sobriedade, usa com moderação esse tipo de superlativo. Nos exemplos abaixo, destacamos em itálico o superlativo hebraico.

Agora, a verdade última, *a verdade das verdades,* é que já me arrependia de haver falado a minha mãe antes de qualquer trabalho efetivo por parte de José Dias. (DC, XLII. Bentinho, ansioso para se livrar do seminário, foi falar com D. Glória antes da intervenção diplomática de José Dias, defensor de sua causa. Agora, usa um superlativo hebraico para enfatizar seu arrependimento).

Nunca dos nuncas poderás saber a energia e obstinação que empreguei em fechar os olhos, apertá-los bem, esquecer tudo para dormir, mas não dormia. (...). Sobre a madrugada, consegui conciliá-lo [o sono], mas então nem peraltas, nem bilhetes de loteria, nem sortes grandes ou pequenas, – *nada dos nadas* veio ter comigo. (DC, LXIII. Com a finalidade estilística de enfatizar o sonho angustiante que Bentinho tivera, Machado de Assis, o *ghost writer* por trás do narrador, não hesita em cometer um desvio gramatical, submetendo ao grau superlativo o advérbio *nunca* e o pronome indefinido *nada*).

E bem, qualquer que seja a solução, uma coisa fica, e é *a suma das sumas,* ou *o resto dos restos,* a saber, que a minha primeira amiga e o meu maior amigo, tão extremosos ambos e tão queridos, quis o destino que acabassem juntando-se e enganando-me... A terra lhes seja leve! (DC, CXLVIII. Bentinho enfatiza a suposta traição de Capitu, usando a fórmula superlativa acima destacada. Em sua fantasia delirante, devia considerar-se um rei dos reis, vendo Capitu como uma espécie de Judas Iscariotes. Nos sintagmas "tão extremosos" e "tão queridos", repare-se que o advérbio *tão* exerce papel intensivo, e os adjetivos apresentam-se carregados de ironia).

O sorriso parecia chover luz sobre a pessoa amada, abençoada e *formosa entre as formosas.* (EJ, VI. Era a maneira como Santos via a mulher, Natividade, finalmente grávida depois de dez anos de espera por um filho. Note-se que o verbo intransitivo *chover* foi usado transitivamente, o que lhe confere valor causativo: "chover luz" = fazer chover luz).

— **Vem cá, serpe, fel rasteiro,** *peçonha das peçonhas,* **queres tu ser a embaixatriz de teu pai, para reaver as obras de teu pai?** ("Adão e Eva", VH. Frase do diabo dirigida à serpente. O capeta tenta convencer o réptil a penetrar no paraíso e tentar o casal Adão e Eva, fazendo-os comer do fruto proibido. Nessa espécie de contraparódia, Machado muda o final da história, apresentando o casal bíblico como virtuoso, imune às tentações do maligno, e livre, portanto, do famoso "pecado original").

Interferentes (frases, orações)

Recurso próprio da estilística da enunciação, por sua natureza subjetiva e, em alguns casos, modalizadora, a oração interferente (ou intercalada) representa uma interferência do narrador no seu próprio enunciado. No caso de Machado de Assis, não se exclui a possibilidade de emprego desse recurso expressivo como meio sutil de influenciar o leitor.

Sendo uma oração independente, não desempenha nenhuma função sintática no corpo do período composto e pode apresentar diversos matizes semânticos, tais como: desejo, opinião, citação, esclarecimento, explicação, ressalva, alusão, advertência, retificação, etc., aqui explicitados em cada caso. Na narrativa machadiana, de cunho psicológico e memorialista, a oração (ou grupo nominal) interferente reveste-se, não raro, de relevante valor expressivo. Além disso, esse tipo de interferência, usual desde os primeiros romances e contos, é coerente com a técnica do narrador intruso, sempre a intervir no texto, sempre a dialogar com o leitor, procedimento bastante explorado por Machado de Assis, sobretudo em *Brás Cubas*, o que faz dele um mestre na arte da digressão.

Advertimos que, para não sobrecarregar este verbete, deixamos de incluir as intercaladas de citação da fala dos personagens, no discurso direto, introduzidas por verbos de elocução do tipo *disse, falou, informou, acrescentou, interrompeu, pensou,* etc. Note-se ainda que nem sempre a intervenção do narrador aparece sob a forma de oração, podendo ser expressa também por uma frase nominal, podendo ambas vir entre vírgulas, travessões, parênteses ou iniciando o período. Chamamos também a atenção para a enorme quantidade de orações interferentes que levantamos (citamos apenas uma pequena parte), fato que demonstra a importância que Machado de Assis atribuía a esse procedimento retórico como recurso de natureza subjetiva e estilística, que se aproxima bastante daquilo que hoje alguns autores costumam chamar de modalização (v. verbete). Nos exemplos a seguir, destacamos em itálico as frases/orações interferentes.

Talvez, — *quem sabe?* — **amor um pouco sossegado, não louco e cego como o de Estêvão, não pueril e lascivo, como o de Jorge, um meio-termo entre um e outro.** (ML, XII. Intercalada de dúvida aparente, porque Machado, narrador onisciente, sabe muito bem o que Luís Alves sente por Guiomar, como se vê no trecho final da citação).

O que importa saber é que Virgília — *chamava-se Virgília* **— entrou na alcova, firme, com a gravidade que lhe davam as roupas e os anos.** (BC, VI. O narrador informa ao leitor o nome de sua ex-amante, cuja importância vem realçada por meio de uma oração interferente que traduz ênfase, insistência em tornar clara a exatidão do nome).

Que me conste, **ainda ninguém relatou o seu próprio delírio.** (BC, VII. Oração interferente de ressalva. Note-se que ela está colocada no início do período, ou seja, a interferente nem sempre é intercalada. Dito de outro modo: toda intercalada é interferente, mas nem toda interferente é intercalada).

Meu espírito, (*permitam-me aqui uma comparação de criança!*) meu espírito era naquela ocasião uma espécie de peteca. (BC, CIX. Simulando estar preocupado com o leitor, o narrador intercala, entre parênteses, um pedido de licença para estabelecer uma comparação que lhe parece apropriada).

Pouco depois retirou-se; eu fui vê-la [Virgília] descer as escadas, e não sei por que fenômeno de ventriloquismo cerebral (*perdoem-me os filólogos essa frase bárbara*) murmurei comigo esta palavra profundamente retrospectiva: — Magnífica! (BC, CXXX. Intercalada de escusa. Note-se a ponta de ironia presente nesse pedido de desculpa aos filólogos. Parece que Machado confundiu filólogos com gramáticos, sendo lícito deduzir que via a estes como caturras e impertinentes).

Então, — *e vejam até que ponto pode ir a imaginação de um homem, com sono,* — então pareceu-me ouvir de um morcego encarapitado no tejadilho: Sr. Brás Cubas, a rejuvenescência estava na sala, nos cristais, nas luzes, nas sedas, — enfim, nos outros. (BC, CXXXIV. A oração intercalada prepara a atenção do leitor para a informação que o narrador considera importante. A advertência do morcego (vale dizer, da consciência do narrador) remete ao conto "O espelho", do livro *Papéis avulsos*).

E [Sofia] fixou os olhos no trabalho de linha que fazia, — *frioleira é o nome,* — enquanto Rubião voltava os seus para um trechozinho de jardim mofino. (QB, CXLI. Machado de Assis, detalhista, interfere na narrativa para informar ao leitor o nome do trabalho de rendas que Sofia estava fazendo. Onde teria ele aprendido esse termo profissional "frioleira"? Teria sido com sua esposa, Carolina? Supõe-se, pelas referências à D. Carmo do *Memorial de Aires*, que Carolina era exímia em trabalhos de agulha, atividade manual útil e relaxante, de que se ocupavam as prendadas mãos femininas daqueles tempos machadianos).

Neste ponto, — *lembra-me como se fosse hoje,* — os olhos de José Dias fulguravam tão intensamente que me encheram de espanto. (DC, LXI. O período interferente visa a legitimar as lembranças de Bentinho, atribuindo-lhes um ar de veracidade).

Perto de casa, havia um barbeiro, que me conhecia de vista, amava a rabeca e não tocava inteiramente mal. Na ocasião em que ia passando, executava não sei que peça. Parei na calçada a ouvi-lo (*tudo são pretextos a um coração agoniado*), ele viu-me, e continuou a tocar. (DC, CXXVII. O narrador Dom Casmurro intercala a oração entre parênteses para justificar a parada do atormentado Bentinho junto ao violinista amador. Era um pretexto para retardar sua volta a casa, ou seja, para enfrentar o olhar culpado, segundo ele, de Capitu).

Note-se — *e este ponto deve ser tirado à luz,* — note-se que os dois gêmeos continuavam a ser parecidos e eram cada vez mais esbeltos. (EJ, XXXV. A oração interferente tem valor de realce. A repetição da forma verbal "note-se" também contribui para realçar a informação a respeito dos gêmeos).

Um dos convivas, — *sempre há indiscretos,* — no brinde que lhes fez aludiu à falta de filhos, dizendo "que Deus lhos negou para que eles se amassem melhor entre si". (MA, 25/1/1888. Oração intercalada com valor de censura).

Não havia muita gente no Flamengo. Os quatro, — casal Aguiar, Tristão e Fidélia (*não conto o desembargador, que estava jogando*), — os quatro pareciam viver de uma novidade recente e desejada. (MA,

25/1/1889. Caso curioso este, em que não se trata de uma oração ou frase, mas de um período composto interferente. Esse período entre parênteses revela a preocupação do narrador em preservar a fidelidade dos fatos narrados).

Intertextualidade

Diálogo entre textos e autores, a intertextualidade é um dos estilemas marcantes na ficção de Machado de Assis. Nesse sentido, encontram-se, em seus romances e contos, inúmeras referências ou alusões a trechos da Bíblia (a obra mais citada, segundo Marta de Senna, 2008b:23), sobretudo do *Eclesiastes*, assim como a autores gregos e latinos, o que revela sua identificação estética com a Antiguidade Clássica, nos campos da mitologia, literatura e história. William Shakespeare, poeta e teatrólogo inglês, a quem Machado admirava muitíssimo, também é bastante citado por ele. Aliás, na crônica de *A Semana*, de 26/4/1896, Machado expressa sua profunda admiração pelo dramaturgo inglês: "**Um dia, quando já não houver império britânico nem república norte-americana, haverá Shakespeare; quando se não falar inglês, falar-se-á Shakespeare**". Segundo Marta de Senna (2008a:140), "Machado cita Shakespeare tanto e tão insistentemente porque há entre os dois uma grande afinidade específica: a consciência da precariedade do conhecimento de si, do outro e da própria realidade".

Ainda entre os autores ingleses, merecem destaque Swift, Sterne e Thackeray, pela influência exercida sobre os procedimentos narrativos da ficção machadiana. Autores franceses, como Montaigne, Molière, Voltaire, Xavier de Maistre, Pascal são frequentemente citados e glosados em suas obras. O italiano Dante Alighieri é outra preferência machadiana. Dentre os escritores portugueses, destacam-se Camões (o mais citado) e Almeida Garret: o primeiro, por ser um monumento da poesia épica e lírica da língua portuguesa; o segundo, por sua técnica narrativa espontânea e original, cujos influxos estão disseminados pela ficção machadiana, principalmente em *Brás Cubas*.

A intertextualidade, além de revelar as afinidades estéticas de Machado de Assis, deixa transparecer uma erudição da qual o autor de *Dom Casmurro*, um autodidata, muito devia se orgulhar. Pode ser também que seja uma forma indireta de legitimar suas opiniões e ideias, recorrendo a seus autores preferidos, a par de um processo de revitalização literária, à moda machadiana, do modelo intertextualizado. Marta de Senna (2008b:100) vê "o recurso à intertextualidade como processo de construção da ambiguidade, traço inerente à ficção machadiana". Antes de tudo, porém, o diálogo de Machado de Assis com os autores citados é motivado pelas conveniências narrativas de seus romances e contos. O lado negativo desse procedimento é o excesso de digressões, que, além de fragmentar a linearidade da narrativa, pode cansar um pouco o leitor menos paciente. Aliás, por conta da intertextualidade, a maioria dos leitores só consegue ler certas páginas de Machado de Assis se estiver de posse de uma edição comentada, que contenha informações elucidativas em notas de rodapé. Nos exemplos a seguir (apenas uma pequena parte do material pesquisado), acrescentamos comentários esclarecedores a respeito do trecho citado.

Sobre o assunto, recomendamos a proveitosa leitura do livro *Alusão e zombaria: citações e referências na ficção de Machado de Assis*, de Marta de Senna, publicado pela Casa de Rui Barbosa (2008b).

Minha ideia ao escrever este livro foi pôr em ação aquele pensamento de Shakespeare: *Our doubts are traitors, / And make us lose the good we oft might win, / By fearing to attempt*. (RE, Advertência da 1.ª ed. "Nossas dúvidas são traidoras, / E fazem-nos perder o bem que desejamos, / Pelo medo de o buscar". Trecho da peça *Measure for measure* ("Medida por medida"), ato I, cena IV. Já no seu primeiro romance, Machado de Assis revela a enorme admiração que sentia por William Shakespeare (1564-1616), o famoso dramaturgo inglês com quem ele tinha muitas afinidades).

"Mísero moço! És amado como era o *outro*; serás humilhado como *ele*. No fim de alguns meses terás um Cireneu para te ajudar a carregar a cruz, como teve o *outro*, por cuja razão se foi desta para a melhor". (RE, XXII. Carta "anônima" escrita pelo pérfido Luís Batista, interessado em desfazer o namoro de Félix com a viúva Lívia. O traiçoeiro missivista insinua que Lívia cometeu adultério no primeiro casamento e que o cometerá novamente se ela se casar com Félix. Observe-se como Machado mistura o sagrado com o profano, dessacralizando o sublime episódio narrado no Evangelho de Mateus 27:32, em que Simão Cireneu ajuda o Cristo a carregar sua cruz. No texto evangélico, Cireneu é um símbolo piedoso, pois ele ajuda a minorar o sofrimento de Jesus. Na citação machadiana, ao contrário, Cireneu se converte em um símbolo perverso, que na condição de futuro amante de Lívia, irá infligir constrangimento e desonra a Félix. Em tempo: as palavras *outro* e *ele* aparecem em itálico no original, destacadas pelo próprio Machado. Note-se que Luís Batista insinua que Lívia, com seu comportamento infiel, teria sido responsável pela morte do marido).

Semelhante ao transviado florentino, achava-se no meio de uma selva escura, a igual distância da estrada reta, — *diritta via* — e da fatal porta, onde temia ser despojado de todas as esperanças. (HE, XXI. O "transviado florentino" é o genial poeta italiano Dante Alighieri (1265-1321), autor do célebre poema épico *A divina comédia*. O trecho refere-se ao primeiro terceto do Canto I do Inferno. A "selva escura" simboliza o pecado; a *diritta via* é a estrada reta que conduz ao Céu; a "fatal porta" é a entrada para o inferno. A alusão a Dante e ao seu poema reflete o estado de dúvida e de angústia em que se encontrava Estácio, depois da conversa mantida com o misterioso personagem, que viria a se apresentar depois como o verdadeiro pai de Helena).

E foi assim que cheguei à cláusula dos meus dias; foi assim que me encaminhei para o *undiscovered country* de Hamlet. (BC, I. Alusão ao Ato III, cena I da peça *Hamlet*, de Shakespeare. É um monólogo em que o protagonista pronuncia a célebre frase *"To be or not to be: that's the question"* (Ser ou não ser: eis a questão). O *"undiscovered country from which no traveller returns"* é o reino da morte, de onde nenhum viajante retorna, exceto Brás Cubas, pela psicografia ficcional de Machado de Assis).

Já o leitor compreendeu que era a Razão que voltava à casa, e convidava a Sandice a sair, clamando, e com melhor jus, as palavras de Tartufo: *La maison est à moi, c'est à vous d'en sortir.* **"A casa é minha; você é que deve abandoná-la".** (BC, VIII. Tartufo, símbolo da hipocrisia, é o protagonista da peça homônima de Molière. A citação de Machado não corresponde fielmente ao original, como adverte R. Magalhães Jr., 1957:260. Sobre essa passagem de Molière, ver o comentário de Marta de Senna, 2008b:117).

— Humanitas é o princípio. Há nas coisas todas certa substância recôndita e idêntica, um princípio único, universal, eterno, comum, indivisível e indestrutível, — ou, para usar a linguagem do grande Camões: Uma verdade que nas coisas anda,/Que mora no visíbil e invisíbil. (QB, VI. Machado gostava muito de Camões e arranjava sempre um pretexto para citar seus versos. Aqui, põe na boca de Quincas Borba os versos 26 e 27 da Elegia VI, os quais se referem às relações entre o mundo material e o espiritual).

A última hipótese trouxe à fisionomia do Palha um elemento novo, que não sei como

chame. Desapontamento? Já o elegante Garrett não achava outro termo para tais sensações, e nem por ser inglês o desprezava. (QB, LV. Almeida Garrett (1799-1854), escritor romântico português, uma das leituras prediletas de Machado de Assis, que confessa haver dele recebido influência na elaboração de seu romance *Memórias póstumas de Brás Cubas*. Garrett gostava de usar os anglicismos *desapontar* (disappoint) e *desapontamento* (disappointment), em vez dos termos vernáculos *decepcionar* e *decepção*. Veja-se, por exemplo, o primeiro parágrafo do capítulo III de seu livro *Viagens na minha terra*).

Camacho era homem político. (...). O que se pode crer é que queria ser ministro, e trabalhou para obtê-lo. (...). Mas, entre a espiga e a mão, está o muro de que fala o poeta. (QB, LVII. O poeta a que se refere Machado é o italiano Francesco Petrarca (1304-1374). A mesma citação aparece em *Os Lusíadas* (IX, 78), de Luís de Camões, que, como se sabe, sofreu forte influência de Petrarca na elaboração de sua obra lírica. Camões cita o verso no original: "Tra la spica e la man qual muro he messo").

Pobres formigas mortas! Ide agora ao vosso Homero gaulês, que vos pague a fama; a cigarra é que se ri, emendando o texto: *Vous marchiez? J'en suis fort aise./Eh bien! Mourez maintenant*. (QB, XC. "Vocês andavam? Isto me alegra muito./Ora bem! Agora morram". Rubião havia matado umas formigas, e logo depois apareceu uma cigarra cantando. Machado aproveita para fazer uma adaptação parodística dos conhecidos versos de La Fontaine (1621-1695), o Homero gaulês, na fábula "A cigarra e as formigas": "— *Vous chantiez? j'en suis fort aise./Eh bien, dansez maintenant*. "Você cantava? Isto me alegra muito./Ora bem! Agora dance.").

A noite não me respondeu logo.(...). Como eu insistisse, declarou-me que os sonhos já não pertencem à sua jurisdição. Quando eles moravam na ilha que Luciano lhes deu, onde ela tinha o seu palácio, e donde os fazia sair com as suas caras de vária feição, dar-me-ia explicações possíveis. Mas os tempos mudaram tudo. Os sonhos antigos foram aposentados, e os modernos moram no cérebro da pessoa. (DC, LXIV. Referência a Luciano de Samósata (século II d.C.), retórico e filósofo grego, de cuja técnica narrativa Machado de Assis se utilizou, sobretudo na elaboração das *Memórias póstumas de Brás Cubas*. Sobre o assunto, consultar *O calundu e a panaceia: Machado de Assis, a sátira menipeia e a tradição luciânica*, de Enylton de Sá Rego (1989). Note-se ainda a concepção pré-freudiana dos sonhos ("moram no cérebro da pessoa"), apresentada pela noite, vale dizer, por Machado de Assis).

Montaigne escreveu de si: *ce ne sont pas mes gestes que j'escris; c'est moi, c'est mon essence*. Ora, há só um modo de escrever a própria essência, é contá-la toda, o bem e o mal. (DC, LXVIII. Trad.: "não são meus gestos que escrevo, sou eu, é minha essência". Michel de Montaigne (1533-1592), pensador francês, autor dos *Ensaios*, é um dos pais espirituais de Machado de Assis, que arranja sempre uma oportunidade para citá-lo, no original ou traduzido. A frase acima é do livro I, capítulo VI, intitulado "Do exercício").

Relê Álvares de Azevedo. Uma das suas poesias é destinada a contar (1851) que residia em Catumbi, e, para ver a namorada no Catete, alugara um cavalo por três mil-réis... (DC, LXXIII. Machado presta uma homenagem ao poeta Álvares de Azevedo (1831-1852), um dos expoentes do nosso Romantismo. O poema "Namoro a cavalo" está na segunda parte do livro *Lira dos vinte anos*. Note-se que Machado não só reverencia o autor da *Lira*, mas também convida o leitor a fazê-lo).

Minha mãe, quando eu regressei bacharel, quase estalou de felicidade. Ainda ouço a voz de José Dias, lembrando o evangelho de São João, e dizendo ao ver-nos abraçados: — Mulher, eis aí o teu filho! Filho, eis aí tua mãe. (DC, XCIX. Machado volta novamente ao texto bíblico, desta vez ao Evangelho de João, 19:26-27. Jesus Cristo, pouco antes de morrer, recomendou ao apóstolo João que tomasse conta da Virgem Maria, proferindo as palavras citadas por José Dias. De fato, segundo a tradição, a mãe de Jesus teria vivido na companhia de João evangelista até o fim de seus dias, possivelmente no ano 48. A citação na boca de José Dias adquire um tom jocoso, dessacralizando as derradeiras e dramáticas palavras de Jesus).

Capitu (...) cedeu depressa, e não foi ao baile; a outros foi, mas levou-os meio vestidos de escumilha ou não sei quê, que nem cobria nem descobria inteiramente, como o cendal de Camões. (DC, CV. O ciumento Bentinho quer impedir que os belos braços de Capitu sejam cobiçados pelos homens nos bailes a que ambos compareçam. Ela, para engabelar o marido, providencia um vestido cujas mangas são ambíguas: ocultam e, ao mesmo tempo, revelam sua sensualidade. Machado, leitor assíduo de Camões, leva seu personagem Bentinho a comparar a mulher à maliciosa Vênus, que aparece em *Lus.*, II, 37: "Com delgado cendal as partes cobre/De quem vergonha é natural reparo;/Porém nem tudo esconde nem descobre/O véu, dos roxos lírios pouco avaro").

José Dias pediu para ver o nosso "profetazinho" (assim chamava a Ezequiel). Desta vez falou ao modo bíblico (estivera na véspera a folhear o livro de Ezequiel, como soube depois) e perguntava-lhe: "Como vai isso, filho do homem?" "Dize-me, filho do homem, onde estão os teus brinquedos?" "Queres comer doce, filho do homem"? (DC, CXVI. Adaptação livre do versículo 1, capítulo 2, do Livro de Ezequiel, no Antigo Testamento: "Esta voz me disse: Filho do homem, põe-te em pé, e falarei contigo". Aqui, a frase de José Dias, na interpretação tendenciosa do desconfiado Bentinho, está carregada de insinuação maldosa, querendo o agregado dizer, no fundo, que o pequeno Ezequiel era "filho do homem", isto é, filho de Escobar. Segundo Bentinho, naturalmente. A propósito, Capitu não gostou nada da brincadeira do agregado).

Não podendo encobrir inteiramente esta disposição moral, cuidava de me não fazer encontradiço com ele [Ezequiel], ou só o menos que pudesse; ora tinha trabalho que me obrigava a fechar o gabinete, ora saía ao domingo para ir passear pela cidade e arrabaldes o meu mal secreto. (DC, CXXXII. Essa expressão "mal secreto" é o título de um célebre soneto do poeta parnasiano Raimundo Correia (1859-1911), publicado no livro *Sinfonias*, em 1883, com uma introdução de Machado de Assis. O mal secreto de Bentinho (ou "chaga cancerosa", como diz o soneto) é a torturante suspeita de que o pequeno Ezequiel, a quem ele evitava, não era seu filho, mas produto dos amores furtivos de Capitu com o falecido Escobar).

Um dia, estando Perpétua à missa, rezou o *Credo*, advertiu nas palavras: "... os santos apóstolos S. Pedro e S. Paulo", e mal pôde acabar a oração. Tinha descoberto os nomes; eram simples e gêmeos. Os pais concordaram com ela e a pendência acabou. (EJ, VIII. Aqui, Machado repete um cochilo que já havia cometido antes no conto "Manuscrito de um sacristão" (*Histórias sem data*). É afirmar que os nomes dos apóstolos Pedro e Paulo figuram no *Credo* ("Creio"), quando, na verdade, os dois nomes eram usados no *Confiteor* ("Eu confesso"), orações que faziam parte do ritual da missa em latim no tempo de Machado de Assis. Sobre essa citação equivocada, ver o capítulo "A Bíblia de Mrs. Oswald ou os cochilos do Bruxo", em Marta de Senna, 2008b:113).

Aires, parecendo-lhe que ficara um desenho último e escondido, pediu que lho mostrasse. — É um esboço, não vale a pena. — Tudo vale a pena; quero acompanhar as tentativas da artista; deixe ver. (EJ, c. Curioso este exemplo. Espécie de intertextualidade antecipada com Fernando Pessoa, que em seu poema *Mar português*, escreveu o famoso verso: "Tudo vale a pena se a alma não é pequena". Dá a impressão de que o poeta português completou, anos depois, a frase de Machado de Assis. Teria Fernando Pessoa tomado conhecimento da frase machadiana? Ou tudo não passa de simples coincidência?).

Flora, se visse os gestos de ambos, é provável que descesse do céu, e buscasse maneira de os ouvir perpetuamente, uma Beatriz para dois. (EJ, cxiii. Beatriz, personagem da *Divina Comédia*, obra-prima de Dante Alighieri, é quem conduz o poeta florentino ao Paraíso, uma das três partes em que se divide a obra. As outras duas são o Inferno e o Purgatório. Machado de Assis, além de reverenciar, mais uma vez, seu querido poeta, aproxima Flora de Betriz, o que faz sentido, pois ambas são figuras etéreas, espiritualizadas, mais do Céu que da Terra).

Eu, depois de alguns instantes de exame, eis o que pensei da pessoa. Não pensei logo em prosa, mas em verso, e um verso justamente de Shelley, que relera dias antes, em casa, como lá ficou dito atrás, e tirado de uma das suas estâncias de 1821: *I can give not what men call love.* Assim disse comigo em inglês, mas logo depois repeti em prosa nossa a confissão do poeta, com um fecho da minha composição: "Eu não posso dar o que os homens chamam amor... e é pena!". (MA, 25/1/1888. O Conselheiro Aires, encantado com a graça e a beleza da viúva Fidélia, lamenta não poder oferecer-lhe "o que os homens chamam amor". E acrescenta ao verso do poeta romântico inglês Percy Shelley (1792-1822): "e é pena!". Aqui, temos um traço estilístico comum em Machado de Assis: adaptar às suas conveniências narrativas as citações alheias ou os ditados populares. Sobre essa passagem, ver "A tradução do Conselheiro", em Marta de Senna (2008b:97). A autora analisa a distorção feita por Machado ao traduzir o poeta inglês).

Três vezes negou Pedro a Cristo, antes de cantar o galo. (MA, 9/6/1888. Machado gostava muito de citar a Bíblia, da qual tinha bastante conhecimento, até demais para um homem considerado descrente. Aqui, a referência é ao texto do Evangelho de Mateus, 26:34, em que Jesus, dirigindo-se ao apóstolo Pedro, faz a seguinte advertência: "Em verdade te digo que, nesta mesma noite, antes que o galo cante, três vezes me negarás").

Tudo é fugaz neste mundo. Se eu não tivesse os olhos adoentados dava-me a compor outro *Eclesiastes*, à moderna, posto nada deva haver moderno depois daquele livro. (MA, 24/8/1888. Pensando na fugacidade do tempo, Machado de Assis, leitor assíduo do *Eclesiastes*, deve ter se lembrado do famoso versículo 9 do capítulo 1, que adverte: *Nihil sub sole novum* ("Não há nada de novo debaixo do sol"). A esta advertência do Velho Testamento poderia ter acrescentado mais esta, do Novo Testamento, Epístola de Tiago, 4:14, que também trata da fugacidade do tempo e da vida humana: "Que é a vossa vida? É um vapor que aparece por um pouco e depois se desvanece").

Intratextualidade

Não satisfeito em estabelecer intertextualidade com outros autores, Machado a estabelece também com seus próprios textos, retomando e ampliando ideias, títulos, frases e situações, em círculos temáticos concêntricos. Nas narrativas que saíram originalmente em folhetim, esse recurso serve para reavivar a memória do leitor. A esse diálogo consigo mesmo chamamos aqui de intratextualidade. Vejamos alguns exemplos.

"Embargos de terceiro", título do capítulo XV de ML, reaproveitado em *Dom Casmurro*, capítulo CXIII. (Em ML, o terceiro é Luís Alves; em DC, é Escobar, o suposto amante de Capitu).

— Não se deixe apodrecer na obscuridade, que é a mais fria das sepulturas, dizia Procópio Dias [a Jorge], à mesa de um hotel, onde fora cear. (IG, VII. Essa advertência do personagem remete ao conselho dado pelo pai ao filho no conto "Teoria do medalhão", em *Papéis avulsos*. Em *Brás Cubas*, capítulo XXVIII, o pai do defunto autor dá-lhe conselho semelhante).

O mundo era estreito para Alexandre; um desvão de telhado é o infinito para as andorinhas. (BC, LXX. Nesta frase transparece o relativismo filosófico de Machado de Assis. Ela remete também ao conto "Ideias de canário", no livro *Páginas recolhidas*).

Se o leitor ainda se lembra do capítulo XXIII, observará que é agora a segunda vez que eu comparo a vida a um enxurro. (BC, LXXXVII. Machado procura sempre enfatizar o aspecto instável e fugaz da existência. Aqui, recorre à intratextualidade dentro do mesmo romance).

Este mesmo Quincas Borba, se acaso me fizeste o favor de ler as *Memórias póstumas de Brás Cubas*, é aquele mesmo náufrago da existência, que ali aparece mendigo, herdeiro inopinado de uma filosofia. (QB, IV. Machado de Assis nos remete ao seu romance anterior, escrito dez anos antes, em 1881. Um caso de intratextualidade explícita. É oportuno mencionar que no Prólogo à 2.ª edição de *Quincas Borba*, em 1896, Machado assume que existem diferenças formais entre este romance e as *Memórias póstumas de Brás Cubas*: "... a forma difere no sentido de ser aqui [em QB] **mais compacta a narração**", ou seja, menos fragmentada, mais linear, com menos intromissões do narrador na narrativa).

Quem conhece o solo e o subsolo da vida, sabe muito bem que um trecho de muro, um banco, um tapete, um guarda-chuva, são ricos de ideias ou de sentimentos, quando nós também o somos, e que as reflexões de parceria entre os homens e as coisas compõem um dos mais interessantes fenômenos da terra. A expressão: "Conversar com os seus botões", parecendo simples metáforas, é frase de sentido real e direto. Os botões operam sincronicamente conosco; formam uma espécie de senado, cômodo e barato, que vota sempre as nossas moções. (QB, CXLII. Capítulo filosófico em que Machado explora a interação entre a realidade e as reflexões humanas. Na crônica de 11/6/1893, publicada em *A semana*, Machado retoma esse tema. Confira o leitor).

Viste que eu pedi (cap. CX) a um professor de música de S. Paulo que me escrevesse a toada daquele pregão de doces de Matacavalos. (DC, CXIV. *Dom Casmurro* lembra ao leitor um episódio descrito alguns capítulos antes. O estilo ziguezagueante de Machado de Assis é feito de marchas e contramarchas).

Usava também guardar por escrito as descobertas, observações, reflexões, críticas e anedotas, tendo para isso uma série de cadernos, a que dava o nome de *Memorial*. (EJ, XII. Machado antecipa o título de seu próximo (e último) romance, em forma de diário: o *Memorial de Aires*, narrativa que apresenta traços autobiográficos).

Quem me leu *Esaú e Jacó* talvez reconheça estas palavras do prefácio: "Nos lazeres do ofício escrevia o *Memorial*, que, apesar das páginas mortas ou escuras, apenas daria (e talvez dê) para matar o tempo da barca de Petrópolis". (MA, Advertência. Machado remete ao prefácio do seu romance anterior, o penúltimo, publicado em 1904. Quem "escrevia o *Memorial*" era o Conselheiro Aires, espécie de *alter ego* de Machado de Assis).

Litotes

Figura de estilo em que se afirma alguma coisa por meio da negação. Por exemplo, quando dizemos "Ele não é tolo", querendo dizer, na verdade, que ele é esperto, recorremos a uma litotes, uma espécie de perífrase, que pode soar como eufêmica, enfática ou irônica, dependendo do contexto em que ela é usada.

Vê-se que a litotes é uma figura de retórica sinuosa, bem ao gosto de Machado de Assis, que a emprega com bastante frequência, sobretudo, na estrutura correlativa "não A, mas B", espécie de meia litotes ou litotes obscura, para usarmos a terminologia de Hélcio Martins (2005:326), em seu proveitoso estudo "A litotes em Machado de Assis".

Relacionamos a seguir uma pequena parte do material encontrado em nossas pesquisas.

a) *Negação afirmativa*

Os remédios e o pouco alimento que esta [D. Úrsula] podia receber, não lhe eram dados por outras mãos. (HE, IX. A litotes iniciada pelo *não* é um meio expressivo de realçar a dedicação e os cuidados de Helena para com a tia doente).

Obra de finado. Escrevi-a com a pena da galhofa e a tinta da melancolia, e não é difícil antever o que poderá sair desse conúbio. (BC, Ao leitor. Na época em que foi publicado o romance, foi difícil sim, para os críticos, entenderem a revolução que Machado havia feito na técnica narrativa, ao escrever as *Memórias póstumas de Brás Cubas*).

Palha, por trás dela, disse-lhe que o Carlos Maria valsava muito bem. Sofia estremeceu; fitou-o no espelho, o rosto era plácido. Concordou que não dançava mal. (QB, LXXI. Sofia havia dançado a noite toda com o galanteador Carlos Maria. Palha demonstra tê-la observado, e ela, para dissipar eventuais suspeitas do marido, dissimula, admitindo que o seu par "não dançava mal". É uma litotes eufêmica intencional, que funciona, no caso, como uma espécie de escudo protetor).

D. Fernanda abriu o álbum e mostrou o retrato da pessoa. — Não é feia, concordou ele. — Só? — Sim, é bonita. (QB, CXVIII. D. Fernando tenta convencer o primo, Carlos Maria, a se casar com uma moça de Pelotas. Mostra-lhe o retrato da moça, e Carlos Maria, para não desagradar a prima, sai-se com uma litotes eufêmica: "Não é feia". Pressionado, acaba concedendo um "Sim, é bonita").

Como bem e não durmo mal. (DC, II. A segunda oração (negativa-afirmativa) estabelece um contraste com a primeira (afirmativa), enfatizando o que o narrador quer dizer ao leitor: que ele come e dorme bem. Sem a litotes, certamente não haveria o mesmo efeito estilístico).

Um coqueiro, vendo-me inquieto e adivinhando a causa, murmurou de cima de si que não era feio que os meninos de quinze anos andassem nos cantos com as meninas de quatorze. (DC, XII. Machado põe na "boca" de um coqueiro personificado a litotes "não era feio", maneira oblíqua de dizer que era bonito o seu namoro adolescente com Capitu).

"Dizem que não escrevo inteiramente mal" encobrirá a convicção de que escreve bem, mas não o disse, e pode ser verdade. (MA, 4/8/1888. Usando de metalinguagem, Machado de Assis, pela pena do Conselheiro Aires, explica a intenção de modéstia existente na litotes usada por Tristão).

O desembargador parece que já descobriu a inclinação da sobrinha, e não a desaprova. (MA, 13/1/1889. Este desembargador é o tio de Fidélia. Ele sabe da inclinação da sobrinha por Tristão e "não a desaprova", isto é, concorda com o casamento dos dois. Note-se que há duas marcas negativas nessa litotes: o advérbio *não* e o prefixo *des-*, que enfatizam, embora negando, a aprovação do desembargador).

b) *Correlação "não A, mas B"*

Nessa estrutura correlativa, muito usada por Machado de Assis, os termos "não A" e "mas B" mantêm entre si as mais diversas relações de sentido e inferência estilística, numa síntese dialética de negação e afirmação. Esse tipo de litotes se repete inúmeras vezes em toda a ficção machadiana e, ao lado da figura chamada gradação, é uma das obsessões estilísticas do Bruxo do Cosme Velho. Passemos à exemplificação.

Ninguém o viu em todo esse tempo nos lugares onde ele era mais assíduo. Foram seis dias, não digo de reclusão, mas de completa solidão. (ML, XI. A informação contida no termo A (*não digo de reclusão*) é insuficiente, e o termo B (*mas de completa solidão*) amplia-lhe a extensão, servindo a litotes para enfatizar o afastamento de Estêvão das atividades sociais).

Na chácara, dirigindo-se ao portão, [o padre Melchior] ergueu os olhos ao firmamento, não para ver a lua e as estrelas, senão para subir a região mais alta. (HE, XVII. O termo B (*senão para subir...*) retifica o termo A: *não para ver...*).

O tempo, esse químico invisível, que dissolve, compõe, extrai e transforma todas as substâncias morais, acabou por matar no coração do viúvo, não a lembrança da mulher, mas a dor de a haver perdido. (IG, I. Essa litotes enfatiza a importância da memória afetiva de Luís Garcia. Nesse sentido, o termo B (*mas a dor de a haver perdido*) estabelece um contraponto com o termo A (*não a lembrança da mulher*), para realçar o fato de que o viúvo, graças à ação depuradora do tempo, conseguira superar o sofrimento decorrente da morte da esposa).

Eu não sou propriamente um autor defunto, mas um defunto autor. (BC, I. O termo B (*mas um defunto autor*) retifica o termo A (*Eu não sou propriamente um autor defunto*). A litotes decorre de um quiasmo (v.) perfeito: AB x BA).

Havia já dois anos que nos não víamos, e eu vi-a agora, não qual era, mas qual fora. (BC, VI. O termo B (*mas qual fora*) corrige o termo A: *não qual era*. Note-se a mudança de perspectiva temporal na oposição entre as formas verbais *era*, presente, relacionado ao advérbio "agora", e *fora*, pretérito mais-que-perfeito, relacionado a um passado anterior àquele momento representado pelo "agora").

Não estava magra; estava transparente. (BC, XIX. O termo B (*estava transparente*) amplia, de forma hiperbólica, a extensão do termo A (*Não estava magra*). Note-se a elipse da conjunção *mas*, na segunda oração, uma coordenada assindética. Em compensação, Machado repete a forma verbal *estava*).

Não haverá estro, (...), mas ninguém me negará sentimento. (BC, XIX. O termo B (*mas ninguém me negará sentimento*) compensa o termo A: *Não haverá estro*).

Uma flor, o Quincas Borba. (...). Era a flor, e não já da escola, senão de toda a cidade. (BC, XIII. O termo B (*senão de toda a cidade*) amplia o sentido do termo A: *não já da escola*).

Não era a frescura da primeira idade; ao contrário; mas ainda estava formosa, de uma formosura outoniça, realçada pela noite. (BC, CXXX. O termo B (*mas ainda estava formosa*) compensa o termo A: *Não era a frescura da primeira idade*).

Cinquenta anos! Não é ainda a invalidez, mas já não é a frescura. (BC, CXXXV. O termo B (*mas já não é a frescura*) se contrapõe ao termo A (*Não é ainda a invalidez*), donde resulta uma situação intermediária, realçada pelos advérbios *ainda* e *já*).

Pádua começou a falar da administração interina, não somente sem as saudades dos honorários, mas até com desvanecimento e orgulho. (DC, XVI. O termo B (*mas até com...*) complementa a informação contida no termo A: *não somente sem as saudades dos honorários*).

E contudo havia outros que também traziam tocha, e apenas mostravam a compostura do ato; não iam garridos, mas também não iam tristes. (DC, XXX. O termo B (*mas também não iam tristes*) compensa o termo A: *não iam garridos*).

A elegância, que era o seu sexto sentido, enganava os tempos de tal maneira que ela conservava, não digo a frescura, mas a graça antiga. (EJ, CXX. O termo B (*mas a graça antiga*) corrige e amplia o termo A: *não digo a frescura*).

Mas (valores semântico-estilísticos)

A conjunção *mas* é classificada de conjunção adversativa, pois seu sentido fundamental é o de oposição, de contraste. A par desse valor, pode também ser usada como denotador expressivo (v. "Palavras denotativas") ou marcador conversacional, com motivação estilística, sobretudo no início de frases ou em decorrência de sua relação com palavras e orações. Cumpre lembrar que a oração coordenada introduzida pelo *mas* deve ser classificada formalmente de adversativa, sem prejuízo dos matizes semânticos secundários que decorrem do seu sentido contextual.

Sobre o assunto, recomendamos a leitura do capítulo "Valores particulares", em Celso Cunha (1994:537). Ver também *Semântica e sintaxe*, de Madre Olívia (1979:49).

Vejamos alguns desses valores em Machado de Assis.

a) *Restrição*

— Certamente que vou; *mas*, amanhã ou depois, hão de vir jantar comigo. (BC, LXXXI).

— Vai, se queres, disse-me este, *mas* temporariamente. (BC, CLVII).

b) *Retificação*

Mas este mesmo homem, que se alegrou com a partida do outro, praticou daí a tempos... Não, não hei de contá-lo nesta página. (BC, CII).

Iam casar? *Mas* como é então que?... Maria Benedita, — era Maria Benedita que casava com Carlos Maria; *mas* então Carlos Maria... Compreendia agora; era tudo engano, confusão. (QB, CXVI. Rubião julgava que Sofia e Carlos Maria eram amantes. Quando é informado de que este iria se casar com Maria Benedita, percebe o erro que havia cometido. O primeiro *mas* denota perplexidade; o segundo, um misto de reflexão e de retificação de um juízo equivocado).

Aqui o major chorou, *mas* suspendeu de repente as lágrimas. (QB, CXXX).

c) *Atenuação ou compensação*

"Triste, *mas* curto"; "Curto, *mas* alegre". (BC, XXIII, XXIV. Títulos destes dois capítulos).

No dia seguinte entra-me em casa o Cotrim. Vinha um pouco transtornado, *mas* dissimulava. (BC, CXLVII).

Rente com ele, passou uma mulher, não bonita, nem singela sem elegância, antes pobre que remediada, *mas* fresca de feições. (QB, LXXXVII).

Um pouco assustada, Maria Benedita puxou a mão e libertou-a; *mas*, para o não aborrecer, sorriu. (QB, CXVI).

d) *Marcador conversacional*

— Isto não pode continuar assim, disse ela; é preciso que, de uma vez por todas, façamos as pazes.(...). — *Mas* se eu não te peço outra coisa, mana! bradei estendendo-lhe os braços. (BC, LXXXI. Marcador conversacional com valor enfático de aprovação).

— *Mas* você não diz nada, nada? perguntou Virgília, parando diante de mim. (BC, CIII. Interrogação enfática com valor de censura, reforçada pelo denotador expressivo *mas*).

— Sinhá comadre, o cachorro? — Ah! não me fale nesse bicho! — *Mas* que lhe fez ele, sinhá comadre? (QB, XVII. Nessa pergunta de Rubião à comadre, o *mas* denota a noção de estranheza).

— *Mas*, Sr. José Dias, tenho visto os pequenos brincando, e nunca vi nada que faça desconfiar (DC, III. Marcador conversacional, com matiz de oposição, de discordância).

e) *Marcador argumentativo*

Mas a noite, que é boa conselheira, ponderou que a cortesia mandava obedecer aos desejos da minha antiga dama. (BC, CXLIV).

Mas não há serenidade moral que corte uma polegada sequer às abas do tempo, quando a pessoa não tem maneira de o fazer mais curto. (QB, LXXXV).

f) *Mudança de assunto ou de situação*

O próprio som do piano, que fez calar todos os rumores, não o atraiu à terra. *Mas* um farfalhar de sedas, entrando no gabinete, fê-lo erguer-se de golpe, acordado. (QB, CXV).

Mas é tempo de tornar àquela tarde de novembro, uma tarde clara e fresca, sossegada como a nossa casa e o trecho de rua em que morávamos. (DC, VIII. Neste capítulo, após traçar os perfis psicológicos de alguns personagens secundários, mas importantes, de sua narrativa, Bentinho retoma o *flashback* iniciado no capítulo III. E a conjunção *mas* funciona como elo de coesão textual, mudando o assunto e ligando um capítulo ao outro).

g) *Outros valores*

Mas a alusão mais rasgada que me fizeram foi em casa de Sabina, três dias depois. Fê-la um certo Garcez, velho cirurgião, pequenino, trivial e grulha. (BC, LXXXII. A partícula *mas* estabelece comparação com o que foi dito antes, além de servir de liame narrativo entre as duas informações).

Mas este mesmo homem, que se alegrou com a partida do outro, praticou daí a tempos... Não, não hei de contá-lo nesta página. (BC, CII. Note-se o valor de contraste da partícula expletiva *mas*).

Metáfora

Considerada uma comparação implícita, a metáfora é uma figura de estilo em que se emprega um nome por outro, em virtude da afinidade semântica existente entre eles. É bastante explorada por Machado de Assis, com alto rendimento expressivo, inclusive nos próprios títulos de seus romances, como é o caso de *A mão e a luva* e *Ressurreição*. Ele emprega tanto a metáfora conceitual, usando o verbo *ser* (A = B: "Você é o *sol* da minha vida"), quanto a metáfora pura (um dos termos da comparação não aparece: "Chegou o *sol* da minha vida"), além de outras modalidades de metáfora. Nos romances pesquisados, encontramos também a metáfora constituída de termos ligados pela preposição *de*, em que se invertem os seus elementos: em vez de A é B ("O adultério é uma valsa"), temos B de A ("A valsa do adultério"), cujos exemplos foram citados a seguir. Sobre o assunto, recomendamos a leitura do livro *Metáforas machadianas*, de Walter de Castro (1978), o mais completo trabalho sobre essa figura de linguagem na obra de Machado de Assis. Ver também *Metáfora, o espelho de Machado de Assis*, de Dirce Côrtes Riedel (1979). Passemos aos exemplos (apenas uma pequena parte do material pesquisado); as metáforas foram destacadas em itálico.

a) *Nominais*

A paciência é a *gazua* do amor. (RE, v. Metáfora conceitual. A gazua, instrumento para abrir portas, equivale à paciência, que também abre corações. Com essa metáfora, Machado cria uma imagem bem ao gosto das leitoras românticas desse seu primeiro romance).

Ninguém adivinharia nas maneiras finamente elegantes daquela moça [Guiomar], a origem mediana que ela tivera; a *borboleta* fazia esquecer a *crisálida*. (ML, v. Identificação do autor com sua personagem nessa metáfora pura e de sabor autobiográfico. Em outras palavras, Machado de Assis fez esquecer Joaquim Maria).

Guiomar (...) deixou-se cair lentamente sobre os joelhos do marido, e as duas ambições trocaram o ósculo fraternal. Ajustavam-se ambas, como se aquela *luva* tivesse sido feita para aquela *mão*. (ML, XIX. Metáfora pura e de cunho pragmático, que simboliza a perfeita identidade existente entre as duas ambições, ou seja, a de Guiomar e a de Luís Alves).

De pé, encostado a uma das vidraças da sala de visitas, [Estácio] via cair as grossas *toalhas de água*. (HE, VIII. Metáfora impressionista para transmitir a imagem de que a chuva era intensa e compacta. Em vez de dizer que a água da chuva era uma grossa toalha (A é B), Machado prefere o modelo B de A, em que os elementos da metáfora estão ligados pela preposição *de*).

— Você pode encará-la com olhos benignos; mas a verdade é que só as *asas do favor* me protegem... (HE, X. Helena confessa a Estácio ter consciência de sua condição de intrusa na família do falecido Conselheiro Vale. A metáfora da asa tem forte valor simbólico, pois desnuda as relações de favor e proteção existentes na sociedade patriarcal brasileira, marcada pela escravidão, ou seja, pela ausência de trabalho livre que possibilitasse a independência de pessoas como Helena, não pertencente à classe proprietária. Nesta metáfora, repete-se a estrutura B de A ("as asas do favor"), em vez de A é B: "o favor são asas").

Virgília comparou a *águia* e o *pavão*, e elegeu a águia, deixando o pavão com o seu espanto, o seu despeito, e três ou quatro beijos que lhe dera. (BC, XLIII. Metáforas zoossêmicas, impregnadas de ironia. Referem-se à astuciosa escolha de Virgília, que preferiu o futuro marquês Lobo Neves (a águia) ao vaidoso plebeu Brás Cubas: o pavão).

Empunhara o *binóculo da imaginação*; lobrigava, ao longe, uma casa nossa, uma vida nossa, um mundo nosso. (BC, LXIII. Em vez de "a imaginação é um binóculo" (A é B), repete-se aqui a metáfora do tipo B de A, já explicada acima).

Reli o papel, mirei-o, remirei-o; era, em verdade, um antigo bilhete de Virgília, recebido no começo dos nossos amores, uma certa entrevista na chácara, que me levou efetivamente a saltar *o muro, um muro baixo e discreto*. (BC, CXI. A metáfora do muro é mais uma galhofa do defunto autor, uma forma eufêmica e debochada de se referir à prática do adultério com Virgília, "um muro baixo e discreto", fácil de saltar).

Rubião estava resoluto. Nunca a alma de Sofia pareceu convidar a dele, com tamanha instância, a voarem juntas até às *terras clandestinas*, donde elas tornam, em geral, velhas e cansadas. (QB, XXXVIII. A metáfora eufêmica "terras clandestinas" simboliza a ideia do adultério que Rubião, ingenuamente, supunha que Sofia estivesse ensaiando em sua companhia. Não podia imaginar que ela não passava de uma isca para atraí-lo, a ele e à sua fortuna, para as garras do marido, o esperto Cristiano Palha).

De repente, ouvia a *guitarra do pecado*, tangida pelos dedos de Sofia, que o deliciavam, que o estonteavam, a um tempo. (QB, LXXXVII. Rubião morre de desejo por Sofia, a ponto de ouvi-la tanger a "guitarra do pecado", ou seja, trair o marido, o Palha, para ter um romance com ele. A estrutura da metáfora, neste caso, é B de A, em vez de A é B: "o pecado é uma guitarra").

Em verdade, cuidara ter arredado para longe essa figura aborrecida, e ei-la que reaparecia, que sorria, que a fitava, que lhe sussurrava ao ouvido as mesmas palavras do vadio egoísta e enfatuado, que a convidou um dia à *valsa do adultério* e a deixou sozinha no meio do salão. (QB, CLIX. Metáfora irônica, para dizer que Sofia sente uma pontinha de frustração e de ciúme, por não ter dançado a "valsa do adultério" com o galanteador Carlos Maria. Este "a deixou sozinha no meio do salão", preferindo se casar com Maria Benedita, prima de Sofia. Pela insinuação de Machado, Sofia bem que gostaria de passar de adúltera virtual a adúltera real. Note-se que essa metáfora é formada por um substantivo concreto da área da música (*valsa*) e outro abstrato do campo moral (*adultério*), ligados ambos pela preposição *de*, ou seja, tem-se a estrutura B de A, acima comentada. Lembremos que Machado era um apaixonado pela música, revelando essa sua preferência pelo emprego frequente de termos musicais em suas metáforas. Ver, a respeito, o verbete "Música").

Soprava um triste vento, que parecia *faca*, e dava arrepios aos dois vagabundos. (QB, CXCVII. Repare-se na mistura de sensações: auditiva e tátil, provocada pelo vento, que também causa arrepios, sensação térmica. A metáfora sensorial *faca*, que sugere, , por comparação (*parecia*), impressionisticamente, a sensação de corte, de penetração na pele, tem seu valor contextual decorrente dessa ambiência física. Essa metáfora sintetiza toda a desgraça de Rubião, completamente louco e abandonado, a perambular pelas ruas de Barbacena, acompanhado apenas pelo fiel cachorro Quincas Borba. Aliás, a frase toda é uma das mais expressivas de Machado de Assis. A assonância das vogais *a* e *i* (sopr*a*va, f*a*ca, tr*i*ste, parec*i*a, arrep*i*o), a aliteração das consoantes surdas *p, f*, a anteposição do adjetivo em "triste vento", a oração adjetiva "que parecia faca", de valor consecutivo, todos esses recursos estilísticos formam um conjunto altamente expressivo, que enfatizam a sensação chocante do vento e do frio que penetravam e cortavam a pele e os ossos dos dois infelizes).

— Olhe; diga-lhe que está disposto a estudar leis em São Paulo. Estremeci de prazer. S. Paulo era um frágil *biombo*, destinado a ser arredado um dia, em vez da grossa *parede* espiritual e eterna. (DC, XVIII. Capitu, aos quatorze anos, já se revela atilada: sugere a Bentinho fazer o curso de Direito, para se livrar do seminário. As metáforas "biombo" e "parede" contrapõem o profano e o sagrado, o transitório e o eterno, deixando Bentinho livre para se casar com ela).

— Você já reparou nos olhos dela? São assim de *cigana oblíqua e dissimulada*. (DC, XXV. A genial e célebre definição dos olhos de Capitu não são de Bentinho, mas de José Dias. É uma metáfora adjetiva eufêmica para insinuar que Capitu era falsa e sonsa. Bentinho a pôs na boca do intrigante agregado, que, neste caso, funciona como uma espécie de *alter ego* do narrador).

Retórica dos namorados, dá-me uma comparação exata e poética para dizer o que foram aqueles olhos de Capitu. (...). Olhos *de ressaca*? Vá, *de ressaca*. É o que me dá ideia daquela feição nova. Traziam não sei que fluido misterioso e enérgico, uma força que me arrastava para dentro, como a vaga que se retira da praia, nos dias de ressaca. (DC, XXXII. Machado, pela pena de Bentinho, não só explicita sua famosa metáfora do mar, mas também a explica, justificando o emprego da locução adjetiva metafórica *de ressaca*. Aliás, uma das mais expressivas da literatura brasileira).

A verdade é que minha mãe não podia tê-la agora longe de si. A afeição crescente era manifesta por atos extraordinários. Capitu passou a ser a *flor* da casa, o *sol* das manhãs, o *frescor* das tardes, a *lua* das noites. (DC, LXXX. Gradação metafórica para expressar que Capitu ia, pouco a pouco, conquistando o coração de D. Glória, de forma que esta "não podia tê-la agora longe de si". Manhosamente, estava preparando o terreno para convencer a matriarca de que o melhor para o seu filho seria ela, Capitu, e não a carreira religiosa, uma vez que Bentinho não tinha nenhuma vocação para padre).

Tinha a mesma sensação que ora lhe dava aquela *cesta de luzes* no meio da escuridão tranquila do mar. (EJ, XLVIII. A belíssima metáfora visual "cesta de luzes" é a ilha Fiscal, toda iluminada no meio da baía de Guanabara, na noite do baile ali realizado em 9/11/1889. Machado transmite, de forma impressionista, a imagem que D. Cláudia tem da ilha nessa noite que ficaria famosa, por simbolizar o canto de cisne da Monarquia agonizante, às vésperas do golpe militar que implantou a República, no dia 15/11/1889).

E ali vinha este *velho camareiro da humanidade,* que os pagãos chamaram Morfeu, e que a pagãos e cristãos, e até a incréus fecha os olhos com os seus eternos *dedos de chumbo*. (MA, 24/6/1888. Segundo a mitologia grega, Morfeu é o deus do sono e dos sonhos. Ele é filho de dois outros deuses: a Noite e o Sono. Notem-se as expressivas metáforas usadas por Machado de Assis para se referir à entidade mitológica: "velho camareiro da humanidade" e "dedos de chumbo", com os quais fecha os olhos a todos os homens. Não é por acaso que o narcótico morfina tem origem na palavra Morfeu).

Pestana achara-os [os acordes musicais] **em algum daqueles becos escuros da memória, velha cidade de traições.** ("Um homem célebre", VH. Belas metáforas de cunho psicanalítico. Na primeira, a estrutura é B de A ("becos escuros da memória"), em vez de A = B: "a memória são becos escuros". A segunda é uma metáfora apositiva da primeira e sua estrutura é A = B: "(a memória (é) uma velha cidade de traições")).

b) *Verbais*

A baronesa era uma das pessoas que mais desconfiavam de nós. (...). Não falava muito nem sempre; possuía a grande arte de escutar os outros, espiando-os; reclinava-se então na cadeira, *desembainhava* **um olhar afiado e comprido, e deixava-se estar.** (BC, LXV. A metáfora do olhar é uma figura recorrente em Machado de Assis. Aqui, o verbo *desembainhar* implica a ideia de que os olhos da personagem funcionavam como estiletes afiados penetrando no íntimo das pessoas observadas por ela. Trata-se de uma metáfora sinestésica em que se interpenetram as sensações de visão e tato).

Três minutos depois, *as borboletas da esperança volteavam* **diante dele, não duas, nem quatro, mas um turbilhão, que cegava o ar.** (QB, CLXXVI. Este trecho descreve as esperanças do político Teófilo de ser convidado para ser ministro. O exemplo é muito rico, pois apresenta duas metáforas altamente expressivas: a nominal *as borboletas da esperança* (B de A), em vez de A = B ("a esperança são borboletas"), e a verbal *volteavam*. A metáfora nominal é que abre caminho para que a forma verbal se impregne de conotação metafórica).

Não cuides que pasmou de me ver namorado; achou até natural e *espetou-me outra vez os olhos*. (DC, LXXVIII. A metáfora verbal "espetar os olhos" sugere a ideia de estilete, de uma sonda penetrando, vasculhando o interior da alma. Foi o que tentou fazer o curioso Escobar, confidente das confissões amorosas de Bentinho).

Apalpei José Dias sobre as maneiras novas de minha mãe; ficou espantado. (DC, CXVI. O verbo *apalpar*, com o sentido de "indagar", é mais ou menos frequente em Machado de Assis, constituindo um estilema do autor, que gosta de usar essa metáfora sensorial de caráter impressionista).

Estava em casa dela [de D. Cesária], onde a irmã *escurecia* tudo com a sua viuvez recente. (MA, 21/3/1889. Essa irmã de D. Cesária tinha acabado de perder o marido, o corretor Miranda. A metáfora verbal *escurecia* reflete a impressão negativa do Conselheiro Aires, que sentia a casa triste, impregnada pelo luto usado pela viúva).

Metalinguagem

É um traço estilístico de Machado de Assis o hábito de enunciar opiniões ou emitir comentários sobre a linguagem empregada por ele em seus textos de ficção (e até mesmo nas crônicas). Dotado de apurado senso de percepção linguística, Machado usa a metalinguagem para tecer reflexões sobre seus meios de expressão, vale dizer, sobre questões de língua e estilo, sempre com intenções estéticas, de autocrítica ou de interação com o leitor.
Sobre o assunto, consultar o proveitoso estudo *Machado de Assis e a análise da expressão*, de Maria Nazaré Lins Soares (1968), citado em nossa bibliografia. Vejamos alguns exemplos de metalinguagem nos textos consultados.

— [Helena] estima-te, é certo; mas a estima é flor da razão, e eu creio que a flor do sentimento é muito mais própria no canteiro do casamento... — Há muita flor nesse ramalhete de retórica, interrompeu benevolamente o padre. Falemos linguagem singela e nua. (HE, XIX. Machado, pela boca do padre Melchior, censura o exagero retórico das metáforas românticas usadas por Mendonça. Essa observação metalinguística expressa sua preferência, já na primeira fase de sua obra, por um estilo marcado pela sobriedade vocabular e a concisão frasal).

Ui! lá me ia a pena a escorregar para o enfático. Sejamos simples, como era simples a vida que levei na Tijuca, durante as primeiras semanas depois da morte de minha mãe. (BC, XXV. Profissão de fé de Machado de Assis como escritor, apologista do chamado estilo ático (ou ateniense): simples e desataviado de excessivos ornamentos de retórica).

Este livro e o meu estilo são como os ébrios, guinam à direita e à esquerda, andam e param, resmungam, urram, gargalham, ameaçam o céu, escorregam e caem... (BC, LXXI. Machado, pela pena do narrador Brás Cubas, chama a atenção do leitor para o estilo fragmentado e ziguezagueante por ele empregado na elaboração do seu original romance. Nessa observação metalinguística, o autor assume seu vínculo com a tradição luciânica de narrar, segundo o modelo da sátira menipeia).

Quando [o cão Quincas Borba] acorda, esqueceu o mal; tem em si uma expressão, que não digo seja melancolia, para não agravar o leitor. Diz-se de uma paisagem que é melancólica, mas não se diz igual coisa de um cão. (QB, XXVIII. Neste comentário, nota-se a preocupação de Machado de Assis com o problema da adequação vocabular, justamente uma das marcas que distingue o seu estilo enxuto e preciso).

... ou, mais propriamente, capítulo em que o leitor, desorientado, não pode combinar as tristezas de Sofia com a anedota do cocheiro. E pergunta confuso: — Então a entrevista da Rua da Harmonia, Sofia, Carlos Maria, esse chocalho de rimas sonoras e delinquentes, é tudo calúnia? (QB, CVI. Machado analisa, com ouvido crítico, o eco desagradável formado pela sucessão de palavras terminadas em -*ia*. Vale como efeito humorístico, mas naturalmente esse tipo de assonância não representa o estilo do autor, parecendo antes uma critica aos que escrevem desse modo).

Pois que se trata de cavalos, não fica mal dizer que a imaginação de Sofia era agora um corcel brioso e petulante, capaz de galgar morros e desbaratar matos. Outra seria a comparação, se a ocasião fosse diferente; mas corcel é o que vai melhor. Traz a ideia do ímpeto, do sangue, da disparada, ao mesmo tempo que a da serenidade com que torna ao caminho reto, e por fim à cavalariça. (QB, CXL. Note-se como Machado faz questão de explicar a metáfora equestre empregada para descrever a imaginação de Sofia. Em outras palavras, metalinguagem com finalidade estética e de interação com o leitor).

Não consultes dicionários. *Casmurro* não está aqui no sentido que eles lhe dão, mas no que lhe pôs o vulgo de homem calado e metido consigo. *Dom* veio por ironia, para atribuir-me fumos de fidalgo. (DC, I. Marta de Senna (2008b:79) adverte que "Dom Casmurro é um narrador congenitamente embusteiro". Com efeito, já no primeiro capítulo do livro ele tenta condicionar a opinião do leitor, usando um imperativo exortativo, com a intenção de dissuadi-lo de procurar o sentido do termo *casmurro*: "Não consultes dicionários". Com quem diz: "Pode confiar em mim. Eu sou um narrador confiável". E ele próprio se põe a explicar o sentido da palavra, à sua moda, é claro, omitindo que *casmurro*, além do sentido que ele apresenta, também pode significar "teimoso, obstinado", justa-

mente o que ele é, ao longo de toda a narrativa, com sua tentativa de provar a culpa de Capitu. Metalinguagem bem tendenciosa a desse narrador).

José Dias amava os superlativos. Era um modo de dar feição monumental às ideias; não as havendo, servia a prolongar as frases. (DC, IV. O comentário de Machado de Assis sobre o estilo do agregado José Dias é uma crítica indireta à retórica vazia e hiperbólica).

Capitu era Capitu, isto é, uma criatura mui particular, mais mulher do que eu era homem. Se ainda o não disse, aí fica. Se disse, fica também. Há conceitos que se devem incutir na alma do leitor, à força de repetição. (DC, XXXI. Alem de explicar o que ele quer dizer com sua definição (*Capitu era Capitu*), Bentinho usa a retórica da repetição, para incutir no leitor a ideia de que Capitu, como mulher, tinha uma personalidade forte, que lhe faltava a ele, como homem. Recorrendo à técnica do "morde e assopra", usará a mesma retórica para repetir até o fim da narrativa que Capitu o traiu com Escobar).

A mim mesmo perguntei se ela não estaria destinada a passar dos gelos às flores pela ação daquele bacharel Osório... Ponho aqui a reticência que deixei então no meu espírito. (MA, fim de maio, 1888. Machado explicita o valor estilístico das reticências, as quais expressam, no caso, a curiosidade do Conselheiro Aires, interessado em saber se Fidélia estava propensa a aceitar a corte que lhe fazia o referido bacharel. Não nos esqueçamos de que o próprio Conselheiro tinha uma certa queda pela "saborosa" viúva, como ele próprio a descrevera em seu diário, na anotação do dia 25 de janeiro).

Quando demos por nós, tínhamos acabado de almoçar. Ofereci-lhe charutos e o meu coração. Quero dizer que lhe pedi viesse muitas vezes dar-me aquela hora deliciosa. (MA, 22/10/1888. Note-se o contraste: o prosaico e concreto substantivo *charutos* ao lado da sublime e abstrata metáfora *coração*, simbolizando afeto, amizade. Não satisfeito, Machado, apelando para a metalinguagem, ainda explica ao leitor o sentido de sua figura de retórica: "Quero dizer que...". Genialidade em dose dupla).

Creio que Tristão anda namorado de Fidélia. No meu tempo de rapaz dizia-se *mordido*; era mais enérgico, mas menos gracioso, e não tinha a espiritualidade da outra expressão, que é clássica. Namoro é banal, dá ideia de uma ocupação de vadios ou sensuais, mas namorado é bonito. "Ala de namorados" era a daqueles cavaleiros antigos que se bateram por amor das damas... Ó tempos! (MA, 12/11/1888. Esta passagem é representativa do pensamento de Machado de Assis sobre o que hoje a linguística chama de variação linguística. Ele admira o coloquialismo *mordido*, por ser "mais enérgico", mas prefere mesmo é a expressão clássica *namorado*, por motivos estéticos e românticos, em que entra o seu tanto de nostalgia, representada pela exclamação "Ó tempos!". Em outras palavras, "Bons tempos!". Cumpre registrar que o adjetivo *mordido* foi posto em itálico pelo próprio Machado, ou melhor, pelo Conselheiro Aires).

— Mas, então, [as palavras] amam-se umas às outras? Amam-se umas às outras. E casam-se. O casamento delas é o que chamamos estilo. ("O cônego ou metafísica do estilo", VH. Interessante esta definição de estilo. Dela se depreende que, para Machado de Assis, o estilo é caracterizado pela escolha criteriosa das palavras, pela construção harmoniosa da frase. Uma questão de coerência, pois essa definição se aplica ao próprio Machado).

Metanarrador

Assim como faz comentários sobre seus meios de expressão (v. o verbete "Metalinguagem"), Machado de Assis também gosta de comentar seu processo de composição da narrativa. Exímio e competente crítico literário, ele não só faz literatura, como também ensina a fazê-la, como é possível constatar nas observações existentes nos exemplos a seguir.

Não quis fazer romance de costumes; tentei o esboço de uma situação e o contraste de dois caracteres; com esses simples elementos busquei o interesse do livro. (RE, Advertência da 1.ª ed. de *Ressurreição* (1872). Este é o primeiro romance de Machado de Assis, que na Advertência já exerce seu papel de metanarrador. No fragmento acima, ele explica o método empregado em sua narrativa: o da instrospecção psicológica, de que ele viria a se tornar mestre e modelo).

Estêvão, da distância e na posição em que se achava, não podia ver todas estas minúcias que aqui lhes aponto, em desempenho deste meu dever de contador de histórias. (ML, III; Misturando a terceira pessoa narrativa com a primeira pessoa autoral, Machado demonstra consciência de seu papel de narrador onisciente. Note-se o dedo explícito do narrador intruso, presente em todos os seus romances e contos, inclusive naqueles da chamada primeira fase de sua obra de ficção, como é o caso deste *A mão e a luva*).

O que faz do meu Brás Cubas um autor particular é o que ele chama "rabugens de pessimismo". Há na alma deste livro, por mais risonho que pareça, um sentimento amargo e áspero, que está longe de vir dos seus modelos. É taça que pode ter lavores de igual escola, mas leva outro vinho. (BC, Prólogo da quarta edição. Machado de Assis, consciente da singularidade de seu romance *Memórias póstumas de Brás Cubas*, adverte que este representa uma ruptura com a tradicional narrativa de ficção então praticada. A "taça com lavores de igual escola" pode ser uma referência ao Realismo-Naturalismo, mas o "outro vinho" é o seu estilo pessoal, singular e inovador, que, neste caso, se aproxima do chamado gênero cômico-fantástico. Com efeito, *Brás Cubas* é "outro vinho", o vinho machadiano, que nos embriaga até hoje e do qual nos tornamos dependentes).

Trata-se, na verdade, de uma obra difusa, na qual, eu, Brás Cubas, se adotei a forma livre de um Sterne ou de um Xavier de Maistre, não sei se lhe meti algumas rabugens de pessimismo. Pode ser. Obra de finado. Escrevi-a com a pena da galhofa e a tinta da melancolia, e não é difícil antever o que poderá sair desse conúbio. (BC, Ao leitor. Nestas palavras do narrador machadiano, está explicitado o método empregado na elaboração das *Memórias póstumas de Brás Cubas*. Observe-se que Machado de Assis, pela pena de seu defunto autor, assume que sua narrativa filia-se à tradição luciânica da sátira menipeia, cujos principais ingredientes estão aí explicitados: a adoção da forma livre (narrativa fragmentada), as "rabugens de pessimismo", a mistura do sério com o cômico, representado pelo binômio "pena da galhofa" + "tinta da melancolia").

Todavia, importa dizer que este livro é escrito com pachorra, com a pachorra de um homem já desafrontado da brevidade do século, obra supinamente filosófica, de uma filosofia desigual, agora austera, logo brincalhona, coisa que não edifica nem destrói, não inflama nem regela, e é todavia mais do que passatempo e menos do que apostolado. (BC, IV. Como sabemos, o romance *Memórias póstumas de Brás Cubas* é uma autobiografia ficcional, sendo lícito concluir, pelo trecho citado, que Machado de Assis faz questão de revelar suas vinculações com a chamada sátira menipeia (v. verbete), que tem como algumas de suas características a fragmentação da narrativa e a mistura do cômico com o sério, tal como se vê nesse romance que inaugura a segunda fase de sua obra).

Saltar de um retrato a um epitáfio pode ser real e comum; o leitor, entretanto, não se refugia no livro, senão para escapar à vida. (BC, CXXIV. Mistura do cômico com o sério, típica da narrativa shandiana, como lembra Sergio Rouanet (2007:17). Machado de Assis, pela pena de Brás Cubas, comenta seu processo de criação literária e aproveita para enfatizar a função primária da literatura: produzir entretenimento).

Queria dizer aqui o fim do Quincas Borba, (...). Mas, vendo a morte do cão narrada em capítulo especial, é provável que me perguntes se ele, se o seu defunto homônimo é que dá título ao livro, e por que antes um que outro, — questão prenhe de questões, que nos levariam longe... (QB, CCI. Machado de Assis, usando a primeira pessoa autoral, espicaça a curiosidade do leitor a respeito das razões do título do livro: *Quincas Borba* seria o ensandecido "filósofo" do Humanitismo ou seria o fiel cachorro que acompanhou Rubião até o fim? Coerente com seu estilo oblíquo e dissimulado, Machado deixa a pergunta no ar, provavelmente rindo à socapa dos críticos e comentadores de sua obra).

Agora que expliquei o título, passo a escrever o livro. Antes disso, porém, digamos os motivos que me põem a pena na mão. (...). O meu fim evidente era atar as duas pontas da vida, e restaurar na velhice a adolescência. Pois, senhor, não consegui recompor o que foi nem o que fui. (DC, II. O proustiano Bentinho tenta resgatar o tempo perdido, mas não consegue. Pudera. Bentinho não existe mais. Bentinho, o tempo o levou. Quem escreve agora é Dom Casmurro, que constata, amargurado, a passagem irreversível do tempo e a impossibilidade de "restaurar na velhice a adolescência". Aqui, se apresenta um problema crucial: como acreditar na versão de um narrador que, além de fantasioso, confessa que não conseguiu "recompor o que foi nem o que fui"? Este é que é o verdadeiro enigma (e não o da suposta traição de Capitu) armado por Machado de Assis, mas que a crítica só pôde perceber nos estudos mais recentes).

Tinha então pouco mais de dezessete anos... Aqui devia ser o meio do livro, mas a inexperiência fez-me ir atrás da pena, e chego quase ao fim do papel, com o melhor da narração por dizer. Agora não há mais que levá-la a grandes pernadas, capítulo sobre capítulo, pouca emenda, pouca reflexão, tudo em resumo. Já esta página vale por meses, outras valerão por anos, e assim chegaremos ao fim. (DC, XCVII. O dissimulado Dom Casmurro comenta o seu processo narrativo e diz que a "inexperiência me fez ir atrás da pena". É uma tentativa de embaçar o leitor, porque o que ele queria mesmo era preparar o seu espírito, numa espécie de aperitivo para o prato principal: o libelo acusatório contra Capitu. Não podemos perder de vista que *Dom Casmurro* é uma pseudoautobiografia, e Dom Casmurro, um pseudonarrador. Desse modo, a alegada inexperiência do personagem-narrador é, na verdade, um astucioso expediente narrativo de Machado de Assis, que, em seu sétimo romance, poderia alegar tudo, menos falta de experiência. Note-se que, daqui até o fim do livro, o tempo cronológico será acelerado. É que, preparado o terreno nesses 97 capítulos, o pseudonarrador vai direto ao ponto: tentar convencer o leitor de que "a Capitu da praia da Glória já estava dentro da de Matacavalos").

Por outro lado, há proveito em irem as pessoas da minha história colaborando nela, ajudando o autor, por uma lei de solidariedade, espécie de troca de serviços, entre o enxadrista e os seus trebelhos. (EJ, XIII. O enxadrista é o narrador, o Conselheiro Aires, e os personagens são os trebelhos, as peças do jogo de xadrez. Rouanet (2007:30) vê em passagens como esta a influência da forma de narrar usada por Tristram Shandy, personagem de Laurence Sterne (1713-1768), escritor inglês conhecido por seu humor e ironia, e que Machado de Assis reconhece como uma de suas leituras preferidas, no prefácio às *Memórias póstumas de Brás Cubas*. Note-se a referência ao jogo de xadrez, muito apreciado por Machado de Assis).

Todas as histórias, se as cortam em fatias, acabam com um capítulo último e outro penúltimo, mas nenhum autor os confessa tais; todos preferem dar-lhes um título próprio. Eu adoto o método oposto; escrevo no alto de cada um dos capítulos seguintes os seus nomes de remate, e, sem dizer a matéria particular de nenhum, indico o quilômetro em que estamos da linha. (EJ, CXIX. Machado explica, em detalhes, o seu método de narrar este *Esaú e Jacó*. Esta preocupação em informar o leitor de sua técnica narrativa é um dos famosos estilemas machadianos).

Papel, amigo papel, não recolhas tudo o que escrever esta pena vadia. Querendo servir-me, acabarás desservindo-me, porque se acontecer que eu me vá desta vida, sem tempo de te reduzir a cinzas, os que me lerem depois da missa de sétimo dia, ou antes, ou ainda antes do enterro, podem cuidar que te confio cuidados de amor. (MA, 8/4/1888. Machado de Assis é um fingidor. Pela pena do Conselheiro, conversa consigo mesmo, fingindo que conversa com o papel. E mais: finge que irá queimar as páginas do *Memorial*, quando sabe muito bem que, como escritor profissional, tudo o que escreve é para ser lido, e não para ser queimado. Uma demonstração de humor leve e brincalhão, bem diferente do humor sarcástico de outros textos seus. Condescendências da velhice nesse poético *Memorial de Aires*, diário íntimo impregnado de "uma frescura orvalhada, um som claro de cristal", no dizer de Lúcia Miguel Pereira, 1988:251).

A índole e a vida me deram o gosto e o costume de conversar. (...); mas lá vem um dia em que, não saindo de casa e cansado de ler, sou obrigado a falar, e, não podendo falar só, escrevo. (MA, 12/11/1888. Este comentário revela uma das facetas da literatura para o narrador Machado de Assis: uma grande e agradável conversa com os leitores. Além disso, é também uma espécie de catarse, pois, escrevendo, o narrador não fica falando sozinho. E no caso de Machado, nunca lhe faltaram interlocutores).

Metonímia

Figura de linguagem baseada numa relação objetiva entre duas palavras, do tipo: a parte pelo todo, o autor pela obra, o continente pelo conteúdo, etc. Alguns autores fazem distinção entre a sinédoque e a metonímia. Seguindo a tendência atual e também por acharmos um certo preciosismo nessa distinção, não a adotamos neste trabalho. Nos exemplos a seguir, destacamos em itálico os casos de metonímia.

Da casa vizinha saíra um *roupão*, — ele não viu mais que um roupão, — e seguira pela rua que enfrentava com a casa, a passo lento e meditativo. (...) O *roupão* ia andando. (ML, II. Aqui, o roupão é uma metonímia para Guiomar, baseada numa relação entre a vestimenta e sua usuária. Machado cria uma imagem impressionista, ao enfatizar que Estevão "não viu mais que um roupão" e que "o roupão ia andando").

A *corte* divertia-se, apesar dos recentes estragos do cólera —; bailava-se, cantava-se, passeava-se, ia-se ao teatro. (ML, II. Subentenda-se: os moradores do Rio de Janeiro, onde ficava a Corte, divertiam-se. Metonímia baseada numa relação entre a parte (os habitantes da cidade) e o todo, ou seja, a Corte, sede do governo imperial).

Guiomar (...) deixou-se cair lentamente sobre os joelhos do marido, e as duas *ambições* trocaram o ósculo fraternal. (ML, XIX. O sentimento — ambições — pelos personagens: Guiomar e Luís Alves. Repare que o substantivo abstrato ambições, no plural, adquire valor de concreto, personificando o sentimento dos dois personagens).

O Dr. Camargo, médico e velho amigo da *casa*, logo que regressou do enterro, foi ter com Estácio. (HE, I. O termo casa está aqui por família. Metonímia baseada numa relação entre a residência e seus moradores).

Vicente foi (...) um fiel servidor de Helena, seu advogado convicto nos julgamentos da *senzala*. (HE, IV. Senzala = escravos; a habitação pelos seus ocupantes).

— Um conselho e um favor, continuou o médico. Não será, creio eu, a primeira vez que *a velhice* consulte *a mocidade*. (HE, XII. O abstrato pelo concreto: velhice está para um velho, o Dr. Camargo, assim como mocidade está para uma jovem, Helena).

Melchior passeava de um para outro lado, com um livro nas mãos, algum *Tertuliano* ou *Agostinho*, ou qualquer outro da mesma estatura. (HE, XVIII. Machado empregou o autor pela obra. Metonímia semelhante ocorre quando dizemos: "Gosto de ler Machado de Assis". E como gosto...).

Nisto, aparece-me à porta um *chapéu*, e logo um homem, o Cotrim, nada menos que o Cotrim. (BC, LXXXI. A metonímia "um chapéu", a indumentária pelo usuário, é explicitada a seguir pelo narrador: tratava-se do seu cunhado, o Cotrim).

Da lavoura passaram ao gado, à escravatura e à política. Cristiano Palha maldisse o governo, que introduzira na fala do *trono* uma palavra relativa à propriedade servil. (QB, XXI. O símbolo — trono — pela coisa simbolizada, o governo imperial, no caso, personificado na figura do Imperador D. Pedro II).

Depressa [Carlos Maria] **ergueu a alma. Viu de memória a sala, os homens, as mulheres, os *leques* impacientes, os *bigodes* despeitados, e estirou-se todo num banho de inveja e admiração.** (QB, LXXIV. Em "leques impacientes", entenda-se "mulheres impacientes", o objeto usado pela usuária; em "bigodes despeitados", ou seja, "homens despeitados", a parte pelo todo. Note-se a hipálage (v. verbete) dos adjetivos empregados nos dois casos).

Rezei ainda, persignei-me, fechei o livro de missa e caminhei para a porta. (...). Havia homens e mulheres, velhos e moços, *sedas e chitas*, e provavelmente olhos feios e belos, mas eu não vi uns nem outros. (DC, LXX. O traje pela classe social: a metonímia *sedas* x *chitas* cria uma antítese, que estabelece distinção entre ricos e pobres).

José Dias dividia-se agora entre mim e minha mãe, alternando os jantares da *Glória* com os almoços de *Matacavalos*. (DC, CIV. O bairro pela pessoa que nele reside. Entenda-se: Glória, residência de Bentinho e Capitu; Matacavalos, residência de D. Glória, mãe de Bentinho).

Mais de uma *gravata*, mais de uma *bengala*, mais de uma *luneta* levaram-lhe as cores, os gestos e os vidros, sem obter outra coisa que a atenção cortês e acaso uma palavra sem valor. (EJ, LXX. O objeto ou a indumentária pelo usuário, no caso, os rapazes que cortejavam Flora, sem nada obter da moça, que mal conseguia se decidir entre os gêmeos Pedro e Paulo).

Não era habituado do *Flamengo* este padre. (MA, 31/7/1888. O Conselheiro Aires refere-se ao padre Bessa. Flamengo é uma metonímia (o lugar pela casa), pois é neste bairro que reside o casal Aguiar).

Conversamos de coisas várias, até que Tristão tocou um pouco de *Mozart*. (MA, 31/8/1888. O autor pela obra. Mozart = composições musicais de Wolfgang Amadeus Mozart (1756-1791), renomado compositor austríaco, muito apreciado por Machado de Assis).

Monólogo interior

Retratista da alma, Machado de Assis privilegia em sua narrativa a introspecção psicológica. É natural, portanto, que, em sua ficção, reflexões e pensamentos recônditos dos personagens apareçam com certa frequência, elaborados por eles mesmos, na primeira pessoa, com o verbo no presente (monólogo interior direto), ou pelo narrador onisciente, em terceira pessoa, com o verbo geralmente no passado (monólogo interior indireto).

Trata-se de uma técnica narrativa de apreensão e apresentação do fluxo do pensamento (*stream-of-consciousness*) dos personagens, um recurso da ficção moderna, bastante explorado a partir do século XIX. Machado de Assis, pela própria natureza intimista de sua narrativa, recorre com frequência ao monólogo interior, desde o primeiro romance (*Ressurreição*, de 1872). Nesse ponto, como em outros de sua ficção, o autor de *Dom Casmurro*, leitor e admirador de autores ingleses e franceses, deixa transparecer as influências recebidas de suas leituras. Cumpre mencionar que a reprodução do fluxo do pensamento dos personagens se faz, às vezes, sob a forma de discurso indireto livre (v. verbete).

Sobre o assunto, recomendamos consultar o verbete "Monólogo interior", em Massaud Moisés (2004:307). Nas passagens a seguir predominam os casos de monólogo interior indireto.

Sentada na beira da cama, (...) Iaiá trabalhava mentalmente na sua descoberta. Confrontava o que acabava de ver com os

fatos anteriores, de todos os dias, isto é, a frieza, a indiferença, a estrita polidez dos dois, e mal podia combinar uma e outra coisa; mas ao mesmo tempo advertia que nem sempre estava presente quando Jorge ali ia, ou fugia-lhe muita vez, e podia ser que a indeferença não passasse de uma máscara. (IG, x. Trata-se de um longo trecho que se prolonga por vários parágrafos, em que Machado, narrador onisciente, reproduz, sob a forma de monólogo interior indireto, as maquinações de Iaiá Garcia, desconfiada do antigo amor existente entre Estela, sua madrasta, e Jorge, por quem Iaiá começava a se interessar. Para um melhor entendimento da citação, sugerimos a leitura integral desse capítulo).

Jorge saiu. — Que tenho eu que ela ame, que se case ou não se case? Sou eu seu pai? seu tutor? Quando assim falava, sentia dentro de si uma resposta; a consciência desvendava-lhe a realidade. Sim, tu amas, dizia-lhe ela, tu não fazes outra coisa há dois meses; deixaste-te envolver nos fios invisíveis; não sentiste que essa intimidade de todos os dias era a gota d'água que te cavava o coração. (...). Não se brinca com um inimigo; e ela o era, e continuará a sê-lo, porque tu estás definitivamente atado. (IG, xiv. Esta é uma situação curiosa. O fluxo do pensamento do personagem é introduzido pelo seu monólogo interior direto, iniciado por travessão e na primeira pessoa. A seguir, sua própria consciência, personificada, começa a dialogar com ele, em segunda pessoa, advertindo-o de que ele estava completamente enredado nos laços de amor que o prendiam a Iaiá Garcia).

Quando se achou só consigo, deu livre campo às angústias; encarou a catástrofe e pensou nas consequências da morte [de Luís Garcia] e no incerto futuro que a aguardava dentro de poucos dias. O futuro trouxe-a ao presente, o presente levou-a ao passado. A vida só lhe dera alegrias médias e dores máximas. (IG, xv. Monólogo interior indireto, com verbos na terceira pessoa e, em sua maioria, no passado. Trata-se, naturalmente, do narrador machadiano reproduzindo para o leitor o pensamento angustiado de Estela, após a morte do marido. Note-se que a frase final ("A vida só lhe dera...") pode ser considerada da própria personagem, pelas suas características de discurso indireto livre).

Quando Sofia pôde arrancar-se de todo à janela, o relógio de baixo batia nove horas. Zangada, arrependida, jurou a si mesma, pela alma da mãe, não pensar mais em semelhante episódio. Considerou que não valia nada. (QB, LXXII. Sofia está arrependida de haver dado trela aos galanteios baratos de Carlos Maria. O monólogo interior indireto reproduz esse estado de espírito da personagem).

— Digo-lhe que achei uma carta, assim e assim, pensou Rubião; e antes de lhe dar a carta, vejo bem na cara dela, se fica aterrada ou não. Talvez empalideça; então ameaço-a, falo-lhe da rua da Harmonia; juro-lhe que estou disposto a gastar trezentos, oitocentos, mil contos, dois mil, trinta mil contos, se tanto for preciso para estrangular o infame... (QB, XCIX. O monólogo interior direto, com verbos na primeira pessoa e no presente, reproduz as deliberações íntimas do ciumento Rubião, que se imagina frente a frente com Sofia, questionando seu comportamento, segundo ele, leviano. O infame, no caso, é o vaidoso galanteador Carlos Maria).

Em verdade, cuidara ter arredado para longe essa figura aborrecida, e ei-la que reaparecia, que sorria, que a fitava, que lhe sussurrava ao ouvido as mesmas palavras do vadio egoísta e enfatuado, que a convidou um dia à valsa do adultério e a deixou sozinha no meio do salão. (QB, CLIX. Sofia está pensando no galanteador Carlos Maria. Seu pensamento deixa transparecer certa frustração, e uma pontinha de ciúme, pelo fato de ele haver se casado com sua prima Maria Benedita, deixando-a "sozinha no meio do salão". Machado insinua que sua personagem bem que gostaria de passar de adúltera virtual a adúltera real. Ela só não queria nada mesmo era com o pobre do Rubião. Sugerimos a leitura integral desse capítulo, longo monólogo interior indireto de Sofia).

Preparei-me e segui para a vila. Em caminho, à proporção que me ia aproximando, recordava o triste sucesso [acontecimento]; (...). A imaginação ia reproduzindo as palavras, os gestos, toda a noite horrenda do crime... Crime ou luta? Realmente, foi uma luta em que eu, atacado, defendi-me, e na defesa... Foi uma luta desgraçada, uma fatalidade. Fixei-me nessa ideia. ("O enfermeiro", VH. Exemplo de monólogo interior direto, com os verbos na primeira pessoa, mas no passado. É que o personagem Procópio está recordando o que se passou na noite em que ele, involuntariamente, matou o velho coronel Felisberto, a quem servia de enfermeiro. Procópio tenta justificar-se, racionalizando, em benefício próprio, o que havia acontecido. Como ele mesmo diz, "fixei-me nessa idéia" de que tudo não passara de uma fatalidade do destino. Mas, por ironia desse mesmo destino, ele acabou herdeiro universal dos bens do coronel. O crime, no entanto, nunca deixou de incomodá-lo, e, no fim da vida, sentiu a necessidade de escrever uma narrativa-confissão, verdadeira catarse para a sua consciência pesada).

Naturalismo

O Naturalismo teve bastante penetração no Brasil, haja vista a popularidade dos romances de Aluísio Azevedo, dentre os quais se destacam *O mulato* (1881), *Casa de pensão* (1884) e *O cortiço* (1890). O primeiro lançou o Naturalismo entre nós; o terceiro já foi adaptado para o cinema e até hoje é um livro que desperta interesse. Na época, Émile Zola, o papa do Naturalismo francês, tinha muitos leitores no Brasil.

O nosso Machado de Assis não é um autor naturalista, tendo sido, ao contrário, um crítico mordaz do realismo exacerbado e das deformações patológicas típicas do Naturalismo, que via o homem como um produto mecânico da hereditariedade e do ambiente físico e social. Suas restrições aos postulados dessa escola literária encontram-se no seu bem fundamentado ensaio "O primo Basílio", em que faz críticas veementes aos métodos empregados pelo escritor português Eça de Queirós (OC, Aguilar, 1997, vol. 3, p. 903).

Mas a ficção machadiana não ficou totalmente imune a certas impregnações da estética naturalista, como é possível verificar, sobretudo, em *Memórias póstumas de Brás Cubas* e *Dom Casmurro*, abaixo citados. Na verdade, o próprio Machado se confessa, indiretamente, leitor e admirador de Émile Zola: "**Deixa essas reminiscências do Eurico; eu leio Zola e outros modernos**" (*Crônicas de Lélio*, 27/8/1884). Aliás, existem muitas coincidências entre o enredo de *Dom Casmurro* e o romance *Madeleine Férat*, de Émile Zola, para as quais chama a atenção o crítico Eugênio Gomes (1958:84), no ensaio "Machado de Assis e o Naturalismo". De qualquer forma, seu Naturalismo é atenuado, segundo Pujol (2007:187). Mas passemos aos exemplos.

Pobre Eugênia! Se tu soubesses que ideias me vagavam pela mente fora naquela ocasião! Tu, trêmula de comoção, com os braços nos meus ombros, a contemplar em mim o teu bem-vindo esposo, e eu com os olhos em 1814, na moita, no Vilaça, e a suspeitar que não podias mentir ao teu sangue, à tua origem... (BC, XXXIII. Brás Cubas, rico e vaidoso boa-vida, não tinha coragem de se casar com Eugênia, uma moça pobre e coxa, a quem ele não poderia exibir nos salões. Mas para ser sua amante, ela servia, como ele próprio confessa. Afinal, "a franqueza é a primeira virtude de um defunto". A referência à origem de Eugênia, produto dos amores clandestinos de sua mãe (v. cap. XII), deixa transparecer uma censura preconceituosa ao caráter da moça, que, neste caso, seria igual ao da mãe, segundo a ótica determinista do Naturalismo).

É de crer que D. Plácida não falasse ainda quando nasceu, mas se falasse podia dizer aos autores de seus dias: — Aqui estou. Para que me chamastes? E o sacristão e a sacristã [pais de D. Plácida] naturalmente lhe responderiam: — Chamamos-te para queimar os dedos nos tachos, os olhos na costura, comer mal, ou não comer, (...), até acabar um dia na lama ou no hospital; foi para isso que te chamamos, num momento de simpatia. (BC, LXXV. Capítulo marcado por uma visão negativa e determinista do destino de criaturas desvalidas como D. Plácida, condicionado pela hereditariedade e pelo meio social. É inegável que essas características do Naturalismo estão presentes na passagem acima, apesar de Machado de Assis ter criticado os artificiosos postulados dessa escola literária).

Nem só os olhos, mas as restantes feições [de Ezequiel], a cara, o corpo, a pessoa inteira iam-se apurando com o tempo. (...). Escobar vinha assim surgindo da sepultura, do seminário e do Flamengo para se sentar comigo à mesa, receber-me na escada, beijar-me no gabinete de manhã, ou pedir-me à noite a bênção do costume. (DC, CXXXII. Novamente, Bentinho apela para os traços hereditários para justificar suas suspeitas de que o pequeno Ezequiel não era seu filho, devido à semelhança física com o falecido Escobar. Esse argumento da hereditariedade revela uma impregnação naturalista na narrativa de Dom Casmurro).

O resto é saber se a Capitu da praia da Glória já estava dentro da de Matacavalos, ou se esta foi mudada naquela por efeito de algum caso incidente. (DC, CXLVIII. Sabemos das restrições de Machado de Assis à escola naturalista, mas nesta passagem de *Dom Casmurro* não se pode deixar de chamar a atenção para a visão determinista presente na indagação de Dom Casmurro a respeito da personalidade de Capitu. E o determinismo é uma das características mais fortes do Naturalismo. Mas o que está por trás da pergunta do rancoroso Bentinho, transmudado agora no melancólico e desamado Dom Casmurro é, no último capítulo do livro, insistir em sua tese preconceituosa, segundo a qual, Capitu sempre foi Capitu, ou seja, sempre foi dissimulada, mentirosa e infiel. Esqueceu-se de fazer uma autocrítica e questionar se Dom Casmurro também já não estava dentro de Bentinho, "como a fruta dentro da casca").

— Não é a ocasião que faz o ladrão, dizia ele [o Conselheiro Aires] a alguém; o provérbio está errado. A forma exata deve ser esta: "A ocasião faz o furto; o ladrão nasce feito". (EJ, LXXV. Notam-se nesta recriação da frase feita duas características do Naturalismo: a influência do meio ambiente (a ocasião) e o determinismo biológico (o ladrão nasce feito). A frase é atribuída ao Conselheiro Aires, mas como este é uma espécie de *alter ego* de Machado de Assis, sabemos quem é o verdadeiro autor do provérbio recriado. E, nesse caso, cabe lembrar que Machado, ele mesmo, era a negação desses dois postulados naturalistas, pois nenhum dos fatores acima referidos conseguiu condicionar sua formação de homem e de escritor).

Onomatopeia

Figura de estilística fônica que consiste na imitação sonora de um ruído. Existe uma motivação direta entre o significado e o significante, embora se trate de uma reprodução aproximada do som natural, por meio dos fonemas da língua.
O efeito estilístico da onomatopeia é impregnar o texto poético ou em prosa de dinamis-

mo e vivacidade, como se vê nesta passagem do Apólogo da agulha e da linha (*Várias histórias*): "E era tudo silêncio na saleta de costura; não se ouvia mais que o *plic-plic-plic-plic* da agulha no pano". Sobre o assunto, indicamos a leitura do capítulo "A questão das onomatopeias e interjeições", em nosso livro *Para compreender Saussure* (2009:37). Passemos à exemplificação.

Procópio Dias não parecia outra coisa; a atmosfera feminina era para ele uma necessidade; o *ruge-ruge* das saias a melhor música a seus ouvidos. (IG, IX. O ruge-ruge das saias soava como música aos ouvidos do mulherengo Procópio Dias).

Felizmente, começou a cantar uma cigarra, com tal propriedade e significação, que o nosso amigo parou no quarto botão do colete. *Sôôôô... fia, fia, fia, fia, fia, fia... Sôôôô... fia, fia, fia, fia, fia...* (QB, XC. Machado usa uma onomatopeia como recurso expressivo para enfatizar a intensidade do desejo reprimido de Rubião por Sofia. A paixão do mineiro é tão obsessiva, que até o estridular de uma inocente cigarra soa aos seus ouvidos apaixonados como o nome da mulher desejada, mas inacessível. Repare-se na imagem impressionista criada com essa onomatopeia).

E *zás, zás*, deu os últimos golpes à barba de Rubião, e começou a rapar-lhe as faces e os queixos. (QB, CXLVI. Imitação sonora da navalha do barbeiro, convocado por Rubião para raspar-lhe a barba e deixá-lo parecido com Napoleão III. É que Rubião, transtornado mentalmente, se imagina imperador dos franceses).

— As nossas moças devem andar como sempre andaram, com seu vagar e paciência, e não este *tique-tique* afrancesado... (DC, LVIII. Bentinho e José Dias assistem ao tombo de uma senhora na rua, após o que o agregado faz o comentário acima, criticando o andar apressado e o uso de saltos altos pelas mulheres. A onomatopeia empregada documenta a influência da moda francesa entre nós).

Oximoro

O oximoro (gr. *oxymoron*; *oxys*, agudamente; *moros*, néscio) é um tipo especial de paradoxo (v.), que resulta de uma incompatibilidade semântica entre o atributo e o substantivo a que ele se aplica. Consiste em reunir palavras contraditórias em sua essência, por se excluírem reciprocamente, chegando às raias do absurdo, contrariando a lógica e o senso comum, como se vê neste exemplo do Padre Vieira, empregado no Sermão do Bom Ladrão: "Saibam estes *eloquentes mudos*, que mais ofendem os reis com o que calam, que com o que disserem". (*Obras escolhidas*, v. XII. Lisboa: Sá da Costa, 1954. p. 160).
Recorrendo ao oximoro *eloquentes mudos*, Vieira critica, de forma irônica, aqueles que "falam" por meio do silêncio, ou seja, da omissão moral. Camões, no soneto "Amor é fogo que arde sem se ver", ao definir o amor como "um *contentamento descontente*", também usou essa figura de retórica, com a intenção de ressaltar os aspectos contraditórios e aparentemente absurdos do sentimento amoroso. Nos exemplos a seguir, destacamos em itálico os casos de oximoro.

Seus olhos [de Procópio Dias] **plúmbeos pareciam duas portas abertas sobre a consciência. A expressão do rosto era a de um** *cinismo cândido*. (IG, XI. Oximoro próximo do paradoxo, construído a partir de um substantivo abstrato, de natureza moral (*cinismo*), qualificado por um adjetivo do campo da ética (*cândido*), com o sentido de "puro". Lembremos que, etimologicamente, *cândido* quer dizer "branco, sem mácula", daí sua associação metafórica com a ideia de pureza. O efeito estilístico desse oximoro é realçar comicamente o caráter sórdido do personagem).

Tudo neve; chegava a gelar-nos *um sol de neve*. (BC, VII. A passagem consta da descrição do delírio do defunto autor Brás Cubas. Nesse capítulo, as imagens são imprecisas e meio surrealistas, como ocorre neste oximoro "sol de neve", em que o atributo, representado pela locução adjetiva *de neve*, é incompatível com o substantivo *sol*. A figura empregada enfatiza a alucinação experimentada por Brás Cubas, durante o seu delírio, às portas da morte).

....

Fomos jantar com a minha velha. Já lhe podia chamar assim, posto que os seus cabelos brancos não o fossem todos nem totalmente, e o rosto estivesse comparativamente fresco; era uma espécie de *mocidade quinquagenária* ou *ancianidade viçosa*, à escolha. (DC, CXV. Repare nos adjetivos (*quinquagenária* e *viçosa*) empregados para qualificar os substantivos abstratos *mocidade* e *ancianidade*. O oximoro ressalta a juventude relativa de D. Glória, mãe de Bentinho, apesar de ela estar na casa dos cinquenta, o que, naquela época, já era considerado velhice).

....

Chegou a apanhar uma hipótese, espécie de andorinha, (...). A alma do velho entrou a ramalhar não sei que desejos retrospectivos, (...), toda a andorinha que se dispersava num *farfalhar calado* de gestos. (EJ, XLII. Cenas do inconsciente do Conselheiro Aires. A imagem (*farfalhar calado*) é meio onírica, meio impressionista, com base no oximoro de um ruflar de asas silenciosas).

....

Pensar, não pensou; ia tão atordoada com a vista dos rapazes que as ideias não se enfileiravam naquela forma lógica do pensamento. A própria sensação não era nítida. Era uma mistura de opressivo e delicioso, de turvo e claro, uma *felicidade truncada*, uma *aflição consoladora*, e o mais que puderes achar no capítulo das contradições. (EJ, LXVII. Esta passagem descreve os sentimentos contraditórios experimentados por Flora em relação aos gêmeos Pedro e Paulo.

O próprio Machado, pela pena do Conselheiro Aires, chama a atenção para a falta de lógica das ideias da moça, enredada no cipoal de seus sentimentos. Repare-se no efeito estilístico das antíteses empregadas (*opressivo* e *delicioso, turvo* e *claro*) e dos oximoros (*felicidade truncada, aflição consoladora*). Nestes, os atributos empregados são incompatíveis com os substantivos a que se aplicam. É um expressivo exemplo, este a que Machado recorre para explicitar, de forma bastante enfática, o inarredável conflito em que se debate o coração da enigmática personagem).

....

Palavras denotativas

Este termo foi usado pela NGB (Nomenclatura Gramatical Brasileira) para designar palavras ou expressões que não se enquadram em nenhuma das classes gramaticais arroladas pela nomenclatura oficial. Não desempenham função sintática na frase, mas apresentam grande importância semântica e estilística, daí serem chamadas de denotadores por Evanildo Bechara (1999:291). Maria Tereza Biderman (2001:309) amplia o conceito de Bechara, classificando tais palavras/expressões de denotadores expressivos.

Ver, a respeito, o trabalho pioneiro de José Oiticica em seu *Manual de análise* (1947:48-55). Said Ali também tratou detidamente do assunto, sob o título de "Expressões de situação", em seu livro *Meios de expressão e alterações semânticas* (1951:48-80). Nos exemplos a seguir, destacamos em itálico alguns desses denotadores expressivos encontrados nos textos de Machado de Assis.

a) *Situação*
———

Formulei o pedido de cabeça, escolhendo as palavras que diria e o tom delas, entre seco e benévolo. (...). *Afinal* disse comigo que as palavras podiam servir, tudo era dizê-las em tom que não ofendesse. (DC, XIX).

....

Pouco a pouco veio-lhe a persuasão de que a pequena me faria feliz. *Então*, a esperança de que o nosso amor, tornando-me absolutamente incompatível com o seminário, me levasse a não ficar lá nem por Deus nem pelo Diabo. (DC, LXXX).

— Por que não vais vê-la? Não me disseste que o pai de Sancha te ofereceu a casa? — Ofereceu. — *Pois então*? Mas é [vais] se queres. (DC, LXXXI).

b) *Designação*

Eis aí um mistério; deixemos ao leitor o tempo de decifrar este mistério. (BC, LXXXVI. O advérbio de lugar *aí* reforça o sentido de designação contido no denotador expressivo *eis*).

Eis o réu que sobe à forca. (QB, XLVII).

— Mulher, *eis* aí o teu filho! Filho, *eis* aí a tua mãe! (DC, XCIX).

c) *Exclusão*

Não há nada no mundo que a faça mudar de resolução; *só* o tempo. (DC, XXI).

Não falo de mim, Deus meu, que *apenas* tive veleidades sexagenárias. (MA, 4/9/1888).

d) *Realce* (ou denotador expletivo)

Mas já que falei nos meus dois tios, deixem-me fazer aqui um curto esboço genealógico. (BC, III. Esta frase abre o capítulo III, e esse *mas* funciona como uma espécie de liame narrativo, ligando este capítulo ao final do anterior, em que Brás Cubas tinha feito menção aos seus dois tios. O denotativo *mas* apresenta também um sentido de justificativa para o conteúdo desse capítulo, justamente intitulado "Genealogia").

— Para que tornar-lhe a morte mais aflitiva pela certeza...? — *Lá* isso, não, atalhou Rubião; para ele, morrer é negócio fácil. (QB, IV. O expletivo *Lá* é um reforço de negação).

— O que eu digo é que tenho *cá* um palpite. (QB, LXXXIII. Esse *cá* enfatiza um desejo íntimo do Palha: a intenção de promover o casamento de Rubião com Maria Benedita).

Sabemos que a moça não era bonita. *Pois* estava linda, à força da felicidade. (QB, CXVI. O denotativo *pois* tem valor de contraste).

Mas é tempo de tornar àquela tarde de novembro, uma tarde clara e fresca. (DC, VIII. Aqui, a palavra *mas*, a par do seu valor expletivo, funciona também como uma espécie de liame narrativo, abrindo este capítulo e ligando-o ao anterior).

Mas vão *lá* matar a preguiça de uma alma que a trazia do berço e não a sentia atenuada pela vida! (DC, XX. O *lá* funciona como partícula de reforço da negação: Comparem: "Ninguém consegue matar a preguiça de uma alma...". A frase machadiana, com a palavra denotativa *lá*, marca de oralidade viva e espontânea, é muito mais expressiva).

— Você não me convidou. — *Pois* precisa convidar? Lá em casa todos ficaram gostando muito de você. (DC, LXXVIII. Nesse *pois* superpõem-se os valores de censura e estranhamento).

— Também eu fiquei gostando de todos, mas se é possível fazer distinção, confesso-lhe que sua mãe é uma senhora adorável. (...) *Com efeito*, gostei de ouvi-lo falar assim. (DC, LXXVIII e LXXIX. Nesse denotador em itálico, percebem-se as noções de realce e aprovação).

Lá se iam bailes e festas, *lá* ia a liberdade e a folga. (EJ, VI. Natividade, grávida, lamenta e sente a perda de suas atividades sociais, sobretudo os bailes e o teatro a que estava acostumada. As palavras expletivas *lá* e *se* enfatizam esse sentimento de perda experimentado pela personagem. Sem esses dois denotadores expressivos, a frase perderia muito em termos de expressividade estilística).

e) *Inclusão*

Eu via o meu filho, advogado, negociante, meti-o em várias universidades e bancos, e *até* aceitei a hipótese de ser poeta. (DC, CVIII. A frase é de Bentinho, fazendo planos para o filho que ele e Capitu, finalmente, iriam ter. A par da ideia de inclusão, o *até* parece apresentar também certo valor pejorativo).

f) *Ratificação*

Mostrei outro, mais outro, e ainda outro, este Pedro, aquele José, aquele outro Damião... — Todas as letras do alfabeto, interrompeu Escobar. *Com efeito*, eram diferentes letras, e só então reparei nisto. (DC, XCIII).

g) *Retificação*

Maio é também cantado na nossa poesia como o mês das flores, — e *aliás* todo o ano se pode dizer delas. (MA, fim de maio, 1888).

Paradoxo

O paradoxo (gr. *parádoxon*; *para* = contra; *doxa* = opinião) é uma figura de retórica que consiste no emprego de palavras ou expressões que contrariam a lógica ou o senso comum, donde resultam afirmações incoerentes ou absurdas, daí ser também chamado de antilogia ou contradição (v. "Antítese").

Pode suscitar comicidade, ironia ou admiração, como a que sentimos ao ler o belo soneto "Amor é fogo que arde sem se ver", de Luís de Camões, em que o poeta maior da língua portuguesa descreve, com engenho e arte, os aspectos contraditórios do amor. Lembremos aqui outro exemplo antológico de paradoxo, este de Fernando Pessoa: "O mito é o nada que é tudo". No conto "Primas de Sapucaia!" (*Histórias sem data*), Machado de Assis nos brinda com este expressivo paradoxo: **"Ele não podia deixá-la nem suportá-la"**. Aqui, o personagem está envolvido em uma contradição aparentemente insuperável, por envolver sentimentos contraditórios: o amor e o ódio. Passemos aos exemplos extraídos dos romances machadianos, cujos paradoxos destacamos em itálico.

Faria, apesar do dia e da festa, *ria mal, ria sério, ria aborrecido,* não acho forma de dizer que exprima com exação a verdade. É um desses homens nascidos para enfadar, todo arestas, todo secura. (MA, 29/10/1888. Além da gradação de advérbios de modo, existe aí também um paradoxo. Como é possível a alguém "rir mal, rir sério, rir aborrecido"? As duas figuras de retórica usadas por Machado enfatizam a reação contraditória desse homem esquisito e enfezado, "nascido para enfadar").

Aquele drama de amor, que parece haver nascido da perfídia da serpente e da desobediência do homem, ainda não deixou de dar enchentes a este mundo. (...). O drama é de todos os dias e de todas as formas, e *novo como o sol, que também é velho.* (MA, 13/3/1889. Entenda-se: o sol é novo porque renasce a cada dia, mas também é velho porque é imemorial e eterno. É exatamente como o amor, segundo essa imagem paradoxal de Machado de Assis).

Paralelismo sintático

O paralelismo sintático (ou simetria de construção) é um recurso estilístico bas-

tante usado por Machado de Assis, desde os seus primeiros romances e contos. Pode apresentar-se sob a forma de frases coordenadas, subordinadas ou correlacionadas. Há casos em que as frases ou os segmentos de frases têm a mesma extensão e apresentam certo ritmo prosódico na distribuição das sílabas tônicas, do que resulta uma espécie de prosa poética. Esse recurso é conhecido como isocronismo ou similicadência, como se vê em alguns exemplos a seguir (v. também o verbete "Binarismo").
Sobre o assunto, consultar o capítulo "Processos sintáticos", em Othon Moacyr Garcia (2003:52). Aos interessados, recomendamos a leitura dos sermões do Padre Antônio Vieira, mestre no uso do paralelismo sintático como recurso argumentativo, como se vê neste passo do Sermão da Quinta Quarta-Feira, em que o insigne orador sacro trata do amor e do ódio: "Se os olhos veem com amor, o corvo é branco; se com ódio, o cisne é negro; se com amor, o demônio é formoso, se com ódio, o anjo é feio; se com amor, o pigmeu é gigante; se com ódio, o gigante é pigmeu". (*Vieira, trechos escolhidos*. (org. Eugênio Gomes). RJ: Agir, 1971. p. 96). Destacamos em itálico os casos de paralelismo sintático.

As armas com que lutava eram certamente de boa têmpera, mas *se valiam muito para esgrimir, valiam pouco para pelejar*. (RE, VIII. Paralelismo contrastivo. Note-se o emprego da conjunção *se* com valor concessivo).

Mas *nem a viúva o insinuava, nem o médico o propunha*, e nesta situação mal definida alguns dias correram de tranquila felicidade. (RE, VIII. O paralelismo decorre da correlação aditiva representada pelas conjunções *nem ... nem*).

Jorge não contava muito com semelhante interrogação; todavia, *não era tão ingênuo que corasse, nem tão apaixonado que lhe tremesse a voz*. (ML, IX. Note-se o paralelismo rítmico decorrente da correlação *não tão... nem tão*, da qual se origina um período misto formado por dois períodos coordenados entre si. Por outro lado, cada oração coordenada é formada por um período composto por subordinação, em que se correlacionam uma oração principal e uma consecutiva).

Mediante os seus recursos, e muita paciência, arte e resignação, — não humilde, mas digna, — *conseguia* [Helena] *polir os ásperos, atrair os indiferentes e domar os hostis*. (HE, IV. Note-se o perfeito paralelismo sintático existente entre as estruturas das orações que compõem essa gradação ternária ascendente, formada por uma locução verbal: auxiliar + infinitivo + objeto direto).

A *inocência não teria mais puro rosto; a hipocrisia não encontraria mais impassível máscara*. (HE, VIII. Construção paralelística, à base de antíteses e de sintagmas nominais e verbais isomórficos. Repare-se no jogo de dissimulação (ser/parecer) praticado por Helena, para preservar os seus segredos diante de Estácio).

Aí vinham *a cobiça que devora, a cólera que inflama, a inveja que baba*. (BC, VII. Nesse delírio de Brás Cubas, observe-se o desfilar das paixões humanas (*cobiça, cólera, inveja*), acompanhadas de seus efeitos, descritos pelos verbos das orações adjetivas paralelísticas).

Reflexionou muito sem adiantar nada. *Ora que sim, ora que não*. (QB, LXIII. Alternância e antítese numa estrutura paralelística correlativa).

Rubião fitava a enseada, — eram oito horas da manhã. (...). Cotejava o passado com o presente. *Que era há um ano? Professor. Que é agora? Capitalista*. (QB, I. O discurso indireto livre do personagem se estrutura de forma paralelística e binária, com dez sílabas gramaticais e nove sílabas poéticas em cada segmento. Esse binarismo enfatiza o contraste entre o passado e o presente de Rubião, antes um humilde professor; agora, um capitalista, por força da herança recebida do falecido Quincas Borba).

Não pensava no jantar, que foi lauto, nem nos vinhos, que eram generosos. (QB, XLV. Isonomia sintática à base de orações coordenadas correlacionadas e orações adjetivas explicativas. Observe-se o ritmo prosódico da frase poética paralelística, construída com dois decassílabos perfeitos: no primeiro, a tônica na 3.ª, 7.ª e 10.ª sílabas, o que faz lembrar a métrica da lírica provençal, segundo Leodegário Azevedo Filho (1971:31); no segundo, na 3.ª, 6.ª e 10.ª sílabas).

— Ah! meu caro Rubião, isto de política pode ser comparado à paixão de Nosso Senhor Jesus Cristo; não falta nada, *nem o discípulo que nega, nem o discípulo que vende*. (QB, C. Recorrendo a uma retórica demagógica, o esperto Dr. Camacho mistura o sagrado com o profano. Machado põe na boca do personagem uma construção paralelística, com perfeito isocronismo, à base de duas orações coordenadas entre si. Metrificadas, ambas apresentam versos octossílabos, com a tônica na 4.ª e 8.ª sílabas. Observe-se que a comparação feita pelo personagem é irreverente, além de caricatural).

Cortou as relações antigas, familiares, algumas tão íntimas que dificilmente se poderiam dissolver; mas a arte de *receber sem calor, ouvir sem interesse e despedir--se sem pesar*, não era das suas menores prendas. (QB, CXXXVIII. Estrutura paralelística ternária à base de verbo + adjunto adverbial de modo. A reiteração gradativa enfatiza o propósito de Sofia de se livrar de relações incômodas do passado, que, na sua megalomania, não se coadunavam com seu novo *status* de emergente endinheirada).

Agora que expliquei o título, passo a escrever o livro. (DC, II. Note-se a similicadência existente nesse período composto por subordinação, em que as duas orações apresentam o mesmo número de sílabas métricas, formando um octossílabo perfeito. O acento tônico, em ambas, cai na 6ª e 8ª sílabas, uma das alternativas possíveis para o ritmo desse tipo de verso).

Lá se iam bailes e festas, lá ia a liberdade e a folga. (EJ, VI. Construção paralelística à base de orações coordenadas, com verbo intransitivo e sujeito composto colocado depois do verbo. O paralelismo sintático enfatiza as perdas de Natividade durante a gravidez: adeus passeios, adeus vida social. Os termos expletivos *lá* e *se* reforçam essa sensação de perda. Note-se que, na segunda oração, o verbo está no singular, concordando, por atração, com o núcleo mais próximo do sujeito composto: *liberdade*).

Apagaram-se as luminárias, reconstituíram-se as famílias, **tudo parecia reposto nos antigos eixos**. ("O alienista", XII, PA. Esta passagem descreve a paz que voltou a reinar em Itaguaí depois que o alienista Simão Bacamarte resolveu soltar todos os loucos da Casa Verde. As duas orações em itálico, paralelísticas, ambas na voz medial passiva, ambas com nove sílabas métricas (eneassílabo), estão em sintonia com esse novo estado de espírito reinante na vila de Itaguaí).

Paródia

Procedimento estilístico que imita de forma geralmente cômica ou satírica (a intenção exaltativa é mais rara) o tema ou a forma de outra obra. A paródia, que foi bastante explorada por Machado de Assis, sobretudo em *Memórias póstumas de Brás Cubas*, pressupõe a intertextualidade (v. verbete) e a ironia (v. "Humor irônico"). Servem de exemplo também, dentre outros, os contos "Na arca" e "O segredo do bonzo" (*Papéis avulsos*), paródias, respectivamente, dos estilos bíblico e quinhentista, marcadas ambas pelo humor irônico machadiano. A crônica de 2/4/1878, intitulada "Um cão de lata ao rabo", é uma paródia dos estilos estereotipados. A crônica de 1/7/1894, de *A semana*, é uma paródia do episódio bíblico do dilúvio (*Gênesis*, capítulos 6 a 9), assim como a de 4/9/1892, reproduzida em *Páginas recolhidas* com o título de "O Sermão do Diabo", é uma paródia do Sermão da Montanha (Evangelho de Mateus, capítulos 5 a 7). Lembremos que a primeira paródia da famosa "Canção do exílio", de Gonçalves Dias, foi feita por Machado de Assis na crônica de 5/9/1884, na série "Balas de estalo". Confira o leitor.

Com relação à paródia como recurso narrativo, empregado nos três grandes romances da segunda fase, Enylton de Sá Rego (1989:165) afirma que Machado de Assis "nas *Memórias póstumas de Brás Cubas*, realiza uma reescritura (sic) cômica do épico; em *Quincas Borba*, uma reescritura trágica do cômico; e em *Dom Casmurro*, uma reescritura da tragédia". Sobre as vinculações paródísticas da narrativa machadiana com a sátira menipeia (v. verbete), recomendamos a leitura do capítulo "Gênero e estilo das *Memórias póstumas de Brás Cubas*", de José Guilherme Merquior (1990:331). Na Introdução a *Papéis avulsos* (2005), também se encontra um proveitoso estudo de Ivan Teixeira sobre a paródia nos contos desse livro. Ver também o capítulo sobre a paródia em Valentim Facioli (2008:82).

Dos romances pesquisados neste trabalho, extraímos os seguintes exemplos de paródia.

Bem-aventurados os que não descem, porque deles é o primeiro beijo das moças. (BC, XXXIII. Brás Cubas dessacraliza as bem-aventuranças do Sermão da Montanha (Evangelho de Mateus, capítulo 5), adaptando o texto bíblico ao seu estilo cínico e desabusado. Ao não descer da Tijuca para a cidade, ele acabou ganhando um beijo de Eugênia, a pobre moça a quem ele rotulou ironicamente de "Vênus Manca", devido ao fato de ela ser coxa).

O tamanho das nossas barretinas estava pedindo um corte profundo, não só por serem deselegantes, mas também por serem anti-higiênicas. (BC, CXXXVII. Brás Cubas, na condição de deputado, interrompe uma importante discussão sobre matéria de natureza orçamentária, para fazer um discurso ridículo propondo uma alteração no tamanho das barretinas usadas no uniforme dos soldados. Trata-se, na verdade, de uma paródia machadiana do discurso parlamentar, geralmente vazio e demagógico).

Pobres formigas mortas! Ide agora ao vosso Homero gaulês, que vos pague a fama; a cigarra é que se ri, emendando o texto: *Vous marchiez? J'en suis fort aise./ Eh bien! mourez maintenant.* (QB, XC. "Vocês passeavam? Isto me alegra muito./Ora bem! Agora morram". Rubião havia matado umas formigas e logo depois apareceu uma cigarra cantando. Machado aproveita para fazer uma adaptação paródística dos conhecidos versos de La Fontaine (1621-1695), o Homero gaulês, na fábula "A cigarra e as formigas": — *Vous chantiez? j'en suis fort aise. /Eh bien! dansez maintenant*, "— Você cantava? Isto me alegra muito./Pois bem! Agora dance.").

É o que terias visto, se lesses com pausa. Sim, desgraçado, adverte bem que era inverossímil; que um homem, indo a uma aventura daquelas, fizesse parar o tílburi diante da casa pactuada. Seria pôr uma testemunha ao crime. *Há entre o céu e a terra muitas mais ruas do que sonha a tua filosofia*, — ruas transversais, onde o tílburi podia ficar esperando. (QB, CVI. Neste capítulo, Machado de Assis discorre, com mão de mestre, sobre o seu processo de criação narrativa e ainda aproveita para fazer referência ao seu amado Shakespeare. O trecho que destacamos em itálico é uma paródia da célebre frase de Hamlet, na peça homônima, Ato II, Cena 2: *There are more things in heaven and earth, Horatio,/Than are dreamt of in your philosophy*. "Há mais coisas entre o céu e a terra, Horácio,/Do que sonha a tua filosofia").

A noite não apagara a desconfiança do homem. E daí, quem sabe? Sim, não seria só simpatia mórbida. Sem conhecer Shakespeare, ele emendou Hamlet: "Há entre o céu e a terra, Horácio, muitas coisas mais do que sonha a vossa vã *filantropia*". (QB, CLXVIII. O Dr. Falcão, amigo da família de D. Fernanda, não acredita que a preocupação dela com a doença de Rubião seja apenas um gesto de caridade desinteressada. Homem "cético e frio", desconfia de que D. Fernanda e Rubião tiveram um caso amoroso, daí o interesse dessa senhora pelo pobre doente. Machado põe na boca desse Dr. Falcão a conhecida frase de Hamlet, fazendo um trocadilho entre "filosofia", como está no original, e *filantropia*. Além da visível intenção irônico-humorística, Machado enfatiza o ceticismo do Dr. Falcão e aproveita para citar, mais uma vez, o seu querido Shakespeare. Note-se, no original acima citado, que não existe o adjetivo "vã", aqui inserido pelo nosso Machado de Assis, que também pôs em itálico o termo *filantropia*, paródia de "filosofia").

— Tudo é música, meu amigo. No princípio, era o *dó*, e o *dó* fez-se *ré*, etc. (DC, IX. Palavras do velho maestro Marcolini dirigidas a Bentinho. A paródia é uma adaptação irreverente do texto do Evangelho de João, 1:1: "No princípio era o Verbo, e o Verbo estava com Deus, e o Verbo era Deus").

— Mulher, eis aí o teu filho! Filho, eis aí a tua mãe! (DC, XCIX. Quando Bentinho voltou bacharel, sua mãe, D. Glória, "quase estalou de felicidade". José Dias não podia perder essa oportunidade e dirigindo-se à mãe e ao filho, adapta, parodisticamente, a frase do Cristo, em sua hora extrema, como se lê no Evangelho de João, 19:26-27. Nota-se aqui, mais uma vez, a irreverência de Machado de Assis, que, misturando o sagrado com o profano, dessacraliza, em benefício de sua narrativa, a comovente e dramática passagem do texto bíblico).

Perífrase

É um circunlóquio, uma forma indireta, eufêmica ou irônica, de afirmar alguma coisa. Por exemplo: José Dias, em vez de dizer que Capitu era sonsa ou falsa, prefere chamá-la de **"cigana oblíqua e dissimulada"** (DC, XXV), perífrase intencionalmente pejorativa. É uma figura de linguagem que vai bem com o estilo sinuoso do próprio Machado de Assis. Nos exemplos a seguir, destacamos em itálico os casos de perífrase.

Na opinião do *filho do comerciante* esta razão de Helena encobria somente a ignorância de Helena. (HE, XII. A perífrase remete a Mendonça, cujo pai era do comércio. Parece haver uma ponta de ironia nessa figura empregada por Machado para se referir ao personagem).

Transposto o Rubicão, não havia mais que caminhar direito à *cidade eterna* do matrimônio. (HE, XIII. Rubicão (símbolo de obstáculo, dificuldade) é o nome do rio existente entre a Itália e a Gália Cisalpina, transposto por Júlio César com o intuito de tomar o poder em Roma, que, aliás, também é conhecida pela perífrase "cidade eterna". O Rubicão de Estácio é o casamento com Eugênia, filha do famigerado Dr. Camargo).

(...) o anjo das rogativas humanas porventura colheu em seu regaço os pensamentos do ancião [o padre Melchior], **e os levou aos pés *do eterno e casto amor*.** (HE, XVII. O termo em itálico é uma reverente perífrase para Deus).

Enquanto [Jorge] se vestia, pensava na situação do *ex-fornecedor do exército* (IG, XI. A perífrase, carregada de ironia, remete ao sórdido personagem Procópio Dias, que havia enriquecido durante a Guerra do Paraguai vendendo mercadorias (e provavelmente armas e munições) aos exércitos da Tríplice Aliança: Brasil, Argentina e Uruguai. Pescador de águas turvas, esse Procópio Dias).

[Iaiá Garcia] abriu a veneziana da janela e interrogou o céu. O céu não lhe respondeu nada; *esse imenso taciturno* tem olhos para ver, mas não tem ouvidos para ouvir. (IG, XIII. A perífrase "esse imenso taciturno" refere-se ao céu, cuja personificação possibilitou o emprego de *olhos* como metáfora romântica para estrelas).

Luís Dutra era um primo de Virgília que também *privava com as musas*. (BC, XLVIII. Elegante perífrase para dizer que o personagem era poeta).

Nisto, a chuva cessou um pouco, e um raio de sol logrou romper o nevoeiro. (...); mas *o grande astro* percebeu que a intenção dela [de Sofia] era constituí-lo lanterna de Diógenes. (QB, CLX. A perífrase "o grande astro" é uma referência poética ao sol. Diógenes (412-323 a.C.) é o irreverente filósofo grego, que, segundo a lenda, vivia num tonel. Consta que teria saído pelas ruas, em pleno dia, com uma lanterna acesa, "à procura de um homem". Naturalmente, Diógenes procurava um homem sábio e virtuoso. A sensual Sofia, com a libido à flor da pele, procurava outro tipo de homem).

Eram belos [os braços de Capitu], (...), não creio que houvesse iguais na cidade, nem os seus, leitora, que eram então de menina, se eram nascidos, mas provavelmente estariam ainda no mármore, donde vieram, ou nas mãos do *divino escultor*. (DC, CV. Nessa perífrase, notem-se o respeito e a reverência com que Machado se refere a Deus, "o divino escultor").

— Que digna senhora nos saiu *a criança travessa de Matacavalos*! (DC, CXVI. Perífrase de José Dias para se referir à Capitu adolescente. Por trás dessa perífrase, está o interesse do agregado em adular Bentinho, elogiando-lhe a esposa. A mesma a quem ele um dia chamou de **"cigana oblíqua e dissimulada"**).

Pleonasmo

Figura de estilo baseada numa redundância de termos, com o intuito de enfatizar uma informação ou evitar ambiguidade. Há dois tipos de pleonasmo: o semântico, em que ocorre reiteração de sentido, como se vê na expressão **"sair cá fora"** (DC, LIV), abaixo comentada; e o sintático, em que ocorre reiteração de função, como se vê no seguinte exemplo colhido no Prefácio de *Páginas recolhidas*: **"Montaigne explica pelo seu modo dele a variedade deste livro"**. Neste caso, *seu* e *dele* desempenham a mesma função sintática: adjunto adnominal do substantivo *modo*.

Sobre o assunto, sugerimos a leitura do artigo "Pleonasmo: sua utilização estilística na língua portuguesa", de Jesus Bello Galvão, (2006:390-420).

Vejamos alguns exemplos de pleonasmo em Machado de Assis.

a) *Pleonasmo semântico* (constitui a maioria das ocorrências; v. também "Objeto direto interno")

— Se alguma vez o reconheceste, não foi ontem; ontem cedeste a um *mau preconceito* contra as madrastas. (IG, XIII. A presença do adjetivo *mau* junto ao substantivo *preconceito*, reforçado pela preposição *contra*, torna redundante a frase, enfatizando o argumento de Estela, em conversa com a enteada Iaiá Garcia).

Marcela juntava-as [as joias] **todas dentro de uma caixinha de ferro, cuja chave ninguém *nunca jamais* soube onde ficava; escondia-a por medo dos escravos.** (BC, xv. A redundância *nunca jamais* reforça a ideia cumulativa de tempo e de negação contida nos dois advérbios. Note-se que o pronome indefinido *ninguém* também tem sentido negativo. Esse pleonasmo enfatiza o apego obsessivo da cortesã às joias recebidas de seus "admiradores").

Então resolvia embarcar imediatamente para cortar a minha vida em *duas metades*. (BC, xvii. A redundância "duas metades" significa as duas fases em que se dividiu a vida do jovem e perdulário Brás Cubas: antes e depois da amante, Marcela, aquela que o amara **"durante quinze meses e onze contos de réis"**. Para preservar suas finanças, o pai de Brás Cubas resolvera despachá-lo para estudar em Coimbra, com o intuito de separar o filho da voraz cortesã).

Ouço daqui uma objeção do leitor: — Como pode ser assim, diz ele, se *nunca jamais ninguém não* viu estarem os homens a contemplar o seu próprio nariz? (BC, xlix. Machado, avesso à linguagem enfática, aqui acabou resvalando para uma quádrupla negativa, na verdade, um pleonasmo e uma hipérbole, como se vê no trecho em itálico. Mas isso não é comum em seu estilo).

Vi, *claramente vista*, a meia dobra da véspera. (BC, li. Aqui, Machado ficou em ótima companhia, reproduzindo, quase literalmente, um verso de Camões, em *Lus.*, v, 18: "Vi, claramente visto, o lume vivo").

Casos de estudo, incidentes de nada, um livro, um mote, toda a velha papelada *saiu cá fora*, e rimos juntos. (DC, liv. Bentinho reencontra um velho companheiro de seminário, e ambos põem-se a desfiar recordações da juventude, de forma que tudo "saiu cá fora". O pleonasmo reforça esse extravasamento da memória afetiva dos dois ex-seminaristas).

Ora bem, a viúva Noronha mandou uma carta a D. Carmo, (...). Não tem frases feitas, nem frases rebuscadas; é simplesmente simples, se tal advérbio vai com tal adjetivo; creio que vai, ao menos para mim. (MA, 30/6/1888. Machado questiona a redundância semântica no emprego do advérbio *simplesmente* como determinante do adjetivo *simples*. É que sua sensibilidade linguística deve ter acusado o pleonasmo com termos cognatos daí resultante. Mas, percebendo tratar-se de uma questão de realce, de reforço da expressão, ou seja, mais estilística do que propriamente gramatical, visando a enfatizar a simplicidade do estilo de Fidélia, reconhece a legitimidade de sua construção, usando o verbo modalizador *crer*: **"creio que vai** [que vai bem o advérbio com o adjetivo]". E, apelando para o seu sentimento de fino conhecedor dos segredos da língua, justifica-se: **"ao menos para mim"**. Ora, a escolha é que dá vida ao estilo, e, neste caso, Machado escolheu bem, para variar, pois ficou em ótima companhia. Ninguém menos que Camões, como se vê no exemplo acima citado, em BC, li).

b) *Pleonasmo sintático*

Os homens, *esses* ou não sentem ou abafam o que sentem. (RE, v. Note-se que o sujeito (*Os homens*), topicalizado e seguido de ligeira pausa, representada pela vírgula, é retomado pelo pronome demonstrativo *esses*, que desempenha a mesma função sintática).

Todo aquele reviver das coisas parecia estar pedindo uma igual aurora nas almas. Estas é que deviam falar ali *a sua* língua *delas*, amorosa e cândida. (ML, iii. Note-se a influência da sintaxe clássica lusitana na expressão "a sua língua delas", pleonasmo em que tanto o pronome possessivo *sua* quanto a expressão de reforço *delas* desempenham a mesma função sintática: adjunto adnominal do substantivo *língua*).

As derradeiras palavras ouviu-*as* ele com os olhos fitos na irmã. (HE, VI. Atente-se para a topicalização do objeto direto (*As derradeiras palavras*) e sua retomada no pronome oblíquo pleonástico *as*. Trata-se de recursos de estilística sintática, empregados para enfatizar a perplexidade de Estácio diante do raciocínio lógico e do desembaraço verbal de Helena).

Jorge fingia não compreender; mais do que isso, forcejou por se persuadir *a si próprio* que não compreendia. (IG, XIV. A expressão de reforço *a si próprio* realça a função de objeto direto do pronome reflexivo *se*, que retoma o termo *Jorge*, sujeito da oração).

Quando Rubião chegou à esquina do Catete, a costureira conversava com um homem, que a esperara, e que lhe deu logo depois o braço; viu-os ir *ambos*, conjugalmente, para o lado da Glória. (QB, XCVII. O pronome oblíquo *os* é o sujeito do infinitivo *ir*. Mas Machado retoma pleonasticamente esse sujeito no numeral dual *ambos*, com o intuito de enfatizar a relação conjugal existente entre a costureira de Sofia e o homem que a esperava. Não satisfeito, ainda reforça essa relação com o advérbio de modo *conjugalmente*).

***A narração e o diálogo*, tudo [Capitu] parecia remoer consigo.** ((DC, XXXI. O termo em itálico, topicalizado, é o objeto direto do verbo *remoer*. O pronome indefinido *tudo*, objeto direto pleonástico, retoma, como aposto resumitivo, o termo "A narração e o diálogo". A frase na ordem direta teria a seguinte redação: "Capitu parecia remoer consigo a narração e o diálogo". Para realçar a importância do objeto direto, Machado resolveu antecipá-lo, retomando a informação a partir do pronome *tudo*).

Mas o uso, *esse* era filho também do carrancismo que ela confessava aos amigos. (DC, LXXXVII. O pronome demonstrativo *esse* retoma o sujeito. Tal pleonasmo, usado após a pausa prosódica representada pela vírgula, reforça a importância do termo que o autor quer destacar: "o uso").

Não disse [mana Rita] mais sobre este assunto, mas provavelmente tornará a ele, até alcançar o que lhe parece. Já meu cunhado dizia que era *seu* costume *dela*, quando queria alguma coisa. (MA, 12/1/1888. A expressão de reforço *dela* desfaz a ambiguidade no emprego do pronome possessivo *seu*, que tanto poderia referir-se ao cunhado, quanto à mana Rita. Trata-se de expressão pleonástica usada no período arcaico da língua e preservada na prosa clássica portuguesa. Note-se que *seu* e *dela* desempenham a mesma função sintática: adjunto adnominal do substantivo *costume*).

Parece que os libertos vão ficar tristes; sabendo que ela [Fidélia] transfere a fazenda, pediram-lhe que não, que a não vendesse, ou que os trouxesse *a todos* consigo. (MA, 10/8/1888. É de praxe usar-se o pronome indefinido *todo* preposicionado, quando este funciona como objeto direto. Aqui, ele também é pleonástico, pois repete a mesma função do pronome oblíquo *os*: objeto direto).

Aguiar vai à fazenda de Santa-Pia, em visita de pêsames a Fidélia; (...). — Ambos *nós* sentimos a dor que aflige a nossa boa amiga. (MA, 21/6/1888. Frase de Aguiar em conversa com o Conselheiro Aires. Bastaria ao personagem ter dito "Ambos sentimos a dor", mas o pleonasmo sintático do pronome *nós* reitera e enfatiza que tanto ele, Aguiar, quanto a esposa, D. Carmo, estavam solidários com Fidélia e ficaram muito sentidos com a morte do pai da viúva. Tanto assim, que Aguiar resolveu ir pessoalmente à fazenda, "em visita de pêsames" a Fidélia. Note-se que, além do numeral dual *ambos*, a forma verbal *sentimos*, na primeira pessoa do plural, e o pronome possessivo *nossa* já seriam suficientes para expressar a mesma ideia, tornando dispensável a presença do pronome pessoal *nós*, que, aliás, desempenha a mesma função sintática de *ambos*: sujeito da oração).

— Esse sentimento há de custar pouco ao Tristão, estando aqui de passagem. Ao que repliquei: — Também não lhe **custará muito *a Fidélia*, sabendo que ele se vai embora daqui a pouco.** (MA, 8/9/1888. *Custar*, com o sentido de "causar sacrifício a alguém", é transitivo indireto, tendo como complemento um objeto indireto de pessoa. Note-se que *a Fidélia* é objeto indireto pleonástico, usado como expressão de reforço do pronome oblíquo *lhe*).

Merece destaque também o chamado **superlativo enfático** (ou redundante), comum nos autores clássicos portugueses, em cujas fontes Machado de Assis deve ter se abeberado. Esse recurso consiste em usar um adjetivo e, logo em seguida, repeti-lo sob a forma de superlativo. Tal procedimento pleonástico tem como objetivo amplificar a informação dada pelo primeiro adjetivo. É um recurso de estilística sintática, usado para enfatizar algum fato ou alguma informação. Nos exemplos, destacamos em itálico os superlativos.

Era certo e *certíssimo* que Carlos Maria não correspondera às primeiras esperanças. (QB, CVII).

Se soubesse, não teria falado, mas falei pela veneração, pela estima, pelo afeto, para cumprir um dever amargo, um dever *amaríssimo*... (DC, III. Palavras do hiperbólico José Dias. O termo *amaríssimo* é o superlativo erudito do adjetivo *amargo*).

Não esqueça dizer que, em 1888, uma questão grave e *gravíssima* os fez concordar também, ainda que por diversa razão. (EJ, XXXVII. A questão a que se refere o Conselheiro Aires é a da escravidão, que seria abolida pela Princesa Isabel no dia 13/5/1888).

Poliptoto

Figura de retórica que consiste na repetição da mesma palavra com terminações diferentes, como se vê nestes versos de Camões, *Lus.*, I, 106, em que o pronome indefinido *tanto* se repete sob diversas flexões: "No mar, *tanta* tormenta e *tanto* dano,/ *Tantas* vezes a morte apercebida". Seu objetivo é enfatizar uma ideia ou informação, podendo suscitar comicidade em certos casos. Nos exemplos a seguir, destacamos em itálico os casos de poliptoto.

Talvez esse discreto silêncio [do verme] **sobre os textos *roídos* fosse ainda um modo de *roer o roído*.** (DC, XVII. Observe-se o rendimento expressivo que Machado consegue obter com a série morfossintática *roer* > *roídos* > *o roído*, todos pertencentes à mesma raiz, mas com terminações e funções diferentes. No sintagma "textos roídos", o adjetivo está no masculino plural, na função de adjunto adnominal. Em "roer o roído", o objeto direto interno (*o roído*) é um particípio substantivado. Nota-se nessa construção uma ponta do humor machadiano).

Continuei a alisar os cabelos, com muito cuidado, e dividi-os em duas porções iguais, para compor as duas tranças. Não as fiz logo, nem assim depressa, como podem supor os cabeleireiros de ofício, mas *devagar, devagarinho*, saboreando pelo tato aqueles fios grossos, que eram parte dela. (DC, XXXIII. A reiteração e o desdobramento, no grau diminutivo, do advérbio *devagar* enfatizam a noção de aspecto (duração do processo verbal) lento e progressivo da ação praticada voluptuosamente por Bentinho).

Eram tantos os castelos que [meu pai] engenhara, *tantos* e *tantíssimos* os sonhos, que não podia vê-los assim esboroados, sem padecer um forte abalo no organismo. (BC, XLIV. O pronome indefinido *tantos* se repete no grau superlativo).

Não esqueça dizer que, em 1888, uma questão *grave* e *gravíssima* os fez concordar também, ainda que por diversa razão. (EJ, XXXVII. O adjetivo *grave* se desdobra num superlativo enfático, por meio do poliptoto).

Polissíndeto

Figura de sintaxe que consiste na repetição de um conectivo, geralmente a conjunção aditiva *e*. O saudoso mestre Celso Cunha (1994:585) explica o efeito estilístico decorrente do emprego dessa figura de linguagem: "Com o polissíndeto interpenetram-se os elementos coordenados; a expressão adquire uma continuidade, uma fluidez, que a tornam particularmente apta para sugerir movimentos ininterruptos ou vertiginosos". Esta descrição aplica-se à maioria dos exemplos a seguir apresentados, como também a estes versos do conhecido poema "A mosca azul" (OC, Aguilar, v. 3, 1997:161): "*E* zumbia, *e* voava, *e* voava, *e* zumbia".

Luís Alves (...) declarou amavelmente que se opunha à viagem [da baronesa e Guiomar] (...); que era um erro *e* um crime deixar aquela casa viúva da benevolência *e* da graça *e* do gosto *e* de todas as mais qualidades excelentes que ali iam achar os felizes que a frequentavam. (ML, XII. A reiteração do *e* reforça o discurso argumentativo do personagem).

A vida estrebuchava-me no peito, (...), eu descia à imobilidade física e moral, *e* o corpo fazia-se-me planta, *e* pedra, *e* lodo, *e* coisa nenhuma. (BC, I. Atente-se para a ideia de continuidade e gradação descendente contida nesse polissíndeto. Ou melhor, releia-se a explicação acima, de Celso Cunha).

Valsamos uma vez, *e* mais outra vez. (...). Creio que nessa noite apertei-lhe a mão com muita força, *e* ela deixou-a ficar, como esquecida, *e* eu a abraçá-la, *e* todos com os olhos em nós, *e* nos outros que também se abraçavam *e* giravam... (BC, L. A repetição do *e* expressa uma sucessão de atos ininterruptos, como os giros da rodopiante valsa vienense que arrebatou os dois futuros amantes, Brás Cubas e Virgília).

Eu falava-me, eu perseguia-me, eu atirava-me à cama, *e* rolava comigo, *e* chorava, *e* abafava os soluços com a ponta do lençol. (DC, LXXV. Bentinho surpreendeu Capitu olhando para um rapaz que passava a cavalo sob sua janela e teve seu primeiro acesso de ciúmes. A reiteração do *e* confere vivacidade e dramatismo à descrição dos atos sucessivos e desconsolados do ciumento adolescente. Note-se a inusitada combinação de polissíndeto e assíndeto, representado este pelas três primeiras orações coordenadas do período composto).

Ouvi as súplicas de Desdêmona, as suas palavras amorosas *e* puras, *e* a fúria do mouro, *e* a morte que este lhe deu entre aplausos frenéticos do público. (DC, CXXXV. O polissíndeto do *e* dramatiza a gradação ascendente que culmina na morte trágica da infeliz Desdêmona, assassinada injustamente por Otelo, na peça homônima de Shakespeare).

E lá foi, *e* lá andou, *e* lá descobriu o padre, dentro de uma casinha — baixa. (MA, 31/7/1888. Tristão, ao voltar de Portugal, já adulto, não descansou enquanto não descobriu o padre que o havia batizado. O polissíndeto acima dá conta dessa procura insistente e paciente do afilhado de D. Carmo. Essa reiteração do *e* faz lembrar o estilo das narrativas bíblicas. Seu emprego vai bem numa passagem em que se busca um representante da Igreja).

Preterição

A preterição (ou paralipse) é uma figura de estilo mediante a qual o autor "finge" que não sabe alguma coisa ou que não vai falar sobre determinado assunto, mas acaba fazendo exatamente o contrário. Como se vê, sinuosa e bem machadiana é essa figura. O efeito estilístico pode estar na ironia ou no realce que o autor pretende atribuir a um termo ou a uma situação.

Empregando essa figura, Machado de Assis acaba dizendo o que finge não dizer, numa espécie de ênfase dissimulada, como ele o faz, por exemplo, nesta passagem do conto "Cantiga de esponsais" (*Histórias sem data*): "Não lhe chamo a atenção para os padres e sacristães, nem para o sermão, nem para os olhos das moças cariocas, que já eram bonitos nesse tempo, nem para as mantilhas das senhoras graves, os calções, as cabeleiras, as sanefas, as luzes, os incensos, nada". É muita informação para quem não queria chamar a atenção do leitor. Outro exemplo interessante aparece no "Conto de escola" (*Várias histórias*), possível reminiscência autobiográfica, em que Machado emprega uma espécie de preterição assumida: "Custa-me dizer que eu era dos mais adiantados da escola; mas era. Não digo também que era dos mais inteligentes, por um escrúpulo fácil de entender e de excelente efeito no estilo, mas não tenho outra convicção".

Cumpre registrar que a preterição está presente em toda a obra de ficção de Machado de Assis, desde os seus primeiros romances e contos até o *Memorial de Aires*, seu último romance. Mas passemos aos exemplos.

Havia nisto um pouco de meio indireto, de tática, de afetação, estou quase a dizer de hipocrisia, se não tomassem a má parte do vocábulo. (ML, XVIII. O escrúpulo de Machado em não classificar de hipócrita sua personagem Guiomar é pura figura de retórica, carregada de ironia, porque, na verdade, ele acabou fazendo o que diz não fazer).

Não direi as traças que urdi, nem as peitas, nem as alternativas de confiança e temor, nem as esperas baldadas, nem nenhuma outra dessas coisas preliminares. (BC, XV. Nem precisava dizer).

Não, não direi que assisti às alvoradas do romantismo, que também eu fui fazer poesia efetiva no regaço da Itália; não direi coisa nenhuma. (BC, XXII. Imaginem se tivesse dito).

Não digo que já lhe coubesse a primazia da beleza, entre as mocinhas do tempo, porque isto não é romance, em que o autor sobredoura a realidade e fecha os olhos às sardas e espinhas; mas também não digo que lhe maculasse o rosto nenhuma sarda ou espinha, não. (BC, XXVII. Vejam a técnica da preterição: dizendo que não vai dizer, o narrador acaba dizendo tudo o que queria. Note-se a crítica ao estilo açucarado do Romantismo: "isto não é romance, em que o autor sobredoura a realidade").

Poderia eu tirar ao leitor o gosto de notar por si mesmo a frieza, a perspicácia e o ânimo dessas poucas linhas traçadas à pressa; e por trás delas a tempestade de outro cérebro, a raiva dissimulada, o desespero que se constrange e medita, por que tem de resolver-se na lama, ou no sangue, ou nas lágrimas? (BC, CVIII. Discurso típico do narrador dissimulado. Detalhando as informações, ele não fez outra coisa senão "tirar ao leitor o gosto de notar por si mesmo...").

Deus me livre de contar a história do Quincas Borba, que aliás ouvi toda naquela triste ocasião, uma história longa, complicada, mas interessante. (BC, CIX. Mas ele não fez outra coisa senão contar a história do Quincas Borba. Confira o leitor lendo o capítulo integralmente).

Se falasse, por exemplo, no botão de ouro que trazia ao peito, e na qualidade do couro das botas, iniciaria uma descrição, que omito por brevidade. Contentem-se de saber que as botas eram de verniz. (BC, CIX. Iniciaria uma descrição? Já está mais que iniciada).

Não obstante, calo-me, não digo nada, não conto os meus serviços, o que fiz aos pobres e aos enfermos, nem as recompensas que recebi, nada, não digo absolutamente nada. (BC, CLVII. Brás Cubas dissimula a falsa modéstia por trás de uma longa e irônica preterição).

Ah! como eu sinto não ser um poeta romântico para dizer que isto era um duelo de ironias! Contaria os meus botes e os dela, a graça de um e a prontidão de outro, e o sangue correndo, e o furor da alma, até ao meu golpe final. (DC, XLIV. Capitu, irônica, desafia Bentinho a trocar o seminário por ela. Machado, pela pena do narrador, diz que não vai contar o "duelo de ironias", mas não faz outra coisa senão contá-lo, e em detalhes. Note-se a crítica dissimulada aos ingredientes folhetinescos do romance romântico).

Flora não queria casar. Não se descreve a admiração do secretário, em seguida a consternação, finalmente a indignação. (EJ, CIV. Flora recusou a proposta de casamento feita pelo novo-rico Nóbrega. Aires, o narrador, finge não descrever a reação do secretário de Nóbrega, mas não faz outra coisa no trecho citado, recorrendo à preterição e a uma gradação ascendente).

Não ponho aqui tais lágrimas, nem as promessas feitas, as lembranças dadas, os retratos trocados entre o afilhado e os padrinhos. (MA, 4/2/1888. Na verdade, o Conselheiro Aires não queria outra coisa, senão pôr em seu diário todas as informações que diz sonegar. Mesmo neste seu último livro, Machado continua a cultivar a preterição, essa forma enviezada de dizer as coisas).

Tristão ouviu sorrindo isto que lhe disse; depois repetiu, como quem pensava: — A pessoa do filho pintada pela filha...

Não ponho aqui o sorriso porque foi uma mistura de desejo, de esperança e de saudade, e eu não sei descrever nem pintar. (MA, 22/10/1888. O Conselheiro Aires propõe a Tristão sugerir a Fidélia que pinte o retrato dele e de D. Carmo, juntos. Ou seja, "A pessoa do filho pintada pela filha", já que D. Carmo considerava os dois jovens como seus filhos postiços. E, ao descrever a reação de Tristão, mais uma vez a pena vadia do Conselheiro-Machado resvala para a preterição, fingindo que não a está descrevendo. O uso do cachimbo faz a boca torta. Além da preterição, note-se a falsa modéstia do autor-narrador: "eu não sei descrever nem pintar". Imaginem se soubesse...).

Prosopopeia

Figura de retórica pela qual se atribuem qualidades e características humanas a seres irracionais ou inanimados. Em *Os Lusíadas*, III, 83, Camões, para reverenciar a memória de D. Afonso Henriques, diz que até a natureza chorou a morte do rei: "Os altos promontórios o choraram". A prosopopeia também confere vida e fala a pessoas mortas, apresentando-as como se vivas fossem e estivessem presentes, como se lê nestes versos de Castro Alves: "Andrada! arranca esse pendão dos ares!/Colombo! fecha a porta dos teus mares!". Nesse sentido, um romance como *Memórias póstumas de Brás Cubas*, que dá voz a um "defunto autor", seria uma "extensa prosopopeia", no dizer de Nilce Sant'Anna Martins (2000:216).

Em nome da expressividade, conceitos abstratos também podem ser personificados, como fez Machado de Assis no conto "A cartomante" (*Várias histórias*): **"A virtude é preguiçosa e avara, não gasta tempo nem papel; só o interesse é ativo e pródigo"**. Como se vê, trata-se de um importante recurso da linguagem literária, usado tanto na poesia quanto na prosa. A prosopopeia é também chamada de personificação, posição adotada neste trabalho,

embora alguns autores estabeleçam distinção entre uma e outra.
Vejamos alguns exemplos de prosopopeia nos romances pesquisados.

Mais tarde, [Quincas Borba, o cão] passava as horas, calado, triste, enrolado em si mesmo, ou então com o corpo estendido e a cabeça entre as mãos. (QB, IX. Machado personifica a figura do cão, atribuindo-lhe comportamento e anatomia humanos. Afinal, não é comum aplicar-se o adjetivo *calado* a animais; além disso, cachorro também não tem mãos, mas patas. Com essa personificação do animal, estaria Machado sugerindo que o espírito do falecido Quincas Borba estava "encarnado" no cachorro homônimo? Seria uma espécie de metempsicose, fenômeno possível segundo a estapafúrdia doutrina do "filósofo" criador do Humanitismo).

Foi uma cena de delírio; o cachorro pagava as carícias do Rubião, latindo, pulando, beijando-lhe as mãos. (QB, XVII. Outra vez, Machado atribui uma ação humana — a de beijar — ao cachorro Quincas Borba).

Viu bem, ainda uma vez, que a prima era uma bela criatura. A plástica levou-lhe os olhos, — o respeito os desviou. (QB, CXVIII. Carlos Maria está de olho nos atributos físicos da prima, D. Fernanda. Para descrever as diferentes reações do personagem, Machado de Assis personifica os dois substantivos-sujeitos: o concreto "plástica" e o abstrato "respeito").

Assim, quando Sofia chegou à janela que dava para o jardim, ambas as rosas riram-se a pétalas despregadas. Uma delas disse que era bem feito! bem feito! bem feito! — Tens razão em te zangares, formosa criatura, acrescentou, mas há de ser contigo, não com ele. Ele que vale? Um triste homem sem encantos, pode ser que bom amigo, e talvez generoso, mas repugnante, não? (...) — Não é tanto assim, interrompeu a outra rosa, com a voz irônica e descansada; ele diz alguma coisa, (...). Se hás de amar a alguém, fora do casamento, ama-o a ele, que te ama e é discreto. (QB, CXLI. Repare-se na genialidade de Machado de Assis. Para expressar o conflito íntimo da personagem, ele recorre a uma alegoria, personificando duas rosas que se põem a dialogar com Sofia. Uma delas sugere desprezo a Rubião; a outra sugere amor. Na verdade, é a própria consciência conflituosa de Sofia, a dialogar consigo mesma, dividida entre a virtude e o adultério. Recomendamos a leitura integral desse capítulo).

Já se não lembrava do motivo que o fizera mudar de rumo, e desceu outra vez, e o cão atrás, sem entender nem fugir. (QB, CXCVI. Mais uma vez, Machado de Assis atribui características humanas ao cão Quincas Borba. Aqui, o animal, que apresenta uma lucidez que falta a Rubião, é incapaz de "entender" o comportamento desatinado de seu dono).

Um coqueiro, vendo-me inquieto e adivinhando a causa, murmurou de cima de si que não era feio que os meninos de quinze anos andassem nos cantos com as meninas de quatorze. (DC, XII. Bentinho apela para os bons ofícios de um coqueiro, imaginando-o a legitimar o seu namoro adolescente com Capitu).

As pernas desceram-me os três degraus que davam para a chácara, e caminharam para o quintal vizinho. (DC, XIII. Há um tom de humor nesta personificação do termo "pernas". Note-se que o verbo *descer*, que pode ser transitivo indireto ou intransitivo, foi usado como transitivo direto, caso em que tais verbos adquirem sentido factivo ou causativo. Repare: "As pernas desceram-me" = as pernas fizeram-me descer).

A insônia, musa de olhos arregalados, não me deixou dormir uma longa hora ou duas. (DC, LV. Bentinho, no seminário, antes de dormir, pensou em compor um soneto, mas não conseguia passar do primeiro verso. A inspiração não vinha, e ele, agitado, acabou perdendo o sono. Machado de Assis, porém, para compensar seu personagem, personifica-lhe a insônia, aplicando-lhe uma poética definição por meio do aposto "musa de olhos arregalados").

A noite não me respondeu logo. Estava deliciosamente bela, os morros palejavam de luar e o espaço morria de silêncio. Como eu insistisse, declarou-me que os sonhos já não pertencem à sua jurisdição. (DC, LXIV. Bentinho indaga da noite por que os sonhos se esgarçam tão rapidamente. Personificada como mulher, ela responde ao narrador, o qual, em contrapartida, faz dela uma bela descrição poética, que pode ser metrificada em versos decassílabos: "Estava deliciosamente bela", com a tônica na 8.ª e 10.ª sílabas (imperfeito sáfico); "os morros palejavam de luar" e "o espaço morria de silêncio", heroicos, tônica na 6.ª e 10.ª sílabas).

Logo que minha mãe morreu, querendo ir para lá, fiz primeiro uma longa visita de inspeção por alguns dias, e toda a casa me desconheceu. No quintal a aroeira e a pitangueira, o poço, a caçamba velha e o lavadouro, nada sabiam de mim. A casuarina era a mesma que eu deixara ao fundo, mas o tronco, em vez de reto, como outrora, tinha agora um ar de ponto de interrogação; naturalmente pasmava do intruso. (DC, CXLIV. Bentinho, após a morte da mãe e a separação de Capitu, volta proustianamente à casa de sua infância na rua de Matacavalos, em busca do tempo perdido. A casa o estranhou, e ele próprio sentiu-se um intruso, percebendo a impossibilidade de recuperação do tempo passado. É que agora quem está ali não é mais o adolescente Bentinho, e sim Dom Casmurro, um velho desamado e solitário, sem vínculos afetivos: a mãe estava morta, e sua família, Capitu e Ezequiel, ele a destruíra, com seu ciúme doentio e delirante. Ao mandar demolir a velha casa de sua infância, o último vínculo afetivo que lhe restava, estava simbolicamente destruindo seu passado, que ele, contraditoriamente, tenta recuperar construindo uma casa idêntica no Engenho Novo e escrevendo a história de sua vida. Mais sábia que ele foi a casuarina, como se o interrogasse: "Que está o senhor fazendo aqui? Não sabe que é impossível reatar as duas pontas da vida?". Sobre as implicações afetivas e memorialísticas da palavra *casa* na obra de Machado de Assis, ver o artigo "A casa: uma em Machado, outra em Eça", de Beatriz Berrini, em *Recortes machadianos*, 2003:277).

E as mãos dela irão falando, pensando, vivendo aquelas notas que a memória humana guarda impressas. (MA, 31/8/1888. Aires personifica as mãos de Fidélia, imaginando-as ao piano a tocar "de cor, na ponta dos dedos", lindas páginas musicais. Mas, por meio da prosopopeia, as mãos da personagem não apenas tocam, mas também falam, pensam, vivem. Imagem expressiva que deixa transparecer o gosto de Machado de Assis pela música, sinônimo de vida e de beleza para ele).

Vim pela rua da Princesa [atual Correia Dutra], pensando nele e nela, sem me dar conta de um cão que, ouvindo os meus passos na rua, latia de dentro de uma chácara. (...). Perto da rua do Catete, o latido ia diminuindo, e então pareceu-me que me mandava este recado: "Meu amigo, não lhe importe saber o motivo que me inspira este discurso; late-se como se morre, tudo é ofício de cães, e o cão do casal Aguiar latia também outrora". (MA, 18/9/1888. Esta fantasia, um tanto extravagante, do Conselheiro Aires, que imagina um cachorro a mandar-lhe um recado, guarda semelhança com uma passagem do romance *Quincas Borba*, capítulo XXVIII, em que Machado de Assis descreve o "pensamento", verdadeira fantasia onírica, do cão Quincas Borba, legado a Rubião pelo filósofo homônimo).

Quebra de paralelismo semântico

Em princípio, termos coordenados entre si devem conter algum tipo de afinidade semântica. A desconexão lógica de sentido, nesses casos, caracteriza a ausência de paralelismo semântico, um tipo de "desvio que consiste em coordenar duas ideias que, aparentemente, não têm nenhuma relação entre si", como ensina Jean Cohen (1966:172). Trata-se de um recurso estilístico a que Machado de Assis gosta de recorrer, para enfatizar indiretamente determinadas situações ou características e comportamentos dos personagens. Misturando coisas desiguais e inusitadas ou termos concretos e abstratos, ele quebra a isonomia semântica que deveria existir numa frase coordenada. Esta se apresenta então impregnada de ironia e de malícia, além de criar, por vezes, uma imagem impressionista, situação que desperta a atenção do leitor e, ao mesmo tempo, suscita comicidade.

Trata-se de um estilema machadiano, um recurso usado com certa frequência pelo autor de *Dom Casmurro*, desde seus primeiros textos ficcionais, como se vê neste exemplo extraído do conto "Uma excursão milagrosa", publicado no *Jornal das Famílias* de maio de 1866: "**Absorto nestas e noutras reflexões estava o meu amigo. Tito, poeta aos vinte anos, *sem dinheiro e sem bigode*"**. Note-se como aqui já se destaca o inconfundível humor de Machado de Assis, àquela altura com apenas 26 anos de idade. Representativa também é a seguinte passagem do conto "A cartomante" (*Várias histórias*): "**No princípio de 1869, voltou Vilela da província, onde casara com uma dama *formosa e tonta*"**. Observe-se que o contraste entre os dois adjetivos empregados realça a contradição entre o aspecto físico (*formosa*) e o caráter moral da personagem (*tonta*, "sem juízo"). Sobre o assunto, v. Othon Moacyr Garcia (2003:60). Mas passemos aos romances pesquisados neste trabalho.

Uma terceira pessoa era a única esperança de pacificação; Estácio alongou o olhar pelo jardim em busca desse *deus ex machina*. Apareceu ele enfim sob a forma de um Carlos Barreto, — estudante de medicina, que cultivava simultaneamente a patologia e a comédia, mas prometia ser melhor Esculápio que Aristófanes. (HE, v. A quebra de paralelismo semântico na mistura de coisas díspares, como patologia e comédia, suscita o humor irônico com que Machado mete em ridículo o personagem. Esculápio é o deus da Medicina; Aristófanes, o célebre comediógrafo grego do século VI a.C.).

Minha mãe era uma senhora fraca, (...); temente às trovoadas e ao marido. (BC, XI. Apesar do humor, a imagem é patética, deixando entrever a condição social e humana da mulher na época a que se refere a narrativa, as primeiras décadas do século XIX).

O Vilaça levava nos olhos umas chispas de vinho e de volúpia. (BC, XII. Notem-se a malícia e a comicidade resultantes do contraste entre categorias semânticas desiguais, representadas pelo substantivo concreto – *vinho* – e o abstrato – *volúpia*. Além da imagem impressionista que esse contraste suscita aos olhos do leitor).

Marcela amou-me durante quinze meses e onze contos de réis. (BC, XVII. Tempo e interesse se contrapõem nessa conhecida tirada de excepcional efeito humorístico).

Naquele ano, morria de amores por um certo Xavier, sujeito abastado e tísico, — uma pérola. (BC, XIV. No sintagma *sujeito abastado e tísico*, o contraste entre os adjetivos empregados reveste-se de humor irônico e caricato. Note-se, ainda, que Brás Cubas, roído de ciúmes do rival, exulta com sua doença e ainda lhe sapeca uma metáfora mordaz: *uma pérola*).

E eis que me surge o passado, ei-lo que me lacera e beija; ei-lo que me interroga, com um rosto cortado de saudades e be-

xigas... (BC, XL. Contraste entre o sublime – *saudades* – e o grotesco – *bexigas*. A antecipação do termo abstrato *saudades* realça esse contraste).

Mas [Virgília] **rezava todas as noites, com fervor, ou, pelo menos, com sono**. (BC, LVII. Brás Cubas ironiza a religiosidade superficial da amante misturando o sagrado – *fervor* – com o profano – *sono*).

As calças, de brim pardo, tinham duas fortes joelheiras, enquanto as bainhas eram roídas pelo tacão de um botim sem misericórdia nem graxa. (BC, LIX. Repare-se como é gritante o contraste cômico estabelecido entre o sublime e abstrato *misericórdia* e o prosaico e concreto *graxa*. Não se podia esperar outra coisa de um livro escrito "com a pena da galhofa e a tinta da melancolia").

Viegas tossia com tanta força que me fazia arder o peito. (BC, LXXXIX. Usando o pronome oblíquo na primeira pessoa – *me* –, em vez do esperado *lhe*, na terceira pessoa, Machado cria um fato semântico-sintático inusitado, cujo efeito estilístico é um misto de humor e imagem impressionista).

Era o diretor de banco, o que acabava de fazer a visita de pêsames ao Palha. Sentiu o empurrão, e não se zangou; concertou o sobretudo e a alma, e lá foi andando tranquilamente. (QB, XCVI. Esse diretor havia sido tratado friamente por um ministro. Depois, ele é que se fez de superior em relação ao Palha. Rubião, passando por ele, apressado, deu-lhe um encontrão, desarrumando-lhe o sobretudo. Note-se o contraste entre substantivos de campos semânticos diferentes: *sobretudo* e *alma*).

Uma noite destas, vindo da cidade para o Engenho Novo, encontrei no trem da Central um rapaz aqui do bairro, que eu conheço de vista e de chapéu. (DC, I. O efeito humorístico resulta do inusitado contraste entre expressões de natureza diferente: uma de uso corrente – *conhecer de vista* – e outra inesperada – *conhecer de chapéu*, ou seja, cumprimentar tirando o chapéu. A expressão "conhecimento de chapéu" foi usada por José de Alencar em seu romance *Senhora*, capítulo XI).

Conhecia as regras do escrever, sem suspeitar as do amar; tinha orgias de latim e era virgem de mulheres. (DC, XIV. Orgias e virgindade, latim e mulheres são categorias semânticas absolutamente desencontradas. É a quebra de paralelismo suscitando comicidade).

Resta a missa; a missa em si mesma bastava que fosse sabida no céu e em Maricá. (EJ, V. Trata-se da missa de sétimo dia que Santos mandou rezar em memória de um parente morto. Nessa antítese, contrapõem-se duas categorias semânticas distoantes: o sagrado, o céu, e o profano, Maricá, terra do falecido. A quebra de paralelismo semântico suscita um tipo de humor irônico, se levarmos em conta que Santos não tinha grande simpatia por esse parente distante).

Viviam do amor da mãe e da bolsa do pai, inesgotáveis ambos. (EJ, LXXVII. Embora já estivessem formados, os gêmeos Pedro e Paulo ainda dependiam "da bolsa do pai". Para estabelecer um contraste com esse substantivo concreto e prosaico (*bolsa*), Machado emprega o termo *amor*, substantivo abstrato e sublime, impregnado, no caso, da afetividade materna. Repare-se que, por serem de pai e mãe, bolsa e amor eram "inesgotáveis ambos").

Sorriu [Fidélia] e não tocou; tinha um pouco de dor de cabeça. Aguiar e Carmo, que lá estavam também, não me acompanharam no pedido, como "se lhes doesse a cabeça da amiga". (MA, 3/9/1888. O casal Aguiar compreende a recusa de Fidélia em não tocar piano naquela noite. Solidários afetivamente com a filha postiça, chegam até a sentir a dor de cabeça da amiga. Machado, para expressar o sentimento do casal, quebra, simultaneamente, os paralelismos semântico e sintático ao usar a locução adjetiva *da amiga* articulada com o pronome *lhes*. Exemplo paradoxal que revela a genialidade de Machado. O esperado, no caso, seria uma frase do tipo: "como se lhes doesse também a própria cabeça").

Quando demos por nós, tínhamos acabado de almoçar. Ofereci-lhe charutos e o meu coração. Quero dizer que lhe pedi viesse muitas vezes dar-me aquela hora deliciosa. (MA, 22/10/1888. Repare-se no contraste: o concreto e prosaico substantivo *charutos* ao lado da sublime e abstrata metáfora *coração*, simbolizando afeto, amizade. Não satisfeito, Machado ainda explica ao leitor o sentido de sua figura de retórica: "Quero dizer que...". Genialidade em dose dupla).

Quiasmo

Figura de sintaxe em que ocorre a repetição simétrica, com os termos invertidos, segundo o esquema AB x BA, como se vê nesta advertência aos motoristas: "Se dirigir (A), não beba (B); se beber (B), não dirija (A)".
O efeito estilístico pode ser cômico em alguns casos; em outros, ressalta-se o ritmo binário da construção, do que resulta, entre os seus termos, uma simetria silábica que permite, às vezes, a metrificação da frase poética. O quiasmo serve também para realçar uma informação ou uma situação contraditória. Nos exemplos a seguir, destacamos em itálico os casos de quiasmo.

Duas vezes lhe aconteceu dar *uma resposta sem pergunta* e deixar *uma pergunta sem resposta*. (RE, IV. Note-se o paralelismo e a simetria entre os termos em itálico: oito sílabas poéticas em cada grupo nominal e acento tônico na 4.ª e 8.ª sílabas, padrão nos versos octossílabos).

Eu não sou propriamente um autor defunto, mas um defunto autor. (BC, I. Neste quiasmo perfeito (AB x BA), Machado explora estilisticamente a permutabilidade sintática do nome substantivo e adjetivo, da qual podem resultar marcas gramaticais e semânticas distintas. Em "autor defunto", *autor* é substantivo, núcleo do grupo nominal, e *defunto* é adjetivo, na função de adjunto adnominal, referindo-se o sintagma a um sujeito que era escritor em vida. Em "defunto autor", ao contrário, *defunto* é substantivo e núcleo do sintagma, enquanto *autor* é adjetivo e adjunto adnominal. Neste caso, trata-se de um personagem que se tornou autor depois de morto, em coerência com o título do romance. Por outro lado, "autor defunto" também pode ser entendido como uma referência irônica ao agonizante Romantismo, sobre o qual Machado de Assis jogou a última pá de cal, com suas *Memórias póstumas de Brás Cubas*, romance que inaugura o Realismo entre nós).

Não era tanta a política que os fizesse esquecer Flora, nem tanta Flora que os fizesse esquecer a política. (EJ, XXXV. Atente-se para a cadência decorrente dessa estrutura sintática paralelística. Quiasmo com sabor de frase poética).

Creio que o moço admira menos a tela que a pintora, ou mais a pintora que a tela, à escolha. Uma ou outra hipótese, é já certo que está namorado. (MA, 20/11/1888. Tristão está completamente apaixonado por Fidélia, e o Conselheiro Aires enfatiza o comportamento enamorado do rapaz, recorrendo a um quiasmo, em que se alternam, num jogo lúdico, *tela* e *pintora*, *pintora* e *tela*. O certo é que Tristão, dentro em breve, fará da viúva uma ex-viúva, casando-se com ela).

O terror crescia; avizinhava-se a rebelião. ("O alienista", V, PA. Frase de ritmo binário, em que se contrapõem sujeito/predicado, na primeira oração, e predicado/

sujeito na segunda. Neste caso, o quiasmo realça o desespero e a revolta do povo de Itaguaí contra as internações arbitrárias promovidas pelo alienista Simão Bacamarte).

Realismo interior

Durante a segunda fase (ou da maturidade) de sua obra de ficção, Machado de Assis publicou os seguintes romances: *Memórias póstumas de Brás Cubas* (1881), *Quincas Borba* (1891), *Dom Casmurro* (1899), *Esaú e Jacó* (1904) e *Memorial de Aires* (1908). Contos: *Papéis avulsos* (1882), *Histórias sem data* (1884), *Casa velha* (1885, originalmente apenas em folhetim; descoberto por Lúcia Miguel Pereira, foi publicado em livro em 1944), *Várias histórias* (1896), *Páginas recolhidas* (1899) e *Relíquias de casa velha* (1906).

Nesta fase, considerada realista, o volume e a qualidade da ficção machadiana elevam-se consideravelmente. Ressalve-se que o Realismo tem sido encarado não propriamente como uma escola literária, mas como um fenômeno estilístico da literatura moderna, a partir do século XIX, uma espécie de desdobramento do Romantismo (v. Afrânio Coutinho, *Introdução à literatura brasileira*, 1975:68). É o que acontece com a ficção machadiana, que apresenta um nítido sentido de continuidade e coerência, não se limitando ao objetivismo estreito, por vezes patológico, do Realismo-Naturalismo. Lembremos, a propósito, que Machado não poupou críticas às distorções naturalistas de *O primo Basílio*, de Eça de Queirós (OC, Aguilar, 1997, vol. 3, p. 903).

O realismo de Machado de Assis é, sobretudo, de natureza interior, "virado para as manifestações psicológicas, sobretudo aquelas que se dissimulam por trás das aparências, nas paragens sombrias da mente", como esclarece Massaud Moisés (2001:24). É seguindo essa orientação ficcional que nas obras dessa segunda fase predominam as narrativas de introspecção psicológica (já esboçadas na primeira fase), com admiráveis estudos do caráter e do comportamento de homens e mulheres, retratados no seu íntimo, e geralmente movidos pelo egoísmo e pelo interesse pessoal, não hesitando na prática da mentira e da fraude para atingir seus objetivos. Nesse sentido, são raros os personagens sinceros e desinteressados.

Nos romances e contos dessa segunda fase, a mais importante de sua obra, Machado desidealiza o amor romântico, revelando o seu lado pragmático e despido de qualquer vínculo afetivo, fato que explica, em parte, a incidência de tantos triângulos amorosos, reveladores de casamentos mal-resolvidos ou realizados, muitas vezes, com base apenas na conveniência ou no interesse (v. o verbete "Casamento"). As relações de dependência e exclusão social (a mais perversa de todas é a escravidão) da sociedade senhorial do Segundo Reinado e começo da República estão subjacentes nas sinuosas entrelinhas das obras desse período. Estabelecendo uma comparação entre os personagens das duas fases da ficção machadiana (a romântica e a realista), afirma Lúcia Miguel Pereira (1999:52): "Outras molas, que não apenas os sentimentos ternos e as precedências sociais, movem agora as personagens, muito mais complexas do que as antigas; o espetáculo das suas fraquezas, das suas mesquinharias, dos cálculos do seu egoísmo, das manhas da sua vaidade absorve o criador. A vida já não se reduzia, para ele, aos binômios amor-convenção e indivíduo-sociedade; estes eram aparências, consequências; o essencial estava dentro de cada um, nas zonas secretas do eu".

Com relação ao estilo, a narrativa é lenta, fragmentada em alguns casos, com o predomínio da narração sobre a ação, e interrompida por constantes digressões de natureza literária, filosófica ou moral, sendo o humor e a ironia presenças constantes. Sobre as influências recebidas por Machado de Assis para a estruturação de sua narrativa, a partir de *Brás Cubas*, recomendamos a leitura do livro *Riso e melan-*

colia, de Sergio Paulo Rouanet (2007). Ver também os ensaios de Enylton de Sá Rego (1989), José Guilherme Merquior (1990), e Nícea Helena de Almeida Nogueira (2004), que tratam especificamente da presença da sátira menipeia (v. verbete) na obra de Machado de Assis, todos relacionados na nossa bibliografia.

Enquadrar a ficção multifacetada de Machado de Assis em uma determinada escola literária não é tarefa fácil, mas parece não haver dúvida de que o realismo interior era o que mais se coadunava com a sua formação filosófica e o seu espírito crítico e introspectivo, como ele próprio confessa na crônica de 11/11/1900: "**Eu gosto de catar o mínimo e o escondido. Onde ninguém mete o nariz, aí entra o meu, com a curiosidade estreita e aguda que descobre o encoberto**". No conhecido estudo crítico intitulado "Instinto de nacionalidade" (OC, Aguilar, 1997, vol. 3, p. 805), escrito em 1873, Machado antecipa que a narrativa que ele mais valorizava era a de análise interior: "**Esta é, na verdade, uma das partes mais difíceis do romance, e ao mesmo tempo das mais superiores**".

Não é por acaso, portanto, que seu realismo interior se expressa em narrativas que apresentam algumas constantes desse tipo de romance, acrescidas de contribuições pessoais do autor: a feição intimista, a sondagem da memória (escreveu nessa fase três romances e inúmeros contos memorialistas), a retrospecção (*flashback*), o fluxo da consciência (*stream-of-consciousness*), o simbolismo impressionista, o tempo e o espaço subjetivos, a paródia e a contraparódia, as conversas com o leitor, a mistura de gêneros, a criação de personagens marcantes da literatura brasileira, personagens que não são tipos, mas símbolos literários, principalmente as femininas, como é o caso de Capitu (v. o verbete "Capitu"). Nessa segunda fase, é que se sedimenta e se projeta o caráter moderno e universalista da ficção machadiana. Quanto à exemplificação, encontra-se disseminada por verbetes específicos deste trabalho. Ver, dentre outros, "Perfis psicológicos", "Mulheres machadianas", "Dissimulação".

Romantismo (algumas características)

O Romantismo foi o mais importante movimento estético-filosófico do mundo ocidental. A esse respeito, ouçamos as palavras de Massaud Moisés (2004:410): "De certo modo, a revolução romântica não findou ainda: as várias tentativas de superá-la (como o Realismo, o Naturalismo, o Neo-Realismo) não só se mostraram inoperantes em vários aspectos, como revelaram a utilização de formas de pensamento postas em moda pelo Romantismo". No caso de Machado de Assis, vejamos como ele se situa dentro dos quadros do Romantismo brasileiro.

Durante a primeira fase de sua obra de ficção, Machado publicou os seguintes romances: *Ressurreição* (1872), *A mão e a luva* (1874), *Helena* (1876) e *Iaiá Garcia* (1878). Contos: *Contos fluminenses* (1870) e *Histórias da meia-noite* (1873). É consenso entre os críticos que, nesses romances e contos, Machado pagou o seu tributo ao Romantismo. Com efeito, nessas obras, o enredo (com o inevitável final feliz, exceto em *Helena*) gira, quase sempre, em torno de amores impossíveis e do casamento como meio de ascensão social, temas tipicamente românticos. As mulheres, ambiciosas ou desprendidas, são sempre o centro de interesse nessas histórias, e seus nomes até servem de título a alguns romances: *Helena* e *Iaiá Garcia*. O mesmo procedimento se vê em José de Alencar, que intitulou dois de seus livros com nomes femininos: *Diva* e *Lucíola*. Joaquim Manuel de Macedo preferiu usar um epíteto: *A moreninha*.

Os personagens são descritos geralmente como tipos representativos de classes, de virtudes ou defeitos morais, sendo o conflito entre o bem e o mal resolvido de modo a acabar a história com a vitória do bem ou com a acomodação de situações, tudo muito diferente do relativismo cínico existente em um romance como *Memórias póstumas de Brás Cubas*. É bem verdade que no conto "Frei Simão" (de *Contos fluminenses*) e em *Helena*, Machado reage ao convencionalismo romântico, criando histórias sem *happy end*, muito ao contrário, seu final é trágico, mas esses dois exemplos constituem exceções, e não a regra nessa primeira fase de suas obras.

Com relação à linguagem, não se vê em Machado de Assis o sentimentalismo exacerbado comum nos textos românticos. Ao contrário, sua linguagem é, de um modo geral, sóbria e elegante, salvo uma ou outra concessão ao gosto da época, no emprego de descrições e metáforas floreadas, condizentes com o estilo dos folhetins românticos.

Embora as passagens abaixo sejam representativas da ficção romântica, revelam, por outro lado, um Machado de Assis que se mostra, às vezes, um tanto contrafeito, como é possível verificar pelas alfinetadas sutis que aplica, aqui e ali, nos clichês próprios dessa escola literária. Cabe ressaltar também as passagens que descrevem os costumes típicos da sociedade carioca durante o Romantismo, tais como os bailes nos palacetes e chácaras do Segundo Reinado, os saraus familiares, os mexericos de salão, o teatro (ao qual as mulheres só iam acompanhadas), os passeios, o hábito da leitura em grupo à noite, em torno da mesa de chá, os recitais domésticos de piano (cf. "Como e por que sou romancista", de José de Alencar em *O guarani*, edição da José Olympio, 1955). E ressalte-se, sobretudo, que a História do Brasil, dos meados do século XIX, é contada nas entrelinhas e alegorias de suas histórias românticas, com todas as suas implicações de ordem social, econômica e política. Como contraponto, sugerimos a leitura do verbete "Anti-Romantismo". Vejamos a seguir alguns exemplos dos ingredientes românticos presentes nos textos dessa primeira fase da ficção machadiana.

O amor é a lei da vida, a razão única da existência. (RE, XVI. Note-se nessa metáfora romântica uma super valorização do amor, típica dessa escola literária).

— Mas que pretendes fazer agora? — Morrer. — Morrer? Que ideia! Deixa-te disso, Estêvão. Não se morre por tão pouco... — Morre-se. Quem não padece estas dores não as pode avaliar. (ML, I. A ideia de suicídio como solução para um amor fracassado é outro lugar-comum do folhetim romântico. Ver o romance *Werther*, de Goethe, em que o protagonista, desajustado herói romântico, acaba se suicidando).

Achou as senhoras à volta de uma mesa; Guiomar lia, para a madrinha ouvir, um romance francês, recentemente publicado em Paris e trazido pelo último paquete. Mrs. Oswald lia também, mas para si, um grosso volume de Sir Walter Scott, edição Constable, de Edimburgo. (ML, IX. Machado documenta um tipo de lazer familiar comum durante o Romantismo: a leitura em grupo do último romance parisiense. A mencionada edição de Scott devia fazer parte de sua biblioteca).

Os cinco dias correram-lhe assim, travados de enojo, de desespero, de lágrimas, de reflexões amargas, de suspiros inúteis, até que raiou a aurora do sexto dia, e com ela, — ou pouco depois dela, uma carta de Botafogo. (ML, XI. Nessa enumeração ordenada apresentam-se vários clichês da literatura romântica: desespero, lágrimas, suspiros, sem faltar, naturalmente, a carta tão esperada).

Na noite do mesmo dia em que ficou assentado diferir a viagem para melhores tempos, achavam-se em casa da baronesa algumas pessoas de fora; Guiomar, sentada ao piano, acabava de tocar, a pedido da madrinha, um trecho de ópera da moda. (ML, XIV. O piano é outro ingrediente inevitável nas histórias românticas, sempre tocado por moças prendadas, casadouras e que também sabiam o seu tanto de francês, como Guiomar. Ver, a propósito, a deliciosa crônica de Olavo Bilac (SP: Global, 2005. p. 202), justamente intitulada "Pianolatria", em que o poeta-cronista aborda, com muito senso de humor, a obsessão das famílias cariocas da época pelo piano, verdadeiro símbolo de enobrecimento social).

Sua natureza exigia e amava essas flores do coração, mas não havia esperar que as fosse colher em sítios agrestes e nus, nem nos ramos do arbusto modesto plantado em frente de janela rústica. Ela queria-as belas e viçosas. (ML, XV. Para dizer que Guiomar rejeitava uma vida modesta, Machado se enreda numa longa descrição, cheia de metáforas floreadas e exuberantes. Foi em trechos como este que ele pagou seu tributo ao Romantismo. E que diferença do estilo sóbrio e preciso que ele adotaria a partir de *Brás Cubas*).

O sono [de Luis Alves] chegou, e o devaneio confundiu-se com o sonho. (ML, XVII. Nesta passagem, topamos com três termos bem representativos do léxico romântico: *sono*, *devaneio*, *sonho*, elementos do campo semântico da imaginação, da fantasia, palavras-chave do léxico romântico).

Juntava [Estácio] às outras qualidades morais uma sensibilidade, não feminil e doentia, mas sóbria e forte; áspero consigo, sabia ser terno e mavioso com os outros. (HE, II. Esta é parte da longa descrição que Machado de Assis faz do perfil psicológico de Estácio, atribuindo-lhe elevadas virtudes morais, próprias do herói romântico. Consultar, neste mesmo capítulo, o parágrafo que começa com a seguinte frase: "Estácio recebera efetivamente...").

Estácio (...) encontrou D. Úrsula (...) a ler um tomo do *Saint-Clair das Ilhas*, enternecida pela centésima vez com as tristezas dos desterrados da ilha da Barra; boa gente e moralíssimo livro, ainda que enfadonho e maçudo, como outros de seu tempo. (HE, III. Crítica direta ao estilo piegas e maçante do referido folhetim romântico, escrito por certa Madame de Montolieu, em 1850. Machado refere-se a esse *Saint-Clair das Ilhas* várias vezes em suas obras. Ver, por exemplo, *Helena*, capítulo VI; *Quincas Borba*, capítulo CXXXII. Ver também "O que liam os personagens de Machado de Assis", em *Ao redor de Machado de Assis*, de R. Magalhães Jr. (1958:145). Marta de Senna (2008b:31), entretanto, informa que a verdadeira autora do romance é uma escritora inglesa, Elizabeth Helme, e que a tal Mme. de Montolieu teria apenas "traduzido livremente do inglês" o referido folhetim).

Era [Helena] uma moça de dezesseis a dezessete anos, delgada sem magreza, estatura um pouco acima de mediana, talhe elegante a atitudes modestas. A face, de um moreno-pêssego, tinha a mesma imperceptível penugem da fruta de que tirava a cor; naquela ocasião tingiam-na uns longes cor-de-rosa, a princípio mais rubros, natural efeito do abalo. As linhas puras e severas do rosto parecia que as traçara a arte religiosa. (HE, III. Note-se a descrição idealizada de Helena, num estilo floreado e romântico, condizente com o folhetim em que foi publicada a história originalmente).

O dia começava a aquecer. O arvoredo dos morros fronteiros estava coberto de flores de quaresma, com suas pétalas roxas e tristemente belas. O espetáculo ia [combinava] com a situação de ambos. (HE, III. A identificação dos personagens com a paisagem é um traço definidor da narrativa romântica. Note-se no sintagma *tristemente belas* a possibilidade de desdobramento em "tristes e belas", contraste sentimental e folhetinesco, de gosto romântico).

A origem da moça continuava misteriosa; vantagem grande, porque o obscuro favorecia a lenda, e cada qual podia atribuir o nascimento de Helena a um amor ilustre ou romanesco. (HE, IV. Um dos ingredientes usados pelo folhetim romântico para prender a atenção dos leitores, sobretudo das leitoras, era o suspense, o mistério, recursos bastante explorados por Machado no romance *Helena*).

....

— Não vale a pena esperdiçar afetos, Eugênia; sentirá mais tarde que essa moeda do coração não se deve nunca reduzir a trocos miúdos nem despender em quinquilharias. (HE, v. Metáforas românticas que visam à valorização do amor puro e sincero, um dos clichês do Romantismo).

....

— O senhor é amigo velho de nossa casa, disse ele; posso confiar-lhe tudo. Mamãe quer mandar-me para a guerra [do Paraguai], **porque não pode impedir os movimentos do meu coração.** (IG, II. Confidência de Jorge a Luís Garcia, desmascarando as verdadeiras motivações de Valéria, sua mãe, que não queria que o filho se casasse com Estela, moça pobre, de condição social considerada inferior pelos preconceitos da época. O desabafo de Jorge revela um dos conflitos explorados em *Iaiá Garcia*: o do amor impossível, eterno tema romântico, presente ainda hoje nas novelas de televisão, espécie de folhetim eletrônico).

....

Alguma coisa escapa ao naufrágio das ilusões. (IG, XVII. Note-se a nota positiva e o tom romântico com que Machado encerra o último capítulo de *Iaiá Garcia*. Que diferença entre estas palavras de esperança e as amargas negativas do final de *Memórias póstumas de Brás Cubas*, o divisor de águas da ficção machadiana).

....

Sátira menipeia

A sátira menipeia é um gênero em prosa e verso, de caráter sério-cômico, criado pelo filósofo e satirista grego Menipo de Gádara (séc. III a.C.), autor de *Necromancia*. Esse tipo de sátira foi introduzido em Roma por Varrão (*Satyrarum Menippearum libri*, "Livros das sátiras de Menipo"). Autores como Sêneca, que dessacraliza a morte do imperador Cláudio com seu *Apocolocynthosis*, "Aboborificação" (lat.: *Ludus de morte Claudii*, "Zombaria com a morte de Cláudio"), Apuleio (*O asno de ouro*) e Petrônio (*Satiricon*) também refletem a influência de Menipo. No Renascimento, serve de exemplo a obra *Elogio da loucura*, de Erasmo de Roterdã.

Entre os autores da Antiguidade que fizeram uso da sátira menipeia, o mais importante foi Luciano de Samósata (séc. II d.C.), retórico e filósofo sírio helenizado, que escreveu, dentre outras obras, os *Diálogos dos mortos* (em que Menipo de Gádara é o protagonista), cuja técnica narrativa teria influenciado Machado de Assis na composição de suas *Memórias póstumas de Brás Cubas*, que, como sabemos, são narradas de além-túmulo por um defunto autor, ou seja, o romance é o irreverente e fantástico diálogo de um morto com os vivos. A propósito, na elaboração de *Brás Cubas*, há uma ironia do destino, que Machado não deve ter percebido. Ele, que tanto criticou o espiritismo kardecista, acabou, de certa forma, servindo de "médium" ao seu personagem, "psicografando-lhe" as memórias. Ora, como se sabe, a mediunidade é um dos pilares da doutrina espírita.

Alfredo Pujol, em 1917, já tinha chamado a atenção para a presença das obras de Luciano, em francês, na biblioteca de Machado de Assis. Na ocasião, Pujol (2007:93) destacou as afinidades existentes entre o nosso maior escritor e o filósofo cultor da sátira menipeia, afirmando que Machado "Era um Luciano de Samósata, nascido e criado em pleno século XIX, (...). Tinha o mesmo espírito fino e cáustico, o mesmo engenho e as mesmas graças, a mesma elegância e a mesma concisão, o mesmo ceticismo sorridente e a mesma tolerância melancólica, o mesmo horror dos sistemas e das hiprocrisias, que fizeram do autor dos *Diálogos dos Mortos* a mais completa encarnação do espírito crítico da Decadência".

Segundo Enylton de Sá Rego (1989:43), é grande a importância do prosador satírico Luciano de Samósata: "Trata-se da maior e mais completa obra que liga a tradição grega da sátira menipeia às suas repercussões nos tempos modernos". Autores que refletem essa influência são, por exemplo, François Rabelais (*Gargântua e Pantagruel*), Jonathan Swift (*As viagens de Gulliver*) e, sobretudo, Laurence Sterne (1713-1768), com seu romance inovador e ousado *A vida e as opiniões do cavalheiro Tristram Shandy* (1760), textualmente citado por Machado de Assis no prólogo ao leitor de *Brás Cubas*. Neste, o próprio Machado informa, pela pena do pseudonarrador, haver adotado **"a forma livre de um Sterne"** na narrativa do seu romance. Em *Quincas Borba*, cap. XL, Machado volta a referir-se a Laurence Sterne e a seu irreverente personagem: **"Castas estrelas! É assim que lhes chama Otelo, o terrível, e Tristram Shandy, o jovial"**.

Mais recentemente, a presença de Luciano de Samósata na narrativa machadiana foi destacada por R. Magalhães Jr. (1957:246), que a identificou no capítulo CLIV de *Brás Cubas*, intitulado "Os navios do Pireu", que trata da história de um louco ateniense citado em um dos diálogos de Luciano. No capítulo LXIV de *Dom Casmurro* e no conto "Teoria do medalhão", também se encontram referências explícitas a Luciano de Samósata, além das influências implícitas detectadas por Enylton de Sá Rego (1989:85), que as estudou no capítulo "Ecos de Luciano na obra de Machado". Mas foi José Guilherme Merquior o primeiro crítico literário a estudar detidamente a presença da sátira menipeia na ficção machadiana. Em artigo escrito em 1971, reproduzido no livro intitulado *Crítica* (1990:332), Merquior afirma que "*Brás Cubas* é um representante moderno do gênero cômico-fantástico".

Em seu artigo, Merquior faz um estudo minucioso das características desse gênero, presentes no romance inovador de Machado de Assis: *a*) personagens amorais (o próprio narrador é um cínico; sua amante, a adúltera Virgília, é destituída de qualquer parâmetro moral); *b*) mistura do sério e do cômico (o romance foi escrito **"com a pena da galhofa e a tinta da melancolia"**); *c*) absoluta liberdade em relação à verossimilhança narrativa (o narrador é um defunto autor); *d*) presença de estados psíquicos aberrantes (v. o delírio de Brás Cubas, cap. VII); *e*) gêneros intercalados (em *Brás Cubas*, há minicontos dentro do romance); *f*) subjetivação do tempo e do espaço (a narrativa é fragmentada, sem linearidade cronológica, interrompida por constantes digressões; o próprio narrador confessa que **"este livro e o meu estilo são como os ébrios"**); *g*) largo emprego da irreverência e da ironia, melhor dizendo, do humor irônico, presente, aliás, em toda a ficção machadiana da segunda fase (v. o verbete "Humor irônico"); *h*) emprego da paródia (reelaboração irônica de frases feitas ou de episódios de narrativas alheias; v. verbete "Paródia"); *i*) presença da intertextualidade (remissão a textos alheios e ao próprio texto machadiano, numa espécie de intratextualidade; v. estes dois verbetes).

Observe-se que as características acima estão todas presentes em *Brás Cubas*, e várias delas encontram-se disseminadas pelos romances e contos da ficção machadiana representativa da maturidade, inclusive nas crônicas. Como adverte Ivan Teixeira na Introdução a *Papéis avulsos* (2005:xxv), "Interpretar Machado, hoje, sem levar em conta a tradição luciânica, seria tão impróprio quanto ler *Os Lusíadas* sem considerar a noção de epopeia, entendida como gênero poético". Aliás, em *Papéis avulsos*, como em *Brás Cubas*, Ivan Teixeira destaca a vinculação de Machado de Assis à tradição da sátira menipeia. No conto "Uma visita de Alcibíades", por exemplo, um morto volta da Grécia Antiga para dialogar com os vivos e, chocado com os costumes "modernos" (do século XIX), torna a morrer novamente. Nos verbetes deste trabalho, sempre que se apresenta a oportunidade, chamamos a atenção do lei-

tor para a presença da sátira menipeia nos exemplos citados e comentados por nós.
Para maiores informações sobre o assunto, recomendamos, além do texto de Merquior, acima referido, a leitura de *O calundu e a panaceia*, de Enylton de Sá Rego (1989), *Laurence Sterne e Machado de Assis*, de Nícea Helena de Almeida Nogueira (2004) e *Riso e melancolia*, de Sergio Paulo Rouanet (2007).

Silepse

A silepse é uma figura de sintaxe, um procedimento estilístico em que a concordância, nominal ou verbal, é feita não pela forma da palavra, mas pelo sentido que ela expressa. Existem três tipos de silepse: de gênero, de número e de pessoa. Nos romances de Machado de Assis que pesquisamos, foi encontrado apenas um exemplo de silepse de gênero; os demais são de pessoa e de número.

Mas vale a pena ilustrar essa figura de estilo com uma interessante passagem de Raul Pompéia, no capítulo II de *O Ateneu*: "O resto, uma cambadinha indistinta, *adormentados* nos últimos bancos, *confundidos* na sombra preguiçosa do fundo da sala". Inusitado exemplo de silepse cumulativa de gênero e número, uma vez que os adjetivos em itálico concordam, pelo sentido, com a ideia de coletivo masculino contida no substantivo "cambadinha". De quebra, o autor nos brinda com a hipálage "sombra preguiçosa", imagem impressionista, pois preguiçosos eram os alunos que se confundiam na sombra do fundo da sala de aula, e não a própria sombra.

Nos exemplos a seguir, destacamos em itálico os casos de silepse.

a) *Silepse de gênero*

— Vossa Senhoria está então muito *admirado* do bairro? disse ele. (QB, LXXXIX. O predicativo *admirado*, no masculino, não concorda com a forma feminina do pronome de tratamento *Vossa Senhoria*, mas com Rubião, o sujeito real).

b) *Silepse de pessoa*

De admiração ou de amor? Foi de admiração primeiro, e depois foi de amor; coisa de que nem ele, nem o autor *temos* culpa. (RE, XII. O narrador solidariza-se com o personagem [Dr. Meneses], daí a silepse verbal *temos*, e não a forma gramatical esperada no caso: *têm*).

— Nada alterou a longa amizade que nos unia, nem a confiança que ambos *depositávamos* um no outro. (HE, I. A forma verbal *depositávamos*, em vez de *depositavam*, expressa e realça os laços de amizade e de confiança existentes entre o Dr. Camargo e o falecido Conselheiro Vale).

— Foi ela que me recomendou aqueles dois quadrinhos, quando *andávamos* os três, a ver coisas para comprar. (QB, III. Rubão se inclui entre esses três, ou seja, ele, Palha e Sofia, daí o verbo na primeira pessoa do plural: *andávamos*. A sintaxe "lógica" pediria a forma verbal *andavam*, uma vez que o sujeito, os três, é de terceira pessoa).

Os outros suspenderam o jogo, e todos *falamos* do desastre e da viúva. (DC, CXXVIII. Todos os que estavam reunidos na sala referiram-se à morte de Escobar e à viúva, Sancha. Como Bentinho, o narrador, estava entre eles, usou o verbo na primeira pessoa do plural: "todos falamos", em vez de "todos falaram", como seria o esperado pela lógica gramatical).

Fidélia acabou cedendo, e tocou um pequeno trecho, uma reminiscência de Schumann. Todos *gostamos* muito. (MA, 31/8/1888. "Todos gostamos", e não "Todos gostaram" porque o narrador, o Conselheiro Aires, estava entre os que se deleitavam com a exibição pianística de Fidélia).

c) *Silepse de número*

Outra coisa que não escrevi foi a alusão que ela fez à gente Aguiar, um *casal* que conheci a última vez que vim, com licença, ao Rio de Janeiro, e agora encontrei. *São* amigos dela e da viúva, e *celebram* daqui a dez ou quinze dias as suas bodas de prata. Já *os* visitei duas vezes e o marido a mim. Rita falou-me *deles* com simpatia e aconselhou-me a ir cumprimentá-*los* por ocasião das festas aniversárias. (MA, 12/1/1888. O sentido de dualidade contido no nome singular *casal* explica o emprego no plural dos verbos (*são, celebram*) e dos pronomes (*os, deles, -los*). Ao preferir o desvio gramatical, o narrador teve por objetivo valorizar as figuras de Aguiar, o marido, e de D. Carmo, a esposa, que formam o "casal Aguiar". Altamente expressiva essa silepse, pois ela engloba em uma mesma passagem verbos e pronomes. Belo exemplo da sensibilidade estilística de Machado de Assis).

Sinestesia

O termo "sinestesia" vem do grego *synaisthesis*, "sensação simultânea". É um tipo de metáfora situada na área sensorial. Nela, os sentidos se interpenetram, o que produz um efeito estilístico impressionista, uma vez que este decorre de impressões subjetivas. A sinestesia pode ocorrer com substantivos, adjetivos e verbos e é uma figura de linguagem usada com certa frequência por Machado de Assis, cuja prosa apresenta, não raro, características impressionistas. Sobre o assunto, recomendamos a leitura do capítulo "Machado de Assis e a prosa impressionista", de José Guilherme Merquior (1979:150). Nos exemplos citados, destacamos em itálico os casos de sinestesia.

E o protesto não foi só com os lábios, foi também com os olhos — uns *olhos aveludados e brilhantes*. (RE, III. Machado valoriza os olhos (sempre os olhos!) de Lívia, usando uma sinestesia em que se interpenetram o tato (*aveludados*) e a visão (*brilhantes*). A adjetivação é impressionista, e a referência aos olhos e aos lábios da personagem configura o erotismo insinuado da descrição).

Félix examinou-lhe detidamente a cabeça e o rosto, modelo de graça antiga. A tez, levemente *amorenada*, tinha aquele *macio* que os olhos percebem antes do contato das mãos. (RE, III. Mistura de sensações visuais (*amorenada*) e táteis (*macio*), com nítido sentido erótico. Os olhos gulosos de Félix (ou de Machado?) devoram a graça sensual de Lívia).

Do lugar em que ficava, Mendonça via-lhe o perfil correto e pensativo, a *curva mole* do braço, e a ponta indiscreta e curiosa do sapatinho raso que ela [Helena] trazia. (HE, XVI. Mistura de sensações visual e tátil, impregnada de sutil erotismo. O adjetivo *mole*, aplicado ao substantivo *curva*, parece sugerir a impressão de suavidade, de maciez tépida e aconchegante).

Não tinha [Virgília] a *carícia lacrimosa* de outro tempo; mas a *voz era amiga e doce*. (BC, VI. A *carícia lacrimosa*, fusão das sensações tátil e visual, sugere sensualidade dengosa; a *voz amiga e doce*, em que se misturam audição e paladar, traduz uma ideia de meiguice, de paciência para com o doente, Brás Cubas, ex-amante de Virgília).

No intervalo das glosas, corria um burburinho alegre, um palavrear de estômagos satisfeitos. Os olhos *moles e úmidos*, ou *vivos e cálidos*, espreguiçavam-se ou saltavam de uma ponta à outra da mesa. (BC, XII. O lauto banquete e o vinho, causa dos "estômagos satisfeitos" (hipálage), levam os convivas a sentirem inebriante entorpecimento, que se expressa pelos olhos (metonímia: a parte pelo todo) *moles e úmidos* e *vivos e cálidos*, sinestesias em que se interpenetram as sensações tátil e visual. Sugestivas imagens impressionistas criadas por Machado de Assis).

Com os braços ao meu pescoço, calada, respirando muito [Virgília] deixou-se ficar a olhar para mim, com os seus grandes e belos olhos, que davam uma sensação singular de *luz úmida*. (BC, LXIII. No sintagma *luz úmida*, Machado criou uma bela imagem impressionista, em que se misturam as sensações visual e tátil experimentadas por Brás Cubas, o narrador *voyeur* de sua amante. Atente-se para o erotismo "molhado" existente nessa singular sinestesia).

Nisto, a chuva cessou um pouco, e um raio de sol logrou romper o nevoeiro, — um desses *raios úmidos* que parecem vir de olhos que choram. (QB, CLX. Outra bela imagem impressionista, decorrente da sinestesia *raios úmidos*, em que se misturam as sensações visual e tátil).

Só então senti que os olhos de prima Justina, quando eu falava, pareciam *apalpar-me, ouvir-me, cheirar-me, gostar-me*, fazer o ofício de todos os sentidos. (DC, XXII. Curioso e expressivo exemplo de sinestesia verbal impressionista, em que se misturam tato (*apalpar*), audição (*ouvir*), olfato (*cheirar*) e paladar (*gostar*). Como adverte o próprio Machado, **"todos os sentidos"**, lembrando que a visão, origem de tudo, está representada pelos **"olhos de prima Justina"** (olhos gulosos), personagem cuja perspicácia maliciosa é enfatizada pela sinestesia machadiana. Esta passagem estabelece intratextualidade com o conto "D. Paula" (*Várias histórias*), outra personagem que também "goza por tabela" ou, como diz Machado neste mesmo capítulo: **"Também se goza por influição dos lábios que narram"**).

Continuei a alisar os cabelos, com muito cuidado, e dividi-os em duas porções iguais, para compor as duas tranças. Não as fiz logo, nem assim depressa, como podem supor os cabeleireiros de ofício, mas devagar, devagarinho, *saboreando pelo tato* aqueles fios grossos, que eram parte dela. (DC, XXXIII. Neste trecho, carregado de erotismo, misturam-se as sensações de paladar e tato experimentadas pelo adolescente Bentinho ao pentear os cabelos de Capitu. Note-se como a memória afetiva do narrador Dom Casmurro não só conservou a sensação original, como também se compraz, voluptuosamente, em cultivá-la).

Uma fada invisível desceu ali e me disse em *voz igualmente macia e cálida*: "Tu serás feliz, Bentinho; tu vais ser feliz". (DC, C. Imagem impressionista de Bentinho, na qual se articulam a audição e o tato (*voz macia e cálida*). O que ele "ouvia", na verdade, era a expressão do seu subconsciente, ansioso em ser feliz após a conclusão do curso de Direito. Sua imaginação era fértil, como sabemos, e ele deixa a fantasia correr solto, "ouvindo" a voz de "uma fada invisível", de voz acariciante).

O mistério estava nos olhos. Estes eram opacos, não sempre nem tanto que não fossem também *lúcidos e agudos*, e neste último estado eram igualmente *compridos*; tão *compridos* e tão *agudos* que entravam pela gente abaixo, revolviam o coração e tornavam cá fora, prontos para nova entrada e outro revolvimento. (EJ, I. Trata-se dos olhos da cabocla do morro do Castelo, a quem as irmãs Natividade e Perpétua foram consultar. Neste exemplo, conjugam-se os sentidos da visão (*lúcidos*) e do tato (*agudos*). Note-se que os adjetivos *agudos* e *compridos*, aplicados aos olhos da cabocla, sugerem que estes agiam como aguçados estiletes, penetrando e sondando o interior das duas irmãs).

Tem a pele macia e clara, com uns tons rubros nas faces, que lhe não ficam mal à viuvez. (MA, 25/1/1888. A sinestesia "pele macia e clara", de forte apelo tátil e visual, denuncia o olhar cobiçoso do Conselheiro Aires, que, embora não tenha tocado a viúva, deixa a fantasia correr solta, imaginando a maciez sensualíssima da pele de Fidélia. "Veleidades sexagenárias", conforme suas próprias palavras).

Suspense

O suspense é um ingrediente importantíssimo da narrativa folhetinesca, sendo usado principalmente nos cortes de um capítulo para o outro. Machado emprega essa técnica, sobretudo nos três romances românticos publicados originalmente sob a forma de folhetim: *A mão e a luva*, *Helena* e *Iaiá Garcia*. Seu primeiro romance, *Ressurreição*, já saiu diretamente em forma de livro, mas nem por isso deixa de recorrer ao suspense.

O romance *Memórias póstumas de Brás Cubas*, embora seja uma narrativa fragmentada, também foi publicado originalmente em folhetins, apresentando em alguns capítulos seus suspenses e truques folhetinescos. Mestre na arte de narrar, Machado manobra com competência esse jogo lúdico, mantendo vivo no leitor seu interesse no desenrolar da trama narrativa. A mesma técnica é usada hoje nas novelas de televisão, espécie de folhetim eletrônico. Passemos aos exemplos.

Nesse estado de espírito entrou em casa, onde o esperava um incidente novo. (HE, v. Neste final de capítulo, Machado aguça a curiosidade do leitor, preparando o seu espírito para as próximas peripécias da narrativa).

— Eu? disse D. Úrsula, (...). Não são folias para gente velha. Daqui para a cova! — A cova! exclamou Helena. Está ainda tão forte! Quem sabe se não me há de enterrar primeiro? (HE, vi. Machado faz suspense com o desfecho da história, pondo na boca de Helena a premonição de sua morte. De fato, no final da história, Helena acabou sendo enterrada por D. Úrsula).

— Sou uma pobre alma lançada num turbilhão. (HE, vi. Quase no final deste capítulo, Machado aguça a curiosidade do leitor com esta frase enigmática de Helena. Truques do folhetim romântico).

[Estácio] viu Helena a ler atentamente um papel. Era uma carta, longa de todas as suas quatro laudas escritas. Seria alguma mensagem amorosa? (HE, vii. Cartas, sobretudo as misteriosas, constituem um ingrediente inevitável nos folhetins românticos).

Para entrar ali era necessário um motivo ou pretexto. Procurou algum; a aventura dera-lhe o melhor de todos. Olhou para a mão ferida e ensanguentada, e foi bater à porta. (HE, xx. Com este trecho misterioso, Machado encerra o capítulo. Estácio está curioso, quer entrar no casebre decrépito do pai de Helena. O que encontrará lá dentro? Aguardem o próximo capítulo, vale dizer, o próximo folhetim).

Marcela, por exemplo, que era bem bonita, Marcela amou-me... (BC, xvi. As reticências preparam o espírito do leitor para a genial tirada humorística contida na frase que abre o capítulo seguinte: "Marcela amou-me durante quinze meses e onze contos de réis". Sobre esta frase, consultar o verbete "Quebra de paralelismo semântico").

Mas este mesmo homem, que se alegrou com a partida do outro, praticou daí a tempos... Não, não hei de contá-lo nesta página; (...). Repito, não contarei o caso nesta página. (BC, cii. Em outras palavras, o leitor que compre o próximo folhetim para saber o final da história).

Zeugma

É uma figura de sintaxe que designa a omissão de um termo já mencionado anteriormente.

Não consta da NGB (Nomenclatura Gramatical Brasileira), provavelmente por se tratar de uma espécie de elipse, esta, sim, registrada pela nomenclatura oficial. Vejamos alguns exemplos de zeugma em Machado de Assis.

D. Úrsula é uma santa senhora; Estácio, um caráter austero e digno. (HE, XII. Nesses casos de zeugma, a vírgula tem duplo papel: assinala a pausa prosódica e a omissão da forma verbal mencionada na oração anterior. Leia-se: "Estácio," = Estácio é).

E assim reatamos o fio da aventura, como a sultana Scheherazade o dos seus contos. (BC, LXXXV. Depois do nome da sultana deveria haver uma vírgula, para assinalar a pausa prosódica representada pela zeugma da forma verbal *reatava*. Machado, nem sempre seguro no uso da vírgula, preferiu omiti-la ou dela se esqueceu).

Rubião tinha nos pés um par de chinelas de damasco, bordadas a ouro; na cabeça, um gorro com borla de seda preta. Na boca, um riso azul claro. (QB, CXLV. Subentende-se: "na cabeça tinha um gorro"; "na boca, tinha um riso...").

Ouvira [Teófilo] as conversas da noite anterior e daquela manhã, as combinações políticas, os nomes lembrados, os recusados e os aceitos. (QB, CLXXIV. Subentende-se: "os nomes recusados e os nomes aceitos").

Sancha era modesta, o marido trabalhador. (DC, CIV. Mais uma vez, a ausência da vírgula na segunda oração, para assinalar a pausa prosódica e a zeugma da forma verbal *era*).

Naturalmente falamos dela algumas vezes, ele com entusiasmo, eu com simpatia. (MA, 25/3/1889. Zeugma da forma verbal *falou*, depois do sujeito *ele*, e de *falei*, depois do sujeito *eu*. Note-se que, nos dois casos, Machado não usa vírgula para assinalar a zeugma das formas verbais).

dissimulação
pessimismo
história mulheres
  agregados olhos loucura
morte   escravidão
     memorialismo
    tempo olhar
                  perfis
autobiográficas ciúme
música vida
        capitu
reflexões
        cacetes
brasil erotismo
        mitologia
       casamento
naturalismo
    adultério

Temas

Adultério e ciúme

Estes são dois temas interligados e bastante explorados por Machado de Assis, desde o início de sua obra de ficção. O ciúme, por exemplo, já aparece no conto "O relógio de ouro", em *Histórias da meia-noite*, seu segundo livro de contos, publicado em 1873. Na ficção machadiana, adultério e ciúme resultam geralmente de um triângulo amoroso, formado por dois homens e uma mulher casada com um deles. Trata-se de um assunto tão antigo quanto a literatura, mas em Machado há uma diferença. Pelas características de seu estilo oblíquo e dissimulado, os adultérios nem sempre ficam explícitos, sendo, não raro, apenas insinuados, sugeridos, como é possível constatar pelo adultério virtual da Sofia de *Quincas Borba*. Em *Dom Casmurro*, o adultério de Capitu, ou como diria Eugênio Gomes (1967), o enigma de Capitu, não passaria de um produto da mente delirante de Bentinho, um narrador doentiamente ciumento, que se vinga da falecida esposa escrevendo um romance para denegrir-lhe a memória.

Adultério explícito mesmo, escancarado, é o de Brás Cubas e Virgília, ela casada, ele solteiro. A relação entre os dois, o mais despudorado casal de adúlteros da literatura brasileira, é um dos assuntos do romance *Memórias póstumas de Brás Cubas*, narrativa formalmente inovadora e que representa um divisor de águas na ficção machadiana e brasileira. Dentre os contos, o adultério serve de tema, por exemplo, em "A carteira" (OC, Aguilar, vol. 2, 1997, p. 961), "A cartomante" (*Várias histórias*), "Noite de almirante", "Primas de Sapucaia" e "Singular ocorrência" (*Histórias sem data*). Em "Missa do galo" (*Páginas recolhidas*) e "Uns braços" (*Várias histórias*), o adultério não se consuma, é apenas insinuado.

Vale registrar que nos quatro romances da primeira fase de sua obra, Machado trata de amor e casamento, mas o tema do adultério só aparece em *Ressurreição* e *Helena*. O tema do ciúme também já aparece em *Ressurreição* (1872), cujo protagonista, o desconfiado Félix (note-se a ironia do nome), é uma antecipação do ciumento Bentinho de *Dom Casmurro*, romance que é um verdadeiro tratado psicanalítico sobre o ciúme delirante. A respeito do assunto, ver a minuciosa análise do caso Bentinho feita pelo psiquiatra José Leme Lopes (1974:53). Consultar também *Freud e Machado de Assis*, de Luiz Alberto Pinheiro de Freitas (2001:122).

Da trilogia de obras-primas do romance machadiano, pertencentes à segunda fase, relacionamos a seguir algumas passagens representativas do tema adultério-ciúme, com destaque, por motivos óbvios, para os exemplos extraídos de *Dom Casmurro*.

Via-a assim, e doía-me que a vissem outros. Depois, começava a despi-la, a pôr de lado as joias e sedas, a despenteá-la com as minhas mãos sôfregas e lascivas, a torná-la, — não sei se mais bela, se mais natural, — a torná-la minha, somente minha, unicamente minha. (BC, LXIV. Em narrativa ousada para a época, Machado de Assis põe nas confissões do lascivo Brás Cubas fortes expressões de erotismo. Ciumento, incomoda-o o fato de a sensualidade de Virgília ser desfrutada também pelo marido, o Lobo Neves. Com "mãos sôfregas e lascivas", Brás Cubas tenta iludir-se, imaginando que a amante é exclusivamente sua).

Em verdade, cuidara ter arredado para longe essa figura aborrecida, e ei-la que reaparecia, que sorria, que a fitava, que lhe sussurrava ao ouvido as mesmas palavras do vadio egoísta e enfatuado, que a convidou um dia à valsa do adultério e a deixou sozinha no meio do salão. (QB, CLIX. Sofia está pensando no galanteador Carlos Maria. A personagem demonstra certa frustração e uma pontinha de ciúme, pelo fato de ele haver se casado com sua prima Maria Benedita, deixando-a "sozinha no meio do salão". Machado insinua que Sofia bem que gostaria de passar de adúltera virtual a adúltera real. Ela só não queria nada mesmo era com o pobre do Rubião).

Eu, leitor amigo, aceito a teoria do meu velho Marcolini, (...). **Cantei um *duo* terníssimo, depois um *trio*, depois um *quatuor*...** (DC, x. O velho maestro definiu a vida como uma ópera, e Bentinho aproveita para se queixar de que, na ópera de sua vida conjugal, primeiro cantou em dueto com Capitu; depois formou um trio: ele, Capitu e Escobar; finalmente, apareceu um quarto cantor: Ezequiel, filho de Capitu com... Escobar, segundo Bentinho. A acreditar-se nas suas palavras, sua ópera desafinou. Mas por culpa do maestro, ou seja, dele mesmo, Bentinho).

Capitu ria alto, falava alto como se me avisasse; eu continuava surdo, a sós comigo e o meu desprezo. A vontade que me dava era cravar-lhe as unhas no pescoço, enterrá-las bem, até ver-lhe sair a vida com o sangue... (DC, LXXV. Neste trecho, representativo do ciúme patológico de Bentinho, já se ´percebem os primeiros sintomas de seus impulsos homicidas. E repare-se que, nessa ocasião, o narrador não passava de um adolescente. A propósito, o adjetivo *alto* tem aqui nítido valor adverbial. Consultar o verbete "Adjetivo > advérbio").

A amizade de Escobar fez-se grande e fecunda. (DC, xcv. Conhecedor do espírito insidioso de Bentinho, é lícito ao leitor desconfiar de sua intenção ao usar o termo *fecunda*. A nós, ele se afigura impregnado de ambiguidade e insinuação, podendo ser entendido como adjetivo e como verbo. Nos dois casos, pode haver uma insinuação maldosa: a de que Escobar iria fecundar Capitu. Não nos esqueçamos de que por trás de Dom Casmurro está Machado de Assis).

— Mas que libras são essas? perguntei-lhe no fim. — Não é muito, dez libras só. — Quem foi o corretor? — O seu amigo Escobar. — Como é que ele não me disse nada? — Foi hoje mesmo. — Ele esteve cá? — Pouco antes de você chegar; eu não disse para que você não desconfiasse. (DC, cvi. Capitu economiza o dinheiro que Bentinho lhe dá para as despesas da casa e, por intermédio de Escobar, converte essas economias em libras esterlinas. Neste diálogo entre ela e o marido, percebe-se na pergunta de Bentinho um indício de suas primeiras desconfianças em relação à fidelidade da esposa. Ao inquirir se Escobar frequentava a casa em sua ausência, Bentinho insinua ao leitor que foi, a partir desse episódio, que a mulher e o amigo se tornaram amantes. Coincidência ou não, foi depois dessa visita de Escobar que Capitu apareceu grávida, segundo Bentinho).

Continuei, a tal ponto que o menor gesto me afligia, a mais ínfima palavra, uma insistência qualquer; muita vez só a indiferença bastava. *Cheguei a ter ciúmes de tudo e de todos*. Um vizinho, um par de valsas, qualquer homem, moço ou maduro, me enchia de terror ou desconfiança. (DC, cxiii. Esta passagem e, sobretudo o trecho que destacamos em itálico, é uma declaração explícita dos ciúmes delirantes de Bentinho, aqui confessados por ele próprio. Essa confissão suscita não o enigma de Capitu, mas o enigma de Bentinho: é possível confiar nas acusações feitas por um narrador cuja personalidade se apresenta tão deformada, tão neuroticamente ciumenta?).

Sancha ergueu a cabeça e olhou para mim com tanto prazer que eu, graças às relações dela e Capitu, não se me daria beijá-la na testa. Entretanto, os olhos de Sancha não convidavam a expansões fraternais, pareciam quentes e intimativos, diziam outra coisa. (...). **Quando saímos, tornei a falar com os olhos à dona da casa. A mão dela apertou muito a minha, e demorou-se mais que de costume.** (DC, cxviii. Dom Casmurro insinua que Sancha, ciente ou desconfiada dos amores de Escobar com Capitu, pretendia vingar-se traindo o marido. Mas tudo não passa de olhares e apertos de mão, de uma espécie de adultério virtual.

Mas a insinuação fica. Nas entrelinhas, naturalmente, bem ao estilo machadiano).

A confusão era geral. No meio dela, Capitu olhou alguns instantes para o cadáver tão fixa, tão apaixonadamente fixa, que não admira lhe saltassem algumas lágrimas poucas e caladas... (DC, CXXIII. Esta passagem se refere ao velório de Escobar. Dom Casmurro insinua que Capitu se comportou como se ela fosse a viúva do finado. Pior que isso. Que ela estava sofrendo pela morte do verdadeiro pai do pequeno Ezequiel, produto dos seus amores furtivos com Escobar. Note-se que no grupo nominal "apaixonadamente fixa" existe uma acusação explícita de adultério, uma vez que esse grupo implica o desdobramento em "apaixonada e fixa". Repare-se ainda na insinuação contida nas reticências, carregadas de acusação implícita. Vale lembrar que é a partir desse capítulo que os ciúmes de Bentinho entram numa nova fase, com crises depressivas e impulsos suicidas e homicidas, que culminarão em transformá-lo no melancólico Dom Casmurro. O velório de Escobar é o princípio do fim de Bentinho e de sua vida afetiva, como analisa o psiquiatra José Leme Lopes (1974: 81): "Bento Santiago cai no mundo dos fantasmas, da melancolia, dos impulsos suicidas e assassinos, transforma-se num homem novo e seu mundo também se transforma, com esvaziamento afetivo, a incapacidade de criar novos laços amorosos, a esquisitice e a bizarrice do comportamento").

Quando nem mãe nem filho estavam comigo o meu desespero era grande, e eu jurava matá-los a ambos, ora de golpe, ora devagar, para dividir pelo tempo da morte todos os minutos da vida embaçada e agoniada. (DC, CXXXII. Nesta passagem, Bentinho se revela um homem transtornado, rancoroso e com impulsos homicidas. O discurso do narrador Dom Casmurro recupera esses sentimentos do atormentado Bentinho, deixando transparecer que seu coração transbordava de ódio por Capitu e pelo pequeno Ezequiel).

Ouvi as súplicas de Desdêmona, as suas palavras amorosas e puras, e a fúria do mouro, e a morte que este lhe deu entre aplausos frenéticos do público. — E era inocente, vinha eu dizendo rua abaixo; — que faria o público, se ela deveras fosse culpada, tão culpada como Capitu? (DC, CXXXV. Após assistir à tragédia *Otelo*, de Shakespeare, os impulsos homicidas de Bentinho recrudescem. Na sua mente atormentada pelo ciúme delirante, Capitu era muito pior que Desdêmona, porque esta era inocente, vítima da intriga de Iago, ao passo que aquela, segundo ele, é culpada e merece a morte. Não percebe que ele é seu próprio Iago. Afinal, ele não se chama Bento Santiago? Bentinho se identifica com Otelo e, certamente, muitos daqueles "aplausos frenéticos do público" partiram de suas mãos sôfregas por vingança).

O meu plano foi esperar o café, dissolver nele a droga e ingeri-la. (DC, CXXXVI). **Ezequiel abriu a boca. Cheguei-lhe a xícara, tão trêmulo que quase a entornei, mas disposto a fazê-la cair pela goela abaixo, caso o sabor lhe repugnasse, ou a temperatura, porque o café estava frio... Mas não sei que senti que me fez recuar. Pus a xícara em cima da mesa, e dei por mim a beijar doidamente a cabeça do menino. — Papai! papai! exclamava Ezequiel. — Não, não, eu não sou teu pai!** (DC, CXXXVII. Esses dois capítulos tratam do mesmo assunto, por isso os reunimos aqui. Desvairado de ciúmes, Bentinho estava determinado a se suicidar tomando veneno. Covarde, não teve coragem de pôr termo à própria vida, como fez Otelo, por isso mudou de ideia e resolveu matar o pequeno Ezequiel, dando-lhe veneno. Mas recuou a tempo e acabou se descontrolando numa explosão catártica, gritando que não era o pai do menino. Esse comportamento ciclotímico de Bentinho é assim diagnosticado pelo psiquiatra José Leme Lopes (1974:76): "a alternância de impulsos suicidas e assassinos fala a favor de uma interpretação delirante, um dos aspectos formais da alteração do pensamento paranoide". Em resumo, nesta visão distorcida do paranoico personagem, o suicídio ou a morte de um terceiro, ainda que inocente, aparecem como símbolos de libertação).

— Não ouviu o que lhe disse? (...). Sem lhe contar o episódio do café, repeti-lhe as palavras do final do capítulo. — O quê? perguntou ela como se ouvira mal. — Que não é meu filho. Grande foi a estupefação de Capitu. (DC, CXXXVIII. Finalmente, Bentinho diz a Capitu, com todas as letras, que, segundo ele, Ezequiel não era seu filho. A reação de Capitu é de estupefação e, daí até o fim de suas relações, irá negar com veemência a acusação sem provas do desvairado e ciumento marido).

A entrada repentina de Ezequiel, gritando: — "Mamãe! mamãe! é hora da missa!" restituiu-me à consciência da realidade. Capitu e eu, involuntariamente, olhamos para a fotografia de Escobar, e depois um para o outro. Desta vez a confusão dela fez-se confissão pura. Este era aquele; havia por força alguma fotografia de Escobar pequeno que seria o nosso pequeno Ezequiel. De boca, porém, não confessou nada; repetiu as últimas palavras, puxou do filho e saíram para a missa. (DC, CXXXIX. A alegada coincidência de semelhança entre a fotografia de Escobar pequeno e o pequeno Ezequiel é uma das provas circunstanciais apontadas pelo advogado Bentinho para a acusação de adultério contra Capitu. Diz o narrador, agora Dom Casmurro, que o olhar de Capitu era uma "confissão pura" da traição. Como lembra Eugênio Gomes (1967:42), "a tragédia psicológica de Bentinho estava vinculada a uma interpretação tendenciosa de todas as aparências que surgiam no campo de sua visão suspeitosa". Sobre o emprego do advérbio "involuntariamente", ver o comentário que fizemos no verbete "Modalização").

Ao entrar na sala, dei com um rapaz, de costas, mirando o busto de Massinissa. (DC, CXLV. O rapaz a que se refere Dom Casmurro é Ezequiel, agora adulto e de volta da Europa, para onde fora despachado, junto com Capitu, por Bentinho. A referência a Massinissa (238-148 a.C.) não é gratuita. Trata-se do rei da Numídia, no norte da África, aliado dos romanos. Consta que teria assassinado a mulher dando-lhe veneno. Não é por acaso que Dom Casmurro tem o seu busto na sala. Naturalmente, identifica-se com o régulo uxoricida).

Trajava à moderna, naturalmente, e as maneiras eram diferentes, mas o aspecto geral reproduzia a pessoa morta. Era o próprio, o exato, o verdadeiro Escobar. Era o meu comborço; era o filho de seu pai. (...). Às vezes, fechava os olhos para não ver gestos nem nada, mas o diabete falava e ria, e o defunto falava e ria por ele. (DC, CXLV. Ezequiel volta da Suíça para visitar o pai. Este, em vez de se regozijar com a presença do filho, aproveita esse episódio para, mais uma vez, estabelecer comparações físicas entre o rapaz e o falecido Escobar, um argumento sempre repisado para inculpar Capitu de traição. Segundo a visão distorcida de Bentinho, degradado agora à condição de Dom Casmurro, Ezequiel adulto era o retrato perfeito de Escobar, o seu "comborço". Os ciúmes delirantes continuavam a cegar e a atormentar Bentinho, em sua velhice de homem rancoroso e vingativo).

E bem, qualquer que seja a solução, uma coisa fica, e é a suma das sumas, ou o resto dos restos, a saber, que a minha primeira amiga e o meu maior amigo, tão extremosos ambos e tão queridos, quis o destino que acabassem juntando-se e enganando-me... A terra lhes seja leve! (DC, CXLVIII. Vingativo e despeitado, Bentinho se regozija com a morte de Capitu e do suposto rival, Escobar, e encerra a narrativa com um cáustico desabafo: "A terra lhes seja leve!". Em outras palavras, "Já foram tarde").

— Desculpa, não pude vir mais cedo; que há? Vilela não lhe respondeu; tinha as feições decompostas; fez-lhe sinal, e foram para uma saleta interior. Entrando, Camilo não pôde sufocar um grito de terror: — ao fundo, sobre o canapé, estava Rita morta e ensanguentada. Vilela pegou-o pela gola, e, com dois tiros de revólver, estirou-o morto no chão. ("A cartomante", VH. Este conto de suspense trata de um triângulo amoroso. Rita, casada com Vilela, acabou se tornando amante de Camilo. O epílogo da história é trágico, pois o marido traído acaba, por vingança, assassinando os dois amantes. A cartomante quebra a expectativa de que o fim do romance seria trágico, tranquilizando o assustado Camilo, mas o desfecho do conto estabelece um violento contraste com essa aparente tranquilidade prometida pelas "predições" da adivinha. Aliás, não se exclui a possibilidade de a própria cartomante, a quem Rita costumava consultar, ter alertado Vilela, sobre a infidelidade da mulher. Nas entrelinhas do conto, é possível vislumbrar uma crítica sutil de Machado de Assis à ideologia machista da época (da época?), que cobrava do marido traído "lavar a honra com sangue". O desfecho chocante da história também leva o leitor a questionar o papel da cartomante, ou seja, a possibilidade de alguém poder decifrar o futuro. É bem verdade que, no início do conto, Machado, citando Hamlet, nos induz a acreditar na cartomante, advertindo que há muita coisa mais entre o céu e a terra do que sonha a nossa filosofia. Mas isso faz parte das artimanhas narrativas do Bruxo do Cosme Velho, que gostava de embaçar seus leitores).

Fortunato, à porta, onde ficara, saboreou tranquilo essa explosão de dor moral que foi longa, muito longa, deliciosamente longa. ("A causa secreta", VH. Maria Luísa acabara de falecer. Fortunato, seu marido, surpreende o amigo Garcia, aos prantos, beijando o cadáver da falecida. Naquele momento, teve a percepção de que o amigo amava sua esposa. Mas, em vez de se irritar, enciumado, delicia-se morbidamente com o sofrimento de Garcia. Experimenta um prazer requintado, misto de sadismo e de vingança. O sadismo, próprio do caráter de Fortunato (atente-se para a ironia de seu nome), supera o sentimento de ciúme. Note-se o verbo empregado por Machado de Assis para descrever a reação do sádico personagem: "saboreou". Esse conto é um penetrante estudo do sadismo. Confira o leitor lendo-o na íntegra).

Agregados e parasitas

Existe na ficção machadiana toda uma galeria de agregados e parasitas, alguns ociosos mesmo, que vivem de heranças ou às custas de algum familiar, ou ainda de amigos abonados em cujas casas se encostam indefinidamente. Há também aqueles que costumam importunar as pessoas com "facadas" financeiras, pedidos de empréstimo impagáveis, como tentou o personagem Custódio no conto "O empréstimo" (*Papéis avulsos*). Esses personagens retratam o aspecto senhorial e paternalista da sociedade da época, mas também representam uma espécie de vingança de Machado de Assis contra esse tipo de gente, com quem ele implicava desde os vinte anos, quando escreveu sua primeira crônica, em 18/9/1859, justamente intitulada "O parasita".

Tendo conseguido tudo na vida à custa de muito trabalho e muito esforço, Machado não podia admitir que uma pessoa pudesse viver na ociosidade ou "na aba" de terceiros, por isso não perde a oportunidade de ridicularizar esse tipo de personagem, tratando-o com ironia e sarcasmo. Ressalvem-se os casos da desafortunada Helena, do romance homônimo, e da orgulhosa Estela, de *Iaiá Garcia*. Passemos aos exemplos.

Viana era um parasita consumado, cujo estômago tinha mais capacidade que preconceitos, menos sensibilidade que disposições. (...). Nasceu parasita como outros nascem anões. Era parasita por direito divino. (RE, I. Humor e ironia se conjugam nessa descrição caricata do primeiro parasita da ficção machadiana. Esse Viana lidera uma extensa galeria de personagens desse tipo, encarados com visível má-vontade por Machado de Assis).

Interrompeu-as uma mulher de quarenta e quatro a quarenta e cinco anos, alta e magra, cabelo entre louro e branco, olhos azuis, asseadamente vestida, a Sra. Oswald, — ou mais britanicamente, Mrs. Oswald, — dama de companhia da baronesa, desde alguns anos. (ML, IV. A expressão "dama de companhia" é um eufemismo para agregada. Essa Mrs. Oswald sente ciúmes de Guiomar e trama para que ela se case com Jorge, sobrinho da baronesa. À semelhança de outro agregado, o célebre José Dias de *Dom Casmurro*, Mrs. Oswald "puxa a brasa" para a família dos seus protegidos, tentando evitar que Guiomar arranje um marido fora do círculo familiar da baronesa).

O nome que lhe deixara o pai, e a influência da tia podiam servir-lhe nas mãos para fazer carreira em alguma coisa pública; ele, porém, preferia vegetar à toa, vivendo do pecúlio que dos pais herdara e das esperanças que tinha na afeição da baronesa. Não se lhe conhecia outra ocupação. (ML, VII. Trata-se de Jorge, sobrinho da baronesa, sujeito medíocre e ocioso, dois gravíssimos pecados para Machado de Assis. Repare-se na referência à política de compadrio existente na época, quando Machado diz que a influência da tia podia servir-lhe "para fazer carreira em alguma coisa pública". A política de empregar parentes no serviço público, sem concurso, vem de longe. Favoritismo, nepotismo, "entrar pela janela", "atos secretos", mudam-se os rótulos, mas na prática é tudo a mesma coisa. Aliás, no caso desse Jorge, sobrinho da baronesa, seria literalmente um caso de nepotismo explícito. Em latim, *nepote(m)* = sobrinho).

Estela era o vivo contraste do pai, tinha a alma acima do destino. Era orgulhosa, tão orgulhosa que chegava a fazer da inferioridade uma auréola; mas o orgulho não lhe derivava de inveja impotente ou estéril ambição; era uma força, não um vício. (...). Foi esse sentimento que lhe fechou os ouvidos às sugestões do outro [o do amor por Jorge]. Simples agregada ou protegida, não se julgava com direito a sonhar outra posição superior independente. (IG, III. Na condição de agregada em casa de Valéria, a orgulhosa Estela, consciente da distância social que a separava de Jorge, filho da rica viúva, prefere sufocar o seu amor pelo moço).

Convencionamos que iria morar ali uma mulher, conhecida de Virgília, em cuja casa fora costureira e agregada. (BC, LXVII. Brás Cubas aluga uma casa na Gamboa para os seus encontros furtivos com a amante. Para salvar as aparências, põe D. Plácida como inquilina da casa. À pobre senhora, na condição de dependente e agregada na casa de Virgília, não resta outra alternativa senão se deixar corromper por Brás Cubas, acabando por aceitar o papel de alcoviteira involuntária dos amores ilícitos do casal).

Rubião passou o resto da manhã alegremente. Era domingo; dois amigos vieram almoçar com ele, um rapaz de vinte e quatro anos, que roía as primeiras aparas dos bens da mãe, e um homem de quarenta e quatro ou quarenta e seis, que já não tinha que roer. (QB, XXIX. Dois parasitas que, farejando a fortuna de Rubião, passaram a frequentar-lhe a mesa e o bolso. O primeiro é um rapaz vaidoso e enfatuado, o Carlos Maria; o segundo, um náufrago da existência, o Freitas. Ambos se tornaram comensais permanentes e fregueses certos dos charutos de Rubião).

Era nosso agregado desde muitos anos; (...). Com o tempo, adquiriu certa autoridade na família, certa audiência, ao menos; não abusava, e sabia opinar obedecendo. Ao cabo, era amigo, não direi ótimo, mas nem tudo é ótimo neste mundo. (...). Era lido, posto que de atropelo, o bastante para divertir ao serão e à sobremesa. (DC, V. Machado de

Assis traça, com mão de mestre, o perfil psicológico do agregado José Dias, um dos personagens marcantes da galeria machadiana, apesar de desempenhar papel secundário na narrativa de *Dom Casmurro*. Atente-se para a frase com que Machado descreve a condição subalterna do agregado em relação a seus senhores: "sabia opinar obedecendo". A obediência é o preço do favor nesse tipo de relação de dependência. Recomendamos a leitura integral desse capítulo, que se intitula justamente "O agregado").

Autobiográficas (informações)

Muito zeloso de sua privacidade, Machado de Assis procurava evitar, ao máximo, informações autobiográficas em suas obras. Mas, algumas vezes, escorriam-lhe da pena, inadvertidamente, certas confidências, certos detalhes e opiniões que deixavam transparecer o homem por trás do escritor, sobretudo nas obras cujo tema é a ascensão social, explorado em três romances da primeira fase: *A mão e a luva*, *Iaiá Garcia* e *Helena*. Este mesmo tema é retomado na novela *Casa velha*, publicada originalmente em folhetins entre 1885 e 1886, portanto, já na fase da maturidade do escritor.

A verdade é que a ficção machadiana, memorialista por excelência, mistura, não raro, Joaquim Maria e Machado de Assis. No dizer de Afrânio Coutinho, sua obra é "essencialmente autobiográfica", a despeito de Machado se considerar um caramujo em termos de discrição. A respeito do assunto, consultar, dentre outros, *Machado de Assis: estudo crítico e biográfico*, de Lúcia Miguel Pereira; *Memórias póstumas de Machado de Assis*, de Josué Montello; *O tempo no romance machadiano*, de Dirce Côrtes Riedel; e *Machado de Assis na literatura brasileira*, de Afrânio Coutinho, todos relacionados na bibliografia deste livro. E, naturalmente, ler com atenção o capítulo XII de *Esaú e Jacó* e todo o *Memorial de Aires*, textos sabidamente autobiográficos, cujo narrador, o velho Conselheiro Aires, é tido pela crítica como uma espécie de *alter ego* de Machado de Assis. É do *Memorial* a maior parte dos exemplos citados.

Com o tempo, adquire a reflexão o seu império, e eu incluo no tempo a condição do estudo, sem o qual o espírito fica em perpétua infância. (RE, Advertência da 1.ª ed. Note-se o tom autobiográfico desta confidência, em que Machado destaca a importância do tempo e do estudo, elementos que desempenharam papel importantíssimo em sua própria ascensão social e intelectual, a ponto de torná-lo o nosso maior escritor).

— Estimaria poder fazê-lo, se me suprimissem os incômodos da viagem; mas com os meus hábitos sedentários dificilmente me resolveria a isso. Eu participo da natureza da planta; fico onde nasci. (RE, III. Lívia sugere a Félix que faça uma viagem à Europa, mas ele recusa a sugestão alegando os motivos acima. As palavras do personagem poderiam ter sido pronunciadas por Machado de Assis, em virtude de sua conhecida aversão a viagens. Seria por causa de sua doença? A oração "fico onde nasci" estabelece intratextualidade com a frase do alfinete no Apólogo da agulha e da linha (*Várias histórias*): "Onde me espetam fico").

Ninguém adivinharia nas maneiras finamente elegantes daquela moça [Guiomar], a origem mediana que ela tivera; a borboleta fazia esquecer a crisálida. (ML, v. Em vista da identificação do autor com sua personagem, a metáfora da borboleta e da crisálida adquire certo sabor autobiográfico, vale dizer, Machado de Assis fez esquecer Joaquim Maria).

— Não admira que haja tanta opinião diferente; é natural, porque *nunca vulgarizei o meu espírito*. (ML, XIX. A frase que destacamos em itálico é de Guiomar, mas poderia muito bem ter sido pronunciada por Machado de Assis. A propósito, Lúcia

Miguel Pereira (1999:56), afirma que "nada do que [Machado] escreveu foi vulgar").

Tinha sessenta anos o padre [Melchior]; era homem de estatura mediana, magro, calvo, brancos os poucos cabelos, e uns olhos não menos sagazes que mansos. De compostura quieta e grave, austero sem formalismo, sociável sem mundanidade, tolerante sem fraqueza, era o verdadeiro varão apostólico, homem de sua Igreja e de seu Deus, íntegro na fé, constante na esperança, ardente na caridade. (HE, IV. Descrição física e psicológica do padre--mestre Melchior, personagem secundário, mas importante pelo papel que desempenha no enredo do romance *Helena*. Note-se a adjetivação favorável usada para exaltar as qualidades morais do personagem, modelo de sacerdote equilibrado e superior. Ao construir esse personagem, é possível que Machado de Assis estivesse prestando uma homenagem ao padre-mestre Silveira Sarmento, que fora seu preceptor nos tempos da mocidade. A este sacerdote, o jovem Machado dedicou os poemas *A morte no calvário* e *Monte Alverne*, publicados em 1858).

"Nasci para os meus, para a minha casa, os meus livros, os meus hábitos de todos os dias". (HE, XV. Trecho de uma carta escrita por Estácio a Helena, mas que pode soar como um ideal de vida de Machado de Assis. É a *aurea mediocritas* do poeta latino Horácio na versão machadiana).

— Na abastança é impossível compreender as lutas da miséria. (HE, XXI. Filosofia do pai de Helena, em conversa com Estácio. Ou desabafo de Machado de Assis contra as desigualdades sociais, que ele conhecia por experiência própria?).

Esse Aires (...) trazia o calo do ofício, o sorriso aprovador, a fala branda e cautelosa, o ar da ocasião, a expressão adequada, tudo tão bem distribuído que era um gosto ouvi-lo e vê-lo. (...). Era cordato, repito, embora esta palavra não exprima exatamente o que quero dizer. Tinha o coração disposto a aceitar tudo, não por inclinação à harmonia, senão por tédio à controvérsia. (EJ, XII. Admirável autorretrato que de si mesmo faz o Conselheiro Aires. Sabendo-se que o autor se projeta no narrador, é lícito concluir que a descrição se aplica, como uma luva, ao próprio Machado de Assis).

— Viverei com o Catete, o largo do Machado, a praia de Botafogo e a do Flamengo, não falo das pessoas que lá moram, mas das ruas, das casas, dos chafarizes e das lojas. (EJ, XXXII. Aqui, Machado de Assis, pela pena do Conselheiro Aires, reproduz a fisionomia urbana de sua querida cidade. Carioca da gema, adorava o Rio de Janeiro e dele nunca se afastou, fazendo de um "recanto um mundo inteiro", pois em suas obras universalizou a capital do Império).

Custódio saiu recuando, como era seu costume, e desceu trôpego as escadas. Diante da confeitaria deteve-se um instante, para ver o lugar onde estivera a tabuleta velha. Deveras, tinha saudades. (EJ, XLIX. É o famoso episódio da troca de tabuletas, em que Machado de Assis satiriza a mudança do regime, de Monarquia para República. Nesta passagem, a última frase constitui um desabafo nostálgico do nosso velho monarquista. É que Machado se aproveita do discurso do personagem para expressar um sentimento íntimo, neste livro publicado quinze anos depois de implantado o regime republicano: "Deveras, tinha saudades". Da Monarquia, naturalmente. A tabuleta era um pretexto).

Isto feito, Aires meteu-se na cama, rezou uma ode do seu Horácio e fechou os olhos. Nem por isso dormiu. Tentou então uma página do seu Cervantes, outra do seu Erasmo, fechou novamente os olhos, até que dormiu. (EJ, LIX. Tendo em vista que o Conselheiro Aires é uma espécie de *alter ego* de Machado de Assis, temos nesta passagem uma informação importante sobre as suas preferências literárias e filosóficas: Horácio (65-8 a.C.), célebre poeta latino; Miguel de Cervantes (1547-1616), o maior nome do Renascimento espanhol; Erasmo de Roterdã (1466-1536), renomado humanista e filósofo holandês).

A vida, mormente nos velhos, é um ofício cansativo. (MA, sábado, 1888. Reflexão filosófica desencantada sobre a velhice. Compreende-se este desabafo de Machado de Assis, se levarmos em conta que ele se sentia idoso e fragilizado, aos 69 anos, quando da publicação do *Memorial de Aires*, em julho de 1908. Acrescentavam-se à idade, avançada para a época, dois outros males: a doença e a solidão, esta decorrente de sua condição de viúvo sem filhos, pois sua "meiga Carolina", a esposa e companheira querida, havia partido em 1904).

Queriam-se muito, sempre se quiseram muito, apesar dos ciúmes que tinham um do outro, ou por isso mesmo. Desde namorada, ela exerceu sobre ele a influência de todas as namoradas deste mundo, e acaso do outro. (...). Ora, a alma dele era de pedras soltas; a fortaleza da noiva foi o cimento e a cal que as uniram naqueles dias de crise. (MA, 4/2/1888. Reminiscências do namoro e da vida conjugal de Aguiar e D. Carmo, vale dizer, de Machado e Carolina. Em todo o *Memorial* há trechos como este, em que Machado procura reverenciar a memória de sua finada esposa).

A fazenda tem capela, onde um padre dizia missa aos domingos e confessava pela quaresma. Também eu conheci esse costume em pequeno, e ainda me lembra que, na quaresma, eu e outros rapazes íamos esconder-nos do confessor em baixo das camas ou nos desvãos da casa. Já então confundíamos as práticas religiosas com as canseiras da vida, e fugíamos delas. (MA, 27/6/1888. Nesta referência memorialista do Conselheiro Aires talvez haja uma reminiscência de infância de Machado de Assis.

Note-se a crítica direta aos aspectos exteriores da religião, no caso, a confissão, vista por Machado como uma "necessidade aborrecida", para usarmos a eloquente expressão camoniana empregada em *Lus.*, I, 106).

Cinco minutos de conversação apenas, — o bastante para [Tristão] me dizer que está encantado com o que tem visto. Creio que seja assim, porque eu amo a minha terra, apesar das ruas estreitas e velhas. (MA, 27/7/1888. Mais uma vez, Machado reafirma seu amor ao Rio de Janeiro. E note-se: amor incondicional, pois ele não se importa que as ruas sejam "estreitas e velhas". Tratando-se de sua querida cidade, não existe olhar oblíquo nem dissimulado para o carioquíssimo Machado de Assis).

Eu nunca esqueci coisas que só vi em menino. Ainda agora vejo dois sujeitos barbados que jogavam o entrudo, teria eu cinco anos; era com bacias de madeira ou de metal, ficaram inteiramente molhados e foram pingando para as suas casas. (MA, 28/7/1888. Note-se a importância da memória afetiva na narrativa machadiana. É por ela que Machado consegue reconstituir esse episódio de sua infância. Atente-se para o contraste entre as formas verbais *vejo*, presente momentâneo vinculado ao advérbio *agora*, e *jogavam*, pretérito imperfeito, vinculado ao tempo da memória do autor, como se ele tivesse os dois sujeitos barbados diante dos seus olhos. Esse procedimento estilístico cria um contraste entre o tempo da narração (presente) e o tempo da narrativa (passado). Outro detalhe importante é que nesta reminiscência pessoal de Machado de Assis há também uma informação de valor histórico a respeito dos velhos carnavais cariocas. Trata-se do entrudo, que, segundo Rosa Maria de Araújo (*A vocação do prazer*, 1993:370), "era a diversão mais popular, já que a brincadeira de jogar água [nem sempre limpa], farinha, lama ou cinzas entre os conhecidos era acessível a todos". Na verdade, o entrudo era uma brincadeira de mau gosto e perigosa, pois se jogava de tudo nas pessoas, por isso acabou sendo proibido pela polícia).

Não quero acabar o dia de hoje sem escrever que tenho os olhos cansados, acaso doentes, e não sei se continuarei este diário de fatos, impressões e ideias. (MA, 21/8/1888. Machado de Assis projeta em seu *alter ego*, o Conselheiro Aires, seus problemas oftalmológicos. Segundo os biógrafos de Machado, ele sofria da vista, a ponto de uma parte do texto de *Memórias póstumas de Brás Cubas* ter sido ditada a Carolina, justamente porque, na época, ele estava acometido de uma grave inflamação ocular e impossibilitado de ler e escrever).

Eu tenho a mulher embaixo do chão de Viena e nenhum dos meus filhos saiu do berço do Nada. Estou só, totalmente só, os rumores de fora, carros, bestas, gentes, campainhas e assobios, nada disto vive para mim. Quando muito o meu relógio de parede, batendo as horas, parece falar alguma coisa, — mas fala tardo, pouco e fúnebre. Eu mesmo, relendo estas notas, pareço-me um coveiro. (MA, 30/9/1888. Passagem autobiográfica, em tom de desabafo, na qual se nota perfeita identidade entre a situação dos dois viúvos, o Conselheiro Aires e Machado de Assis. Este, em carta a Joaquim Nabuco, datada de 20/11/1904, um mês depois da morte da esposa, escreveu palavras muito parecidas com as de seu desolado personagem: "Tão longe, em outro meio, chegou-lhe a notícia da minha grande desgraça. Foi-se a melhor parte da minha vida, e aqui estou só no mundo". Note-se que o tom melancólico da carta reproduz o estado de espírito abatido e fragilizado do autor do *Memorial*, sozinho e doente, no velho casarão da Rua Cosme Velho, 18, onde vivera momentos de inefável felicidade conjugal ao lado de sua "meiga Carolina". Agora, nas longas e solitárias noites de viúvo sem filhos, tem por companhia apenas o implacável relógio, que, falando "tardo, pouco e fúnebre", parece adverti-lo da proximidade da morte. De fato, dois meses e meio depois da publicação destas linhas, Machado de Assis estaria fazendo companhia a Carolina).

— A viagem que ela fez este ano a Nova Friburgo custou muito ao marido. Não foi ela que me disse isto; eu é que soube, e percebe-se, todos sabem; Aguiar sem Carmo é nada. (MA, 6/10/1888. O comentário é de mana Rita, em conversa com o irmão, o Conselheiro Aires. A frase "Aguiar sem Carmo é nada" pode ser trocada por "Machado sem Carolina é nada". Além do aspecto autobiográfico, é mais uma homenagem do inconsolável viúvo à memória de sua saudosa esposa. Note-se o emprego do pronome indefinido *nada* sem a partícula negativa *não*, o que enfatiza o valor substantivo do pronome como "coisa nenhuma". Construção semelhante aparece no capítulo CC de *Quincas Borba*: "ele [Rubião] pegou em nada, levantou nada e cingiu nada").

— Se ela sabe pintar, pareceu-me que, melhor que o seu jardim, é um trecho marinho do Flamengo, por exemplo, com a serra ao longe, a entrada da barra, algumas das ilhas, uma lancha, etc. (MA, 22/10/1888. A ideia é de Tristão, o pretexto é de Machado, que aproveita para uma demonstração explícita de amor ao Rio de Janeiro, sugerindo que Fidélia pinte a baía de Guanabara, no caso, a praia do Flamengo. E dizem alguns críticos equivocados que Machado não valorizava a paisagem carioca).

Cacetes e importunos

Machado de Assis devia ter verdadeira ojeriza a pessoas medíocres, mas enfatuadas, além dos maçantes ou boquirrotos, porque em sua galeria de personagens existe uma legião desses tipos, contra quem ele investe, transformando-os em personagens ridículos e caricatos. Já nos romances da primeira fase (tida como de aprendizado), percebe-se essa sua implicância, melhor dizendo, esse acerto de contas. Os exemplos abaixo ilustram esta nossa assertiva.

As ideias [de Jorge] orçavam pelo modo de as exprimir; eram chochas por dentro, mas traziam uma côdea de gravidade pesadona, que dava vontade de ir espairecer o ouvido em coisas leves e folgazãs. (ML, VII. A descrição do personagem fala por si. E a idiossincrasia de Machado também).

A baronesa era uma das pessoas que mais desconfiavam de nós. (...). Não falava muito nem sempre; possuía a grande arte de escutar os outros, espiando-os; reclinava-se então na cadeira, desembainhava um olhar afiado e comprido, e deixava-se estar. (...). A segunda pessoa era um parente de Virgília, o Viegas, um cangalho de setenta anos, chupado e amarelado, que padecia de um reumatismo teimoso, de uma asma não menos teimosa e de uma lesão de coração. Era um hospital concentrado. Os olhos porém luziam de muita vida e saúde. Havia ainda o primo de Virgília, o Luís Dutra, que eu agora desarmava à força de lhe falar nos versos e prosas, e de o apresentar aos conhecidos. Havia, enfim, umas duas ou três senhoras, vários gamenhos, e os fâmulos, que naturalmente se desforravam assim da condição servil, e tudo isso constituía uma verdadeira floresta de olheiros e escutas, por entre os quais tínhamos de resvalar com a tática e a maciez das cobras. (BC, LXV. Neste delicioso capítulo, marcado pelo humor, justamente intitulado "Olheiros e escutas", Machado de Assis, pela pena de Brás Cubas, nos apresenta toda uma galeria de tipos bisbilhoteiros, maledicentes e importunos. A par da caricatura impiedosa presente em cada descrição, note-se o papel desempenhado pela metáfora do olhar, expressão do ofício de bisbilhotar a vida alheia de que se ocupavam esses personagens-tipo).

Mas a alusão mais rasgada que me fizeram foi em casa de Sabina, três dias depois. Fê-la um certo Garcez, velho cirurgião, pequenino, trivial e grulha, que podia chegar aos setenta, aos oitenta, aos noventa anos, sem adquirir jamais aquela compostura austera, que é a gentileza do ancião. (BC, LXXXII. O tal cirurgião fez uma alusão maliciosa aos amores ilícitos de Virgília e Brás Cubas. Este, incomodado, ao descrevê-lo, sapeca-lhe três adjetivos pejorativos e ainda critica seu caráter maledicente e vulgar. Naturalmente, a implicância com esse tipo de velho era do próprio Machado de Assis, que a externa pela pena de Brás Cubas. Lembremos que, na velhice, Machado foi venerado por todos, ostentando "aquela compostura austera, que é a gentileza do ancião").

Digo apenas que o homem mais probo que conheci em minha vida foi um certo Jacó Medeiros ou Jacó Tavares, não me recorda bem o nome. (...). Um dia, como nos achássemos a sós, em casa dele, em boa palestra, vieram dizer que o procurava o Dr. B., um sujeito enfadonho. Jacó mandou dizer que não estava em casa. — Não pega, bradou uma voz do corredor; cá estou de dentro. E, com efeito, era o Dr. B, que apareceu logo à porta da sala. Jacó foi recebê-lo, afirmando que cuidava ser outra pessoa, e não ele, e acrescentando que tinha muito prazer com a visita, o que nos rendeu hora e meia de enfado mortal, e isto mesmo porque Jacó tirou o relógio. (BC, LXXXVII. Esse misterioso Dr. B. é mais um tipo pegajoso da galeria machadiana de personagens enfadonhos. Recomendamos a leitura integral desse capítulo, um primor de comicidade e humor irônico).

— O nosso Palha já me tinha falado em Vossa Excelência, disse o major [Siqueira] depois de apresentado ao Rubião. Juro que é seu amigo às direitas. Contou-me o caso que os ligou. (...). Nunca me esqueci: João das pantorrilhas. (...). A alma do Rubião bracejava debaixo deste aguaceiro de palavras; mas estava num beco sem saída por um lado nem por outro. Tudo muralhas. Nenhuma porta aberta, nenhum corredor, e a chuva a cair. (...); escutava, e o major chovia a cântaros. Foi o Palha que lhe trouxe um guarda-chuva.

(QB, XXXIV. Esse major Siqueira é um boquirroto impertinente, semelhante a outro major, o Lopo Alves, do conto "A chinela turca", em *Papéis avulsos*. Aqui, Siqueira faz de Rubião uma vítima indefesa de seu "aguaceiro de palavras". Aliás, note-se o emprego de metáforas pluviais, carregadas de humor, com as quais Machado descreve a verborragia compulsiva do enfadonho personagem).

Cumprimentou-me, sentou-se ao pé de mim, falou da lua e dos ministros, e acabou recitando-me versos. (...). Sucedeu, porém, que, como eu estava cansado, fechei os olhos três ou quatro vezes; tanto bastou para que ele interrompesse a leitura e metesse os versos no bolso. (DC, I. Esse é o poeta do trem, que Dom Casmurro conhecia "de vista e de chapéu". Provavelmente, além de mau poeta, devia ser um tipo cacete, que fez o narrador pegar no sono. De vingança, pespegou em Bentinho a alcunha de Dom Casmurro).

Capitu (v. "Mulheres machadianas")

Antes de relacionar as características morais de Capitu, vejamos, a título de curiosidade, a sumária **descrição física** que Machado nos apresenta de sua mais importante personagem feminina, a única existente no livro, além das passagens referentes aos olhos e aos braços, duas obsessões machadianas. Na verdade, Machado estava mais interessado em traçar-lhe o perfil psicológico do que em sua aparência física, porque ele sabia que os traços da personalidade complexa de Capitu é que ficariam para a posteridade.

DESCRIÇÃO FÍSICA

Não podia tirar os olhos daquela criatura de quatorze anos, alta, forte e cheia, apertada em um vestido de chita, meio desbotado. Os cabelos grossos, feitos em duas tranças, com as pontas atadas uma à outra, à moda do tempo, desciam-lhe pelas costas. Morena, olhos claros e grandes, nariz reto e comprido, tinha a boca fina e o queixo largo. As mãos, a despeito de alguns ofícios rudes, eram curadas com amor. (DC, XIII. Esta é a única descrição física de Capitu. Aqui, ela tinha apenas quatorze anos. Pelas informações do texto, ela era morena, daí José Dias tê-la comparado a uma cigana).

— Você já reparou nos olhos dela? São assim de cigana oblíqua e dissimulada. (DC, XXV. A genial e célebre descrição dos olhos de Capitu não é de Bentinho, mas de José Dias. É uma metáfora eufêmica para insinuar que Capitu era falsa e sonsa. Machado a pôs na boca do intrigante José Dias, que, neste caso, funciona como uma espécie de *alter ego* do narrador).

Retórica dos namorados, dá-me uma comparação exata e poética para dizer o que foram aqueles olhos de Capitu. (...). Olhos de ressaca? Vá, de ressaca. É o que me dá ideia daquela feição nova. Traziam não sei que fluido misterioso e enérgico, uma força que me arrastava para dentro, como a vaga que se retira da praia, nos dias de ressaca. (DC, XXXII. Nesta célebre descrição dos olhos de Capitu, destaca-se a mais expressiva metáfora do mar, dentre as outras usadas no romance).

Os braços merecem um período. Eram belos, e na primeira noite que os levou nus a um baile, não creio que houvesse iguais na cidade. (DC, CV. Os braços femininos constituem uma obsessão machadiana. Em *Dom Casmurro*, esta descrição física dos braços de Capitu se acrescenta àquela apresentada no capítulo XIII, acima comentado).

Passemos agora ao estudo das **características morais** de Capitu, que relacionamos a seguir em passagens distribuídas em subverbetes. Seu perfil psicológico é construído pelo narrador-protagonista ao longo da narrativa e, à medida que esta se adensa, a personagem cresce em termos de complexidade.

Não temos outra fonte, neste caso, senão as informações fornecidas pelo ciumento Bentinho, transmudado em Dom Casmurro, que nos pinta o perfil de sua namorada da adolescência, e depois esposa "infiel", com base na chamada verossimilhança de sua narrativa. Algumas vezes, ele o faz, dissimuladamente, pela boca do agregado José Dias. Mas Capitu é uma personalidade tão marcante, que a caracterização feita por Bentinho, apesar de tendenciosa, deixa espaço para a valorização de seu perfil de mulher, esposa e mãe, sendo-lhe, no final, mais positiva do que negativa. Como afirma Luis Filipe Ribeiro (1996:315), Capitu "era, em suma, uma mulher superior, seja pela inteligência, seja pela sede de saber, pela capacidade de adaptar-se, pela percepção do jogo social". Vejamos os exemplos.

AFETUOSA

Oh! minha doce companheira da meninice, eu era puro, e puro entrei na aula de S. José, a buscar de aparência a investidura sacerdotal, e antes dela a vocação. Mas a vocação eras tu, a investidura eras tu. (DC, LI. Uma rara passagem impregnada de lirismo e ternura na pena agreste do ciumento narrador. Note-se que Dom Casmurro cede lugar ao adolescente Bentinho, chegando inclusive a chamar Capitu de "minha doce companheira". Àquela altura, os seus ciúmes ainda não a haviam transformado na "cigana oblíqua e dissimulada, de olhos de ressaca". Ou será que esta passagem não passa de mais um embuste do ardiloso narrador, para embaçar o leitor, fazendo-o acreditar nos seus bons sentimentos?).

ALEGRE

Capitu gostava de rir e divertir-se, e, nos primeiros tempos, quando íamos a passeios ou espetáculos, era como um pássaro que saísse da gaiola. (DC, cv. Como vemos, Capitu era alegre. Antes que o paranoico Bentinho a fizesse triste).

ASTUCIOSA (Aqui, Bentinho procura enfatizar a sagacidade manhosa de Capitu, insinuando que ela atingia seus objetivos de forma gradual e indireta. Mas sempre é bom lembrar: esta acusação é unilateral e produto da visão distorcida do acusador).

Como vês, Capitu, aos quatorze anos, tinha já ideias atrevidas, muito menos que outras que lhe vieram depois; mas eram só atrevidas em si, na prática, faziam-se hábeis, sinuosas, surdas, e alcançavam o fim proposto, não de salto, mas aos saltinhos. (DC, XVIII).

Tal era a feição particular do caráter da minha amiga; pelo que admira que, combatendo os meus projetos de resistência franca, fosse antes pelos meios brandos, pela ação do empenho, da palavra, da persuasão lenta e diuturna, e examinasse antes as pessoas com quem podíamos contar. (DC, XVIII).

AUTOCONTROLADA

Gurgel tornou à sala e disse a Capitu que a filha chamava por ela. (...). Nem sobressalto nem nada, nenhum ar de mistério da parte de Capitu; voltou-se para mim, e disse-me que levasse lembranças a minha mãe e a prima Justina, e que até breve; estendeu-me a mão e enfiou pelo corredor. Todas as minhas invejas foram com ela. Como era possível que Capitu se governasse tão facilmente e eu não? (DC, LXXXIII. Bentinho e Capitu estavam distraídos, embebidos um no outro, sentados no canapé, em casa de Gurgel, pai de Sancha. Surpreendidos por este, Bentinho ficou meio sem graça, ao passo que Capitu não perdeu o autocontrole. Com essa descrição maliciosa, Dom Casmurro vai insinuando no espírito do leitor, à força de repetição, que Capitu sempre foi dissimulada, desde a adolescência).

Enfim, chegou a hora da encomendação e da partida. Sancha quis despedir-se do marido, e o desespero daquele lance consternou a todos. Muitos homens choravam também, as mulheres todas. Só Capitu, amparando a viúva, parecia vencer-se a si mesma. (DC, CXXIII. Esta última frase revela o autocontrole de Capitu, a que ela recorreria, mais adiante, quando Bentinho a acusou de infiel).

CHANTAGISTA

— Se você tivesse de escolher entre mim e sua mãe, a quem é que escolhia? (...). — Você deixa seminário, deixa sua mãe, deixa tudo, para me ver morrer? — Não fale em morrer, Capitu! (DC, XLIV. Capitu chantageia Bentinho, desafiando-o a romper limitações para ficar com ela).

— Não, Bentinho, disse, seria esperar muito tempo; você não vai ser padre já amanhã, leva muitos anos... Olhe, prometo outra coisa: prometo que há de batizar o meu primeiro filho. (DC, XLIV. A chantagem visa a ferir o sentimento de posse de Bentinho).

CONSCIENTE

— Se eu fosse rica, você fugia, metia-se no paquete, e ia para a Europa. (DC, XVIII. Esta frase de Capitu, em diálogo com Bentinho, revela que ela tinha consciência da desigualdade social existente entre eles).

CORAJOSA

— Não, Bentinho, ou conte o resto, para que eu me defenda, se você acha que tenho defesa, ou peço-lhe desde já a nossa separação: não posso mais! (DC, CXXXVIII. Note-se que a iniciativa da separação partiu de Capitu. Se atentarmos para o grau de submissão das mulheres naquela época, temos de reconhecer que ela foi muito corajosa).

Não disse tudo; mal pude aludir aos amores de Escobar sem proferir-lhe o nome. Capitu não pôde deixar de rir, de um riso que eu sinto não poder transcrever aqui; depois, em um tom juntamente irônico e melancólico: — Pois até os defuntos! Nem os mortos escapam aos seus ciúmes! (DC, CXXXVIII. Capitu ri das acusações de Bentinho. Conhecendo-o bem, achava-o ridículo. Mas não perde a dignidade e põe o dedo na ferida: os ciúmes paranoicos e delirantes do acusador).

— Confiei a Deus todas as minhas amarguras, disse-me Capitu ao voltar da igreja; ouvi dentro de mim que a nossa separação é indispensável, e estou às suas ordens. (DC, CXL. No auge da crise conjugal, Capitu reage com serenidade às acusações contra ela, procurando alívio no conforto espiritual da religião, o que revela a sua boa formação moral e, ao que tudo indica, a consciência tranquila. Ao contrário, Bentinho, apesar de ex-seminarista, em momento algum apela para os seus princípios religiosos, se é que ele tinha algum. Desequilibrado e delirante, ele só pensava em vingança, só tinha impulsos suicidas e homicidas, nunca tendo lhe passado pela cabeça a lição do preceito evangélico: o de perdoar setenta vezes sete. Se é que Capitu precisava de perdão).

CURIOSA

Era também curiosa. As curiosidades de Capitu dão para um capítulo. Eram de vária espécie, explicáveis e inexplicáveis, assim úteis como inúteis, umas graves, outras frívolas; gostava de saber tudo. (DC, XXXI. Atente-se para a importância desta última frase: "gostava de saber tudo").

Ouvindo falar várias vezes da Maioridade, teimou um dia em saber o que fora este acontecimento; disseram-lho, e achou que o Imperador fizera muito bem em querer subir ao trono aos quinze anos. (DC, XXXI. A Maioridade de D. Pedro II foi instituída por Ato Adicional, em 23/7/1840. Sua sagração e coroação ocorreram em 18/7/1841).

Tudo era matéria às curiosidades de Capitu, mobílias antigas, alfaias velhas, costumes, notícias de Itaguaí, a infância e a mocidade de minha mãe, um dito daqui, uma lembrança dali, um adágio dacolá... (DC, XXXI. As reticências sugerem que as curiosidades de Capitu não tinham fim).

Um dia, Capitu quis saber o que eram as figuras da sala de visitas. O agregado disse-lho sumariamente, demorando-se um pouco mais em César, com exclamações e latins. (DC, XXXI. Bentinho refere-se às imagens de personagens históricos pintados na parede da sala de visitas da casa de Matacavalos. O narrador insinua que Capitu teria se identificado com o imperador romano Júlio César, por ser este um símbolo de poder, de personalidade forte, como ela, Capitu).

DESAJUIZADA

— Não me parece bonito que o nosso Bentinho ande metido nos cantos com a filha do *Tartaruga*, e esta é a dificuldade, porque se eles pegam de namoro, a senhora terá muito que lutar para separá-los. — Não acho. Metidos nos cantos? — Em segredinhos, sempre juntos. Bentinho quase não sai de lá. A pequena é uma desmiolada; o pai faz que não vê. (DC, III. O intrigante José Dias alerta D. Glória para o namoro de Bentinho e Capitu. Um exame mais atento, entretanto, nos induz a pensar se esse discurso do agregado não foi posto em sua boca pelo narrador Bentinho, interessado em induzir o leitor, desde o início da história, a ver em Capitu uma mulher irresponsável e leviana, por isso seu casamento tinha que dar no que deu).

DIGNA

— Não ouviu o que lhe disse? (...). — O quê? perguntou ela como se ouvira mal. — Que não é meu filho. Grande foi a estupefação de Capitu, e não menor a indignação que lhe sucedeu. (DC, CXXXVIII. Repare-se que o próprio narrador reconhece o absurdo de sua acusação infundada, ao descrever a reação de Capitu: ficou grandemente estupefata e indignada).

Após alguns instantes, disse-me ela: — Só se pode explicar tal injúria pela convicção sincera; entretanto, você que era tão cioso dos menores gestos, nunca revelou a menor sombra de desconfiança. (DC, CXXXVIII. Aqui, é Capitu que acusa Bentinho de dissimulado. Atente-se para o fato de que as palavras de Capitu estão sendo reproduzidas pelo narrador-acusador).

— Não, Bentinho, ou conte o resto, para que eu me defenda, se você acha que tenho defesa, ou peço-lhe desde já a nossa separação: não posso mais! (DC, CXXXVIII. Note-se a altivez e a dignidade com que Capitu enfrenta as acusações do delirante Bentinho).

— Sei a razão disto; é a casualidade da semelhança... A vontade de Deus explicará tudo... Ri-se? É natural; apesar do seminário, não acredita em Deus; eu creio... Mas não falemos nisto; não nos fica bem dizer mais nada. (DC, CXXXVIII. Esta última frase mostra que Capitu era realmente uma mulher superior, dotada de enorme dignidade e amor-próprio. O próprio narrador, ao reproduzir suas palavras, cai em contradição e se revela moralmente muito inferior a ela).

Respondi-lhe que ia pensar, e faríamos o que eu pensasse. Em verdade vos digo que tudo estava pensado e feito. (DC, CXL. Capitu reage com dignidade às acusações de Bentinho. Este se deixa trair por seu discurso autoritário, usando todo o peso de sua autoridade machista de maridão melindrado, rancoroso e vingativo. Usando a expressão bíblica "Em verdade vos digo", julga-se um deus, com poder de vida e morte sobre os destinos de Capitu e Ezequiel. O que ele já tinha decidido era despachar Capitu para a gélida Suíça, e não para a ensolarada Itália ou Espanha, por exemplo. Essa escolha do lugar do exílio não foi feita por acaso. Existe um perverso simbolismo nessa decisão, que se apresenta como mais um requinte de sua vingança: anular a quente sensualidade de Capitu sob as frias neves de um país invernal como a Suíça. Triste figura de monomaníaco e megalômano, um prato cheio para os psicanalistas. A propósito, sobre a interseção entre psicanálise e literatura, ver *Freud e Machado de Assis*, de Luiz Alberto Pinheiro de Freitas, 2001).

DISSIMULADA (Repare-se, nas passagens abaixo, como Bentinho vai construindo e incutindo, no espírito do leitor, a imagem de uma Capitu sonsa, dissimulada, desde a juventude).

Ouvimos passos no corredor; era D. Fortunata. Capitu compôs-se depressa, tão depressa que, quando a mãe apontou à porta, ela abanava a cabeça e ria. (DC, XXXIV).

Agora é que o lance é o mesmo; mas se conto aqui, tais quais, os dois lances de há quarenta anos, é para mostrar que Capitu não se dominava só em presença da mãe; o pai não lhe meteu mais medo. No meio de uma situação que me atava a língua, usava da palavra com a maior ingenuidade deste mundo. A minha persuasão é que o coração não lhe batia mais nem menos. Alegou susto, e deu à cara um ar meio enfiado; mas eu, que sabia tudo, vi que era mentira e fiquei com inveja. (DC, XXXVIII).

Capitu (...) cedeu depressa, e não foi ao baile; a outros foi, mas levou-os meio vestidos de escumilha ou não sei quê, que nem cobria nem descobria inteiramente, como o cendal de Camões. (DC, CV).

ECONÔMICA

Já disse que era poupada, ou fica dito agora, e não só de dinheiro, mas também de coisas usadas, dessas que se guardam por tradição, por lembrança ou por saudade. (DC, CXV. Aqui, o próprio Bentinho reconhece uma das virtudes de Capitu).

INESQUECÍVEL

Agora, por que é que nenhuma dessas caprichosas me fez esquecer a primeira amada do meu coração? Talvez porque nenhuma tinha os olhos de ressaca, nem os de cigana oblíqua e dissimulada. (DC, CXLVIII. No último capítulo do livro, Dom Casmurro confessa que não consegue esquecer Capitu, a única mulher que ele amou de verdade (à sua moda) e para quem escreveu um romance, que poderia também se intitular "Capitu". Nesta passagem admite ainda a singularidade da ex-esposa, reconhecendo que ela foi única e insubstituível. Mas não podia faltar a pontinha do velho ciúme delirante, do rancor vingativo que se nota nas entrelinhas da caracterização da "primeira amada do meu coração").

INTELIGENTE

Não sabendo piano, aprendeu depois de casada, e depressa, e daí a pouco tocava nas casas de amizade. (DC, CV. Capitu devia ter muita força de vontade, para aprender a tocar piano tão depressa. Nota-se aqui um enorme esforço de sua parte para adquirir as chamadas prendas de salão (tocar piano, falar francês, saber conversar e valsar), próprias das moças de sociedade, privilégios que ela não teve, em virtude de sua origem humilde. Repare que, ao descrever o desempenho de sua ex-esposa ao piano, Bentinho, contraditoriamente, deixa transparecer uma pontinha de orgulho).

INTERESSEIRA

— Tem andado alegre, como sempre; é uma tontinha. Aquilo, enquanto não pegar algum peralta da vizinhança, que case com ela... (DC, LXII. Como sempre, José Dias volta a denegrir a imagem de Capitu. José Dias ou Bentinho, pela boca do agregado?).

IRÔNICA

— Padre é bom, não há dúvida; melhor que padre só cônego, por causa das meias roxas. O roxo é cor muito bonita. Pensando bem, é melhor cônego. — Mas não se pode ser cônego sem ser primeiramente padre, disse-lhe eu mordendo os beiços. — Bem; comece pelas meias pretas, depois virão as roxas. O que eu não quero é perder a sua primeira missa; avise-me a tempo para fazer um vestido à moda, saia balão e babados grandes... (DC, XLIV. Repare no comentário mais que irônico, sarcástico, de Capitu, visando a espicaçar o amor-próprio de Bentinho e fazê-lo tomar coragem para largar o seminário).

— Pois sim, Capitu, você ouvirá a minha missa nova, mas com uma condição. Ao que ela respondeu: — Vossa Reverendíssima pode falar. (DC, XLIV. Vossa Reverendíssima é forma de tratamento dirigida a altas autoridades da Igreja. Aqui, a ironia de Capitu resvala para o sarcasmo).

MODESTA

Arranjava-se com graça e modéstia. Embora gostasse de joias, como as outras moças, não queria que eu lhe comprasse muitas nem caras, e um dia afligiu-se tanto que prometi não comprar mais nenhuma; mas foi só por pouco tempo. (DC, CV. Note-se como o insidioso Bentinho morde e assopra. Reconhece mais uma virtude de Capitu, a modéstia, porém acrescenta uma dose de veneno: "mas foi só por pouco tempo").

PERSPICAZ

Nunca a vi tão irritada como então; parecia disposta a dizer tudo a todos. Cerrava os dentes, abanava a cabeça... Eu, assustado, não sabia que fizesse; repetia os juramentos, prometia ir naquela mesma noite declarar em casa que, por nada neste mundo, entraria no seminário. — Você? Você entra. — Não entro. — Você verá se entra ou não. (DC, XVIII. Capitu tinha razão. Submisso à mãe, Bentinho acabou cedendo e entrou para o seminário).

REALISTA

— Não, Bentinho, deixemos o Imperador sossegado, replicou; fiquemos por ora com a promessa de José Dias. Quando é que ele disse que falaria a sua mãe?. (DC, XXXI. Bentinho quer se livrar do seminário de qualquer jeito, chegando a imaginar que o Imperador D. Pedro II resolvera ajudá-lo. Capitu, realista, descarta logo essa solução delirante de Bentinho. Para ela, recorrer a José Dias era a melhor saída, a mais prática, pois o agregado, habilidoso e finório, poderia acabar convencendo D. Glória a mudar de ideia. O tempo veio mostrar que Capitu é que estava com a razão).

SEDUTORA

— Levanta, Capitu! Não quis, não levantou a cabeça, e ficamos assim a olhar um para o outro, até que ela abrochou os lábios, eu desci os meus, e... Grande foi a sensação do beijo. (DC. XXXIII. Note-se como se invertem os papéis. Espera-se de Bentinho, como homem, um papel ativo, e não passivo, na conquista da mulher. No entanto, de sedutor ele se converte em seduzido. Aqui, parece haver uma insinuação muito sutil do narrador: a de que, mais tarde, já casada, ela é que teria seduzido Escobar).

SUPERIOR

Capitu era Capitu, isto é, uma criatura mui particular, mais mulher que eu era homem. (DC, XXI. Também aqui, Bentinho reconhece que Capitu, como mulher, ou seja, como pessoa humana, era superior a ele).

VAIDOSA

A alegria com que pôs o seu chapéu de casada, e o ar de casada com que me deu a mão para entrar e sair do carro, e o braço para andar na rua, tudo me mostrou que a causa da impaciência de Capitu eram os sinais exteriores do novo estado. Não lhe bastava ser casada entre quatro paredes e algumas árvores; precisava do resto do mundo também. (DC, CII. Esta reminiscência de Bentinho revela uma Capitu alegre, cheia de vida. Alegria que seria, mais tarde, destruída pelo ciumento marido).

Ao passar pelo espelho, concertou os cabelos tão demoradamente que parecia afetação, se não soubesse que ela era muito amiga de si. (DC, CXXVIII. Capitu tinha de sobra o que faltava a Bentinho: autoestima).

De dançar gostava, e enfeitava-se com amor quando ia a um baile. (DC, CV. Mas o ciumento marido matou a alegria de viver da mulher).

Casamento

Os romances e contos de Machado de Assis, sobretudo os da fase romântica, reproduzem fielmente a realidade social da época (segunda metade do século XIX), no que diz respeito ao casamento e à condição subalterna da mulher, para quem o único meio de conseguir ascensão e *status* social era através do casamento e da maternidade. Raramente a mulher trabalhava fora de casa ou podia estudar. Frequentar uma faculdade, nem pensar, e as únicas atividades que lhe restavam, fora do lar, eram modestas e de pouco prestígio social, como as de professora ou costureira, por exemplo. Não dispondo de independência econômica, a mulher casada se projeta socialmente na condição de apêndice do marido. Como diz Ingrid Stein (1984:67), "a mulher é o que o marido for". E ela continuará sendo, em parte, o que o marido foi, na condição de viúva, pois estas, sobretudo as bem situadas financeiramente, gozam de certa independência, como é o caso da viúva Fidélia, do *Memorial de Aires*. Essa Fidélia, aliás, é um caso inusitado, pois ela teve a ousadia de contrariar a vontade do pai e escolher seu próprio marido.

Em geral, o papel reservado às mulheres machadianas, vale dizer brasileiras, era o de esposa e mãe, em casamentos arranjados pelos pais, por interesse ou conveniência, e que resultavam quase sempre em uniões infelizes, nas quais a questão do amor ficava em segundo plano ou em plano nenhum, o que talvez explique a recorrência do tema do adultério, principalmente masculino, na ficção machadiana. As moças casavam cedo, em geral adolescentes, com homens que muitas vezes podiam ser seus pais, e o dote oferecido pela família da noiva era um poderoso atrativo aos futuros maridos. Nesse tipo de casamento comercial, havia forte probabilidade de fracasso, restando à mulher apenas o conformismo, sendo poucas as que se rebelavam contra sua condição de submissa e mal-amada.

O celibato feminino era visto com maus olhos pela sociedade patriarcal, e as solteironas eram figuras estigmatizadas e infelizes, como a trágica personagem D. Tonica do romance *Quincas Borba*. Em casos extremos, restava à mulher refugiar-se em um convento e ver anulada sua sexualidade e sua condição feminina, numa espécie de morte em vida.

Em suma, fora do casamento, não havia saída para a mulher brasileira do tempo de Machado de Assis, e é isto que ele nos revela nas passagens abaixo, extraídas dos romances pesquisados (sem falar dos contos, que ficaram de fora desta pesquisa). Note-se que, no conjunto de sua obra de ficção, são poucos os casamentos bem ajustados, em que marido e mulher casaram-se por amor e não por interesse, como é o caso dos pais de Bentinho, em *Dom Casmurro*, e do casal Santos e Natividade, de *Esaú e Jacó*. O casal Aguiar e D. Carmo, de *Memorial de Aires*, apresenta notórias referências autobiográficas, pois o romance reproduz, indiretamente, a vida conjugal de Machado e D. Carolina.

Passemos à exemplificação.

— Amava-me, creio, mas não entendíamos o amor do mesmo modo; tal foi o meu doloroso desencanto. Para mim era um êxtase divino, uma espécie de sonho em ação, uma transfusão absoluta de alma para alma; para ele o amor era um sentimento moderado, regrado, um pretexto conjugal, sem ardores, sem asas, sem ilusões... Erraríamos ambos, quem sabe? (RE, XI. A viúva Lívia conta a Félix o fracasso de seu casamento com o finado marido. Félix é um personagem vacilante e desconfiado, uma antecipação do ciumento Bentinho, e acaba não se casando com a viúva. Note-se a idealização do casamento pela personagem feminina, procedimento comum no Romantismo).

Ligeiros e felizes foram eles [os anos] para Raquel e Meneses, que eu tenho a honra de apresentar ao leitor, casados, e amantes ainda hoje. A piedade os uniu; a união os fez amados e venturosos. (RE, XXIV. Outro casal feliz, dentre os poucos existentes na ficção machadiana. Desnecessário assinalar que os protagonistas, neste caso, basearam seu casamento no amor, e não no interesse).

Seu desejo [da baronesa], — ou antes o sonho da velhice, como ela dizia num dos capítulos anteriores, — era deixar felizes a afilhada e o sobrinho, e entendia que o melhor meio de os deixar felizes era casá-los um com o outro. (ML, XIII. O desejo da baronesa de casar seu sobrinho Jorge com a afilhada Guiomar registra um dos arquétipos da narrativa romântica: o casamento por conveniência familiar, em que o amor — quando amor existe — desempenha papel secundário).

— Mas que me dá você em paga? Um lugar na câmara? Uma pasta de ministro? — O lustre do meu nome, respondeu ele. (ML, XIX. Machado usa a resposta de Luís Alves a Guiomar para assinalar, indiretamente, a condição subalterna da mulher, como simples apêndice do marido. Este, consciente de sua posição privilegiada, adverte a futura esposa de que, para ela, receber o lustre do nome do marido era uma grande honra).

— O casamento não é uma solução, penso eu; é um ponto de partida. O marido fará a mulher. (HE, VIII. Aqui, Helena enxerga no casamento "um ponto de partida" para a afirmação feminina. Note-se que ela assume a ideologia vigente, a de que "o marido fará a mulher". E Helena, apesar de personagem romântica, é pintada por Machado como uma figura feminina dotada de certo senso crítico e independência, dentro do possível).

Camargo adorava Eugênia: era a sua religião. Concentrara esforços e pensamentos em fazê-la feliz, e para o alcançar não duvidaria empregar, se necessário fosse, a violência, a perfídia e a dissimulação. (...); não amou a mulher; casou porque o matrimônio é uma condição de gravidade. (HE, XIV. Nesta passagem, Machado nos apresenta duas informações importantes sobre a realidade social da época. O pérfido Dr. Camargo pretende promover o casamento, por interesse, de sua filha Eugênia com Estácio, considerado um bom partido. Para isso, não hesitará em chantagear Helena para atingir seu objetivo. Note-se, além disso, que o seu próprio casamento foi feito sem amor, por pura conveniência social, como uma "condição de gravidade").

Jorge estava prestes a concluir os estudos em São Paulo; ia na metade do quarto ano. Vindo à capital durante as férias, achou-se diante de uma situação inesperada; a mãe esboçara um projeto de casamento para ele. A noiva escolhida era ainda parenta remota de Jorge. Chamava-se Eulália. (IG, II. A situação não era tão inesperada assim, levando-se em conta que a praxe era as famílias determinarem com quem os filhos deveriam se casar. Note-se um detalhe importante na escolha da mãe do rapaz: a futura noiva era uma "parenta remota", o que faria com que os bens do casal não saíssem do âmbito familiar).

Esta achou no casamento a felicidade sem contrastes. A sociedade não lhe negou carinhos e respeitos. Se antes de casar, Iaiá possuía o abecedário da elegância, depressa aprendeu a prosódia e a sintaxe; afez-se a todos os requintes da urbanidade, com a presteza de um espírito sagaz e penetrante. (IG, XVII. Iaiá Garcia é de origem modesta, mas, dotada de astúcia e ambição, consegue se casar com Jorge, homem de condição social superior à dela. Para alcançar seus objetivos, trama e consegue o afastamento de Estela, antigo amor de seu marido. A descrição machadiana dá conta da projeção de Iaiá Garcia na sociedade, como consequência de seu casamento com um homem de posses).

Vencera meu pai; dispus-me a aceitar o diploma e o casamento, Virgília e a câmara dos deputados. (BC, XXIX. O pai de Brás Cubas planeja para o filho altos destinos: o casamento com Virgília, filha de um político importante do Império, e a candidatura a um mandato de deputado. Como membro da classe proprietária, era natural que Brás Cubas contraísse matrimônio com uma mulher que estivesse no mesmo nível que ele e, como desdobramento de sua posição social, seguisse a carreira política na condição de homem casado. Afinal, o casamento, neste caso, era um ornamento, compunha o quadro de prestígio pessoal do personagem. Com amor ou sem amor. Mas neste livro bastante ousado para os padrões da época, a coisa resvala para o adultério, pois Brás Cubas e Virgília acabam se tornando amantes, os mais despudorados da ficção machadiana).

Uma semana depois, Virgília perguntou ao Lobo Neves, a sorrir, quando seria ministro. — Pela minha vontade, já; pela dos outros, daqui a um ano. Virgília replicou: — Promete que algum dia me fará baronesa? — Marquesa, porque eu serei marquês. (BC, XLIII. Neste diálogo entre marido e mulher, comprova-se o que se disse acima: a mulher só se realiza socialmente como projeção do marido, nunca por ela mesma).

Ia muita vez ao teatro sem gostar dele, e a bailes, em que se divertia um pouco, — mas ia menos por si que para aparecer com os olhos da mulher, os olhos e os seios. Tinha essa vaidade singular; decotava a mulher sempre que podia, e até onde não podia, para mostrar aos outros as suas venturas particulares. (QB, XXXV. Palha, tipo vaidoso e arrivista, gostava de exibir a mulher, a bela Sofia, que ele usou como isca para atrair o ingênuo Rubião e, em seguida, depenar o simplório capitalista. Um marido que usa a mulher para fazer bons negócios tem mais de gigolô que de marido, e o casamento dos dois não é lá um modelo de amor sincero e de virtudes, parecendo mais uma firma comercial: Palha, Sofia & Cia. Ltda.).

Quarentona, solteirona. Gemeu-os consigo, logo de manhã, no dia em que os completou. (QB, LXXVIII. Aqui, Machado retrata a triste condição de D. Tonica, que atingiu os quarenta anos sem conseguir o bem mais precioso para uma mulher na época: um marido).

— Ele parece um bom rapaz; ela é excelente criatura; hão de ser felizes, por força. É bom negócio, sabe? Ele está de posse de todos os bens do pai e da mãe. Maria Benedita não tem nada, em dinheiro; mas tem a educação que lhe dei. (QB, CXV. Sofia, depois de ensinar algumas prendas de salão (aulas de etiqueta, francês e piano) a Maria Benedita, incentiva a moça a se casar com o abonado Carlos Maria. Note-se a visão da pragmática Sofia a respeito do casamento: um bom negócio para a mulher, principalmente para uma mulher pobre, como Maria Benedita).

— A questão principal é casar; — não podendo ser com esse será com outro. (...) um marido, ainda sendo mau, sempre é melhor que o melhor dos sonhos. (QB, CXVIII. D. Fernanda, interessada em casar Maria Benedita com Carlos Maria, usa explicitamente argumentos bastante pragmáticos, que refletem a condição social da mulher na época: fora do casamento, não havia salvação).

Tenho ali na parede o retrato dela, ao lado do marido. (...). O que se lê na cara de ambos é que, se a felicidade conjugal pode ser comparada à sorte grande, eles a tiraram no bilhete comprado de sociedade. (DC, VII. Nesta passagem, Bentinho olha para o retrato de seus pais e se lembra da vida conjugal venturosa que eles tiveram: sua mãe, D. Maria da Glória Fernandes Santiago; seu pai, Pedro de Albuquerque Santiago. Um dos poucos casais felizes da ficção machadiana).

— Tem andado alegre, como sempre; é uma tontinha. Aquilo, enquanto não pegar algum peralta da vizinhança, que case com ela... (DC, LXII. O intrigante José Dias está interessado em denegrir a imagem de Capitu perante Bentinho. Mas, tirando este aspecto, nota-se em suas palavras a realidade social da época: a aspiração legítima de Capitu, e de outras moças pobres como ela, de buscar ascensão social por meio do casamento. No caso dela, o casamento foi destruído pelos ciúmes doentios do marido. Mas isso é outra história).

Vindo para o Rio de Janeiro, por ocasião da febre das ações (1855), dizem que revelou grandes qualidades para ganhar dinheiro depressa. Ganhou logo muito, e fê-lo perder a outros. Casou em 1859 com esta Natividade, que ia então nos vinte anos e não tinha dinheiro, mas era bela e amava apaixonadamente. (EJ, IV. Outro casamento que deu certo: o de Santos e Natividade. Note-se que o marido era rico e ela, pobre. Que outra maneira tinha Natividade para ascender socialmente? Felizmente, no caso dos dois, o casamento parece ter sido *também* por amor).

Posto que viúvo, Aires não foi propriamente casado. Não amava o casamento. Casou por necessidade do ofício; cuidou que era melhor ser diplomata casado que solteiro, e pediu a primeira moça que lhe pareceu adequada ao seu destino. Enganou-se; a diferença de temperamento e de espírito era tal que ele, ainda vivendo com a mulher, era como se vivesse só. Não se afligiu com a perda; tinha o feitio de solteirão. (EJ, XII. Outro exemplo de casamento por conveniência e que não podia dar certo: o do Conselheiro Aires com "a primeira moça que lhe pareceu adequada". Mas para o homem não havia problema, ele tinha suas válvulas de escape: a profissão, a posição social e, em último (ou primeiro) caso, o adultério. Além disso, esse Aires tinha vocação para solteirão, o que também não era problema para o homem. O problema era ser solteirona).

— Pelo que ouço, enquanto eu andava lá fora, a representar o Brasil, o Brasil fazia-se o seio de Abraão. Você, o casal Aguiar, o casal Noronha, todos os casais, em suma, faziam-se modelos de felicidade perpétua. (MA, 25/1/1888. Esta observação pertence ao Conselheiro Aires, em conversa com sua irmã Rita, agora viúva, mas que consta ter sido bem casada. O casal Noronha foi formado pela viúva Fidélia e o finado marido. Quanto a Aguiar, era casado com D. Carmo. A narrativa os descreve a todos como casais felizes. Note-se, contudo, que o próprio Conselheiro não teve a mesma felicidade, casando-se por conveniência da profissão de diplomata, como vimos na citação acima).

Os namorados estão declarados. A mão da viúva foi pedida naquele mesmo dia, justamente por ser o 26.º aniversário do casamento dos padrinhos de Tristão; foi pedida em Botafogo, na casa do tio, e em presença deste, concedida pela dona, com assentimento do desembargador, que aliás nada tinha que opor a dois corações que se amam. (MA, 29/1/1889. Note-se a independência de Fidélia, que, na condição de viúva e sem pai, dispunha de si mesma, a ponto de conceder sua mão a um pretendente, sem ter de dar satisfação a ninguém, nem mesmo ao tio. Lembremos que essa mesma Fidélia, bem mais jovem e solteira, teve a coragem de escolher o primeiro marido contra a vontade do pai, o autoritário Barão de Santa-Pia).

Dinheiro

São frequentes na ficção machadiana as referências a dinheiro, a negócios e ao mundo das finanças. Apresentam-se de forma direta, em que se mencionam explicitamente ouro, joias, quantias em dinheiro, ou sob a forma indireta, em que aparecem referências a heranças, imóveis, escravos (a chamada propriedade servil), ações, apólices, debêntures, empréstimos, títulos do governo, todos os assuntos, enfim, ligados à área do capital e das finanças.

O dinheiro, esse importante mediador das relações humanas e sociais, serve de pretexto para Machado de Assis traçar admiráveis retratos psicológicos de diversos personagens, sobretudo dos avarentos e dos que agem movidos por interesses inferiores, conforme é possível constatar nas passagens abaixo, selecionadas de seus romances e contos. As referências a dinheiro oferecem também informações importantes sobre as relações sociais e econômicas existentes na sociedade do Segundo Reinado (1840-1889). Mas é nas crônicas, sobretudo, que Machado faz as referências mais frequentes (permeadas de sutil ironia) a questões de dinheiro e finanças, conforme se vê no livro *A economia em Machado de Assis: o olhar oblíquo do acionista*, de Gustavo Franco (2007), citado em nossa bibliografia.

Vejamos abaixo alguns exemplos desse assunto nos romances e contos pesquisados.

Marcela amou-me durante quinze meses e onze contos de réis; nada menos. (BC, XVII. Quebra de paralelismo semântico (v. verbete) e ironia caracterizam essa conhecida frase do cínico narrador Brás Cubas. Ela também serve de exemplo do amor venal, vendido a peso de ouro, no caso, por uma profissional do ramo, a esperta cortesã Marcela).

O almocreve salvara-me talvez a vida; (...). Resolvi dar-lhe três moedas de ouro das cinco que trazia comigo; (...). Fui aos alforjes e durante esse tempo cogitei se não era excessiva a gratificação, se não bastavam duas moedas. (...). Ri-me, hesitei, meti-lhe na mão um cruzado em prata, (...). Meti os dedos no bolso do colete que trazia no corpo e senti umas moedas de cobre; eram os vinténs que eu devera ter dado ao almocreve. (BC, XXI. Passagem representativa do caráter egoísta de Brás Cubas. Note-se a gradação descendente da recompensa ao almocreve que havia salvado sua vida: três moedas de ouro, duas moedas de ouro, um cruzado em prata. Por fim, arrepende-se de não ter lhe dado apenas alguns vinténs. Depois de sentir-se são e salvo, passa a desmerecer o gesto altruísta do pobre almocreve. A diminuição da recompensa reflete a ingratidão do personagem, que apesar de ser um argentário, comportava-se como o que ele de fato era: um sujeito sórdido e mesquinho).

— Não falta mais nada. Quer a sege, quer o boleeiro, quer a prata, quer tudo. (...). Fizeram-se finalmente as partilhas, mas nós estávamos brigados. (BC, XLVI. Os herdeiros do pai de Brás Cubas estão brigando pelos bens deixados pelo falecido. Este capítulo, significativamente intitulado "A herança", descreve a cupidez, a ganância dos personagens envolvidos nesse triste episódio. Movidos por interesses financeiros ou materiais, o narrador Brás Cubas, sua irmã e seu cunhado acabaram "brigados", o que causou desarmonia e desunião familiar).

Quando o testamento foi aberto, Rubião quase caiu para trás. Adivinhais por quê. Era nomeado herdeiro universal do testador. Não cinco, nem dez, nem vinte contos, mas tudo, o capital inteiro, especificados os bens, casas na Corte, uma em Barbacena, escravos, apólices, ações do Banco do Brasil e de outras instituições, joias, dinheiro amoedado, livros, — tudo finalmente passava às mãos do Rubião, sem desvios, sem deixas a nenhuma pessoa, nem esmolas, nem dívidas. (QB, XIV. Como herdeiro universal dos bens do tresloucado "filósofo" Quincas Borba, Rubião herdou tudo o que lhe pertencia. De uma hora para outra passou de simples professor primário em Barbacena a capitalista na Corte. Como não estava preparado psicologicamente para tão brusca mudança, acabou dissipando toda a herança recebida, usurpado por falsos amigos e pela insana paixão por Sofia, a provocante mulher de seu sócio Cristiano Palha. Paixão, aliás, que acabou por levá-lo à loucura).

Palha tinha amor aos bancos, e morria por um. A carreira daquele homem era cada vez mais próspera e vistosa. O negócio corria-lhe largo; um dos motivos da separação era justamente não ter que dividir com outro [o sócio Rubião] os lucros futuros. Palha, além do mais, possuía ações de toda a parte, apólices de ouro do empréstimo Itaboraí, e fizera uns dois fornecimentos para a guerra [do Paraguai], de sociedade com um poderoso, nos quais ganhou muito. (QB, CXXIX. Aí temos o retrato de corpo inteiro desse Palha, personagem ambicioso e símbolo da nova classe social em ascensão no Brasil da segunda metade do século XIX: a burguesia urbana, ligada ao capital financeiro (daí seu amor aos bancos) e comercial. Detalhe importante: esse Palha enriqueceu, em grande parte, graças à ajuda do simplório Rubião, a quem, no final, acabou abandonando).

Vendeu a fazenda e os escravos, comprou alguns que pôs ao ganho ou alugou, uma dúzia de prédios, certo número de apólices, e deixou-se estar na casa de Matacavalos, onde vivera os dois últimos anos de casada. (DC, VII. D. Glória, mãe de Bentinho, depois de viúva, demonstra inusitado tino para os negócios, administrando com muita segurança os bens deixados por seu marido. As viúvas machadianas, em geral, agem com tirocínio comercial, dispondo de sua vida e de seus bens com autonomia e desembaraço, como é o caso de Lívia (*Ressurreição*), e Fidélia (*Memorial de Aires*). Trágica mesmo era a situação das solteironas, sozinhas no mundo, sem recursos e, o que é pior, sem marido, como é o caso da infeliz D. Tonica (*Quincas Borba*). Ver, a respeito, o verbete "Casamento").

Escobar começava a negociar em café depois de haver trabalhado quatro anos em uma das primeiras casas do Rio de Janeiro. (DC, XCVIII. O Brasil teve vários ciclos econômicos. A partir de 1850, intensifica-se o ciclo do café, nosso principal produto de exportação e que irá proporcionar um grande surto de desenvolvimento ao Brasil durante o Segundo Reinado, deslocando o poder político para a região sudeste e desbancando o poderio dos senhores do açúcar e algodão do Nordeste. Descrevendo a ocupação econômica de Escobar, que negocia com exportação de café, Machado registra esse momento importante da história econômica do Brasil).

— Mas que libras são essas? perguntei-lhe no fim. — Não é muito, dez libras só. — Quem foi o corretor? — O seu amigo Escobar. (DC, CVI. Capitu economiza o dinheiro que Bentinho lhe dá para as despesas da casa e, por intermédio de Escobar, converte essas economias em libras esterlinas. Nesta passagem, Machado deixa registrada uma importante informação econômica: o dinheiro forte da época era o inglês, as cobiçadas libras esterlinas. O dólar ainda não havia começado o seu reinado).

Vivia-se dos restos daquele deslumbramento e agitação, epopeia de ouro da cidade e do mundo, porque a impressão total é que o mundo inteiro era assim mesmo. Certo, não lhe esqueceste o nome, encilhamento, a grande quadra das empresas e companhias de toda espécie. Quem não viu aquilo não viu nada. Cascatas de ideias, de invenções, de concessões rolavam todos os dias, sonoras e vistosas para se fazerem contos de réis, centenas de contos, milhares, milhares de milhares, milhares de milhares de milhares de contos de réis. (EJ, LXXIII. Num capítulo ironicamente intitulado "Um Eldorado", Machado de Assis faz a crônica do Encilhamento, um período de alta inflação e desenfreada especulação com ações na Bolsa de Valores, ocorrido nos primeiros anos da República (1889-1891). Fortunas faziam-se e desfaziam-se em poucos dias, às vezes, em poucas horas. Era um eldorado de papel, que foi bastante explorado por especuladores e outros pescadores de águas turvas, como o personagem Nóbrega, ladrão de esmolas que aparece no romance *Esaú e Jacó*, tornado novo-rico da noite para o dia em decorrência de suas especulações financeiras. Além dessa referência no romance citado, o assunto é tratado com a habitual ironia machadiana na crônica de 18/9/1892, de *A Semana*, comentada pelo economista Gustavo Franco (2007:142). Ver também neste *Dicionário* o verbete "História do Brasil/Política").

— Que ele é usurário e avaro não o nego; usurário, como a vida, e avaro, como a morte. Ninguém extraiu nunca tão implacavelmente da algibeira dos outros o ouro, a prata, o papel e o cobre; ninguém os amuou com mais zelo e prontidão. Moeda que lhe cai na mão dificilmente torna a sair. ("Entre santos", VH. Perfil psicológico do avarento personagem Sales. O conto é uma das obras-primas desse livro admirável, intitulado *Várias histórias*. Trata-se do mais minucioso e perspicaz estudo da avareza feito na literatura brasileira. Convidamos o leitor a ler esse conto na íntegra, coisa que já fizemos inúmeras vezes, sempre com enorme prazer).

— Dinheiro, mesmo quando não é da gente, faz gosto ver. ("Anedota pecuniária", HSD. Frase representativa da mentalidade do avarento Falcão (nome de ave de rapina), personagem do conto citado. Esse Falcão era tão obcecado por dinheiro que o narrador Machado de Assis, traçando-lhe o perfil psicológico, informa a seu respeito o seguinte: "Se eu lhe disser que este homem vendeu uma sobrinha, não me hão de crer". Confira o leitor lendo o conto na íntegra).

Tem a Inglaterra a sua libra, a França o seu franco, os Estados Unidos o seu dólar, por que não teríamos nós nossa moeda batizada? Em vez de designá-la por um número, e por um número ideal — *vinte mil réis* — Por que lhe não poremos um nome — *cruzeiro* — por exemplo? Cruzeiro não é pior que outros, e tem a vantagem de ser nome e de ser nosso. ("Bons dias!", 30/3/1889, Aguilar, OC, v. 3, 1997:522. Nessa crônica inspirada, Machado de Assis teve a premonição do nome da nova moeda (o cruzeiro), criada em 1942 pelo presidente Getúlio Vargas, e que viria a substituir o combalido mil réis. Teriam as autoridades monetárias da época lido essa crônica do Bruxo do Cosme Velho?).

Dissimulação

Dissimulação é uma palavra-chave e muito presente na ficção machadiana, em que o conflito entre essência e aparência, ou seja, entre aquilo que o indivíduo é e o que ele simula ser, por interesse ou conveniência social, se resolve por meio do um comportamento sinuoso e escorregadio, característico de certos personagens, que, não raro, apelam para a mentira, quando não resvalam para a hipocrisia e a fraude. E não nos esqueçamos de que o próprio discurso do narrador Machado de Assis é tido pela crítica como oblíquo e dissimulado, sobretudo, a partir das *Memórias póstumas Brás Cubas* (1881), que inaugura a segunda fase de sua obra. Aliás, no capítulo LXXXVII desse romance originalíssimo, o próprio Machado, pela boca do personagem Jacó Tavares, faz explicitamente o elogio da dissimulação, como se vê numa das passagens citadas.

Dos romances que formam a trilogia de obras-primas de Machado de Assis extraímos e comentamos as passagens a seguir, em que se encontram exemplos modelares de comportamento dissimulado. Sobre o assunto, recomendamos a leitura do capítulo "A máscara e a fenda", em Alfredo Bosi (1999:73). Consultar também, neste trabalho, os verbetes "Litotes", "Preterição" e "Ser x parecer".

Virgília estava serena e risonha, tinha o aspecto das vidas imaculadas. Nenhum olhar suspeito, nenhum gesto que pudesse denunciar nada; (...). Como tocássemos, casualmente, nuns amores ilegítimos, meio secretos, meio divulgados, vi-a falar com desdém e um pouco de indignação da mulher de que se tratava, aliás sua amiga. (BC, VI. Virgília, já cinquentona, foi visitar o ex-amante, em seu leito de enfermo. Senhora de si, dissimula com desembaraço diante do filho, já adulto e que a acompanha na visita. Não só dissimula, como revela hipocrisia, condenando uma amiga que faz a mesma coisa que ela fazia quando era moça e bonita: trair o marido. Aos olhos do filho, ela passa por uma respeitável senhora, digna de toda a consideração. Embora conhecesse bem a capacidade de dissimulação de Virgília, Brás Cubas, na condição de defunto autor, não perde a oportunidade de transmitir ao leitor o comportamento hipócrita daquela que fora cúmplice de seus amores ilícitos).

Retirou-se o Dr. B e respiramos. Uma vez respirados, disse eu ao Jacó que ele acabava de mentir quatro vezes, em menos de duas horas: (...). Jacó refletiu um instante, depois confessou a justeza da minha observação, mas desculpou-se dizendo que a veracidade absoluta era incompatível com um estado social adiantado, e que a paz das cidades só se podia obter à custa de embaçadelas recíprocas... (BC, LXXXVII. A mentira é uma das facetas da dissimulação, e mentir não é outra coisa que fez esse Jacó Tavares. Com humor irônico, o narrador machadiano reproduz as palavras do **"homem mais probo que conheci em minha vida"**, segundo Brás Cubas. Trata-se de um ponto de vista um tanto cínico sobre o funcionamento da sociedade, o de que esta se baseia na mentira, e que a mentira desempenha uma importante função social: a de manter o equilíbrio nas relações entre as pessoas. Este é um exemplo representativo do realismo cético de Machado de Assis sobre a sociedade e os homens. Recomendamos ao leitor a leitura integral desse delicioso capítulo).

Instou com a mulher que lhe confessasse tudo, porque tudo lhe perdoaria. Virgília

compreendeu que estava salva; mostrou-se irritada com a insistência, jurou que da minha parte só ouvira palavras de gracejo e cortesia. (...). Ouvi tudo isto um pouco turbado, não pelo acréscimo de dissimulação que era preciso empregar de ora em diante, até afastar-me inteiramente da casa do Lobo Neves, mas pela tranquilidade moral de Virgília, pela falta de comoção, de susto, de saudades e até de remorsos. (BC, XCVI. Virgília, mestra na arte da mentira e da dissimulação, está contando ao amante, Brás Cubas, como conseguira convencer o marido traído, o Lobo Neves, de que ela lhe era fiel. Note-se a avaliação do narrador. Até ele próprio, um cínico, mostra-se incomodado com o comportamento amoral e impassível da amante. Quanto ao marido traído, este estava mais para Neves que para Lobo. Note-se, aliás, a ironia deste nome. Certamente não foi por acaso que Machado o deu a esse triste personagem).

....

— Ela há de estar bem triste, coitadinha! (...); mas, se o senhor doutor algum dia chegar a casar com Iaiá, então sim, é que há de ver o anjo que ela é! Lembra-me que desviei o rosto e baixei os olhos ao chão. Recomendo este gesto às pessoas que não tiverem uma palavra pronta para responder, ou ainda às que recearem encarar a pupila de outros olhos. (BC, CIII. D. Plácida, alcoviteira involuntária dos amores do casal de adúlteros, por ingenuidade ou aulicismo, classifica Virgília de "anjo". Brás Cubas, conhecendo bem a amante, prefere dissimular baixando os olhos ao chão. Cínico e debochado, recomenda o mesmo gesto ao leitor).

....

No capítulo CIV de *Brás Cubas*, intitulado significativamente "Era ele!", Machado de Assis arma uma cena teatral de comédia burlesca. Lobo Neves, o marido traído de Virgília, descobre o endereço da casa da Gamboa onde ela e Brás Cubas mantinham seus encontros amorosos. Aparece de repente e é recebido, com a maior tranquilidade, pela esposa infiel e por D. Plácida, espécie de alcoviteira, em nome de quem a casa fora alugada para salvar as aparências. Lobo Neves finge acreditar nas explicações da mulher; D. Plácida finge recebê-lo com surpresa e alegria, e Virgília, mestra na arte da dissimulação, não perde o autocontrole, fingindo-se admirada e feliz com a "visita" inesperada do marido. Todos fingem, todos dissimulam. Enquanto isso, Brás Cubas refugia-se num quarto e fica espiando toda a cena pelo buraco da fechadura. Machado expõe ao ridículo seus personagens, numa cena marcada pelo humor caricato e irônico, cujo objetivo é, em última análise, satirizar o casamento sem amor, contraído apenas por interesse, causa de inúmeros adultérios numa sociedade que tanto prezava as aparências e à qual pertenciam os caricatos protagonistas daquele ridículo triângulo amoroso.

....

Eram seis damas de Constantinopla, — modernas, — em trajos de rua, cara tapada, não com um espesso pano que as cobrisse deveras, mas com um véu tenuíssimo, que simulava descobrir somente os olhos, e na realidade descobria a cara inteira. E eu achei graça a essa esperteza da faceirice muçulmana, que assim esconde o rosto, — e cumpre o uso, — mas não o esconde, — e divulga a beleza. (BC, CXXVII. Intertextualidade indireta com o cendal de Camões, "que nem tudo esconde nem descobre" (*Lus.*, II, 37). Machado se identifica com o véu muçulmano, um símbolo de dissimulação, porque é e não é, mostra e não mostra, esconde e revela, tudo é relativo, nada é absoluto. Com efeito, esse véu é um adereço bem machadiano).

....

Hábil, sabendo domar-se a tempo, Sofia dissimulou o despeito, e restituiu a carta da prima. Quis dizer que, pelo texto, a felicidade de Maria Benedita devia estar intacta como a levara daqui, mas a voz não lhe passou da garganta. D. Fernanda é que se incumbiu da conclusão: — Vê-se bem que é feliz! — Parece que sim. (QB, CLVIII.

Sofia acabara de ler a carta de Maria Benedita, em que esta conta a D. Fernanda detalhes de sua vida de recém-casada com Carlos Maria. Sofia sente uma pontinha de despeito pela felicidade da prima, mas, dissimulada, esconde seus sentimentos. Mas acaba deixando escapar uma gota desse despeito na frase "Parece que sim", em que o verbo empregado insinua que talvez Maria Benedita estivesse exagerando sua felicidade conjugal).

— Capitu, apesar daqueles olhos que Deus lhe deu... Você já reparou nos olhos dela? São assim de cigana oblíqua e dissimulada. (DC, xxv. Esta definição (que se tornaria célebre) dos olhos de Capitu, Machado a põe, não na pena do narrador, mas na boca de um personagem secundário, embora importante: o agregado José Dias, que, ás vezes, fazia o papel de *alter ego* de Bentinho. Cumpre ressaltar aqui dois pontos importantes: 1) A astúcia narrativa de Machado de Assis, que, de forma oblíqua e dissimulada, cria a mais genial metáfora da literatura brasileira. Outro autor, que não Machado, provavelmente diria simplesmente que Capitu era sonsa ou falsa. 2) O termo de comparação empregado para definir o caráter de Capitu: é que as ciganas, no imaginário popular, são tidas geralmente como espertas e traiçoeiras. A comparação é amplificada pelo contraponto estabelecido entre os dois adjetivos empregados: o conotativo *oblíqua* e o denotativo *dissimulada*, do que resulta extraordinário efeito expressivo).

Quando ali cheguei, dei com ela na sala, na mesma sala, sentada na marquesa, almofada no regaço, cosendo em paz. Não me olhou de rosto, mas a furto e a medo, ou, se preferes a fraseologia do agregado, oblíqua e dissimulada. (DC, xxxvi. Esta cena se segue ao episódio do primeiro beijo entre Capitu e Bentinho, e que tanta impressão causara no adolescente. Bentinho oferece ao leitor, com o intuito de convencê-lo, um exemplo do método oblíquo e dissimulado de Capitu para lidar com situações embaraçosas. Note-se que o narrador, mais uma vez, faz questão de registrar que os dois adjetivos fatais (*oblíqua* e *dissimulada*) são criações do agregado José Dias, e não dele. Dissimulador maior não existe).

Agora é que o lance é o mesmo; mas se conto aqui, tais quais, os dois lances de há quarenta anos, é para mostrar que Capitu não se dominava só em presença da mãe; o pai não lhe meteu mais medo. No meio de uma situação que me atava a língua, usava da palavra com a maior ingenuidade deste mundo. A minha persuasão é que o coração não lhe batia mais nem menos. Alegou susto, e deu à cara um ar meio enfiado; mas eu, que sabia tudo, vi que era mentira e fiquei com inveja. (DC, xxxviii. Bentinho e Capitu tinham acabado de trocar o segundo beijo. Pádua, o pai de Capitu, aparece logo em seguida, e os dois namorados quase foram pegos em flagrante, mas ela não perde o autocontrole. Bentinho, ou melhor, Dom Casmurro, quarenta anos depois, reproduz, com minúcias, o comportamento, segundo ele, dissimulado de Capitu. Note-se que ele também a acusa de mentirosa. Quarenta anos depois! Haja memória! Haja boa vontade do leitor para acreditar em um narrador tão tendencioso).

Erotismo

Lúcia Miguel Pereira, em 1936, foi quem, pela primeira vez, chamou a atenção para os aspectos sensuais presentes na ficção machadiana. Na página 239 da 6.ª edição (1988) de sua biografia crítica do autor de *Dom Casmurro*, alerta: "É verdade que, com o seu ar sonso e frio, Machado de Assis foi, no fundo, um grande sensual". Com efeito, são frequentes as passagens em que se destacam descrições (ou insinuações) de partes do corpo feminino, como lábios, língua, olhos, seios, cabelos, braços, pernas, contornos, gestos, perfis, olhares, meneios de corpo, descrições essas sempre impregnadas de sutis intenções eróticas. Augusto Meyer (2008:105), em ensaio intitulado "Da sensualidade", também trata da questão do erotismo em Machado de Assis, estudando-o em seus romances e contos.

Essa presença do erotismo na literatura brasileira já se faz sentir nas narrativas românticas de José de Alencar, mas em um autor recatado como Machado de Assis pode causar certa estranheza ao leitor. Mas não nos esqueçamos de que Machado era mais propriamente dissimulado do que recatado e, desde os primeiros romances e contos, percebe-se forte presença do erotismo em sua obra de ficção. Percebe-se mais, nas entrelinhas: o próprio Machado, na pele dos personagens, comportando-se como *voyeur*, a fazer fantasias com suas personagens femininas, algumas delas profundamente sensuais, como Capitu e Sofia, principalmente esta última. Não é por acaso que Augusto Meyer afirma ser *Quincas Borba* "a análise dos desejos recalcados" (v. edição crítica preparada por Gladstone C. de Melo para a Ed. Melhoramentos, 1973, p. 11). Pode-se afirmar que, em quase toda a obra de ficção machadiana, existe sempre uma ponta de erotismo, insinuado ou explícito. Comprovemos com os exemplos colhidos nos romances pesquisados.

Félix contemplou-lhe longo tempo aquele rosto pensativo e grave, e involuntariamente foram-lhe os olhos descendo ao resto da figura. O corpinho apertado desenhava naturalmente os contornos delicados e graciosos do busto. Via-se ondular ligeiramente o seio túrgido, comprimido pelo cetim. (RE, III. Passagem de erotismo explícito, na qual Félix demora o olhar guloso nas curvas sensuais de Lívia, sobretudo no "seio túrgido", símbolo sexual que mexe com a fantasia erótica do personagem. Ou de Machado?).

Goethe escreveu um dia que a linha vertical é a lei da inteligência humana.

Pode dizer-se, do mesmo modo, que a linha curva é a lei da graça feminil. Mendonça o sentiu, contemplando o busto de Helena e a casta ondulação da espádua e do seio, cobertos pela cassa fina do vestido. (HE, XVI. Machado parodia Goethe à sua moda, aproveitando a oportunidade para, na pele de Mendonça, devorar com os olhos da imaginação a beleza juvenil, mas já sensual, de sua personagem. Usou o adjetivo *casta* apenas para disssimular, porque o efeito erótico da descrição nada tem de casto).

Eu deixei-me estar a vê-los [os olhos], a namorar-lhe a boca, fresca como a madrugada, e insaciável como a morte. (BC, LXIII. Comparações impregnadas de forte erotismo, que dão conta da relação adúltera e, *ipso facto*, puramente carnal de Brás Cubas e Virgília).

— Mas o que eu gosto mais dela são os ombros, que vi no baile do coronel. Que ombros! Parecem de cera; tão lisos, tão brancos! Os braços também; oh! os braços! Que bem feitos! (QB, III. Na passagem citada, Rubião revela os primeiros sinais de sua fixação sexual na bela Sofia, talvez a personagem feminina mais sensual da ficção machadiana. Esse desejo intenso, recalcado, é um dos fatores, talvez o mais forte, que o levarão à loucura. Note-se, a propósito, uma das obsessões eróticas de Machado de Assis, transferida para o seu personagem: os braços femininos, a ponto de ele escrever um de seus melhores contos com esse título: "Uns braços", em *Várias histórias*).

Era daquela casta de mulheres que o tempo, como um escultor vagaroso, não acaba logo, e vai polindo ao passar dos longos dias. Essas esculturas lentas são miraculosas; (...). Os olhos, por exemplo, (...). Agora, parecem mais negros, (...). A boca parece mais fresca. Ombros, mãos, braços são melhores, e ela ainda os faz ótimos por meio de atitudes e gestos escolhidos. (QB, XXXV. Machado continua lapidando a imagem sensual e provocante de Sofia. Não é de estranhar que Rubião tenha ficado louco por ela. E parece que o narrador também).

Loquaz, destemido, Rubião parecia totalmente outro. (...) Sofia é que não sabia que fizesse. Trouxera ao colo um pombinho, manso e quieto, e sai-lhe um gavião, — um gavião adunco e faminto. (QB, XXXIX. Sofia brincou com fogo e agora está com medo de se queimar. Note-se a metáfora erótica "gavião adunco [de garras afiadas] e faminto", usada por Machado, para descrever o ímpeto do desejo sexual de Rubião, espicaçado pela provocante Sofia, por cujas carnes Rubião estava "faminto").

O convite era poético, mas só o convite. Rubião ia devorando a moça com olhos de fogo, e segurava-lhe uma das mãos para que ela não fugisse. Nem os olhos nem o gesto tinham poesia nenhuma. (QB, XLI. Rubião convidara Sofia a fitar o Cruzeiro do Sul pensando nele. Mas apenas o convite tinha poesia, porque o resto era puro desejo pela provocante personagem. Note-se a metáfora hiperbólica com que Machado descreve o comportamento lascivo de Rubião: "ia devorando a moça com olhos de fogo". Em outras palavras, cheio de desejo).

D. Fernanda fazia gestos de incredulidade; apertava-a cada vez mais, passou-lhe a mão pela cintura, e ligou-a muito a si; disse-lhe baixinho, dentro do ouvido, que era como se fosse sua própria mãe. E beijava-a na face, na orelha, na nuca, encostava-lhe a cabeça ao ombro, acarinhava-a com a outra mão. (...). Maria Benedita ouvia agitada, palpitante, não sabendo por onde escapasse. (QB, CXVIII. Esta cena, salvo engano, parece sugerir que a personagem D. Fernanda tenciona seduzir Maria Benedita. Teria sido essa a intenção de Machado de Assis? Inserir no romance uma cena de lesbianismo explícito seria muita ousadia para aquela época. Situação semelhante também ocorre no conto "D. Benedita", de *Papéis avulsos*).

Mas o Palha baixara os olhos do joelho até o resto da perna, onde pegava com o cano da bota. De feito, era um belo trecho da natureza. A meia de seda mostrava a perfeição do contorno. Palha, por graça, ia perguntando à mulher se machucara aqui, e mais aqui, e mais aqui, indicando os lugares com a mão que ia descendo. Se aparecesse um pedacinho dessa obra-prima, o céu e as árvores ficariam assombrados, concluiu ele enquanto a mulher descia o vestido e tirava o pé do banco. (QB, CXLIV. De novo, Machado volta a explorar eroticamente o corpo da mulher que é Sofia. Dando asas à fantasia, ele se põe, gulosamente, a alisar, pela mão do marido, a perna da personagem).

Só então senti que os olhos de prima Justina, quando eu falava, pareciam apalpar-me, ouvir-me, cheirar-me, gostar-me, fazer o ofício de todos os sentidos. (...). Creio que prima Justina achou no espetáculo das sensações alheias uma ressurreição vaga das próprias. Também se goza por influição dos lábios que narram. (DC, XXII. Aqui, Machado retoma um tema de que já havia tratado no conto "D. Paula" (*Várias histórias*): o gozo por tabela. É o que parece fazer prima Justina, viúva saudosa de sensações perdidas, ao ouvir a descrição do interesse erótico-amoroso de Bentinho por Capitu).

Capitu deu-me as costas, voltando-se para o espelhinho. Peguei-lhe dos cabelos, colhi-os todos e entrei a alisá-los com o pente, desde a testa até as últimas pontas, que lhe desciam à cintura. (...). Continuei a alisar os cabelos, com muito cuidado, e dividi-os em duas porções iguais, para compor as duas tranças. Não as fiz logo, nem assim depressa, como podem supor os cabeleireiros de ofício, mas devagar, devagarinho, saboreando pelo tato aqueles fios grossos, que eram parte dela. O trabalho era atrapalhado, às vezes por desazo, outras de propósito para desfazer o feito e refazê-lo. Os dedos roçavam na nuca da pequena ou nas espáduas vestidas de chita, e a sensação era um deleite. (DC, XXXIII. Um dos trechos do romance mais carregados de erotismo. Pela memória afetiva, Dom Casmurro tenta resgatar o que o adolescente Bentinho sentira, "saboreando pelo tato" os cabelos e a pele impregnada de sensualidade de Capitu. O autor, Machado de Assis, *voyeur* de suas personagens femininas, estabelece uma simbiose erótica com seu personagem Bentinho, usufruindo, pela fantasia, os feitiços sensuais da cigana oblíqua e dissimulada).

— Levanta, Capitu! Não quis, não levantou a cabeça, e ficamos assim a olhar um para o outro, até que ela abrochou os lábios, eu desci os meus, e... Grande foi a sensação do beijo; Capitu ergueu-se, rápida, eu recuei até à parede com uma espécie de vertigem, sem fala, os olhos escuros. (DC, XXXIII. Nesta passagem, Bentinho relata a reação dele e a de Capitu diante da descoberta, ou melhor, da explosão da sexualidade adolescente experimentada pelos dois. Recomendamos a leitura integral deste capítulo, que deixa transparecer uma informação importante: a fixação sexual de Bentinho em sua primeira e única namorada, a ponto de remoê-la consigo, proustianamente, na condição de narrador em busca do prazer perdido).

Foi o caso que, uma segunda-feira, voltando eu para o seminário, vi cair na rua uma senhora. (...). A senhora tinha as meias mui lavadas, e não as sujou, levava ligas de seda, e não as perdeu. As meias e as ligas da senhora branqueavam e enroscavam-se diante de mim, e andavam, caíam, erguiam-se e iam-se embora. (...). De noite, sonhei com elas. (DC, LVIII. A cena está impregnada de erotismo, e o adolescente Bentinho, que nunca tinha visto uma mulher em suas roupas íntimas, ficou impressionado com a inesperada visão. Pela riqueza de detalhes da descrição, ele dever ter dado uma boa olhada na pobre mulher caída no chão, a ponto de, à noite, a imagem insólita tirar-lhe o sono).

Há remorsos que não nascem de outro pecado, nem têm maior duração. Agarrei-me a esta hipótese que se conciliava com a mão de Sancha, que eu sentia de memória dentro da minha mão, quente e demorada, apertada e apertando... (DC, CXVIII. Note-se, nesta passagem, a importância da memória afetiva como forma de resgatar sensações, no caso, sensações de cunho erótico, que anos depois ainda mexem com a libido atormentada de Bentinho, ou melhor, de Dom Casmurro. A mão demorada, "apertada e apertando", implica um contexto de cumplicidade tácita, passiva e ativa, entre os dois amantes virtuais: Bentinho e Sancha).

O ex-rapaz ainda agora recordava a cantiga popular que lhe ouvia, à despedida, depois de retificar as ligas, compor as saias, e cravar o pente no cabelo, — no momento em que ia deitar a mantilha, meneando o corpo com graça. (EJ, XL. Neste capítulo memorialista, intitulado "Recuerdos", o Conselheiro Aires se lembra de uma antiga amante de seus tempos de jovem diplomata em Caracas, aqui retratada após certos momentos de intimidade entre os dois. Note-se que, mesmo em um livro aparentemente inocente como *Esaú e Jacó*, Machado de Assis, já sessentão e viúvo, não deixa de acrescentar uma pitada de erotismo. Nostalgia da sempre cultivada sensualidade feminina).

Ao vê-la agora não a achei menos saborosa que no cemitério, e há tempos em casa de mana Rita, nem menos vistosa também. Parece feita ao torno, sem que este vocábulo dê nenhuma ideia de rigidez; ao contrário, é flexível. Quero aludir somente à correção das linhas, — falo das linhas vistas; as restantes adivinham-se e juram-se. Tem a pele macia e clara, com uns tons rubros nas faces, que lhe não ficam mal à viuvez. Foi o que vi logo à chegada, e mais os olhos e os cabelos pretos. (MA, 25/1/1888. Para quem viu "logo à chegada", o Conselheiro Aires viu até demais. Note-se que a descrição da viúva Fidélia prima pelo erotismo direto, explicitado por adjetivos e expressões impregnados de sensualidade: *saborosa, vistosa, feita ao torno, flexível, correção de linhas, pele macia e clara.* A fantasia erótica do sessentão e *voyeur* Machado de Assis, perdão, do Conselheiro, continua ativa, ao imaginar a anatomia oculta da viúva: **"as restantes adivinham-se e juram-se"**. A sinestesia **"pele macia e clara"**, de forte apelo tátil e visual, denuncia o olhar cobiçoso do narrador, que, embora não tenha tocado a viúva, deixa a fantasia correr solta, imaginando a maciez sensualíssima de sua pele. Exemplo explícito da retórica do desejo).

Escravidão

Tendo nascido em 1839, Machado de Assis conviveu de perto com a escravidão, que só viria a ser abolida no dia 13/5/1888, quase cinquenta anos depois de seu nascimento. Essa abominável instituição está presente em toda a sua obra literária, na figura de mucamas e moleques, nas relações sociais entre escravos e sinhôs e sinhás, no dialeto semicrioulo falado por personagens de origem africana, nas crendices (v. a cabocla do morro do Castelo em *Esaú e Jacó*), na culinária, nos amores trágicos entre senhores e escravas (v. o poema "Sabina", em *Americanas*, e o conto "Mariana", na edição da Aguilar, 1997, v. 2, p. 771), nas relações de sadismo geradas pela escravidão (v. os contos "O caso da vara", em *Páginas recolhidas*) e "Pai contra mãe" (em *Relíquias de casa velha*), em crônicas, como as de 1/10/1876 e 19/5/1888, em capítulos de romances, como os abaixo citados.

Sabemos que, por temperamento e por sua condição de funcionário público graduado, Machado não podia se expor fazendo-se um panfletário da abolição, mas nos bastidores do Ministério da Agricultura, discretamente, emitiu inúmeros pareceres decisivos sobre a aplicação da Lei do Ventre Livre, de 1871, como se lê no livro *Machado de Assis: historiador*, de Sidney Chalhoub (2003:266). A esse respeito, encontram-se valiosas informações nos capítulos "Machado de Assis e a abolição" e "O burocrata Machado de Assis", em Raimundo Magalhães Jr. (1957:141;178), o primeiro a nos chamar a atenção para essa faceta desconhecida do nosso maior escritor. Ver também "A escravidão" em Brito Broca (1983:54). Em crônica de 14/5/1893, o próprio Machado dá um testemunho pessoal, relembrando sua participação entusiasmada nas comemorações do 13 de maio de 1888, dia da promulgação da Lei Áurea: **"Sim, também eu saí à rua, eu o mais encolhido dos caramujos, também entrei no préstito, em carruagem aberta, (...); todos respiravam felicidade, tudo era delírio. Verdadeiramente, foi o único dia de delírio público que me lembra ter visto"**. E Machado estava lá.

Como dissemos, Machado não era nem podia ser um panfletário, mas nas entrelinhas de sua extensa obra literária, ele não se omitiu sobre o problema da escravidão. Tratou essa grave questão do seu jeito, sinuoso e dissimulado, mas não se omitiu, como o acusou injustamente uma crítica obtusa e ultrapassada. É só ter olhos de ver, e o primeiro a nos abrir os olhos para essa faceta de sua obra foi R. Magalhães Jr., com seu *Machado de Assis desconhecido*, seguido de Astrojildo Pereira (1959:13), com seu originalíssimo ensaio "Romancista do Segundo Reinado". Hoje há um consenso sobre a participação de Machado de Assis no problema da escravidão, e a bibliografia sobre o assunto é extensa. Dentre as obras mais recentes, recomendamos a leitura de: *Um mestre na periferia do capitalismo*, de Roberto Schwarz (2000); *Machado de Assis afrodescendente*, de Eduardo de Assis Duarte (2007); e *Um defunto estrambótico*, de Valentim Facioli (2008).

No que diz respeito especificamente aos romances machadianos, objeto de estudo deste trabalho, selecionamos as passagens abaixo, representativas das relações sociais existentes entre senhores e escravos em nossa sociedade patriarcal. Relações às vezes paternalistas, mas, em geral, marcadas pela violência e pelo sadismo, desprovidas de qualquer respeito aos direitos humanos individuais, conceito inexistente ou, pelo menos, impraticável, na época. Além disso, os exemplos a seguir comentados jogam por terra a injusta acusação de que Machado de Assis, um afrodescendente, teria ficado indiferente à condição desumana em que se encontravam seus irmãos de cor.

Dos próprios escravos não obteve Helena desde logo a simpatia e boa vontade; esses pautavam os sentimentos pelos de D. Úrsula. (...). Um só de tantos pareceu vê-la desde princípio com olhos amigos; era um rapaz de 16 anos, chamado Vicente, cria da casa e particularmente estimado do conselheiro. (HE, IV. Helena e o escravo Vicente, seu pajem, se identificam pelos laços de submissão que os ligam à família do falecido Conselheiro Vale: Helena, por sua condição feminina, naturalmente subalterna, e o escravo, por sua condição social. Ambos são pobres e dependentes da boa vontade senhorial de Estácio, filho do Conselheiro e suposto irmão de Helena. Note-se, na hostilidade inicial dos escravos a Helena, como os cativos se comportavam: pertenciam à família a que serviam, e a tendência era ficarem solidários com seus senhores, no caso, com D. Úrsula, irmã do Conselheiro, a qual, inicialmente, recebeu Helena com má vontade. Repare-se também na animalização da linguagem referente aos escravos: Vicente era "cria da casa". Esse termo *cria*, em sua origem, aplicava-se apenas a animais (cães, cavalos, bezerros). Com o tempo, estendeu-se também aos seres humanos, tendo havido aí uma degradação semântica, expressão linguística dos aspectos desumanos da escravidão).

Raimundo parecia feito expressamente para servir Luís Garcia. Era um preto de cinquenta anos, estatura mediana, forte, apesar de seus largos dias, um tipo de africano, submisso e dedicado. Era escravo e livre. Quando Luís Garcia o herdou de seu pai, (...) deu-lhe logo carta de liberdade. (IG, I. Machado apresenta aqui uma situação que não era rara na época, embora no romance ela apareça meio idealizada (trata-se de uma história romântica). Raimundo "era escravo e livre", ou seja, livre por ter sido alforriado, mas escravo pelos laços de afeto que o ligavam ao seu ex-senhor. No desenrolar da narrativa, há passagens que mostram esse Raimundo sendo tratado como pessoa da família, chegando até a interferir em determinadas questões familiares. Era o lado paternalista da sociedade escravocrata. Cumpre destacar aqui três pontos importantes: 1) Machado informa que Raimundo era "submisso e dedicado". O primeiro adjetivo decorre naturalmente de sua condição de ex-escravo de origem africana; o segundo explica-se pelos laços de afeto e solidariedade que o ligavam a Luís Garcia. 2) Machado também destaca o fato de que Raimundo "era forte, apesar de seus largos dias". É que ele tinha cinquenta anos, idade considerada elevada para os escravos, que, em geral, sucumbiam cedo ao trabalho pesado nas fazendas. No caso de Raimundo, sua "longevidade" talvez se explique pelo fato de ele ter sido sempre um escravo urbano, sem nunca haver trabalhado na lavoura. 3) A terceira informação fornecida por Machado diz respeito ao fato de que Luís Garcia herdou Raimundo de seu pai, ou seja, a propriedade servil era considerada uma "peça" como qualquer outra que integrava o espólio deixado pelos que faleciam. Do ponto de vista jurídico, os escravos faziam parte dos bens arrolados no inventário do *de cujus*, constituíam uma herança e, nessa condição, eram transmitidos de pai para filho).

Por exemplo, um dia quebrei a cabeça de uma escrava, porque me negara uma

colher do doce de coco que estava fazendo, e, não contente com o malefício, deitei um punhado de cinza ao tacho, e, não satisfeito da travessura, fui dizer à minha mãe que a escrava é que estragara o doce "por pirraça"; e eu tinha apenas seis anos. (BC, XI. Chamam a atenção nesta passagem os ingredientes de perversidade e sadismo impostos aos escravos por seus senhores. Note-se que Machado de Assis, de forma inteligente e sutil, utiliza-se de um narrador pertencente à classe proprietária para mostrar como funcionava o regime escravista. Na sua condição de defunto autor, Brás Cubas narra de dentro, com riqueza de detalhes, o que Machado, de fora, não podia descrever, devido às limitações a que nos referimos acima. E o desabusado narrador faz questão de mencionar que se acostumou com essas práticas de sadismo e violência ainda muito cedo, quando tinha "apenas seis anos". Note-se como ele procurou acusar a escrava, que provavelmente foi castigada pelo malfeito praticado por seu pequeno senhor).

Prudêncio, um moleque de casa, era o meu cavalo de todos os dias; punha as mãos no chão, recebia um cordel nos queixos, à guisa de freio, eu trepava-lhe ao dorso, com uma varinha na mão, fustigava-o, dava mil voltas a um e outro lado, e ele obedecia, — algumas vezes gemendo, — mas obedecia sem dizer palavra ou, quando muito, um — "ai, nhonhô!" — ao que eu retorquia: — "Cala a boca, besta!". (BC, XI. Outra passagem, por meio da qual Machado documenta os aspectos perversos e sádicos da relação senhor-escravo (v. os capítulos IV e V de *Casa grande & senzala*, de Gilberto Freire). E nada mais verossímil, pois é contada não pelo escravo ou pelo autor, mas pelo próprio narrador-protagonista, acima, portanto, de qualquer suspeita. Estratégias da enunciação machadiana).

Um sujeito, ao pé de mim, dava a outro notícia recente dos negros novos, que estavam a vir, segundo cartas que recebera de Loanda, uma carta em que o sobrinho lhe dizia ter já negociado cerca de quarenta cabeças, e outra carta em que... Trazia-as justamente na algibeira, mas não as podia ler naquela ocasião. O que afiançava é que podíamos contar, só nessa viagem, uns cento e vinte negros, pelo menos. (BC, XII. Esse sujeito devia ser um traficante de escravos. Repare na frieza de sua linguagem, ao se referir aos escravos: "cerca de quarenta cabeças", como se se tratasse de gado, gado humano. A conversa ocorre durante uma festa em casa do pai de Brás Cubas, e Machado torna o seu personagem ouvinte "involuntário" desse sórdido diálogo entre pessoas sórdidas e da mesma classe social a que pertencia o narrador. As tais pessoas falavam do tráfico com a naturalidade de quem fala de um negócio corriqueiro e natural. A passagem informa também a origem dos escravos: vinham de Luanda, em Angola, na época, 1814, uma colônia portuguesa, como o Brasil).

Tais eram as reflexões que eu vinha fazendo por aquele Valongo fora, logo, logo depois de ver e ajustar a casa. Interrompeu-mas um ajuntamento; era um preto que vergalhava outro na praça. O outro não se atrevia a fugir; gemia somente estas únicas palavras: "— Não, perdão, meu senhor; meu senhor, perdão!" Mas o primeiro não fazia caso, e, a cada súplica, respondia com uma vergalhada nova. (...). Parei, olhei... Justos céus! Quem havia de ser o do vergalho? Nada menos que o meu moleque Prudêncio, — o que meu pai libertara alguns anos antes. (...). Agora, porém, que era livre, dispunha de si mesmo, dos braços, das pernas, podia trabalhar, folgar, dormir, desagrilhoado da antiga condição, agora é que ele se desbancava: comprou um escravo, e ia-lhe pagando, com alto juro, as quantias que de mim recebera. (BC, LXVIII. Este capítulo não é gratuito. Machado de Assis, pela pena de Brás Cubas, faz questão de registrar as relações sociais perversas decorrentes da escravidão. Violência gera violência, e Prudêncio, ex-escravo, agora se vinga das chicotadas recebidas de Brás Cubas, no passado, açoitando um escravo seu, que, aliás, o trata por senhor. A cena se passa no Valongo, e essa referência também não é gratuita: é que neste bairro da zona portuária do Rio de Janeiro situava-se o mercado de escravos, ou seja, a porta de entrada dos negros trazidos da África para o Brasil. Este episódio é representativo das relações sadomasoquistas impostas pela escravidão).

....

Como [o Cotrim] era muito seco de maneiras, tinha inimigos, que chegavam a acusá-lo de bárbaro. O único fato alegado neste particular era o de mandar com frequência escravos ao calabouço, donde eles desciam a escorrer sangue; mas, além de que ele só mandava os perversos e os fujões, ocorre que, tendo longamente contrabandeado em escravos, habituara-se de certo modo ao trato um pouco mais duro que esse gênero de negócio requeria, e não se pode honestamente atribuir à índole original de um homem o que é puro efeito de relações sociais. (BC, CXXIII. Neste capítulo intitulado "O verdadeiro Cotrim", o narrador morde e assopra. Primeiro, descreve as violências praticadas pelo cunhado contra os escravos. Depois, procura inocentá-lo, atribuindo o seu sadismo à sociedade escravista que gerava tais tipos de torturadores. Afinal, Brás Cubas pertence à mesma classe social de Cotrim, são farinha do mesmo saco, e é natural que fique solidário com ele, procurando isentá-lo de culpa pelas atrocidades cometidas. Mas o importante é que, neste caso, o autor Machado de Assis, convenientemente escudado pela primeira pessoa narrativa, não deixa de expor o lado hediondo da instituição escravista. Esse Cotrim, aliás, era duplamente infame: comprazia-se em torturar os escravos e, provavelmente, era um fora da lei. Atente-se para a informação fornecida por Machado de Assis: "tendo longamente contrabandeado em escravos". Em outras palavras, ele era um contrabandista de escravos, atividade ilegal, pois o tráfico de escravos havia sido proibido em 1850).

....

Vendeu a fazendola e os escravos, comprou alguns que pôs ao ganho ou alugou. (DC, VII. Após a morte do marido, o pai de Bentinho, D. Glória não quis voltar para Itaguaí, preferindo ficar no Rio de Janeiro, na casa de Matacavalos. Nesta passagem, Machado documenta uma modalidade de escravatura, a urbana. Os chamados escravos de ganho saíam às ruas vendendo mercadorias (doces, comidas, objetos de uso pessoal) e serviços (barbeiro, sapateiro, marceneiro), cujos rendimentos eram entregues aos seus senhores. Alguns escravos também podiam ser alugados a terceiros, os quais, naturalmente, pagavam aos seus proprietários pelos serviços prestados. Esses escravos urbanos eram, em muitos casos, o sustentáculo da incipiente classe média da Corte, à qual pertencia a família de Bentinho).

....

Mostrei outro, mais outro, e ainda outro, este Pedro, aquele José, aquele outro Damião... — Todas as letras do alfabeto, interrompeu Escobar. Com efeito, eram diferentes letras, e só então reparei nisto; apontei ainda outros escravos, alguns com os mesmos nomes, distinguindo-se por um apelido, ou da pessoa, como João Fulo, Maria Gorda, ou de nação, como Pedro Benguela, Antônio Moçambique... (DC, XCIII. Nessa conversa com Escobar, Bentinho deixa documentada uma valiosa informação sobre a onomástica dos escravos, cujos nomes, em geral, eram dados pelos seus senhores. Depois do prenome, distinguiam-se eles pelo apelido ou pela origem, funcionando esses epítetos como verdadeiros sobrenomes).

....

Lá dentro, a voz do caboclo velho ainda uma vez continuava a cantiga do sertão: Trepa-me neste coqueiro,/Bota-me os cocos abaixo. (...)/ Quebra coco, sinhá,/Lá no cocá,/Se te dá na cabeça,/Há de rachá;/

Muito hei de me ri,/Muito hei de gostá,/ Lelê, cocô, naiá. (EJ, I. Nestes versos do folclore sertanejo, cantados pelo pai da cabocla do Castelo, Machado de Assis documenta o dialeto semicrioulo falado pelos nossos escravos ou por seus descendentes, o que devia ser o caso desse caboclo velho (v. o verbete "Africanismos"). Ao incluir esse personagem no romance, Machado de Assis, um afrodescendente, presta uma homenagem ao preto velho, figura humana impregnada de forte simbolismo cultural na formação da sociedade brasileira, presente em crendices, na música, no folclore, no imaginário popular e em nossa literatura, como se vê, por exemplo, no romance *O tronco do ipê*, de José de Alencar, em que pai Benedito, apesar de personagem secundário, desempenha importante papel na história).

— Quero deixar provado que julgo o ato do governo uma espoliação, por intervir no exercício de um direito que só pertence ao proprietário, e do qual uso com perda minha, porque assim o quero e posso. (MA, 10/4/1888. Palavras do barão de Santa-Pia. Inconformado com o projeto que propunha a extinção definitiva da escravatura, a chamada Lei Áurea, esse personagem, digno representante da classe dos fazendeiros, resolve emancipar, antecipadamente, todos os seus escravos, em protesto contra o ato do governo imperial. É que, no seu entendimento, a abolição era uma prerrogativa dos senhores, ela feria um direito que ele considerava sagrado: o da propriedade servil. Machado usa esse barão reacionário como um símbolo de muitos outros que havia por todo o Brasil).

História do Brasil/ Política

Militando na imprensa, como cronista, e na literatura, como escritor, por quase cinquenta anos, Machado de Assis conviveu com graves e importantes acontecimentos da História do Brasil, ocorridos durante o Segundo Reinado (1840-1889) e os primeiros anos da República (1889-1908, ano da morte do autor). Como diz Luciano Trigo (2001:67): "A vida e a obra de Machado de Assis se entrelaçaram intimamente com o crescimento e consolidação de uma nova classe social num Brasil em transição: a burguesia. À medida que o país se reestruturava economicamente, esta classe se ligava ao capital internacional e ascendia ao topo da pirâmide social, anteriormente ocupada pela aristocracia rural. (...). Machado assistiu de camarote à passagem do modelo patriarcal ao modelo burguês de sociedade no Brasil".

É natural, portanto, que Machado retrate esse importante período de nossa História em seus textos, de forma direta (na poesia e nas crônicas) ou indireta (nos romances e contos). Note-se, por exemplo, a forma irônica ou alegórica com que personagens e métodos políticos, situações ou episódios históricos e sociais são apresentados pelo autor. Nesse sentido, grande mérito tem Astrojildo Pereira (1959:13), o primeiro a reconhecer em Machado o grande romancista do Segundo Reinado, regime que tinha como sustentáculo o modelo escravista, que Machado de Assis, afrodescendente, certamente devia considerar abominável. Aliás, inúmeras são as referências à escravidão em suas crônicas, assim como em seus romances e contos (v. o verbete "Escravidão").

Uma paródia irônica dos nossos métodos eleitorais heterodoxos, para não dizer fraudulentos, encontra-se no conto "A sereníssima república" (*Papéis avulsos*). Sobre a política e a sociedade brasileira do Segundo Reinado nos romances machadianos, recomendamos a leitura dos livros *Machado de Assis historiador*, de Sidney Chalhoub (2003), e *Machado de Assis: a pirâmide e o trapézio*, de Raimundo Faoro (2001). Ver também o capítulo "Machado de Assis e a História do Brasil: algumas especulações", em John Gledson (2003:293). Mas, sobretudo, ler *Machado de Assis desconhecido*, trabalho pioneiro de R. Magalhães Jr. (1957), aqui já citado. Na mesma linha inclui-se o livro *Machado de Assis e a política*, de Brito Broca

(1983). Ver ainda, no rico exemplário a seguir, como Machado de Assis e a História do Brasil "se entrelaçam intimamente", para usarmos a feliz expressão de Luciano Trigo. Na série de crônicas de "A Semana" (1892-1895) também se encontram lúcidos (e irônicos) comentários "políticos" de Machado de Assis.

Jorge conheceu Procópio Dias no Paraguai, onde este fora negociar e triplicar os capitais, o que lhe permitiu colocar-se acima das viravoltas da fortuna. (IG, VII. Pescador de águas turvas, esse Procópio Dias ganhou muito dinheiro, por meio de fornecimentos e negócios escusos, feitos durante a Guerra do Paraguai. Provavelmene era também mercador da morte, ou seja, vendia armas aos países em guerra).

Vi-a, pela primeira vez, no Rocio Grande, na noite das luminárias, logo que constou a declaração da independência, uma festa de primavera, um amanhecer da alma pública. (BC, XIV. Alusão às festas populares realizadas no Campo de Santana, no dia 12 de outubro de 1822, data em que D. Pedro I foi proclamado Imperador do Brasil. Nesse dia, Brás Cubas conheceu a "linda Marcela", a cortesã que o amou "durante quinze meses e onze contos de réis").

Da lavoura passaram ao gado, à escravatura e à política. Cristiano Palha maldisse o governo, que introduzira na fala do trono uma palavra relativa à propriedade servil; mas, com grande espanto seu, Rubião não acudiu à indignação. Era plano deste vender os escravos que o testador lhe deixara, exceto um pajem; se alguma coisa perdesse, o resto da herança cobriria o desfalque. Demais, a fala do trono, que ele também lera, mandava respeitar a propriedade atual. Que lhe importavam escravos futuros, se os não compraria? O pajem ia ser forro, logo que ele entrasse na posse dos bens. Palha desconversou e passou à política, às câmaras, à guerra do Paraguai, tudo assuntos gerais, ao que Rubião atendia, mais ou menos. (QB, XXI. Palha refere-se à Fala do Trono de 1867, em que D. Pedro II, em seu pronunciamento anual ao Legislativo, declarou ser favorável à emancipação gradual dos escravos. Disse o Imperador: "O elemento servil no Império não pode deixar de merecer oportunamente a vossa consideração, promovendo-se de modo que, respeitada a propriedade atual, e sem abalo profundo em nossa primeira indústria, a agricultura, sejam atendidos os altos interesses que se ligam à emancipação". (Mary Del Priore & Renato Pinto Venâncio, 2001:250). A Lei do Ventre Livre, sancionada em 28/9/1871, representou um importante passo no sentido da emancipação, culminando com a Lei Áurea, assinada pela Princesa Isabel em 13/5/1888. É oportuno lembrar que todas as iniciativas visando à abolição da escravatura partiram sempre da Coroa, e não da classe proprietária, e Machado de Assis, que tinha grande admiração pelo Imperador, faz questão de ressaltar sua iniciativa. Como se vê na fala de Rubião, em discurso indireto livre, a proposta imperial propunha uma libertação progressiva dos escravos, preservando o direito de propriedade servil naquele momento, para não desestruturar a economia do país, baseada exclusivamente na mão de obra escrava. Note-se que Rubião não tinha interesse na questão da escravatura, por não ser ele proprietário rural. Legatário da herança deixada por Quincas Borba, tornara-se capitalista por acaso, e seus interesses econômicos eram predominantemente urbanos).

Na esquina da Rua dos Ourives [atual Miguel Couto] deteve-o um ajuntamento de pessoas, e um préstito singular. Um homem, judicialmente trajado, lia em voz alta a sentença. Havia mais o juiz, um padre, soldados, curiosos. Mas, as principais figuras eram dois pretos. Um deles, mediano, magro, tinha as mãos atadas, os olhos baixos, a cor fula, e levava uma corda enlaçada no pescoço; as pontas do baraço iam nas mãos de outro preto. (...). Não queria ver a execução. (...). Os curiosos iam narrando o crime, — um

assassinato em Mataporcos [atual Estácio de Sá]. O assassino era dado como homem frio e feroz. (...). Eis o réu que sobe à forca. (...). O instante fatal foi realmente um instante; o réu esperneou, contraiu-se, o algoz cavalgou-o de um modo airoso e destro. (QB, XLVII. Rubião, embora de forma relutante, acaba assistindo ao enforcamento de um condenado. O importante nesse episódio é que Machado registra um fato importante das leis penais do Império: a existência da pena de morte para crimes de morte. No caso, o réu e o carrasco são ambos negros. Aqui, ocorre-nos uma pergunta inevitável: a pena de morte aplicar-se-ia também aos brancos assassinos, sobretudo aos brancos endinheirados?).

Maria Benedita consentiu finalmente em aprender francês e piano. (...). Sofia acostumava habilmente a prima às distrações da cidade; teatros, visitas, passeios, reuniões em casa, vestidos novos, chapéus lindos, joias. (QB, LXVIII. Este trecho registra um aspecto importante da vida social na Corte no tempo de Machado de Assis. Note-se que o francês e o piano faziam parte dos "adornos de uma educação de sala", como lembra Machado de Assis, pela palavra do Palha, nesse mesmo capítulo).

— Em política, não se perdoa nem se esquece nada. Quem fez uma paga; creia que a vingança é um prazer, continuou sorrindo. (...). Há ingratos, mas os ingratos demitem-se, prendem-se, perseguem-se... (QB, C. Pelas palavras do astuto político Camacho, Machado de Assis descreve os métodos empregados pela política partidária no tempo do Império. E que não são muito diferentes dos usados em nossos dias. Nesse particular, a República só fez "modernizá-los", com requintes de cinismo e, não raro, com muita corrupção. Esse demagogo Camacho, que explorou impiedosamente o simplório Rubião, teria lugar garantido em qualquer dos partidos políticos atuais).

— De que há de viver, se estragar o que possui? A nossa casa pode cair. — Não cai, acudiu o Rubião. **— Pode cair; tudo pode cair. Eu vi cair o banqueiro Souto em 1864.** (QB, CVIII. Palha, sócio de Rubião, tenta convencê-lo a ser mais cuidadoso na aplicação de seu dinheiro. Adverte o sócio lembrando que até o banqueiro Antônio Alves Souto, dono do poderoso Banco Souto, acabou indo à falência, causando uma grave crise financeira na época do Império. A advertência de que "tudo pode cair" reflete a consciência de Machado a respeito da instabilidade das instituições humanas, principalmente as financeiras. Aliás, Machado não tinha muita confiança em bancos e banqueiros. Na crônica de 4/11/1900 de *A Semana*, adverte seus leitores: "E depois não há bancos eternos. Todo banco nasce virtualmente quebrado; é o seu destino, mais ano, menos ano". Parece até que estava prevendo a quebradeira geral dos bancos americanos, alguns deles centenários, neste setembro de 2008).

Palha tinha amor aos bancos, e morria por um. A carreira daquele homem era cada vez mais próspera e vistosa. O negócio corria-lhe largo; um dos motivos da separação era justamente não ter que dividir com outro [o sócio Rubião] os lucros futuros. Palha, além do mais, possuía ações de toda a parte, apólices de ouro do empréstimo Itaboraí, e fizera uns dois fornecimentos para a guerra [do Paraguai], de sociedade com um poderoso, nos quais ganhou muito. Já tinha apalavrado um arquiteto para lhe construir um palacete. Vagamente pensava em baronia. (QB, CXXIX. Passemos a palavra a Luciano Trigo (2001:59): "Entre os personagens masculinos de Machado de Assis, Cristiano Palha, de *Quincas Borba*, é o melhor exemplo de adaptação a esse novo momento histórico e estético da sociedade brasileira. Com sua ambição financeira e sua falta de escrúpulos, ele não é exatamente um homem íntegro; mas isso, longe de desqualificá-lo, o habilita ainda mais para o jogo social". Aí temos o retrato de corpo inteiro desse Palha, personagem ambicioso e símbolo da nova classe social em ascensão no Brasil da segunda metade do século XIX: a burguesia urbana, ligada ao capital financeiro (daí seu amor aos bancos) e comercial. Um detalhe curioso: embora pertencesse à burguesia, sua vaidade levava-o a sonhar com um título de nobreza do Império: queria tornar-se barão. Dinheiro para isso não lhe faltava).

— Eu diria ao Imperador: "Senhor, Vossa Majestade não sabe o que é essa política de corredores, esses arranjos de camarilha. Vossa Majestade quer que os melhores trabalhem nos seus conselhos, mas os medíocres é que se arranjam... O merecimento fica para o lado". (QB, CLXXV. Pela fala de Teófilo, Machado de Assis descreve os métodos de escolha para cargos políticos no Segundo Reinado e que não mudaram muito nos dias de hoje. Mas parece que Machado pretende mesmo é prestar uma homenagem à figura impoluta do Imperador D. Pedro II, a quem muito admirava e, àquela altura, 1891, exilado em Paris, por força do golpe republicano que derrubara a Monarquia, em 1889. A homenagem de Machado é quase póstuma, pois o romance *Quincas Borba* saiu em novembro, e o Imperador morreu em dezembro daquele ano).

— Não esqueçamos que um bispo presidiu a Constituinte, e que o padre Feijó governou o império... — Governou como a cara dele! atalhou tio Cosme, cedendo a antigos rancores políticos. (DC, III. O bispo a que se refere José Dias é D. José Caetano da Silva Coutinho, capelão-mor do Rio de Janeiro e presidente da Assembleia Constituinte instalada em 3/5/1823 pelo imperador D. Pedro I. Em novembro desse mesmo ano, D. Pedro dissolveu a Assembleia e tomou a iniciativa de elaborar, por conta própria, a primeira Constituição do Brasil, outorgada por ele ao país no dia 25 de março de 1824. Após sua abdicação, em 1831, o Brasil mergulhou num período de violentas agitações políticas sob o governo das Regências, de 1831 a 1840, quando foi decretada a maioridade de D. Pedro II. O padre Diogo Antônio Feijó foi ministro da Justiça, em 1831, e regente do Império, de 1835 a 1837 (Regência Una). Feijó tinha tendências autoritárias e suscitou a ira de inúmeros adversários políticos, dentre os quais o tio de Bentinho, como se vê pela irritação com que ele reagiu às palavras do agregado José Dias).

A pérola de César acendia os olhos de Capitu. Foi nessa ocasião que ela perguntou a minha mãe por que é que já não usava as joias do retrato; (...) — São joias viúvas, como eu, Capitu. — Quando é que botou estas? — Foi pelas festas da Coroação. (DC, XXXI. As festas da Sagração e da Coroação ocorreram por ocasião da Maioridade de D. Pedro II, em 18 de julho de 1841. Mais uma vez, Machado de Assis se aproveita da narrativa para reverenciar a memória do saudoso Imperador, falecido no exílio em Paris, em 1891, oito anos antes da publicação de *Dom Casmurro*).

Escobar começava a negociar em café depois de haver trabalhado quatro anos em uma das primeiras casas do Rio de Janeiro. (DC, XCVIII. O Brasil teve vários ciclos econômicos. A partir de 1850, intensifica-se o ciclo do café, nosso principal produto de exportação e que irá proporcionar um grande surto de desenvolvimento ao Brasil durante o Segundo Reinado, deslocando o poder político para a região sudeste e desbancando o poderio dos senhores do açúcar e algodão do Nordeste. Descrevendo a ocupação econômica de Escobar, que negocia com exportação de café, Machado registra esse momento importante da história econômica e política do Brasil).

Elogiavam as qualidades de Escobar. Um ou outro discutia o recente gabinete Rio Branco; estávamos em março de 1871. Nunca me esqueceu o mês nem o ano. (DC, CXXII. O Visconde do Rio Branco (José Maria da Silva Paranhos) presidiu o gabinete durante o período de 7 de março 1871 a 25 de junho de 1875. Curioso é que foi no governo de um gabinete conservador, e não no de um liberal, que foi instituída a Lei do Ventre Livre, em 28 de setembro de 1871).

— Não sei o que é que ele queria que eu fizesse mais, dizia Batista falando do ministro. Cerquei igrejas; nenhum amigo pediu polícia que eu não mandasse; processei talvez umas vinte pessoas, outras foram para a cadeia sem processo. Havia de enforcar gente? Ainda assim houve duas mortes no Ribeirão das Moças. O final era excessivo, porque as mortes não foram obra dele; quando muito, ele mandou abafar o inquérito, se se pode chamar inquérito a uma simples conversação sobre a ferocidade dos dois defuntos. Em suma, as eleições foram incruentas. (EJ, xxx. Esse Batista era um chefe político local e acabou demitido pelo ministro porque deixou que o governo perdesse as eleições. Embora se trate de um personagem de ficção, o trecho transcrito é um importante testemunho histórico, pois reproduz com fidelidade os métodos eleitorais fraudulentos usados nos rincões distantes na época do Império. Métodos esses que continuaram a ser usados durante as primeiras décadas da República, nas famosas eleições a bico de pena, em que até defunto votava, e o governo sempre saía vencedor. O narrador, o Conselheiro Aires, diz que as tais eleições foram "incruentas", isto é, que não correu sangue, e que houve "apenas" duas mortes de dois ferozes inimigos políticos. Pura ironia do nosso Machado de Assis).

— Flora nasceu no ministério Rio Branco, e foi sempre tão fácil de aprender, que já no ministério Sinimbu sabia ler e escrever corretemente. (EJ, xxxi. Para enfatizar a facilidade de aprendizagem de Flora, sua mãe, D. Cláudia, usa duas datas históricas do Segundo Reinado. A da ascensão do gabinete conservador, chefiado pelo Visconde do Rio Branco, em 1871, e a da subida do gabinete liberal, presidido pelo Visconde de Sinimbu, em 1878. Ou seja, Flora já estava alfabetizada aos sete anos de idade).

— Você tem amigos pessoais no ministério; por que é que os não procura? Batista recuou com horror. Isto de subir as escadas do poder e dizer-lhe que estava às ordens não era concebível sequer. D. Claudia admitiu que não, mas um amigo faria tudo, um amigo íntimo do governo que dissesse ao Ouro Preto: "Visconde, você por que é que não convida o Batista? Foi sempre liberal nas ideias. Dê-lhe uma presidência, pequena que seja, e...". (EJ, xlvii. O Visconde de Ouro Preto (Afonso Celso de Figueiredo) presidiu o último gabinete da Monarquia, de 15/6/1889 a 15/11/1889, quando um golpe militar implantou a República. Ouro Preto era do partido liberal, e Batista do conservador, mas isto não impede sua esposa, D. Cláudia, de incentivá-lo a voltar ao ministério, apelando para o apadrinhamento político, prática bastante atual, como sabemos. Acostumados às benesses do poder, o casal não se conforma em ficar de fora dessa vez, aceitando presidir [governar] qualquer província [estado], por "pequena que seja". Parece que Henry Kissinger, ex-secretário de estado americano, estava certo quando afirmou que "o poder é o maior afrodisíaco do mundo").

Viu-se conservador em política, porque o pai o era, o tio, os amigos da casa, o vigário da paróquia, e ele começou na escola a execrar os liberais. E depois não era propriamente conservador, mas saquarema, como os liberais eram luzias. (EJ, xlvii. As reflexões do político Batista revelam mais apego ao poder do que propriamente convicção ideológica. Os dois partidos políticos mencionados por ele eram os conservadores (saquaremas) e os liberais (luzias), que se revezavam no poder durante a incipiente experiência parlamentarista do Segundo Reinado. No conto "Um homem célebre" (*Várias histórias*), o personagem Pestana, um músico a quem encomendaram uma polca para comemorar a subida dos conservadores, refere-se com ironia à alternância desses dois partidos no governo: "— Olhe, disse o Pestana, como é provável que eu morra por estes dias, faço-lhe logo duas polcas; a outra servirá para quando subirem os liberais". Embora houvesse entre os liberais políticos progressistas, que lideraram tentativas de mudança, as diferenças ideológicas entre esses dois partidos se neutralizavam, na prática, porque eles tinham interesses comuns. Como adverte Emília Viotti da Costa (2007:32), "A escravidão constituiria o limite do liberalismo no Brasil". Acrescente-se a isso o fato de as eleições, pelo sistema censitário da época, serem pouco representativas da vontade popular. Por isso, dizia-se até que não havia nada mais parecido com um conservador do que um liberal no poder. Quanto à origem dos dois termos é a seguinte: os conservadores deviam seu apelido ao município de Saquarema, no interior fluminense, principal reduto do Partido Conservador; e os liberais, à cidade de Santa Luzia, Minas Gerais, região onde se travaram os combates entre os adeptos da revolta liberal de 1842 e as forças do governo imperial. Trata-se, portanto, de duas metonímias, ou seja, a localidade pelo partido).

Mais depressa [Natividade] cuidaria do baile da ilha Fiscal, que se realizou em novembro para honrar os oficiais chilenos. (EJ, XLVIII. Machado refere-se ao baile realizado na noite de 9 de novembro de 1889, em homenagem à oficialidade do navio chileno *Almirante Cochrane*. Ficou famoso, por ter sido a última manifestação pública da Monarquia, espécie de canto de cisne do regime agonizante, uma vez que, seis dias depois, seria dado o golpe que implantou a República).

Quando Aires saiu do Passeio Público, suspeitava alguma coisa, e seguiu até o Largo da Carioca. Poucas palavras e sumidas, gente parada, caras espantadas, vultos que arrepiavam caminho, mas nenhuma notícia clara nem completa. Na rua do Ouvidor, soube que os militares tinham feito uma revolução, ouviu descrições da marcha e das pessoas, e notícias desencontradas. (EJ, LX. Nesse capítulo, intitulado "Manhã de 15", Machado descreve sucintamente como o povo recebeu a notícia da derrubada da Monarquia e implantação da República, resultante de um golpe militar e sem participação popular: "**gente parada, caras espantadas**". Essa descrição do episódio coincide com a do republicano histórico Aristides Lobo, publicada no *Diário Popular* de São Paulo, em 18/11/1889: "O povo assistiu àquilo bestializado, atônito, surpreso, sem conhecer o que significava". Note-se que Machado, cautelosamente, como era do seu estilo, diz que "**os militares tinham feito uma revolução**", quando o mais exato seria dizer que os militares tinham dado um golpe. Mais adiante, no capítulo LXXII, é que aparece o termo "golpe de Estado", com todas as letras, mas não no discurso do Conselheiro Aires, e sim na boca da personagem D. Cláudia. Sobre o assunto, consultar o livro *Os bestializados: o Rio de Janeiro e a República que não foi*, de José Murilo de Carvalho (1987).

— Venha em meu socorro, Excelentíssimo. Ajude-me a sair deste embaraço. A tabuleta está pronta, o nome todo pintado. — "*Confeitaria do Império*". (...). V. Excia. crê que, se ficar "*Império*", venham quebrar-me as vidraças? — Isso não sei. (...). Mas pode pôr "*Confeitaria da República*"... — Lembrou-me isso, em caminho, mas também me lembrou que, se daqui a um ou dois meses, houver nova reviravolta, fico no ponto em que estou hoje, e perco outra vez o dinheiro. (...). Aires propôs-lhe um meio termo, um título que iria com ambas as hipóteses, — "*Confeitaria do Governo*". — Tanto serve para um regime como para outro. (EJ, LXIII. Por meio desse ridículo episódio da troca de tabuletas, Machado de Assis expressa, satiricamente, seu ponto de vista a respeito da República: a mudança de regime não teria passado de uma reforma de fachada, sem nenhuma alteração nas estruturas de poder político que viesse a beneficiar o povo. Aliás, no capítulo XLIX, pela pena do Conselheiro Aires, Machado de Assis adverte: "Pintura nova em madeira velha não vale nada". Um detalhe curioso: Ernesto Senna, em seu livro *O velho comércio do Rio de Janeiro*, RJ: Ed. G. Ermakoff, 2006, p. 39, conta que a antiga Padaria Rafael acabou sendo depredada por exaltados partidários da República, devido ao fato de ela exibir na fachada as armas do Império. Teria Machado, monarquista convicto, se aproveitado desse prosaico episódio para satirizar a República em seu *Esaú e Jacó*?).

Aires quis aquietar-lhe o coração. Nada se mudaria; o regime, sim, era possível, mas também se muda de roupa sem trocar a pele. (EJ, LXIV. O banqueiro Santos receia que o país venha a mergulhar na instabilidade política, na desordem pública, após a queda da Monarquia. Aires procura tranquilizá-lo argumentando que a mudança de regime não passava de uma simples troca de indumentária. Em outras palavras, com a República, mudava politicamente a aparência do regime, mas não a estrutura social e de poder existente, que ainda continuaria por muito tempo nas mãos dos grandes fazendeiros, agora a oligarquia cafeeira da região sudeste, que, aliada aos militares e a setores da classe média urbana, contribuiu para a derrubada da Monarquia, como informa Emília Viotti da Costa (2007:454): "A República resultou, assim, da aliança entre grupos ativos da classe média e representantes do setor mais dinâmico da classe senhorial". Note-se que, por trás da sábia observação do Conselheiro Aires, está o realismo cético de Machado de Assis).

— Como diabo é que eles fizeram isto, sem que ninguém desse pela coisa? refletia Paulo. Podia ter sido mais turbulento. Conspiração houve decerto, mas uma barricada não faria mal. (...). Talvez fáceis demais; é que o regime estava podre e caiu por si... (...). Pedro ia pensando o contrário; chamava ao movimento um crime. — Um crime e um disparate, além de ingratidão; o Imperador devia ter pegado os principais cabeças e mandá-los executar. (EJ, LXVII. O Conselheiro Aires, narrador onisciente, apresenta os dois gêmeos a refletir sobre a queda da Monarquia e a implantação da República. Somos tentados a ver nessa passagem um acerto de contas tardio de Machado de Assis com o novo regime, quinze anos depois de sua implantação. O texto apresenta a visão do republicano Paulo, como pretexto para externar a opinião do monarquista Pedro (ou de Machado?): a de que o golpe liderado pelo ingrato Marechal Deodoro teria sido uma traição pessoal ao Imperador, devendo este ter agido com energia e mandado fuzilar todos os líderes da conspiração. No capítulo citado, que reproduz o fluxo do pensamento de Pedro, lê-se que este tinha esperanças de ver restaurada a Monarquia, mas a reação ao golpe foi nula, além de ter sido desestimulada pelo velho Imperador, que não queria ser a causa de uma guerra civil entre irmãos. Nesse sentido, é ressaltado pelos historiadores o desapego de D. Pedro II ao poder. A verdade é que se a quartelada de 15 de novembro pegou a todos de surpresa, o movimento republicano vinha de longe, desde a Inconfidência Mineira. Além disso, o modelo monárquico-escravista já estava esgotado, e a libertação dos cativos pela Princesa Isabel foi a gota d'água, como lembram os historiadores Mary Del Priore e Renato Venâncio (2001:258): "Para os escravistas, por outro lado, a abolição foi uma traição, um confisco da propriedade alheia. A reação desse grupo não tardou a acontecer. Um ano após o "13 de maio", à oposição dos militares somou-se agora a de numerosos ex-senhores de escravos. A monarquia estava com seus dias contados...").

Quando o marechal Deodoro dissolveu o congresso nacional, em 3 de novembro,

Batista recordou o tempo dos manifestos liberais e quis fazer um. (...). Vinte dias depois, o marechal Deodoro passava o governo às mãos do marechal Floriano, o congresso era restabelecido e todos os decretos do dia 3 anulados. (EJ, LXII. Vendo a sua autoridade questionada, o Marechal Deodoro da Fonseca dissolveu o Congresso Nacional no dia 3 de novembro de 1891. A Marinha, de inclinações monarquistas, revoltou-se contra o ato do presidente, e este, para evitar uma guerra civil, preferiu renunciar, passando o governo ao vice-presidente, o Marechal Floriano Peixoto. Floriano anulou todos os decretos assinados pelo antecessor, dentre eles, segundo o Conselheiro Aires, o da nomeação do político Batista para um cargo público. Note-se que esse Batista tinha servido ao Império, como agora servia à República. Muitos outros fizeram a mesma coisa, nem podia ser diferente, pois o novo regime não dispunha de quadros suficientes para administrar o país. Acrescente-se a isso o visceral oportunismo de políticos profissionais, como Batista).

Vivia-se dos restos daquele deslumbramento e agitação, epopeia de ouro da cidade e do mundo, porque a impressão total é que o mundo inteiro era assim mesmo. Certo, não lhe esqueceste o nome, encilhamento, a grande quadra das empresas e companhias de toda espécie. Quem não viu aquilo não viu nada. Cascatas de ideias, de invenções, de concessões rolavam todos os dias, sonoras e vistosas para se fazerem contos de réis, centenas de contos, milhares, milhares de milhares, milhares de milhares de milhares de contos de réis. (EJ, LXXIII. Num capítulo ironicamente intitulado "Um Eldorado", Machado de Assis faz a crônica do Encilhamento, um período de alta inflação e desenfreada especulação financeira. Fortunas faziam-se e desfaziam--se em poucos dias. Era um eldorado de papel. No livro *A economia em Machado de Assis* (2007:142), o economista Gustavo Franco explica o termo: "O Encilhamento foi a denominação dada à "bolha" especulativa na Bolsa de Valores do Rio de Janeiro, que começa no final do Império, tem grande impulso com a reforma monetária e na lei societária feita por Ruy Barbosa, e experimenta a sua decadência lenta e dolorosa nos anos posteriores à crise cambial de 1891". Sobre a origem da palavra, informa o economista: "O termo vem do momento em que os cavalos de corrida eram encilhados para o páreo, e quando, supostamente, entabulavam-se as combinações de resultado". Trata-se, portanto, de uma metáfora da fraude, de cunho popular e altamente criativa. No livro citado, Gustavo Franco reuniu crônicas em que Machado de Assis trata do assunto com humor e ironia).

No meio dos sucessos [acontecimentos] do tempo, entre os quais avultavam a rebelião da esquadra e os combates do Sul, a fuzilaria contra a cidade, os discursos inflamados, prisões, músicas e outros rumores, não lhes faltava campo em que divergissem. Nem era preciso política. Cresciam agora mais em número as ocasiões e as matérias. (EJ, CXIV. A passagem citada oferece uma síntese do que foi o conturbado período de governo do presidente Floriano Peixoto (1891-1894), durante o qual ocorreram inúmeros distúrbios, como a Revolta da Armada, em que a Marinha chegou a bombardear o centro da cidade do Rio de Janeiro, e a Revolução Federalista no Rio Grande do Sul, que acabou degenerando em sangrenta guerra civil. Para restabelecer a paz e consolidar a implantação da República, Floriano agiu com energia e muita violência, em certos casos, ficando conhecido como o Marechal de Ferro. Quanto aos nossos gêmeos Pedro e Paulo, apesar de terem jurado à moribunda Flora, ao pé de seu leito de morte, que nunca mais iriam se desentender, continuaram brigando feito cão e gato, com política ou sem política).

Paulo entrou a fazer oposição ao governo, ao passo que Pedro moderava o tom e o sentido, e acabava aceitando o regime republicano, objeto de tantas desavenças. (...). A oposição de Paulo não era ao princípio, mas à execução. "Não é esta a república dos meus sonhos", dizia ele. (EJ, cxv. Passado o primeiro momento, atenuadas as paixões, os gêmeos começam a ter reações diferentes em relação à mudança de regime, e ambos vão acabar se acomodando às circunstâncias políticas do momento. Pedro, o monarquista, já aceita conviver com a República. Paulo continua com suas convicções republicanas, apesar de um tanto decepcionado com o rumo dos acontecimentos. Note-se que o Conselheiro Aires, vale dizer, Machado de Assis, teve o cuidado de pôr a frase de Paulo entre aspas, porque ela, na verdade, é um desabafo atribuído a Saldanha Marinho, um republicano histórico que se dizia inconformado com os métodos e os desdobramentos políticos que se seguiram à implantação da República. Simbolicamente, essa acomodação dos dois gêmeos ao novo *status quo* sinaliza o que, na prática, acabou acontecendo, ou seja, monarquistas e republicanos acabaram se entendendo, uns por oportunismo político, outros empenhados sinceramente em servir ao Brasil, atendendo, desse modo, à recomendação do Imperador D. Pedro II, antes de sua partida para o exílio).

Enfim, lei. Nunca fui, nem o cargo me consentia ser propagandista da abolição, mas confesso que senti grande prazer quando soube da votação final do senado e da sanção da Regente. Estava na rua do Ouvidor, onde a agitação era grande e a alegria geral. (MA, 13/5/1888. O Conselheiro Aires descreve o júbilo que tomou conta da cidade após a sanção da Lei Áurea. Nas anotações do *Memorial*, diz o narrador que não chegou a participar do **"cortejo organizado para rodear o Paço da Cidade"**, mas o autor, Machado de Assis, em crônica de 14/5/1893, dá um testemunho pessoal de sua participação entusiasmada nas comemorações do 13 de maio: **"Sim, também eu saí à rua, eu o mais encolhido dos caramujos, também entrei no préstito, em carruagem aberta, (...); todos respiravam felicidade, tudo era delírio. Verdadeiramente, foi o único dia de delírio público que me lembra ter visto".** Como funcionário público, Machado não podia fazer-se um panfletário da abolição, mas nos bastidores da Diretoria da Agricultura, discretamente, emitiu inúmeros pareceres decisivos sobre a aplicação da Lei do Ventre Livre, de 1871, como se lê no livro *Machado de Assis: historiador*, de Sidney Chalhoub, 2003:266. Sobre o assunto, ver também a pesquisa pioneira de R. Magalhães Jr., em *Machado de Assis desconhecido*, 1957:141;178).

Ainda bem que acabamos com isto. Era tempo. Embora queimemos todas as leis, decretos e avisos, não poderemos acabar com os atos particulares, escrituras e inventários, nem apagar a instituição da história, ou até da poesia. (MA, 13/5/1888. Aqui, há uma crítica velada de Machado de Assis ao ato de Rui Barbosa, ministro da Fazenda da República, que teria mandado queimar toda a documentação referente à escravidão, com o intuito de "apagar a nódoa" da infame instituição. Outros dizem que Rui Barbosa queimou todos os registros para impedir que os fazendeiros viessem a exigir indenização do governo).

Era minha ideia hoje, aniversário da Constituição, ir cumprimentar o Imperador, mas a visita de Tristão fez-me abrir mão do plano. (MA, 25/3/1889. O Conselheiro Aires refere-se à Constituição outorgada por D. Pedro I em 25 de março de 1824, que, segundo Boris Fausto (2002:80), "vigorou com algumas modificações até o fim do Império. Definiu o sistema político como monárquico, hereditário, constitucional". Considerada avançada para a época, instituiu o Poder Moderador, centralizado no Executivo, vale dizer, na figura do Imperador. Machado se aproveita da data para reverenciar, mais uma vez, a memória de Pedro II, seu querido monarca, que, no dia

15 de novembro, seria derrubado pelo golpe militar republicano. Note-se que, das inúmeras constiuições brasileiras, essa de 1824 foi a que durou mais tempo (67 anos), substituída pela de 1891, a primeira da República. Diga-se, de passagem, que as constituições republicanas, num total de seis até hoje, tiveram todas vida breve, em alguns casos, vida brevíssima, parecendo mais periódicos do que constituições. A Constituição atual já sofreu tantos remendos que mais parece uma colcha de retalhos, desfigurada, em grande parte, do texto original, promulgado em 1988).

Loucura

A loucura, com seus desdobramentos psicopatológicos, é um tema recorrente, de forma direta ou indireta, na obra de Machado de Assis, como se vê em um de seus primeiros contos, "Frei Simão" (*Contos fluminenses*). Mencione-se, sobretudo, o clássico "O alienista" (*Papéis avulsos*), além de contos como "A segunda vida" (*Histórias sem data*), "A causa secreta" (*Várias histórias*) e "O espelho" (*Papéis avulsos*). Nos três romances mais importantes de sua obra de ficção (*Memórias póstumas de Brás Cubas*, *Quincas Borba* e *Dom Casmurro*), a loucura (ou distúrbio de comportamento) constitui presença constante. O próprio Bentinho, por exemplo, com sua ideia fixa da traição de Capitu, "no hospício do Dr. Simão Bacamarte, teria lugar certo entre os monomaníacos", como afirma Eugênio Gomes (1967:161).

Mas é em *Quincas Borba* que Machado faz o mais minucioso estudo da loucura. Em "O alienista", encontram-se descrições gerais de comportamento irracional, mas sua preocupação nesse conto (ou novela) está mais centrada em satirizar o arbítrio do poder científico e político. Já em *Quincas Borba*, o freudiano Machado de Assis descreve com riqueza de detalhes psiquiátricos a evolução da megalomania progressiva de Rubião, o avanço impiedoso e dilacerador da doença e o fim trágico do pobre professor de Barbacena. Como diz o psiquiatra José Leme Lopes (1974:181), "com Rubião, Machado de Assis penetrou na cova das serpentes". A propósito, eis o diagnóstico médico de Leme Lopes (p. 175) para a doença de Rubião: "estado demencial, com delírio de grandezas, acompanhado de desordens psicossensoriais (ilusões e alucinações)".

Diz a crítica que Quincas Borba, além da herança, teria transmitido a Rubião também a loucura. Ora, esta afirmação só pode ser entendida como uma figura de retórica. Sendo a insanidade mental um desarranjo psíquico, não pode ser transmitida hereditariamente. E mesmo que pudesse, no caso de Rubião, isso seria impossível, pois ele não tinha nenhuma relação de parentesco com Quincas Borba. Acrescente-se ainda que o intenso desejo recalcado que Rubião nutria por Sofia, a par da ingratidão e indiferença dos amigos, que o abandonaram durante a doença, tudo isso potencializou o seu desequilíbrio mental, levando-o de vez à loucura total e à morte.

A seguir transcrevemos os termos do testamento do desequilibrado "filósofo" Quincas Borba e depois o primeiro e o último surto de loucura de Rubião. Os leitores interessados poderão acompanhar a evolução de sua doença a partir do capítulo CXLV até o capítulo CC do romance, que descreve a morte, em condições patéticas, do infeliz personagem, acompanhado apenas do fiel cachorro Quincas Borba, que talvez tenha inspirado a Machado de Assis o título do romance.

Uma só condição havia no testamento, a de guardar consigo o seu pobre Quincas Borba, nome que lhe deu por motivo da grande afeição que lhe tinha. Exigia do dito Rubião que o tratasse como se fosse a ele próprio testador, nada poupando em seu benefício, resguardando-o de moléstias, de fugas, de roubo ou de morte que lhe quisessem dar por maldade; cuidar finalmente como se cão não fosse, mas pessoa humana. Item, impunha-lhe a condição, quando morresse o cachorro, de lhe dar sepultura decente em terreno próprio, que cobriria de flores e plantas cheirosas; e mais, desenterraria os ossos do dito cachorro, quando fosse tempo idôneo, e os recolheria a uma urna de madeira preciosa para depositá-los no lugar mais honrado da casa. (QB, XIV. Trata-se do testamento do falecido Quincas Borba, legando todos os seus bens a Rubião, com a condição de que este tomasse conta de seu cachorro homônimo. Note-se como Machado de Assis parodia, em prosa de tabelião e com uma pitada de humor, os dizeres do testamento, que reproduzem o estilo ensandecido do tresloucado "filósofo").

Foi por este tempo que Rubião pôs em espanto a todos os seus amigos. (...). Rubião tinha nos pés um par de chinelas de damasco, bordadas a ouro; na cabeça, um gorro com borla de seda preta. Na boca, um riso azul claro. (QB, CXLV. A partir deste capítulo, a loucura de Rubião se agrava, a ponto de espantar os amigos. Aqui, começa a descrição de seu primeiro grande surto de insanidade, em que ele, personalidade dividida, se imagina Napoleão III, imperador da França. Note-se o cromatismo sinestésico do "riso azul claro", expressão usada por Machado de Assis para tipificar o comportamento esquizofrênico do personagem).

Poucos dias depois morreu... Não morreu súdito nem vencido. Antes de principiar a agonia, que foi curta, pôs a coroa na cabeça, — uma coroa que não era, ao menos, um chapéu velho ou uma bacia, onde os espectadores palpassem a ilusão. Não, senhor; ele pegou em nada, levantou nada e cingiu nada; só ele via a insígnia imperial, pesada de ouro, rútila de brilhantes e outras pedras preciosas. O esforço que fizera para erguer meio corpo não durou muito; o corpo caiu outra vez; o rosto conservou porventura uma expressão gloriosa. — Guardem a minha coroa, murmurou. Ao vencedor... A cara ficou séria, porque a morte é séria; dois minutos de agonia, um trejeito horrível, e estava assinada a abdicação. (QB, CC. Nesta cena patética, Machado descreve os últimos momentos de desvario de Rubião, caído numa rua de Barbacena, sua cidade natal, faminto, totalmente transtornado e abandonado por todos, exceto pelo fiel cachorro Quincas Borba, que, aliás, não sobrevive à morte do dono. Nesse romance da ingratidão, somente D. Fernanda e Quincas Borba demonstraram piedade pelo pobre Rubião).

Memorialismo

Proustiano *avant-la-lettre*, Machado de Assis escreveu obra marcada pelo memorialismo, em que a busca do tempo passado (ou perdido?) é uma constante. Três de seus romances da segunda fase são narrativas memorialistas em primeira pessoa: *Memórias póstumas de Brás Cubas*, *Dom Casmurro* e *Memorial de Aires*, os dois primeiros verdadeiras obras-primas da literatura brasileira. Nos demais romances e nos seus melhores contos (dentre outros, "Missa do galo", "O enfermeiro" e "A desejada das gentes"), a preocupação em recuperar o passado também está presente, de forma direta ou indireta, representada pelas referências a fatos, pessoas e lugares do Rio de Janeiro machadiano. Não faltam igualmente reminiscências autobiográficas, como se lê, por exemplo, em *Esaú e Jacó*, *Memorial de Aires* e no "Conto de escola" (VH). Ver também a crônica modelar, em tom saudosista, "O velho Senado", em *Páginas recolhidas*. A esse respeito, recomendamos a leitura de *Memórias póstumas de Machado de Assis*, de Josué Montello (1997), e *O tempo no romance machadiano*, de Dirce Côrtes Riedel (1959). Como diz Montello (1997:729), "a lembrança escrita, na pena de Machado de Assis, corresponde a uma ressurreição".

Cumpre destacar que, nessa obsessão com o tempo, seus personagens (vale dizer, o próprio Machado) procuram, pela memória afetiva, resgatar fatos e sensações, apesar de nem sempre o conseguirem, como confessa Bentinho no capítulo II de *Dom Casmurro*: "O meu fim evidente era atar as duas pontas da vida, e restaurar na velhice a adolescência. Pois, senhor, não consegui recompor o que foi nem o que fui". Nem poderia, pois o tempo (sempre o tempo) transformou Bentinho em Dom Casmurro. Sobre a ação transformadora do tempo, ver, a propósito, o célebre *Soneto de Natal*, em que Machado formula o significativo verso indagador: "**Mudaria o Natal ou mudei eu?**". Mas passemos aos exemplos.

Achavam-se os dois no corredor da casa de Luís Alves, à Rua da Constituição, — que então se chamava dos Ciganos; — então, isto é, em 1853. (ML, I. Note-se a preocupação de Machado em situar no tempo o nome antigo da rua).

A corte divertia-se, apesar dos recentes estragos do cólera —; bailava-se, cantava-se, passeava-se, ia-se ao teatro. O Cassino abria os seus salões, como os abria o Club, como os abria o Congresso, todos três fluminenses no nome e na alma. Eram os tempos memoráveis do teatro lírico, (...). Os que escaparam daquelas guerras de alecrim e manjerona hão de sentir hoje, após dezoito anos, que despenderam excessivo entusiasmo em coisas que pediam repouso de espírito e lição de gosto. (ML, II. O longo trecho memorialista, do qual citamos apenas o início e o fim, relata episódios da juventude de Machado de Assis, admirador e frequentador assíduo de teatros, tendo sido ele próprio autor e crítico teatral).

As mesmas quimeras tinha [Estêvão], e a mesma simpleza de coração; só não as mostrara nos versos que imprimiu em jornais acadêmicos, os quais eram todos repassados do mais puro byronismo, moda muito do tempo. (ML. II. Lord Byron (1788-1824), poeta inglês, que exerceu enorme influência sobre os nossos poetas românticos do grupo de Álvares de Azevedo, como se vê pela referência memorialista de Machado de Assis. Note-se também o papel da imprensa na divulgação do Romantismo).

Vim. Não nego que, ao avistar a cidade natal, tive uma sensação nova. Não era efeito da minha pátria política; era-o do lugar da infância, a rua, a torre, o chafariz da esquina, a mulher de mantilha, o preto do ganho, as coisas e cenas da meninice, buriladas na memória. (BC, XXIII. Note-se a importância da memória afetiva, inatingível pelos anos que Brás Cubas passou longe do Brasil, estudando em Coimbra).

Velhos do meu tempo, acaso vos lembrais desse mestre cozinheiro do hotel Pharoux, (...). A polca, Mr. Prudhon [cozinheiro do hotel], o Tivoli, o baile dos estrangeiros, o Cassino, eis algumas das melhores recordações daquele tempo; mas sobretudo os acepipes do mestre eram deliciosos. (BC, CXV. Esta recordação nostálgica é certamente do autor Machado de Assis. É uma espécie de digressão memorialista pessoal, de forma indireta e sutil, mesclada ao discurso do pseudonarrador Brás Cubas).

O pregão que o preto foi cantando, o pregão das velhas tardes, tão sabido do bairro e da nossa infância: Chora, menina, chora,/Chora, porque não tem/Vintém. (DC, XVIII. Reminiscência da infância de Bentinho, vale dizer, de Machado de Assis, que, adulto, conserva na memória afetiva o pregão do preto vendedor de cocadas).

Outra vez senti os beiços de Capitu. Talvez abuso um pouco das reminiscências osculares; mas a saudade é isto mesmo; é o passar e repassar das memórias antigas. (DC, XXXIV. Pela memória afetiva, Bentinho adulto, melhor dizendo, Dom Casmurro tenta resgatar as sensações eróticas do Bentinho adolescente. Nessa definição de saudade, há muito do autor por trás do narrador. Note-se também que Machado alterna o uso dos termos *lábios* e *beiços*, o que causa certa estranheza ao leitor de hoje, pois *beiços* adquiriu especialização de sentido, tendo seu uso restrito a animais. Quando é empregado com referência a pessoas, apresenta conotação pejorativa).

A notícia de que ela vivia alegre quando eu chorava todas as noites, produziu-me aquele efeito, acompanhado de um bater de coração, tão violento, que ainda agora cuido ouvi-lo. Há alguma exageração nisto; mas o discurso humano é assim mesmo, um composto de partes excessivas e partes diminutas, que se compensam, ajustando-se. Por outro lado, se entendermos que a audiência aqui não é das orelhas, senão da memória, chegaremos à exata verdade. A minha memória ouve ainda agora as pancadas do coração naquele instante. (DC, LXII. O narrador tenta mostrar ao leitor a importância do tempo psicológico e da memória afetiva na reconstituição das sensações do passado, a ponto de Dom Casmurro transfigurar-se, de forma um tanto masoquista, no Bentinho adolescente.).

Também eu conheci esse costume em pequeno, e ainda me lembra que, na quaresma, eu e outros rapazes íamos esconder-nos do confessor em baixo das camas ou nos desvãos da casa. Já então confundíamos as práticas religiosas com as canseiras da vida, e fugíamos delas. (MA, 27/6/1888. Nesta referência memorialista do Conselheiro Aires talvez haja uma reminiscência de infância de Machado de Assis. Note-se a crítica direta aos aspectos exteriores da religião, no caso, a confissão, vista por Machado como uma "necessidade aborrecida", para usarmos a eloquente expressão camoniana empregada em *Lus.*, I, 106).

Qual! Não posso interromper o *Memorial*; aqui me tenho outra vez com a pena na mão. Em verdade, dá certo gosto deitar ao papel coisas que querem sair da cabeça, por via da memória ou da reflexão. (MA, 24/8/1888. Apesar dos problemas na vista, de que se queixou o Conselheiro Aires na anotação anterior, ele não resiste à sua compulsão memorialista, do que dá conta a oração "aqui me tenho com a pena na mão". Qualquer semelhança com Machado de Assis não terá sido coincidência).

Vou ocupar o tempo em reler uns papéis que o meu criado José achou dentro de uma velha mala e me trouxe agora. (...). Resolvo mandar queimar os papéis, ainda que dê grande mágoa ao José que imaginou haver achado recordações grandes e saudades. Poderia dizer-lhe que a gente traz na cabeça outros papéis que não ardem nunca nem se perdem por malas antigas; não me entenderia. (MA, 17/10/1888. José, o criado do Conselheiro Aires, achou uma velha mala cheia de **"cartas, apontamentos, minutas, contas, um inferno de lembranças"**. Aires mandou queimar tudo, mas faz a ressalva de que as lembranças (palavra-chave nesse *Memorial*) guardadas na memória afetiva, estas **"não ardem nunca nem se perdem"**, o que é confirmado pela própria obra memorialista de Machado de Assis, tanto a de ficção quanto a das crônicas).

Nunca pude entender a conversação que tive com uma senhora, há muitos anos, contava eu dezessete, ela trinta. Era noite de Natal. Havendo ajustado com um vizinho irmos à missa do galo, preferi não dormir; combinei que eu iria acordá-lo à meia-noite.("Missa do galo", PR. Famoso conto memorialista em que o personagem Nogueira, adulto e depois de muitos anos, resolve contar o que se passou (ou quase) entre ele e uma senhora balzaquiana chamada Conceição, na noite de Natal. A narrativa é lenta, minuciosa e tem uma atmosfera onírica, impregnada de insinuações eróticas, sugerindo que Conceição, traída pelo marido, tinha a intenção de seduzir o adolescente. Como em outras narrativas machadianas desse tipo (v. "Uns braços"; v. verbete "Adultério e ciúme"), aqui também o adultério não se consuma, é virtual. Note-se o tom oblíquo e dissimulado do narrador, a essa altura um homem maduro, ao afirmar que nunca pôde entender o que se passara entre ele e a tal senhora).

Parece-lhe então que o que se deu comigo em 1860, pode entrar numa página de livro? Vá que seja, com a condição única de que não há de divulgar nada antes da minha morte. Não esperará muito, pode ser que oito dias, se não for menos; **estou desenganado**. ("O enfermeiro", VH. Conto-confissão, memorialista e escrito *in extremis*, pois, como confessa o narrador, ele estava desenganado. Trata-se do personagem Procópio, recordando como ele, involuntariamente, acabou matando o velho coronel Felisberto, a quem servia de enfermeiro. Procópio tenta justificar-se, racionalizando, em benefício próprio, o que havia acontecido. Como ele mesmo diz, **"fixei-me nessa ideia"** de que tudo não passara de uma fatalidade do destino. Mas, por ironia desse mesmo destino, ele acabou herdeiro universal dos bens do coronel. O crime, no entanto, nunca deixou de incomodá-lo, e, no fim da vida, sentiu a necessidade de escrever uma narrativa-confissão, verdadeira catarse para a sua consciência pesada).

— Ah! conselheiro, aí começa a falar em verso. — Todos os homens devem ter uma lira no coração, — ou não sejam homens. Que a lira ressoe a toda a hora, nem por qualquer motivo, não o digo eu; mas de longe em longe, e por algumas reminiscências particulares... Sabe por que é que lhe pareço poeta, apesar das Ordenações do Reino e dos cabelos grisalhos? é porque vamos por esta Glória adiante, costeando aqui a Secretaria de Estrangeiros...Lá está o outeiro célebre... Adiante há uma casa... — Vamos andando. — Vamos... Divina Quintília! Todas essas caras que aí passam são outras, mas falam-me daquele tempo, **como se fossem as mesmas de outrora; é a lira que ressoa, e a imaginação faz o resto. Divina Quintília!** ("A desejada das gentes", VH. Conto memorialista em forma de diálogo. O narrador-protagonista caminha para frente no espaço e para trás no tempo (**"Vamos andando"**), contando ao seu interlocutor a história de Quintília e do seu romance e casamento *in extremis* com essa enigmática personagem feminina, mais uma da galeria de mulheres machadianas. Note-se que enquanto a lira poética do Conselheiro ressoa, sua **"imaginação faz o resto"**, ou seja, sua memória afetiva põe-se a desfiar **"reminiscências particulares"**, nessa narrativa que é um primoroso estudo do caráter feminino, marcado, neste caso, por forte impregnação de natureza patológica. Confira o leitor, lendo a história na íntegra, nesse admirável livro de contos que é *Várias histórias*, em nossa opinião, o melhor de quantos produziu a genialidade criativa de Machado de Assis).

Mitologia

Machado de Assis sentia um certo fascínio pelos deuses e pelas histórias da mitologia clássica e, sempre que podia, inseria-os em suas narrativas. A influência dos gregos, sobretudo, é visível em suas obras, a ponto de José Guilherme Merquior (1990:331) considerar o romance *Memórias póstumas de Brás Cubas* um representante moderno do gênero cômico-fantástico, por suas vinculações formais com a chamada sátira menipeia (v. verbete) de Luciano de Samósata (séc. II d. C.), autor dos *Diálogos dos mortos*. E o que é o romance *Brás Cubas* senão o diálogo de um morto com os vivos? Ou seria um monólogo?

Os exemplos a seguir representam apenas uma pequena parte das inúmeras referências mitológicas que encontramos nos romances pesquisados.

Actéon cristão e modesto, [Estêvão] não surpreendia Diana no banho, mas ao sair dele; todavia, não palpitava menos de comoção e curiosidade. O roupão ia andando. (ML, II; Actéon surpreendera Diana, a deusa da caça, em pleno banho. Esta, irritada, transforma-o em um cervo, que acaba devorado pelos cães. O roupão é uma metonímia para designar a figura de Guiomar).

Nenhuma água de Juventa igualaria ali a simples saudade. (BC, VI. Juventa, a deusa da juventude, para os romanos. Era uma ninfa que Júpiter transformara em fonte, cujas águas tinham a propriedade de rejuvenescer aqueles que nelas se banhassem).

Uma figura de mulher me apareceu então, (...), perguntei quem era e como se chamava: curiosidade de delírio. — Chama-me Natureza ou Pandora; sou tua mãe e tua inimiga. (...) — E por que Pandora? — Porque levo na minha bolsa os bens e os males, e o maior de todos, a esperança, consolação dos homens. (BC, VII. Pandora tinha uma caixa contendo todos os males com que Zeus, o deus dos deuses, queria punir a humanidade. Curiosa, Pandora abriu a caixa, e seu conteúdo se espalhou sobre a terra, exceto a Esperança, que ficou no fundo da caixa. Esta visão fantasmagórica de Pandora, durante o delírio de Brás Cubas, encontra paralelo na prosa de Luciano de Samósata, segundo Merquior. Note-se também que Machado transforma a caixa em bolsa, deturpando a citação. A esse respeito, ver R. Magalhães Jr., 1957:257).

O mito de Diana descendo a encontrar-se com Endimião bem pode ser verdadeiro. (QB, XL. Endimião, personagem mitológico expulso do céu por ofensa a Juno. Diana, deusa da caça, apaixonou-se por ele e descia do céu para se encontrar com o amante).

Mas, enfim, os cabelos [de Capitu] iam acabando, por mais que eu os quisesse intermináveis. Não pedi ao céu que eles fossem tão longos como os da Aurora, porque não conhecia ainda esta divindade que os velhos poetas me apresentaram depois. (DC, XXXIII. Aurora era a deusa da manhã. Sua tarefa era abrir para o Sol as portas do Oriente).

A estatueta de Narciso, no meio do jardim, sorriu à entrada deles. (EJ, VI. Narciso, personagem da mitologia grega, se apaixona pela sua própria imagem refletida nas águas de uma fonte, sendo, por isso, um símbolo de vaidade. Nesta passagem, trata-se da vaidade do personagem Santos, ao entrar em seu belo palacete em Botafogo, bairro nobre dos emergentes da época).

Castor e Pólux foram os nomes que um deputado pôs aos dois gêmeos, quando eles tornaram à Câmara, depois da missa do sétimo dia. Tal era a união, que parecia aposta. Entravam juntos, andavam juntos, saíam juntos. (EJ, CXXI. Machado recorre à mitologia grega para descrever a transitória união de Pedro e Paulo, após a morte da mãe, Natividade, que, à beira da morte, conseguiu arrancar dos filhos um juramento solene: o de que nunca mais iriam brigar. A relação entre eles e Castor e Pólux é que estes personagens mitológicos são filhos gêmeos de Zeus e Leda. Eram muito unidos, por isso constituem símbolos de amizade fraterna. Segundo a mitologia, depois de mortos, alcançaram a imortalidade e se transformaram na Constelação de Gêmeos. Sabendo-se da irreprimível rivalidade existente entre Pedro e Paulo, somos inclinados a ver na comparação dos dois com os gêmeos da mitologia uma pontinha de ironia da parte de Machado de Assis).

E ali vinha este velho camareiro da humanidade, que os pagãos chamaram Morfeu, e que a pagãos e cristãos, e até a incréus fecha os olhos com os seus eternos dedos de chumbo. (MA, 24/6/1888. Segundo a mitologia grega, Morfeu é o deus do sono e dos sonhos. Ele é filho de dois outros deuses: a Noite e o Sono. Notem-se as expressivas metáforas usadas por Machado de Assis para se referir à entidade mitológica:

"velho camareiro da humanidade" e "dedos de chumbo", com os quais fecha os olhos a todos os homens. Não é por acaso que o narcótico chamado morfina tem origem na palavra Morfeu).

Morte

Tempo e morte são preocupações constantes na ficção machadiana, constituindo quase uma obsessão. O tempo, que traz experiência e sabedoria ao homem, também lhe traz, por outro lado, as três indesejadas das gentes: velhice, doença e morte. É natural, portanto, que filósofos e escritores se preocupem com esses temas, Machado, em particular. Existem em suas obras inúmeras passagens que tratam da morte de personagens importantes ou secundários. A seguir, apresentamos alguns exemplos extraídos das três obras-primas da segunda fase do romance machadiano. De um modo geral, a morte é vista por Machado como uma libertação do desconcerto do mundo e, sobretudo, de seu jogo de máscaras.

Na morte, que diferença! Que desabafo! Que liberdade! Como a gente pode sacudir fora a capa, deitar ao fosso as lantejoulas, despregar-se, despintar-se, desafeitar-se, confessar lisamente o que foi e o que deixou de ser! Porque, em suma, já não há vizinhos, nem amigos, nem inimigos, nem conhecidos, nem estranhos, não há plateia. (BC, XXIV. Parodiando Erasmo de Roterdã (*O elogio da loucura*), Brás Cubas faz o elogio da morte, ou seja, da ausência de máscaras. Numa outra leitura, é possível entender que a vida física é ilusão, e que na vida espiritual é que se tem a verdadeira realidade).

A franqueza é a primeira virtude de um defunto. (BC, XXIV. Uma das frases lapidares desse romance originalíssimo que é *Memórias póstumas de Brás Cubas*. Só que, ao leitor, é lícito duvidar da franqueza de tão cínico narrador).

O olhar da opinião, esse olhar agudo e judicial, perde a virtude, logo que pisamos o território da morte. (BC, XXIV. A opinião alheia é uma preocupação constante dos personagens machadianos, envolvidos, muitas vezes, num jogo de máscaras, de ser x parecer (v. verbete). A morte libertou Brás Cubas desse jogo. A respeito de máscaras, ver o conto "O espelho", em *Papéis avulsos*).

Soluços, lágrimas, casa armada, veludo preto nos portais, um homem que veio vestir o cadáver, outro que tomou a medida do caixão, caixão, essa, tocheiros, convites, convidados que entravam, lentamente, a passo surdo, e apertavam a mão à família, alguns tristes, todos sérios e calados, padre e sacristão, rezas, aspersões d'água benta, o fechar do caixão, a prego e martelo, seis pessoas que o tomam da essa, e o levantam, e o descem a custo pela escada, não obstante os gritos, soluços e novas lágrimas da família, e vão até o coche fúnebre, e o colocam em cima e trespassam e apertam as correias, o rodar do coche, o rodar dos carros, um a um... (BC, XLV. Capítulo descritivo, com predomínio de frases nominais, que emprestam vivacidade e dinamismo à descrição do velório e da saída do corpo do pai de Brás Cubas. Nessa época, a morte e o velório eram um acontecimento doméstico, pois as pessoas, geralmente, morriam em casa. Este fato amplificava a dor e o sofrimento dos familiares, dramatizando ainda mais o triste espetáculo da morte, como se vê nesse curto capítulo, composto com mórbida precisão fotográfica por Machado de Assis).

Poucos dias depois morreu... Não morreu súdito nem vencido. Antes de principiar a agonia, que foi curta, pôs a coroa na cabeça, — uma coroa que não era, ao menos, um chapéu velho ou uma bacia, onde os espectadores palpassem a ilusão. Não, senhor; ele pegou em nada, levantou nada e cingiu nada; só ele via a insígnia imperial, pesada de ouro, rútila de brilhantes e outras pedras preciosas. O esforço que

fizera para erguer meio corpo não durou muito; o corpo caiu outra vez; o rosto conservou porventura uma expressão gloriosa. — Guardem a minha coroa, murmurou. Ao vencedor... A cara ficou séria, porque a morte é séria; dois minutos de agonia, um trejeito horrível, e estava assinada a abdicação. (QB, cc. Nesta cena patética, Machado descreve os últimos momentos de desvario de Rubião, caído numa rua de Barbacena, sua cidade natal, faminto, totalmente transtornado e abandonado por todos, exceto pelo fiel cachorro Quincas Borba, que, aliás, não sobrevive à morte do dono. Nesse romance da ingratidão, somente D. Fernanda e Quincas Borba demonstraram piedade pelo pobre Rubião, que, Machado parece sugerir, só conseguiu alívio para o seu infortúnio por meio da morte).

Os amigos que me restam são de data recente; todos os antigos foram estudar a geologia dos campos santos. (DC, II. Bentinho usa um eufemismo irônico para dizer que todos os seus amigos antigos já estão mortos, ou seja, estão debaixo da terra, estudando "a geologia dos campos santos", isto é, dos cemitérios. Mas não estaria também ele, Bentinho, morto para a vida?).

Aqui vai sair o caixão. Todos tiram o chapéu, logo que assomam à porta. Gente que passa, para. Das janelas debruça-se a vizinhança, em algumas atopeta-se, por serem as famílias maiores que o espaço; às portas, os criados. Todos os olhos examinam as pessoas que pegam nas alças do caixão, Batista, Santos, Aires, Pedro, Paulo, Nóbrega. (...). Ainda uma vez, não há novidade nos enterros. Daí o provável tédio dos coveiros, abrindo e fechando covas todos os dias. Não cantam, como os de *Hamlet,* **que temperam as tristezas do ofício com as trovas do mesmo ofício.** (EJ, CVIII. Todo este capítulo é uma descrição detalhada do enterro da evanescente moça Flora, que talvez possa ser entendido, alegoricamente, como o enterro da Monarquia. Observe-se que aqueles que pegam nas alças do caixão pertencem à elite do defunto Segundo Reinado. Machado aproveita a oportunidade para fazer referência à cena do cemitério em *Hamlet*. Não poderia perder essa oportunidade de homenagear, mais uma vez, seu querido Shakespeare).

Mulheres machadianas

Machado de Assis escreveu para mulheres e sobre mulheres, tendo publicado parte de sua obra, originalmente, em folhetins destinados a um público predominantemente feminino. É sabido que ele tinha um quê pelas mulheres, por isso as principais personagens femininas de seus romances e contos comportam-se, em geral, de forma independente, são senhoras de si, quando não astutas e dissimuladas, em contraste com certos personagens masculinos, apresentados como ingênuos e manipuláveis, o que levou alguns críticos a considerarem Machado de Assis um autor feminista *avant la lettre*.

Ressalte-se que essa tendência para a valorização da mulher, a quem ele evita idealizar, remonta aos seus primeiros romances, como é possível constatar pelas citações a seguir e pelos nomes femininos que servem de títulos a dois romances dessa primeira fase: Helena e Iaiá Garcia. Lembremos também que Machado criou personagens femininas marcantes na nossa literatura, dentre as quais se destaca a mais importante de todas, a figura enigmática e forte de Capitu, a célebre cigana oblíqua e dissimulada, de olhos de ressaca, "senhora e dona do gineceu machadiano", no dizer de Augusto Meyer (*Quincas Borba*, edição crítica da Editora Melhoramentos, 1973:12). Neste trabalho, criamos um verbete exclusivamente dedicado a Capitu (v.). Afinal, é uma personagem que acabou virando um mito na literatura brasileira, dando ensejo a peças de teatro, filmes, debates e inúmeros ensaios literários.

Em contraposição às manhas e astúcias das Virgílias, Sofias e Capitus, Machado criou as figuras altivas e superiores de Helena (do romance homônimo), Estela (de *Iaiá Garcia*), Eugênia (em *Brás Cubas*), D. Fernanda (em *Quincas Borba*), Flora (em *Esaú e Jacó*) e Fidélia e D. Carmo (em *Memorial de Aires*), esta última uma homenagem à memória de sua "meiga Carolina". Seguem-se passagens representativas do comportamento de mulheres machadianas, extraídas dos romances aqui analisados.

— Creio no seu arrependimento, e não duvido do seu amor, apesar de tudo o que se há passado. Isto lhe deve bastar. O destino ou a natureza não nos fez um para o outro. O casamento entre nós seria o nosso infortúnio, e mais vale sonhar com a felicidade que poderíamos ter do que chorar aquela que houvéssemos perdido. (RE, XXIII. A viúva Lívia, farta do temperamento ciumento e vacilante de Félix, dá um basta às suas pretensões matrimoniais. Note-se que ela o faz de forma altiva e digna, evitando o casamento com um homem que, na certa, iria transformar sua vida num inferno, como fez Bentinho com Capitu).

Pedia amor, mas não o quisera fruir na vida obscura; (...). Ela queria um homem que, ao pé de um coração juvenil e capaz de amar, sentisse dentro em si a força bastante para subi-la aonde a vissem todos os olhos. Voluntariamente, só uma vez aceitara a obscuridade e a mediania; foi quando se propôs a seguir o ofício de ensinar; mas é preciso dizer que ela contava com a ternura da baronesa. (ML, XIII. Retrato fiel de uma Guiomar ambiciosa e determinada, que rejeita terminantemente "a obscuridade e a mediania", condição também rejeitada pelo próprio Machado de Assis, daí o lado autobiográfico desse romance. A questão da recusa à obscuridade é um assunto caro a Machado, que o retomará, mais tarde, no conto "Teoria do medalhão" (em *Papéis avulsos*) e no capítulo XXVIII de *Brás Cubas*).

— Não quero a proteção da lei, nem poderia receber a complacência de corações amigos. Cometi um erro, e devo expiá-lo. (HE, XXVII. Palavras de Helena, que, orgulhosa e altiva, assume o seu erro e recusa-se a continuar desempenhando a farsa de filha do Conselheiro Vale e irmã de Estácio. Realçando as qualidades morais da moça, Machado reabilita a personagem e, implicitamente, acusa as convenções sociais que vedaram a uma moça de origem humilde, como Helena, a possibilidade de ascender socialmente. Tivesse ela levado até o fim o jogo de máscara que lhe exigiam, e sua situação seria outra. No discurso implícito de Machado de Assis, Helena fracassa em seus projetos e acaba morrendo, não por seus defeitos, mas por suas virtudes).

Estela era o vivo contraste do pai, tinha a alma acima do destino. Era orgulhosa, tão orgulhosa que chegava a fazer da inferioridade uma auréola; mas o orgulho não lhe derivava de inveja impotente ou estéril ambição; era uma força, não um vício. (...). Foi esse sentimento que lhe fechou os ouvidos às sugestões do outro [o do amor por Jorge]. **Simples agregada ou protegida, não se julgava com direito a sonhar outra posição superior independente.** (IG, III. Na condição de agregada em casa da rica viúva Valéria, a orgulhosa Estela, consciente da distância social que a separava de Jorge, filho de sua protetora, prefere sufocar o seu amor pelo moço. Mais uma vez, neste último romance da primeira fase, Machado retoma o tema do amor impossível).

Aquela mistura de franqueza e reticência, de agressão e meiguice, dava à filha de Luís Garcia uma fisionomia própria, fazia dela uma personalidade. (...). Iaiá pareceu perder a disposição agressiva; à força de afabilidade apagou inteiramente os vestígios da antiga rispidez. A alma não se lhe tornou mais transparente, nem o caráter menos complexo; mas a esquisita urbanidade dos modos fazia suportáveis os saltos

mortais do espírito, e aumentava o interesse do que havia nela obscuro ou irregular; finalmente, era um corretivo à tenacidade com que a moça confiscava literalmente o filho de Valéria. (IG, XII. Simulada e astuciosa, Iaiá Garcia vai tecendo a teia em que irá envolver o coração de Jorge, levando-o a casar-se com ela. Aqui, Machado constrói mais uma personagem feminina típica de sua galeria, um esboço do que ele faria com Capitu).

Instou com a mulher que lhe confessasse tudo, porque tudo lhe perdoaria. Virgília compreendeu que estava salva; mostrou-se irritada com a insistência, jurou que da minha parte só ouvira palavras de gracejo e cortesia. (BC, XCVI. Virgília, mestra na arte da mentira e da dissimulação, está contando ao amante, Brás Cubas, como conseguira convencer o marido traído, o Lobo Neves, de que ela lhe era fiel).

Tratou de vestir-se; mas, ao passar por diante do espelho, deixou-se estar alguns instantes. Comprazia-se na contemplação de si mesma, das suas ricas formas, dos braços nus de cima a baixo, dos próprios olhos contempladores. Fazia vinte e nove anos, achava que era a mesma dos vinte e cinco, e não se enganava. Cingido e apertado o colete, diante do espelho, acomodou os seios com amor, e deixou espraiar o colo magnífico. (QB, CXV. Subjacente à maliciosa descrição de Machado de Assis, nota-se o narcisismo da vaidosa Sofia, a personagem feminina mais sensual da galeria de mulheres machadianas).

— Há nele sempre alguma coisa que mostra não estar completamente bem. Não reparou nos olhos, um pouco vagos? É isso; no mais, conversa bem. Creia, D. Sofia; aquele homem pode sarar. Por que não faz com que seu marido tome isto a peito? (QB, CLXIV. Por ser uma alma generosa e desinteressada, essa D. Fernanda destoa da maioria das personagens femininas de Machado de Assis. No trecho citado, ela demonstra sentir pena de Rubião e sugere a Sofia que ela e o marido, o Palha, que pareciam tão amigos do doente, procurassem tratamento para a sua loucura. Mas o que os dois queriam mesmo era se livrar do pobre coitado, que, àquela altura, pobre e doente, havia se tornado um estorvo para o casal).

Nem a paixão de D. Cláudia, nem o aspecto governamental de Batista distinguia a alma ou a figura da jovem Flora. Quem a conhecesse por esses dias, poderia compará-la a um vaso quebradiço ou à flor de uma só manhã, e teria matéria para uma doce elegia (...). Era retraída e modesta, avessa a festas públicas, e dificilmente consentiu em aprender a dançar. Gostava de música, e mais do piano que do canto. (...). Flora, aos quinze anos, dava-lhe para se meter consigo. Aires, que a conheceu por esse tempo, em casa de Natividade, acreditava que a moça viria a ser uma inexplicável. (EJ, XXXI. Flora é uma personagem delicada e introspectiva, espécie de *femme fragile*, típica heroína romântica em um romance da fase realista, como *Esaú e Jacó*. Como símbolo de hesitação e ambiguidade, vive dividida entre o amor dos dois gêmeos, Pedro e Paulo, sendo incapaz de se decidir por um ou por outro. A jovem donzela não consegue realizar uma síntese afetiva entre os dois pretendentes e acaba morrendo precocemente. Para Augusto Meyer (2008:32), Flora simboliza o próprio Machado de Assis, mas ela também pode ser entendida como um símbolo daquele momento político de transição que vivia o Brasil, dividido entre o declínio da Monarquia e a perplexidade decorrente da inesperada implantação da República).

D. Carmo guiava o serviço doméstico, ajudando o pessoal deste e dando aos arranjos da casa o conforto que não poderia vir por dinheiro. Sabia conservar o bastante e o simples; mas tão ordenadas as coisas, tão completadas pelo trabalho das mãos da dona que captavam os olhos ao marido e às visitas. (...). Tapetes de mesa e de pés, cortinas de janelas e outros mais trabalhos que vieram com os anos, tudo trazia a marca da sua fábrica, a nota íntima da sua pessoa. Teria inventado, se fosse preciso, a pobreza elegante. (...). Era então algum prodígio de talento? Não, não era; tinha a inteligência fina, superior ao comum das outras, mas não tal que as reduzisse a nada. Tudo provinha da índole afetuosa daquela criatura. (MA, 3/2/1888. Aqui, Machado de Assis pinta com a tinta da saudade o perfil psicológico de Carolina, na pessoa da personagem D. Carmo. Note-se o tom afetuoso e reverente com que fala da finada esposa, exaltando-lhe as virtudes de companheira e dona de casa).

— O Barão ficou furioso, pegou da moça e levou-a para a fazenda. (...); não fez mais que ameaçá-la com palavras, mas palavras duras, dizendo-lhe que a poria fora de casa, se continuasse a pensar em tal atrevimento. Fidélia jurou uma e muitas vezes que tinha um noivo no coração e casaria com ele, custasse o que custasse. (MA, 10/2/1888. Mana Rita está contando ao irmão, o Conselheiro Aires, o que se passou entre Fidélia e o pai, o autoritário Barão de Santa-Pia. Note-se a coragem da moça em desafiar a vontade do pai na escolha do noivo com quem queria se casar, o que ela acabou conseguindo: casou-se por amor, por sua livre escolha e não por imposição paterna, como era a regra na época).

Música

São constantes as referências à música em Machado de Assis, tanto a erudita quanto a popular. Essas referências acham-se espalhadas por toda a sua obra de ficção (e também nas crônicas), aparecendo, muitas vezes, associadas ao teatro, outra grande paixão do nosso maior escritor. Ver, por exemplo, os contos "O machete" (OC, Aguilar, 1997, vol. 2, p. 856), "Um homem célebre" (*Várias histórias*) e "Cantiga de esponsais" (*Histórias sem data*), em que os personagens, com seus dramas íntimos, são maestros e compositores, ligados, portanto, ao mundo da música.

Tamanho era o gosto de Machado pela música que no *Memorial de Aires* confessa, pela pena do velho Conselheiro-narrador, que gostaria de ter sido músico profissional. Com efeito, são frequentes em sua obra descrições de personagens, geralmente femininas, executando peças musicais ao piano. Frequentes também são as alusões aos gêneros musicais então em moda, como a valsa e a polca. É bem verdade que a música e a dança eram muito cultivadas nos salões do Segundo Reinado, mas também é verdade que Machado aproveita a oportunidade para exaltar e registrar suas preferências musicais, o que não deixa de ser um dado de interesse biográfico para o pesquisador.

É oportuno registrar também que Machado foi membro do Clube Beethoven, que promovia saraus e concertos musicais, conforme se lê na crônica de *A Semana* de 5/7/1896: "Esse clube era uma sociedade restrita [era proibida a entrada de senhoras], que fazia os seus saraus íntimos, em uma casa do Catete, nada se sabendo cá fora senão o raro que os jornais noticiavam. Pouco a pouco se foi desenvolvendo, até que um dia mudou de sede, e foi para a Glória. (...). Pegou tanto o gosto dos concertos Beethoven, que o Clube, para obedecer aos estatutos sem infringi-los, determinou construir no jardim aquele edifício ligeiro, onde se deram concertos a todos".

Leniza Castello Branco (2004:119), no interessante artigo "Machado de Assis e a música", apresenta versos escritos por Machado para as composições do maestro e amigo Arthur Napoleão, que também fazia parte do referido Clube. Recomendamos também a leitura de *Machado de Assis e a magia da música*, de Carlos Wehrs (1997), que apresenta um minucioso levantamento das referências musicais existentes na poesia e nos textos de ficção machadianos.

Vejamos alguns exemplos "musicais" extraídos dos romances pesquisados.

— Não desconheço, disse Luís Batista (...) que uma aventura destas, em véspera de noivado, produz igual efeito ao de uma ária de Offenbach no meio de uma melodia de Weber. (RE, xx. Offenbach, compositor alemão (1819-1880), famoso por suas operetas. Weber (1786-1826), também alemão, autor de valsas e músicas de salão. Machado estabelece uma comparação entre os dois compositores).

Na noite do mesmo dia em que ficou assentado diferir a viagem para melhores tempos, achavam-se em casa da baronesa algumas pessoas de fora; Guiomar, sentada ao piano, acabava de tocar, a pedido da madrinha, um trecho de ópera da moda. (ML, xiv. O piano é outro ingrediente inevitável nas histórias românticas, e sempre tocado por moças prendadas e casadouras, como Guiomar).

Alguns giros de valsa, duas ou três quadrilhas, muita conversa e muito riso, tal foi o programa da noite, que a encheu e fez mais curta. (HE, xii. Descrição de um sarau familiar em casa de Estácio. Esse tipo de reunião doméstica era muito comum nos salões do Segundo Reinado. Ver, a propósito, o capítulo xvi de *A moreninha*, de Joaquim Manuel de Macedo, justamente intitulado "O sarau").

A valsa é uma deliciosa coisa. Valsamos; não nego que ao conchegar ao meu corpo aquele corpo flexível e magnífico, tive uma singular sensação, uma sensação de homem roubado. (...). Em verdade, eu tinha fama e era valsista emérito; não admira que ela me preferisse. Valsamos uma vez, e mais outra vez. Um livro perdeu Francesca; cá foi a valsa que nos perdeu. (BC, L. Esta passagem mostra a importância da música nas relações sociais e amorosas. Estas, muitas vezes, nasciam das rodopiantes valsas vienenses dançadas nos salões aristocráticos da época, como foi o caso do romance adúltero de Brás Cubas e Virgília. Francesca da Rimini é uma personagem trágica, assassinada pelo marido, que a acusou de traição, como se lê no canto V do Inferno, da *Divina comédia*, de Dante Alighieri. Virgília não corria esse risco. Podia rodopiar à vontade a valsa do adultério nos braços de Brás Cubas, pois o marido a adorava, tinha medo de escândalos e fechava os olhos para as "danças" da mulher. Mais um detalhe importante: os aspectos eróticos inerentes à valsa, dança na qual os pares tinham contato físico mais íntimo, sendo, por isso, considerada, quando surgiu em Viena, uma dança imoral, contrária aos bons costumes).

Velhos do meu tempo, acaso vos lembrais desse mestre cozinheiro do hotel Pharoux, (...)? Entrou no Rio de Janeiro com a polca... (BC, cxv. Trecho memorialista tipicamente machadiano. O autor se aproveita do narrador Brás Cubas para desfiar recordações agradáveis de sua juventude, dentre elas, a polca e os acepipes de M. Prudhon, cozinheiro do hotel Pharoux, célebre estabelecimento que ficava na Praça XV, no centro do Rio, inaugurado por volta de 1860. A polca é uma dança de salão originária da Boêmia, região da Tchecoslováquia. Alegre e animada, esteve em moda no tempo de Machado de Assis, que faz frequentes referências a ela. Sobre a popularidade da polca, ver, por exemplo, o conto "Um homem célebre", em *Várias histórias*).

[Maria Benedita] gostava muito de ver polcar e valsar. (QB, LXVIII. Machado usa dois verbos que deviam ser neologismos em seu tempo: *polcar*, derivado de polca, e *valsar*, derivado de valsa. Eram as duas danças de salão mais populares da época).

Depois, foi andando lentamente, pensando em várias mulheres que podia escolher muito bem, para executar, a quatro mãos, a sonata conjugal. Chegou a pensar na filha do major, que apenas sabia umas velhas mazurcas. De repente, ouvia a guitarra do pecado, tangida pelos dedos de Sofia, que o deliciavam, que o estonteavam, a um tempo; lá se ia toda a castidade do plano anterior. (QB, LXXXVII. Rubião está pensando em se casar. Pensa em D. Tonica, a filha solteirona do major Siqueira, mas ela só sabia tocar "velhas mazurcas", ou seja, não lhe despertava o interesse como mulher. Fêmea e mulher, para ele, só mesmo Sofia, a única capaz de satisfazer o seu desejo recalcado, ainda que embalado pela "guitarra do pecado", metáfora carregada de insinuação erótica. Note-se a sucessão alegórica de metáforas lúdico-musicais: sonata, mazurcas, guitarra).

Em verdade, cuidara ter arredado para longe essa figura aborrecida, e ei-la que reaparecia, que sorria, que a fitava, que lhe sussurrava ao ouvido as mesmas palavras do vadio egoísta e enfatuado, que a convidou um dia à valsa do adultério e a deixou sozinha no meio do salão. (QB, CLIX. Metáfora irônica, para dizer que Sofia sente uma pontinha de frustração e de ciúme, por não ter dançado a "valsa do adultério" com o galanteador Carlos Maria. Note-se que essa metáfora é formada por um substantivo concreto da área da música (*valsa*) e outro abstrato do campo moral (*adultério*), ligados ambos pela preposição *de*, ou seja, tem-se a estrutura B de A, estudada no verbete "Metáfora").

Perto de casa, havia um barbeiro, que me conhecia de vista, amava a rabeca [violino] e não tocava inteiramente mal. Na ocasião em que ia passando, executava não sei que peça. Parei na calçada a ouvi-lo (tudo são pretextos a um coração agoniado), ele viu-me, e continuou a tocar. (...). Divina arte! Ia-se formando um grupo, deixei a porta da loja e vim andando para casa. (DC, CXXVII. Atraído pela exibição de um violinista amador, Bentinho interrompe sua volta para casa e põe-se a ouvi-lo. A exclamação "Divina arte" vai por conta de Machado de Assis, certamente).

Santos é que não precisava de ideias para dançar. Não dançaria sequer. Em moço dançou muito, quadrilhas, polcas, valsas, a valsa arrastada e a valsa pulada, como diziam então, sem que eu possa definir melhor a diferença; presumo que na primeira os pés não saíam do chão, e na segunda não caíam do ar. (EJ, XLVIII. Machado de Assis, pela pena do Conselheiro Aires, desfia reminiscências, para matar a saudade dos velhos tempos. Nessa passagem, em tom saudosista, ele descreve os gêneros de música e de dança de salão, existentes no Rio de Janeiro nos seus tempos de juventude).

Como eu ainda gosto de música! (...). A música foi sempre uma das minhas inclinações, e, se não fosse temer o poético e acaso o patético, diria que é hoje uma das saudades. Se a tivesse aprendido, tocaria agora ou comporia, quem sabe? (MA, 31/8/1888. Confidência de Machado de Assis, pela pena do Conselheiro Aires. Gostava tanto de música, que se lamenta de não haver seguido a carreira de músico profissional. Ainda bem que não o fez, para regozijo de todos nós, que somos admiradores, quase dependentes, de sua incomparável obra literária. A propósito, uma provocação (sem desfazer de ninguém): o que seria da literatura brasileira sem Machado de Assis?).

Ouvidos os primeiros compassos, derramou-se pela sala uma alegria nova, os cavalheiros correram às damas, e os pares entraram a saracotear a polca da moda. ("Um homem célebre", VH. Essa polca da moda era composta pelo maestro Pestana, que tinha o dom de compor com facilidade essa dança de salão, alegre e buliçosa. Suas composições eram muito populares e trouxeram-lhe fama (era "um homem célebre"), mas ele, no fundo, era uma pessoa frustrada, pois sonhava em compor obras musicais importantes, como sinfonias e concertos, à semelhança dos grandes compositores clássicos. Trata-se de um caso de vocação rejeitada, tão bem analisado pela perspicácia narrativa de Machado de Assis).

Olhos, olhar

Machado de Assis tinha uma fixação em olhos, constituindo estes (sobretudo os femininos), uma verdadeira obsessão do autor em seus romances e contos. Machado devia considerar, como os antigos romanos, que os olhos são a janela da alma, por isso os valoriza tanto.

Os termos *olhos, olhar* aparecem com extraordinária frequência em sua obra, tanto com sentido denotativo, como substantivo e verbo, quanto convertidos em metáforas, com o sentido conotativo de profundidade, de penetração. Usando-os como estiletes penetrantes e indiscretos, é que Machado e seus personagens vasculham os escaninhos mais recônditos da alma humana.

Não nos esqueçamos também de que os olhos constituem importantes elementos de sedução e, nessa condição, eles aparecem com frequência nos romances e contos machadianos.

Sobre o assunto, recomendamos a leitura de *O enigma do olhar*, de Alfredo Bosi (1999). Como curiosidade, vale lembrar um detalhe intrigante: é sabido que Machado sempre sofreu de problemas oftalmológicos. Terá sido por isso que tanto valorizou os olhos? Passemos aos exemplos.

Tinha [Valéria] um sorriso para cada coisa que ouvia, um carinho, uma familiaridade, uma intenção de agradar e seduzir, que Luís Garcia estudava com os olhos agudos da suspeita. (IG, II. Metáfora tipicamente machadiana, em que os olhos se revelam instrumentos penetrantes e perspicazes de análise da alma humana e de suas motivações mais íntimas).

Defronte, Iaiá tinha os olhos cravados na madrasta. (...). Iaiá olhou a princípio com curiosidade, depois com espanto, até que os olhos luziram de sagacidade e penetração. O estilete que eles escondiam desdobrou a ponta aguda e fina, e estendeu-a até ir ao fundo da consciência de Estela. Era um olhar intenso, aquilino, profundo, que palpava no cérebro, salteado de pensamentos vagos, turvos, sem ligação. (IG, X. Note-se a metáfora do olhar-estilete, que penetra fundo nas intenções do interlocutor, no caso, de Estela, madrasta de Iaiá Garcia).

A baronesa era uma das pessoas que mais desconfiavam de nós. (...). Não falava muito nem sempre; possuía a grande arte de escutar os outros, espiando-os; reclinava-se então na cadeira, desembainhava um olhar afiado e comprido, e deixava-se estar. Os outros, não sabendo o que era, falavam, olhavam, gesticulavam, ao tempo que ela olhava só, ora fixa, ora móbil, levando a astúcia ao ponto de olhar às vezes para dentro de si, porque deixava cair as pálpebras; mas, como as pestanas eram rótulas, o olhar continuava o seu ofício, remexendo a vida e a alma dos outros. (BC, LXV. Metáfora do olhar em ação, nessa descrição perfeita, chegada à caricatura e à comicidade, de uma baronesa bisbilhoteira e maliciosa. Desconfiada dos amores clandestinos de Brás Cubas e Virgília, usa o olhar como uma sonda para penetrar na intimidade alheia. Não é por acaso que este capítulo tem por título "Olheiros e escutas". Ver comentários sobre este mesmo exemplo no verbete "Impressionismo").

— Capitu, apesar daqueles olhos que o diabo lhe deu... Você já reparou nos olhos dela? São assim de cigana oblíqua e dissimulada. (DC, XXV. Machado de Assis põe na boca de José Dias a célebre definição dos olhos de Capitu. Outro autor, provavelmente, diria que Capitu era falsa, era sonsa. Machado, ele próprio oblíquo e dissimulado, na condição de narrador, projeta em sua personagem uma característica que é dele. Mas quanta genialidade nessa freudiana projeção. Uma curiosidade: no capítulo VI da novela "A parasita azul" (*Histórias da meia-noite*), Machado usou a expressão "falar oblíquo e desconfiado", que deve ter servido de modelo, mais tarde, para a descrição dos olhos de Capitu).

Não cuides que pasmou de me ver namorado; achou até natural e espetou-me outra vez os olhos. (DC, LXXVIII. A metáfora verbal "espetar os olhos", muito comum em Machado, sugere a ideia de uma sonda penetrando, vasculhando o interior da alma. Foi o que tentou fazer o curioso Escobar, confidente das confissões amorosas de Bentinho).

Este outro [capítulo] é destinado a fazer chegar o meu Ezequiel aos cinco anos, um rapagão bonito, com os olhos claros, já inquietos, como se quisessem namorar todas as moças da vizinhança, ou quase todas. (DC, CIX. Ao referir a cor dos olhos do filho, Dom Casmurro vai acrescentando mais um indício, segundo ele, da infidelidade de Capitu. Mas o leitor atento deve se lembrar de que não era só Escobar que tinha olhos claros (v. cap. LVI). Capitu também os tinha (v. caps. XIII e XVI), o que aumenta o enigma sobre a paternidade de Ezequiel. Nessas artimanhas narrativas é que se percebe a mão do Bruxo do Cosme Velho).

Entretanto, os olhos de Sancha não convidavam a expansões fraternais, pareciam quentes e intimativos, diziam outra coisa. (...). Quando saímos, tornei a falar com os olhos à dona da casa. A mão dela apertou muito a minha, e demorou-se mais que de costume. (DC, CXVIII. Bentinho insinua que Sancha o teria convidado ao adultério. Seria para se vingar dos amores de Escobar com Capitu? Ao leitor perspicaz, é lícito desconfiar das intenções do ciumento narrador. Repare-se também no papel dos olhos como elemento de sedução).

Momento houve em que os olhos de Capitu fitaram o defunto, quais os da viúva, sem o pranto nem palavras desta, mas grandes e abertos, como a vaga do mar lá fora, como se quisesse tragar também o nadador da manhã. (DC, CXXIII. Num capítulo genialmente intitulado "Olhos de ressaca", Machado, pela pena de Dom Casmurro, estabelece a célebre comparação entre o olhar de Capitu e "a vaga do mar lá fora". Mais uma vez, o narrador insinua que Capitu se deixa trair pelos olhos, os famosos "olhos de cigana oblíqua e dissimulada". Naturalmente, essa comparação pode ser interpretada como uma impressão subjetiva do ciumento Bentinho, que àquela altura já estava cheio de suspeitas em relação à esposa e ao finado Escobar).

Era uma criaturinha leve e breve, saia bordada, chinelinha no pé. Não se lhe podia negar um corpo airoso. Os cabelos, apanhados no alto da cabeça por um pedaço de fita enxovalhada, faziam-lhe um solidéu natural, cuja borla era suprida por um raminho de arruda. Já vai nisto um pouco de sacerdotisa. O mistério estava nos olhos. Estes eram opacos, não sempre nem tanto que não fossem também lúcidos e agudos, e neste último estado eram igualmente compridos; tão compridos e tão agudos que entravam pela gente abaixo, revolviam o coração e tornavam cá fora, prontos para nova entrada e outro revolvimento. Não te minto dizendo que as duas sentiram tal ou qual fascinação. (EJ, I. Trata-se da famosa cabocla do morro do Castelo, cuja casa era frequentada por pessoas da elite do Império, como as irmãs Natividade e Perpétua, que lá subiram para ouvir as predições da adivinha. Note-se a viva descrição que Machado de Assis faz, em detalhes, da figura da cabocla, acrescentando-lhe um tom de mistério e misticismo. É bem provável que ele tenha conhecido tipos semelhantes, ao vivo. Diz ele que as duas personagens ficaram fascinadas pela pitonisa, mas, pelo entusiasmo com que a descreve, parece que ele próprio, Machado, um afrodescendente, também sentia certo fascínio pela misteriosa cabocla, digna representante de sua raça. É oportuno registrar que, entre nós, essa denominação geral de *caboclo, cabocla* não se refere exclusivamente ao descendente de índio com branco, mas a qualquer pessoa de pele amulatada, de origem africana, como devia ser o caso dessa personagem machadiana).

Perfis psicológicos

Analista perspicaz dos aspectos recônditos de seus personagens e de suas motivações mais íntimas, Machado de Assis é o mestre dos mestres na arte dos romances e contos de introspecção psicológica, desde a primeira fase de sua obra de ficção. É o que demonstram os exemplos a seguir: um exímio retratista da alma humana, o mais genial da literatura brasileira, com seus admiráveis perfis psicológicos. Ver também os verbetes "Capitu", "Mulheres machadianas" e "Realismo interior".

O coração era capaz de afeições; mas, como ficou dito no primeiro capítulo, ele [Luís Alves] sabia regê-las, moderá-las e guiá-las ao seu próprio interesse. Não era corrupto nem perverso; também não se pode dizer que fosse dedicado nem cavalheiresco; era, ao cabo de tudo, um homem friamente ambicioso. (ML, XVI. Note-se como o narrador afirma e nega as qualidades do personagem, procedimento narrativo que Machado irá explorar bastante nas narrativas da segunda fase, sobretudo em *Brás Cubas*. Aqui, ao descrever Luís Alves como "friamente ambicioso", ele o identifica com Guiomar, antecipando o desfecho da história: o casamento dos dois, com a união das duas ambições, ou melhor, da mão e da luva).

Camargo era pouco simpático à primeira vista. Tinha as feições duras e frias, os olhos perscrutadores e sagazes, de uma sagacidade incômoda para quem encarava com eles, o que não o fazia atraente. Falava pouco e seco. Tinha todos os visíveis sinais de um grande egoísta. (HE, I. Em poucas pinceladas, com uma adjetivação binária certeira, Machado traça o perfil físico e psicológico do Dr. Camargo, personagem antipático e hostil a Helena. Mais adiante, no capítulo VII, Machado irá defini-lo como um "réptil").

No momento em que começa esta narrativa, tinha Luís Garcia quarenta e um anos. Suas maneiras eram frias, modestas e corteses; a fisionomia um pouco triste. Um observador atento podia adivinhar por trás daquela impassibilidade aparente ou contraída as ruínas de um coração desenganado. Assim era; a experiência, que foi precoce, produzira em Luís Garcia um estado de apatia e ceticismo, com seus laivos de desdém. O desdém não se revelava por nenhuma expressão exterior; era a ruga sardônica do coração. Por fora, havia só a máscara imóvel, o gesto lento e as atitudes tranquilas. (IG, I. Machado inicia a narrativa com um bem-traçado perfil físico e psicológico do personagem. Nestas poucas linhas existem duas palavras-chave na ficção machadiana: ceticismo e máscara, símbolos de uma maneira de ver e de estar no mundo, comuns aos personagens da fase realista do autor, aqui antecipados nesse romance de transição da primeira para a segunda fase de sua obra).

Os olhos de Procópio Dias eram cor de chumbo, com uma expressão refletida e sonsa. Tinha cinquenta anos esse homem, uns cinquenta anos ainda verdes e prósperos. (...). Procópio Dias tinha a particularidade de parecer simplório, sempre que lhe convinha; nessas ocasiões é que ria com a testa. (...). Procópio Dias tinha dois credos. Era um deles o lucro. Mediante alguns anos de trabalho assíduo e finuras encobertas, viu engrossarem-lhe os cabedais. (...). Ora, o segundo credo era o gozo. Para ele, a vida física era todo o destino da espécie humana. (...). Procópio Dias tinha o pior mérito que pode caber a um homem sem moral: era insinuante, afável, conversado; tinha certa viveza e graça. (IG, VII. Machado se esmera em detalhes negativos nessa minuciosa descrição do caráter (ou mau caráter) de Procópio Dias, um de seus personagens moralmente mais repugnantes, caracterizado pela simulação, rapinagem e lascívia. Ele teria lugar garantido em diversos círculos do Inferno de Dante Alighieri, em *A divina comédia*).

O almocreve salvara-me talvez a vida; (...). Resolvi dar-lhe três moedas de ouro das cinco que trazia comigo; (...). Fui aos alforjes e durante esse tempo cogitei se não era excessiva a gratificação, se não bastavam duas moedas. (...). Ri-me, hesitei, meti-lhe na mão um cruzado em prata, (...). Meti os dedos no bolso do colete que trazia no corpo e senti umas moedas de cobre; eram os vinténs que eu devera ter dado ao almocreve. (BC, XXI. Esta passagem dá bem ideia do caráter egoísta de Brás Cubas. Note-se a gradação descendente da recompensa ao almocreve que havia salvado sua vida: três moedas de ouro, uma moeda de ouro, um cruzado em prata. Por fim, arrepende-se de não ter lhe dado apenas alguns vinténs. Depois de sentir-se são e salvo, passa a desmerecer o gesto altruísta do pobre almocreve. A diminuição da recompensa é proporcional à mesquinharia do personagem, que não hesita em gastar onze contos de réis com Marcela (v. cap. XVII), a esperta cortesã que lhe depenava as algibeiras, ou melhor, as algibeiras de seu pai).

Assim, não lhe custará nada vê-lo entrar na sala, lento, frio e superior. (...). Examinai-o bem; é um galhardo rapaz de olhos grandes e plácidos, muito senhor de si, ainda mais senhor dos outros. Olha de cima; não tem o riso jovial, mas escarninho. Agora, ao sentar-se à mesa, ao pegar no talher, ao abrir o guardanapo, em tudo se vê que ele está fazendo um insigne favor ao dono da casa, — talvez dois, — o de lhe comer o almoço, e o de lhe não chamar pascácio. (QB, XXXI. Machado convida o leitor a examinar o caráter de Carlos Maria, um personagem extremamente vaidoso e narcisista. Nesse perfil, traçado com mão de mestre, Machado de Assis carrega na caricatura, deixando transparecer sua má vontade para com pessoas desse tipo).

O pior é que ele [Cristiano Palha] despendia todo o ganho e mais. Era dado à boa xira [comida]; reuniões frequentes, vestidos caros e joias para a mulher [Sofia], adornos de casa, mormente se eram de invenção ou adoção recente, — levavam-lhe os lucros presentes e futuros. Salvo em comidas, era escasso consigo mesmo. Ia muita vez ao teatro sem gostar dele, e a bailes, em que se divertia um pouco, — mas ia menos por si que para aparecer com os olhos da mulher, os olhos e os seios. Tinha essa vaidade singular; decotava a mulher sempre que podia, e até onde não podia, para mostrar aos outros as suas venturas particulares. (QB, XXXV. Depois dessa descrição do caráter vaidoso e exibicionista de Palha, compreende-se por que ele usou a mulher como isca para atrair os capitais do ingênuo Rubião e, em seguida, ardilosamente, contribuir para a ruína do simplório mineiro).

Outrossim, ria largo, se era preciso, de um grande riso sem vontade, mas comunicativo, a tal ponto as bochechas, os dentes, os olhos, toda a cara, toda a pessoa, todo o mundo pareciam rir nele. Nos lances graves, gravíssimo. (...). Era nosso agregado desde muitos anos; (...). Com o tempo, adquiriu certa autoridade na família, certa audiência, ao menos; não abusava, e sabia opinar obedecendo. Ao cabo, era amigo, não direi ótimo, mas nem tudo é ótimo neste mundo. (...). Era lido, posto que de atropelo, o bastante para divertir ao serão e à sobremesa. (DC, V. Machado de Assis, pela pena de Bentinho, traça, com riqueza de detalhes, o perfil psicológico do agregado José Dias, um dos personagens marcantes da galeria machadiana. Apesar de desempenhar papel secundário na narrativa de *Dom Casmurro*, a presença de José Dias é importante, pois ele, além de símbolo de uma classe, a dos agregados, tão comuns na sociedade patriarcal brasileira da época, funcionava, às vezes, como uma espécie de *alter ego* de Bentinho).

Eis aqui outro seminarista. Chamava-se Ezequiel de Sousa Escobar. Era um rapaz esbelto, olhos claros, um pouco fugitivos, como as mãos, como os pés, como a fala, como tudo. (...) Não fitava de rosto, não falava claro nem seguido; as mãos não apertavam as outras, nem se deixavam apertar delas, porque os dedos, sendo delgados e curtos, quando a gente cuidava tê-los entre os seus, já não tinha nada. (...). Aqueles modos fugitivos cessavam quando ele queria, e o meio e o tempo os fizeram mais pousados. Escobar veio abrindo a alma toda, desde a porta da rua até ao fundo do quintal. (DC, LVI. Bentinho oferece uma primeira descrição física de Escobar, como que preparando o espírito do leitor para as semelhanças que ele iria, mais tarde, apontar no filho Ezequiel, que, segundo ele, era produto da traição de Capitu, supostamente amante do ex-seminarista. Apresenta também um perfil psicológico de Escobar, inicialmente nada lisonjeiro, insinuando que este era dissimulado, escorregadio. Esta primeira impressão é atenuada por outra, mais positiva, como que para compensar a primeira, numa espécie de "morde e assopra", que, mais tarde, com o acirramento dos ciúmes de Bentinho, irá descambar para a acusação aberta de traição, mais que isso, para o ódio declarado ao ex-amigo).

No dia seguinte entrou a dizer de mim nomes feios, e acabou alcunhando-me *Dom Casmurro*. Os vizinhos, que não gostam dos meus hábitos reclusos e calados, deram curso à alcunha, que afinal pegou. (DC. I). Vivo só com um criado. (...). O meu fim evidente era atar as duas pontas da vida, e restaurar na velhice a adolescência, Pois, senhor, não consegui recompor o que foi nem o que fui. (DC, II). Tenho-me feito esquecer. Moro longe e saio pouco. Não é que haja efetivamente ligado as duas pontas da vida. (DC, CXLIV. Estas passagens, reunidas aqui, revelam o perfil de um homem envelhecido, rabugento, um solitário desamado e misantropo. Ao banir Capitu e Ezequiel de sua vida, Bentinho não foi apenas sádico. Foi também masoquista, pois se autoflagelou, privando-se de uma família que, ou mal ou bem, era a sua).

Esse Aires (...) trazia o calo do ofício, o sorriso aprovador, a fala branda e cautelosa, o ar da ocasião, a expressão adequada, tudo tão bem distribuído que era um gosto ouvi-lo e vê-lo. (...). Era cordato, repito, embora esta palavra não exprima exatamente o que quero dizer. Tinha o coração disposto a aceitar tudo, não por inclinação à harmonia, senão por tédio à controvérsia. (EJ, XII. Curioso este exemplo em que o narrador, o Conselheiro Aires, usando a terceira pessoa, faz de si mesmo um admirável autorretrato. Sabendo-se que este personagem é um *alter ego* de Machado de Assis, é lícito concluir que a descrição se aplica, em grande parte, ao próprio e verdadeiro autor do romance).

Não lhe quero mal por isso. Não lho quis no dia em que descobri que ele me levava dos coletes, ao escová-los, dois ou três tostões por dia. Foi há dois meses, e possivelmente já o faria antes, desde que entrou cá em casa. Não me zanguei com ele; tratei de acautelar os níqueis, isso sim; mas, para que não se creia descoberto, lá deixo alguns, uma vez ou outra, que ele pontualmente diminui; não me vendo zangar é provável que me chame nomes feios, descuidado, tonto, papalvo que seja... Não lhe quero mal do furto nem dos nomes. Ele serve bem e gosta de mim; podia levar mais e chamar-me pior. (MA, 17/10/1888. Interessante esta passagem, em que o Conselheiro Aires (leia-se: Machado) se revela um profundo conhecedor da alma humana. Releva a pequena desonestidade do criado e revela-se tolerante com as falhas alheias, procurando ver no criado seu lado positivo e perdoando seu pequeno deslize. Comparando-se estes gestos generosos do indulgente Conselheiro com a ingrata mesquinhez de Brás Cubas para com o almocreve que lhe salvara a vida, nota-se uma diferença enorme na composição dos personagens neste último romance de Machado de Assis. Episódios desse teor é que conferem ao *Memorial de Aires* a sua identidade singular no conjunto da ficção machadiana).

Pessimismo

O traço pessimista, tantas vezes apontado na obra do Machado de Assis realista, a partir de *Brás Cubas,* já se encontra, embrionário, nos romances da primeira fase, dita romântica. São passagens esporádicas, mas que documentam a tese da transição gradual de uma fase para a outra, e não de uma ruptura drástica entre ambas. Comprovam, na verdade, o amadurecimento intelectual do autor, que nos dois últimos romances (*Esaú e Jacó* e *Memorial de Aires*), publicados na idade madura e após a morte da esposa, sua querida Carolina, parece reconciliar-se, ou pelo menos, resignar-se com a condição humana, pintada como absurda e trágica na maior parte de sua obra de ficção. Contudo, depois de ler, reler e continuar lendo seus romances, contos, crônicas e a correspondência (pouco estudada pela crítica), questionamos se o tão enfatizado pessimismo de Machado de Assis, cujas causas alguns críticos insistem em atribuir às condições adversas de sua vida particular (origem humilde, mestiço, epilético), não seria antes uma atitude puramente estético-filosófica do genial ficcionista. Afinal, foi ele um vitorioso, um homem que conseguiu transcender suas limitações, progredindo sempre no relacionamento social, no trabalho e na vida conjugal, em suma, foi a negação da descrença e do niilismo pessimista e dissolvente que lhe atribuem. Como lembra Graça Aranha em *Machado de Assis & Joaquim Nabuco, Correspondência* (2003:24), "venceu as suas origens modestas, tornou-se homem de cultura, de gosto e criou a sua própria personalidade. É um belo e doloroso poema o da elaboração do gênio neste obscuro heroísmo". E rejeitando, implicitamente, a pecha de amargo pessimista, adverte que "Machado de Assis não revelou nunca esse árduo combate interior, não fez transbordar no ódio e no despeito a sua humildade inicial. Aristocratizou-se silenciosamente".

Sábias palavras essas de Graça Aranha, o qual parece nos fazer uma advertência: não esquecer nunca que Machado de Assis era, antes de tudo, um ficcionista e, nesse sentido, não será absurdo considerar que é nessa condição que ele projeta em seus personagens as influências recebidas de Pascal, Schopenhauer, dos humoristas ingleses Sterne e Swift e do ensaísta francês Montaigne, cujo realismo cético perpassa a ficção e as crônicas machadianas e está presente nas atitudes de impassibilidade estoica do velho Conselheiro Aires (v. *A filosofia na obra de Machado de Assis*, de Miguel Reale, 1982).

Além disso, faltam inteireza e coerência ao seu alegado pessimismo, pois é sabido que, na correspondência com a esposa e com os amigos, tem-se um Machado de Assis diferente, afetuoso e bem relacionado com os homens, sem descurar, contudo, do seu estilo contido e discreto. Aliás, o velho amigo Joaquim Nabuco, tratado carinhosamente por Machado como "Meu querido Nabuco", já tinha percebido esse contraste entre o ficcionista e o homem, quando em carta de 8 de outubro de 1904 revela: "Mas que vivacidade, que ligeireza, que doçura, que benevolência a do seu espírito, eu ia dizendo que beatitude! V. pode cultivar a vesícula do fel para a sua filosofia social, em seus romances, mas suas cartas o traem". Estas palavras, brotadas da pena de um amigo íntimo, são por demais elucidativas, dispensam comentários.

Lembremos também, a favor de Machado, sua capacidade de manter relacionamentos desinteressados e duradouros, seu espírito gregário, desde a fase juvenil da "Marmota fluminense" até a fundação da Academia Brasileira de Letras, sua familiaridade com textos da Bíblia, sobretudo com passagens do Evangelho (v. "Soneto de Natal" e "Dai à obra de Marta um pouco de Maria", belíssimos sonetos impregnados de sentimento cristão), sua referência ao "ceticismo otimista" de Renan, um de seus autores preferidos (v. *Páginas recolhidas*), sua empatia com o Cristo, expressa no poema "A morte no calvário", dedicado "Ao meu amigo o padre Silveira Sarmento" (1858), e na crônica de *A semana* de 31/3/1895, intitulada "A tragédia do Gólgota". Ver ainda a comovente página "A paixão de Jesus", publicada no *Jornal do Comércio* de 11/4/1904.

Cumpre registrar também que, em toda a sua obra, Machado de Assis sempre se refere ao nome de Deus com respeito e reverência, como demonstramos neste nosso trabalho. Sobre o assunto, leia-se "Machado de Assis e a religião", em *Machado de Assis desconhecido*, de Raimundo Magalhães Jr. (1957:382), autor que parece haver inspirado a professora Maria Eli de Queiroz, que, recentemente (2008), publicou um livro muito bem fundamentado com o mesmo título do artigo escrito por aquele autor. Releia-se ainda o comovente soneto "A Carolina", obra-prima de ternura e lirismo amoroso e, sobretudo, a carta de 20/11/1904 a Joaquim Nabuco, após a morte da esposa, na qual o solitário Machado parece reconciliar-se com os aspectos transcendentais da existência, ao confidenciar, esperançoso e confiante: **"Como estou à beira do eterno aposento, não gastarei muito tempo em recordá-la. Irei vê-la, ela me esperará"**. São fatos esclarecedores e atitudes generosas de toda uma vida que contrariam a tese de que Machado de Assis teria sido um descrente, um pessimista amargo e desiludido em relação à vida e aos homens, durante toda a sua existência.

Ousaríamos afirmar, isto sim, que certos críticos projetam em Machado de Assis o seu próprio pessimismo, criando dele "uma imagem deformada, tão deformada que, em verdade, o eminente escritor assumiria, aos nossos olhos, um aspecto monstruoso, talvez mesmo odiento, se realmente fosse como o pintam. O ausente, o absenteísta, o interiorizado que jamais via o mundo exterior, esse não passa, no entanto, de um mito que não se ajusta às próprias confissões de Machado", como enfatizam estas veementes palavras de R. Magalhães Jr. (1957:47), com as quais concordamos inteiramente. A propósito, leia-se a seguinte advertência de Valentim Facioli (2008:156): "a má leitura ou a técnica insuficiente de decifração [do texto machadiano] podem levar, como alguns críticos o fizeram, a considerar o autor Machado de Assis como um niilista malvado e indiferente à sorte dos homens e ao destino dos pobres e dos escravos". Aliás, é o próprio Machado que, defendendo-se da acusação de pessimista, faz a seguinte advertência na crônica de 28/2/1897 de *A Semana*: **"Não tireis da última frase a conclusão de ceticismo. Não achareis linhas céticas nestas minhas conversações dominicais. Se destes com alguma que se possa dizer pessimista, adverte que nada há mais oposto ao ceticismo. Achar que uma coisa é ruim, não é duvidar dela, mas afirmá-la"**.

Pode-se entender também que o humor e a ironia empregados para satirizar situações sociais e atitudes sórdidas e egoístas de certos personagens seus tenham sido um mecanismo de defesa e condenação (da qual não se exclui certo traço moralizante) dessas mesmas situações e atitudes, uma forma de Machado criticar, à sua moda dissimulada, o lado negativo do ser humano, assim como a hipocrisia e as mazelas da sociedade senhorial e autoritária do Segundo Reinado, dentre as quais se destaca a mais abominável de todas elas: a escravidão, instituição infame, com a qual Machado de Assis, afrodescendente, não podia transigir (v., a respeito, o livro de Eduardo de Assis Duarte,

2007). O fato de criar personagens cínicos e de mau-caráter não nos autoriza a concluir que o próprio autor também seja cínico, de mau-caráter ou um descrente empedernido e amargo. A esse respeito, recomendamos consultar os trabalhos pioneiros de Raimundo Magalhães Jr. e Astrojildo Pereira, relacionados em nossa bibliografia. Da crítica mais recente, destaca-se o estudo dos aspectos biográficos, religiosos e afetivos e suas repercussões na obra, ressaltadas nos trabalhos de Jean-Michel Massa (2009) e Maria Eli de Queiroz (2008).

Mas já vai longe essa peroração cansada nossa, cuja finalidade é alertar o leitor para não perder de vista o conjunto da obra machadiana, assim como a distinção fundamental entre autor e narrador, sempre úteis, para se evitar a aceitação gratuita de certos chavões e exageros que mais deformam do que ajudam a conhecer o verdadeiro Machado de Assis. E, principalmente, não se esquecer jamais de que Machado é, antes de tudo, um ficcionista e não um filósofo (v. "Reflexões filosóficas"). Feitas estas ressalvas, convidamos o leitor a ler e reler o nosso Machado com outros olhos.

Reflexões filosóficas

Machado de Assis não pode ser considerado um filósofo, pois não criou nenhuma doutrina, nenhum sistema filosófico, nem era essa sua intenção. O mais apropriado é considerá-lo um ficcionista com preocupações filosóficas, tendo em vista que em sua obra predominam a introspecção psicológica e a preocupação com os problemas humanos, temas que, por sua recorrência e subjetivismo, estabelecem inevitáveis fronteiras com a filosofia e, não raro, com a psicanálise. Não é por acaso, portanto, que Machado, no conto "O empréstimo" (*Papéis avulsos*), faz a seguinte advertência: "Como deveis saber, há em todas as coisas um sentido filosófico". Seguindo este ponto de vista, é que ele soube transfigurar em valores estéticos os valores filosóficos hauridos das leituras de seus pensadores preferidos, dentre os quais se destacam Montaigne, Pascal e Schopenhauer. A estes podemos acrescentar o *Eclesiastes*, livro do Antigo Testamento, muito apreciado por Machado, além, é claro, de suas próprias reflexões pessoais.

O fato é que, em seus romances e contos, respira-se, isto sim, "uma atmosfera filosófica", como diz Afrânio Coutinho (1990:124), mas não existe em sua ficção um corpo doutrinário criado por um filósofo profissional. Profissional Machado foi, sim, e dos maiores, mas como ficcionista, para regalo nosso, seus leitores e admiradores cativos. Tais considerações justificam, pois, o título deste verbete, sendo raro o texto de Machado de Assis sem algum tipo de reflexão filosófica, de sua própria lavra ou de seus filósofos prediletos. Para maiores informações, recomendamos a leitura do capítulo "A filosofia de Machado de Assis", no livro de Afrânio Coutinho acima citado. Citamos a seguir umas poucas passagens em que Machado tece judiciosas reflexões filosóficas. Para maiores informações, consultar *A filosofia na obra de Machado de Assis*, de Miguel Reale (1982), uma excelente antologia de textos machadianos sobre o assunto. Ver também *Machado de A a X: um dicionário de citações*, de Lúcia Leite Ribeiro P. Lopes (2001).

Invenções há que se transformam ou acabam; as mesmas instituições morrem; o relógio é definitivo e perpétuo. O derradeiro homem, ao despedir-se do sol frio e gasto, há de ter um relógio na algibeira, para saber a hora exata em que morre. (BC, LIV. Reflexões sobre o relógio, máquina implacável que assinala a passagem inexorável do tempo, outra obsessão machadiana).

Quem conhece o solo e o subsolo da vida, sabe muito bem que um trecho de muro, um banco, um tapete, um guarda-chuva, são ricos de ideias ou de sentimentos, quando nós também o somos, e que as reflexões de parceria entre os homens e as coisas compõem um dos mais interessantes fenômenos da terra. A expressão: "Conversar com os seus botões", parecendo simples metáforas, é frase de sentido real e direto. Os botões operam sincronicamente conosco; formam uma espécie de senado, cômodo e barato, que vota sempre as nossas moções. (QB, CXLII. Capítulo filosófico em que Machado de Assis explora a interação entre a realidade e as reflexões humanas. Na crônica de 11/6/1893, publicada em *A semana*, ele retoma esse tema. Convidamos o leitor a ler essa crônica, uma das melhores de Machado de Assis, mestre dos mestres no gênero).

A alma da gente, como sabes, é uma casa assim disposta, não raro com janelas para todos os lados, muita luz e ar puro. Também as há fechadas e escuras, sem janelas, ou com poucas e gradeadas, à semelhança de conventos e prisões. Outrossim, capelas e bazares, simples alpendres ou paços suntuosos. (DC, LVI. Aqui, mais do que nunca, reconhece-se Machado, apesar de a pena ser a de Bentinho. O Bruxo, meio filosófo, meio Freud, tece reflexões sobre a alma humana, suas características, seus tipos, assunto que ele conhece como ninguém).

A vida, mormente nos velhos, é um ofício cansativo. (MA, sábado, 1888. Reflexão filosófica desencantada sobre a velhice. Compreende-se este desabafo de Machado de Assis, se levarmos em conta que ele era um idoso de 69 anos quando da publicação do *Memorial de Aires*, em julho de 1908. Além da idade, avançada para a época, Machado sofria de dois outros males: a doença e a solidão, esta decorrente de sua condição de viúvo sem filhos, pois Carolina, a esposa e companheira querida, havia partido em 1904).

Ser x parecer

O conflito entre essência e aparência, entre o que o indivíduo é e o que ele simula ser, ou o que os outros esperam que ele seja, é um dos temas preferidos de Machado de Assis. Desse jogo de máscaras originam-se formas de comportamento social, como a dissimulação, a hipocrisia e a fraude. Nesse sentido, a preocupação com a opinião alheia está presente em vários personagens machadianos. Releiam-se os contos "O espelho" e "Teoria do medalhão", em *Papéis avulsos*; "D. Paula" e "O enfermeiro", em *Várias histórias*; "Evolução", em *Relíquias de casa velha*.

O conflito ser x parecer também está presente nos triângulos amorosos, reais ou virtuais, assim como nas motivações íntimas dos personagens de *Memórias póstumas de Brás Cubas*, *Dom Casmurro* e *Quincas Borba*, a famosa trilogia machadiana. Ressalve-se que nos romances da primeira fase já é possível encontrar indícios dessa dicotomia bastante explorada por Machado de Assis, a ponto de representar uma das marcas definidoras do seu estilo. Sobre o assunto, ver "A máscara e a fenda", em Alfredo Bosi (1999:73). Mas passemos aos exemplos.

— Mas, menina, isso não é bonito. Que diriam se os vissem?... Eu não diria nada, porque conheço o que você vale, e sei a discrição que Deus lhe deu. — Mas as aparências... Que qualidade de homem é esse sobrinho? (ML, IV. Observe-se a preocupação da baronesa com a opinião alheia, censurando a protegida, Guiomar, por ter conversado junto à cerca da chácara com Estêvão. Aparência aqui é uma palavra-chave).

De todas as pessoas da casa da baronesa, a primeira que reparou na indiferença com que Guiomar tratara Estêvão, foi Mrs. Oswald. A sagaz inglesa afivelou a máscara mais impassível que trouxera das ilhas britânicas e não os perdeu de vista. (ML, VI. A metáfora da máscara social é um símbolo do jogo de aparências representado por certos personagens machadianos. Ver, a propósito, o conto "Teoria do medalhão" em *Papéis avulsos*).

A inocência não teria mais puro rosto; a hipocrisia não encontraria mais impassível máscara. (HE, VIII. Note-se o jogo de dissimulação — ser/parecer — praticado por Helena para preservar os seus segredos diante de Estácio. Atente-se para a antinomia rosto/máscara. Machado afia a pena, antecipando a criação de futuros personagens mascarados).

— Eu creio que é chegado o momento de fazerem todas as mães um grande esforço e darem exemplos de valor, que não serão perdidos. Pela minha parte, trabalho com o meu Jorge para que vá alistar-se como voluntário; (...). Contudo, resiste... — Que razão dá ele? — Diz que não quer separar-se de mim. — A razão é boa. — Mas (...) trata-se de coisa mais grave, — da pátria, que está acima de nós. Valéria proferiu estas palavras com certa animação, que a Luís Garcia pareceu mais simulada que sincera. (...). A honra nacional era certamente o colorido nobre e augusto de algum pensamento reservado e menos colorido. (IG, II. O diálogo gira em torno da Guerra do Paraguai. O alegado patriotismo de Valéria é um pretexto, uma máscara para encobrir suas verdadeiras intenções: separar o filho de Estela, moça pobre por quem Jorge se apaixonara. O próprio Machado desmascara a viúva, falsa patriota, ao "ler" o pensamento de Luís Garcia para o leitor).

Assim, a minha ideia trazia duas faces, como as medalhas, uma virada para o público, outra para mim. De um lado, filantropia e lucro; de outro, sede de nomeada. (BC, II. A questão da aparência x realidade é tratada pelo defunto autor Brás Cubas com seu cinismo habitual. Ele não se peja de confessar suas verdadeiras intenções, por trás da fachada de pseudofilantropo).

O olhar da opinião, esse olhar agudo e judicial, perde a virtude, logo que pisamos o território da morte. (BC, XXIV. A opinião alheia é uma preocupação constante dos personagens machadianos, envolvidos, muitas vezes, num jogo de máscaras, de essência x aparência. Segundo o defunto Brás Cubas, só a morte liberta o homem desse jogo).

Ao cabo de seis meses quem nos visse a todos três juntos diria que D. Plácida era minha sogra. (BC, LXX. Brás Cubas alugara uma casinha na Gamboa para os seus encontros amorosos com Virgília, corrompendo D. Plácida para tomar conta da casa e salvar as aparências. Cinicamente, diz que a pobre senhora dissimulava, para os vizinhos, ser sua sogra. Esqueceu-se de acrescentar que ele é que a induzira a esse comportamento mentiroso).

Lembra-me que estava retraído, mas de um retraimento que forcejava por dissimular. (...), pareceu-me que ele tinha medo — não medo de mim, nem de si, nem do código, nem da consciência; tinha medo da opinião. (BC, CXII. Lobo Neves, sabendo-se traído pela mulher, precisava preservar-se, manter as aparências perante a opinião pública, a qual muito temia).

Amável Formalidade, tu és, sim, o bordão da vida, o bálsamo dos corações, a medianeira entre os homens, o vínculo da terra e do céu. (BC, CXXVII. Brás Cubas faz a louvação das aparências, exaltando-lhe a importância no convívio social entre os homens. Naturalmente, o faz num texto impregnado de ironia, no qual a Formalidade, com letra maiúscula, aparece personificada sob a forma de alegoria).

Embarquei um ano depois, mas não a procurei, e repeti a viagem com o mesmo resultado. Na volta, os que se lembravam dela, queriam notícias, e eu dava-lhas, como se acabasse de viver com ela; naturalmente as viagens eram feitas com o intuito de simular isto mesmo, e enganar a opinião. (DC, CXLI. Nesta passagem, em tom confessional, Dom Casmurro revela mais uma faceta de sua personalidade distorcida: ele, o acusador, é que era um grande dissimulado e mentiroso, a ponto de fingir que tinha viajado à Europa para visitar Capitu, quando, na verdade, tudo não passava de uma farsa, de uma máscara para embaçar a opinião pública).

Fidélia voltou para casa, levando e deixando saudades. Os três estão muito amigos, e os dois parecem pais de verdade; ela também parece filha verdadeira. (MA, 16/5/1888. A anotação do diário do Conselheiro Aires refere-se à relação afetuosa existente entre a viúva Fidélia e o casal Aguiar-D. Carmo. Pela primeira vez na ficção machadiana, a dicotomia ser x parecer não envolve atitudes de hipocrisia e interesses inferiores. Só no *Memorial* isso poderia acontecer).

Tempo cronológico

Uma das obsessões machadianas é a questão da passagem implacável do tempo e do seu poder corrosivo, do que ele representa para o ser humano, ou seja, um alerta sobre a nossa finitude, sobre a fugacidade da vida, sobre a ilusão inerente às paixões e às vaidades humanas. Afinal, se o tempo nos proporciona sabedoria e amadurecimento, também traz as três indesejadas das gentes: velhice, doença e morte.

Sobre o assunto, recomendamos a leitura do livro *O tempo no romance machadiano*, de Dirce Côrtes Riedel (1959). Relacionam-se a seguir algumas reflexões de Machado de Assis sobre o tempo cronológico, vale dizer, o tempo objetivo, o dos relógios e calendários.

O tempo, esse químico invisível, que dissolve, compõe, extrai e transforma todas as substâncias morais, acabou por matar no coração do viúvo, não a lembrança da mulher, mas a dor de a haver perdido. (IG, I. O aposto (*esse químico invisível*) e o restante da citação representam mais uma expressiva definição de tempo, segundo Machado de Assis. Imagem semelhante será usada por ele em *Esaú e Jacó*, capítulo XXII).

Virgília deixou-se estar de pé; durante algum tempo ficamos a olhar uma para o outro, sem articular palavra. Quem diria? De dois grandes namorados, de duas grandes paixões sem freio, nada mais havia ali, vinte anos depois; havia apenas dois corações murchos, devastados pela vida e saciados dela, não sei se em igual dose, mas saciados. (BC, VI. Nesta passagem, Machado tece reflexões sobre a ação erosiva do tempo, que tudo transforma, tudo destrói. Aqui, transformou duas insaciáveis paixões em "dois corações murchos").

Invenções há que se transformam ou acabam; as mesmas instituições morrem; o relógio é definitivo e perpétuo. O derradeiro homem, ao despedir-se do sol frio e gasto, há de ter um relógio na algibeira, para saber a hora exata em que morre. (BC, LIV. O relógio é um símbolo da passagem inevitável do tempo, daí a preocupação de Machado de Assis com esse instrumento fatídico. Lembremos, a propósito, que seu fascínio por relógios levou-o a apresentar-se sob o pseudônimo de ex-relojoeiro, nas crônicas "A + B" e "Bons dias", publicadas no jornal *Gazeta de Notícias* entre 1886 e 1889. Ver o volume de crônicas organizado por R. Magalhães Jr. (1956), justamente intitulado *Diálogos e reflexões de um relojoeiro*).

Quisera ver-lhe a miséria digna. Contudo, não pude deixar de comparar outra vez o homem de agora com o de outrora, entristecer-me e encarar o abismo que separa as esperanças de um tempo da realidade de outro tempo. (BC, LX. O trecho refere-se à situação de indigência de Quincas Borba, que, antes, era um homem rico. Preocupação constante de Machado de Assis: a fugacidade e a ação transformadora do tempo. Note-se o contraste entre as duas situações, representado pelos advérbios *agora* (presente) e *outrora* (passado), o que estabelece intertextualidade com o célebre verso de Camões: "Mudam-se os tempos, mudam-se as vontades").

O tempo caleja a sensibilidade, e oblitera a memória das coisas. (BC, CXII. Brás Cubas conta com a ação do tempo para que Lobo Neves esqueça a infidelidade da mulher. Comentário tipicamente machadiano sobre o papel apaziguador do tempo).

Matamos o tempo; o tempo nos enterra. (BC, CXIX. Reflexão filosófica sobre o poder corrosivo do tempo. Machado quer dizer que a frase feita "matar o tempo" só pode ser entendida como uma figura de retórica, porque, na verdade, quem nos mata e nos enterra é o tempo, e não nós a ele).

Mas não há serenidade moral que corte uma polegada sequer às abas do tempo, quando a pessoa não tem maneira de o fazer mais curto. (QB, LXXXV. Mais uma vez, Machado demonstra preocupação com a irreversibilidade da passagem do tempo, que "não para no porto, não apita na curva, não espera ninguém", como escreveu o compositor Reginaldo Bessa em "O Tempo").

Imagina um relógio que só tivesse pêndulo, sem mostrador, de maneira que não se vissem as horas escritas. O pêndulo iria de um lado para outro, mas nenhum sinal externo mostraria a marcha do tempo. Tal foi aquela semana na Tijuca. (DC, CII. Bentinho e Capitu, depois de casados, seguiram em lua de mel para o alto da Tijuca, sítio bucólico e aprazível na época (na época...). Foram dias de tamanha felicidade que Dom Casmurro, recordando o passado, tem a sensação de que o tempo havia parado para ele e Capitu durante aquela ditosa semana. Mas foi só uma sensação, porque depois o tempo cronológico se impôs e com ele vieram seus ciúmes delirantes, e Bentinho virou Dom Casmurro).

O tempo é um rato roedor das coisas, que as diminui ou altera no sentido de lhes dar outro aspecto. (EJ, XXI. Adaptação do verso *Tempus edax rerum* "O tempo é um roedor das coisas", de Ovídio, *Metamorfoses*, XV, 234. A preocupação com a ação corrosiva do tempo vem de longe, como se vê por esse verso do poeta latino).

O tempo é um tecido invisível em que se pode bordar tudo, uma flor, um pássaro, uma dama, um castelo, um túmulo. Também se pode bordar nada. Nada em cima de invisível é a mais sutil obra deste mundo, e acaso do outro. (EJ, XXII. Metáfora originalíssima e de muito bom gosto, que ressalta os aspectos abstratos do tempo, assim como as oportunidades que ele abre para aqueles que o sabem aproveitar, como fez o próprio Machado. Para os que desperdiçam o tempo, "bordando nada em cima de invisível", o autor reserva sua ironia mordaz: "é a mais sutil obra deste mundo, e acaso do outro". Note-se a presença do pronome *nada*, com o valor de "coisa nenhuma", decorrente do seu uso em frase afirmativa, sem a partícula *não*, como já fora feito por Machado no último capítulo de *Quincas Borba*. Nesse capítulo, a intenção foi enfatizar a alucinação e morte do pobre demente Rubião: "ele pegou em nada; levantou nada e cingiu nada").

Tudo é fugaz neste mundo. Se eu não tivesse os olhos adoentados dava-me a compor outro Eclesiastes, à moderna, posto nada deva haver moderno depois daquele livro. (MA, 24/8/1888. Pensando na fugacidade do tempo, Machado de Assis, leitor assíduo do *Eclesiastes*, dever ter se lembrado do famoso versículo 9 do capítulo 1, que sentencia e, ao mesmo tempo, adverte: *Nihil sub sole novum* ("Não há nada de novo debaixo do sol"). A esta advertência do Velho Testamento poderia ter acrescentado mais esta, do Novo Testamento, Epístola de Tiago, 4:14, que também trata da fugacidade do tempo e da vida humana: "Que é a vossa vida? Sois apenas como neblina, que aparece por instante e logo se dissipa").

Tempo psicológico

Predominando na ficção de Machado de Assis o realismo interior, é natural que a questão do tempo psicológico, o da memória afetiva, seja tão importante para que se possa ter uma fruição plena de sua obra de ficção. Nessa linha da sondagem do tempo psicológico, Machado nos legou verdadeiras obras-primas: romances, como *Memórias póstumas de Brás Cubas* e *Dom Casmurro*; e contos, como "Missa do galo" (*Páginas recolhidas*), "O enfermeiro" e "Mariana" (*Várias histórias*), dentre outros.

Sobre o assunto, fazemos nossas as palavras de Dirce Côrtes Riedel (1959:13), que assim distingue o tempo cronológico do tempo psicológico: "Medido por escalas objetivas, por padrões fixos, convencionais, de valor estatístico, o tempo dos relógios e dos calendários é um tempo exterior, que se opõe ao tempo subjetivo, psicológico, distância interior, tempo cuja relatividade é avaliada pela nossa experiência pessoal, por valores individiduais e, portanto, variáveis, donde seu aspecto atemporal". Estas palavras da mestra dispensam comentários. Deixemos falar agora o texto machadiano.

Dez anos volveram sobre os acontecimentos deste livro, longos e enfastiados para uns, ligeiros e felizes para outros, que é a lei desta mofina sociedade humana. (RE, XXIV. Nesta passagem, Machado destaca o fato de como a sensação da passagem do tempo é subjetiva, variando de pessoa para pessoa, **"longos e enfastiados para uns, ligeiros e felizes para outros"**. A antítese representada pelos adjetivos empregados realça esse contraste).

O tempo andava com o passo do costume, mas à ansiedade do mancebo afigurava-se mais longo. (HE, IX. Nota-se aqui o contraste entre o tempo cronológico e o psicológico. Para Estácio, ansioso e preocupado, a *durée* (duração) temporal parecia eterna, não coincidia com o tempo do relógio).

Uma hora [Helena] esteve assim, muda, prostrada, quase morta, uma hora longa, longa, longa, como só as tem o relógio da aflição e da esperança. (HE, XIII. A reiteração do adjetivo *longa* enfatiza a intensidade do sofrimento de Helena, chocada com a chantagem feita contra ela pelo Dr. Camargo. Esse recurso de estilística sintática chama a atenção também para a questão do tempo psicológico, que, medido pelo relógio da aflição, parece ainda mais longo para quem sofre).

Não se pode dizer, ao certo, que tempo estiveram assim calados, alheios e remotos um do outro. Foi uma criada que os despertou, trazendo-lhes café. (QB, CXLI. Há um certo constrangimento entre Rubião e Sofia, daí o alheamento mútuo. O tempo cronológico, nesse caso, é irrelevante. O que importa é o tempo psicológico, imensurável, aqui destacado por Machado de Assis).

Quantos minutos gastamos naquele jogo? Só os relógios do céu terão marcado esse tempo infinito e breve. (DC, XXXII. Episódio marcante da narrativa, em que a memória afetiva de Bentinho tenta resgatar o **"tempo infinito e breve"**, por isso mesmo imensurável, em que seus olhos ficaram mergulhados nos olhos de ressaca de Capitu. Note-se a antítese **"tempo infinito e breve"**, figura de retórica usada para enfatizar o contraste entre o tempo cronológico e o tempo psicológico).

Escobar apertou-me a mão às escondidas, com tal força que ainda me doem os dedos. É ilusão, decerto, se não é efeito das longas horas que tenho estado a escrever sem parar. (DC, XCIV. O tempo psicológico anula o tempo cronológico, e tão fortes são as lembranças, tão viva é a memória afetiva, que Dom Casmurro parece sentir, novamente, a sensação física experimentada por Bentinho há quarenta anos. Reconhece que tudo pode não passar de uma ilusão, mas não deixa de ressaltar a importância do tempo psicológico na recuperação do passado).

A conversa reatou-se assim lentamente, longamente, sem que eu desse pela hora nem pela missa. ("Missa do galo", PR. O tempo psicológico é imensurável, por isso o jovem Nogueira teve a impressão de que a conversa reatara-se "lentamente, longamente", quando, na verdade, não fazia nem meia hora que ele e Conceição tinham voltado a conversar. Note-se que Machado emprega dois advérbios impressionistas, encorpados morficamente, em consonância com o tempo subjetivo vivido pelo narrador e que lhe pareceu longo e lento).

Vida social

Em sua obra de ficcionista, Machado de Assis valoriza a vida social e todo o seu aparato, tais como vestidos, casacas, danças de salão (polca, valsa, quadrilha), bailes, saraus e reuniões sociais, hotéis, teatros, restaurantes, meios de transporte elegantes (v. "A missa do cupê", *Esaú e Jacó*, cap. IV), jogos e entretenimentos familiares, como o voltarete, o gamão e, sobretudo, o xadrez.

Relacionamos a seguir alguns exemplos representativos da vida social no Rio de Janeiro machadiano, onde se situava a Corte imperial. Nesse particular, Machado é um misto de ficcionista e de cronista, no sentido etimológico que tem esta palavra. Sobre o assunto, recomendamos a leitura de *O mundo de Machado de Assis*, de Miécio Tati, RJ: Secretaria Municipal de Cultura, 1995. Ver também o capítulo "O artista e a sociedade", de Eugênio Gomes, no livro *Machado de Assis*, um livro coletivo, publicado em Salvador pela Livraria Progresso, em 1958. Mais recentemente, Luciano Trigo publicou *O viajante imóvel: Machado de Assis e o Rio de Janeiro de seu tempo*, RJ: Record, 2001. Trata-se de um roteiro ilustrado e comentado do Rio machadiano, com base nos textos do autor. Passemos à exemplificação.

Maria Benedita consentiu finalmente em aprender francês e piano. (...). Sofia acostumava habilmente a prima às distrações da cidade; teatros, visitas, passeios, reuniões em casa, vestidos novos, chapéus lindos, joias. (QB, LXVIII. Este trecho registra um aspecto importante da vida social na Corte no tempo de Machado de Assis. Note-se que o francês e o piano faziam parte dos **"adornos de uma educação de sala"**, como lembra Machado de Assis, pela palavra do Palha, nesse mesmo capítulo).

[Maria Benedita] **gostava muito de ver polcar e valsar.** (QB, LXVIII. Machado usa aqui verbos que deviam ser neologismos em seu tempo: *polcar*, derivado de *polca*, e *valsar*, derivado de *valsa*. A valsa é uma dança de salão surgida na Europa e popularizada pelas famosas e rodopiantes composições da família Strauss. Quanto à polca, outra dança de salão, é originária da região da Boêmia. Tornou-se muito popular no tempo de Machado de Assis, como se vê pelas referências existentes em toda a sua obra de ficção, sobretudo, no famoso conto "Um homem célebre", em *Várias histórias*. Ver, a propósito, *Machado de Assis e a magia da música*, de Carlos Wehrs, 1997, citado em nossa bibliografia).

Em outubro, Sofia inaugurou os seus salões de Botafogo, com um baile, que foi o mais célebre do tempo. (QB, CXCII. O emergente casal Palha-Sofia exibe seu novo *status* social promovendo um grandioso baile. Machado documenta esse costume dos novos-ricos, como Palha, pertencente à burguesia comercial e financeira que começava a ascender e a agitar a vida social da Corte).

— Você o que quer é um capote; ande, vá buscar o gamão. (DC, III. O gamão é uma espécie de jogo familiar. Sobre os termos *gamão* e *capote*, consultar os dicionários *Caldas Aulete* e *Aurélio*, que apresentam informações pormenorizadas sobre os dois termos).

Deles [dos móveis], só o canapé pareceu haver compreendido a nossa situação moral, visto que nos ofereceu os serviços da sua palhinha, com tal insistência que os aceitamos e nos sentamos. Data daí a opinião particular que tenho do canapé. Ele faz aliar a intimidade e o decoro, e mostra a casa toda sem sair da sala. Dois homens sentados nele podem debater o destino de um império, e duas mulheres a graça de um vestido. (DC, LXXXII. Nesta passagem, Machado valoriza o canapé, destacando-lhe a serventia prática e o aspecto decorativo. Vale lembrar que este capítulo é justamente intitulado "O canapé", uma homenagem ao móvel em que se sentaram Bentinho e Capitu para conversar, melhor dizendo, para namorar, que é ofício de adolescentes. Aliás, o canapé é também chamado de namoradeira).

De dançar gostava, e enfeitava-se com amor quando ia a um baile; os braços é que... (...). Eram os mais belos da noite, a ponto que me encheram de desvanecimento. (DC, CV. A sociedade elegante do Segundo Reinado não dispensava bailes e festas. Capitu, como todas as moças da época, também gostava de dançar e exibir sua beleza nos salões. Mas o ciumento Bentinho, dando uma de maridão, tinha de ofuscar a alegria da mulher implicando com seus braços e com os homens **"que não se fartavam de olhar para eles"**).

Mais depressa [Natividade] cuidaria do baile da ilha Fiscal, que se realizou em novembro para honrar os oficiais chilenos. (EJ, XLVIII. Machado refere-se ao baile realizado na noite de 9 de novembro de 1889, em homenagem à oficialidade do navio chileno *Almirante Cochrane*. Ficou famoso, por ter sido a última manifestação pública da Monarquia, espécie de canto de cisne do regime agonizante, uma vez que, seis dias depois, seria dado o golpe que implantou a República).

Em casa dele reuniam-se à noite alguns íntimos da vizinhança, e às vezes de outros bairros; jogavam o voltarete ou o *whist*, falavam de política. ("Galeria póstuma", HSD. Este fragmento apresenta uma informação importante sobre um tipo de lazer doméstico da época. Num tempo em que não havia rádio nem televisão, as pessoas se distraíam, à noite, em reunião familiar, jogando, dentre outros jogos de cartas, o voltarete e o *whist* (uíste). No primeiro, cada um dos três parceiros recebe nove cartas; no segundo, formam-se duas duplas de jogadores, cabendo treze cartas para cada jogador, num total de cinquenta e duas cartas. Sobre o assunto, ver o capítulo "O jogo" em *O mundo de Machado de Assis*, de Miécio Táti, 1995:144).

Dom memórias póstumas Cubas Brás Quincas Casmurro Borba Helena ressurreição

Iaiá, Iacá, mão, memorial, luva, Garcia, Esaú, Aires

Resumo e análise dos romances

Ressurreição (1872)

Primeiro romance de Machado de Assis, *Ressurreição* (metáfora para o amor redivivo) não teve edição em folhetim, tendo sido publicado diretamente em livro, em 1872, portanto, na chamada fase romântica do autor. Narrado em terceira pessoa (ponto de vista externo), a história gira em torno do pretendido casamento de Félix com a viúva Lívia. Como diz Machado na Advertência da 1.ª edição, trata-se do **"esboço de uma situação e o contraste de dois caracteres"**, dos quais resultam os conflitos que impedem Félix, excessivamente ciumento, de se casar com Lívia. Embora seja uma narrativa romântica na forma e no conteúdo, já se notam, certas tendências embrionárias, que viriam a se cristalizar no Machado realista, tais como o estudo da psicologia dos personagens, as conversas com o leitor, as reflexões filosóficas sobre a vida e o amor, a linguagem sóbria, no geral, salvo algumas concessões ao estilo folhetinesco, e o eterno tema machadiano: o ciúme, com seus inevitáveis triângulos amorosos, no caso, Meneses-Lívia-Félix e Raquel-Félix-Lívia. Aliás, esse Félix de *Ressurreição* antecipa o ciumento-mor da ficção machadiana: o Bentinho de *Dom Casmurro*.

A mão e a luva (1874)

Segundo romance de Machado de Assis, narrado em terceira pessoa (ponto de vista externo), *A mão e a luva* saiu originalmente em folhetim, em 1874, e depois em livro, nesse mesmo ano. História romântica na forma e no conteúdo, seu tema é o conflito entre amor e interesse na realização do casamento. A personagem central, Guiomar, é descrita como determinada e ambiciosa na realização do seu projeto pessoal: a ascensão social por meio do casamento. Moça de origem humilde, é agregada em casa de uma baronesa, sua madrinha, mas nem por isso aceita se casar com Jorge, tipo calculista e vazio, sobrinho de sua madrinha. Rejeita também o casamento com Estêvão, rapaz sentimental e piegas, para acabar se unindo a Luís Alves, advogado ambicioso como ela, numa união de interesses mútuos em que se ajustaram a mão e a luva.

Pelo desmascaramento de certos clichês românticos, como a idealização do amor e das personagens, sobretudo as femininas, *A mão e a luva* é considerado por alguns críticos como um romance de características pré-realistas. Com relação à linguagem, esta se apresenta, no geral, sóbria e elegante, descontando-se algumas passagens marcadas por um estilo excessivamente floreado, uma evidente concessão de Machado ao gosto romântico das leitoras da época.

Helena (1876)

Narrado em terceira pessoa (ponto de vista externo), o romance *Helena* foi publicado originalmente em folhetim, em 1876, saindo a edição em livro nesse mesmo ano. Contrastando com as demais histórias românticas da primeira fase de Machado de Assis, *Helena* não tem final feliz. Ao contrário, seu final é trágico, com a morte da protagonista que dá título ao livro. Seu enredo gira em torno de uma fraude jurídica. Em seu testamento, o falecido Conselheiro Vale reconhece como sua filha natural uma moça de dezesseis anos, chamada Helena, de cuja mãe o Conselheiro havia sido amante. Helena sabe que isso não é verdade, mas, cedendo à pressão de seu verdadeiro pai, Salvador Soledade, homem sem recursos e que sonha com a ascensão social da filha, acaba aceitando fazer o jogo que o destino lhe impõe, indo morar com a família do Conselheiro. Lá, com o tempo, ela se descobre apaixonada por Estácio, filho do Conselheiro e seu pseudoirmão. Mas a fraude acaba sendo descoberta, pois Helena, traída pelo sentimento de filha, se recusa a romper com o passado, fazendo misteriosas visitas a seu pai. Personagem complexa e de aguçado senso crítico, arrependida e incapaz de continuar convivendo com a impostura em que se viu enredada, Helena acaba escolhendo a morte como solução para o seu drama. Em outras palavras, ela é castigada não pelo seu erro involuntário, mas por suas virtudes conscientes.

Apesar dos clichês românticos — amor impossível (em princípio, incestuoso), a par da trama misteriosa e rocambolesca —, o romance já apresenta certas características pré-realistas, representadas pelo jogo de interesses e pelos preconceitos sociais que Machado de Assis, sutilmente, desmascara em sua narrativa. O próprio recurso extremo de matar a personagem parece soar como uma afronta do autor a uma sociedade que rejeita os marginalizados, como Helena, e premia os destituídos de escrúpulos, como o cínico Dr. Camargo, que acaba casando sua filha Eugênia com Estácio, após o desaparecimento da protagonista.

O realismo interior, o humor irônico, a linguagem apurada, as frases lapidares, as conversas com o leitor, o emprego do *flasback*, da intertextualidade e do discurso indireto livre, bases da ficção machadiana, já se encontram em *Helena*, o que faz desse romance o melhor da primeira fase do autor. Aliás, o próprio Machado de Assis confessa sua preferência por *Helena*, quando diz na Advertência da 2.ª edição (1905): **"Dos que então fiz, este me era particularmente prezado"**.

Iaiá Garcia (1878)

Romance de transição entre a fase romântica e a realista, *Iaiá Garcia* foi publicado originalmente em folhetim, em 1878, saindo, nesse mesmo ano, a edição em livro. Narrado em terceira pessoa (ponto de vista externo), seu tema principal é o conflito entre o amor e o interesse, representado pela barreira de classe social que impedirá Estela, moça pobre, de se casar com Jorge, filho da preconceituosa e rica viúva Valéria, que prefere mandá-lo para a Guerra do Paraguai a vê-lo casado com uma moça abaixo do seu nível social. Orgulhosa e partidária da tese de que, no casamento, o interesse é mais importante do que o amor, Estela acaba se casando com Luís Garcia, viúvo e pai da protagonista Iaiá Garcia, que dá título ao romance. Esta é uma personagem feminina na qual já se delineiam as marcas da mulher machadiana: é simulada e astuciosa, não hesitando diante dos obstáculos à realização dos seus interesses.

O final feliz, com a acomodação dos conflitos, ainda é tipicamente romântico, mas algumas características da segunda fase da ficção machadiana já se encontram em *Iaiá Garcia*: personagens femininas mais realistas e participantes, drama de caracteres, introspecção psicológica, humor, ironia, intertextualidade, conversa com o leitor (embora a narrativa seja linear), o jogo de interesses e de máscaras, consubstanciado na dicotomia *ser* x *parecer*. A linguagem, em geral, é marcada pela concisão e elegância, com poucas concessões ao floreado estilo romântico. Destaca-se um maior emprego do discurso indireto livre, recurso próprio das narrativas de cunho psicológico, gênero em que Machado de Assis viria a se revelar um mestre.

Memórias póstumas de Brás Cubas (1881)

Saiu originalmente em folhetim em 1880, tendo a edição em livro sido publicada em 1881. Obra originalíssima, *Memórias póstumas de Brás Cubas* inaugura a chamada fase realista (ou da maturidade) da ficção machadiana e representa um momento de ruptura e renovação na literatura brasileira. Primeiro romance de Machado de Assis escrito na primeira pessoa (ponto de vista interno), a história é narrada em *flashback* (narrativa retrospectiva) por Brás Cubas, a partir do dia do seu enterro, descrito por ele no primeiro capítulo do livro, numa espécie de realismo fantástico.

Morto e desembaraçado do mundo dos vivos e das paixões humanas, o defunto autor, para se distrair da eternidade, traça, com **"rabugens de pessimismo"**, um retrato nada lisonjeiro de si mesmo e dos seus contemporâneos, nos quais se destacam o egoísmo, o cinismo e o interesse individual. A narrativa se apresenta carregada de humor fino, mas irônico, aliado a um **"sentimento amargo e áspero"**, como adverte o próprio Machado de Assis no prólogo da 4.ª edição do livro. O narrador Brás Cubas, por sua vez, adverte que suas memórias foram escritas **"com a pena da galhofa e a tinta da melancolia, e não é difícil antever o que poderá sair desse conúbio"**. Esta advertência deixa transparecer as marcas da sátira menipeia (v. verbete) presentes na narrativa machadiana.

Em *Brás Cubas*, o importante não é a história em si (praticamente não existe um enredo), mas o estudo de caracteres e situações, o que Machado faz admiravelmente pela pena do seu defunto autor, sendo, por isso, uma narrativa lenta, interrompida por constantes digressões de natureza literária, moral e filosófica (**"este livro e o meu estilo são como os ébrios"**, cap. LXXI), pontuada de remissões intertextuais e até por capítulos independentes que constituem verdadeiros minicontos, como, por exemplo, o XXI, intitulado "O almocreve". Sobre as influências recebidas por Machado de Assis para a estruturação de sua narrativa, recomendamos a leitura dos livros de Enylton de Sá Rego, José Guilherme Merquior, Nícea Helena de Almeida Nogueira e Sergio Paulo Rouanet, relacionados na bibliografia deste trabalho.

Brás Cubas, legítimo representante da elite econômica e social do Segundo Reinado, cresce como herdeiro mimado e perdulário no seio de uma família rica. Adulto e bacharel, leva uma vida ociosa e inútil, da qual se distrai mantendo um romance adulterino com Virgília, casada com seu amigo Lobo Neves, formando assim um dos célebres triângulos amorosos da ficção machadiana. A fusão do humorismo filosófico com o fantástico (um defunto escreve do além-túmulo), o predomínio de personagens do tipo mau-caráter (a começar pelo narrador), a mistura do sério (melancolia) com o cômico (galhofa), o entrelaçamento de gêneros (romance, conto, crônica), a decomposição moral dos personagens, cujo comportamento se baseia geralmente no cinismo e no interesse pessoal, a narrativa fragmentada, a irreverência com que o narrador trata o leitor, a ênfase à metalinguagem e à paródia, tudo isso constitui uma novidade em termos de técnica narrativa, a par de uma sátira implacável a valores e práticas de uma sociedade assentada na dominação senhorial e na escravidão. Esta tem seu lado sádico revelado na relação do narrador com seu escravo Prudêncio, no capítulo XI e, mais adiante, no capítulo LXVIII, em que o ex-escravo, na condição de alforriado, se vinga dos maus-tratos recebidos, chicoteando um escravo que havia comprado para si, advertência implícita de que violência gera violência. Mestre do desmascaramento, Machado de Assis, pela pena galhofeira de Brás Cubas, desnuda as estruturas sociais injustas do seu tempo e expõe as mazelas de uma elite egoísta e ociosa, que não pensa em outra coisa que não seja os seus próprios interesses. Quanto à questão do propalado pessimismo machadiano, que alguns veem exacerbado em *Brás Cubas*, consultar, neste trabalho, o verbete "Pessimismo".

Com referência à língua e ao estilo, Machado se apresenta no auge de sua capacidade criativa, oferecendo-nos um texto enxuto, em que predominam a sobriedade e a elegância, capítulos curtos, frases breves de ritmo binário, comentários lapidares marcados pelo humor (**"Marcela amou-me durante quinze meses e onze contos de réis"**, cap. XVII), uso moderado de figuras de linguagem (com destaque para a gradação) e abundância de remissões intertextuais, sendo quase impossível ler o romance sem notas explicativas. Em resumo, *Brás Cubas* é o romance do desmascaramento e da renovação formal da prosa literária brasileira.

Quincas Borba (1891)

Segundo romance da fase realista, *Quincas Borba* teve uma primeira versão em folhetim publicada, aos poucos, entre 1886 e 1891. Essa versão original foi alterada depois por Machado de Assis, em vários pontos, quando de sua publicação definitiva em livro, em 1891. Narrado em terceira pessoa (ponto de vista externo), trata da história do simplório professor Rubião, mineiro de Barbacena, o qual recebe como herança todos os bens do alienado "filósofo" Quincas Borba, com a condição de tomar conta de seu cão, cujo nome é o mesmo do falecido e que provavelmente dá título ao livro (v. o estudo de estilística léxica "Cão e cachorro no *Quincas Borba*", em *Ensaios machadianos*, de Mattoso Câmara, 1977:9).

Vindo para a Corte, Rubião muda de ambiente e de *status*, passando de simples professor a capitalista, condição social para a qual não estava psicologicamente preparado. Aqui instalado, abre as portas de sua "grande casa de Botafogo" a uma legião de aproveitadores e parasitas, que passam a frequentar-lhe a mesa e o bolso. Faz amizade também com o esperto casal Cristiano Palha e sua mulher, a bela Sofia, por quem Rubião acaba se apaixonando. Incentivada pelo marido, Sofia (símbolo não de sabedoria, mas de esperteza), finge deixar-se seduzir pelo rico mineiro, numa espécie de adultério virtual, enquanto Palha (que não passa de um pulha), falso e interesseiro, abre uma firma comercial de sociedade com o ingênuo capitalista, para melhor apoderar-se de seu dinheiro e, por fim, contribuir para levá-lo à ruína. Por outro lado, a paixão recalcada por Sofia acaba desestruturando a mente já perturbada de Rubião, até levá-lo, de vez, à loucura. Internado em uma casa de saúde, ele foge, acompanhado do cão Quincas Borba, e volta para Barbacena, onde ambos, abandonados e famintos, acabam morrendo na rua. Antes de morrer, porém, Rubião, num último surto alucinatório, se julga imperador e imagina ter uma coroa sobre a cabeça, mas era tudo ilusão de sua mente insana, pois na verdade **"ele pegou em nada, levantou nada e cingiu nada"**. A agonia termina com sua exclamação patética: **"Ao vencedor, as batatas!"**, lema do Humanitismo, a extravagante e confusa doutrina elaborada pelo "filósofo" Quincas Borba. Esse Quincas Borba já tinha aparecido antes em *Brás Cubas*, numa espécie de intratextualidade, procedimento estilístico comum em Machado de Assis.

Do ponto de vista do fluxo da narrativa, esta é mais linear em *Quincas Borba*, com menos intervenções do narrador para tecer comentários filosóficos e morais. Aliás, Machado tinha consciência dessa prática, pois no Prólogo da 2.ª edição reconhece existir diferença entre os dois romances, ao advertir que **"a forma difere no sentido de ser aqui** [em *Quincas Borba*] **mais compacta a narração"**. Ressalte-se ainda que a narrativa apresenta um panorama da vida política e social na Corte, o Rio de Janeiro, no período da narrativa, que vai de 1867 a 1871.

Simbolicamente, a volta de Rubião a Barbacena fecha o círculo de sua vida frustrada: professor-capitalista-louco. Enquanto isso, Palha e Sofia recebem a alta sociedade da Corte e dançam polcas e valsinhas nos salões de seu luxuoso palacete, recém-inaugurado em Botafogo. A mensagem subjacente parece ser a de que, numa sociedade baseada na esperteza e na hipocrisia, não havia lugar para simplórios Rubiões. Para jogar e vencer seu jogo pesado, era preciso ser mau-caráter e não ter escrúpulos morais, como aqueles que depenaram o pobre Rubião e o levaram à demência. Em resumo, *Quincas Borba* é o romance da ingratidão, do desejo recalcado e da loucura.

Dom Casmurro (1899)

Ao contrário dos romances anteriores, *Dom Casmurro* não teve versão em folhetim, saindo diretamente em forma de livro, em 1899. Nesse romance em *flashback* (de estrutura circular: presente- passado-presente), memorialista e autobiográfico, Bento Santiago, narrador-personagem, já velho e casmurro, para fazer a catarse de incômodas lembranças, conta a história de sua vida, em primeira pessoa (ponto de vista interno), numa tentativa de **"atar as duas pontas da vida e restaurar na velhice a adolescência"**, como ele confessa no capítulo II do livro.

Bentinho reconstitui os fatos de sua vida a partir da infância, sua saída do seminário (a mãe, D. Glória, queria que ele fosse padre), a formatura em Direito, seu casamento com Capitu, namorada da juventude e, finalmente, a destruição de sua vida afetiva e conjugal, devido ao ciúme delirante e à terrível suspeita de que a mulher o havia traído com Escobar, seu melhor amigo e que, segundo o narrador, seria o verdadeiro pai de Ezequiel, seu filho com Capitu. A partir da morte de Escobar, o casamento entra em crise irreversível, até que, por fim, corroído pela suspeita e por impulsos homicidas, Bentinho não consegue mais viver com a mulher e o filho e, vingativamente, despacha os dois para uma espécie de exílio na Europa, onde Capitu viria a morrer, seguindo-se depois a morte de Ezequiel, sem que Bentinho demonstre qualquer comoção pelas duas mortes. Ao contrário, sente-se vingado e regozijado, terminando a narrativa com uma denúncia, carregada de amarga ironia, contra Capitu e Escobar: **"a minha primeira amiga e o meu maior amigo, tão extremosos ambos e tão queridos, quis o destino que acabassem juntando-se e enganando-me... A terra lhes seja leve"**. Em outras palavras, já morreram tarde.

Trata-se, portanto, de um romance da infidelidade atribuída, e sua trama gira em torno do suposto adultério de Capitu, a famosa **"cigana oblíqua e dissimulada, de olhos de ressaca"**, verdadeira protagonista da história e a personagem feminina mais importante da ficção machadiana, pintada por Bentinho com um certo determinismo naturalista (cap. CXLVIII): **"O resto é saber se a Capitu da praia da Glória já estava dentro da de Matacavalos; (...); se te lembras bem da Capitu menina, hás de reconhecer que uma estava dentro da outra, como a fruta dentro da casca"**. Quanto à expressão "suposto adultério de Capitu", ela se justifica, em virtude de a narrativa ser em primeira pessoa, dispondo o leitor apenas da versão do acusador, faltando o ponto de vista da acusada, que não tem voz nem vez nesse libelo acusatório que é o romance. E essa escolha do ponto de vista interno foi intencional da parte de Machado de Assis, que conseguiu assim construir o mais intrigante enigma da literatura brasileira.

Um outro expediente narrativo, do qual Machado conseguiu obter extraordinário efeito estilístico, situa-se na imaginação fantasiosa de Bentinho, cuja introspecção delirante deixa espaço para a subjetividade do seu discurso, propositadamente tão ambíguo e enigmático quanto o comportamento que ele atribui a Capitu. Outro personagem de atuação também marcante em *Dom Casmurro* é o hiperbólico José Dias, o homem dos superlativos. Agregado em casa de Bentinho, exerca certa influência na família, tendo ajudado o narrador-personagem a se livrar do seminário para se casar com Capitu. Apesar de personagem secundário e caricato, seu perfil é delineado com mão de mestre por Machado de Assis, que o apresenta, em certas situações, como uma espécie de *alter ego* de Bentinho. Outro ponto importante em *Dom Casmurro* é a questão da verossimilhança narrativa, que, segundo Machado, pela pena de Bentinho, **"é muita vez toda a verdade"** (cap. X). Sobre este assunto, recomendamos a leitura do artigo "Retórica da verossimilhança", de Silviano Santiago (2000:27). Ver também "Dom Casmurro: simulacro e alegoria", de João Adolfo Hansen (2008:143).

Não podemos perder de vista que Bentinho reconstitui os fatos do passado à sua moda, fantasiosa e comprometida pelo ciúme delirante, reconhecendo implicitamente que sua narrativa é pouco confiável, ao confessar: "Não, não, a minha memória não é boa" (cap. LIX). A rigor, Bentinho não existe mais. Quem escreve a história não é mais ele, e sim o desamado e rancoroso Dom Casmurro em que se converteu, pois ninguém escapa à ação transformadora do tempo. Aliás, essa busca proustiana do tempo perdido é um tema constante na obra machadiana, memorialista por excelência, e, nesse sentido, a narrativa-catarse de *Dom Casmurro* remete à pergunta formulada por Machado em seu conhecido *Soneto de Natal*: **"Mudaria o Natal ou mudei eu?"**. Na visão determinista de Bentinho, Capitu sempre foi Capitu, não mudou nada. Mas teria sido sempre assim? Quanto de distorção não existe na "verossimilhança narrativa" do insidioso narrador?

Com relação a Bentinho, este tem a mentalidade machista de um homem de sua época, um homem que abusa de sua autoridade patriarcal e da condição subalterna da esposa, para espezinhá-la com seus ciúmes doentios, que a ação do tempo e de suas fantasias só fez exacerbar. Mas, do ponto de vista ficcional, sua versão é a que conta, é a única de que dispomos, embora não sejamos obrigados a acreditar nela, e parece que era isso mesmo que Machado tinha em mente ao escrever o romance. Seja como for, confiável ou não, a verossimilhança interna do romance é que lhe confere a condição de obra literária, e isto é o mínimo que se pode exigir de uma narrativa de ficção. Em outras palavras, Bentinho não conseguiu **"restaurar na velhice a adolescência"**, que isto seria impossível, mas, de certa forma, por meio da arte, conseguiu, masoquistamente, **"recompor o que foi e o que fui"**. À sua moda, nunca é demais lembrar. Como também nunca é demais lembrar que, por trás de Bentinho, projeta-se a sombra de Machado de Assis, que, com sua genialidade, produziu um narrador contraditório que se enreda em seu próprio discurso, o que leva o leitor, naturalmente, a defender a inocência de Capitu, como fez a pesquisadora americana Helen Caldwell, em seu livro clássico *The Brazilian Othelo of Machado de Assis*, publicado em 1960. É bem verdade que, antes de Helen Caldwell, a nossa Lúcia Miguel Pereira, em 1936, na primeira edição de *Machado de Assis: estudo crítico e biográfico* (1988:240), já havia posto em dúvida a acusação de Bentinho. Alguns anos depois, em 1958, no artigo "O defunto autor", incluído na coletânea póstuma *Escritos da maturidade* (1994:32), Lúcia não só defende Capitu, mas acusa Bentinho, explicitamente: "Mas talvez, a despeito do jeito oblíquo, fosse inocente Capitu, e toda a tragédia existisse apenas na cabeça de Bentinho, cuja timidez se transforma, sob a ação do ciúme, em impulsos sadomasoquistas".

Mas o que importa ressaltar é que este é um falso enigma que nos armou o Bruxo do Cosme Velho, pois se não existem provas concretas da traição de Capitu, tampouco elas existem para provar sua inocência. O que é realmente importante em *Dom Casmurro* é a reflexão a respeito do ciúme doentio, dos impulsos de destruição e autodestruição, da inferioridade moral, do lado egoísta e interesseiro do ser humano, do comportamento sadomasoquista que pode se instalar em relacionamentos amorosos de fundo neurótico e, sobretudo, da condição pessoal e social da mulher brasileira na segunda metade do século XIX. Em outras palavras, o mais importante em *Dom Casmurro* é que ele provoca reflexões em torno da condição humana, especificamente da condição feminina. Estas, sim, são as questões fundamentais suscitadas pelo romance, e não saber se Capitu se deitou ou não com Escobar.

Em *Dom Casmurro*, que forma com *Brás Cubas* e *Quincas Borba* as três obras-primas da ficção machadiana, o autor se apresenta no auge de sua capacidade criativa e de penetração psicológica, com perfeito domínio de seus recursos expressivos. A frase é elegante e precisa, com predomínio da ordem direta, certa preferência pelo ritmo binário, topicalizações e paralelismos sintáticos. O léxico empregado é o da língua corrente, despojado de preciosismos vocabulares, como é próprio do estilo machadiano. Dentre as figuras de linguagem, destacam-se as metáforas do mar e do tempo. O mar está presente nos olhos de ressaca de Capitu, além de ter servido aos desígnios vingativos de Bentinho, pois o comborço Escobar acabou morrendo afogado na praia do Flamengo. O tempo está no próprio fato de se tratar de um romance memorialista que busca "atar as duas pontas da vida e restaurar na velhice a adolescência". Quanto ao estilo, merecem registro a quebra de paralelismo semântico ("**um rapaz aqui do bairro que eu conheço de vista e de chapéu**", cap. I), as frases lapidares ("**A alopatia é o catolicismo da medicina**", cap. CXLIII), o humor irônico ("**todos os antigos [amigos] foram estudar a geologia dos campos santos**", cap. II), as digressões de natureza literária, moral e filosófica, as conversas com o leitor (é um romance-confissão), a intertextualidade, o discurso indireto livre e a introspecção psicológica. Enfim, todos os traços marcantes do estilo de Machado de Assis estão reunidos em *Dom Casmurro*, uma tragédia clássica brasileira.

Esaú e Jacó (1904)

Esaú e Jacó, penúltimo romance de Machado de Assis, foi publicado diretamente sob a forma de livro, em 1904, ano da morte de sua querida esposa, Dona Carolina. Narrado em terceira pessoa (ponto de vista externo), pelo seu pretenso autor, o diplomata e Conselheiro Aires [Conselheiro era um título honorífico do Império], apresenta características narrativas originais, como o fato de o narrador onisciente participar diretamente dos episódios narrados e sobre eles exercer influência. Machado de Assis emprega também um expediente estilístico inusitado, que é o de fazer o narrador referir-se a si mesmo na terceira pessoa, como acontece, em especial, no capitulo XII, curiosamente intitulado "Esse Aires", para explicar ao leitor quem é o referido Conselheiro. Trata-se de um procedimento estilístico incomum, mas que já fora utilizado antes por Júlio César em seus *Commentarii de bello gallico*, "Comentários sobre a guerra da Gália". Machado, leitor e admirador da literatura latina, devia saber disso. Quanto a esse Aires, cujo perfil é delineado por ele próprio, é um *gentleman*, um personagem de "**fala branda e cautelosa**", de comportamento habilidoso e que cultiva "**o tédio à controvérsia**", o que levou a crítica a considerá-lo uma espécie de *alter ego* de Machado de Assis, pelas visíveis identificações biográficas existentes entre os dois.

Os fatos narrados abrangem o período que antecede a queda da Monarquia e a posterior implantação da República, em 15/11/1889, por meio de um golpe militar, episódios que apresentam ressonâncias na narrativa. Nesse sentido, *Esaú e Jacó* é considerado o romance machadiano que mais apresenta referências diretas a episódios da História do Brasil (v. verbete).

Trata-se de um livro marcado por simbologias, a começar pelo título, baseado no episódio bíblico narrado no *Gênesis* 25:22-23, que trata do nascimento dos gêmeos Esaú e Jacó, filhos de Isaac e Rebeca. Os dois não se entendiam, ainda "no ventre materno", à semelhança dos dois gêmeos do romance: Pedro, monarquista, e Paulo, republicano, filhos do casal Natividade e Santos. Sendo uma narrativa impregnada de insinuações alegóricas, seu assunto aparente é a incompatibilidade de temperamentos e opiniões entre os dois irmãos, que se apaixonam por Flora, personagem feminina dilemática e quase imaterial, bem diferente de outras mulheres machadianas, de personalidade e sensualidade marcantes, como a Sofia, de *Quincas Borba*, a Virgília, de *Memórias póstumas de Brás Cubas* e a enigmática Capitu, de *Dom Casmurro*. Aliás, enquanto Capitu é pintada como uma *femme fatale*, Flora é justamente o seu oposto, uma espécie de *femme fragile*, assim definida por

Machado de Assis: "**vaso quebradiço, flor de uma só manhã**" (cap. XXXI). O seu próprio nome se deriva de flor, símbolo de beleza efêmera.

Essa Flora também pode ser considerada um símbolo de hesitação e ambiguidade. Vivendo dividida entre o amor dos dois gêmeos, é incapaz de se decidir por um ou por outro, atitude que faz lembrar a da indecisa Maria Regina do conto "Trio em lá menor", em *Várias histórias*. Em *Esaú e Jacó*, a jovem donzela não consegue realizar uma síntese afetiva entre os dois pretendentes e acaba morrendo precocemente. Trata-se de uma personagem frágil, delicada e introspectiva, típica heroína romântica neste penúltimo romance da fase realista de Machado de Assis, fato que confirma como os estilos literários se interpenetram na narrativa machadiana, tornando difícil, por vezes, enquadrá-la na moldura estreita de algum estilo de época específico. Como diz a crítica, Machado transcende as escolas literárias ou, em outras palavras, Machado é Machado.

Para Augusto Meyer (2008:32), Flora simboliza o próprio Machado de Assis, mas ela também pode ser entendida como uma metáfora daquele momento político de transição que vivia o Brasil, dividido entre a queda da Monarquia e a perplexidade decorrente da inesperada implantação da República, da qual o povo não participou, ao contrário, o povo assistiu a tudo "bestializado", no dizer do republicano histórico Aristides Lobo.

Aliás, a mudança de regime é satirizada por Machado de Assis no famoso episódio, carregado de simbolismo irônico, da troca das tabuletas da confeitaria do personagem Custódio (cap. LXIII). Para Machado, que tinha inclinações monarquistas (sentia profunda admiração e respeito pelo Imperador D. Pedro II), a mudança de regime não teria passado de uma reforma de fachada, sem nenhuma alteração nas estruturas de poder político que viesse a beneficiar o povo. Aliás, no capítulo XLIX, pela pena do Conselheiro Aires, Machado adverte: "**Pintura nova em madeira velha não vale nada**". O episódio deixa entrever também, nas entrelinhas, o realismo cético de Machado, além de um possível receio íntimo: o de que o Brasil, que havia desfrutado de quase meio século de estabilidade política durante o Segundo Reinado (1840-1889), viesse a se transformar em mais uma republiqueta sul-americana, com golpes e contragolpes militares. O Bruxo do Cosme Velho enxergava longe.

Na verdade, subjacente ao insípido enredo de superfície de *Esaú e Jacó*, vislumbra-se uma fina sátira machadiana aos novos tempos republicanos. Durante décadas, a crítica foi incapaz de perceber essa jogada de mestre, feita, na surdina, por Machado de Assis, como era do seu estilo. Os dois gêmeos Pedro e Paulo simbolizam, no fundo, o relativismo das posições ideológicas, tanto assim que, com o passar do tempo, os dois acabam se acomodando à nova ordem política. Não foi por acaso que Machado de Assis os fez gêmeos.

Memorial de Aires (1908)

Memorial de Aires é o último romance de Machado de Assis, publicado em julho de 1908, dois meses e meio antes da morte do autor. Escrito sob a forma de diário íntimo, não tem propriamente um enredo, e o que avulta no livro são os sentimentos afetivos e as relações de amizade e de família. O que liga os episódios descritos no diário é a figura do narrador, o mesmo Conselheiro Aires de *Esaú e Jacó*, velho diplomata aposentado, homem sereno, de maneiras distintas e que tinha "**tédio à controvérsia**", como o seu criador. A crítica o considera uma projeção do próprio Machado de Assis, aquilo que Machado gostaria de ter sido, ou seja, Aires é uma espécie de *alter ego* do autor, sobretudo naquela quadra da vida, aos sessenta e nove anos, em que o nosso maior escritor, viúvo e solitário (perdera Carolina quatro anos antes), sentia-se velho e cansado e, nessa condição, adotara a atitude de observador resignado e distante das paixões humanas.

Trata-se de um texto memorialista, escrito em tom confessional, que resvala, por vezes, para o lado autobiográfico, embora contido pela usual discrição machadiana. As anotações no diário cobrem o período de janeiro de 1888 a agosto de 1889, no qual se inclui um acontecimento político-social importante da História do Brasil: a abolição da escravatura. O *Memorial* contém reflexões sobre a vida, com a valorização dos sentimentos afetivos e das virtudes morais, a ponto de nesse livro encontrar-se uma mensagem de tolerância e benevolência como esta, impensável na pena amarga do defunto autor Brás Cubas: "**Toda a hostilidade deste mundo não vale nada, nem a política nem outra qualquer**". A narrativa valoriza também o casamento por amor e como realização individual, além de abordar a condição frágil e solitária do idoso, sendo a primeira vez na literatura brasileira que a velhice serve de tema a uma obra literária (v. *Armário de vidro: a velhice em Machado de Assis*, de Márcia L. Guidin, 2000). Como sugere o próprio título do livro, nele são narrados fatos ligados à vida do Conselheiro Aires e às suas relações sociais e afetivas, como, por exemplo, as que o narrador mantém com a família constituída por Aguiar e D. Carmo, os quais, segundo a crítica, reproduzem a vida conjugal do próprio Machado e D. Carolina, sendo o *Memorial* uma forma de reverenciar a memória de sua falecida esposa.

A história de amor entre a viúva Fidélia e Tristão também contribui para conferir certa unidade ao livro, cuja narrativa fragmentada, em forma de diário, não chega a constituir propriamente um romance. O que é importante destacar é que, como texto da maturidade, uma nota de esperança percorre o *Memorial*, que se apresenta despojado do ceticismo de romances anteriores, pois, àquela altura da vida, Machado parece estar mais tolerante e, de certa forma, reconciliado, ou pelo menos resignado, com o ser humano e suas limitações (embora a crítica mais recente procure ver intenções recônditas nas entrelinhas do texto).

As figuras femininas de D. Carmo e Fidélia caracterizam-se pela bondade e pela capacidade afetiva de amar desinteressadamente, estando longe da ambiguidade e da malícia das mulheres retratadas antes pelo autor. Como diário íntimo, valorizam-se, no livro, a quietude e o aconchego da vida familiar, do convívio fraterno com os amigos ("**Não há alegria pública que valha uma boa alegria particular**", diz o Conselheiro), em um texto depurado pelo aticismo do estilo machadiano, em que se destacam a precisão vocabular, a expressividade estilística e a concisão frasal, o que levou o crítico Mário Matos (1939:280) a considerar o *Memorial de Aires* "a obra mais bem escrita da literatura brasileira".

No final da história (se é que há uma história), destaca-se o tema da solidão na velhice de um casal sem filhos, pois os jovens Fidélia e Tristão, considerados filhos postiços de Aguiar e D. Carmo, acabam se casando e viajando para Portugal, deixando um grande vazio na vida dos dois velhos. Por fim, cumpre lembrar ainda que Fidélia é apresentada como uma personagem feminina independente, pois, vencendo toda sorte de obstáculos, conseguiu se casar a primeira vez contra a vontade do pai e, depois de viúva, soube dispor de sua vida com autonomia e desembaraço, vendendo a fazenda e libertando os escravos deixados pelo pai, o arrogante barão de Santa-Pia, típico senhor de terras do tempo do Império. Casando-se duas vezes por amor e por vontade própria, Fidélia destoa do perfil social das mulheres da sua geração. Parece que Machado de Assis, encerrando com coerência sua obra de ficção, resolveu prestar uma última homenagem à mulher brasileira, que ele, o grande romancista do Segundo Reinado, nunca deixou de valorizar. Note-se também que, na dignidade madura da bondosa D. Carmo, assim como na beleza virtuosa da jovem Fidélia, existe uma nota de esperança e de vida, mensagem quase imperceptível, quase sussurrada, que Machado, discretamente, como sempre, parece querer legar aos seus leitores nessa derradeira obra-prima de sua genialidade criativa.

Dizem que o *Memorial de Aires* foi o canto de cisne de Machado de Assis. Que canto e que cisne! Na verdade, o *Memorial* é um cântico de sublime ternura e elevadíssima expressão literária, que somente um espírito superior como o de Machado de Assis poderia criar. Lúcia Miguel Pereira (1988:279), em emocionante síntese poética, assim o define: "E por isso esse livro de velhice tem um inconfundível acento de poesia, uma frescura orvalhada, um som claro de cristal".

APÊNDICE
MACHADO DE ASSIS E A ARTE DO CONTO

Machado de Assis publicou cerca de 200 contos em jornais e revistas, dos quais selecionou, com seu apurado senso crítico, 76 contos para publicação em livro. Muitos deles são considerados verdadeiras obras-primas do gênero, por isso Machado é reconhecido como o mais importante contista da literatura brasileira e um dos mais representativos da literatura universal. Pode-se afirmar, sem sombra de dúvida, que foi ele o modelador e o fixador desse gênero literário entre nós. Narrador que tinha o gosto do detalhe, da minúcia, Machado apresentava uma propensão natural para a história curta, havendo até alguns críticos que o consideram melhor contista que romancista. Justifica-se, portanto, a sinopse de seus principais contos, abaixo relacionados.

Contos fluminenses (1870)

Frei Simão – conto-denúncia do casamento por interesse, o claustro como evasão, libelo contra o patriarcalismo familiar, loucura e morte, foco narrativo externo.

Papéis avulsos (1882)

A chinela turca – fantasia onírica, toque oriental, erotismo insinuado, humor, foco narrativo externo.
D. Benedita – psicológico, perfil feminino, caráter indeciso e inconstante (cf. Flora, de *Esaú e Jacó*), humor, alegoria, foco narrativo externo.
O alienista – sátira ao autoritarismo, ao arbítrio de poder e à onipotência do discurso científico, estudo da loucura, humor irônico, foco narrativo externo.
O empréstimo – conto anedótico, perfil de um parasita e achacador, humor, ironia, ser x parecer, foco narrativo externo.
O espelho – psicológico, dupla personalidade, memorialista, autoimagem e imagem pública, (cf. "Teoria do medalhão"), foco narrativo externo.
Teoria do medalhão – conto dialogado, filosófico, uma teoria da fraude, a mídia e a construção da fraude, ser x parecer (cf. "O espelho"), foco narrativo externo.

Histórias sem data (1884)

A igreja do Diabo – fantasia moralizante, a revogação da ética, a contraposição da virtude, sagrado x profano, foco narrativo externo.
Anedota pecuniária – psicológico, perfil masculino, estudo do caráter de um avarento (cf. "Entre santos"), dinheiro x afeto, foco narrativo externo.
Cantiga de esponsais – psicológico, a perfeição inatingível, a impotência criadora (cf. "Um homem célebre"), memorialismo, foco narrativo externo.
Galeria póstuma – psicológico, estudo de caracteres, vingança de um fmado (cf. Brás Cubas), retratos implacáveis, humor, ironia, foco narrativo externo.

Noite de almirante – psicológico, perfil feminino, a verdade relativa, fidelidade x infidelidade, ironia, foco narrativo externo.
Singular ocorrência – psicológico, perfil feminino: a compulsão erótica (cf. "Uns braços", "Missa do galo"); memorialista, ponto de vista externo.
Uma senhora – psicológico, perfil feminino (D. Camila), a busca da eterna juventude, vaidade, humor, ser x parecer, foco narrativo externo.

Várias histórias (1896)

A cartomante – conto anedótico, a semiologia do adultério, drama em três atos: amor-paixão, charlatanice e morte; desfecho trágico, ponto de vista externo.
A causa secreta – psicológico, perfil masculino, estudo de caráter: sadismo, morbidez; triângulo amoroso virtual; narrativa circular: presente-passado-presente; foco narrativo externo.
A desejada das gentes - psicológico, dialogado, memorialista, perfil feminino, aspectos patológicos do amor, morbidez, foco narrativo externo.
Conto de escola – psicológico, memorialista, reminiscências autobiográficas, primeiros contatos com a corrupção e a delação, foco narrativo interno.
D. Paula – psicológico, perfil feminino, a nostalgia do adultério, o prazer por tabela, memorialismo erótico, ser x parecer, foco narrativo externo.
Entre santos – psicológico, fantasia onírica, estudo minucioso do caráter de um avarento, suspense, as contradições do ser humano, ponto de vista interno.
Mariana – psicológico; perfil feminino; narrativa circular: presente-passado-presente; tempo objetivo x tempo subjetivo, memorialismo, foco narrativo externo.
O enfermeiro – psicológico, conto-confissão, a relatividade dos valores morais, paródia irônica do Sermão da Montanha, foco narrativo interno.
Trio em lá menor – psicológico, perfil feminino, a ambiguidade afetiva (cf. Flora de *Esaú e Jacó*), humor, ponto de vista externo.
Um apólogo – conto dialogado, filosófico, alegoria moral dos defeitos humanos: a vaidade, o orgulho, a ingratidão, a indiferença; foco narrativo externo.
Um homem célebre – psicológico, perfil masculino, a vocação rejeitada (cf. mestre Romão de "Cantiga de esponsais"), foco narrativo externo.
Uns braços – psicológico, erotismo adolescente e feminino (cf. "Missa do galo"), adultério virtual, fantasia onírica, ponto de vista externo.

Páginas recolhidas (1899)

Missa do galo – psicológico, sedução, perfil feminino; desejo adolescente, adultério virtual (cf. "Uns braços"), erotismo insinuado, memorialista, ponto de vista interno.
O caso da vara – psicológico, autoritarismo paterno, a prevalência do interesse próprio, a condição humilhante do escravo, foco narrativo externo.
Um erradio – psicológico, perfil masculino, estudo de caráter: a inconstância; foco narrativo externo.

Relíquias de casa velha (1906)

Evolução – filosófico, cronologia e estratégia do plágio, a fraude intelectual (cf. "Teoria do medalhão"), foco narrativo interno.

O escrivão Coimbra – psicológico, perfil masculino, estudo de caráter, o vício do jogo, foco narrativo externo.

Pai contra mãe – conto social, a escravidão e seus aspectos desumanos, crônica de costumes, epílogo trágico, foco narrativo externo.

Suje-se gordo! – filosófico, a aplicação relativa dos preceitos jurídicos, a instituição do júri, as injustiças da Justiça, foco narrativo interno.

Principais estilemas machadianos

Concisão frasal, adjetivação binária, predomínio da ordem direta, paralelismo sintático, quebra de paralelismo semântico, memorialismo, subjetivação do tempo e do espaço, intertextualidade, discurso indireto livre, conversas com o leitor, predomínio da narração sobre a ação, narrativa lenta, uso de digressões (narrador intruso), erotismo insinuado, léxico da língua corrente, colocação pronominal clássica. Principais figuras de estilo: metáfora, metonímia, alegoria, gradação, hipálage, litotes, preterição, antítese, quiasmo, paródia, homeoteleuto, sátira menipeia. Temas: psicológico, filosófico, social (nas entrelinhas). Estratégias: humor → método; ironia → arma; sátira → crítica.

Referências Bibliográficas

Obras de Machado de Assis

MACHADO DE ASSIS. *Obra completa* (org. Afrânio Coutinho). 9. ed. Rio de Janeiro: Nova Aguilar, 1997. 3 v.
_____. *Edição crítica das obras* (org. Comissão Machado de Assis). Rio de Janeiro: Civilização Brasileira; Brasília: INL, 1975. 15 v.
_____. *Edição crítica dos romances, contos e poesia* (org. Adriano da Gama Kury). Rio de Janeiro: Garnier, 1988. 18 v.
_____. *Obras escolhidas* (org. Massaud Moisés). São Paulo: Cultrix, 1965. 9 v.
_____. *Papéis avulsos* (edição preparada por Ivan Teixeira). São Paulo: Martins Fontes, 2005.
_____. *Quincas Borba* (edição crítica por Gladstone Chaves de Melo; prefácio de Augusto Meyer). São Paulo: Melhoramentos, 1973.
_____. *Diálogos e reflexões de um relojoeiro.* (crônicas; organização e comentários de R. Magalhães Jr.). Rio de Janeiro: Civilização Brasileira, 1956.
_____. *Contos: uma antologia* (org. John Gledson). São Paulo: Companhia das Letras, 1998. (2 vols.).
_____. *Contos* (org. Massaud Moisés). 6. ed. São Paulo: Cultrix, 2008.
MACHADO DE ASSIS & JOAQUIM NABUCO. *Correspondência* (organização, introdução e notas de Graça Aranha). 3. ed. Rio de Janeiro: Academia Brasileira de Letras/Topbooks, 2003.

Língua portuguesa/Linguística

ALBUQUERQUE, A. Tenório de. "A linguagem de Machado de Assis". Em: *A língua portuguesa na Revista Brasileira* (Tomo II). Rio de Janeiro: Academia Brasileira de Letras, 2006.
ANTUNES, Irandé. *Lutar com palavras: coesão e coerência.* São Paulo: Parábola, 2005.
AZEREDO, José Carlos de. *Gramática Houaiss da língua portuguesa.* São Paulo: Publifolha, 2008.
BARRETO, Mário. *Novos estudos da língua portuguesa.* 3. ed. Rio de Janeiro: Presença/ Casa de Rui Barbosa; Brasília: INL, 1980.
BECHARA, Evanildo. *Lições de português pela análise sintática.* 17. ed. Rio de Janeiro: Lucerna, 2005.
_____. *Moderna gramática portuguesa.* 37. ed. Rio de Janeiro: Lucerna, 1999.
_____. *Minidicionário da língua portuguesa.* Rio de Janeiro: Nova Fronteira, 2009.
BIDERMAN, Maria Tereza C. *Teoria linguística (teoria lexical e linguística computacional).* 2. ed. São Paulo: Martins Fontes, 2001.
BRANDÃO, Cláudio. *Sintaxe clássica portuguesa.* Belo Horizonte: Universidade de Minas Gerais, 1963.
CALDAS AULETE. *Dicionário escolar da língua portuguesa.* (org. Paulo Geiger). 3ª ed. Rio de Janeiro: Lexikon, 2011.
CAMÕES, Luís de. *Os Lusíadas* (edição comentada). Rio de Janeiro: Biblioteca do Exército, 1980.
CARVALHO, Castelar de. *Para compreender Saussure.* 20. ed. Petrópolis, RJ: Vozes, 2013.

_____. "O pronome SE: uma palavra oblíqua e dissimulada". Tese de Doutorado. Rio de Janeiro: UFRJ, 1990.
_____. "A voz medial: do latim ao português". Em: *Confluência* n.º 16. Rio de Janeiro: Liceu Literário Português, 1998.
_____. "O discurso indireto livre em *Vidas secas*". Em: *Ensaios gracilianos*. Rio de Janeiro: Ed. Rio, 1977.
CASTRO, Yeda Pessoa de. *Falares africanos na Bahia*. 5. ed. Rio de Janeiro: ABL/ Topbooks, 2005.
COUTINHO, Ismael de Lima. *Gramática histórica*. 7. ed. Rio de Janeiro: Ao Livro Técnico, 1976.
CUNHA, Celso. *Gramática da língua portuguesa*. 12. ed. Brasília: FAE, 1994.
_____. *Que é um brasileirismo?* Rio de Janeiro: Tempo Brasileiro, 1987.
CUNHA, Celso & CINTRA, Lindley. *Nova gramática do português contemporâneo*. 7. ed. Rio de Janeiro: Lexikon, 2016.
ELIA, Sílvio. "Sobre a natureza do advérbio". Em: *Miscelânea em honra de Rocha Lima*. (org. Raimundo Barbadinho Neto). Rio de Janeiro: Colégio Pedro II, 1980.
FÁVERO, Leonor. *Coesão e coerência textuais*. 4.ed. São Paulo: Ática, 1997.
FERREIRA, Aurélio Buarque de Holanda. *Linguagem e estilo de Machado de Assis, Eça de Queirós e Simões Lopes Neto*. Rio de Janeiro: Academia Brasileira de Letras, 2007.
_____. "Linguagem e estilo de Machado de Assis". Em: *Seleta em prosa e verso* (org. Paulo Rónai). Rio de Janeiro: José Olympio; Brasília: INL, 1971.
FREITAS, Horácio Rolim de. *Princípios de morfologia*. 5. ed. Rio de Janeiro: Lucerna, 2007.
JUCÁ (filho), Cândido. *O fator psicológico na evolução sintática*. 3. ed. Rio de Janeiro: FGV, 1971.
_____. *O pensamento e a expressão em Machado de Assis*. Rio de Janeiro: Civilização Brasileira, 1939.
KOCH. Ingedore V. *A coesão textual*. 14. ed. São Paulo: Contexto. 2001.
KURY, Adriano da Gama. *Novas lições de análise sintática*. 2. ed. São Paulo: Ática, 1986.
MACEDO, Walmirio. *Elementos para uma estrutura da língua portuguesa*. 2. ed. Rio de Janeiro: Presença, 1987.
MELO, Gladstone Chaves de. *Gramática fundamental da língua portuguesa*. 3. ed. Rio de Janeiro: Ao Livro Técnico, 1978.
_____. *A excelência vernácula de Gonçalves Dias*. Niterói, RJ: EDUFF; Rio de Janeiro: Presença, 1992.
_____. *A língua do Brasil*. 4. ed. Rio de Janeiro: Padrão, 1981.
_____. "A nossa língua". Em: *Revista do Brasil nº 12*. Rio de Janeiro: Fundação Rio Arte, Prefeitura do Rio de Janeiro, 1990.
NASCENTES, Antenor. *O problema da regência*. 3. ed. Rio de Janeiro: Freitas Bastos, 1967.
_____. "Fórmulas de tratamento no Brasil nos séculos XIX e XX"; "O tratamento de "Você" no Brasil". Em: *Estudos filológicos* (volume dedicado à memória de Antenor Nascentes; org. Raimundo Barbadinho Neto). Rio de Janeiro: Academia Brasileira de Letras, 2003.
_____. *O idioma nacional*. 3. ed. Rio de Janeiro: Acadêmica, 1960.
NEVES, Maria Helena de Moura. *Gramática de usos do português*. São Paulo: UNESP, 2000.
OITICICA, José. *Manual de análise*. 8. ed. Rio de Janeiro: Francisco Alves, 1947.
OLÍVIA, Madre. *Semântica e sintaxe*. Petrópolis, RJ: Vozes, 1979.
PONTES, Eunice. *O tópico no português do Brasil*. Campinas, SP: Pontes, 1987.
RIBEIRO, Ernesto Carneiro. *Serões gramaticais*. 6. ed. Salvador: Progresso, 1955.
ROCHA LIMA, Carlos Henrique da. *Gramática normativa da língua portuguesa*. 31. ed. Rio de Janeiro: José Olympio, 1992.

_____. *Uma preposição portuguesa (aspectos do uso da preposição a na língua literária moderna)*. Rio de Janeiro: Colégio Pedro II, 1954. (Tese de concurso para catedrático).

_____. "Em torno da conjunção E". Em: *Studia nºs 9/12*. Rio de Janeiro: Colégio Pedro II, 1979-1980.

SAID ALI, M. "O pronome SE". Em: *Dificuldades da língua portuguesa*. 5. ed. Rio de Janeiro: Acadêmica, 1957.

_____. *Gramática secundária da língua portuguesa*. 8. ed. São Paulo: Melhoramentos, 1969.

_____. *Meios de expressão e alterações semânticas*. 2. ed. Rio de Janeiro: Simões, 1951.

SOUSA DA SILVEIRA, Álvaro Ferdinando. *Lições de português*. 7. ed. Rio de Janeiro: Livros de Portugal, 1964.

_____. *Textos quinhentistas*. Rio de Janeiro: Fundação Getúlio Vargas, 1971.

_____. *Trechos seletos*. 8. ed. Rio de Janeiro: Briguiet, 1966.

_____. *Sintaxe da preposição DE*. Rio de Janeiro: Simões, 1951.

Estilística

AZEVEDO FILHO, Leodegário A. de. *A técnica do verso em português*. Rio de Janeiro: Acadêmica, 1971.

BALLY, Charles et alii. *El impresionismo en el lenguaje*. 3. ed. Buenos Aires: Universidad de Buenos Aires, 1956.

CÂMARA JR., J. Mattoso. *Ensaios machadianos*. 2. ed. Rio de Janeiro: Ao Livro Técnico; Brasília: INL, 1977.

_____. *Contribuição à estilística portuguesa*. 3. ed. Rio de Janeiro: Ao Livro Técnico, 1978.

CARVALHO, Castelar de. *Ensaios gracilianos*. Rio de Janeiro: Ed. Rio, 1978.

CASTRO, Walter de. *Metáforas machadianas*. 2. ed. Rio de Janeiro: Ao Livro Técnico, 1978.

COHEN, Jean. *Structure du langage poétique*. Paris: Flammarion, 1966.

CRESSOT, Marcel. *O estilo e as suas técnicas*. Trad. de Madalena C. Ferreira. Lisboa: Edições 70, 1980.

GALVÃO, Jesus Bello. *Subconsciência e afetividade na língua portuguesa*. 3. ed. Rio de Janeiro: Ao Livro Técnico, 1979.

_____. "Pleonasmo: sua utilização estilística na língua portuguesa". Em: *A língua portuguesa na Revista Brasileira*. Rio de Janeiro: Academia Brasileira de Letras, 2006. Tomo II.

GARCIA, Othon Moacyr. *Comunicação em prosa moderna*. 23. ed. Rio de Janeiro: FGV, 2003.

GUERRA DA CAL, Ernesto. *Língua e estilo de Eça de Queiroz*. Trad. de Estella Glatt. Rio de Janeiro: Tempo Brasileiro; São Paulo: EDUSP, 1969.

GUIRAUD, Pierre. *A estilística*. Trad. de Miguel Maillet. São Paulo: Mestre Jou, 1970.

HENRIQUES, Cláudio Cézar. *Estilística e discurso*. Rio de Janeiro: Elsevier. 2011.

KURY, Adriano da Gama. "A valorização estilística da conjunção "E" em Graciliano Ramos". Em: *Miscelânea em honra de Rocha Lima*. Rio de Janeiro: Colégio Pedro II, 1980.

LAPA, M. Rodrigues. *Estilística da língua portuguesa*. 4. ed. São Paulo: Martins Fontes, 1998.

LAUSBERG, Heinrich. *Elementos de retórica literária*. Trad. de R. M. Rosado Fernandes. 2. ed. Lisboa: Calouste Gulbenkian, 1972.

MARTINS, Hélcio. "A litotes em Machado de Assis" e "Sobre o realismo de Machado de Assis". Em: *A rima na poesia de Carlos Drummond de Andrade & outros ensaios*. Rio de Janeiro: Academia Brasileira de Letras/Topbooks, 2005.

MARTINS, Nilce Sant'Anna. *Introdução à estilística*. 3. ed. São Paulo: T. A. Queiroz, 2000.

MELO, Gladstone Chaves de. *Ensaio de estilística da língua portuguesa*. Rio de Janeiro: Padrão, 1976.

MONTEIRO, José Lemos. *A estilística: manual de análise e criação do estilo literário*. Petrópolis, RJ: Vozes, 2005.

NÓBREGA. Mello. "Uma particularização da hipálage". Em: *Estudos filológicos (homenagem a Serafim da Silva Neto)*. Rio de Janeiro: Tempo Brasileiro, 1967.

RIEDEL, Dirce Cortes. *Metáfora, o espelho de Machado de Assis*. 2. ed. Rio de Janeiro: Francisco Alves, 1979.

OLIVEIRA, Maria Manuela Moreno de. *Processos de intensificação no português contemporâneo*. Lisboa: Centro de Estudos Filológicos, 1962.

RIBEIRO, Joaquim. "A enumeração barroca na poesia de Gregório de Matos". Em: *Estética da língua portuguesa*. Rio de Janeiro: J. Ozon, 1964.

SOARES, Maria Nazaré Lins. *Machado de Assis e a análise da expressão*. Rio de Janeiro: INL, 1968.

SPITZER, Leo. "La enumeración caótica en la poesía moderna". Em: *Linguística e história literária*. Trad. de Raimundo Lida. Madri: Gredos, 1961.

SOBEJANO, Gonzalo. *El epíteto en la lírica española*. 2. ed. Madri: Gredos, 1970.

TAVARES, Hênio. *Teoria literária*. 10. ed. Belo Horizonte/Rio de Janeiro: Villa Rica, 1991.

TELES, Gilberto Mendonça. *Drummond: a estilística da repetição*. 3. ed. São Paulo: Experimento, 1997.

Obras sobre Machado de Assis/Crítica literária

AGUIAR, Luiz Antônio. *Almanaque Machado de Assis: vida, obra, curiosidades e bruxarias literárias*. Rio de Janeiro: Record, 2008.

ALMEIDA, José Maurício Gomes de. *Machado, Rosa & Cia*. Rio de Janeiro: Topbooks, 2008.

BAPTISTA, Abel Barros. *A formação do nome: duas interrogações sobre Machado de Assis*. São Paulo: UNICAMP, 2003.

BARRETO FILHO, José. *Introdução a Machado de Assis*. 2. ed. Rio de Janeiro: Agir, 1980.

BERRINI, Beatriz. "A casa: uma em Machado, outra em Eça". Em: *Recortes machadianos*. São Paulo: EDUC, 2003.

BÍBLIA SAGRADA. Trad. de João Ferreira de Almeida. 2. ed. Barueri-SP: Sociedade Bíblica do Brasil, 1993.

BIBLIA SACRA (iuxta *Vulgata Clementinam*; org. Alberto Colunga e Laurentio Turrado). 7. ed. Madri: La Editorial Católica, 1985.

BOSI, Alfredo *et alii*. *Machado de Assis*. São Paulo: Ática, 1982.

BOSI, Alfredo. *Machado de Assis, o enigma do olhar*. São Paulo: Ática, 1999.

_____. *Brás Cubas em três versões: estudos machadianos*. São Paulo: Companhia das Letras, 2006.

_____. *Machado de Assis*. São Paulo: Publifolha, 2002.

BRANCO, Leniza Castello. "Machado de Assis e a música". Em: *O Bruxo do Cosme Velho: Machado de Assis no espelho* (org. Márcia Coelho e Marcos Fleury). São Paulo: Alameda, 2004.

BRAYNER, Sonia. "O laboratório ficcional". Em: *Labirinto do espaço romanesco: tradição e renovação da literatura brasileira, 1880-1920*. Rio de Janeiro: Civilização Brasileira; Brasília: INL, 1979.

BROCA, Brito. *Machado de Assis e a política e mais outros estudos*. 2. ed. São Paulo: Polis; Brasília: INL, 1983.

CALDWELL, Helen. *O Otelo brasileiro de Machado de Assis: um estudo de Dom Casmurro*. Trad. de Fábio Fonseca de Melo. São Paulo: Ateliê, 2008.

CANDIDO, Antonio. "Esquema de Machado de Assis". Em: *Vários escritos*. São Paulo: Duas Cidades, 1970.

CASTELLO, José Aderaldo. *Realidade & ilusão em Machado de Assis*. 2. ed. Cotia-SP: Ateliê, 2008.

COUTINHO, Afrânio. *Machado de Assis na literatura brasileira*. Rio de Janeiro: Academia Brasileira de Letras, 1990.

_____. *Introdução à literatura brasileira*. 7. ed. Rio de Janeiro: Distribuidora de Livros Escolares, 1975.

DUARTE, Eduardo de Assis. *Machado de Assis afrodescendente*. Rio de Janeiro: Pallas; Belo Horizonte: Crisálida, 2007.

FACIOLI, Valentim. *Um defunto estrambótico: análise e interpretação das Memórias póstumas de Brás Cubas*. 2. ed. São Paulo: Nankin/Edusp, 2008.

FANTINI, Marli (org.). *Crônicas da antiga Corte: literatura e memória em Machado de Assis*. Belo Horizonte: UFMG, 2008.

FAORO, Raymundo. *Machado de Assis: a pirâmide e o trapézio*. 4. ed. São Paulo: Globo, 2001.

FRANCO, Gustavo H.B. *A economia em Machado de Assis*. Rio de Janeiro: Zahar, 2007.

FREIXIEIRO, Fábio. "O estilo indireto livre em Graciliano Ramos". Em: *Da razão à emoção*. Rio de Janeiro: Tempo Brasileiro/INL, 1971.

FREITAS, Luiz Alberto Pinheiro de. *Freud e Machado de Assis*. 3. ed. Rio de Janeiro: Mauad, 2001.

GLEDSON, John. *Machado de Assis: ficção e história*. Trad. de Sônia Coutinho. 2. ed. São Paulo: Paz e terra, 2003.

_____. *Por um novo Machado de Assis*. Vários tradutores. São Paulo: Companhia das Letras, 2006.

GOMES, Eugênio. *Machado de Assis*. Rio de Janeiro: São José, 1958.

_____. *O enigma de Capitu*. Rio de Janeiro: José Olympio, 1967.

_____. *Machado de Assis: influências inglesas*. Rio de Janeiro: Pallas; Brasília: INL, 1976.

GUIDIN, Márcia Lígia. *Armário de vidro: a velhice em Machado de Assis*. São Paulo: Nova Alexandria, 2000.

GUIDIN, Márcia Lígia et alii (org.). *Machado de Assis: ensaios da crítica contemporânea*. São Paulo: UNESP, 2008.

GUIMARÃES, Hélio de Seixas. *Os leitores de Machado de Assis: o romance machadiano e o público de literatura no século 19*. São Paulo: Nankin/EDUSP, 2004.

HANSEN, João Adolfo. "Simulacro e alegoria". Em: *Machado de Assis: ensaios da crítica contemporânea*. (org. Márcia L. Guidin et alii). São Paulo: UNESP, 2008.

KORACAKIS, Teodoro. "A singularidade de Dona Fernanda". Em: *Ler e reescrever Quincas Borba*. (org. Ivo Barbieri). Rio de Janeiro: EDUERJ, 2003.

LOPES, José Leme. *A psiquiatria de Machado de Assis*. Rio de Janeiro: Agir; Brasília: INL, 1974.

MAGALHÃES JR., Raimundo. *Machado de Assis desconhecido*. 3. ed. Rio de Janeiro: Civilização Brasileira, 1957.

_____. *Ao redor de Machado de Assis*. Rio de Janeiro: Civilização Brasileira, 1958.

_____. *Vida e obra de Machado de Assis*. Rio de Janeiro: Civilização Brasileira; Brasília: INL, 1981. 4 v.

MASSA, Jean-Michel. *A juventude de Machado de Assis*. Trad. de Marco Aurélio de Moura Matos. 2. ed. São Paulo: UNESP, 2009.

MATOS, Mário. *Machado de Assis; o homem e a obra*. São Paulo: Nacional, 1939.

MERQUIOR, José Guilherme. "Gênero e estilo das *Memórias póstumas de Brás Cubas*". Em: *Crítica 1964-1989*. Rio de Janeiro: Nova Fronteira, 1990.

_____. "Machado de Assis e a prosa impressionista". Em: *De Anchieta a Euclides: breve história da literatura brasileira*. 2. ed. Rio de Janeiro: José Olympio, 1979.

MEYER, Augusto. *Machado de Assis, 1935-1958*. 4. ed. Rio de Janeiro: José Olympio/ABL, 2008.

MOISÉS, Massaud. *Machado de Assis: ficção e utopia*. São Paulo: Cultrix, 2001.

MONTELLO, Josué. *Memórias póstumas de Machado de Assis*. 2. ed. Rio de Janeiro: Nova Fronteira, 1997.

MOTA FILHO, Cândido. "Machado de Assis, escritor brasileiro". Em: *Machado de Assis, na palavra de Peregrino Júnior, Cândido Mota Filho, Eugênio Gomes, Aloysio de Carvalho Filho*. Salvador: Progresso Editora, 1958.

MURICY, Kátia. *A razão cética: Machado de Assis e as questões de seu tempo*. São Paulo: Companhia das Letras, 1988.

NOGUEIRA, Nícea H. de Almeida. *Laurence Sterne e Machado de Assis: a tradição da sátira menipeia*. Rio de Janeiro: Galo Branco, 2004.

PEREIRA, Astrojildo. *Machado de Assis*. Rio de Janeiro: São José, 1959.

PEREIRA, Lúcia Miguel. *Machado de Assis: estudo crítico e biográfico*. 6. ed. Belo Horizonte: Itatiaia; São Paulo: EDUSP, 1988.

_____. *Escritos da maturidade*. Rio de Janeiro: Graphia, 1994.

_____. "Prefácio à novela *Casa velha*, de Machado de Assis". Rio de Janeiro: Garnier, 1999.

_____. *A leitora e seus personagens: seleta de textos publicados em periódicos (1931-1943) e em livros*. 2. ed. Rio de Janeiro: Graphia/Biblioteca Nacional, 2005.

PIETRANI, Anélia Montechiari. *O enigma mulher no universo masculino machadiano*. Niterói, RJ: EdUFF, 2000.

PUJOL, Alfredo. *Machado de Assis: curso literário em sete conferências na Sociedade de Cultura Artística de São Paulo*. 2. ed. Rio de Janeiro: Academia Brasileira de Letras; São Paulo: Imprensa Oficial do Estado de São Paulo, 2007.

QUEIROZ, Maria Eli de. *Machado de Assis e a religião*. Aparecida, SP: Ideias & Letras, 2008.

REALE, Miguel. *A filosofia na obra de Machado de Assis*. São Paulo: Pioneira, 1982.

REGO, Enylton de Sá. *O calundu e a panaceia: Machado de Assis, a sátira menipeia e a tradição luciânica*. Rio de Janeiro: Forense Universitária, 1989.

RIBEIRO, Luis Filipe. *Mulheres de papel: um estudo do imaginário em José de Alencar e Machado de Assis*. Niterói, RJ: EDUFF, 1996.

RIEDEL, Dirce Côrtes. *O tempo no romance machadiano*. Rio de Janeiro: São José, 1959.

ROCHA, João Cézar de Castro (org.). *À roda de Machado de Assis: ficção, crônica e crítica*. Chapecó, SC: Argos, 2006.

RODRIGUES, Antenor Salzer. *Machado de Assis, personagens e destinos*. Rio de Janeiro: Bom Texto, 2008.

ROUANET, Sergio Paulo. *Riso e melancolia*. São Paulo: Companhia das Letras, 2007.

SANTIAGO, Silviano. "Retórica da verossimilhança". Em: *Uma literatura nos trópicos*. 2. ed. Rio de Janeiro: Rocco, 2000.
SCHWARZ, Roberto. *Um mestre na periferia do capitalismo: Machado de Assis*. São Paulo: Duas Cidades/Ed. 34, 2000.
SENNA, Marta de. *O olhar oblíquo do Bruxo: ensaios machadianos*. 2. ed. Rio de Janeiro: Língua Geral, 2008a.
_____. *Alusão e zombaria: considerações sobre citações e referências na ficção de Machado de Assis*. 2. ed. Rio de Janeiro: Casa de Rui Barbosa, 2008b.
SOUZA, Ronaldes de Melo e. *O romance tragicômico de Machado de Assis*. Rio de Janeiro: EDUERJ, 2006.
STEIN, Ingrid. *Figuras femininas em Machado de Assis*. Rio de Janeiro: Paz e Terra, 1984.
WEHRS, Carlos. *Machado de Assis e a magia da música*. Rio de Janeiro: Carlos Wehrs/Sete Letras, 1997.

Dicionários/Glossários

ABREU, Modesto de & MOURA, Gomes de. *Regência verbal*. 2. ed. Rio de Janeiro: Freitas Bastos, 1963.
ANDRADE, Gentil de. *Pensamentos e reflexões de Machado de Assis*. Rio de Janeiro: Civilização Brasileira, 1990.
BECHARA, Evanildo. *Minidicionário da língua portuguesa*. Rio de Janeiro: Nova Fronteira, 2009.
CALDAS AULETE. *Dicionário contemporâneo da língua portuguesa*. 3. ed. Rio de Janeiro: Delta, 1980. 5 v.
_____. *Dicionário contemporâneo da língua portuguesa*. 3. ed. Lisboa: Parceria António Maria Pereira, 1952. 2 v.
_____. *Minidicionário contemporâneo da língua portuguesa*. 2. ed. Rio de Janeiro: Lexikon, 2010.
_____. *Aulete digital na Internet*: www.aulete.com.br
CÂMARA JR., J. Mattoso. *Dicionário de linguística e gramática*. 14. ed. Petrópolis, RJ: Vozes, 1988.
CARVALHO, Napoleão T. de. *O que pensou e disse Machado de Assis*. Rio de Janeiro: Sete Letras, 2004.
CEGALLA, Domingos Paschoal. *Dicionário de dificuldades da língua portuguesa*. 3. ed. Rio de Janeiro: Lexikon, 2009.
CUNHA, Antônio Geraldo da. *Dicionário etimológico da língua portuguesa*. 4. ed. Rio de Janeiro: Lexikon, 2010.
FERNANDES, Francisco. *Dicionário de verbos e regimes*. 4. ed. Porto Alegre: Globo, 1971.
FERREIRA, Aurélio Buarque de Holanda. *Dicionário Aurélio da língua portuguesa*. 5. ed. Curitiba: Positivo, 2010.
HARVEY, Paul. *Dicionário Oxford de literatura clássica grega e latina*. Trad. de Mário da Gama Kury. Rio de Janeiro: Zahar, 1987.
HOUAISS, Antônio. *Dicionário Houaiss da língua portuguesa*. 2. ed. Rio de Janeiro: Objetiva, 2009.
LOPES, Lúcia Leite R. Prado. *Machado de A a X: um dicionário de citações*. São Paulo: Ed. 34, 2001.
LUFT, Celso Pedro. *Dicionário gramatical da língua portuguesa*. 2. ed. Porto Alegre: Globo, 1971.

_____. *Dicionário prático de regência verbal*. São Paulo: Ática, 1987.
MACHADO, José Pedro. *Dicionário onomástico etimológico da língua portuguesa*. Lisboa: Confluência, 1984. 3 v.
_____. *Vocabulário português de origem árabe*. Lisboa: Editorial Notícias, 1991.
MACHADO, Ubiratan. *Dicionário de Machado de Assis*. Rio de Janeiro: Academia Brasileira de Letras, 2008.
MELLO, Nélson Cunha. *Conversando é que a gente se entende: dicionário de expressões coloquiais brasileiras*. São Paulo: Leya, 2009.
MORAIS SILVA, Antônio de. *Dicionário da língua portuguesa*. 2. ed. Lisboa, 1813. (Edição fac-similada da *Revista de Língua Portuguesa*, Rio de Janeiro, 1922).
MOISÉS, Massaud. *Dicionário de termos literários*. 12. ed. São Paulo: Cultrix, 2004.
MORIER, Henri. *Dictionnaire de poétique et de rhétorique*. 3. ed. Paris: Presses Universitaires de France, 1981.
NASCENTES, Antenor. *Tesouro da fraseologia brasileira*. 3. ed. Rio de Janeiro: Nova Fronteira, 1986.
_____. *Dicionário de sinônimos*. 3. ed. Rio de Janeiro: Nova Fronteira, 1981.
_____. *Dicionário etimológico da língua portuguesa*. Rio de Janeiro: Acadêmica/ Francisco Alves, 1955.
RIBEIRO, João. *Frases feitas*. 2. ed. Rio de Janeiro: Francisco Alves, 1960.
SARAIVA, S.R. dos Santos. *Novíssimo dicionário latino-português*. 10. ed. Rio de Janeiro: Garnier, 1993.
SPALDING, Tassilo Orpheu. *Dicionário de mitologia greco-latina*. Belo Horizonte: Itatiaia, 1965.
TORRES, Artur de Almeida. *Regência verbal*. 4. ed. Rio de Janeiro: Fundo de Cultura, 1963.

História do Brasil/do Rio de Janeiro

ARAÚJO, Rosa Maria de. *A vocação do prazer: a cidade e a família no Rio de Janeiro republicano*. Rio de Janeiro: Rocco, 1993.
CARVALHO, José Murilo de. *Os bestializados: o Rio de Janeiro e a república que não foi*. São Paulo: Companhia das Letras, 1987.
CHALHOUB, Sidney. *Machado de Assis, historiador*. São Paulo: Companhia das Letras, 2003.
COSTA, Emília Viotti da. *Da Monarquia à República: momentos decisivos*. 8. ed. São Paulo: UNESP, 2007.
DEL PRIORE, Mary & VENÂNCIO, Renato Pinto. *O livro de ouro da história do Brasil*. Rio de Janeiro: Ediouro, 2001.
FAUSTO, Boris. *História concisa do Brasil*. São Paulo: EDUSP, 2002.
SODRÉ, Nelson Werneck. *Panorama do Segundo Império*. 2. ed. Rio de Janeiro: Graphia, 1998.
TÁTI, Miécio. *O mundo de Machado de Assis*. Rio de Janeiro: Secretaria Municipal de Cultura, 1995.
TRIGO, Luciano. *O viajante imóvel: Machado de Assis e o Rio de Janeiro de seu tempo*. Rio de Janeiro: Record, 2001.

ÍNDICE ALFABÉTICO DE TÓPICOS:
LÍNGUA, ESTILO, TEMAS

A (preposição) 17
Abstrato > concreto 18
Adjetivação 19
Adjetivação compensatória 147
Adjetivo > advérbio 21
Adultério e ciúme 277
Advérbio 23
Africanismos 25
A gente 26
Agradecer 26
Agregados e parasitas 281
Alegoria 148
Alusão 149
Amplificação 149
Anacoluto 150
Anadiplose 151
Anáfora 151
Anglicismos 27
Antecipação 152
AntiRomantismo 154
Antítese 156
Antonomásia 158
Aposto 27
Arabismos 29
Arcaísmos 30
Artigo definido 32
Artigo indefinido 35
Aspecto verbal 36
Assistir a 36
Até à, até ao 37
Atender 37
Autobiográficas (informações) 283
Binarismo 159
Brasileirismos 38
Cacetes e importunos 286
Capitu 288
Casamento 294
Chamar 40
Chegar a 41
Chover 41
Coesão textual 41

Colocação pronominal 49
Coloquialismos 54
Com (preposição) 58
Começar de + infinitivo 58
Comparação 160
Complemento nominal 59
Concatenação 162
Concordância nominal 60
Concordância verbal 61
Concreto > abstrato 64
Confiar de 64
Contentar-se de 65
Contra (preposição) 65
Conversas com o leitor 162
Crase 65
Custar 66
De (preposição) 67
Des- (prefixo) 68
Descer 69
Descrições 165
Desde (preposição) 69
Desvio gramatical 70
Digressões 166
Diminutivos 166
Dinheiro 298
Discurso indireto livre 168
Dissimulação 301
Dormir 71
E (valores semântico-estilísticos) 172
Elipse 174
Em (preposição) 71
Enálage 175
Enumeração 177
Entrar 72
Entre (preposição) 72
Epizeuxe 180
É que 182
Erotismo 303
Escravidão 307
Espanholismos 73
Esquecer 73
Estar que 74

Estilística gráfica 183
Estilização da fala dos personagens 185
Eufemismo 185
Folhetim 186
Formas de tratamento 75
Frase machadiana (A) 77
Frases dubitativas 187
Frases feitas (recriação de) 189
Frasista 191
Galicismos 84
Gostar 86
Gradação 192
Helenismos 86
Hendíade 198
Hipálage 198
Hipérbole 201
História do Brasil/Política 311
Homeoptoto 203
Homeoteleuto 204
Humor irônico 206
Impressionismo 208
Infinitivo de finalidade 86
Infinitivo flexionado 86
Infinitivo não flexionado 87
Infinitivo passivo 88
Intensificação (processos) 211
Interferentes (frases, orações) 218
Intertextualidade 220
Intratextualidade 224
Ir a/para 88
Já = mais 89
Latinismos 89
Lembrar 92
Lhe = objeto indireto de lugar 93
Lhe = sujeito de infinitivo 94
Litotes 226
Locução verbal 94

Loucura 320
Mas (valores semântico-estilísticos) 228
Medial dinâmica 97
Medial expletiva 99
Medial passiva 100
Medial reflexiva 102
Meio (adv. flex.) + adjetivo 104
Meio (adv. inv.) + adjetivo 105
Memorialismo 321
Metáfora 229
Metalinguagem 233
Metanarrador 235
Metonímia 238
Mitologia 324
Modalização 105
Monólogo interior 239
Morte 326
Mulheres machadianas 327
Música 330
Naturalismo 241
Nenhuns, nenhumas 107
Obedecer a 107
Objeto direto interno 107
Objeto direto pleonástico 108
Objeto direto preposicionado 108
Objeto direto prep. e pleonástico 111
Objeto indireto de interesse 112
Objeto indireto de opinião 113
Objeto indireto de posse 114
Objeto indireto pleonástico 115

Olhos, olhar 333
Onomatopeia 242
Orações adjetivas circunstanciais 115
Oximoro 243
Palavras denotativas 244
Para (preposição) 118
Paradoxo 246
Paralelismo sintático 246
Paródia 248
Pedir para + infinitivo 119
Pedir para = pedir que 119
Pedir que = solicitar que 119
Pegar em 120
Perdoar 120
Perfis psicológicos 335
Perífrase 250
Pessimismo 338
Pleonasmo 251
Poliptoto 254
Polissíndeto 255
Ponto e vírgula 120
Por (preposição) 120
Precisar 121
Predicativo circunstancial 121
Predicativo pleonástico 123
Preferir 123
Preterição 256
Pronomes átonos 123
Pronomes demonstrativos 124
Pronomes indefinidos 125
Pronomes pessoais 125
Pronomes possessivos 126
Pronomes reflexivos 128
Pronomes relativos 128
Prosopopeia 257
Que – expletivo 129

Quebra de paralelismo semântico 260
Quiasmo 262
Realismo interior 263
Reflexões filosóficas 340
Responder a 130
Romantismo 264
Sair 130
Sátira menipeia 267
Satisfazer 130
Se – concessivo 130
Sem (preposição) 131
Ser (emprego) 131
Ser x parecer 341
Servir 133
Silepse 269
Sinestesia 270
Subir 134
Substantivação 134
Sujeito de infinitivo 136
Suspeitar 137
Suspense 272
Talvez + indicativo 137
Talvez + subjuntivo 138
Tempo cronológico 343
Tempo psicológico 345
Todo = qualquer 139
Todo o = qualquer 139
Todo o = totalidade numérica 139
Topicalização 140
Tupinismos 140
Vicários (termos) 140
Vida social 346
Vírgula 141
Voz passiva analítica 142
Voz passiva pronominal 143
Zeugma 272

MACHADO DE ASSIS

Mais importante nome da literatura brasileira, Machado de Assis (1839-1908) foi romancista, contista, cronista, poeta e crítico literário.

Fundador da cadeira nº 23 da Academia Brasileira de Letras, ocupou por mais de dez anos a presidência da Academia, que passou a ser chamada também de Casa de Machado de Assis.

Machado de Assis, 1896, fotógrafo desconhecido.
© ARQUIVO ABL

Este livro foi impresso em Cajamar, SP, em maio de 2018, pela
Oceano Indústria Gráfica e Editora para a Lexikon Editora.
A fonte usada no miolo é a Karmina, em corpo 10.
O papel do miolo é pólen soft 80g/m² e o da capa é cartão 250g/m².